Mecklenburg-Schwe...

Grossherzoglich MecklenburgSchwerinscher Staats-Kalender

1841

Mecklenburg-Schwerin

Grossherzoglich MecklenburgSchwerinscher Staats-Kalender

1841

Inktank publishing, 2018

www.inktank-publishing.com

ISBN/EAN: 9783747770337

GROSHERZOGLICH

MEKLENBURG - SCHWERINSCHER STAATS-KALENDER.

1841.

SCHWERIN.

IM VERLAGE DER HOFBUCHDRUCKEREI.

Erklärung der Abkürzungen: S. IV—XXXII.

☉ Sonne.	☾ Mond.
NM. Neumond.	*EV.* Erstes Viertel.
VM. Vollmond.	*LV.* Letztes Viertel.
M. Morgens 12—12 U. Mittags.	A. Abends 12—12 U. Nachts.
U. Uhr.	M. Minuten.
kl. klarer Himmel.	Re. Reif.
v. veränderlich, abwechselnd.	RR. Rauhreif.
wa. warm.	ka. Ka. kalt, sehr kalt.
he. heiss.	r. R. Regen, viel Regen.
schw. schwül.	sch. Sch. Schnee, viel Schnee.
gl. gelinde.	gE. GlattEis.
ang. angenehm.	fr. Fr. Frost, starker Frost.
G. Gewitter.	wi. Wi. windig, sehr windig.
NL. Nordlicht.	st. St. stürmisch, sehr stürmisch.
f. feucht.	wo. wolkigt, durchbrochen.
Th. Thauwetter.	Wo. dickbewölkt, umzogen.
tr. trübe.	Ne. Nebel.
O. Ostwind.	W. Westwind.
S. Südwind.	N. Nordwind.
So. No. Südost, Nordost.	Sw. Nw. Südwest, Nordwest.
JM. Jahrmarkt.	PV. PatentVerordnung.
Vmkt. Viehmarkt.	Pfm. Pferdemarkt.
GF. GerichtsFerien.	UF. UniversitätsFerien.

MeklenburgSchwerinscher

Zeit-Kalender.

1841.

Die älteste uns bekannte Zeitrechnung, die *jüdische*, zählet ihre Jahre von Erschaffung der Welt. Sie beginnt jetzt das Jahr um die HerbstTag- und Nachtgleiche, theilt es, nach den früheren Beobachtungen der *Chaldäer*, von einem Neumond zum andern, in zwölf Monate, jeden zu 29 Tagen, 13 Stunden, 56 Minuten, 2 Secunden, und bestimmet, nach dessen vier Vierteln, die Wochen zu sieben Tagen. Ein *MondenJahr* von 354 Tagen 23 St. 12 Min. 36 Sec. erfordert von Zeit zu Zeit einen dreizehnten oder SchaltMonat vor der FrühlingsTag- und Nachtgleiche, als dem alttestamentlichen neuen Jahre, um durch eine Verlängerung auf 382 Tage mit der *astronomischen* Zeitrechnung nach Sonnen-Jahren ohngefähr gleichen Schritt zu halten.

So oft nämlich die Sonne ihren scheinbaren Kreislauf um die Erde vollendet, von einer FrühlingsTag- und Nachtgleiche zur andern, beginnt ein (tropisches) neues *SonnenJahr* von 365 Tagen, 5 Stunden, 48 Minuten, 52 Secunden. Ohne in diese unbequemen Brüche hineinzugehen, zählet unser *bürgerliches* Jahr *regelmässig* 365 volle Tage. Dadurch aber müssen am Schlusse des *vierten* 23 St. 15 M. 28 S., oder *nicht völlig* ein ganzer Tag übrig bleiben, ehe das vierte SonnenJahr endet.

Nach der von Julius Cäsar, im Jahre 707 der Stadt Rom, eingeführten Zeitrechnung ward das SonnenJahr vom 1. März bis 28. Februar zu 365 Tagen 6 Stunden, und nach drei gemeinen Jahren das vierte, mittelst Einschaltung eines Tages in den letzten Monat Februar, zum SchaltJahr von 366 Tagen angenommen. Diese Einschaltung wiederholte der Römische Kalender alle vier Jahre ununterbrochen, ohne Rücksicht darauf zu nehmen, dass dadurch das SchaltJahr um 44 M. 32 S. oder beinahe dreiviertel Stunden länger wird, als das vierte SonnenJahr. Aus solcher Verrückung entsteht in einem Jahrhundert oder in 25 SchaltJahren eine Verschiedenheit von 18 St. 40 M. 30 S., also von fast einem ganzen Tage (23 St. 52 M. 4 Sec.) in 128 Jahren, oder von 3 T. 2 St. 41 M. 20 S. in vier Jahrhunderten, die das *Julianische* Jahr gegen das SonnenJahr allmählig zurückbleibt. Diesen älteren Römischen Kalender nach der Julianischen Eintheilung findet man hier in den zwölf Monaten neben der christlichen Zeitrechnung.

Die christliche Kirche nämlich, im Schoosse der Römischen Monarchie, auf den Trümmern des Judenthums gegründet, zählte zwar ihre Jahre nicht nach Roms Erbauung, sondern von der Geburt des Herrn, und nahm für diese den 25. December an. In der Eintheilung der zwölf Monate des Jahrs aber folgte sie der bürgerlichen Ordnung des Römischen Kalenders, indem sie das Beschneidungsfest des achttägigen ChristusKindes (1. Januar) zum Anfange des bürgerlichen Jahrs bestimmte und dieses mit dem 31. December schloss; das KirchenJahr aber mit den vier, der Geburtsfeier vorangehenden Sonntagen (des Advents) begann. Nur für die wesentlichsten, aus der jüdischen Religion, dem Namen nach, beibehaltenen Kirchenfeste, Ostern und Pfingsten, diente seit dem Jahre 325 der Beschluss der Nicäischen Kirchen-Versammlung zum Grundgesetze: dass das christliche Gedächtnissfest der Auferstehung des Heilands nie mit der jüdischen Osterfeier, am 15. oder Vollmondstage des ersten jüdischen FrühlingsMonats Nisan (4. B. Mos. 28, 17.) zugleich, sondern stets an einem Sonntage nach dem ersten auf das Frühlings-Aequinoctium folgenden Vollmond gefeiert werden soll. In der Ordnung und lateinischen Benennung der sieben Wochentage, die mit dem Christenthume in alle europäische Sprachen mehr oder weniger buchstäblich überging, befolgte man die astrologische Ansicht der damals nur bekannten sieben Planeten. Indem man nämlich annahm, dass jeder derselben eine der 24 Stunden des Tages regieret, liess man sie darin alle Stunden, nach der Ordnung ihres scheinbaren Umlaufs um die Erde, abwechseln (Saturn, Jupiter, Mars, Sonne, Venus, Mercur, Luna), und benannte den Tag nach dem Planeten der ersten Stunde nach Mitternacht. Wenn diese z. B., um mit unserm Sonnabend anzufangen, dem *Saturn* angehörte; so traf, nach obiger Abwechselung, die Reihe in der 25sten oder der ersten Stunde des folgenden Tages die *Sonne*, 25 Stunden später den *Mond*, nach neuen 25 den *Mars*, demnächst den *Mercur*, darauf den *Jupiter*, zuletzt die *Venus*, dann wieder den *Saturn* u. s. w.

Vermöge der irrthümlichen Julianischen SchaltJahre waren seit dem Concilium zu Nicäa schon 10 Tage zu viel gezählt, als diese, auf Verfügung des Papstes Gregors XIII. im Jahre 1582 (October 4 - 14) übergangen und für die Zukunft festgesetzt wurde, dass der Schalttag am Schlusse dreier Jahrhunderte nach einander (1700, 1800, 1900) weggelassen und nur am Ende jedes vierten Jahrhunderts (1600, 2000) beibehalten werden sollte. Der *Gregorianische* Kalender hatte inzwischen nur in der katholischen Christenheit gesetzliche Auctorität, bis auch die (seit 1529) davon getrennten evangelischen Stände Deutschlands im Jahre 1706 den alten Styl mit dem neuen vertauschten, und die mehrmaligen Verschiedenheiten in der Osterfeier, die aus einer Abweichung (1724, 1744) von dem Buchstaben des Nicäischen Concilienschlusses entstanden, durch die allerseitige Annahme der katholischen Berechnung in dem Reichsschlusse vom 7. Junius 1776 ausgeglichen wurden. Die Julianische Chronologie ist nun schon um 12 Tage hinter der verbesserten zurückgeblieben: und sie wird seitdem nur noch von der Griechischen Kirche, namentlich in Russland, beibehalten. Nach der Osterfeier richten sich die übrigen beweglichen Feste der *kirchlichen* Zeitrechnung, wie die nachstehende Tabelle zeigt:

Zehnjährige Uebersicht der beweglichen Feste:

Jahr:	1842	1843	1844	1845	1846	1847	1848	1849	1850	1851
Sonnt. n. Neuj.	III.	V.	IV.	II.	V.	IV.	VII.	IV.	III.	VI.
Septuagesima	23 Jan.	12 Febr.	4 Febr.	19 Jan.	8 Febr.	31 Jan.	20 Febr.	4 Febr.	27 Jan.	16 Febr.
Fastnacht	8 Febr.	28 Febr.	20 Febr.	4 Febr.	24 Febr.	16 Febr.	7 März	20 Febr.	12 Febr.	4 März
Ostern.	27 März	16 April	7 April	23 März	12 April	4 April	23 April	8 April	31 März	20 April
Himmelfahrt	5 May	25 May	16 May	1 May	21 May	13 May	1 Jun.	17 May	9 May	29 May
Pfingsten	15 May	4 Jun.	26 May	11 May	31 May	23 May	11 Jun.	27 May	19 Mai.	8 Jun.
Trinitatis	22 May	11 Jun.	2 Jun.	18 May	7 Jun.	30 May	18 Jun.	3 Jun.	26 Mai.	15 Jun.
Sonnt. n. Trinit.	XXVI.	XXIV.	XXV.	XXVII.	XXIV.	XXV.	XXIII.	XXV.	XXVI.	XXIII.
I. Advent	27 Nov.	3 Dcbr.	1 Dcbr.	30 Nov.	29 Nov.	28 Nov.	3 Dcbr.	2 Dcbr.	1 Dcbr.	30 Nov.
S. n. Weihnacht.	—	31 Dcbr.	29 Dcbr.	28 Dcbr.	27 Dcbr.	—	31 Dcbr.	30 Dcbr.	29 Dcbr.	28 Dcbr.

1*

Jahr 1841. I. JANUAR.		Julian. Decbr. 1840.	nach Christi Geburt. Gedächtnisstage.	
F 1	*Neujahr*	XIII 20	PostOrdnung - - -	1770
S 2	Abel	XII 21	Erläuterte KirchenOrdn.	1708
		2. ⊙	8, 20; 3, 50.	
S 3	*I. S. n. Neuj.*	XI 22		
M 4	Methusalem	X 23		
D 5	Simeon	IX 24	Röm. Kaiserth. Karls d. Gr.	800
M 6	Heil. 3 Kön.	VIII 25	Resol. ad Grav. d. Städte	1783
D 7	Julian	VII 26		
	VM. 3, 44 A.			
F 8	Erhard	VI 27	DomanialBrandAssecur.	1816
S 9	Beatus	V 28		
		3. ⊙	8, 17; 4, 0.	
S 10	*II. S. n. Neuj.*	IV 29		
M 11	Hygin	III 30		
D 12	Reinhold	*Pr.* 31		
M 13	Hilarius	*Cal.* *Jan. 1841.* 1		
D 14	Felix	IV 2		
	LV. 1, 17 A.			
F 15	Maurus	3	IrrenHeilAnstalt zu Sachsenberg - - - -	1830
S 16	Marcellus	*Pr.* 4	Kieler Friede - - -	1814
		4. ⊙	8, 10; 4, 12.	
S 17	*III. S. n. Neuj.*	*Non.* 5	Mekl. RfürstenWürde -	1170
M 18	Prisca	VIII 6	Aufheb. d. Leibeigensch.	1820
D 19	Sara	VII 7		
M 20	Fab. Sebast. ♶	VI 8		
D 21	Agnes	V 9	Bisthum Ratzeburg -	1157
F 22	Vincenz *NM.* 5,	IV 10		
S 23	Emerentia (53 A.	III 11		
		5. ⊙	8, 1; 4, 25.	
S 24	*IV. S. n. Neuj.*	*Pr.* 12	Herzogin *Helene,* geboren	1814
M 25	Pauli Bekehr.	*Id.* 13	Kathol. Relig.Gleichheit	1811
D 26	Polycarp	XIX 14		
M 27	Chrysostom.	XVIII 15	Herrschaft Stargard -	1304
D 28	Karl der Gr.	XVII 16	Engerer Ausschuss -	1622
F 29	Samuel	XVI 17		
S 30	Adelgunde	XV 18	Superintendent.Ordnung	1571
	EV. 11, 45 M.			
		6. ⊙	7, 51; 4, 37.	
S 31	*V. S. n. Neuj.*	XIV 19	Herzog *Gustav,* geb. / CriminalGerichtsOrdn.	1781 / 1817

Wintermonat: TagesOrdnung.	☾ Aufg. U.	m.	☾ Untrg. U.	m.
Ev. Luc. 2, 21; Ep. Gal. 3, 23-29.				
1 *(8 Tebeth 5601.) Leipzig. NeujahrsM.*	11M	14	0M	34
2 Einsendung der Kirchenrechnungen und der Extracte aus den Kirchenbüchern.	11	28	1	58
Luc. 2, 41-52; Röm. 12, 1-6.				
3 Ende der UniversitätsFerien.	11	46	3	25
4	0A	14	4	57
5	0	58	6	26
6 *Kieler Umschlag.* JM. zu Jabel.	2	5	7	40
7	3	33	8	32
8 Ende der GerichtsFerien.	5	10	9	5
9	6	47	9	27
Joh. 2, 1-11; Röm. 12, 7-16.				
10	8	19	9	42
11	9	45	9	54
12	11	7	10	5
13 *Octava Trium Regum.*	Morg.		10	14
14	0	28	10	25
15	1	47	10	38
16	3	6	10	54
Matth 8, 1-13; Röm. 12, 17-21.				
17 AntoniiTermin.	4	23	11	18
18	5	32	11	50
19	6	32	0A	35
20	7	19	1	34
21	7	51	2	44
22	8	15	3	59
23 *(1 Schebat.)*	8	31	5	16
Matth. 8, 23-27; Röm. 13, 8-10.				
24 AntoniOctavenEnde.	8	44	6	32
25	8	54	7	48
26	9	4	9	4
27	9	13	10	21
28	9	23	11	41
29	9	34	Morg.	
30	9	49	1	6
Matth 13, 24-30; Col. 3, 12-17.				
31 UmschreibungsTermin der ritterschaftlichen BrandSocietät.	10	12	2	34

II. FEBRUAR.		*Januar.*	*Gedächtnisstage.*	
M 1	Brigitte	XIII 20	*Grosherzogl.* Success.Tag	1837
D 2	Mariä Reinig.	XII 21	SteuerCommiss.Ordnung	1763
M 3	Blasius	XI 22	Schwerer Münzfuss - ReluitionsCommission	1763 1766
D 4	Veronica	X 23		
F 5	Agathe	IX 24		
S 6	Dorothea	VIII 25		
	VM. 2, 52 M.			
		7.	⊙ 7, 39; 4, 52.	
S 7	*Septuagesimae*	VII 26		
M 8	Salomon	VI 27	PolizeiOrdnung - - -	1573
D 9	Apollonia	V 28		
M 10	Scholastica	IV 29		
D 11	Euphrosine	III 30		
F 12	Eulalie	II 31	LehnsDeclarat.Verordn.	1802
S 13	Benignus	*Cal.* *Feb.* 1	Meklenb. Wiederherstell.	1632
	LV. 7, 24 M.			
		8.	⊙ 7, 24; 5, 6.	
S 14	*Sexagesimae*	IV 2	Lauenb. Erbverbrüder.	1518
M 15	Faustin	III 3		
D 16	Juliane	*Pridie* 4	Privil. piorum corporum	1644
M 17	Constantia	*Nonae* 5		
D 18	Concordia ♓	VIII 6	MedicinalCommission	1830
F 19	Susanne	VII 7		
S 20	Eucharius	VI 8	Wism. AcciseConcession	1636
		9.	⊙ 7, 10; 5, 19.	
S 21	*Quinquages.*	V 9	Erster allgemein. Landtag	1485
	NM. 0, 6 A.			
M 22	Petri Stuhlfeier	IV 10		
D 23	Fastnacht	III 11	Grosherzogin ALEXANDRINE, geboren - -	1803
M 24	Aschermittw.	*Pr.* 12		
D 25	Matthias	*Idus* 13	ReichsDeputat.Recess ConscriptionsSystem	1803 1809
F 26	Victor	XVII 14		
S 27	Nestor	XVI 15		
		10.	⊙ 6, 55; 5, 33.	
S 28	*Invocavit*	XV 16	Erbgrosherzog *Friederich Franz*, geboren -	1823
	EV. 8, 49 A.			

Hornung: *TagesOrdnung.*	☾ Aufg. U.	m.	Untrg. U.	m.
1	10M	47	4M	1
2	11	41	5	20
3	0A	56	6	20
4	2	29	7	1
5	4	6	7	28
6	5	41	7	46
Matth. 20, 1-16; 1 Cor. 9, 24-(10) 5.				
7	7	12	7	59
8 *Braunschweiger LichtMesse.*	8	39	8	10
9	10	3	8	21
10	11	26	8	31
11	Morg.		8	44
12	0	46	8	59
13	2	6	9	19
Luc. 8, 4-15; 2 Cor. 11, 19-(12) 9.				
14	3	20	9	49
15	4	25	10	29
16 Güstrower UmschlagsAnfang, Buttermarkt zu Grabow.	5	16	11	24
17 JM. zu Hagenow, *AltStrelitz.*	5	54	0A	30
18	6	20	1	43
19	6	39	3	0
20	6	52	4	18
Luc 18, 31-43; 1 Cor. 13, 1 ---				
21 GerichtsFerienAnfang. PV. vom 20 Mai 1768.	7	4	5	35
22 *(1 Adar.)* Pommersch. ZahlungsTermin.	7	13	6	52
23 Verbotene hohe Jagd. JM. zu Malchow.	7	23	8	9
24 RathsAemterUmsetzung zu Rostock. JM. zu Gadebusch, Malchin, *Woldegk.*	7	32	9	30
25 JM. zu Grabow, Waren.	7	44	10	52
26 — — Penzlin. Vieh- und Pferdemarkt zu Güstrow.	7	57	Morg.	
27 GerichtsFerienEnde. Geschlossene HochzeitsFreiheit.	8	17	0	19
Matth. 4, 1-11; 2 Cor. 6, 1-10.				
28 PV. vom 14 Novbr 1782.	8	46	1	45

III. MARTIUS.			Febr.	Gedächtnisstage.	
M 1	Albinus	XIV	17		
D 2	Simplicius	XIII	18		
M 3	Quatember	XII	19		
D 4	Adrian	XI	20		
F 5	*Bettag*	X	21	Herzog *Wilhelm*, geb.	1827
S 6	Gottfried	IX	22	Rostocker Resol. ad Grav.	1621
	11. ⊙ 6, 37; 5, 48.				
S 7	*Reminiscere*	VIII	23	Sieg bei Walsmühlen	1719
	VM. 2, 22 A.				
M 8	Cyprian	VII	24	Güstrower Reversalen Hamburger Vergleich	1621 1701
D 9	Nathan	VI	25	Gregorianischer Kalender	1582
M 10	Michäus	V	26		
D 11	Constantin	IV	27	Malchinsch. GrenzRecess	1591
F 12	Gregor	*Pridie*	28	Fürstenthümer Schwerin und Ratzeburg - -	1651
S 13	Ernst	*Calend.*	*Mart.* 1	Preuss. Reluit.Convent.	1787
	12. ⊙ 6, 21; 6, 0.				
S 14	*Oculi*	VI	2	Neuester Rost. ErbVertrag	1827
M 15	Longin *LV.* 3,	V	3	Schwerin. Güst. LTheil.	1621
D 16	Gabriel (5 M.	IV	4	RemissionsVergleich -	1781
M 17	Mittfasten	III	5	Revidirte KirchenOrdn.	1603
D 18	Anselmus	*Pridie*	6		
F 19	Joseph	*Nonae*	7		
S 20	Hubertus	VIII	8		
	T. u. N.gl. ♈				
	13. ⊙ 6, 3; 6, 13.				
S 21	*Lätare*	VII	9		
M 22	Raphael	VI	10	Mekl. RheinBAccession	1806
D 23	Theodoricus	V	11	K. Resol. ad Gravamina	1733
	NM. 3, 23 M.				
M 24	Casimir	IV	12		
D 25	Mariä Verkünd.	III	13	Mekl. Entsagung d. Rh.B.	1813
F 26	Emanuel	*Pridie*	14	Mekl. NationalKokarde	1813
S 27	Rupertus	*Idus*	15		
	14. ⊙ 5, 46; 6, 26.				
S 28	*Judica*	XVII	16	LandFeuerOrdnung -	1772
M 29	Eustachius	XVI	17		
D 30	Adonias	XV	18		
	EV. 3, 45 M.				
M 31	Dethlov	XIV	19	Herzogin *Marie*, geboren	1803

	Lenzmonat: TagesOrdnung.	☾ Aufg. U.	m.	Untrg. U.	m.
1	Vieh- und Pferdemarkt zu Rostock und zu Wismar.	9M	10	3M	5
2	Güstrower UmschlagsEnde.	10	36	4	11
3	JM. zu Wittenburg, *NeuBrandenburg.*	0A	0	4	58
4		1	33	5	29
5	Röm. 5, 12; Jesaias 57, 21; Marc. 14, 38. Collecte für die HausArmen.	3	7	5	50
6		4	38	6	5
	Matth. 15, 21-28; 1 Thess. 4, 1-7.				
7		6	7	6	17
8	*ReminiscereMesse zu Frankfurt a.d.O.*	7	32	6	28
9	JM. zu Goldberg, *Schönberg.*	8	57	6	38
10	— — Boizenburg, Teterow.	10	20	6	50
11	— — Plau, Rehna. Pferdemarkt zu	11	42	7	4
12	Ludwigslust.	Morg.		7	22
13		1	0	7	48
	Luc. 11, 14-28; Ephes. 5, 1-9.				
14		2	10	8	24
15	JM. zu *Ratzeburg.*	3	9	9	13
16	— — Crivitz, Schwaan, *Wesenberg.*	3	51	10	16
17	— — Grubenhagen, Sülze.	4	22	11	27
18	— — Brüel, *Stargard.*	4	43	0A	43
19		5	0	1	59
20		5	11	3	17
	Joh. 6, 1-15; Gal. 4, 21-31.				
21		5	22	4	34
22		5	31	5	51
23	*(1 Nisan.)* JM. zu Neustadt, Röbel, Walckendorff.	5	41	7	12
24	*Lüneburger LätareMesse.* JM. zu Picher, Stavenhagen. Viehmarkt zu Ribnitz.	5	52	8	35
25	JM. zu Bützow, Grevesmühlen, Lübz.	6	0	10	2
26	— — Eldena, *Friedland.*	6	24	11	30
27		6	51	Morg.	
	Joh. 8, 46-59; Ebr. 9, 11-15.				
28	PV. vom 15 Juli 1800. PV. vom 1 Decbr. 1838. UniversitätsferienAnfang.	7	31	0	54
29	Parchimscher Viehmarkt.	8	29	2	4
30	JM. zu Lage, Sternberg, *NeuStrelitz.*	9	47	2	56
31	— — Dömitz, Kröpelin.	11	14	3	31

		IV. APRIL.	*Mart.*	Gedächtnisstage.	
D	1	Theodore	XIII 20		
F	2	Marie v. Egypt.	XII 21		
S	3	Ferdinand	XI 22	StiftsRitt.Incorporation	1775
		15. ⊙ 5, 29; 6, 39.			
S	4	*Palmarum*	X 23	Wallensteins Besitznahme	1628
M	5	Maximus	IX 24		
D	6	Cölestin	VIII 25		
		VM. 2, 17 M.			
M	7	Aaron	VII 26		
D	8	*Gr.Donnerst.*	VI 27	Consistorium zu Rostock	1571
F	9	*Charfreitag*	V 28		
S	10	Ruhetag	IV 29		
		16. ⊙ 5, 12; 6, 52.			
S	11	*Ostern*	III 30		
M	12	*Osternmontag*	*Pr.* 31	Schwerinsche Huldigung	1359
D	13	Justin	*Cal.* *Apr.* 1		
		LV. 10, 51 A.			
M	14	Tiburtius	2	Preuss. AllianzTractat	1752
D	15	Olympia	III 3	LArbeitsh. zu Güstrow	1817
F	16	Carisius	*Pr.* 4		
S	17	Rudolph	*Non.* 5	Meklenb. Reformation	1555
		17. ⊙ 4, 55; 7, 5.			
S	18	*Quasimodog.*	VIII 6	LandesGg.ErbVergleich	1755
M	19	Timon	VII 7		
D	20	Sulpitius ♉	VI 8		
M	21	Adolarius	V 9		
		NM. 3, 18 A.			
D	22	Cajus	IV 10		
F	23	Georg	III 11		
S	24	Albert	*Pridie* 12		
		18. ⊙ 4, 41; 7, 17.			
S	25	*Miser. Dom.*	*Idus* 13	Rost. Wismarsche Quote	1621
M	26	Ezechias	XVIII 14	Rostocker Convention -	1748
D	27	Anastasius	XVII 15		
M	28	Vitalis	XVI 16	StempelOrdnung - - -	1809
		EV. 9, 44 M.			
D	29	Raimund	XV 17	Forst- und JagdOrdnung	1706
F	30	Walpurgis	XIV 18		

	Osternmonat: TagesOrdnung.	☾ Aufg. U.	m.	Untrg. U.	m.
1	JM. zu Gnoien, Schwerin Altstadt,	0A	44	3M	55
2	— — Jördenstorf. *(Mirow.*	2	14	4	11
3		3	41	4	24
	Luc. 1, 26-38; Phil. 2, 5-11.				
4	Confirmation der Katechumenen. GerichtsferienAnfang.	5	7	4	35
5		6	30	4	45
6	*Jüdischer Ostern*	7	54	4	57
7	*Anfang.* Ende der ländl. Winterschulen.	9	16	5	10
8	Joh. 13, 1-15; 1 Cor. 11, 23-32.	10	37	5	27
9	Joh. 15, 13. Todes- und Begräbniss-Geschichte Jesu Christi. Collecte für	11	53	5	49
	die HausArmen.	Morg.		6	21
10					
	Marc. 16, 1-18; 1 Cor. 5, 6-8.	0	56	7	5
11	Aufkündigung ländlicher Dienstboten, Miethsleute und Schäfer.	1	46	8	3
12	*Jüdischer* Luc. 24, 13-35; Ap. Gesch.	2	21	9	11
13	*Ostern Ende.* 10, 34-41.	2	46	10	25
14	JM. zu Vellahn. Buttermarkt zu Grabow.	3	4	11	40
15	— — NeuKalden, Lübtheen, Warin.	3	18	0A	56
16	— — Jabel.	3	28	2	12
17	GerichtsferienEnde.				
	Joh. 20, 19---; 1 Joh. 5, 4-10.	3	39	3	30
18	PV. vom 15 April 1788. UniversitätsferienEnde. Anfang der kirchlichen Katechisationen.				
19	Städtischer BrandCassenEinsatz.	3	49	4	48
20		3	59	6	12
21	JM. zu NeuBukow, Krakow, Kloster Malchow, Wittenburg.	4	11	7	39
22	*(1 Jjar.)* JM. zu MühlenEichsen.	4	29	9	9
23	JM. zu NeuKirchen.	4	53	10	36
24					
	Joh. 10, 12-16; 1 Petri 2, 21-25.	5	29	11	54
25		6	22	Morg.	
26		7	35	0	52
27	JM. zu Dobbertin.	9	2	1	32
28	JM. zu Malchin, Schwerin Neustadt.	10	32	1	59
29		0A	1	2	17
30		1	26	2	31

		V. MAY.		April.	Gedächtnisstage.	
S	1	Philip.Jacob.	XIII	19		
			19.	⊙ 4, 25; 7, 30.		
S	2	*Jubilate*	XII	20	Gesetzl.ArmenVersorgung	1801
M	3	† Erfindung	XI	21		
D	4	Florian	X	22		
		Gotthard	IX	23		
M	5	*VM.* 2, 51 A.				
D	6	Aggaeus	VIII	24		
F	7	Domicilla	VII	25		
S	8	Stanislaus	VI	26		
			20.	⊙ 4, 11; 7, 43.		
S	9	*Cantate*	V	27		
M	10	Gordian	IV	28		
D	11	Pancratius	III	29	AmtsGebührenTaxe -	1802
M	12	Liberatus	*Pr.*	30		
D	13	Servatius	*Cal.*	*May.* 1	Rostocker Erbvertrag -	1788
		LV. 5, 10 A.				
F	14	Christian	VI	2		
S	15	Sophie	V	3		
			21.	⊙ 3, 59; 7, 54.		
S	16	*Rogate*	IV	4	Wendens Fürstenwürde	1418
M	17	Jodocus	III	5	Herzogin *Louise*, geb.	1824
D	18	Ehrich	*Pridie*	6		
M	19	Potentia	*Nonae*	7		
D	20	*Himmelfahrt*	VIII	8	ServiceReglement - -	1748
F	21	Prudentia ♊	VII	9	K.Peter d.Gr.zu Schwerin	1716
		NM. 0, 29 M.				
S	22	Helena	VI	10		
			22.	⊙ 3, 49; 8, 5.		
S	23	*Exaudi*	V	11	Rost. Concordienformel	1563
M	24	Esther	IV	12	Privil. *de non appellando*	1756
D	25	Urban	III	13		
M	26	Eduard	*Pridie*	14		
D	27	Ludolph	*Idus*	15		
		EV. 3, 55 A.				
F	28	Wilhelm	XVII	16	Schwer. WahlCapitul.	1634
S	29	Manilius	XVI	17	Preuss. EvacuationsV.	1762
			23.	⊙ 3, 41; 8, 15.		
S	30	*Pfingsten*	XV	18	Pariser Friede - - -	1816
M	31	*Pfingstmont.*	XIV	19		

Wonnemonat: TagesOrdnung.	☾ Aufg. U.	m.	Untrg. U.	m.
1	2A	50	2M	43
Joh. 16, 16-23; 1 Petri 2, 11-20.				
2 *Leipziger JubilateMesse.*	4	11	2	53
3	5	33	3	4
4 JM. zu Plau.	6	55	3	16
5 — — Güstrow, Ludwigslust.	8	16	3	32
6	9	34	3	52
7 — — Hagenow.	10	42	4	20
8	11	38	5	0
Joh. 16, 5-15; Jac. 1, 17-21.				
9	Morg.		5	53
10	0	19	6	57
11 JM. zu Parchim, *Stargard.*	0	48	8	9
12	1	8	9	23
13 Alter Maitag.	1	22	10	37
14	1	35	11	53
15	1	44	1A	8
Joh. 16, 23-30; 1 Cor. 15, 51-57.				
16	1	54	2	25
17	2	5	3	44
18 JM. zu Boizenburg, Dambeck, *Alt-Strelitz.* Buttermarkt zu Grabow.	2	16	5	9
19	2	31	6	38
20 Marc. 16, 14-20; Ap. Gesch. 1, 1-11.	2	53	8	9
21 *(1 Sivan.)*	3	23	9	33
22	4	11	10	41
Joh. 15, 26-(16)4; 1 Petri 4, 8-21.				
23 Wismarschen PfingstmarktsAnfang. GerichtsferienAnfang.	5	19	11	29
24	6	43	Morg.	
25 JM. zu Picher.	8	15	0	1
26 { *Jüdischer*	9	47	0	23
27 { *Pfingsten.*	11	14	0	39
28	0A	39	0	51
29 Wismarschen PfingstmarktsEnde.	2	0	1	2
Joh. 14, 23-31; Ap. Gesch. 2, 1-13.				
30 Geschlossene Hochzeitsfreiheit.	3	21	1	12
31 Joh. 3, 16-21; Ap. Gesch. 10, 42-48. Rostocker PfingstmarktsAnfang.	4	41	1	24

		VI. JUNIUS.		Maj.	Gedächtnisstage.	
D	1	Nicodemus	XIII	20		
M	2	Quatember	XII	21	Herrschaft Rostock - -	1323
D	3	Erasmus	XI	22		
F	4	Darius	X	23		
		VM. 4, 28 M.				
S	5	Bonifacius	IX	24		
		24. ⊙ 3, 34; 8, 23.				
S	6	*Trinitatis*	VIII	25		
M	7	Lucretia	VII	26	Allgem. ReichsKalender	1776
D	8	Medardus	VI	27	Deutscher Bund - - -	1816
M	9	Barnim	V	28		
D	10	Frohnleichnam	IV	29		
F	11	Barnabas	III	30	Rittersch. CreditVerein	1819
S	12	Basilides	*Pr.*	31	Herrschaft Dömitz - -	1372
		LV. 8, 44 M.				
		25. ⊙ 3, 31; 8, 28.				
S	13	*I. n. Tr. Calend.*		Junius 1		
M	14	Valerius	IV	2	Boizenburger Erbvertrag	1345
D	15	Vitus	III	3	Domkirche zu Schwerin	1248
M	16	Justine	*Pr.*	4		
D	17	Neander	*Nonae*	5	Mekl. Grosherzogswürde	1815
F	18	Homer	VIII	6	Sieg bei Waterloo - -	1815
S	19	Gervasius	VII	7	Priegnitzsche Belehnung	1373
		NM. 8, 1 M.				
		26. ⊙ 3, 31; 8, 32.				
S	20	*II. n. Trinitat.*	VI	8	Mekl. Glaub.Bekenntniss	1549
M	21	Rahel	V	9		
		♋ längster Tag ⊙wende.				
D	22	Achatius	IV	10	Rostock.LandgüterVergl.	1528
M	23	Basilius	III	11		
D	24	JohannesBapt.	*Pr.*	12		
F	25	Febronia	*Id.*	13		
		EV. 11, 24 A.				
S	26	Jeremias	XVIII	14	Wism. Convention - -	1803
		27. ⊙ 3, 34; 8, 32.				
S	27	*III. n. Trin.*	XVII	15	Rostocker AcciseRolle	1748
M	28	Josua	XVI	16		
D	29	Petrus Paul.	XV	17	Lindholmer Friede - -	1395
M	30	Lucina	XIV	18		

	Brachmonat: TagesOrdnung.	☾ Aufg. U.	m.	Untrg. U.	m.
1		6A	2	1M	37
2	Thierschau zu Güstrow.	7	19	1	57
3	JM. zu Rühn.	8	31	2	22
4		9	30	2	57
5	GerichtsferienEnde.	10	16	3	45
	Joh. 3, 1-15; Röm. 11, 33-36.				
6		10	48	4	45
7	Ungeschlossene Hochzeitsfreiheit. Rostocker Vieh- und Pferdemarkt.	11	11	5	56
8		11	28	7	9
9	JM. zu *Feldberg*.	11	41	8	24
10	— — Lübtheen, Rehna.	11	52	9	37
11	— — *Fürstenberg*.	Morg.		10	51
12	Rostocker PfingstmarktsEnde.	0	1	0A	5
	Luc. 16, 19-31; 1 Joh. 4, 16-21.				
13		0	11	1	22
14		0	22	2	42
15	JM. zu Schwerin Altstadt, *Woldegk*. Buttermarkt zu Grabow.	0	34	4	7
16	JM. zu Dargun.	0	51	5	36
17	— — Neukloster, Neustadt, Waren.	1	17	7	4
18	— — Grabow.	1	56	8	21
19		2	55	9	20
	Luc. 14, 16-24; 1 Joh. 3, 13-18.				
20	*(1 Tamuz.)*	4	15	9	59
21		5	48	10	26
22	JM. zu Goldberg, Röbel, Tessin.	7	23	10	43
23	— — Dömitz, Grubenhagen, Sternberg, Vellahn.	8	55	10	58
24	Anfang des JohannisTermins. Synodal-Versammlungen. JM. zu GrosEichsen, Gnoien, Lage, *Mirow*. Pferdemarkt zu	10	23	11	9
25	JM. zu Eldena, Zarrentin. (Ludwigslust.	11	48	11	20
26		1A	9	11	31
	Luc. 15, 1-10; 1 Petri 5, 6-11.				
27		2	30	11	45
28	Güstrower WollmarktsAnfang.	3	50	Morg.	
29	JM. zu NeuBukow, Dehmen, Kl.Malchow, Marlow.	5	9	0	2
30	JohannisQuartal. JM. zu Besitz, Döbbersen, Lübz, Malchin. Güstrower WollmarktsEnde.	6	22	0	24

VII. JULIUS. (Quinctilis.)				Julius.	Gedächtnisstage.	
D	1	Theobald	XIII	19	OberAGerichtsOrdnung	1818
F	2	Mar. Heims.	XII	20		
S	3	Cornelius	XI	21	Hof- und LGerichtsOrdn.	1222
		VM. 7, 15 A.				
		28. ⊙ 3, 38; 8, 30.				
S	4	*IV. n. Trin.*	X	22	Stargards Incorporation	1373
M	5	Demetrius	IX	23		
D	6	Hector	VIII	24		
M	7	Willibald	VII	25	Augsburger Confession	1530
D	8	Kilian	VI	26	Grösserer Ausschuss -	1620
F	9	Cyrillus	V	27	Tilsitter Friede - - -	1807
S	10	7 Brüder	IV	28		
		29. ⊙ 3, 44; 8, 25.				
S	11	*V. n. Trin.*	III	29	Mekl. Wiederherstellung	1807
		Bettag. LV. 9, 17 A.				
M	12	Heinrich	*Pr.*	30	Rheinischer Bund - -	1806
D	13	Margarethe *Cal.*	*Jul.*	1		
M	14	Bonaventura	VI	2	NiederGerichtsOrdnung	1770
D	15	Apost. Theilung	V	3		
F	16	Ruth	IV	4	Sternberger Reversalen Schwerinscher Vergleich	1572 1701
S	17	Alexius	III	5		
		30. ⊙ 3, 54; 8, 17.				
S	18	*VI. n. Trin.*	*Pr.*	6		
		NM. 2, 59 A.				
M	19	Rufine	*Non.*	7		
D	20	Elias	VIII	8	Mekl. Herzogswürde - MedicinalOrdnung - -	1348 1751
M	21	Praxedes	VII	9	Fahrenholzer Vertrag -	1611
D	22	Marie Magdal.	VI	10	Doberaner Seebad - -	1793
F	23	Appollinaris	V	11		
		Anf. d. Hundst.				
S	24	Christine	IV	12		
		31. ⊙ 4, 4; 8, 7.				
S	25	*VII. n. Trin.*	III	13	RangOrdnung - - - -	1704
		EV. 9, 7 M.				
M	26	Anna	*Pr.*	14		
D	27	Martha	*Idus*	15	Stargardsch. Erbhuldigung	1471
M	28	Pantaleon	XVII	16		
D	29	Beatrix	XVI	17		
F	30	Abdon	XV	18	Städt. BrandAssecuration	1785
S	31	Germanus	XIV	19		

Heumonat: TagesOrdnung.	☾ Aufg. U.	m.	Untrg. U.	m.
1 Ende d.Joh.Term.Oct. Anf. d. EtatsJahrs.	7 A	24	0 M	56
2 JM. zu *Friedland.* (JM. zu Brüel.	8	14	1	40
3	8	50	2	37
Luc. 6, 36-42; Röm. 8, 18-23.				
4	9	17	3	41
5 (Plau.	9	35	4	57
6 JM. zu Bützow, Jördenstorf, Lehsen,	9	49	6	11
7 — — Krackow, Varchentin, Wittenburg, *NeuBrandenburg.*	9	59	7	25
8 — — Crivitz, Gadebusch, Schwaan. Wollmarkt zu Boizenburg.	10	10	8	38
9 — — Penzlin.	10	19	9	52
10	10	28	11	6
Hesek. 33, 10. 11; Matth. 9, 12. 13; 2 Petri 3, 9.				
11 Collecte für die HausArmen. PV. v. 30 Decbr. 1769.	10	41	0 A	22
12 Buttermarkt zu Grabow.	10	55	1	43
13 JM. zu Hagenow, Parchim.	11	15	3	8
14 — — Güstrow, NeuKalden, Ribnitz, Sülze, *NeuStrelitz.*	11	46	4	35
15 — — Grevismühlen.	Morg.		5	57
16 — — Teterow.	0	33	7	4
17	1	42	7	53
Matth. 5, 20-26; Röm. 6, 3-11.				
18 FerienAnf. b. d. HypothekenKammer.	3	11	8	25
19 *(1 Ab.) MargarethenMesse zu Frankfurt a. d. O.* JM. zu *Ratzeburg.*	4	47	8	47
20 JM. zu Stavenhagen.	6	25	9	2
21	7	56	9	16
22 JM. zu GrosGievitz.	9	26	9	27
23	10	51	9	39
24	0 A	14	9	52
Marc. 8, 1-9; Röm. 6, 19 - - -				
25 Anf. d. Ger.Ferien u. Univ.Ferien. Ende	1	37	10	7
26 (des JagdVerbots.	2	57	10	28
27	4	12	10	56
28	5	19	11	36
29	6	13	Morg.	
30	6	54	0	30
31	7	21	1	34

2

VII. AUGUST.				Julius.	Gedächtnisstage.	
		32. ⊙ 4, 15; 7, 56.				
S	1	*VIII. n. Trin.*	XIII	20		
M	2	Gustav	XII	21		
		VM. 10, 48 M.				
D	3	Eleasar	XI	22	Sieg bei Bornhövt - -	1227
M	4	Dominicus	X	23		
D	5	Oswald	IX	24		
F	6	Hector	VIII	25	Auflösung d. D. Reichs	1806
S	7	Donatus	VII	26		
		33. ⊙ 4, 28; 7, 42.				
S	8	*IX. n. Trin.*	VI	27		
M	9	Romanus	V	28	Wism. PulverExplosion	1699
D	10	Laurentius	IV	29		
		LV. 7, 5 M.				
M	11	Hermann	III	30		
D	12	Clara	*Pridie*	31		
F	13	Hildebert	*Cal.*	*Aug.* 1	Union der Landstände	1523
S	14	Eusebius	IV	2	Passauer Vertrag - -	1552
		34. ⊙ 4, 39; 7, 28.				
S	15	*X. n. Trin.*	III	3	Rost. JD. u. Pol. Regulativ	1748
		NM. 10, 19 A.				
M	16	Isaack	*Pridie*	4		
D	17	Bilibald	*Nonae*	5		
M	18	Agapetus	VIII	6		
D	19	Sebaldus	VII	7	Herrschaft Wismar -	1803
F	20	Bernhard	VI	8		
S	21	Rebecca	V	9		
		35. ⊙ 4, 52; 7, 13.				
S	22	*XI. n. Trin.*	IV	10	Dom zu Güstrow - -	1226
M	23	Zachäus ♍	III	11	Rostocker Feuersbrunst	1677
		EV. 9, 56 A. Ende d. Hundst.				
D	24	Bartholom.	*Pridie*	12	Lauenburg. Erbverbrüder.	1431
M	25	Ludwig	*Idus*	13	R. HundertMänn. Regul.	1770
D	26	Salomon	XIX	14	Körners Tod b. Gadebusch	1813
F	27	Gebhard	XVIII	15		
S	28	Augustin	XVII	16	KammerOrdnung - -	1751
		36. ⊙ 5, 5; 6, 56.				
S	29	*XII. n. Trin.*	XVI	17		
M	30	Benjamin	XV	18		
D	31	Pauline	XIV	19		

Erntemonat: TagesOrdnung.	☾ Aufg. U. m.	Untrg. U. m.
Matth. 7, 15-23; Röm. 8, 12-17.		
1 PV. vom 14 Novbr. 1782.	7A42	2M45
2	7 57	4 0
3	8 9	5 14
4	8 18	6 28
5	8 28	7 41
6	8 38	8 55
7	8 48	10 9
Luc. 16, 1-9; 1 Cor. 10, 6-13.		
8	9 2	11 28
9	9 19	0A49
10	9 44	2 13
11	10 22	3 35
12	11 19	4 48
13	Morg.	5 43
14	0 37	6 22
Luc. 19, 41-48; 1 Cor. 12, 1-11.		
15	2 9	6 49
16 *Braunschweiger LaurentiusMesse.*	3 46	7 7
17	5 21	7 22
18 *(1 Elul.)*	6 53	7 34
19	8 23	7 45
20	9 49	7 58
21 UniversitätsFerienEnde.	11 15	8 13
Luc. 8, 9-14; 1 Cor. 15, 1-10.		
22	0A38	8 33
23	1 58	8 58
24 Ende der GerichtsFerien. Buttermarkt zu Grabow. Pferdemarkt zu *Friedland*	3 9	9 34
25 JM. zu Dömitz.	4 9	10 23
26 — — Lübtheen.	4 53	11 23
27	5 26	Morg.
28	5 48	0 33
Marc. 7, 31-37; 2 Cor. 8, 4-11.		
29	6 5	1 46
30	6 17	3 2
31	6 29	4 15

IX. SEPTEMBER.		August.	Gedächtnisstage.	
M 1	Egidius	XIII 20	Souverainet.Erklärung	1808
	VM. 2, 20 M.		WittwenInstit.Stiftung	1797
D 2	Elisa	XII 21		
F 3	Mansuetus	XI 22		
S 4	Theodosia	X 23		
	37. ⊙ 5, 16; 6, 40.			
S 5	*XIII. n. Trin.*	IX 24	Schwerinsche KanzleiO.	1637
M 6	Magnus	VIII 25		
D 7	Regina	VII 26		
M 8	Mariä Geburt	VI 27		
	LV. 2, 59 A.			
D 9	Bruno	V 28		
F 10	Sosthenes	IV 29		
S 11	Protus	III 30		
	38. ⊙ 5, 29; 6, 23.			
S 12	*XIV. n. Trin.*	*Pr.* 31	TrauerOrdnung - - -	1749
M 13	Amatus	*Cal.* Sept. 1		
D 14	KreuzesErh.	IV 2	Wism. Consistor.Ordn.	1665
M 15	Quatember	III 3	Grosherzog Paul Friedrich, geb. - - -	1800
	NM. 6, 48 M.			
D 16	Eufemia	*Pridie* 4		
F 17	Lambertus	*Nonae* 5		
S 18	Titus	VIII 6	Franz. Commerztractat	1779
	39. ⊙ 5, 41; 6, 5.			
S 19	*XV. n. Trin.*	VII 7		
M 20	Fausta	VI 8	Bisthum Schwerin - -	1171
D 21	Matth. Evangel.	V 9		
M 22	Mauritius	IV 10		
	EV. 2, 18 A.			
D 23	Hoseas	III 11		
	♎ Tag-u.Nachtgl.			
F 24	Joh. Empfäng.	*Pr.* 12		
S 25	Cleophas	*Idus* 13		
	40. ⊙ 5, 53; 5, 48.			
S 26	*XVI. n. Tr.*	XVIII 14	HofmarschallAmtsOrdn.	1753
M 27	Adolph	XVII 15		
D 28	Wenceslaus	XVI 16		
M 29	Michaelis	XV 17		
D 30	Hieronymus	XIV 18	Aufl. d. Hof- u. LGerichts	1818
	VM. 5, 5 A.			

	Herbstmonat: TagesOrdnung.	☾ Aufg. U.	m.	Untrg. U.	m.
1	JM. zu Dambeck. Vieh- und Pferdemarkt zu *AltStrelitz.*	6A	38	5M	30
2	JM. zu Picher.	6	47	6	43
3		6	58	7	59
4		7	10	9	15
	Luc. 10, 23-27; Gal. 3, 15-22.				
5		7	27	10	36
6		7	48	11	58
7	JM. zu Dambeck.	8	20	1A	20
8	— — Güstrow, Kröpelin, *Wanzka.*	9	10	2	35
9		10	16	3	35
10		11	41	4	19
11		Morg.		4	49
	Luc. 17, 11-19; Gal. 5, 16-21.				
12		1	13	5	10
13		2	47	5	27
14	JM. zu Röbel, Ruest, *Stargard.*	4	18	5	40
15	— — Kirchdorf auf Poel, Ludwigslust. *Lüneburger MichaelisMesse.*	5	49	5	51
16	*(1 Tisri 5602.)*	7	18	6	4
17	*(2 Neujahrsfest.)*	8	45	6	18
18		10	12	6	35
	Matth. 6, 24-34; Gal. 5, 26-(6) 10.				
19	FerienEnde bei d. HypothekenKammer.	11	35	7	0
20		0A	52	7	32
21	JM. zu Schwerin Altstadt.	1	57	8	16
22	— — Doberan, Jabel.	2	48	9	13
23		3	25	10	20
24	— — *Wesenberg.*	3	52	11	32
25	*Jüdisches VersöhnungsFest.*	4	10	Morg.	
	Luc. 7, 11-17; Ephes. 3, 13-21.				
26	PV. vom 15 Jul. 1800.	4	25	0	47
27		4	36	2	1
28	JM. zu Parchim. Rostocker Vieh- u. Pferdemarkt.	4	47	3	15
29	UniversitätsFerienAnfang.	4	57	4	29
30	*Jüdisch. Laub-*	5	7	5	44

X. OCTOBER. *Septbr.* | *Gedächtnisstage.*

F	1	Remigius	XIII 19	Ob.AppellationsGericht	1818
				JustizKanzlei z.Güstrow	1818
S	2	Vollrath	XII 20		
		41. ⊙ 6, 6; 5, 31.			
S	3	*XVII. n. Trin.*	XI 21	Rostocker Erbvertrag -	1573
M	4	Franz	X 22		
D	5	Aurelia	IX 23		
M	6	Fides	VIII 24		
D	7	Sergius *LV.* 9,	VII 25	ReligionsFriede - - -	1555
F	8	Charitas (57 A.	VI 26		
S	9	Dionysius	V 27		
		42. ⊙ 6, 19; 5, 14.			
S	10	*XVIII. n. Trin.*	IV 28	ExtrapostReglement -	1759
M	11	Burchard	III 29	Wism. TribunalsOrdnung	1656
D	12	Maximilian	*Prid.* 30	CriminalCollegium - -	1812
M	13	Angelus	*Cal.* ⊙ *Octbr.* 1		
D	14	Calixtus	VI 2		
		NM. 5, 12 A.			
F	15	Hedwig	V 3	Consistor. zu Schwerin	1567
S	16	Gallus	IV 4		
		43. ⊙ 6, 32; 4, 58.			
S	17	*XIX. n. Trin.*	III 5	Lochauer Bund - - -	1552
M	18	Lucas	*Pridie* 6	Leipziger Völkerschlacht	1813
D	19	Lucius	*Nonae* 7	K. Resolut. ad Gravamina	1724
M	20	Felician	VIII 8		
D	21	Ursula	VII 9		
F	22	Cordula	VI 10		
		EV. 9, 48 M.			
S	23	Severin ♏	V 11		
		44. ⊙ 6, 45; 4, 42.			
S	24	*XX. n. Trin.*	IV 12	Osnabrücker Friede -	1648
M	25	Crispin	III 13		
D	26	Amandus	*Pridie* 14		
M	27	Sabine	*Idus* 15		
D	28	Simon Judas	XVII 16	Privil. *de non appellando*	1651
F	29	Engelhard	XVI 17		
S	30	Absalon	XV 18		
		VM. 6, 43 M.			
		45. ⊙ 6, 59; 4, 27.			
S	31	*XXI. n. Trin.*	XIV 19		
		Reformationsfest.			

Weinmonat: TagesOrdnung.

		☾ Aufg. U.	m.	Untrg. U.	m.
1	*hüttenfestsAnfang.*	5A	20	7M	1
2		5	34	8	22
	Luc. 14, 1-11; Ephes. 4, 1-6.				
3	PV. v. 20 Mai 1768. *Leipziger MichaelisMesse.*	5	55	9	45
4	Einsatz zur städtischen BrandCasse. Anfang der ländlichen Winterschulen.	6	24	11	8
5	JM. zu Eldena, Klütz, Sülze, *Schönberg,*	7	8	0A	25
6	— — Besitz, Malchin. *(Woldegk.*	8	9	1	29
7	*Jüdisch. Laubhütten-*	9	25	2	17
8	*fests Ende.*	10	52	2	51
9		Morg.		3	14
	Matth. 22, 34-46; 1 Cor. 1, 4-9.				
10		0	23	3	31
11	Buttermarkt zu Grabow.	1	53	3	46
12	JM. zu Grabow, Malchow, Schwaan.	3	21	3	58
13	— — Gadebusch, Gnoien, Hagenow, Waren, *AltStrelitz.*	4	48	4	10
14	— — Crivitz, Stavenhagen. Vieh- und Pferdemarkt zu Wismar.	6	14	4	24
15	— — Brüel, Dömitz, Penzlin.	7	42	4	39
16	*(1 Marcheswan.)*	9	7	5	0
	Matth. 9, 1-8; Ephes. 4, 22-28.				
17		10	29	5	30
18	(Grevesmühlen, Sternberg.	11	41	6	9
19	Univer.FerienEnde. JM. zu NeuBukow,	0A	39	7	2
20	JM. zu Ribnitz, Vellahn, *NBrandenburg.* Vieh- u. PferdeM. zu Boizenburg.	1	22	8	6
21	JM. zu Lage, Lübz, NeuKalden, NeuKloster. Pferdemarkt zu Ludwigslust.	1	52	9	17
22	JM. zu Zarrentin, *Mirow.*	2	14	10	30
23		2	30	11	43
	Matth. 22, 1-14; Ephes. 1, 15-28.				
24	Umzug ländlicher Dienstboten u. Einw.	2	43	Morg.	
25	(Tessin, *Friedland.*	2	54	0	57
26	JM. zu Bützow, Plau, Schwerin Neust.,	3	4	2	11
27	JM. zu Dargun. Vieh- u. Pferdemarkt	3	14	3	25
28	— — Rehna. (zu *Ratzeburg.*	3	26	4	41
29	Vieh- u. Pferdemarkt zu Güstrow und	3	40	6	1
30	(Wittenburg.	3	59	7	24
	1 Cor. 3, 11-13; 2 Thess. 2, 13-17; Col. 1, 12-14.				
13	PV. vom 24 Jul. 1818.	4	26	8	49

XI. NOVEMBER.			*Octbr.*	Gedächtnisstage.	
M 1	AllerHeiligen	XIII	20		
D 2	AllerSeelen	XII	21		
M 3	Malachias	XI	22		
D 4	Charlotte	X	23		
F 5	Blandius	IX	24	D. BundesVersammlung	1816
S 6	Leonhard	VIII	25	Meklenb. StaatsKalender	1775
	LV. 5, 0 M.				
		46.		⊙ 7, 12; 4, 14.	
S 7	*XXII. n. Trin.*	VII	26		
M 8	Cäcilie	VI	27	Mekl. Wend. Erbverbr.	1418
D 9	Theodorus	V	28		
M 10	Martin Luther	IV	29	MilitairGesetzbuch - -	1810
D 11	Martin Bischof	III	30		
F 12	Jonas	*Pridie*	31	Luthers Reformation -	1517
				HypothekenOrdnung	1819
S 13	Briccius	*Cal.*	*Nov.* 1	K. Karl IV. zu Wismar	1375
	NM. 6, 15 M.				
		47.		⊙ 7, 26; 4, 2.	
S 14	*XXIII. n. Trin.*	IV	2		
M 15	Leopold	III	3		
D 16	Ottomar	*Pridie*	4	LandesKatechismus -	1717
M 17	Alphaeus	*Nonae*	5		
D 18	Gelasius	VIII	6		
F 19	Elisabeth	VII	7		
S 20	Amos	VI	8	PariserFriedensConvent.	1815
		48.		⊙ 7, 39; 3, 52.	
S 21	*XXIV. n. Trin.*	V	9	Resol. ad Grav. d. Städte	1787
	EV. 6, 57 M.				
M 22	Alfonsus ♏	IV	10	Rostocker Vergleich -	1642
D 23	Clemens	III	11		
M 24	Chrysogenes	*Pr.*	12	Universität zu Rostock	1419
D 25	Catharine	*Idus*	13	LandesKataster - - -	1778
F 26	*Bettag*	XVIII	14	GesindeOrdnung - -	1654
S 27	Otto	XVII	15		
		49.		⊙ 7, 51; 3, 45.	
S 28	*I. Advent*	XVI	16	AusträgalInstanz - -	1817
	VM. 7, 24 A.			Französ. Besitznahme	1806
				Verw. Erbgrosherzogin *Auguste Fried.*, geb.	1776
M 29	Eberhard	XV	17		
D 30	Andreas	XIV	18		

Windmonat: TagesOrdnung.	☾ Aufg. U.	m.	Untrg. U.	m.
1	5A	5	10M	10
2 JM. zu Belitz, Neustadt, Röbel.	6	2	11	22
3 — — Boizenburg, Teterow, Warin, *Feldberg.*	7	16	0A	15
4 — — Marlow.	8	41	0	51
5 — — Serrahn, Wittenburg, *Fürstenberg.*	10	9	1	18
6	11	38	1	38
Matth. 18, 23-35; Phil. 1, 3-11.				
7	Morg.		1	52
8	1	5	2	5
9 JM. zu Dassow, Parchim.	2	28	2	17
10 SchäferUmzug.	3	53	2	29
11 Einsendung der Verzeichnisse der Eingepfarreten. JM. zu Pritzier.	5	17	2	44
12 JM. zu Grabow.	6	42	3	3
13	8	5	3	29
Matth. 22, 15-22; Phil. 3, 17-21.				
14	9	21	4	3
15 *MartiniMesse zu Frankfurt a. d. O.*	10	27	4	52
16 JM. zu Bernitt, Goldberg, *Wesenberg* Buttermarkt zu Grabow.	11	15	5	51
17 Viehmarkt zu Ludwigslust.	11	51	7	1
18 JM. zu Grubenhagen.	0A	15	8	13
19 *(1 Kislev.)*	0	34	9	27
20	0	48	10	39
Matth. 9, 18-26; Col. 1, 9-14.				
21	0	59	11	52
22	1	10	Morg.	
23	1	20	1	5
24 JM. zu Krakow.	1	31	2	18
25	1	45	3	36
26 Hesek. 33, 12; Phil. 3, 12. Sprichwört. Sal. 3, 13-18. Collecte für die HausArmen.	2	1	4	57
27	2	24	6	21
Matth. 21, 1-9; Röm. 13, 11-14.				
28 Anfang des KirchenJahrs.	2	59	7	47
29 Einsendung der Geburts-, Confirmations-, Ehe- und SterbeListen.	3	49	9	4
30 JM. zu Lübtheen.	4	58	10	6

	XII. DECEMBER.	Novbr.	Gedächtnisstage.
M 1	Arnold	XIII 19	
D 2	Candida	XII 20	Privil. *de non appell. illim.* 1785
F 3	Agricola	XI 21	Wendische Erbhuldigung 1436
S 4	Barbara	X 22	
	50. ⊙ 8, 2; 3, 39.		
S 5	*II. Advent*	IX 23	
	LV. 1, 2 A.		
M 6	Nicolaus	VIII 24	
D 7	Agathon	VII 25	
M 8	MarienEmpf.	VI 26	
D 9	Joachim	V 27	
F 10	Judith	IV 28	Sieg bei Sehstädt - - 1813
S 11	Damascus	III 29	Sieg bei Roggendorf - 1369
	51. ⊙ 8, 10; 3, 37.		
S 12	*III. Advent*	*Prid.* 30	
	NM. 10, 21 A.		
		Decbr.	
M 13	Lucia	*Cal.* 1	Hannöv. Rel. Convent. - 1765
D 14	Nicasius	IV 2	
M 15	Quatember	III 3	RecrutirungsVerordnung 1820
D 16	Ananias	*Pr.* 4	
F 17	Ignatz	*Non.* 5	
S 18	Wunibald	VIII 6	Mekl. Huldigung - - 1632
	52. ⊙ 8, 16; 3, 38.		
S 19	*IV. Advent*	VII 7	Handelstractat mit Preuss. 1826
M 20	Abraham	VI 8	Schlacht bei Gadebusch 1712
D 21	Thomas Apost.	V 9	
	EV. 3, 35 M.		
	♑ kürzester Tag.		
M 22	Beata	IV 10	StadtbuchOrdnung - - 1829
D 23	Dagobert	III 11	
F 24	Adam, Eva	*Prid.* 12	Wism. Appell.Vergleich 1581
S 25	*Weihnachten*	*Idus* 13	Fest der Geburt Jesu Christi.
	53. ⊙ 8, 20; 3, 42.		
S 26	*II. Weihnacht.*	XIX 14	
M 27	Joh. Evang.	XVIII 15	
D 28	Unsch. Kind.	XVII 16	Rittersch. BrandSocietät 1781
	VM. 7, 21 M.		
M 29	Noah	XVI 17	Wism. StadtReglement 1830
D 30	David	XV 18	ErziehungsStiftung - - 1793
F 31	Sylvester	XIV 19	AmtsOrdnung - - - 1660

	Christmonat: TagesOrdnung.	☾ Aufg. U.	m.	Untrg. U.	m.
1	JM. zu Kröpelin.	6A	23	10M	51
2		7	55	11	22
3		9	25	11	43
4		10	52	11	58
	Luc. 21, 25-36; Röm. 15, 4-13.				
5		Morg.		0A	12
6	Geschlossene HochzeitsFreiheit.	0	18	0	24
7		1	40	0	37
8		3	3	0	50
9		4	26	1	8
10		5	48	1	30
11		7	6	2	1
	Matth. 11, 2-10; 1 Cor. 4, 1-5.				
13		8	14	2	43
14	*(1 Tebeth.)* JM. zu Satow (A. Lübz), *NeuStrelitz.* Buttermarkt zu Grabow.	9	9	3	39
15	JM. zu Rehna, Waren.	9	49	4	45
16		10	18	5	58
17	JM. zu *Stargard.*	10	38	7	11
18	GerichtsferienAnfang.	10	54	8	25
	Joh. 1, 19-28; Phil. 4, 4-7.				
19		11	7	9	36
20		11	16	10	47
21		11	27	Morg.	
22	JM. zu Picher.	11	37	0	0
23		11	48	1	13
24	UniversitätsferienAnfang.	0A	3	2	31
25	*Luc.* 2, 1-14; Jes. 9, 2-7.	0	22	3	51
26	Joh. 2, 1-14; Tit. 2, 11-14.	0	49	5	15
27		1	32	6	37
28		2	33	7	48
29		3	53	8	42
30		5	25	9	20
31	WeihnachtsQuartal. Ungeschlossene HochzeitsFreiheit. KirchenRechnungsSchluss.	7	0	9	46
		8	32	10	4

Es ereignen sich in diesem Jahre 4 Sonnen- und 2 MondFinsternisse, von denen jedoch in unsern Gegenden nur eine Sonnen- und eine MondFinsterniss sichtbar sein wird.

Die erste SonnenFinsterniss am 22 Januar wird nur in der Südsee sichtbar sein.

Die erste MondFinsterniss am 6 Februar beginnt um 1 Uhr 7′ Morgens mittlere Schweriner Zeit, von 2 Uhr 4′ bis 3 Uhr 42′ ist sie total und endet um 4 Uhr 39′.

Die zweite Sonnenfinsterniss am 21 Februar ist hauptsächlich im atlantischen Ocean sichtbar. Von Europa wird Irland und ein Theil Schottlands, von America die nordöstlichste Spitze die Finsterniss sehen.

Die dritte SonnenFinsterniss am 18 Julius ist in dem grössten Theile Europa's sichtbar. Für Schwerin findet der Anfang um 3 Uhr 17′ Nachmittags, das Ende um 4 Uhr 16′ mittlere Schweriner Zeit statt, die grösste Verfinsterung beträgt $1\frac{8}{16}$ Zoll am nördlichen Sonnenrande, der Eintritt geschieht 7° westlich, der Austritt 55° östlich vom nördlichsten Puncte der Sonnenscheibe.

Die zweite Mondfinsterniss am 2 August tritt ein, nachdem der Mond bei uns bereits untergegangen ist, und ist daher in America, Neuholland und einem Theile Asiens sichtbar.

Die vierte SonnenFinsterniss am 16 August ist hauptsächlich in der Südsee sichtbar, von Neuholland sieht sie der östliche Theil.

Zeichen des ThierKreises:

Wassermann	20. Januar.	Löwe	22. Julius.
Fische	18. Februar.	Jungfrau	23. August.
Widder	20. März.	Wage	23. September.
Stier	20. April.	Scorpion	23. October.
Zwillinge	21. May.	Schütze	22. November.
Krebs	21. Junius.	Steinbock	21. December.

Verhältnisse der Planeten des SonnenSystems.	Durchmesser mittlerer scheinbarer	Durchmesser wahrer	Dichtigkeit	Siderische Umlaufszeit um die Sonne. Jahr	Tage	Stund.	Minut.	Mittlere Entfernung von der Sonne. Halbmesser der Erdbahn.	Mill. Meil.
Sonne . . .	32′ 1″,8	112, 06	0,252						
Mercur . .	6,7	0,391	2, 94	—	87	23	16	0,3870938	8
Venus . . .	16,9	0,985	0,923	—	224	16	49	0,7233317	15
Erde . . .		1,000	1,000	—	365	6	9	1,0000000	21
Mars . .	5,6	0,519	0,948	1	321	17	31	1.523691	31½
Vesta . . .				3	229	17	38	2,36148	49
Juno . . .				4	132	1	36	2,66946	55
Ceres . . .				4	223	17	38	2,77091	57
Pallas . . .				4	225	7	19	2,77263	57
Jupiter . . .	34,8	11,225	0,238	11	314	20	2	5,202767	107½
Saturn . . .	17,1	9,022	0,138	29	166	23	17	9,538850	197
Uranus . .	3,9	4,344	0,242	84	5	19	42	19,18239	396½
Mond . . .	31′ 7,0	0,264	0,619	—	27	7	43	52000	
				um d. Erde.				Meil. v. d. Erde.	

WitterungsBeobachtungen 1839.

vom 1 October 1839 bis dahin 1840,

vom Präpositus *C. F. Schmidt* in Lübz.

den	October.	November.	December.
1	Sw. wo. wi. v.	N. wi. kl. ka.	No. wi. kl. fr.
2	So. Ne. wo.	Ono. wi. kl. ka.	O. wi. wo. fr.
3	S. So. wi. wo. r.	O. Wo. tr. fr.	No. wi. ko. fr.
4	Oso. Ne. wi. v.	Oso. wo. tr.	O. wo. wi. kl.
5	Sw. Wo. v.	So. Wo. R. wa.	O. wi. tr. ka.
6	Nnw. wi. v. r.	W. wo. tr. Ne.	Sw. wo. sch. v.
7	N. Nw. tr. wo.	Sw. wi. wo. ka.	W. Wo. tr. ka.
8	Nw. wi. v. wo.	O. tr. wo. ka.	No. wi. fr. ka.
9	So. wo. tr. wa.	O. tr. wo. ka.	No. wi. fr. kl.
10	O. kl. ang. wa.	O. w. wo. tr.	O. wi. kl. fr.
11	O. kl. ang. wa.	So. wi. v. ka.	No. wi. fr. ka.
12	O. kl. ang. wa.	Oso. wo. wa.	O. wi. v. wo.
13	O. kl. wi. wa.	No. Ne. wo. v.	Oso. wo. tr. th.
14	O. kl. ang. wa.	O. wo. v. tr.	O. wo. tr. v.
15	O. kl. ang. wa.	W. Ne. wo. v.	No. wi. kl. v.
16	O. wo. tr. Ne.	O. So. Ne. wo. tr.	No. wi. sch. ka.
17	O. wi. kl. ang.	Sw. Ne. wo. tr.	O. wo. v. ka.
18	O. wi. v. wa.	O. wi. tr.	Nw. wi. tr.
19	O. kl. wi. ang.	So. wi. wo. v.	O. wi. sch. fr.
20	O. Ne. tr. kl.	O. wi. wo. v.	No. wi. fr.
21	O. wi. kl. ka.	O. Wo. tr. Ne.	O. fr. kl. wi.
22	O. wi. kl. ra. NL.	O. Ne. wo. tr.	So. Wo. tr. GE.
23	O. wo. tr. v. item.	No. Ne. wo. ka.	So. wi. R.
24	O. wi. v. kl.	O. wo. wi.	S. wo. Ne. R.
25	No. Ne. wo. ka.	No. Ne. wo. sch.	Sw. Ne. wo. r.
26	No. Ne. wo. ka.	Sw. w. v.	S. Wo. Ne. r.
27	Ono. Ne. wi. ka.	W. wi. v. tr.	Oso. wi. sch.
28	O. wi. kl. ka.	O. wi. tr. v.	W. Wo. r. sch.
29	O. w. v.	O. Ne. wo. ka.	Sw. Ne. wo. r.
30	O. kl. ka. wi.	N. wi. Ne. ka.	W. Nw. wi. wo. sch.
31	O. wi. v. kl.		W. O. wi. v. fr.

den	Januar.	Februar.	März.
1	O. wo. fr.	S.Sw.Ne.Schw.v.	N. tr. fr.
2	S. wi. fr. v.	Oso. wo. tr.	O. wi. fr.
3	Ssw. Ne. th. r.	S. Ne. wo. v.	NNo. kl. fr.
4	Nw. W. wi. v. fr.	So. O. wo. tr. v.	O. wi. fr. kl.
5	Nw. Ssw. kl. fr. ang.	O. kl. ang.	So. wi. fr. kl.
6	Nw. wo. wi. v.	S. Sw. wo. ang.	S. kl. ang.
7	N. fr. ka.	Sw. wo. tr. v.	Sw. wi. v. fr.
8	Sw. Nw. wv. sch. r.	Sw. wo. tr. v.	Nw. wi. wo. tr.
9	W. wo. wi. v.	Sw. wi. v. tr.	W. fr. tr. ka.
10	N. wi. fr. wo.	So. w. v. r.	N. wi. tr. ka.
11	So. wo. wi. fr.	So. wi. wo. v.	O. wi. fr. v.
12	So. wo. wi. fr.	S. kl. ang.	O. wi. fr. v
13	O. kl. fr.	So. S. wi. wo. fr.	Sw. wo. wi. sch.
14	So. Fr. kl. 15° R.	So. Ne. wo. fr.	Sw. wi. v. fr.
15	So. fr. kl.	So. Wo. tr. r.	Sw. W. kl. ang.
16	So. wo. wi. v.	Sw. N. wo. tr. ka.	Sw. Wo. tr. fr.
17	S. th. wo. tr.	N. wi. v. fr.	Sw. wi. wo. v.
18	S. W. th. wi. r.	N. Wo. fr.	Sw. Wo. sch. wi.
19	W. st. wi. wo.	Nw. wo. sch. v.	Sw. wo. tr. v.
20	W. st. r.	W. wi. tr. ka.	S. Sw. Wo. tr. ka.
21	Sw. W. st. r. tr.	Sw. wo. wi. ka.	Nnw. wi. wo. v.
22	W. St. Wo. tr. Gw.	W. sch. wo. v.	WSw. wo. v. ang.
23	S. Wo. st. r.	O. wi. wo. tr.	S. wo. fr. tr.
24	Ssw. wo. th. r.	O. wo. fr. v.	W. Nw. wo. wi. tr.
25	SwS. Wo. tr. r.	O. wi. ka. fr.	N. fr. sch. wi.
26	Sw. wi. wo. r.	Sw. wo. wi. tr.	Nw. wi. v. fr.
27	W. wi. tr. r.	Sw. wi. fr. ka.	No. fr. wi. ka.
28	Sw. Wo. v. wi.	Sw. wo. tr. ka.	O. wi. tr. sch.
29	Sw. wo. tr. v.	No. sch. Fr. ka.	N. W. wo. tr. fr.
30	S. Ne. wo. sch.		W. tr. wo.
31	Sw. wo. th. sch.		W. Sw. wo. tr. ka.

den	April.	Mai.	Junius.
1	Sw. wi. wo.	No. So. kl. ang.	W. So. wo. v. w.
2	SwS. wi. tr. r.	O. fr. wi. kl.	S. wi. Gw. R.
3	N. wo. tr. k.	N. wi. kl. ka.	Ssw. Wo. wi. r.
4	Nw. wi. tr. v.	O. wi. kl. v.	Sw. wo wi. ka.
5	WSw. w. v. r.	O. kl. wi. ka.	Sw. wo. r. v.
6	Sw. wo. tr. ka.	So. wo. r. wa.	Nw. wi. kl. ang.
7	So. Ne. wi. v.	O. wi. tr. v.	No. O. kl. wa. ang.
8	So. kl. ang. wa.	W. wi. kl.	No. kl. wi. ang.
9	No. wo. tr. wi.	Sw. wo. tr. r.	NoN. wi. kl. ang.
10	N. wi. v. wo.	S. wi. wo. v.	Nw. kl. ang.
11	So. wo. tr. v.	No. wi. r. ka.	Sw. wi. wo. r.
12	S. kl. ang. wa.	No. Wo. v.	Ssw. wo. tr. v.
13	O. kl. ang. wa.	O. w. kl.	Ssw. st. R. v.
14	*O.* kl. ang. wa.	O. fr. wi.	W. wo. wi.
15	O. kl. ang.	So. Sw. wo. v. gw.	Sw. wi. wo. wa.
16	O. kl. ang.	Sw. Wo. v. r.	Sw. st. Gw. R.
17	O. wi. kl.	Sw. wo. v. r.	S. Wo. wa.
18	O. wi. kl.	Sw. Wo. tr. r.	Sw. wo. wi. r.
19	Ono. wi. kl.	Sw. wo. tr. v.	Wsw. wi. ka. v.
20	No. wi. kl. ang.	Sw. Wo. r. wa.	W. St. Wo. r.
21	No. wi. v.	Sw. wi. tr. r.	W. Wo. wi. r.
22	O. W. wo. r. v.	So. W. wo. tr. r.	Sw. wo. wi. v.
23	Nw. wi. kl. ang.	N. Wo. v. ka.	Wsw. wo. wi. r.
24	Sw. wi. kl. ang.	Nw. wo. tr. ka.	Sw. wi. ka. r.
25	*O. kl.* ang. wa.	Nw. wi. tr. r.	Sw. W. wo. r. ka.
26	*O. kl.* wi.	Sw. Wo. r. ka.	W. Wo. ka. r.
27	No. wi. kl. ang.	Sw. Wi. wo. v.	Sw. Wo. r. v.
28	So. wi. wa.	W. wi. wo. tr.	N. wi. wo. r.
29	Sw. W. wi. wo. v.	Sw. wo. v. ang.	Nw. wo. wi. ka.
30	W. N. wi. kl.	Sw. wi. wo. v.	Nw. wi. r. ka.
31		Sw. wi. v. r.	

den	Julius.	August.	September.
1	S. Sw. wo. Gw. R.	Nw. wi. kl. ang.	O. wi. wo. v.
2	Sw. So. wo. r. v.	Sw. Wo. tr. wa.	No. kl. wi.
3	So. wi. wo. v.	W. wo. tr. ang.	Nw. wi. kl. v.
4	Sw. Wo. R. v.	W. Nw. wi. tr. v.	N. wi. kl. v.
5	Sw. wi. R. v.	Nw. wi. wo. v.	Nw. wi. wo. r.
6	Sw. Wo. wi. v.	N. wi. kl. ang.	W. Nw. Wo. tr. r.
7	Sw. Wo. wi. R.	N. kl. v. wo.	W. wi. wo. gw.
8	Sw. wo. wi. r.	W. Wo. tr. r. NL.	Sw. wo. r. v.
9	Sw. wo. wi. v.	Nw. Wo. tr. r.	S. wo. tr. v.
10	Sw. st. Wo. r.	W. Sw. wo. r. v.	W. wi. v. tr.
11	W. Wo. wi. r.	Oso. wi. kl. ang.	Sw. Wo. r. wi.
12	Sw. wo. wi. r.	Sso. wo. wi. v.	Sw. Wi. wo. r.
13	W. w. wi. r.	O. wo. wi. r.	Sw. wi. wo. v.
14	Sw. wi. r. v.	Sw. wi. wo. v.	Sw. wo. tr. wi.
15	Sw. wi. wo. r.	S. wo. wi. v.	S. Sso. wi. kl. v.
16	S. wo. wa. tr.	Sw. wo. gw. r.	So. S. Wo. wi. r.
17	SoW. wo. wi. v.	S. wo. v. wi.	S. st. W. v.
18	Sw. wi. v. r.	S. Wi. wo. v.	S. So. wo r. wi.
19	Sw. wo. wi. v.	Sw. W. Wi. kl. v.	Ono. Wo. gw. r.
20	S. wo. r. gw.	So. wi. wo. wa.	So. Wo. wi. v.
21	Sw. W. wi. r. gw.	SSo. v. wi. wa.	So. wi. r. v.
22	Sw. w. v. r.	O. kl. ang.	W. Wi. wo. v.
23	Sw. wo. r. tr.	Sw. wo. wi. v.	W. wo. tr. v.
24	S. wo. wi. v.	Nw. wo. wi. v.	Oso. kl. ang.
25	Sw. wo, wi. r.	N. wi. kl. ang.	O. kl. wa.
26	Sw. wo. wi. r.	O. kl. ang.	Sw. Ne. wo. v.
27	Sw. wi. v. r.	So. wi. v. wo.	W. wi. r. v.
28	S. wo. v. r.	Wsw. wi. v. ang.	Sw. Wo. tr.
29	So. wo. wi. r.	Sw. wo. r.	Sw. wi. r. v.
30	O. wi. wo. r.	O. kl. ang.	S. wo. wi. v.
31	Sw. wo. wi. v.	Ono. wi. kl. ang.	

PERSONAL-STAAT

des

Grosherzogthums

MeklenburgSchwerin.

Erster Theil

des

MeklenburgSchwerinschen

Staats - Kalenders

1 8 4 1.

Sechs und sechzigstes Jahr.

Schwerin,

im December 1840.

Friederich Franz,

von Gottes Gnaden

Grosherzog von Meklenburg,

Fürst zu Wenden, Schwerin und Ratzeburg,

auch Graf zu Schwerin,

der Lande Rostock und Stargard Herr etc.

Thun hiemit öffentlich kund: dass Wir den Hochgelahrten, Unsern RegierungsSecretär, lieben Getreuen *Peter Friedrich Rudolph Faull* hieselbst zur Herausgabe eines MeklenburgSchwerinschen StaatsKalenders, welchen derselbe bereits seit drei Jahren zu Unserer allerhöchsten Zufriedenheit redigirt hat, nunmehr auf seine Lebenszeit privilegiret haben.

Wie nun die Einführung aller anderen, von genanntem Unserm RegierungsSecretär nicht veranstalteten, MeklenburgSchwerinschen StaatsVerzeichnisse, es sei mit oder ohne Kalender, in Unsern Grosherzogl. Landen, bei Vermeidung der Confiscation derselben untersaget wird, also soll auch aller unerlaubter Nachdruck und Debit dieses StaatsKalenders bei willkührlicher Strafe verboten sein. Wonach sich ein jeder zu richten. Urkundlich unter Unserm Handzeichen und Grosherzoglichem Insiegel.

Gegeben auf Unserer Vestung Schwerin, den 10. März 1825.

Friederich Franz.

(L. S.) A. G. von Brandenstein.

(Die Inhaber der im Jahre 1814 gestifteten goldenen MilitärVerdienstMedaille sind mit einem * hinter ihrem Namen, die der silbernen aber mit einem (*) bezeichnet.)

Erster Abschnitt.

Grosherzogliches Haus
MeklenburgSchwerin und Güstrow.

(Residenzen: *Schwerin* und *Ludwigslust.*)

PAUL FRIEDERICH, Grosherzog von *Meklenburg*, Fürst zu *Wenden, Schwerin* und Ratzeburg, auch Graf zu *Schwerin*, der Lande *Rostock* und Stargard Herr; der Kaiserlich Russischen St. Andreas-, St. AlexanderNewsky- und St. Annen-, des Königlich Preussischen schwarzen Adler-, des Königl. Ungarischen Stephans-, des Königl. Dänischen Elephanten-, der Königl. Hannoverschen St. Georg- und Guelphen-, des Königl. Baierschen St. Hubertus-, des Grosherzogl. SachsenWeimarschen weissen FalkenOrdens und des Herzogl. SachsenErnestinischen HausOrdens Ritter, auch des Ordens St. Johann von Jerusalem Bailli und Commandeur, geboren den 15 September 1800, succ. seinem Grosvater, dem Grosherzoge FRIEDERICH FRANZ, den 1 Februar 1837; vermählt den 25 Mai 1822 mit

FRIEDERIKE WILHELMINE ALEXANDRINE MARIE HELENE, des wail. Königs Friedrich Wilhelm des III. von *Preussen* Tochter, des Kaiserlich Russischen St. Catharinen- und des Königlich Preussischen LouisenOrdens Dame, geboren den 23 Februar 1803.

Kinder:

1) Erbgrosherzog FRIEDERICH FRANZ, des Königlich Preussischen schwarzen AdlerOrdens Ritter, des Grosherzogl. SachsenWeimarschen Ordens vom weissen Falken, so wie des Herzogl. SachsenErnestinischen HausOrdens Groskreuz, geb. den 28 Februar 1823.
2) Herzogin LOUISE MARIE HELENE, des Königl. Preussischen LouisenOrdens Dame, geb. den 17 Mai 1824.
3) Herzog FRIEDERICH WILHELM NICOLAS, geb. den 5 März 1827.

1 *

Schwestern:

1) aus der ersten Ehe Sr. Königl. Hoheit des wail. Erbgrosherzogs FRIEDERICH LUDWIG mit HELENE Pawlowna, Grosfürstin von Rusland, des Kaisers Paul des ersten von *Rusland* Tochter, verm. den 23 Oct. 1799, gest. den 24 Sept. 1803:
   Herzogin MARIE Louise Friederike Alexandra Elisabeth Caroline Catharine, des Kaiserlich Russischen St. CatharinenOrdens Dame, geb. den 31 März 1803, vermählt den 7 October 1825 mit dem Prinzen GEORG Carl Friederich von *SachsenAltenburg*.
2) aus der zweitnn Ehe mit CAROLINE Louise, des wail. Grosherzogs Carl August zu *Sachsen-Weimar* Tochter, vermählt den 1 Jul. 1810, gest. den 20 Januar 1816:
   Herzogin HELENE Louise Elisabeth, geboren den 24 Januar 1814, vermählt den 30 Mai 1837 mit dem Herzog FERDINAND Philipp von *Orléans*, Kronprinzen von Frankreich.

Vaters, des wailand Erbgrosherzogs FRIEDERICH LUDWIG, Königl. Hoheit, durchlauchtigste Wittwe:
AUGUSTE Friederike, des wailand regierenden Landgrafen Friederich Ludwig zu *HessenHomburg* Tochter, geboren den 28 November 1776, verm. den 3 April 1818, Wittwe seit dem 29 Nov. 1819.

Desselben Bruder, Sohn Sr. Königl. Hoheit des wail. Grosherzogs FRIEDERICH FRANZ:
Herzog GUSTAV Wilhelm, DomKapitular zu Magdeburg, des Kaiserl. Russischen St. Georg-, des Königlich Preussischen rothen Adler- und JohanniterOrdens Ritter, des Königlich Schwedischen SchwerdtOrdens Commandeur, und des Königlich Hannoverschen GuelphenOrdens Groskreuz, Inhaber der Meklenburgschen goldnen MilitärVerdienst-Medaille, geboren den 31 Januar 1781.

UrUrUrAelterVatersBruders, Herzogs *Adolph Friedrich* des II. Linie:

MeklenburgStrelitz.

Georg, Grosherzog von Meklenburg, Fürst zu Wenden, Schwerin und *Ratzeburg*, auch Graf zu Schwerin, der Lande Rostock und *Stargard* Herr, des Königl.

- Ta

n Haus

rst der *Obotriten* 963 ... zu Oldenburg. ... mahlin (2) N. Schwester des

Mizislav

Mist

ann III. reg. in Stockh... –1395, in Mekl.Schwe... Oct. 1359, in Stargard ... † 16 Octbr. 1422; Gem. ... t. 1399. *Jutta*, Graf. O... r Hoya Brockhusen T.; ... *Catharina*, H. Erich IV. ... Lauenburg T., Land... tin 6 Dec. 1423 b. 26 Se... † nach 18 Novbr. 144...

vor 1389, Schwerin ...0, † 1416.

... schof zu Dorpat 1396 bis 1397, † nach 8 Febr. 1405.

...twa 1418, succ. 1436, ...3; Gem. 17 Sept. 14... mir VI. v. Pomm. Stettin

...ich II. succed. in Stargard ...3, in Wenden 7 Septbr. ...6, † nach 25 Mai 1466; ...n. (1) *Ingeburg*, Herzogs ...rislav VIII. von Pommern ... Stettin T.; (2) *Margarethe*, ...zogs Friedrich zu Lüneburg ... verl. 4 Septbr. 1452, lebt ...h 1512.

...n, geb. 1451, Bisch... ...lesheim 1471, zu Schw... ...r 25 Jan. 1474 bis 14... in Meklenburg seit ...1480, † 7 März 150... 1487, *Margarethe*, He... III. von Pommern Toc... 27 März 1525.

...ach 25 Febr. 1471; Gem. ... Tochter, verl. 5 Jul. 1454,

ec. 1534 in *Güstrow*, † 7 Jan. 1547; Gem. 17 Jan.
, † 19 Jun. 1567, zu Lübz.

oph, geb. 30 Jun. 1537, of zu Ratzeburg 1554, utor zu Riga 1555 bis 19 1569, reg. zu *Gadebusch* 7 Jan. 1570, † 3 März 1592; (1) 27 Oct. 1573, *Doro-* H. Friedrich I. zu Däne- T., geb. 1528, † 11 Nov. (2) 7 Mai 1581, *Elisa-* K. Gustav I. von Schwe- '., geb. 1549, † 20 Novbr. in Schweden.

Carl I., geb. 28 Septbr. 1540, resid. zu Wredenhagen seit 1571, zu *Mirow* seit 1587, Coadjutor zu Ratzeburg 1575, Administrator daselbst 9 Mai 1592, succ. in Mekl.*Güstrow* 14 März 1603, regiert in Meklenb.*Schwerin* bis 16 April 1608, † 22 Julius 1610.

sid. zu *Ivenack* seit 20 Mai 1586, † 5 Sept. 1600; islav XIII. zu PommernBarth T., verm. 13 Decbr. 'ebr. 1623.

Gadebusch, seit 9 Jul. 1608, succ. in Meklenburg- st. 1632, Coadjutor zu Ratzeburg 3 Octbr. 1616, '*argarethe Elisabeth*, H. Christoph zu Meklenburg- 1616; (2) 25 März 1618, *Elisabeth*, Landgr. Moritz 16 Dec. 1625; (3) 7 Mai 1626, *Eleonore Marie*, eb. 7 Aug. 1600, † 7 Jul. 1657.

ich der II., *'relitzschen* 19 October in *Strelitz* *rg* 8 März Mai 1708, Sept. 1684, ıgs Gustav eklenburg- geb. 9 Jul. Jan. 1701; 1702, *Jo-* ·iedrich zu

XVII. Gustav Adolph, geb. 25 Febr. 1633, succ. in *Güstrow* 2 Mai 1654, † 6 Oct. 1695; Gem. 28 Dec. 1654, *Magdalene Sybille*, H. Friedrich III. zu HolsteinGottorp T., geb. 14 Nov. 1631, † 22 Sept. 1719, zu Güstrow.

XVIII. *Carl*, Erbprinz, geb. 18 Nov. 1664, † 15 März 1688; Gem. 8 August 1687, *Marie Emilie*, Kuhrf. Friedrich Wilhelm zu

Auguste, geb. 27 Dec. 1674, res. zu *Dargun* seit 28 August 1720, † 6 Mai

Preussischen schwarzen und rothen Adler-, des K. Dänischen Elephanten-, des Königl. Ungarischen Stephans-, des Königl. Hannoverschen Guelphen-, auch des Königlich Schwedischen Seraphinen- und Kuhr-Hessischen goldnen LöwenOrdens Ritter, geb. den 12 August 1779, succedirt seinem Vater, dem Grosherzog Carl, den 6 November 1816, vermählt den 12 Aug. 1817 mit

Marie Wilhelmine Friederike, des wail. Landgrafen Friederich zu *HessenCassel* Tochter, geb. den 21 Jan. 1796.

Sr. Königl. Hoheit *Kinder:*

1) Caroline Louise Wilhelmine Friederike Therese, geb. den 31 Mai 1818.
2) Friederich Wilhelm, Erbgrosherzog, geb. den 17 October 1819.
3) Caroline Charlotte Mariane, geb. den 10 Januar 1821.
4) Georg Carl Ludwig, geb. den 11 Januar 1824.

Sr. Königl. Hoheit Schwester:

Friederike Louise Caroline Sophie Alexandrine, H. z. M., geb. den 2 März 1778, verm. den 26 Dec. 1793 mit dem Prinzen *Friedrich Ludwig von Preussen*, Wittwe den 28 Dec. 1796; zum zweitenmal verm. den 10 Dec. 1798 mit dem Prinzen *Friedrich Wilhelm zu SolmsBraunfels*, Wittwe den 13 April 1814; zum drittenmal verm. den 29 Mai 1815 mit dem Herzog *Ernst August von Cumberland*, jetzigem Könige von Hannover.

(Hiebei eine StammTafel.)

Zweiter Abschnitt.

Das Geheime Staats-Ministerium.

Se. Excellenz, Ludwig von Lützow, GeheimeRathsPräsident und erster Minister, auch RegierungsPräsident, des Kaiserlich Russischen St. AnnenOrdens erster Classe Ritter, des Königl. Hannoversch. Guelphen- und des Königl. Dänischen DannebrogOrdens Groskreuz, auch des JohanniterOrdens Ritter.

Se. Excellenz, Theodor Diederich von Levetzow, zweiter Minister, GeheimeRath und KammerPräsident.

Johann Georg Heinrich Störzel, GeheimerMinisterial-Rath, für das Finanzwesen.

Geheimer LegationsRath, Doctor Carl Prosch, zur Hülfsleistung.

Geheime Kanzlei:

Geheimer Secretär,

Lt. Peter Manecke, Kanzleirath.

Kanzellisten: W. Helmkamp, LegationsKanzellist, zu Ludwigslust.
Carl Behrbohm.

Pedellen: GeheimeRathsFourier Johann Friedr. Jahn.
Heinrich Michaelsen.

(Die Mitglieder der Ministerial- und der RegierungsKanzlei müssen sich in vorkommenden Fällen und so wie es ihnen vom Praesidio aufgetragen wird, Hülfe leisten.)

RevisionsDepartement:

Vorstand, Revisionsrath Joh. Ludw. Schumacher.

Revisoren: OberAmtmann C. W. Oldenburg.
Leop. Sachse, des GuelphenOrdens Ritter.
Carl Wickede.
Franz Meklenburg, für das Forstrechnungswesen.

Revisoren: Landbaumeister Ludw. Aug. Joh. Gottlieb Bartning.
Heinrich Ebeling, für die PostRechnungen.
Georg Joh. Fr. Grüschow, } für die Steuer u.
Ferdinand Schaller, } Zollrechnungen.
Amtsverwalter Friedr. Wilh. Schröder.
Amtsverwalter Ed. Heinr. Ernst Ludwig Ihlefeldt.

Interimistische RevisionsGehülfen:

Forstpracticant Eduard Plüschow, Revisor.
Postschreiber C. F. H. Engelhardt, für die Postrechnungen.
Friedrich Ahrens, } für die Steuer- und Zollrechnungen.
Friedrich Teetz, }
AmtsAuditor, Advocat Friedrich Wachenhusen.
AmtsAuditor, Advocat Friedrich Driver.
Kammer- und JagdJunker Gustav von Boddien.

Calculator,

Friedrich Wilhelm Normann.

Renterei:

LandRentmeister, Carl Christoph Christian Ahrens.
Zahlmeister, Rudolph Ludwig Joachim Timm.
Cassierer: Adolph Heinr. Alex. Ernst Zeller, (bei der MilitairCasse).
Ludolph Schmarsow.
Rentschreiber: Johann Friedrich Gressmann.
Helmuth Gustav Friedr. Simonis.
Heinrich Paschen.
Hermann Ackermann.
KammerExecutor, Friedrich Brusch.
RentereiBoten: Christian Friedrich Burdt.
Jürgen Lauck.

HofAgent, Commissionsrath Aaron Hinrichsen in Schwerin.

Gesandtschaften und Agenten.

Bei dem deutschen Bundestage zu Frankfurt a. M.

Gesandter, Se. Excellenz, der GeheimeRath Adam Reimar Christoph von Schack, des Königlich Dänischen DannebrogOrdens Groskreuz.
LegationsRath, Philipp Anton Guido von Meyer.
LegationsSecretär, Kammerjunker Adolph von Schack.
LegationsKanzellist, Secretär Joh. F. Falkenhainer.

Bei dem Königl. Französischen Hofe zu Paris.

MinisterResident, Geh. LegationsRath Dr. Samuel Hermann von Oerthling, des Kaiserl. Russisch. St. AnnenOrdens zweiter Classe Ritter und des Königl. Französischen Ordens der EhrenLegion Commandeur, zu Paris.

Bei den Senaten der freien Hansestädte Hamburg, Bremen und Lübeck.

GeneralConsul Martin Rudolph Hinrichsen, zu Hamburg, Geschäftsträger.

Bei dem Kaiserl. Oesterreichischen Hofe zu Wien.

MinisterResident von Philippsborn, zu Wien.

Bei dem Königl. Preussischen Hofe zu Berlin.

Se. Excellenz, GeheimeRath, Graf Aug. Wilh. von Hessenstein, ausserordentlicher Gesandter und bevollmächtigter Minister, Groskreuz d. Kuhrhessischen goldnen Löwen-, Commandeur des Königlich Hannoverschen Guelphen-Ordens, GrosCommandeur des Grosherzoglich Hessischen LudwigsOrdens erster Classe, Commandeur des Kuhrhess. MilitärVerdienstOrdens, Ritter des Kaiserl. Russ. St. WladimirOrdens vierter Classe, und des St. AnnenOrdens dritter Classe, Ritter des Kuhrhessischen MilitärOrdens vom eisernen Helm, Inhaber der K. K. Oesterreichisch. MilitärCampagneMedaille, und Königl. Preussischer Domherr zu Münden.

Agenten und Consuls: (50)

Bei den nordamericanischen Freistaaten, C. Aug. Heckscher, zu Newyork, Consul.

Zu Amsterdam, — Haag, — Rotterdam,	Caspar Adolph Eduard Quack, zu Amsterdam.
— Antwerpen,	Wilhelm Ellermann, Consul.
— Arendal,	Peter L. Lund, Consul.
— Bergen,	Joh. Wilh. Störjohann, GeneralCons.
— Bilbao,	Francisco Ant. de Bengoechea, Cons.
— Bordeaux:	Johann Heinr. Basse, Consul.
	Christian Gaden, ViceConsul.
— Bremen,	Major Erich Christ. Ludw. Gruner, Consul.
— Brest,	Jean Bapt. Le Pontois sen., Consul.
— Cette,	N. N. Wilhelmi, Consul.
— Charlestown,	Leon Herckenrath, GeneralConsul.

Zu Cowes,	Thomas Harling jun., ViceConsul.
—Dartmouth,	Rich. Langworthy Hingston, ViceC.
—Deal,	Eduard Iggulden, ViceConsul.
—Dünkirchen,	Charles Carlier, Consul.
—Figueira,	Franz Ribeiro Braga, Consul.
—Friederichshafen (Jütland),	Rasmus Bergen, Cons.
—Gent,	Johann Pauli, Consul.
—Glasgow,	James Grieve, Consul.
—Gothenburg,	Antony Wendler, Consul.
—Havre,	Carl Fischer, Consul.
—St. Heliers (Insel Jersey),	Hugh Charles Godfroy, Cons.
—Helsingoer,	Charles Massoneau, GeneralConsul.
—Kiel,	J. A. Lütken, Consul.
—Kopenhagen,	Heinr. Lor. Frölich, GeneralConsul.
—Kronstadt,	Friedrich Winberg, ViceConsul.
—Leith:	James Stevenson, Consul.
	Henry Denovan, ViceConsul.
—Lissabon,	Caspar Schindler, Consul.
—Livorno,	Claus Claussen, Consul.
—London,	Christoph Kreeft, Consul.
—Mallaga,	Heinrich Petersen, Consul.
—Marseille,	Joh. Heinr. Sieveking, Consul.
—Neapel,	Friedr. Herm. Carl Klentz, Consul.
—Newcastle,	Christ. Friedr. Eskuche, ViceConsul.
—Oporto,	Eugenio Ferreira PintoBasto, ViceC.
—St. Petersburg,	C. L. Prehn, Consul.
—Plymouth,	Wilhelm Treeby, ViceConsul.
—Regensburg,	Geh.Leg.Rath C. G. Gumpelzhaimer.
—Rendsburg,	Marcus Kruse, Consul.
—Riga,	Wilhelm Strauss, Consul.
—Rio de Janeiro,	Aug. Friedr. Biesterfeld, Consul.
—Rouen,	Pierre Cabanon jun., Consul.
—Setubal,	Joachim O'Neill, Consul.
—Stockholm,	Joh. Heinr. Glosemeyer, Consul.
—Thisted,	Johann G. Lund, Consul.
—Triest, —Fiume,	Hermann Lutteroth zu Triest, Consul.
—Vigo,	Leopold Menendez, Consul.
—Wetzlar,	GeheimerRegierungsrath, Dr. Hans Carl von Zwierlein.

LegationsCasse, zu Schwerin.

OberZahlmeister, Johann Heinrich Matthias Hencke.

Auswärtige, bei dem Grosherzogl. Hofe accreditirte Gesandtschaften: (nach alphab. Ordnung).

Vom Kaiserl. Brasilianischen Hofe:

Geschäftsträger, Ritter Marcos Antonio de Araujo, zu Hamburg.

Vom Königl. Französischen Hofe:

MinisterResident, Marquis Auguste de Tallenay, zu Hamburg.

LegationsSecretär, Baron de Lasalle, Chargé d'affaires, zu Hamburg.

Vom Kaiserl. Oesterreichischen Hofe:

Bevollmächtigter Minister, Maximilian von Kaisersfeld, zu Hamburg.

Vom Königl. Preussischen Hofe,

Ausserordentlicher Gesandter und bevollmächtigter Minister, Legationsrath von Hänlein, zu Hamburg.

Vom Kaiserl. Russischen Hofe,

Ausserordentlicher Gesandter und bevollmächtigter Minister, GeheimerRath, Baron Peter von Meyendorf, zu Berlin.

Vom Königl. Schwedischen Hofe,

Chargé d'affaires, Graf A. R. von Wrangel, Kammerherr, zu Hamburg.

Auswärtige, bei Grosherzogl. Regierung accreditirte Consuls: (nach alphabet. Ordnung).

Von	A) Für das ganze Grosherzogthum.
NordAmerica:	GeneralConsul Christ. Friedr. Schultze, zu Rostock.
GrosBritannien:	GeneralConsul Henry Canning, Esquire, zu Hamburg.
Niederlande:	Wilhelm Crull, zu Wismar.
Oesterreich:	GeneralConsul Sisinno de Pretis, Edler de Cagnodo, zu Hamburg.
Portugal:	GeneralConsul, Commandeur Jozé Ribeiro dos Santos, zu Altona.
Rusland:	Collegienrath von Reinecke, zu Rostock.
Schweden:	GeneralConsul Johannes Arvidus Afzelius, zu Greifswalde.
	Doctor Lecke daselbst, ViceConsul.

B) In den SeeStädten:

a) zu Rostock:

Von	
Belgien:	Hermann Saniter, Consul.
Brasilien:	Evasio Laurino, ViceConsul.
GrosBritannien:	Carl Schultze, ViceConsul.
Dänemark:	Wilh. Joh. Bernh. Mann, Consul.
Frankreich:	von Maussion, Consul.
Hannover:	Christ. Heinr. Brockelmann, Consul.
Niederlande:	Paul Howitz, ViceConsul.
Portugal:	Evasio Laurino, ViceConsul.
Preussen:	Martin Köster, Consul.
Rusland:	S. oben sub A.
Schweden und Norwegen:	L. Burchard, ViceConsul.

b) zu Wismar:

GrosBritannien:	Philipp Süsserott, ViceConsul.
Dänemark:	Heinrich Marty, ViceConsul.
Frankreich:	Friedrich Crull, HandelsAgent.
Hannover:	Philipp Süsserott, Consul.
Niederlande:	S. oben sub A.
Preussen:	Christian Friedr. Kröplin.
Rusland:	J. C. H. Weckmann, ViceConsul.
Schweden und Norwegen:	D. W. Hermes, ViceConsul.

Unter der unmittelbaren Leitung des Geheimen StaatsMinisterii stehen:

1) *Die ReluitionsCommission zu Schwerin,*

(besorgte bis Joh. 1837, nach der Instruction vom 3 Febr. 1766 die Administration und CreditAngelegenheiten der verpfändet gewesenen und neu erworbenen Aemter und Vogteien: Crivitz, Dabel, Eldena, Gadebusch, Grevismühlen, Rüting, Lübz, Meklenburg, Plüschow, Rehna, Wittenburg, Zarrentin, Bakendorf, Boizenburg, Rossewitz, Stavenhagen, Marnitz, Wredenhagen, die Herrschaft Wismar mit den Aemtern NeuKloster und Poel, und des Elbzolls zu Boizenburg, ist aber von Joh. 1837 an auf die Leitung des Abtrags der ReluitionsCassen-Schulden beschränkt.)

Präsident:

Se. Excellenz, der Minister, GeheimeRath und Kammer-*Präsident*, Theodor Diedrich von Levetzow.

Commissarien:

KammerDirector, Wilhelm, Baron von Meerheimb.
Geheimer Finanzrath Hans Friedrich von Thien.
Landrath Georg Heinr. Leop. von Oertzen auf GrosVielen.
Landrath Baron Fr. Nic. Rud. v. Maltzahn auf Rothenmoor.

Secretär, KammerSecretär G. J. W. Stolte.
Registratoren: KammerRegistrator P. W. Delagarde.
KammerRegistrator Ant. H. Holm.
Kanzellist, Geh.KammerKanzellist J. Fahrenheim.

RelnitionsCasse:

CassenVorstand, ZahlCommissär Georg Ludwig Peitzner.
Cassier, Rudolph Hase.
Rentschreiber, Eduard Sachse.
CassenBote, Carl Wilhelm Evers.

2) *Die SchuldenTilgungsCommission zu Schwerin.*

(a. Zum Abtrag der RentereiSchulden an Capital und Zinsen aus den dazu, vermöge der öffentlichen Ankündigung vom 8 Mai 1809, auf 30 Jahre angewiesenen Fonds von jährlichen 150000 Rthlrn. aus der allgemeinen LandesReceptureCasse (VI. Abschnitt) und von 85000 Rthlrn. aus den Aemtern Güstrow, Ribnitz, Schwaan und Bützow-Rühn);
(b. seit dem 1 Julius 1825 an die Stelle der aufgelöseten Landes-ReceptureCommission (cf. den StaatsKalender d. J. 1825, Th. I. pag. 197), zum Abtrag der LandesCreditCasseSchulden.)

Präsident,

Se. Excellenz, der Minister, GeheimeRath und KammerPräsident, Theodor Diedrich von Levetzow.

Commissarien:

KammerDirector, Wilhelm, Baron von Meerheimb, grosherzoglicher Commissarius.
Geheimer Finanzrath Hans Friedrich von Thien, grosherzoglicher Commissarius.
Landrath Georg Heinrich Leopold von Oertzen auf GrosVielen,
Landrath Baron Friedr. Nicol. Rud. von Maltzahn auf Rothenmoor,
} von den Landständen erwählte und landesherrl. bestätigte Commissarien.

SchuldenTilgungsCasse:

Cassier, Commissionsrath Carl Bernh. Zacharias Mantius.
Cassenschreiber, Joachim Heinrich Schultz.
Pedell, Otto Schultz.

3) *Das vereinte Haupt- und LandGestüt zu Redefin und Pätow,*
(nach dem Regulativ vom 13 Julius 1819).

Directorium:

Dasselbe wird interimistisch vom Stallmeister Heinrich Kreichelt zu Redefin verwaltet.

Gericht (in Ludwigslust):

Gerichtsrath, Johann Friedrich Daniel Richter.
Actuarius, Registrator Carl Friedrich Wilhelm Kundt, zu Schwerin.

CassenBerechner,

ZahlCommissär Georg Ludwig Peitzner, zu Schwerin.

GestütsInspection:

Stallmeister Heinrich Kreichelt, zu Redefin.
Rossarzt Friedr. Wilh. Christ. Steinhoff, zu Redefin.

UnterOfficianten:

Futtermeister,	H. J. F. Müller.	
Wärter der Mutterstuten,	J. Diehn.	
Füllenwärter,	C. Hintze.	
LandGestüts-Knechte: (22)	F. H. Th. Lau.	Joh. Lübbert.
	J. F. Behrens.	J. M. Schönbeck.
	Heinr. Diehn.	W. Oldenburg.
	J. H. Hinrichs.	C. Büsch.
	Christ. Diehn.	C. Wahl.
	Joh. J. Lüth.	F. Gierke.
	J. F. H. Benthin.	P. Kiepcke.
	H. F. C. Behrmann.	J. Hadler.
	J. H. Schünemann.	Carl Behrmann.
	Joh. Wendt.	Friedr. Tymian.
	Joh. Balje.	N. N. Düwel.
Stallburschen:	C. Müller.	N. Wahl.

(Wegen des Bauwesens vergl. HofBauAdministration, Abschnitt III.)

Dritter Abschnitt.

HofStaat.

I. HofStaat des Grosherzogs.

A) *OberKammerherrnStaab,* zu Schwerin.

OberKammerherr: vacat.

Kammerherren: (50)

Erich Friedrich Hans Carl von Grävenitz, auf Waschow.
ElbZollDirector, Oberst Ludw. von Sell, zu Boizenburg.
OberAppellationsGerichtsPräsident Friedr. von Oertzen, zu Rostock.
Carl Friedrich von Cramon, zu Schwerin.
Burchard Hartwig von Plessen, zu Doberan.
Otto Christian, Baron von Stenglin, zu Lübeck.
Hofmarschall Eberhard von Röder, zu Schwerin.
Hofmarschall Joachim Otto Ulrich von Levetzow, zu Schwerin. (S. HofmarschallAmt.)
GeneralMajor und GeneralAdjutant Johann Caspar von Boddien, zu Ludwigslust. (S. MilitärEtat.)
Heinrich Wilhelm von Bernstorff, zu Rostock.
Se. Excellenz, GeneralLieutenant Carl Ludw. von Both, zu Ludwigslust. (S. MilitärEtat.)
Ernst Johann von Sperling, zu Schwerin.
Friedrich von Plessen, zu Bützow.
Oberschenk Joseph, Baron von Lützow, des königl. schwedischen SchwerdtOrdens Ritter, zu Schwerin.
Leopold von Vieregge, zu Wismar.
Adolf, Graf von Bassewitz, * auf Prebberede.
Carl von Rantzau, Hofmarschall der verwittweten Erbgrosherzogin. (S. unten sub III.)
OberPostAmtsDirector Ludwig Dethloff Adolf von Dorne, zu Güstrow.
OberstLieutenant Friedrich Peter, Baron von Forstner,* Ritter des Preuss. rothen AdlerOrdens vierter Classe und des eisernen Kreuzes, des Französ. Ordens der EhrenLegion, des Schwed. SchwerdtOrdens, und des Russ. St.GeorgsOrdens fünfter Classe, in Schlesien.

Friedrich, Graf von Bassewitz, * auf Perlin.
D'Ochando de Lavanda, Ritter des MaltheserOrdens, Inhaber der Königl. Spanischen Ehrenzeichen del Norte, sacremento por la patria und de l'escudo de fidelidad, in der Schweiz.
GeneralMajor Joachim Gottfried von Brandenstein, des St. AnnenOrdens zweiter Classe und des St. WladimirOrdens Ritter, auf Niendorf.
Landrath Georg Justus von Koenemann, auf Pritzier.
Werner Friedrich Hartwig von Brandenstein, zweiter Beamter zu Stavenhagen.
GeheimerKammerrath, Landdrost Hans Leopold Bernhard von Plessen, zu Schwerin. (S. KammerCollegium.)
Magnus Friedrich, Graf von Holmer, zu Kiel.
Drost Carl von Dorne, zu Ribnitz. (S. Beamte.)
Ludwig Philipp Otto von Langen, auf Neuhof.
Schlosshauptmann Carl von Lützow, zu Schwerin. (S. HofmarschallAmt.)
KammerDirector Friedr. Ludw. von Flotow, auf Penzin.
Christian von Lützow, zu Schwerin.
August Peter David, Baron LeFort, auf Poppentin.
Eduard von Ketelhodt, titul., zu Mannheim.
OberLandforstmeister Dethl. Ludw. Friedr. von Bülow, zu Schwerin. (S. ForstCollegium.)
Joach. Ludw. August von Gadow, auf Drechow.
Stallmeister August von Boddien, zu Schwerin. (S. MarstallAmt.)
Carl von Schack, zu Rey.
Otto Henning, Baron von Stenglin, zu Ludwigslust.
Carl Diedrich von Oertzen, zu Kittendorf.
Oberstlieutenant und FlügelAdjutant Ernst von Hopffgarten, zu Schwerin. (S. MilitärEtat.)
Franz von Stralendorff, auf Gamehl.
Hermann, Graf von Bernstorff, auf Dreilützow.
Otto Wilhelm von Vieregge, zu Steinhausen.
Hans Georg von Bülow, auf Winkelhof.
Oberstlieutenant Adolph von Sell, Gouverneur Sr. Königl. Hoheit des Erbgrosherzogs. (S. unten.)
Hermann Leopold Christian von Plessen, zu Rostock
Justizrath Carl von Bülow, zu Schwerin.
Helmuth Ludwig Heinrich von Weltzien, auf KleinTessin.
Otto von Brandenstein, zu Ludwigslust.
Carl von Leers, zu Dalliendorf.

Geheime Hofräthe:
Carl Christian Friedrich Schröder.
Friedrich August Bouchholtz.
Subalternen: (wie bei dem HofmarschallAmt, s. unten).
Fourier, Heinrich Johann Friedrich Schmidt.

Dienstthuende Kammerherren sind:
Carl Friedrich von Cramon, zu Schwerin.
Ernst Johann von Sperling, zu Schwerin.
August Peter David, Baron LeFort, auf Poppentin.
Stallmeister August von Boddien, zu Schwerin.
Carl von Schack, zu Rey.
Otto Henning, Baron von Stenglin, zu Ludwigslust.
Otto Wilhelm von Vieregge, zu Steinhausen.
Hans Georg von Bülow, auf Winkelhof.
Helmuth Ludw. Heinr. von Weltzien, auf KleinTessin.
Otto von Brandenstein, zu Ludwigslust.
Carl von Leers, zu Dalliendorf.

B) *HofMarschallAmt*, zu Schwerin.

Oberhofmarschall, vacat.

Hofmarschälle:
Eberhard Christian Reinhard von Röder.
Joachim Otto Ulrich von Levetzow, des MaltheserOrdens Ritter.

Hausmarschall,
Jaspar von Bülow, des Kaiserl. Russischen St. Annen-Ordens zweiter Classe in Brillanten, und des JohanniterOrdens Ritter (*).

Schlosshauptmann,
Carl von Lützow, des JohanniterOrdens Ritter.

Geheime Hofräthe:
Carl Christian Friedrich Schröder.
Friedrich August Bouchholtz.

HofMarschallAmtsKanzlei.

HofRegistrator,	Eberhard Blessing.
— Copiist,	Georg Christian Peters.
— Pedell,	Heinr. Joh. Friedr. Schmidt.

Hof- und GagenCasse.

Berechner der HofCasse,	Cassier Zeller.
Berechner der HofGagenCasse,	Cassier Schmarsow.
Titul. HofCassier,	Georg Bock.

KammerJunker: (29)

(die Namen der dienstthuenden sind mit gesperrter Schrift gedruckt.)

Rittmeister Carl von Bülow.
Forstmeister Otto von Behr.
Domainenrath Ferdinand von Röder.
Jagdjunker Carl von Müller.
Domainenrath Philipp von Buch.
Jagdjunker Otto Georg Conrad von der Lühe.
Drost Georg Ludwig von Oertzen.
Amtsverwalter Gustav von der Lühe.
Amtsverwalter Carl von Voss.
Jagdjunker Friedrich von Bülow.
Amtsverwalter Adolph von Bernstorff.
Jagdjunker August Georg von Wickede.
Jagdjunker Adolph Heinr. Herm. von Blücher.
Jagdjunker August von Zülow.
Jagdjunker Ludolph von Lehsten.
Amtsverwalter August Ernst, Baron von Lützow.
Jagdjunker Baron Otto von Rodde.
Jagdjunker Gustav von Boddien.
Jagdjunker Carl von Lücken.
Jagdjunker Ludwig Carl Bernhard von Grävenitz.
Jagdjunker Albert, Baron von Nettelbladt.
Jagdjunker Carl von Levetzow.
AmtsMitarbeiter Otto Friedrich Heinrich von Thien.
Carl Friedrich Adolph von Laffert.
Jagdjunker Friedr. Heinr. Hermann von Liebeherr.
ElbzollInspector Ernst von Laffert.
Jagdjunker Adolph von Bülow.
Jagdjunker Magnus von Bassewitz.
LegationsSecretär Adolph von Schack.

Cabinet:

Kanzleirath Peter Anderssen, Geh. CabinetsSecretär.
Geheimer Finanzrath Carl Prosch.
Hofrath, Dr. Eduard Prosch, CabinetsSecretär.
CabinetsRegistratoren: Bernhard Abesser.
Adolph Arends.
CabinetsCopiist, Carl Winterfeldt.

Aufwärter: Friedrich Bock.
Moritz Wendt.

HofGeistlichkeit.

OberHofPrediger,

Consistorialrath, Friedrich Carl Ernst Walter.
HofCantor, Friedrich Tiede.
SchlossOrganist, Friedrich Lührss.
HofKüster, Wilhelm Buchheim.

Leib- und HofMedici und Chirurgen.

LeibMedici:

Geh.Medicinalrath, Dr. Joh. Herm. Becker, zu Parchim.
Geh.Medicinalrath, Dr. Joh. David Wilhelm Sachse, des rothen AdlerOrdens dritter Classe und des Herzogl. Sachsen-Ernestinischen HausOrdens Ritter.
Geh.Medicinalrath, Dr. Wilhelm Hennemann.

HofMedici:

OberMedicinalrath, Dr. Gustav Adam Brückner, zu Ludwigslust.
Dr. Heinrich Friedrich Wömpner, zu Ludwigslust.
Dr. Johann Hermann Ludwig Sachse, zu Schwerin.
Dr. Friedrich Wittstock, Titul., zu Rostock.
Dr. Johann Schröder, Titul., zu Rostock.

HofChirurgen:

Hofrath, Dr. Carl Frese, zu Ludwigslust.
Doctor Carl August Heinrich Driver, zu Schwerin.
Friedr. Schmidt, zu Doberan, Titul.

HofZahnärzte:

Dr. Carl Luckow, zu Rostock, } Titul.
J. M. Bonheim, zu Schwerin, } Titul.
Sigismund Moritz Memler, zu Schwerin.

HofApotheker:

Otto Heinrich Volger, zu Ludwigslust.
Friedrich Wilhelm Krüger, Titul., zu Rostock.
Heinrich Framm, zu Doberan.
Heinrich Sarnow, zu Schwerin.
Ernst Dolberg, zu Schwerin.

Garderobe:

Kämmerier, Friedrich Meyer, *emer.*
Kammerdiener: Carl Viereck, *emer.*
Christian Thun, *emer.*
Franz Müller.
Joh. Joach. Friedr. Dohse.
KammerLakaien: Paul Ehrke I.
Adolph Rohde.
Ernst Schmidt.
Johann Friedrich Berghausen.
Friedrich Peikert.
Ludwig Ehrke II.
A. Schönewitz.
Johann Tesch.
Friseur, Wilhelm Rochwitz.
GarderobeDiener, Joachim Tiedcke.
GarderobeJungfer, S. Viereck.
Kammer- und GarderobeTischAufwärterin, Lütcke.

Pagen, PagenHofmeister und Informatoren.

Pagen: Ernst August von Sittmann.
Victor, Baron von Stenglin.
Christian von Sittmann.
Hermann von Huth.
PagenHofmeister, vacat.
PagenInformator, Christian Dehn.
Schreibmeister, Friedrich Schulz.
Zeichenmeister, Ludwig Fischer.
Fechtmeister, Carl Steuerwald.
Pagenbursche, Pohle.

HofTheater, HofKapelle und HofMusici.

Intendantur:

KammerDirector, Kammerherr Friedr. Ludw. von Flotow.
Geh.Hofrath C. Zöllner, Königl. Preuss. Hauptmann a. D., Ritter des eisernen Kreuzes, des Wladimir- und des rothen AdlerOrdens vierter Classe.
Berechner u. Rendant der HauptCasse, HofSchauspielDirector Joh. Christian Krampe.
GesangLehrer, Hofsänger Julius Stocks.
Controleur u. Cassier der TagesCasse, N. Dorbandt.

Maschinenmeister,	Ohloff.
Portiers:	Paul Helms.
	Christian Köhler.

HofKapelle:

Concertmeister,	Ludwig Massonneau, *emer.*
HofSängerinnen:	Marie Kloos, *emer.*
	Franzisca Erhard, *emer.*
	Charlotte Zeisig, geb. Richter.
	Ernestine Saal.
	Sophie Flohr, geb. Lemke.
HofSänger:	Christian Lemke, *emer.*
	Joh. Wilh. Matth. Wöhler, *emer.*

HofMusici:

Violinisten:	Alexander Stievenard, *emer.*
	Carl Westenholz. F. Vollbrecht.
	Aug. Rodatz. Heinr. Heiser.
	Friedrich Lührss.
	N. N. Schmidt, Accessist.
Oboisten:	Wilhelm Braun.
	Friedrich Nicolai.
Flötisten:	Friedrich Lütke, *emer.*
	Wilhelm Richter.
Clarinettisten:	Carl Eichhorst.
	Philipp Lappe.
Waldhornisten:	Gustav Bötticher.
	Carl Reinhardt.
Fagottisten:	Georg Heller.
	Carl Rapp.
Trompeter,	Gottfried Bontemps.
Violoncellisten:	Joseph Raudenkolb.
	N. N. Trieb, Accessist.
Contrabassisten:	Wilhelm Mieze, *emer.*,
	August Freibier, auch Posaunist.
	N. N. Meyer, Accessist.
Capelldiener,	Schäfer, *emer.*

(Sämmtliche *Emeriti* wohnen in Ludwigslust.)

HofPianist, Alexander Dreischock, aus Prag

HofBauAdministration:

HofBaumeister, Georg Adolph Demmler, zu Schwerin, leitet sämmtliche Hof-, Marstall-, Gestüts- und MilitärBauten, so wie auch die Bauten bei den Doberaner Bade-Anstalten, unter Assistenz des

BauConducteurs, Georg Friedr. Burtz, zu Ludwigslust, rücksichtlich der herrschaftl. Bauten daselbst und zu Neustadt.

BauAufseher, Hausvogt Heinr. Jantzen, zu Schwerin.

HofBauschreiber: Joh. Christian Behncke, } zu
Ludwig Schmidt, } Ludwigslust.

HofBauCasse:

Berechner, Cassier Zeller.

Bildergallerien, zu Ludwigslust, Schwerin und Neustadt.

Director, Friedr. Christ. Georg Lenthe, zu Ludwigslust.

Gallerie und KunstKammer, zu Schwerin.

Aufseher, OberCastellan Joach. Heinr. Krüger.
Garderobediener Friedrich Fitense.

Sammlung Meklenburgischer Alterthümer und MünzSammlung, zu Schwerin:

Aufseher, Archivar Georg Christ. Friedr. Lisch.
Custos, HofKüster Wilhelm Buchheim.

HofKünstler, nach dem Alphabet. (39)

HofBildhauer, J. W. Carré, } zu Schwerin.
—Buchdrucker, H. W. Bärensprung, } zu Schwerin.
—Buchhändler: Jul. Eberstein, in Rostock, (C. C. Stiller in Rostock u. Schwerin).
Friedr. Hinstorff, in Parchim und Ludwigslust.
—Büchsenmacher, Wilh. Grieck, zu Ludwigslust.
—Feuerwerker, N. Zander, zu Schwerin.
—Fortepianomacher, C. Blieffert, zu Ludwigslust.
—GoldJuweliere: N. Walsleben, zu Ludwigslust.
Wilh. Brasseler, zu Schwerin.
Gottfried Brunswig, zu Rostock.
Joh. Carl Ed. Wagner, zu Berlin.
Ludwig Rose, zu Schwerin.
— Graveure: S. M. Jonas, zu Güstrow.
S. L. König, } zu
Ant. Friedr. Lenthe, } Schwerin.

HofInstrumentenmacher, Joh. Carl Aug. Otto, } zu Ludwigslust.
— Kupferstecher, N. Hoffmann, } zu Ludwigslust.
— Maler Professor Rudolph Suhrlandt, zu Ludwigslust.
Carl Schumacher, } zu Schwerin.
Gaston Lenthe, titul. } zu Schwerin.
— Decorationsmaler: Friedr. Pohlmann, zu Schwerin.
Joh.Dan.Clement, z.Ludwigslust.
— Mechanici: Christian Albrecht, zu Rostock.
Wilh. Jantzen, zu Ludwigslust.
Johann Kitzerow, zu Grabow.
— Modelleur, Joh. H. Jacobi, zu Ludwigslust.
— Opticus, Daniel Kohn, zu Schwerin.
— Orgelbauer, Friedrich Friese, zu Schwerin.
Inspector der Schleifmühle zu Schwerin, Conrad Niedt.
HofSteindruckerei, Tiedemannsches Institut zu Rostock.
— Uhrmacher: Georg Schönfeld, zu Schwerin.
Friedrich Martens, } zu Ludwigslust.
Heinr. Martens, Adj. } zu Ludwigslust.
G.H.Schönfeld, Tit., zu Rostock.
N. Gärtner, zu Doberan.
Christian Völling, zu Rostock.
E. Engel, zu Schwerin.
— Vergolder, Eduard Seelicke, zu Schwerin.
— Zeichner, August Achilles, zu Schwerin.

H o f K ü c h e.

1) Zu Schwerin:

HofKüchenmeister: Carl Viereck.
Joh. Ludw. Hieronym. Vogler.
HofKüchenschreiber, Carl Kurztisch.
OeconomieGehülfe und Bratenmeister, Friedrich Kühl.
MundKöche und Backmeister: Johann Brüssow.
Wilhelm Rehdanz.
Wilhelm Müffelmann.
Ernst Schack.
HausKöche: Heinr. Klett. Eduard Raabe.
KüchenBursche: Herm. Monich. Carl Buchheim.
Friedr. Brusch. Heinr. Zander.
Friedr. Hackbusch. Carl Schultz.
Heinr. Behrens. N. N. Mulsow.
KüchenKnechte: N. N. Zander. F. Schröder.
Ludw. Schwemer.

Bratenwender,	N. N. Trimm.
Essenträger:	Fr. Schulz.
	N. N. Schulz.
Viehwärterin,	Christine Röhl.
Küchenmädchen:	Sophie Haaker.
	Wilhelmine Sager.
	Dorothea Buchholz.
	Marie Siggelkow.

2) Zu Ludwigslust:

OberHofKüchenverwalter,	Joh. Wilh. Leetsch
Hof- u. ReiseKüchenmeister,	Wilhelm Kurztisch.
KüchenSchreiber,	Adolph Berghausen.
OeconomieGehülfe,	Adolph Maas.
MundKöche und Backmeister:	P. E. F. Glöde.
	Ludwig Leetsch.
Bratenmeister u. HausKoch,	Joh. Heinr. Baase.
HofFischer:	Friedrich Heersen, zu Friedrichsmoor.
	Johann Ulrich, zu Neustadt.
KüchenBursche:	Behrens.
	Hackbusch.
KüchenKnechte:	N. N. Lange.
	Friedrich Bolsmann.
	Friedrich Brüssow.
Küchenfrau,	Wilhelmine Rohde.
Küchenmädchen:	Marie Ihde.
	Elisabeth Jähring.
Viehwärter,	Friedrich Kolbow.

HofConditorei.

HofConditoren:

Ludwig Hurttig, zu Ludwigslust.
Friedrich Krefft, zu Schwerin.
Heinrich Krefft, zu Rostock, Titul.

KaffeeSiederei.

Kaffeeschenk,	N. N. Müller, zu Schwerin.
Kaffeeschenkin,	N. N. Kork, zu Ludwigslust.

HofKeller.

HofKellermeister,	Fried. Alb. Wöhler, zu Schwerin.
OberMundschenk,	Christ. Friedr. Ludw. Sandhoe, zu Schwerin.
Mundschenke:	Joh. Conr. Dörr, zu Ludwigslust.
	der zweite vacat.

SilberKammer.

Silberdiener und Tafeldecker:	N. N. Böteführ, zu Schwerin.	
	Johann Böhm, zu Ludwigslust.	
Silberwäscherinnen:	N. N. Voss, Auguste Jonas, verehel. Funck,	zu Ludwigslust.

SchlossBediente.

OberCastellan,	Joach. Heinr Krüger,	zu Schwerin.
Castellan,	Georg Wessel,	zu Schwerin.
Hausmeister,	Ohloff,	zu Schwerin.
Castellane:	Christian Goss, zu Ludwigslust.	
	Johann Meussling, zu Rostock.	
	Friedrich Klockow, zu Neustadt.	
	Friedrich Fick, zu Plüschow.	
Hausvogt,	Heinrich Jantzen, zu Schwerin.	
Bettmeister,	Friedrich Greiss, zu Schwerin.	
Portiers:	N. N. Leonhard, H. Dabelstein (*),	zu Schwerin.
	Joh. Wilh. Funck, zu Ludwigslust.	
	N. N. Giese, N. N. Müller,	zu Doberan.
Feuerwärter:	Siggelkow, Schulz, Erdmann, Müller, Borgwaldt, Schöning, Abs, Hillmann, Pohlmann, Fischer,	zu Schwerin
	Gerls, Kolbow, Kliefoth, Tiedemann, Laudon, Engel, Hagen, Meyer,	zu Ludwigslust.
	Joh. Gottfr. Busch, Johann Konow,	zu Rostock.
	N. N. Crull, N. N. Serrahn,	zu Doberan.
	Joachim Bodt, zu Neustadt.	
Frotteurs:	Johann Voss, N. N. Reckentin,	zu Schwerin.
	Joh. Lemmermann, Friedr. Lemcke,	zu Ludwigslust.
LampenAnzünder:	Peters, Joh. Krüger,	zu Schwerin.
	Joh. Lübess, zu Ludwigslust.	
Aufseherin,	N. N. Wessel, zu Schwerin.	

Zimmermädchen:	N. N. Jarmer.	zu Schwerin.
	Friedr. Küsemeyer,	
	Sophie Oesterling,	
	N. N. Wangemann,	
	L. Rausch,	
	L. Trimm,	
	Anne Marie Wolter,	zu Ludwigslust.
	Magdalene Paap,	
	D. Friemann,	
	Friederike Schmehl,	
	N. Uplegger,	zu Doberan.
	N. Zimmermann,	

HausInspector, Helmuth Sköllin.

GartenBediente.

Zu Schwerin.

ObeгGärtner, Christian Klett.
HofGärtner, Theodor Klett.
GartenKnechte: Joachim Röpcke.
N. N. Kohlmess.

Zu Ludwigslust.

OberGärtner, Joh. Heinr. Schweer, *emer.*
PlantagenDirector, August Schmidt.
HofGärtner: Carl Schweer.
Conrad Heinr. Beissner.
Gartenknechte: Johann Niemann.
N. Sabban.
N. N. Bartels.
N. N. Hinrichs.

Zu Neustadt.

SchlossGärtner, Peter Schmidt.

Zu Rostock.

HofGärtner, Friedr. Wilh. Sponholz, Titul.

HofTrompeter und Pauker, zu Ludwigslust.

Carl August Meisner, *emer.*
Friedrich Nagel.
Leonhard Thormann.
Johann Wilhelm Zeisig.
N. Hartmann.
N. Schröder.
Gottfried Bontemps, zu Schwerin.

HofPauker, Johann Friedrich Lindemann.

HofLivréeDienerschaft.

HofFouriere: Friedrich Röhl, zu Schwerin.
N. N. Meyer, zu Ludwigslust.

Laufer:	Franz Berghausen.	Heinr. Kork.
	N. N. Maass.	
Heiducken:	N. N. Thomas.	N. N. Linow.
HofLakaien:	C. Lexow.	Hausmann.
	Joh. Phäler.	C. Köpcke.
	N. Willrath.	Fr. Klandy.
	Heinr. Tiede.	Joh. Meyer II.
	Pützky.	L. Berghausen.
	C. Pohle.	Baustian.
	A. Meyer I.	Fr. Kunkel.
	Gagzow.	Joh. Hasenhorst.
	Röhlcke.	
	Brümmer, zu Ludwigslust.	

WaschHaus.

OberAufseherin,	Louise Türk, zu Schwerin.
Aufseherinnen:	Friederike Rehberg, zu Ludwigslust.
	Meta Michéel, zu Schwerin.
SchlossBleicherin,	N. N. Ahrens.
Waschmädchen:	N. N. Brüggemann, } zu Schwerin.
	Sophie Buchholz, } zu Schwerin.
	Marie Stark, } zu Ludwigslust.
	Friederike Jörss, } zu Ludwigslust.
Nähmädchen,	Sophie Schröder.

HofLieferanten und HofOuvriers: (116)

HofBäcker:	N. N. Breuel, zu Ludwigslust.
	Carl Chr. Lüders, zu Rostock.
	Gustav Clemens, zu Schwerin.
	Helmuth Bielefeld, zu Doberan.
—Beutler,	Joach. Gottfr. Schmidt, zu Rostock.
—Bierbrauer,	A. F. Meyer's Wittwe, zu Ludwigslust.
—Böttcher:	Johann Friedrich Kundt, zu Rostock.
	Jacob Lembcke, } zu Schwerin.
—Brunnenmacher,	Hafemeister, } zu Schwerin.
—Buchbinder:	Friedrich Jahn, } zu Schwerin.
	Jörss, zu Ludwigslust.
	Friedrich Daniel Reppien, zu Rostock.
—Bürstenbinder:	Joh. Chr. Ernst Wilcke, } zu Schwerin.
	N. Amelong, } zu Schwerin.
—Ebenist,	Johann Caspar Garms, zu Schwerin.
—Factoren:	Cusel Schnabel, } zu Hamburg.
	Herz Samson Hinrichsen, } zu Hamburg.
—Glaser,	Joh. Christian Bergau.

HofGlaser: Joh. Dav. Gillmeister, zu Ludwigslust.
Benjamin Beckmann, zu Doberan.
Joh. Heinr. Reuter, zu Güstrow.
— Goldschmide: Joh. Madauss, zu Grabow.
Carl Schönfeld, Ulrich Lexow, } zu Schwerin.
Franz Diercks, zu Rostock.
— Grobschmide: Christian Heinr. Schröder, zu Güstrow.
Ferdinand Probst, zu Rostock.
N. N. Wentzien jun., zu Doberan.
— Hutmacher: J. C. Wille, zu Schwerin.
Valentin Arends, zu Hamburg.
J. G. Hänsch, zu Rostock.
— Klempner: Joachim Heinr. Zipplitt, Friedrich Zipplitt, } zu Schwerin.
Fr. Feiser, zu Ludwigslust.
Dan. Friedr. Papenhagen, zu Rostock.
Joach. Heinr. Töppel, zu Doberan.
Helmuth Schwarz, zu Güstrow.
Emanuel Cohn, zu Schwerin.
— Korbmacher: Carl Gottlieb Haak, zu Schwerin.
J. C. Berger, zu Ludwigslust.
— Kürschner: Christoph August Lier, zu Schwerin.
A. J. Krahnstöver, zu Rostock.
— Kupferschmide: Johann Tiedemann, zu Schwerin.
Fr. Steinhorst, zu Rostock.
— Lackirer, Hermann Lübgens, zu Schwerin.
— Lieferanten: C. A. A. Peters, Moses Salomon, } zu Ludwigslust.
Heinrich Huster, zu Schwerin.
Daniel Joseph Jaffée, zu Hamburg.
Rehwoldt, zu Schwerin.
— Maurermeister: HofBauInspector Conrad Heinr. Barca, zu Schwerin.
N. N. Behncke, zu Ludwigslust.
C. H. L. Ernst, zu Rostock.
Matthias Schmidt, zu Güstrow.
N. N. Storer, zu Doberan.
Joh. Friedr. Schulz, zu Schwerin.
— Messerschmide: Georg Michael Mössinger, zu Rostock.
N. N. Schnur,
— *Posamentier*, Zapf,
— *Pumpenmacher*, Friedrich Loetz, } zu Schwerin.

HofSattler:	Joh. Christoph Gierahn, zu Rostock.
	Heinrich Ehrcke, zu Schwerin.
—Schirmfabrikant,	Leopold Richter, zu Ludwigslust.
— Schlächter:	Christian Friedrich Busch, zu Rostock.
	Christoph Hoffmann, } zu
	Joh. Aug. Christ. Wilcken, } Schwerin.
	W. Steffen, zu Ludwigslust.
	Hauck, zu Doberan.
— Schleifer,	Joseph Schneller, zu Ludwigslust.
— Schlösser:	Samuel Hufnagel, zu Güstrow.
	Georg Heiser, } zu
	Friedr. Heiser, adj., } Ludwigslust.
	Friedr. Struck, zu Doberan.
	Franz Duve, } zu Schwerin.
	N. N. Kümmerling, }
— BahnSchmid,	Carl Haack, zu Schwerin.
LeibSchneider,	Johann Franz Suckrow, zu Rostock.
HofSchneider:	Johann Zettler, zu Schwerin.
	N. Weipert, zu Paris.
	W. Maass, zu Doberan.
	Carl Dieterich, zu Schwerin.
— Schornsteinfeger:	Christian Franzen, zu Schwerin.
	Ludwig Sabban, zu Ludwigslust.
	Joh. Jul. Carl Völcker, zu Rostock.
— Schuster:	Charles Andr. Villedervant, zu Paris.
	Friedrich Lüth, zu Schwerin.
	Andreas Schröder, zu Bützow.
	David Gagzow, zu Wismar.
	Andreas Hoffmann, zu Schwerin.
	C. Clauser, zu Rostock.
	G. Bauer, zu Doberan.
— Seiler:	Friedr. Rose, zu Schwerin.
	Christian Wahl, zu Rostock.
— Stuhlmacher:	Georg Wilhelm Lange, zu Rostock.
	N. N. Feiser jun., zu Ludwigslust.
— Tapezier:	Friedrich Pfannenstiel, zu Doberan.
	N. N. Schuppenhauer, zu Schwerin.
— Tischler:	Friedrich Bliefert, zu Ludwigslust.
	Carl Mowitz, zu Doberan.
	Heinrich Behncke, zu Schwerin.
	Wallmann, zu Grabow.
	Bernh. Nagel, zu Schwerin.

HofTischler: H. Hahn, zu Güstrow.
H. Menges jun., zu Ludwigslust.
Fr. Albrecht, zu Rostock.
—Töpfer: Fr. Wierach, zu Schwerin.
Friedr. Tschogge, zu Rostock.
—Wagenfabrikant, Carl Siewert, zu Berlin.
—Weber: Joh. Joach. Thormann, zu Schwerin.
Wilhelm Helmke, zu Ludwigslust.
—Weinhändler, Christian Nicol. Reitz, zu Rostock.
—Zimmermeister: Joh. Friedr. Clewe, zu Schwerin.
N. Albrecht, zu Ludwigslust.
Zacharias Dierks, zu Rostock.
N. N. Lemcke, zu Schwerin.
—Zinngiesser: Christ. Friedr. Capheim, zu Schwerin.

C) *MarstallAmt*, zu Schwerin.

OberStallmeister, vacat.
Stallmeister, Kammerherr August von Boddien, des JohanniterOrdens Ritter, *ad interim* Director des MarstallAmts.
Hofrath Georg Friedrich Nicolaus Livonius.
Registrator, Carl Friedrich Wilhelm Kundt.
Copiist u. Protocollist, Friedrich Stein.

MarstallCasse:

Berechner, Registrator Carl Friedr. Wilh. Kundt.
(Wegen des Bauwesens, vergl. HofBauAdministration.)

Marstall:

OberStallmeister, vacat.
Stallmeister, Kammerherr August von Boddien, *ad interim* Chef des Marstalls.
Stallmeister: Friedrich Ludwig Franz Eggersf, zu Ludwigslust.
Friedrich Plessmann.
Ludwig Detmering.
OberRossArzt, Georg Rüst, zu Ludwigslust.
Bereiter, Friedrich Blieffert.
RossArzt, Friedrich Viereck.

LivréeDienerschaft: (48)

LeibSattelDiener: Franz Oldenburg.
Friedrich Rosbach.
Carl Puls, zu Ludwigslust.

Wagenmeister:	Georg Tiede.	
	Carl Graff, zu Doberan.	
	Georg Lütcke.	
Futtermeister:	Johann Viereck, zu Ludwigslust.	
	Stallschreiber Friedr. Klentz.	
Reitschmid,	Conrad Tarncke. zu Ludwigslust.	
LeibKutscher,	Georg Herrmann.	
Kutscher:	Friedr. Kuhlmann.	Lud. Jiencke III.
	Wilh. Hencke.	Joh. Hennings.
	Wilh. Hermann.	Heinr. Dunz.
	Joh. Moltmann.	Joh. Horn.
	Friedr. Gloede, bei Sr. K. Hoheit dem Erbgrosherzoge zum Dienst nach Bonn commandirt.	
	Heinr. Hamann.	
Vorreiter:	Ludw. Tiede II.	Heinr. Rust.
	Christ. Woest.	Gottfr. Döppe.
	Joh. Baarck.	Carl Wachsmuth.
	Carl Becker.	
Reitknechte:	Heinr. Grahl.	Friedr. Vick.
	Carl Tarncke.	Friedr. Brüssow.
	Joach. Jienke I.	Ludw. Strömer.
	Friedr. Tiede I.	Carl Rathloff.
	Carl Peters, bei Sr. K. Hoheit dem Erbgrosherzoge zum Dienst nach Bonn commandirt.	
Beireiter:	Aug. Schulz I.	Carl Schulz II.
	Friedr. Jienke II.	Heinr. Schwerin.
Bahnwärter,	vacat.	
Häckselschneider,	Joh. Brüssow,	zu Ludwigslust.
HeuBinder:	Heinrich Lütcke,	zu Ludwigslust.
	Friedr. Bünger,	zu Ludwigslust.
	Joh. Schönfeld.	
StallBurschen:	Carl Tiede III.	Heinr. Dabelstein.
	Fr. Kuhlmann II.	Heinr. Zarkander.

Uebrige Bediente beim Marstall:

HofSchmid,	Wilhelm Niens, zu Ludwigslust.
— Sporer,	N. Rückert.
— Stellmacher,	N. Elsner jun.

Vereintes Haupt- und LandGestüt zu Redefin und Pätow.

(S. Abschnitt II.)

II. HofStaat Ihrer Königlichen Hoheit der Grosherzogin.

Kammerherren und Kammerjunker:

Die diensttbuenden Kammerherren und Kammerjunker Sr. Königl. Hoheit des Grosherzogs fungiren auch bei der Grosherzogin, Königl. Hoheit.

Secretär,

GeheimerHofrath C. Zoellner, Königlich Preussischer Hauptmann a. D., Ritter des eisernen Kreuzes, des Wladimir- und des Königl. Preuss. rothen Adler-Ordens vierter Classe.

Kammer- und LivréeDienerschaft:

Die Kammer- und LivréeDienerschaft Sr. Königlichen Hoheit des Grosherzogs fungirt auch bei der Grosherzogin, Königl. Hoheit.

OberHofmeisterin,

Ihre Excellenz, Gräfin Marianne von Bassewitz, geb. von Lützow.

HofDamen:

Marie von Vietinghoff, geb. von Moltcke.
Bertha von Schreeb.
Susette von Gallenfeldt.
Dorothea von Levetzow.

Kammerfrauen:	Julie Spillner.	
	Sophie Klockow.	
Garderobejungfern:	L. Helmkamp.	M. Müller.
	W. Thomas.	N. Jentzen.
	H. Meier.	N. Graack.
	L. Moltmann.	N. Gesterling.

Bei des Erbgrosherzogs *Friederich Franz* Königl. Hoheit,

jetzt in Bonn.

Gouverneur, Kammerherr und Oberstlieutenant Adolph von Sell, Ritter des Königl. Preuss. JohanniterOrdens und des Herzogl. SachsenErnestinischen HausOrdens, Inhaber der Königl. Preuss. zweiten CampagneMedaille.

KammerLakai,	Joh. Tesch,	(S. Kammer- u. HofLakaien.)
Lakai,	Baustian,	
Kutscher,	Friedr. Glöde,	(S. Marstall.)
Reitknecht,	Carl Peters,	

Bei der Herzogin *Louise* Hoheit.

HofDame,

Henriette von Hochstätter.
Kammerfrau, Bertha Martens.

Bei des Herzogs *Wilhelm* Hoheit.

von Zülow, PremierLieutenant, commandirt als Gouverneur Sr. Hoheit.
Instructor, Joh. Aug. Ferd. Brockmann.

III. HofStaat Ihrer Königl. Hoheit der verwittweten Erbgrosherzogin zu Ludwigslust.

Hofmarschall,

Kammerherr Carl von Rantzau, * des Kaiserl. Russisch. St. AnnenOrdens erster Classe Ritter, des Königl. Französischen Ordens der EhrenLegion GrosOfficier, des Sächs.Weim. weissen FalkenOrdens Commandeur, des Königl. Schwedischen Schwerdt- und des JohanniterOrdens Ritter.

Intendant,	Conr. Heinr. Beissner.
Koch,	Wilhelm Asmus.
Lakaien:	Ludwig Libnau. Friedr. Düfke. Heinrich Bastian. Heinrich Tepp.
DamenLakai,	Heinrich Krumm.
Feuerwärter:	Joachim Heuer. Chr. Wickborn.
Küchenknecht,	Friedrich Lohf.

HofDamen.

Mariane von Vietinghof.
Gustave von Sinclair.
Kammerherrin Charlotte von Brandenstein.

Kammerfrau,	F. Kitzing.
Garderobemädchen:	Georgine Meyer. Louise Wöhler. N. Schultz.
Silberwäscherin,	Marie Glasing.
Zimmermädchen,	Marie Duckstein.
Küchenmädchen,	Louise Viereck.
Waschmädchen,	N. Techam.

IV. HofStaat Sr. Hoheit des Herzogs *Gustav* zu Ludwigslust.

Secretär,	Eduard Flohr.
Koch,	Adolph Röhl.

Gärtner,	Heinrich Kniestädt.
Livréejäger,	Heinrich Wiegandt.
Revierjäger,	Heinrich Regenstein.
Lakaien:	Heinrich Sauter.
	Christoph Wegener.
Garderobediener,	Carl Kraack.
Kutscher,	Friedrich Rieckhoff.
Reitknecht,	Carl Müller.
Hausknecht,	Friedrich Friemann.
Nachtwächter,	Heinrich Scheppler.
Garderobejungfer,	Christine Runge.
Küchenmädchen,	Elise Ruhbach.

V. Der wailand durchlauchtigsten Herzogin *Louise* hinterlassener HofStaat.

HofDamen:	Marianne von Barsse.
	von Vietinghof.
Kammerfrau,	Ilsabe Catharine Schacht.
GarderobeMädchen:	Anna Schnuren.
	Charlotte Krüger.
DamenMädchen:	N. N. Siggelkow.
	N. N. Schmidt.

Vierter Abschnitt.

Die Regierung und Lehnkammer

zu Schwerin.

Präsident:

Se. Excellenz, der GeheimeRathsPräsident und erste Minister Ludwig von Lützow, des Kaiserl. Russischen St. AnnenOrdens erster Classe Ritter, des Königl. Hannoverschen Guelphen- und des Königl. Dänischen DannebrogOrdens Grosskreuz, auch des JohanniterOrdens Ritter.

Regierungsräthe: Johann Carl Bouchholtz.
Friedrich Albrecht von Oertzen.
Dr. Christian Heinrich Saniter.
Friedrich von Bassewitz.
Dr. Johann Friedrich Knaudt.

RegierungsAssessor, Aug. Christ. von Witzendorff.

Regierungs- und LehnsFiscal,

Geheimer Kanzleirath Friedrich Christian Müller.

Regierungs- und LehnsKanzlei,

Secretarien:

Lt. Peter Manecke, Kanzleirath.
Carl Friedrich Paschen, Hofrath.
Staats Friedrich Bouchholtz.

Registratoren:

Georg Carl Julius zur Nedden.
Friedrich Paschen.
Julius Krüger.
Friedrich Wilhelm Schmidt, } supern.
Bernhard Ludwig Joseph Beetz, }
Botenmeister, Gustav Peitzner.

Secretär Friedr. Ludw. Franz Kreichelt, zur Hülfsleistung in der Registratur und im Secretariat.

Geheimer Kanzellist, Franz Friedrich Buschmann.
Kanzellisten: Friedrich Driesch.
Carl Behrbohm.
Hans Jahn.

Copiisten: Leopold Schönfeld.
Theodor Reppert.
Wilhelm Ludwig.
Pedellen: Joh. Friedr. Jahn, GeheimeRathsFourier.
Heinrich Michaelsen.
Portier im CollegienGebäude, N. N. Düffke.

RegierungsFiscus.

Berechner, RegierungsRegistrator zur Nedden.

RegierungsBibliothek.

Bibliothekar, Archivar Georg Christian Friedr. Lisch.

SpecialDepartements der Regierung:

SpecialDepartement für städtische und PolizeiAngelegenheiten:

Kanzleirath Friedrich Christian Boccius.
Commerzienrath Friedrich Mantius.
Hofrath Christian Johann Lüders.
Hofrath August Wendt.
Kanzellist, Joachim Heinr. Christian Holländer.

SchulDepartement:

Schulrath Christoph Friedrich Meyer.

CensurCollegium:

Geheimer Kanzleirath Peter Friedrich Rudolph Faull.
Hofrath Friedrich Christian Hartwig Tolzien.
Schulrath Christoph Friedrich Meyer.

Steuer- und ZollDepartement:

(zugleich beauftragt mit der Leitung des Zoll- und AcciseCommissariats in Rostock).

SteuerDirector, Joh. Heinr. Tob. Matthies-Klinger.
Steuerrath, Gustav Ludwig Schulze.
Secretär, Ludwig Gabillon.
Kanzellist, Carl Julius Ludwig Zeller (*).
Copiist, Friedrich Block.
Pedell, Friedrich Wilhelm Erhardt.

(S. Abschnitt VI.)

SpecialDepartement der LehnKammer für das ritterschaftliche Hypothekenwesen.

Departementsrath,

Regierungs- und Lehnrath, Doctor Christian Heinrich Saniter.

HypothekenBewahrer:

Erster HypothekenBewahrer, Geheimer Kanzleirath Peter Friedrich Rudolph Faull.

Zweiter HypothekenBewahrer, Doctor Carl Wilhelm Oldenburg.

Buchhalter, Receptor und Expedient,

KanzleiSecretär, Georg Ludwig Peitzner.

Registrator, Heinrich Peitzner.

Pedell, Johann Heinrich Lübbert, Kanzellist.

Unter der unmittelbaren Aufsicht der Regierung stehende Institute und Behörden:

Das Geheime- und HauptArchiv nebst der Sammlung Meklenburgischer Münzen zu Schwerin.

Archivarien: Heinrich Groth.
Georg Christian Friedrich Lisch.

Aufwärter, Klentz.

Die CivilAdministrationsCasse zu Schwerin,

für die fixen jährlichen Besoldungen der gesammten grosherzoglichen CivilDienerschaft, auch der Universität zu Rostock, mit Ausnahme der Cameral-, Hof- und MilitärEtats, auch für mehrere ungewisse LandesAdministrationsBedürfnisse.

Berechner, Carl Christian Christoph Ahrens, LandRentmeister.

Das landesherrliche Commissariat für die PolizeiAngelegenheiten der ResidenzStadt Schwerin.

Commissarius, Geheimer Hofrath Friedrich August Bouchholtz.

Die LotterieDirection zu Schwerin.

(Die Ueberschüsse der Lotterie, welche regelmässig alle Jahre, jedesmal in 6 Classen, für das Jahr 1841 nämlich die 142. und 143. gezogen wird, sind für das Zuchthaus in Dömitz, oder andere gemeinnützige Anstalten, jede vierte Lotterie aber abwechselnd für den academischen Fiscus und das Waisen- oder Zuchthaus zu Rostock bestimmt.)

Commissarien:

Hofrath Carl Friedrich Paschen.

Hofrath Friedrich Carl Hartwig Tolzien.

LotteriePächter,	LotterieInspectors Jonas Erben.
Actuarius,	Friedrich Stresow.
Protocollisten:	Franz Brusch.
	Senator Heinrich Voss.
	Georg Evers.
Publications-Notarien:	Registrator Chr. J. C. Hennings.
	Carl Georg Heinrich Freudenthal.

Fünfter Abschnitt.

Cameral Staat.

Das KammerCollegium, zu Schwerin.

Präsident,

Se. Excellenz, Theodor Diederich von Levetzow, zweiter Minister und GeheimeRath.

KammerDirector,	Wilhelm, Baron von Meerheimb, des JohanniterOrdens Ritter.
Geh.Kammerrath,	Hans Leop. Bernh. von Plessen, Landdrost, des Johannit.Ordens Ritter, Inhaber der Schwedisch. SchwerdtO. Medaille. *
GeheimerPostrath,	Friedrich v. Pritzbuer, des Königl. Dän.DannebrogO.Commandeur und des JohanniterOrd. Ritter.
Geh.Kammerrath,	Ludwig von Prollius.
Kammerräthe:	Leopold Friedr. Heinrich Wendt.
	Heinr. Adolph Dieder. v. Brock.
OberBaurath,	Carl Heinrich Wünsch.

KammerKanzlei.

KammerSecretarien:	Ludwig Moritz Holm, Hofrath.
	Johann Ludwig Wilhelm Brüning.
	Georg Johann Wilhelm Stolte.
	Fr. Joh. Chr. Bouchholtz, supern.
KammerRegistratoren:	P. W. Delagarde, } mit Kammer-
	Ant. Herm. Holm, } SecretärsRang.
	Ludwig Schachschneider.
	August Heinrich Schlüter.
	Johann Gottfried Dierking.
	Ludwig Heinrich Schulze.
	Johann Bernhard Otto Jeppe.
	PostInspector H. A. F. Tesch, für das Postfach.
	Friedrich Masius, supern.
Geh.KammerKanzellist,	Johann Fahrenheim.
KammerKanzellisten:	Friedrich Wilhelm Steinmetz.
	Christian Friedrich Schmidt.
	Friedrich Neckel.

KammerKanzellisten: Heinrich Burmeister.
Ludwig Johann Lesker.
DomänenFourier, Ernst Joh. Friedr. Fahrenheim.
KammerExecutor, Friedrich Brusch.
KammerKanzleiDiener, Johann Peter Thurmann.

Die HauptKammerCasse

(wird von der Renterei berechnet, s. Abschnitt II).

KammerAdministrationsCasse.

Berechner, DomänenFourier Ernst Joh. Friedr. Fahrenheim.

Münze.

OberMünzmeister, Franz Anton Nübell.
MünzWardein, Georg Rettberg.
Maschinen- u. Prägemeister, David Krille.
Justirmeister, Anton Lenthe, HofGraveur.
Walzmeister, Anton Schwarz.

KammerProcuratoren:

Hofrath Friedrich Scharenberg, zu Rostock.
Hofrath Johann August Theodor Sänger, zu Güstrow.
Hofrath Ernst Emil Eggersf, zu Rostock.
Hofrath Friedr. Hartw. Christ. Tolzien, zu Schwerin.
Advocat Heinrich Burmeister, zu Güstrow.
Doctor Carl Wilhelm Oldenburg, } zu
Hofrath Georg Friedrich Nicolaus Livonius, } Schwerin.
Doctor Gottl. Christian Friedrich Linck, zu Rostock.

BauDepartement.

DepartementsRath, OberBaurath Carl Heinr. Wünsch.
LandBaumeister Ludwig August Johann Gottlieb Bartning, zu Schwerin. (Siehe RevisionsDepartement.)

District I. In den Aemtern Bukow, Grevismühlen, Meklenburg, NeuKloster, Poel, Redentin, Sternberg, Tempzin und Warin:
LandBaumeister Johann Friedr. Kern, zu Wismar.
BauConducteur Joh. Heinr. Tischbein, zu Warin, beigeordnet *ad inter.*

District II. In den Aemtern Goldberg, Lübz, Marnitz, Neustadt, Plau und Wredenhagen:
LandBaumeister Gustav Heinr. Wilh. Voss, zu Plau.
BauConducteur Theod. Klitzing, beigeordnet *ad int.*

District III. In den Aemtern Bakendorf, Boizenburg, Dömitz, Eldena, Grabow, Hagenow, Lübtheen und Toddin:
LandBaumeister Friedr. Flemming, zu Hagenow.
BauConducteur Joach. David Grabow, zu Dömitz, beigeordnet *ad inter.*

District IV. In den Aemtern Crivitz, Gadebusch, Rehna, Schwerin, Walsmühlen, Wittenburg und Zarrentin:
LandBaumeister Carl Adolph Hermes, zu Gadebusch.
BauConducteur Friedr. Ludw. Behncke, beigeordnet.
District V. In den Aemtern Dargun, Gnoien, NeuKalden, Ribnitz, Stavenhagen und Sülze:
LandBaumeister Johann Virck, zu Sülze.
District VI. In den Aemtern Bützow, Doberan, Güstrow, Rossewitz, Rühn, Schwaan, Teutenwinkel u. zu Rostock.
LandBaumeister Carl Severin, zu Doberan.
BauConducteur Heinrich Steuer, zu Güstrow, beigeordnet, *ad interim.*
Wege- und WasserBauten: Baumeister William Weir, zu Schwerin.
BauConducteur August Schumacher, beigeordnet, *ad int.*

BauConducteure:

Georg Friedr. Burtz, zu Ludwigslust.
Diederich Carl Susemihl, zu Bützow.
Friedr. Ludw. Behncke, zu Gadebusch. (S. Distr. IV.)
August Schumacher. (S. oben.)
Eduard Wilhelm Garthe, zu Neustadt.
Alexander Friedrich Jatzow, zu Schwerin.
Joachim David Grabow, zu Dömitz. (S. Distr. III.)
Johann Heinrich Tischbein, zu Warin. (S. Distr. I.)
Carl Behncke, zu Schwerin.
Theodor Klitzing, zu Plau. (S. Distr. II.)
Heinrich Steuer, zu Güstrow. (S. Distr. VI.)
Hermann Willebrand, zu Schwerin.

ChausseeBauInspection:
(S. Abschnitt XI.)

KammerIngenieurs: (23)

OeconomieRath Carl Friedrich Düffke, zu Woserin.
Joachim Ludwig Michaelsen, zu Dargun.
KammerCommissär Aug. Christian Sommer, zu Parchim
Friedrich Wilhelm Susemihl, zu Wittenförden.
Gottlieb Wilhelm Voss, zu Schwanheide.
Carl Wilhelm Hertel, zu Neustadt.
Johann Gottlieb Borgwardt, zu Wismar.
KammerCommissär Joh. Dan. Brekenfelder, zu Sternberg.
Heinrich Christoph Stüdemann, zu Ruest.
Adolph Peeck, zu Goostorf.
Johann Heinrich Susemihl, zu Hagenow.

Daniel Conrad Wilhelm Brekenfelder, zu Schwerin.
Bernhard Friedrich Engel, zu Dargun.
B. Rohrdanz, zu Schwerin.
Conrad Meyer, zu Doberan.
Carl August Heinrich Wunderlich, zu Gadebusch.
Hans von Cossel, zu Klütz.
Eduard Zeller, zu Güstrow.
Wilhelm Hertel jun., zu Boizenburg.
Alexander von Hafften, zu NeuBukow.
Ludwig Georg Heinrich Meincke, zu Doberan.
C. E. Schmiedekampf, zu Waren.
Wilhelm Peltz, zu Doberan.

ThierArzt:
Professor Friedrich Steinhoff, zu Schwerin.

Einzelne CameralGegenstände.

A. Domänen.

(Siehe II. Theil, S. 4-59.)

KammerDistrictsEintheilung.

District I. KammerDirector, Baron von Meerheimb, für die Aemter Bukow, Gadebusch, Plüschow, Rehna, Meklenburg, Redentin, Poel, Warin, Sternberg, Tempzin, NeuKloster.

District II. Geh.Kammerrath, Landdrost von Plessen, für die Aemter Crivitz, Neustadt, Goldberg, Plau, Güstrow, Rossewitz, Lübz, Marnitz, Wredenhagen.

District III. Geh.Kammerrath von Prollius, für die Aemter Doberan, Dargun-Gnoien-NeuKalden, Ribnitz, Stavenhagen, Sülze und Teutenwinkel.

District IV. Kammerrath Wendt, für die Aemter Dömitz, Grabow-Eldena, Hagenow, Toddin, Bakendorf, Lübtheen und Schwerin.

District V. Kammerrath von Brock, für die Aemter Boizenburg, Bützow-Rühn, Grevismühlen, Schwaan, Wittenburg, Walsmühlen, Zarrentin.

I. Aemter.

a) *Im Herzogthume Schwerin.*

1) Amt Bukow.

Drost,	Johann Friedrich von Seeler.
Amtsverwalter,	Carl von Voss.

AmtsAuditor,	Adv. Carl Fr. Gust. Schulemann. 32
AmtsRegistrator,	Adolph Friedrich Christ. Tackert.
	2) Crivitz.
Erster Beamter,	vacat.
Amtmann,	Friedrich Krüger.
Amtsverwalter,	Heinr. Friedr. Blankenberg.
AmtsAuditor,	Adv. Chr. Ad. Jul. Schlüter. 14
AmtsActuarius,	Lorenz Friedrich Carl Hornemann.
	3) Doberan.
Geheimer Amtsrath,	Friedrich Hundt.
Domänenrath,	Philipp D. A. L. von Buch.
Amtsverwalter:	L. J. Gustav von der Lühe.
	Friedr. Franz von Rantzau.
AmtsAuditoren:	Carl Fr. Th. von Below-Tarnow. 11
	Bogisl. Wilh. Th. von Lieheherr. 15
AmtsActuarius,	Wilh. Friedr. Krieg, AmtsSecretär.
AmtsProtocollist,	N. N. Hartwig.
Polizeischreiber und Protocollist,	H. J. Reinhardt.
	4) Dömitz.
Drost,	Joh. Wilh. Ludw. von Bülow.
Amtsverwalter,	Gustav Wilhelm von Breitenstern.
AmtsMitarbeiter *c. v. in judic.*	Adv. Aug. Otto Ernst Witt, *ad inter.*
AmtsRegistrator,	Wilh. Joh. Friedr. Schumacher.
	5, 6, 7) Gadebusch, Rehna und Plüschow.
Landdrost,	Johann Friedrich von Wrisberg.
Amtsverwalter:	Carl August von Gundlach.
	Doctor Carl Lange.
	Kammerjunker A. E., Baron von Lützow.
AmtsAuditor,	Advocat Hans Georg Ed. Pauly. 19
AmtsRegistratoren:	Johann Carl Lorenz zurNedden für das Amt Rehna.
	Joachim Ernst Frey, zu Gadebusch.
AmtsProtocollist,	Joh. Georg Friedr. Fiedler.
	8, 9) Grabow und Eldena.
Landdrost,	August von Suckow.
OberAmtmann,	Friedrich Martini.
Amtsverwalter,	Ferdinand Prehn.
AmtsMitarbeiter *c. v. spec. in oeconom.*	Adv. Justus Adolph Krüger. 18

AmtsAuditor,	Adv. Herm. C. Heinr. Kleiminger. 30
AmtsRegistratoren:	Joh. Christoph Otto, AmtsSecretär.
	Johann Ludwig Weber.
10)	Grevismühlen.
Erster Beamter,	vacat.
Amtmann,	Christian Livonius.
Amtmann,	Gottfried Christian Carl Balck.
AmtsMitarbeiter *c. v. spec. in oeconom.*	Friedr. Aug. von Stegemann.
AmtsRegistrator,	Ludwig Heinrich Engel.
AmtsProtocollist,	Julius Köppen.
11, 12)	Hagenow und Toddin.
Amtshauptmann,	Conrad Friedrich Piper.
Amtmann,	Gotth. Ernst Friedr. von Pentz.
Amtsverwalter:	Otto Theodor von Plessen.
	Carl Friedrich Gloeckler.
AmtsAuditor,	Adv. Carl Joh. Fried. Ludw. Boldt. 23
AmtsRegistratoren:	Gottlieb Dominicus Wilh. Haaker.
	Heinrich Rudow.
AmtsProtocollist,	Eduard Luther.
	13) Lübtheen.
Amtsverwalter,	Wilhelm von Wickede.
AmtsRegistrator,	Eduard Behr.
	14) Lübz.
GeheimerAmtsrath,	Christian August Drechsler.
Amtmann,	Friedrich Krüger.
Amtsverwalter,	Edo Heinrich von Thünen.
AmtsAuditoren:	Gustav von Horn. 10
	Advocat Carl Theodor Schlaaff. 13
AmtsRegistrator,	Carl Christoph Schlaaff.
AmtsProtocollist,	Friedrich Stolte.
15, 16)	Meklenburg-Redentin (zu Wismar).
OberAmtmann,	Carl Friedrich Wilhelm Brüning.
Amtmann,	Wilhelm Brandes.
Amtsverwalter,	Emil Bernh. Helm. von Holstein.
AmtsAuditoren:	Otto Friedr. Max. von Liebeherr. 25
	Phil. Carl Joh. von Holstein. 26
AmtsActuarius,	Georg Johann August Treu.
AmtsProtocollist,	Carl Friedrich Wilh. Helmkamp.
	17) Neustadt.
Landdrost,	Detloff Christian Georg von Bülow.
Amtmann,	Adolph Koppe.

Amtsverwalter:	Heinrich Friedrich Weber.
	Gustav Adolph Mühlenbruch.
AmtsAuditor,	Advocat Aug. Carl Chr. Glävecke. 20
AmtsRegistrator,	Friedrich Behm, AmtsSecretär.
AmtsProtocollist,	Carl Christ. Wilh. Böttger.

18) Schwerin.

Drost,	Carl Ludw. Friedr. Ulr. von Plessen.
Amtmann,	Georg Krefft.
Amtsverwalter,	Heinrich Ludwig Böcler.
AmtsMitarbeiter *c. v. in oeconomicis,*	Kammerjunker Otto Friedr. Heinr. von Thien. 9
AmtsMitarbeiter *c. v. in jud.*	Adv. Ludw. Spangenberg.
AmtsAuditoren:	Advocat Friedrich Wachenhusen. 4
	Advocat Friedrich Driver. 12
	Adv. Ludw. Hansen. 16
	Adv. C. G. Helm. Flemming. 22
	Hermann von Bassewitz. 29
AmtsSecretär,	Albert Franz Schnell.
AmtsRegistrator,	Heinrich Schnell.
AmtsProtocollist,	Ulrich Jenssen.
AmtsRegistraturGehülfe u. Protocollist,	Christ. Carl Aug. Wiechel.

19) Sternberg.

(S. Amt Warin im Fürstenthume *Schwerin*.)

20, 21, 22) Wittenburg, Walsmühlen und Zarrentin.

Amtshauptmann,	Friedrich Ludwig Franz Ratich.
Amtmann,	Wilhelm C. G. Danckwarth.
Amtsverwalter:	Carl Ludw. F. Paepcke, zu Zarrentin.
	Carl Friedrich Emil von Flotow.
AmtsAuditor,	Woldemar Fr. Ludw. von Rantzau. 31
AmtsRegistratoren:	Friedrich Christian Oertzen.
	Chr. L. Belitz, für das Amt Zarrentin.

b) *Im Herzogthume Güstrow.*

1) Amt Bakendorf.

(Siehe Amt Hagenow, Nr. 11.)

2) Boizenburg.

Amtshauptmann,	Carl Friedrich Schmarsow.
Domänenrath,	Ferdinand Reinhard von Roeder.

Rudolph Valentin Heinrich Albert Friedrich v. Lücken, für das AmtsRechnungswesen.

AmtsAuditoren:	Adv. Carl Heinr. Paul Kentzler. 1
	C. F. A. von Schöpffer, *cum voto consult. in criminalibus.* 21
	Carl von Pressentin. 28
AmtsRegistrator,	Carl Christian Friedrich Koch.

3, 4, 5) Dargun, Gnoien und NeuKalden.

OberAmtmann,	Gottlob Ludwig Heinrich Otto.
Amtmann,	Wilhelm Hase.
Amtsverwalter,	Carl August Wilhelm von Holstein.
AmtsRegistrator,	Amtsverwalter Johann Liss.
AmtsProtocollist,	N. N. Havemann.

6, 7) Goldberg und Plau.

Amtshauptmann,	Wilhelm Burgmann.
Amtsverwalter,	Friedr. Franz Mecklenburg.
AmtsAuditor,	Adv. Hartw. Em. Friedr. Bahl. 8
AmtsSecretär,	Levin Ulrich Bahl.
AmtsRegistrator und Actuarius,	Adv. Friedr. Wilh. Schulze,

8, 9) Güstrow-Rossewitz.

Geheimer Amtsrath,	Ludwig Georg Friedrich Wendt.
Amtmann,	Dr. Carl Friedr. Wilh. Bollbrügge.
Amtsverwalter:	Chr. Adolph Friedr. von Bernstorff.
	Wilh. J. F. O. Schultetus.
AmtsAuditor *c. v. speciali in oecon.*	Adv. Otto Fr. Ludw. Aug. v. Pentz. 3
AmtsAuditoren:	Adv. Joh. Gottfr. Ludw. Mau. 24
	Adv. Otto Conrad Besser. 27
AmtsSecretär,	Wilhelm Manecke.
AmtsRegistrator,	Carl Heinrich Christian Tietjen.

10) Ribnitz.

Drost,	Kammerherr Carl von Dorne, des JohanniterOrdens Ritter.
Amtmann,	Johann Carl Friedrich Crull.
Amtsverwalter,	Ludwig Georg von Oertzen.
AmtsSecretär,	Joachim Adolph Krüger.
AmtsProtocollist,	Theodor Krüger.

11) Schwaan.

Drost,	Otto von Plessen.
Amtmann,	Doctor Eduard Meyer.
Amtsverwalter,	Philipp Friedrich Heinrich Scheel.

AmtsAuditoren:	Adv. Heinr. Ludw. Vollr. Becker. 7
	Adv. Jul. Ernst Ludw. Görbitz. 17
AmtsActuarius,	Hans Grotrian.
AmtsProtocollist,	Gottl. Friedr. Schmiegelow.

12) Stavenhagen.

Landdrost,	Friedrich Wilhelm von Lowtzow.
Kammerherr,	Wern. Fried. Hartw. v. Brandenstein.
AmtsMitarbeiter *c. v. in jud. et oecon.*	Friedrich zurNedden.
AmtsRegistrator,	Johann Gottlieb August Faull.

13) SalineAmt zu Sülze.

(S. Seite 49.)

14) Teutenwinkel (zu Rostock).

Beamter,	Acciserath, Dr. Joh. Gottfr. Crumbiegel.
AmtsMitarbeiter *c. v. in jud.*	Doctor Ferdinand Klitzing.
AmtsProtocollist,	Friedr. Carl Aug. Wahlsdorff.

15) Wredenhagen (zu Röbel).

Erster Beamter,	vacat.
Zweiter Beamter,	Drost Friedrich von Lehsten.
AmtsProtocollist,	Joh. Christian Friedr. Petrowsky.

c) *Im Fürstenthum Schwerin.*

1, 2) Amt Bützow und Rühn.

Amtshauptmann,	Carl Friedrich Barkow.
Amtmann,	Gustav Bölckow.
Amtsverwalter,	Friedr. Paul Ludw. Erhardt.
AmtsAuditor,	Advocat Heinrich Holm. 6
AmtsRegistrator,	Johann Heinrich Carl Kühl.
AmtsProtocollist,	Wilhelm Friedrich Fiedler.

3) Marnitz, (s. Amt Lübz, Herzogthum *Schwerin*).

4) Schwerin, (s. Herzogthum *Schwerin*, Nr. 18).

5, 6) Warin und Tempzin.

GeheimerAmtsrath,	Ludwig Koch.
Amtmann,	Ludwig Krüger.
AmtsMitarbeiter *c. v. in judic.,*	Adv. Wilh. Conr. Grupe.
AmtsAuditoren:	Kammerjunker Carl Friedr. Adolph von Laffert. 5
	Adv. Carl Gust. Heinr. Willbrandt. 35
AmtsRegistratoren:	Carl Armster.
	Mor. Friedr. Leonhardi, für das Amt NeuKloster.

d) *In der Herrschaft Wismar.*

1) Amt NeuKloster.

(S. Amt Warin.)

2) WismarPoel.

Beamter,	Domänenrath Aug. Friedr. Schröder. (Siehe Amt MeklenburgRedentin.)
Kammerschreiber,	Joachim Lorenz Eggebrecht.

AmtsUnterbediente

der nebenstehenden Aemter.

Boizenburg:	Friedrich Franz Graff,	Landreiter.
	Friedr. Franz Deichmann,	Deichvogt.
	N. Krüger, in der Teldau,	Deichvogt.
	N. Mahncke, zu Gothmann,	OberStackmeister.
	N. N. Wulf,	Gerichtsdiener.
Bukow:	Friedr. Franz Korup,	Landreiter.
	Friedr. Christ. Bannier,	Gerichtsdiener.
Bützow-Rühn:	Johann Müller, J. P. Kummerow (*),	Landreiter.
	F. C. J. Groth,	Gerichtsdiener.
Crivitz:	W. Brinckmann,	Landreiter.
	Joh. Christian Bünger,	Gerichtsdiener.
Dargun, *Gnoien,* *NeuKalden,*	F. Joh. Joachim Buller, N. N. Gebert,	Landreiter.
	Wilh. Carl Heinr. Cadow,	Gerichtsdiener.
Doberan:	J. C. Thamms, N. N. Callies,	Landreiter.
	Carl Junge,	Gerichtsdiener.
	Joach. Finck, N. N. Bade,	Polizeidiener und Camp-Aufseher.
Dömitz:	Deichmann,	Landreiter.
	J. C. C. Cornehls, zu WendischWeningen,	Deichvogt.
	C. Mahncke, zu Broda,	UnterStackmeister.
	Georg Christoph Schoop,	Gerichtsdiener.
Gadebusch:	Carl Fdr. Wilh. Bergmann,	Amtshausvogt.
	Johann Nicolas Kugel.	Gerichtsdiener.
Goldberg, *Plau,*	Friederich Thomas, Johann Schröder,	Landreiter.
	Christian Engel,	Gerichtsdiener.
Grabow, *Eldena,*	Friedrich Crull, Heinrich Puls,	Landreiter.

Eldena,	Johann Dreckmann,	Gerichtsdiener.
Grevismühlen:	D. H. F. Bastian,	Landreiter.
	H. C. F. C. Törnberg,	
	Ludwig Tesch,	Gerichtsdiener.
Güstrow:	Peter Schulz,	Landreiter.
	Heinrich Rabe,	
	Joseph Kirsten,	Gerichtsdiener.
Hagenow,	Friedrich Anthon,	Landreiter.
Toddin,	J. P. Chr. Baguhl,	
Bakendorf,	Georg Carl Streit,	Gerichtsdiener.
Lübtheen:	Pitschner,	Landreiter.
	N. Jenss,	Gerichtsdiener.
Lübz:	Joch. Christ. Janenzky,	Landreiter.
	Friedr. Schumann,	
	Jacob Friedr. Schulz,	Gerichtsdiener.
Meklenburg:	Dethloff Güldener,	Landreiter.
(zu Wismar.)	Joh. Friedr. Brinkmann,	Gerichtsdiener.
NeuKloster:	Carl Friedrich Delwall,	Landreiter.
	Joh.Chr.Delwall, Gehülfe,	
	C.H.C.Paschen, zuWarin,	Gerichtsdiener.
	W. Lohse, zu NeuKloster,	Polizeidiener.
Neustadt:	Christoph Viereck,	Landreiter.
	J. Boeteführ,	
	Paul Soltow,	Gerichtsdiener.
Poel,	Hartw. Pingel, *ad inter.*	Landreiter.
Redentin:	Heinrich Burmeister,	
Rehna:	Joh. Christoph Flotow,	Landreiter.
	Joh. Wilhelm Tackmann,	Gerichtsdiener.
Ribnitz:	N. N. Oldenburg,	Landreiter.
	N. N. Hachten,	Gerichtsdiener.
Schwaan:	Christoph Heinr. Haaker,	Landreiter.
	C. L. Völschow,	Gerichtsdiener.
Schwerin:	Carl Johann Facklam,	Landreiter.
	C. L. A. Dix,	
	Joh. Christ. Zander,	Gerichtsdiener.
Stavenhagen:	Friedrich Sahlmann,	Landreiter.
	Carl Wascher,	Gerichtsdiener.
Sternberg,	Johann Köster,	Landreiter.
Tempzin,	J. C. J. Schumacher,	
Warin,	Christian Zarnitz,	Gerichtsdiener.
Teutenwinkel,	Johann Jacob Krantz,	AUnterbedienter.
WismarPoel,	Joach. Heinr. Davids,	Einspänner.
Wittenburg,	Heinr. Franz Kröpelin,	Landreiter.

Wittenburg,	Friedrich Wulff,	Gerichtsdiener.
Wredenhagen,	Carl Jörss,	Amtsdiener.
Zarrentin:	J. C. F. Strube,	Landreiter.
	N. N. Bergmann, *ad inter.*	Gerichtsdiener.

II. Saline Amt, zu Sülze.

Departementsrath,	GeheimerKammerrath, Ludwig von Prollius.
GeheimerAmtsrath,	August Ludwig Koch.
Rendant,	Joh. Georg Gustav Hauswedel.
LandBaumeister,	J. Virck.
AmtsMitarbeiter *c. v. in judicialibus,*	Adv. Carl Paul Gottl. Enoch.
AmtsRegistrator,	Friedrich Lange.
Salzschreiber,	Georg Breesen.
Gradier- u. SiedeAufseher,	Friedr. Carl Otto Hartmann.
Kunstwärter,	Günther.
Salzmesser,	Gustav Friedrich Lunow.
	Johann Joachim Haaker.
Moorwärter,	Johann Christoph Riesenberg.
	P. C. J. Hinckfuss, zu Langsdorf
Bademeister und Gärtner,	Christian Kiehns.
AmtsDiener,	Heinrich Wiher.

III. Gipswerk, zu Lübtheen.

Berechner, Amtsverwalter Wilhelm von Wickede.
Verwalter, N. N. Mengebier.

IV. Vereintes Haupt- und LandGestüt, zu Redefin und Pätow.

(S. Abschnitt II., pag. 13.)

B. JagdRegal.

Grosherzogliche hohe und niedere JagdBediente.

OberJägermeister,	Diedr. Carl Friedr. von Pressentin, des JohanniterOrdens Ritter.
OberForstmeister: (10)	F. W. von Grävenitz.
	Friedrich Ferdinand von Schack.
	Adolph von Rantzau.
	Carl von Behr *.
	Philipp, Baron von Stenglin, Inhaber der goldenen Schwedisch. SchwerdtOrdens Medaille.

OberForstmeister:	Adolph von der Lühe *.
	Wilhelm von Wickede.
	Philipp Otto August von Buch *, Inhaber der goldnen Schwedisch. SchwerdtOrdens Medaille.
	Ernst Friedrich Franz von Storch.
	Detloff August von Lehsten.
Forstmeister,	Johann Otto von Behr.
JagdJunker: (19)	Gottlieb Friedrich von Bülow.
	Carl Friedrich Victor von Müller.
	Otto Georg Conrad von der Lühe.
	August Georg von Wickede.
	Ludw. Carl Bernh. von Grävenitz.
	Adolph Heinr. Herm. von Blücher.
	Ludolph von Lehsten.
	August von Zülow.
	Baron Otto von Rodde.
	Friedr. Heinr. Herm. von Liebeherr.
	Carl von Lücken.
	Albert, Baron von Nettelbladt.
	Gustav von Boddien.
	Carl von Levetzow.
	Adolph von Bülow.
	Magnus von Bassewitz.
	Jul. Heinr. Carl Franz von Rieben.
	Otto von Langen.
	Leopold von Plessen.
OberJäger,	Joh. Friedr. Wilh. Schmarsow.
LeibBüchsenspanner,	vacat.
HofJäger:	Bernhard Hase.
	Friedrich Dohse.
	Friedrich Trolsen.
	Carl Dohse.

FasanenJäger zu Ludwigslust, Wilhelm Zeese.

JagdSeiler,	Friedrich Rose,	auch Zeugwärter.
JagdStellmacher,	J. Kiehler,	
Hundewärter,	Friedrich Carl Knaack.	
FindeJäger,	Ludwig Drepper.	

JagdFeuerwärter zu Friedrichsmoor, Carl Thiessen.
Gärtner zu Friedrichsthal, Heinrich Dunst.

C Forst Regal.

Das Grosherzogliche ForstCollegium, zu Schwerin.

Präsident,

Der zweite Minister, KammerPräsident und GeheimeRath Theodor Diederich von Levetzow.

KammerDirector, Wilhelm, Baron von Meerheimb.
OberLandforstmeister, Detloff Ludwig Friedrich von Bülow*, des Königl. Dänisch. DannebrogOrdens Commandeur.
Geh.Kammerrath, Landdrost Hans L. B. von Plessen.
Geh.Kammerrath, Ludwig von Prollius.
Kammerrath, Leopold Friedrich Heinrich Wendt.
Forstrath, Friedrich von Wickede *, Inhaber der silbernen Schwed. Schwerdt-Ordens Medaille.
Forstrath, Ludwig Passow *, Inhaber der silbernen Schwed. Schwerdt-Ordens Medaille.
Kammerrath, Heinr. Adolph Dieder. von Brock.
OberBaurath, Carl Heinrich Wünsch.

(Subalternen, wie bei dem KammerCollegium.)

ForstDistricte:

District I. OberLandforstmeister Dethl. Ludw. Friedr. von Bülow*, für die Inspectionen Schwerin, Ludwigslust, Kaliss, Jasnitz, Wittenburg, RabenSteinfeld, Zickhusen und den SchelfWerder.

District II. Forstrath Friedrich von Wickede*, für die Inspectionen Rehna, Wismar, Doberan, Gelbensande, Dargun, Ritzerow und Sternberg.

District III. Forstrath Ludwig Passow*, für die Inspectionen Friedrichsmoor, Wabel, Lübz, Goldberg, Wredenhagen, Güstrow und Wolken.

ForstInspectionen.

1) In den Aemtern Boizenburg, Walsmühlen, Wittenburg und Zarrentin.

Zu Wittenburg, Adolf von Rantzau, Oberforstmeister.
— Dümmerhütte, Gottlieb Grohmann,
— *Hühnerbusch*, Carl Friedr. von Rantzau,
— *Kogel*, Friedr. Joh. Constant. Joerss,
— *Schildfeld*, Christ. J. Em. Schmarsow (*),
— Testorf, Jagdjunker O. G. C. v. d. Lühe,
} Förster.

4*

ZuVierkrug,	Wilhelm Liss, im Hühnerbuscher Forste,	
— Soltow,	C. Leopold Krüger, im Hühnerbuscher Forste,	
— Helm,	Hermann Bolle, im Kogelschen Forste,	Holz-
— Holzkrug, a. d. kleinen Schaale,	Heinrich Koch, im Testorfer Forste,	wärter.
— Püttelkow,	Johann Gottfr. Ringstorf, im Kogelschen Forste,	
— Lüttenmark,	Joh. Friedr. Rönnbach, im Schildfelder Forste,	
— Vorderhagen,	J. H. W. Haase, im Hühnerbuscher Forste, *ad inter.*	
— Gr.Bengerstorf,	Friedrich Jenkel, im Schildfelder Forste,	Holz-
— Vellahn,	Joachim Friedr. Grambow, im Schildfelder Forste,	vögte.
— Gothmann,	Johann Heinr. Mahncke, im Hühnerbuscher Forste,	

2) In der Herrschaft Wismar, dem Amte Redentin und einem Theile des Amtes Bukow.

ZuWismar,	Carl von Behr *, Oberforstmeister.	
— Farpen,	Friedrich Conrad Timmich,	
— Höltingsdorf,	Ernst Friedrich Henschel,	Förster.
— NeuKloster,	Friedrich Regenstein,	
— Züsow,	Heinrich Priester,	
— NeuMühle,	Friedr. Fr. Jappe, im NeuKlosterschen Forste, Holzwärter.	
— Nantrow,	Georg Chr. Zülow, im Höltingsdorfer Forste, *ad int.*	
— Questin,	Christoph Heinrich Kröger, im Höltingsdorfer Forste,	Holz-
	Johann Kröger, Adjunct.	vögte.
— NeuBukow,	Fr. Chr. Bannier, im Höltingsdorfer Forste, *ad int.*	

3) In den Aemtern Bützow und Rühn.

ZuWolken,	Fried.Ferd.v.Schack, Oberforstmeister.	
— Qualitz,	Adolf Christian Bärens,	
— Schlemmin,	Ludwig Krüger,	Förster.
— Tarnow,	Joh. Friedr. Christ. Krüger,	
— Rühn,	Joach. Rugenstein, im Specialforste, Holzwärter.	

Zu Warnkenhagen,	Dethl. Dav. Friedr. Etling, im Schlemminer Forste, Holzwärter.	

4) In einem Theile der Aemter Crivitz und Neustadt.

Zu Friedrichsmoor,	Friedrich Grohmann, Oberförster.	
— Bahlenhüschen.	Friedr. Joh. Evers,	Förster.
— Rusch,	Friedrich Junghans,	Förster.
— Jamel,	Johann Sorgenfrei, Holz- und Baumvogt,	im SpecialForste.
— Tuckhude,	Gustav Lochner, Baum- und Schleusenvogt,	im SpecialForste.
— Friedrichsruh,	Peter Rosenwanger, im Ruscher Forste, Holzwärter.	
Am Elden Canal in der Lewitz,	Joh. Stargard, Holz- und Canalwärter.	
- Banzkow,	Joh. Christoph Lindenberg, Holzvogt.	
- Zapel,	Ad. Tiedemann, im Bahlenhüschener Forste, StationsJäger.	

5) In den Aemtern Dargun, Gnoien und NeuKalden.

Zu Dargun,	Wilhelm v. Wickede, Oberforstmeister.	
— Bruderstorf,	Friedrich Huth,	Förster.
— Finkenthal,	Joh. Carl Friedr. Burmeister,	Förster.
— Franzensberg,	Georg Friedrich Pflugradt,	Förster.
— AltenKalden,	Wilhelm Georg Meltzer,	Förster.
— Niendorf,	Ludwig Jobst, Unterförster.	
- Warrenzin,	Ludw. Schütt, im Bruderstorfer Forste, Holzwärter.	
— Warsow,	Joh. Heinr. Busack, im SpecialForste,	Holzvögte *ad interim.*
— Jördenstorf,	N. N. Schoknecht, im AltenKaldenschen Forste,	Holzvögte *ad interim.*

6) Im Amte Doberan und einem Theil des A. Bukow.

Zu Doberan,	F. W. von Grävenitz, Oberforstmeister.	
— Hundehagen,	Joh. Georg Wilh. Böcler,	Förster.
— Ivendorf,	Joh. Friedr. Ripcke,	Förster.
— Mönkweden,	Rud. Christ. Aug. Neckel, im SpecialForste,	Holzwärter.
— Nienhagen,	Heinrich Wedemeyer, im SpecialForste,	Holzwärter.
— HinterBollhagen,	Friedrich Tiedemann, im SpecialForste,	Holzwärter.
— *Satow,*	Johann Neckel, im Ivendorfer Forste,	Holzwärter.

Zu Brunshaupten,	Heinrich Wiese, im Hundehagenschen Forste,	Holzwärter.
— Bollbrücke,	Carl Jochens, im Ivendorfer Forste,	Holzwärter.
— Admannshagen,	Friedr. Kiesewetter, im Mönkwedenschen und Nienhagenschen Revier, StationsJäger,	
— Börgerende,	Johann Heinr. Brümmer, im SpecialForste, Holzvogt, *ad inter.*	
— Hohenfelde,	Joh. Heinr. Specht, im Ivendorfer Forste, Torf- und DampfmaschinenWärter, *ad inter.*	

7) In den Aemtern Dömitz und Lübtheen.

Zu Kaliss,	Joh.Friedr. Regenstein (*), Oberförster.	
— Gudow,	Carl Friedrich Grambow,	Förster.
Quast,	Friedrich Ehrenstein,	Förster.
— Heidhof,	Joh. Schröder, im SpecialForste,	Holzwärter.
— Lübtheen,	Wilh. Angerstein, im Gudower Forste,	Holzwärter.
— Vielank,	Wilh. von Seitz, im Quaster Forste,	Holzwärter.
— Broda,	Carl Mahncke, im SpecialForste, Holz- und Werdervogt.	
— WendischWeningen,	Carl Cornehls, im SpecialForste, Holzvogt.	
— Polz,	Joh. Paetow, im SpecialForste, Holzvogt, *ad inter.*	
— Niendorf,	Franz Joach. Beuch, im QuasterForste, Holzvogt, *ad inter.*	

8) In den Aemtern Gadebusch und Rehna.

Zu Rehna,	Dethl. A. v. Lehsten, Oberforstmeister.	
— Kneese,	Christian Trippenbach,	Förster.
— Vitense,	Christoph Junghans,	Förster.
— Dragun,	Friedrich Dahl,	Förster.
— Woitendorf,	Joh. Friedr. Porath, im Vitenser Forste, Holzwärter.	
— Breesen,	August Gottfried Evers, im Kneeser Forste, Holzvogt.	
— AltSteinbeck,	Hans Jul. Carl Fuchs, im Kneeseschen Forste, StationsJäger.	

9) In den Aemtern Goldberg und Plau.

Zu Goldberg,	C. T. W. Jaeppelt, Oberförster.
— Barkow.Brücke,	Carl Christian Pfister, Förster.

Zu Sandhof,	Christian Nebel,	Förster.
— Zolckow,	Carl G. Friedr. Zarnow, *emer.*	Förster.
	Mor. Joh. Friedr. Zarnow,	Förster.
— Langenhagen,	Ludw. Joh. Langermann, im SpecialForste, Holzwärter.	
— Möllen,	Carl Milhahn, im Sandhöfer Forste, Holzvogt, *ad interim.*	
— GrüneJäger,	Dan. Joh. Roepcke, Holzvogt, *ad interim,* im Sandhöfer Forste.	
— Below,	Joh. Ortmann, Holzvogt, *ad interim,* im SpecialForste.	

10) Im Amte Eldena und einem Theil der Aemter Grabow und Neustadt.

Zu Ludwigslust,	Ph. O. A. v. Buch *, Oberforstmeister.	
— Altona,	Gottlieb Grohmann,	Förster.
— Grittel,	Friedrich Baerens,	Förster.
— Kremmin,	Georg Linow,	Förster.
— Leussow,	Joh. Just. Möller,	Förster.
— Glaisin,	Otto Franck, Unterförster.	
— Gaaritz,	G. F. Finck, im SpecialForste,	Holzwärter.
— Ludwigslust,	Georg Grohmann, im SpecialForste,	Holzwärter.
— Semmerin,	Dan. Homann, im Altonaer und Kremminer Forste,	Holzwärter.
— KonowerSülze,	Friedr. Schmidt, im Grittelschen Forste,	Holzwärter.
— Göhlen,	Joach. Wandschneider, im Leussowschen Forste,	Holzwärter.
— Techentin,	Friedr. Franz Schaeffer, im SpecialForste,	Holzwärter.
— Warlow,	Adolph Grambow, im SpecialForste, StationsJäger.	

11) *In den* Aemtern Grevismühlen, Meklenburg, der Vogtei Plüschow, so wie einem Theil des Amts Schwerin.

Zu Zickhusen,	Friedrich Mecklenburg, ForstInspector.	
— Everstorf,	Georg Allerding,	Förster.
— Goostorf,	Heinrich Müller,	Förster.
— Meklenburg,	Joach. Chr. Adolf Steinmetz,	Förster.
— Seefeld,	Ludwig Schröder,	Förster.
— *Tankenhagen,*	Joh. Mart. Ludw. Evers,	Förster.
— *Plüschow,*	C. Dellwall, Unterförster.	
— *Jamel,*	Friedr. Hagemeister, im Zickhusenschen Forste, Holzwärter.	

— HohenViecheln,	Carl Sandt, im Meklenburger Forste, Holzwärter.
— Holm,	Joach. Hardfeldt, im Tankenhaeger Forste, Holzvogt, *ad interim.*
— Boienhagen,	Joh. Ditmar, im Goostorfer Forste, Holzvogt, *ad interim.*
— Wotenitz,	Johann Böttcher, im Goostorfer Forste, Holzvogt, *ad interim.*
— Tarnewitz,	Johann Freitag, Strand- und Holzvogt im Everstorfer Forste, *ad interim.*

12) In den Aemtern Güstrow, Schwaan und Rossewitz.

Zu Güstrow,	Ernst Fr. Fr. v. Storch, Oberforstmeister,	
— Cammin,	Jagdjunker C. F. V. v. Müller,	Förster.
— Kluess,	Heinrich Evers,	Förster.
— Korleput,	Adolf Zarnow,	Förster.
— Letschow,	Friedr. Ludw. Grohmann,	Förster.
— Nienhagen,	Joach. Christ. Ziegler, titul. Oberförster.	Förster.
— Oettelin,	Christoph Grohmann,	Förster.
— HohenSprenz,	Johann Russow,	Förster.
— GrosUpahl,	Gustav Matthias, im Kluesser Forste,	Holzwärter.
— KirchRosin,	Dominicus Hoffmeyer, im Kluesser Forste,	Holzwärter.
— Kronskamp,	Christ. Schmidt, im Korleputer Forste,	Holzwärter.
— Sukow,	Joh. Heinr. Walter, im HohenSprenzer Forste,	Holzwärter.
— Zeez,	Th. Dannemann, im HohenSprenzer Forste,	Holzwärter.
— Friedrichsgabe,	Frieer. Rathsack, im HohenSprenzer Forste,	Holzvögte.
— Polchow,	Joh. Friedr. Heinr. Adler, im Letschower Forste,	Holzvögte.
— GrosRoge,	Joh. Brunsendorf, im Nienhäger Forste, *ad interim,*	Holzvögte.
— Mamerow,	Christ. Burmeister, im Nienhäger Forste, *ad interim,*	Holzvögte.
— Rossewitz,	Ludwig Ohde, im Korleputer Forste, *ad interim,*	Holzvögte.
— Stäbelow,	Heinrich Pingel, im Letschower Forste, *ad interim,*	Holzvögte.

13) In den Aemtern Lübz und Marnitz.

Zu Lübz,	Georg Mecklenburg, Oberförster.	
— Lutheran,	Christ. Friedr. Bärbalk,	Förster.
— Marnitz,	Carl Ludwig Kahlden,	
— Sandkrug,	Jacob Lüders,	
— Twietfort,	Joh. Friedr. Flügge,	
— Broock,	Ludwig Zarnow, im SpecialForste, titul. Unterförster,	Holzwärter.
— Siggelkow,	J. Jacob Christ. Meincke, im Marnitzer Forste,	
— Retzow,	F. Boller, Holzv. im Sandkruger Forste.	

14) In einem Theil der Aemter Neustadt und Grabow.

Zu Wabel,	Franz Mecklenburg, ForstInspector.	
— Poitendorf,	Gustav Carl Krull,	Förster.
— Spornitz;	Adolf Müller,	
— Stolpe,	Friedrich Bertram, Unterförster.	
— Neuhof,	Wilhelm Dahl, im SpecialForste,	Holzwärter.
— NeuDrefahl,	Friedrich von Möllendorf, im Poitendorfer Forste,	
— Dambeck,	Friedrich Möller, *emeritus*,	Holzvögte.
— Muchow,	Friedrich Wolter, im SpecialForste, *ad interim*,	
— Löcknitz,	Rönberg, im Poitendorfer Forste, *ad interim*,	
— Brenz,	Johann Buschmann, im SpecialForste, *ad interim*,	

15) In den Aemtern Ribnitz, Sülze und Teutenwinkel.

Zu Gelbensande:	Philipp, Baron v. Stenglin, Oberforstmeister.	
	Jagdjunker A. G. von Wickede, zu Ribnitz, Rechnungsführer u. CassenBerechner, *ad interim*.	
— GrosFreienholz,	Carl Wilpert,	Förster.
— AlteHeide,	Conrad Heinrich Dellwall,	
— Hinrichsdorf,	Adolf Friedrich Drepper,	
— Volkshagen,	Ernst Schulz,	
— Schulenberg,	H. F. W. Poehlmann,	Unterförster.
— *Billenhagen*,	F. v. Klein, Förster titul.	
— *Müritz*,	Joach. Wilhelm Behm, Holzwärter im SpecialForste.	

Zu Wilmshagen,	Johann Friedr. Liebnau, Holzwärter im AltHeider Forste.	
— KleinMüritz,	Ludwig König, Holz- und Baumvogt, im SpecialForste.	
— Landkrug,	Joachim Friedr. Colorius, Holz- und Baumvogt, im SpecialForste.	
— Oldendorf,	Christ. Prillwitz, im Hinrichsdorfer Forste, *emer.*	Holzvögte.
	J. Chr. Stiegmann, im Hinrichsdorfer Forste, *ad int.*	Holzvögte.
— Nütschow,	Johann Schultz, im Schulenberger Unterforste,	Holzvögte.
— Blankenhagen,	Joachim Kall, im Volkshäger Forste,	Baumvögte.
— Mandelshagen,	Johann Peters, im Billenhäger Unterforste,	Baumvögte.
— Bartelshagen,	Carl Fr. Trapp, im Volkshäger Forste u. Schulenberger Forste, Stationsjäger.	

16) In einem Theil der Aemter Schwerin und Crivitz.

Zu RabenSteinfeld,	D. C. F. v. Pressentin, des Johanniter-Ordens Ritter, OberJägermeister.	
— Gädebehn,	Christian Liss,	Förster.
— Suckow,	Friedrich Krüger,	Förster.
Auf der Fähre,	Christian Lembcke, im SpecialForste, Holzwärter.	
Zu Barnin,	Wilhelm Grünwald, Holzwärter.	

17) In den Aemtern Bakendorf, Hagenow, Toddin und einem Theil des Amts Neustadt.

Zu Jasnitz,	Adolf v. der Lühe *, Oberforstmeister.	
— NeuLüblow,	Friedrich Lüders,	Förster.
— Picher,	Wilh. Franz Heinr. Scheel,	Förster.
— Radelübbe,	Carl Janus,	Förster.
— Ramm,	Friedrich Schmidt,	Förster.
— Redefin,	Friedr. Franz Harms,	Förster.
— Toddin,	Jagdjunker G. Fr. v. Bülow,	Förster.
— NeuZachun,	Friedrich Passow,	Förster.
— Pulverhof,	Christian Suhr, Holzwärter im SpecialForste.	
— Dreckrögen,	Christian Richter, Holzvogt im Lüblowschen Forste, *ad inter.*	

Zu AltKrenzlin,	Joh. Christ. Berg, im Picherschen Forste, *ad interim*,	Holzvögte.
— GrosKrams,	J. F. Ströhmann, im Redefinschen Forste, *ad interim*,	
— PätowerSteegen,	Heinr. Hiller, Holz- und Baumvogt im Toddiner Forste, *ad interim*.	
— Hagenow,	Heinr. Schwedt, Holzvogt im Toddiner Forste, *ad interim*.	
In der Hagenower Heide,	J. J. Maack, Joh. Möller,	im Redefiner Forste Holz- und Baumvögte.
Zu KirchJesar,	Carl Dahl, Holzvogt im NeuZachuner Forste, *ad interim*.	
— Kuhstorf,	Joh. Oppermann, Stationsjäger.	

18) In einem Theil des Amts Schwerin.

Zu Schwerin,	Joh. Fried. W. Schmarsow, Oberjäger.	
— Buchholz,	Carl Kahl,	Förster.
— Meteln,	Johann Christoph Kempe,	
— Warnitz,	Friedrich Schmidt,	
— Wittenförden,	Ludwig Rochow,	
— Haselholz,	Friedrich Prillwitz, im Buchholzer Forste,	Holzwärter.
— Hasenhäge,	Georg Freienhagen, im Buchholzer Forste,	
— Schwerin;	Joh. Ripcke, im Buchholzer Forste,	Torfmeister.
— Görries,	Joh. Fr. Schmedemann, im Wittenfördenschen Forste,	
— Wittenförden,	Joh. Kempcke, im Wittenfördenschen Forste,	
— Strahlendorf,	Friedr. Benthien, im Wittenfördenschen Forste,	
— Consrade,	Friedrich Müller, Holzvogt im Buchholzer Forste, *ad interim*.	

19) Im Amte Schwerin.

Zu Schelfwerder, Friedrich Hennemann, Oberförster.

20) Im Amte Stavenhagen.

Zu Ritzerow,	Friedrich Hesse, Oberförster.	
— Gielow,	G. Rohde, titul. Förster,	Unter-Förster.
— Scharpzower Hütte,	S. F. Conrad, titul. Förster,	
— *Kleeth*,	Johann Detloff Ahrens, Holzwärter.	
— *Tüzen*,	Christoph Wülfferling, Holzvogt.	

Zu Lehsten,	J. A. Schimmelmann, *ad int.*	Holzvögte.
— Pribbenow,	N. N. Greve,	

21) In den Aemtern Sternberg, Tempzin, Warin und einem Theil des Amts Crivitz.

Zu Sternberg,	Adolf Passow, Oberförster.	
— Hütthof,	Wilh. Ernst Wunderlich,	Förster.
— Rosenow,	J. Dornblüth,	
— Turloff,	Carl Pfister,	
— Ventschow,	Friedr. Albert Salchow,	
— WeisseKrug,	Georg Joh. Wilh. Wendt,	
— Schlowe,	Ludw. Suhr, Holzwärter, im Turloffer Forste.	

22) Im Amte Wredenhagen und einem Theil der Aemter Goldberg und Plau.

Zu Wredenhagen,	Georg Leubert, Oberförster.	
— Nossentin.Hütte,	Carl Podorf, Förster.	
— Biestorf,	Friedrich Peterson, Unterförster.	
— Kieve,	Johann Jacob Behm, Holzwärter im SpecialForste.	
— Kieth,	Ludwig Freitag, Holzwärter im Nossentiner Forste.	
— Vipperow,	Joh. Dahl, im SpecialForste,	Holzvögte.
— Minzow,	Joh. Joach. Friedr. Ludwig König, im SpecialForste,	
— AltPetersdorf,	Joh. Friedr. Schröder, im Biestorfer Unterforste,	

23) Holzhöfe.

a) Zu *Schwerin:*

ForstCommissär Carl Jaeppelt, Berechner.
Franz Peterssen, HolzhofsSchreiber.
Anton Heinrich Tesch, HolzAufsetzer.
Joachim Christoph Meyer, Thorwärter.

b) Zu *Ludwigslust:*

Friedrich Kellermann, HolzAufsetzer.

c) Zu *Rostock:*

Kastellan Johann Meusling, Berechner.

d) Zu *Wismar:*

Einspänner Johann Heinr. Davids, Berechner.

24) Sonstiges zum ForstDepartement gehörendes Personale, zu Schwerin.

Berechner der HauptForstCasse, ForstCassier Carl Grohmann.

Berechner und Aufseher des Sägeplatzes, ForstCommissär Carl Jaeppelt.

Seevögte:	auf dem grossen See,	Wilhelm Linloff.
	auf dem ZiegelSee u. Pfaffenteich,	Friedrich Pahren.
Siechenthorwärter,		Friedrich Sevecke.

D. PostRegal.

Departementsrath, GeheimerPostrath Friedrich von Pritzbuer, (s. KammerCollegium).

PostInspector, Adolph Heinrich Friedrich Tesch.

PostBediente.

a) OberPostAmt Schwerin.

OberPostAmtsDirector, Peter Christian Bartning.

PostSecretäre:	August Plessmann.	
	Heinrich Carl Gottlieb Schmidt.	
PostSchreiber:	Carl Georg Störzel.	
	Friedrich Flügge.	
	Julius Gammius.	
	Friedr. Wilh. Aug. Bölcken.	
PostAccessist,	Paul Friedrich von Sittmann.	
PostControleure:	Wilhelm Krempin.	
	Theod. Friedr. Anton Engel.	
Conducteure:	Heinrich Meves, Schwerin-Rostocker SchnellPost.	
	Friedr. Jürns,	Schwerin-Lübecker SchnellPost.
	Joh. J. C. Berlin,	
Schirrmeister:	Christian Frank,	Rostock-Hamburger Cours.
	Chr. Grothkopf,	
	F. A. A. Meves (*),	Schwerin-NeuBrandenburger Cours.
	Heinr. Schmidt,	
	Christ. Deubert (*), zur Disposition.	
Briefträger:	Marcus Friedr. Bülck.	
	Joachim Heinrich Niemann.	
	Heinrich Hopp.	
	Joh. Joach. Schweder.	
PackBote,	Johann Peter Beese.	

Postmeister: (16)

Zu *Brüel*,	Johann Friedrich Pries.
— *Bützow*,	Lieutenant Georg Ludwig Allmer
— *Crivitz*,	Adolph von Schmidt.

Zu *Gadebusch*,	Carl Dreves.
— *Goldberg*,	Joh. Joach. Koth.
— *Hagenow*,	Carl Ernst Heinrich Paschen.
— *Lübeck*,	Daniel Bippen.
— *Malchow*,	Friedr. Carl Johann Sodemann.
— *Penzlin*,	Friedrich Trebbin.
— *Ratzeburg*,	Rittmeister Röhl.
— *Rehna*,	AmtsRegistrator J. C. Lor. zurNedden.
— *Schönberg*,	Heinr. Friedr. Detl. Sass.
— *Schwaan*,	Lieutenant Aug. Ernst Christ. Quistorp.
— *Sternberg*:	PostCommissär Joh. Wilhelm Rhades.
	PostAccessist, Schmidt.
— *Waren*,	Friedrich Viereck.
— *Wittenburg*,	SteuerEinnehmer Fr. Krüger, *ad int.*
	Postwärterei,
Zu *Zarrentin*,	PostExpedient, SteuerControleurFriedrich Hencke.

b) ObcrPostAmt Güstrow.

ObcrPostAmtsDirector, Kammerherr Ludwig von Dorne.

PostSecretär,	Heinrich Friedrich Frese.
Postschreiber,	Wilhelm Eyller.
PostControleur,	Johann Korn.
Schirrmeister,	Fr. Sehlstorff, Güstrow-Plauer Cours.
Briefträger:	Johann Heinrich Plog.
	Wilhelm Torbahn.
	Postmeister: (9)
Zu *NeuKalden*,	Johann Friedrich Müller.
— *Krakow*,	C. C. W. Hundt.
— *Lage*,	Lieutenant F. C. Meyer.
— *Malchin*,	Christian Meincke.
— *Plau*,	Carl Schnell.
— *Röbel*,	Heinrich Wüstney.
— *Stavenhagen*,	PostCommissär Carl Wilh. Stürmer.
— *Teterow*,	Friedrich Wilhelm Wentzell.
— *Triebsees*,	Heinrich Puttbus, Expediteur.
	Postwärterei:
— *Rosenow*,	Gustav Hempel, PostExpediteur.

c) OberPostAmt Rostock.

OberPostAmtsDirector, Christ. Friedr. Wilh. Bergemann *.

PostSecretäre:	Hermann Schlösser.
	Christoph Heinr. Jac. Sodemann.
Postschreiber,	Georg Friedr. Franz Frese.

PostControleur,	Johann Gottfried Hillert.
Gehülfe,	Heinr. Georg Christian Radloff.
Conducteure:	Wilh. Homann, Joh. Pet. Schröder, } Rostock-Berliner Cours.
Schirrmeister:	Wilh. Müller, H. Martienssen, D. F. A. Kobel (*), } Rostock-Hamburger Cours.
	Johann Heiden, J. H. Michaelsen, } Demmin-Rostock-Lübecker Cours.
Briefträger:	Ludwig Eichner.
	Christian Joh. Heinrich Hasse.
	Carl Harder.

Postmeister: (11)

Zu *NeuBukow*,	Christoph Schulemann.
– *Damgarten*,	N. N. Hoppe.
– *Dargun*,	Hartwig Heinrich Hane.
– *Demmin*,	PostDirector Kniechalla.
– *Doberan*,	PostSecretär Carl Ehrke.
– *Gnoien*,	Joh. Friedr. Wilh. Bülck.
– *Kröpelin*,	Heinrich von Suckow.
– *Marlow*,	Heinrich Lehment, PostExpediteur.
– *Ribnitz*,	Friedrich Misch.
– *Sülze*,	Wilh. Friedr. Ludwig Leu.
– *Tessin*,	Lieutenant Carl Friedrich Brandt.

Postwärterei:

Zu *Warnemünde*,	PostExpediteur Friedrich Kirsch.

d) OberPostAmt Hamburg.

OberPostmeister,	Christian Krüger.
PostSecretär,	David Krüger.

e) HauptPostAmt Wismar.

PostDirector,	Johann Christoph Mau.
PostSecretär,	Heinrich Plessmann.
Postschreiber,	August von Rantzau.
PostAccessist,	Friedrich Franz von Pressentin.
Briefträger:	N. N. Brüggemann.
	N. N. Winter.

Postmeister: (4)

Zu *Dassow*,	Friedrich Homann.
– *Grevismühlen*:	{ E. F. Broll. Friedr. Joh. Heinr. Schultze.
– *Warin*,	Joh. Georg Gelineck.

Postwärterei:

Zu *Klütz*,	PostExpediteur Joh. Friedr. Ahrens.

f) Haupt- und HofPostAmt Ludwigslust.

PostDirector,	Friedrich Ludwig Erhardt.
PostSecretär,	Carl Bode.
Postschreiber,	Ludwig Pohlmann.
Controleur,	Friedrich Paeglow (*).

Conducteur der Schweriner Schnellpost, David Wolff (*).

Schirrmeister:	Johann Lietz, } Güstrow-Hamburger Cours.
	Friedr. Heinr. Lange, }
	Carl Mulsow, Schwerin-Ludwigsl. C.
	Joh. Weiss, zur Disposition.
Briefträger:	Ludwig Wilcke.
	Christoph Friedr. Schmidt.

Postmeister: (10)

Zu *Boizenburg:*	Postmeister, Hauptmann Erhardt.
	PostCommissär, Carl Ahrens.
	PostSchreiber, Joh. Joach. Homann
	Briefträger, Joh Schümann
	— Herm. Heinr. Boldt.
— *Dobbertin*,	Adolph Levin, PostExpediteur, *ad int*
— *Dömitz*,	Wilhelm Braunwald.
— *Grabow*,	Carl Teetz.
— *Lauenburg*,	N. N. Meyer.
— *Lübtheen:*	Eduard Behr.
	Postschreiber, Wilhelm Plagemann.
— *Lübz*,	Friedrich Felten.
— *Neustadt*,	Carl Friedrich Köppen.
— *Parchim*,	PostCommissär J. Heinr. Deichmann.
	Briefträger, Wilhelm Plagemann.
— *Redefin*,	Ant. Friedr. Christian Flügge.
— *Vellahn*,	J. F. E. Eckhardt.

Postwärterei:

Zu *Ortkrug*,	PostExpediteur Aug. Eckermann.

Zum PostDepartement gehörendes Personale:
Berechner des PostMontirung- und PostDruckMaterialien-Depots, PostInspector A. H. F. Tesch.

E. ZollRegal.

Departementsrath, Kammerrath Leop. Fried. Heinr. Wendt.

1) ElbZollAemter.

a) Zu Boizenburg.

ElbZollDirector,	Oberst Ludwig von Sell.
Zweiter ElbZollBeamter,	Hauptmann Carl von Pressentin.
Dritter ElbZollBeamter und Revisor,	OberZollInspector Franz Philipp Knaudt.
ElbZollManifesteur:	Christian Ludwig Dührkop.
	Johann Heinrich Wilhelm Winterberg, Gehülfe.
Bootsknecht u. Büreaudiener,	Franz Heinrich Schultz.

ElbZollgericht:

Richter,	Domänenrath von Röder.
Actuarius,	Christian Ludwig Dührkop.

b) Zu Dömitz,

(erhebt auch den EldenZoll, und ist mit der Ausstellung der Patente zur Schiffahrt auf der Elde und Stör, der Prüfung der Schiffer, und der Aichung der Fahrzeuge beauftragt).

ElbZollBeamter,	OberZollInspector, Hauptmann Friedr. Wilh. Zinck.
ElbZollBeamter u. Revisor,	ZollInspector Georg Karsten.
ElbZollBeamter und Inspector,	Kammerjunker Ernst von Laffert.
ElbZollRevisor,	Georg Christian Albrecht.
ElbZollManifesteur,	SteuerAccessist Wichardt.
Bootsknecht u. Büreaudiener,	Joachim David Haacker.
Krahnwärter bei der Krahn- u. WageAnstalt,	Joh. Died. Nic. Sisum.

ElbZollgericht:

Richter,	Amtsverwalter G. W. von Breitenstern.
Actuarius,	Georg Christian Albrecht.

c) Zu Wittenberge.

(Zur gemeinsamen Controle in Folge der Dresdener Conventionen mit Preussen vom 22 und mit Hannover und Lauenburg vom 30 Jun. 1821.)

ZollInspector, Georg Carl Stypmann, bis 1 April 1844.

2) Elden- und andere WasserZölle

werden zugleich mit den SchleusenGeldern durch die Schleusenwärter erhoben.

5

3) Damm- und BrückenGeldEinnehmer. (16)

Zu *Banzkow*,	Friedrich Isbarn.
— *Bützow*,	Rathsherr Wilfried Block.
— *Doberan*,	N. N. Beese.
— *Eldena*,	Ahrend.
— *SchwerinscheFähre*,	Pfister.
— *Langsdorf*,	Krüger.
— *Pampow*,	Johann Gottfried Arnold.
— *Quassel*,	N. N. Paepcke.
— *Rehna*,	AmtsRegistrator zur Nedden.
— *Rühn*,	N. N. Brey.
— *Suckow*,	ErbKrüger Joh. Christ. Behrens.
— *Sülze*,	Rathmann Böhmer.
— *Tessin*,	SteuerEinnehmer, Lieutenant C. F. Brandt.
— *Valluhn*,	Carl Schupmann.
— *Wolken*,	Carl Christ. Maack.
— *Zarrentin*,	SteuerControleur Friedr. Hencke.

4) SeeZoll zu Wismar, und 5) LandZollBerechner.

(Siehe Abschnitt VI.)

F. SteuerRegal.

(Siehe Abschnitt VI.)

Sechster Abschnitt.

Verwaltung der Steuern und Zölle.

I. *Steuern.*

1) *Die ordentliche LandesContribution,*
zu Militär-, Legations- und CivilAdministrationsKosten, wird zur Renterei berechnet.

A. *In den Domänen*
von den competirenden Beamten (s. Abschnitt V.), ausser in den Flecken Doberan, Lübtheen, Ludwigslust, Dargun und Zarrentin (s. unten).

B. *In den ritterschaftlichen und Kloster-, Rostocker Districts-, auch städtischen Kämmerei- und OeconomieGütern,*
von den resp. GutsObrigkeiten, durch den Engeren Ausschuss der Ritter- und Landschaft (s. Abschnitt XII).

C. *In den Landstädten und den sub A. genannten fünf Flecken,*
unter OberAufsicht der Regierung durch deren SpecialDepartement für das Steuer- und Zollwesen (s. Abschnitt VI.); wobei zugleich die RecognitionsGelder der jüdischen GlaubensGenossen, die Steuer der HandelsReisenden, die ausserordentliche Steuer der fremden Kauf- und Handelsleute und der Impost auf auswärtigen Branntwein erhoben wird.

SteuerEinnehmer
und SteuerUnterbediente in den Städten und Flecken.

a) *Im Herzogthum Schwerin.*

1) Parchim.

SteuerInspectoren: Rathsherr August Christian Sommer.
Rathsherr Franz Flörke.
SteuerEinnehmer: Gerichtsrath Carl Langfeldt.
Friedrich Ludwig Wilhelm Bandt.
SteuerAufseher, Ernst Cordua.
Mühlenschreiber, Johann Christian Peters.
Thorschreiber: F. J. C. Martienssen, am NeuenThor.
Carl Wage, am WockenThor.
Georg Aug. D. Neumann, am KreuzTh.

5*

2) Brüel.

SteuerEinnehmer, StadtSecretär Joh. Friedrich Pries.
SteuerAufseher, Georg Krull, Thorschreiber am Zingel-Thor, auch Mühlenschreiber.
Mühlenschreiber, J. J. Behlendorff, TS. am MühlenThor.
Thorschreiber, Friedr. Krull, am Keezer Thor.

3) NeuBukow.

SteuerEinnehmer, Postmeister Chr.Joh.Greg.Schulemann.
SteuerAufseher, J. D. Becker, TS. am KröpelinerThor.
Mühlenschreiber, J. C. Eichblatt, TS. am MühlenThor.
Thorschreiber: Joh. Jac. Schulz, am Wismarschen Th.
Joh. Matz, am Kneeser Thor.

4) Crivitz.

SteuerEinnehmer, Postmeister Adolph von Schmidt.
SteuerAufseher, C. J. L. Schröder, TS. am Parchimsch. T.
Mühlenschreiber, G. C. von Borstell, b. d. RönkendorferM.
Thorschreiber, C. F. Hünerjäger, am Schweriner Thor.

5) Flecken Doberan.

S. die Steuerstube zu Kröpelin, welche einstweilen die Geschäfte verwaltet.

6) Dömitz.

SteuerEinnehmer, Friedrich Johann Christian Geudtner.
SteuerAufseher, Johann Christoph Stüdemann.
Mühlenschreiber, J. C. D. Erich, b. d. Findshiers.Mühle.
Thorschreiber, Ludwig Christoph Momsen.

7) Gadebusch.

SteuerEinnehmer, Bürgermeister Christian Koch.
SteuerAufseher, Carl Wilh. Vorast, TS. am LübeckerT.
Mühlenschreiber, Christ. Christ. Wehnert, TS. am MühlT.
Thorschreiber, Christian Rabe, am Steinthor.

8) Grabow.

SteuerEinnehmer: Friedrich Franz Johann Dunckelmann.
Stadtrichter, Advocat Carl Caspar.
SteuerMitarbeiter, ZollBerechner Ludwig Wüsthoff.
SteuerAufseher, Christian Carl Jacob Wortmann.
Mühlenschreiber, Joachim Christian Neumann.
Thorschreiber: Joh. Dietrich Schulz, am MühlenThor.
Moritz Erdm. Gjörn, am RehbergerT.

9) Grevismühlen.

SteuerEinnehmer, { Postmeister Carl Friedr. Ulr. Broll.
Postmeister Fr. Joh. Heinr. Schultze. }
SteuerAufseher, Joh. Geo. Hörning, TS. am LübschenT.
Mühlenschreiber, Jac. Haacker, b. d Poischower Mühle.
Thorschreiber, J. A. W. Malzahn, am Wismarschen T.

10) Hagenow.

SteuerEinnehmer, Postmeister Carl Heinr. Ernst Paschen.
SteuerAufseher, Jacob Friedrich Moritz.
Mühlenschreiber, Johann Christian Gottfried Hempel.
Thorschreiber: J. A. C. Schade, am KiezEnde.
J. C. F. Rotermann, am MühlEnde.

11) Horst.

GränzSteuerControleur, Ludwig Dunckelmann.

12) Kröpelin.

SteuerEinnehmer, Postmeister Heinrich von Suckow.
SteuerAufseher, C. Westphal, TS. am Rostocker Thor.
Thor- und Mühlenschreiber: W. H. Oehlrich, am Schwaanschen T.
C. A. C. Lettow, am Wismarschen Th.

13) Flecken Lübtheen.

SteuerControleur, Postmeister Eduard Behr.

14) Lübz.

SteuerEinnehmer: Friedrich Ludwig Blieffert.
Postmeister Friedr. Felten, *adj.*
SteuerAufseher, Friedrich Gustav Müller.
Mühlenschreiber, Chr. Dan. J. Vollendorff, TS. am PlauerT.
Thorschreiber, Peter Hübner, am Parchimschen Thor, auch SteuerAufseher *adj.*

15) Flecken Ludwigslust.

SteuerEinnehmer, Aug. Wilh. Bochat.
SteuerAufseher, Johann Lexow.
Thorschreiber: Joh. Husfeldt, am Schweriner Thor.
Johann Pingler, am Grabower Thor, auch Mühlenschreiber.
J. H. Schacht, am Hamburger Thor.

16) Malchow.

SteuerEinnehmer, Bürgermeister Friedrich von Müller.
SteuerAccessist, Friedr. Wilh. zur Nedden, Gehülfe.
Thorschreiber, Chr. Ludw. Münster, Mühlenschreiber.
Fährschreiber, Samuel Röhr, auch SteuerAufseher.
Baumwärter, Johann Necker, am LenzCanal.

17) Neustadt.

SteuerEinnehmer, AmtsSecretär Friedr. Behm, *ad int.*
SteuerAufseher, J. H. Schumacher, TS. am SchwerinT.
Thor- und Mühlenschreiber, Friedrich Ludwig Gottlieb, am Parchimschen Thor.

18) Rehna.

SteuerEinnehmer, Advocat August Rudow, *ad interim.*

SteuerAufseher, Heinr. Gottfr. Troye, Thorschreiber am Gadebuscher und Bülower Thor.
Mühlenschreiber, L. J. F. Oesterreich, TS. am MühlenT.
Thorschreiber, D. W. Rickhoff, am Gletzower Thor.

19) Schwerin, Alt- und Neustadt.

SteuerInspectoren: Bürgermeister, Geh.Hofrath R. C.Kahle.
Rathsherr Lud. Schnapauff, substituirt.
SteuerEinnehmer: Johann Joach. Ludw. Reetz, *ad int.*
SteuerAccessist Ulrich Jahn, } *ad*
SteuerAccessist Carl Moldt, } *interim.*
SteuerAufseher: J. C. Anderssen.
Friedrich Wilhelm Beutin.
MühlenControleur, Ludwig Seeckt, *ad interim.*
Mühlenschreiber: Schmidt, bei der holländ. Windmühle.
Friedr. Martin Jörss, bei der BinnenM.
J. G. W. Crenow, bei der BischofsM.
Thorschreiber: Heinr. Christian Törber, am SpielThor.
Joh. Christ. Ad. Leow, am MühlenTh.
Carl Hartw. Lpr. Klein, am SchlossTh.
Baumwärter, Friedr. Sevecke, am Siechenbaum.
Seevogt, Wilhelm Linloff.

20) Sternberg.

SteuerEinnehmer, Johann Heinrich Günther.
SteuerAufseher, Carl H. Died. Lange, TS. am LuckowerT.
Mühlenschreiber, Joh. Fried. Wiggers, TS. am KütinerT.
Thorschreiber, Carl von Bülow, am Pastiner Thor.

21) Waren.

SteuerEinnehmer, Carl Ludwig Bartsch.
SteuerMitarbeiter, Postmeister Friedr. Viereck.
SteuerAufseher, Carl Christian Diederich Danneel.
Mühlenschreiber: Carl Ludwig August Both,
Friedrich Wesel.
Thorschreiber: Joh. Christ. Aug. Kay, am AltenThor.
Joh. Fried. Hackbusch, am NeuenThor.
Joh. Fr. Lorenz, Gehülfe am NeuenT.

22) Wittenburg.

SteuerEinnehmer, Friedrich Krüger.
SteuerAufseher, Christ. Ludwig Grosse, auch Mühlenschreiber und TS. am MühlenThor.
Thorschreiber, Joh. Christ. Wilh. Harnack, am SteinT.

23) Valluhn.

PassirscheinExpediteur, Carl Schupmann.

24) Zarrentin.
SteuerControleur, Friedrich Hencke.

b) *Im Herzogthume Güstrow.*

1) Güstrow.

SteuerInspectoren: Rathsherr Helm. Joh. Friedr. v. Schultz.
Rathsherr Carl Dan. Friedr. Lönnies.
SteuerEinnehmer: Joachim Paul Rüting.
Johann Conrad Klingner.
SteuerAufseher: Georg Clement.
Franz Stewase.
Mühlenschreiber, Carl Mevius, bei der WasserMühle am MühlenThor, auch TS. am MühlenT.
Thorschreiber: Friedr. Blonck, am GlevinerThor, auch Mühlenschr. bei der dortigen Mühle.
J. J. Fr. Düwel, am HagebökerThor.
D. G. Brausewaldt, am SchnoienThor.

2) Boizenburg.

SteuerEinnehmer, LicentCommissär Georg Chr. H. Schön.
SteuerAufseher, Joach. Dan. Zimmermann.
Mühlenschreiber: Fr. Chr. Krebs, bei der Mühle in d. Stadt.
C. H. Calow, bei der AussenMühle, auch TS. am MühlenThor.
Thorschreiber, Georg Lucht, am MarktThor.

3) Flecken Dargun.

SteuerControleur, Hartwig Heinrich Hane.

4) Gnoien.

SteuerEinnehmer, Daniel Jacob Ludwig Hempel.
SteuerAufseher, F. L. Reeck, TT. am RostockerThor.
Mühlenschreiber, Chr. Fr. Böttger, TS. am MühlenTh.

5) Goldberg.

SteuerEinnehmer, Postmeister Joh. Joach. Christ. Koth.
SteuerAufseher: Joh. Wilh. Stübe, TS. am MühlenT.
Joh. Friedr. Fensch, TS. am SteinTh.
Mühlenschreiber, Ludwig Heinrich Misch.

6) NeuKalden.

SteuerEinnehmer, Bürgermeister Chr. Fr. Wilh. Görbitz.
SteuerAufseher, Carl Fr. Runge, TS. am MühlenT.
Thorschreiber, Carl Friedr. Knoll, am Malchinschen Thor, auch Mühlenschreiber.
Thorwärter, Joh. Heinr. Diedr. Krüger, am AmtsT.

7) Krakow.

SteuerEinnehmer, Hofrath Carl Ludwig Voss.

SteuerAufseher und TS. am Plauer Thor, vacat.
Mühlenschreiber, Chr. Heinr. Meyer, TS. am MühlenT.

8) Lage.

SteuerEinnehmer, Bürgermeister Conrad Lüders.
SteuerAufseher, Dan. Heinr. Jörss, TS. am BreeserT.
Mühlenschreiber: Carl Friedr. Brath, TS. am MühlenT.
Friedr. Beyer, TS. am PinnowerT.

9) Malchin.

SteuerEinnehmer, Johann Christian Erich Fischer.
SteuerAufseher, Carl Ludw. Tietz, auch TS. am SteinT.
Mühlenschreiber, J. C. Vick, TS. am MühlenThor.
Thorschreiber: Christ. L. Kraaz, am WarkentinerT.
C. C. H. Klemkow, am KaldenschenT.

10) Marlow.

SteuerEinnehmer, Bürgermeister Carl Fr. Wilh. Lüders.
SteuerAufseher, Joh. Wegener, auch Mühlenschreiber und TS. am Sülzer Thor.
Thorschreiber, Joh. Heinr. Mester, am RibnitzerThor.

11) Penzlin.

SteuerEinnehmer, Hans Kolp.
SteuerAufseher, Joh. Christ. Graffe, auch TS. am Warenschen Thor.
Mühlenschreiber, Wilhelm Wüchner.
Thorschreiber, Joh. Cordes, am NBrandenburgerThor.

12) Plau.

SteuerEinnehmer, Johann Christian Meyer.
SteuerAufseher, Joh. Kraack, TS. am BurgThor.
Mühlenschreiber, Martin Vollendorf, TS. am SteinTh.
Thorschreiber, J. G. C. Schuwendt, am EldenThor.

13) Ribnitz.

SteuerEinnehmer, Otto Friedr. Kychenthal.
SteuerAufseher, Christoph Heinr. Klevenow, Thor- und Mühlenschreiber am StrandTh. und bei der Wassermühle.
Mühlen- und Thorschreiber: Johann Luchtmann, am MarlowerThor und bei einer Windmühle.
Wilhelm Böttcher, am RostockerThor und bei drei Windmühlen.

14) Röbel.

SteuerEinnehmer, Postmeister Heinrich Wüstney.
SteuerAufseher, J. F. C. Michaelsen, TS. am MühlenT. u. Mühlenschr. b. d. Wassermühle.

Mühlen- und Thorschreiber:	Corn. Jahn, am AltstädterThor und bei der Altstädter Mühle.
	Joach. Christ. Thomsen, am HohenThor u. bei der dortigen Windmühle.

15) Schwaan.

SteuerEinnehmer,	Lieutenant Aug. Ernst Wilh. Quistorp.
SteuerAufseher,	Andreas Berger, TS. am BrückenTh.
Mühlenschreiber,	Friedrich Christian Trapp, TS. am MühlenThor.
Thorschreiber,	C. G. Hommel, am Letschower Thor.

16) Stavenhagen.

SteuerEinnehmer,	Friedrich Christoph Heinrich Spalding.
SteuerAufseher,	Friedr. Joh. Heiden, TS. am NBrandenburger Th. und Mühlenschreiber bei der Windmühle.
Mühlen- und Thorschreiber,	Joh. Gierhardt, am MalchinerThor und bei der Windmühle.
Thorschreiber,	Th. Dan. Jacob Friedr. Lembcke, am Demminer Thor.

17) Sülze.

SteuerEinnehmer,	Postmeister Wilh. Friedr. Ludw. Leu.
SteuerAufseher,	Friedrich Jacobs.
Thor- und Mühlenschreiber:	Jacob Steinohrt, am Rostocker Thor u. bei der Stadtmühle.
	Gustav Gluer, am Triebseer Thor und bei der Salzwerksmühle.

18) Tessin.

SteuerEinnehmer,	Lieutenant Carl Friedrich Brandt.
SteuerAufseher,	Carl Wilh. Bohm, TS. am Rostocker Thor.
Mühlenschreiber,	J. J. A. Espenschütz, TS. am Gnoienschen Thor.
Baumwärter:	C. J. C. Rausch, beim Sülzer Baum.
	Joh. Friedr. Burmeister, beim Weitendorfer Baum.

19) Teterow.

SteuerEinnehmer,	Postmeister Friedr. Wilh. Wentzell.
SteuerAufseher,	Carl Ludw. Trapp, TS. am Köthelsch.T.
Thorschreiber:	Johann Lud. Diering, am Malchiner T.
	Carl Christ. Hermes, am Rostocker T.
Mühlenschreiber,	Erdwin Tack, bei der Stadt-, Wind- und BornMühle.

c) *Im Fürstenthume Schwerin.*

1) Bützow.

SteuerEinnehmer, Postmeister, Lieutenant G. L. Allmer.
SteuerMitarbeiter, SteuerAccessist Christ. Hagemeister, *ad inter.*
SteuerAufseher, Johann Carl Wiese.
Thor- und Mühlenschreiber, am WolkerTh. und bei der 4gängigen Mühle, vacat.
Thor- und Mühlenschreiber, Dan. Friedr. Harder, am RühnerT. und bei der 2gängigen Mühle.
Thorschreiber, Joh. Heinr. Hoff, am Rostocker Thor.

2) Schwerin, Neustadt.

(S. Schwerin, Alt- und Neustadt p. 70.)

3) Warin.

SteuerEinnehmer, Johann Georg Gelineck.
SteuerAufseher, Joachim Christoph Ehlers, Thorschreiber am Kirchthor.
Mühlenschreiber, Gust. Gottl. Const. Bahl, TS. a. MühlT.
Thorschreiber, Joh. Dernehl, am SteinThor.

D) *In der Stadt Rostock*

wird die Accise als LandesContribution wahrgenommen durch das

AcciseDepartement.

Grosherzoglicher *AcciseRath,*

Doctor Johann Gottfried Crumbiegel.

RathsDeputirte:

Rathsherr Christoph Joach. Bernh. Weber, } alterniren mo-
Rathsherr Georg Friedrich Meyenn, } natlich.

Grosherzogliche *AcciseBediente:*

AcciseEinnehmer: Der erste, vacat.
Georg Gustav Stiller.
NeuhausInspector, Carl Ludwig Kappherr.
StrandInspectoren: Ludolph Ernst Nicolas Glosemeyer, OberInspector.
J. M. Altschwager, adj.
AcciseControleur, Carl Matthies-Klinger.

Bürgerschaftliche Deputirte,

aus dem ersten und zweiten Quartier.

6 Kaufleute. 6 Gewerke.

Grosherzogliche *Accise UnterBediente:*

Thorschreiber Joh. Fr. W. Boldt, am PetriThor, } der Alt-
bei d. 4 Land- Chr. Essmann, — Mühlenth., } stadt.

Thoren: Joh. Fried. Schwaah, — Kröpelinerth., } der
Fr. H. G. Vick, — Steinthor, } NSt.
beobachten auch die 4 Wallthore:
das KüterThor und KuhThor der Altstadt,
das BramowerThor, } der Neustadt.
das Schwaansche Thor, }

StrandAufseher C. H. P. Bannier, am MönchThor der Neust.
bei den 12 auch für das LazarethThor, } der
StrandThoren: FauleThor und WendenThor, } Altstadt.
StrandAufseher: Joh. Heinr. Carl Gottschalk, a. Schnickmanns T., auch für das FischerThor, Grapengiesser- und BadstüberThor, } der Neustadt.
Mich. Ernst Dinnies, am Borgwall-Thor, auch für das Wokrenter-, Lager- und KossfelderThor, }

Mühlenschreiber: Carl Friedr. Preuss, am Mühlendamm.
F. D. O. Lüders, bei den 3 Windmühlen.

AcciseBediente: Johann Joachim Friedrich Bernike, bei der AcciseBude.
Am Neuenhause, siehe Controleure beim Zoll-, Steuer- u. AcciseCommissariat.

Litzenbrüder: F. Marcus. J. Roepcke.
- J. G. Hochfeldt. Prüssing.

E) *In der Stadt Wismar*

wird das *StaatsGeld* erhoben durch Bürgermeister und Rath. (S. XII. Abschnitt.)

Für die SeeStädte Rostock und Wismar besteht ausserdem noch

das Grosherzogliche Zoll-, Steuer- und Accise-Commissariat in Rostock,

(unter Leitung des Steuer- und ZollDepartements der Regierung. S. Abschnitt IV.)

Inspector, J. M. Altschweger.
Secretair, D. G. Gütschow.
Controleure: Valentin Stender.
Heinrich Krüger.
Carl Matthies-Klinger.

2) *Die ausserordentliche Landes-Contribution,*

nebst einigen indirecten Steuern durch mehrere Edicte angewiesen, deren Erhebung und Verwendung zum Abtrag und zur einstweiligen Verzinsung der durch die Vereinbarung vom 21 April 1809 für gemeinschaftlich anerkannten Landesschulden der MeklenburgSchwerinschen Domänen, Ritterschaft und Städte, nach Aufhebung der vormaligen LandesReceptur-Commission, geleitet wird von

der allgemeinen LandesReceptur- und StempelDirection, zu Rostock.

LandesSteuerDirector,

Drost Ludwig August Leonhard von Wickede.

Secretär und HauptStempelDepotBerechner,	Advocat J. J. Val. Beselin.
Revisor,	Advocat Friedr. Joh. Massmann.
Calculator und StempelControleur,	G. Wennmohs.
Pedell,	J. F. Lüders.
Executoren,	die LandesExecutoren. (Siehe Abschnitt XII.)

LandesRecepturCasse:

Cassier und Berechner des SpielKartenHauptDepots,	Hofrath Ernst Emil Eggersf.
Cassenschreiber,	C. F. Jarchow.

II. *Wasser- und LandZölle,*

unter OberAufsicht der Regierung, und unter Leitung deren SpecialDepartements für das Steuer- und ZollWesen.

1) *ElbZölle.*

2) *Elden- und andere WasserZölle.*

(Die Zölle sub 1) et 2) stehen einstweilen noch unter der Leitung der Kammer, (s. Abschnitt V.)

3) *SeeZoll zu Wismar.*

LicentKammer:

LicentCommissarius,	Domänenrath A. F. Schröder.
LicentAufseher:	Joachim Christian Schulz.
	Joachim Lorenz Eggebrecht.
SchiffsBesucher:	J. H. Davids.
	Joach. Friedr. Ludw. Megow.
	Christian Stern, adj.
Schiffsmesser,	J. C. Hammer.
Einspänner,	J. H. Davids.
Strandreiter,	H. Pingel, auf Poel, *ad int.*

4) *LandZölle* (28)
nebst den dazu gehörenden Neben- und WehrZöllen (55)

Zu *Boizenburg:* LicentCommissär Georg Christoph Heinr. Schön, *ad inter.*
zu Gallin, Dorf, Carl Klinck.
— Greven, Dorf, Krüger Franz Jürg. Ehling.
— Horst, Deichvogt Carl Leop. Krüger.
— Hühnerbusch, Joh. Mundt.
— Lüttenmark, Holzwärter Joach. Rönnbach.
— Schildmühle, Müller Joh. Herm. Tabel.
— Soltow, Deichvogt Carl Leop. Krüger.
— *NeuBukow,* SteuerEinnehmer und Postmeister Christ. Joh. Schulemann.
— *Crivitz,* SteuerEinnehmer und Postmeister Ad. v. Schmidt.
zu Gaedebehn, Forsthof, Förster Liss.
— Gaedebehn, Dorf, Ludwig Moll.
— RönkendorferMühle, Müller Wiese.
— Suckow, Erbkrüger Aug. Kowitz.
— *Dömitz,* SteuerEinnehmer Friedrich Geudtner.
zu Findenwirunshier, Mühlenschreiber J. C. D. Erich.
— Niendorf, Beckmann.
— Polz, Schulze Bonatz.
— Vielank, Schulze Steffens.
— Woosmer, Mühle, Adolph Krüger.
— Woosmer, Dorf, Schulze Joh. Pet. Scheper.
— *Gadebusch,* AmtsRegistrator Joach. Ernst Frey.
zu Dragun, Erbkrüger J. M. Dettmann.
— Wakenstedt, Friedrich Reincke.
— *Gnoien,* SteuerEinnehmer Hempel.
— *Grabow,* Ludwig Wüsthoff.
zu Eldena, Schulze Joh. Carl Düring.
— Gorlosen, W. Schultz.
— Zierzow, Heinr. Buck.
— *Grevismühlen:* {C. H. Broll, F. J. H. Schultze,} SteuerEinnehmer und Postmeister.
zu Klütz, verpachtet an den Grafen v. Bothmer auf Bothmer.
— *GrosGrenz,* Heinrich Bade, unter Aufsicht des SteuerEinnehmers und Postmeisters, Lieutenants August Ernst Christ. Quistorp, zu Schwaan.

Zu *Güstrow:*	SteuerEinnehmer Joach. Paul Rüting. SteuerEinnehmer Joh. Conr. Klingner.
— *Hagenow,*	SteuerEinnehmer, Postmeister Carl Ernst Heinr. Paschen.
zu Garlitz,	Heinrich Mundt.
— Gudow,	Jürgen Heinrich Schult.
— Quassel,	Krüger Jessel.
— Redefin, Dorf	Joh. Friedr. Bernin.
— SudenKrug,	Krüger Joh. W. Kliefoth.
— *NeuKalden,*	Postmeister Joh. Friedrich Müller.
— *Lage,*	Postmeister, Lieutenant Friedr. Meyer.
— *Langsdorf,*	Martin Heinrich Krüger.
— *Lübz,*	Postmeister und SteuerEinnehmer Friedrich Felten.
zu Marnitz,	Wittwe Schwanbeck.
— Poltnitz,	Krüger Buss.
— Retzow,	MüllerWittwe Schulz.
— Siggelkow,	Erbkrüger R. J. C. Prestin.
— Sukow,	Krüger Kolbow.
— *Neustadt,*	AmtsSecretär und SteuerEinnehmer Friedr. Behm, *ad inter.*
zu Blievenstorf,	Ernst Giese.
— Herzfeld,	Schulze J. C. F. Möller.
— Jasnitz,	Mart. Friedr. Puls.
— Stolpe,	N. N. Schröder.
— Strohkirchen,	Schulze Schröder.
— Wöbbelin,	Joh. Mich. Wiencke.
— *Parchim,*	PostCommissär Johann Heinr. Deichmann.
— *Plau,*	Postmeister Carl Schnell.
— *Rehna,*	AmtsRegistrator, Postmeister J. C. L. zurNedden.
— *Ribnitz,*	die SteuerStube daselbst, *ad int.*
— *Schwerin:*	ZollInspector J. C. L. Schweden. ZollAufseher Christian Plönnigs.
zu Banzkow,	Friedr. Isbarn.
— Meteln, Dorf,	Krüger Hartwig Wolter.
— Ortkrug,	L. H. A. Eckermann.
— Pampow,	Johann Gottfried Arnold.
— Plate,	Christian Stier.
— *Sternberg,*	SteuerEinnehmer Joh. Heinr. Günther.
zu NeuKrug,	Krüger Jasp. H. J. Rudolph.
— Witzin,	Chr. J. Fr. Baas.

Zu *Tessin*,		SteuerEinnehmer und Postmeister, Lieutenant C. F. Brandt.
– *Waren*,		Postmeister F. Viereck.
– *Weitendorf*,		verpachtet an den Gutsbesitzer Westphal daselbst.
– *Wittenburg*,		SteuerEinnehmer Friedr. Krüger.
zu Kogel,		Krüger Heldt.
– Kowahl,		Carl Ernst Hoffmann.
– Püttelkow,		Joh. Wilh. Sick.
– Valluhn,		SteuerControleur C. F. Schupmann.
– Vellahn,		Joh. Friedr. Wilh. Abel.
– *Wredenhagen*,	verpachtet an	Landreiter Fr. Schumann.
zu Buchholz,	verpachtet an	Erbmüller Köppen.
– Dammwolde,	verpachtet an	Landreiter Schumann.
– Grabow,	verpachtet an	N. N. Neumann.
– NeuKrug,	verpachtet an	Krüger Lampe.
– *Zarrentin*,		SteuerControleur und PostExpedient Friedrich Henecke.

Siebenter Abschnitt.

JustizStaat.

1. *Das OberAppellationsGericht, zu Rostock,*

ist die höchste, für beide Grosherzogthümer MeklenburgSchwerin und MeklenburgStrelitz gemeinschaftliche Instanz, in Gefolge der deutschen BundesActe vom 8 Junius 1815, Art. 12, vermittelst der unterm 8 Julius 1818 promulgirten OberAppellationsGerichtsOrdnung, so wie der revidirten OberAppellationsGerichtsOrdnung vom 20 Jul. 1840, am 1 October 1818 zu Parchim eröffnet und nach Rostock verlegt am 1 Octbr. 1840. Es wird von beiden Grosherzogen besetzt und nimmt Appellationen an von den Erkenntnissen und Querelen über das Verfahren der vier JustizKanzleien zu Schwerin, Güstrow, Rostock und NeuStrelitz, der Consistorien zu Rostock und NeuStrelitz, des academischen Gerichts, auch der Magisträte zu Rostock und Wismar, imgleichen der Kriegsgerichte in bürgerlichen Sachen und aller übrigen Gerichte über landesherrliche Diener oder sonstige Eximirte: ist auch zugleich Obergericht und letzte Instanz für CriminalSachen; übrigens unter landesherrlicher OberAufsicht.

Die LandesRegierung zu Schwerin nimmt nur noch Recurse an in Sachen Rostockscher Bürger unmittelbar von den Erkenntnissen des Magistrats zu Rostock, so wie in Forst-, Steuer- und LotterieSachen, über das Verfahren der respectiven Behörden.

OberAppellationsGerichtsPräsident,

Dr. Friedrich von Oertzen.

VicePräsident,

Dr. Friedrich Ernst Carl Fromm.

OberAppellationsRäthe:

Dr. Christian Carl Friedr. Wilh., Baron von Nettelbladt.
Johann Heinrich Viereck.
Dr. August Wilhelm von Schröter.
Friedrich Ackermann.
August Friedrich Joh. Heinr. von Bassewitz.

OberAppellationsGerichtsKanzlei.

Secretär,	Carl Friedrich Wilhelm Scheel.
Protonotarien und Registratoren,	Friedrich Christoff Eisfeldt, auch Berechner.
	Hans Joachim Friedrich Ebeling.
Kanzellisten:	Hans Friedrich Theodor Richter.
	Heinr. Carl Friedr. Jul. Uterhart.
Pedell,	Friedr. Joachim Heinrich Krowass.

II. *Die JustizKanzleien:*

1) *Zu Schwerin:*

Aus den früheren Hof- und RegierungsKanzleien am Hoflager der Herzoge zu MeklenburgSchwerin, nach der KanzleiOrdnung von 1569 zu einem Gerichtshofe gebildet, für bürgerliche und peinliche Sachen höherer Instanz: (1611-1701) für den privativen Schwerinschen LandesAntheil, nach den KanzleiOrdnungen von 1612 und 25 Aug. 1637; seit dem 1 Octbr. 1818 wieder auf einen abgesonderten JurisdictionsBezirk angewiesen, namentlich: über die Städte und Flecken Boizenburg, Brüel, Crivitz, Dassow, Dömitz, Gadebusch, Grabow, Grevismühlen, Hagenow, Klütz, Ludwigslust, Neustadt, Parchim, Rehna, Schwerin, Sternberg, Warin, Wittenburg, Zarrentin und respect. deren KämmereiGüter, die Domanial- und ritterschaftlichen Aemter Boizenburg, Gadebusch, Grabow, Grevismühlen, Sternberg, die DomanialAemter Bakendorf, Crivitz, Dömitz, Eldena, Hagenow, Lübtheen, Neustadt, Rehna, Schwerin, Tempzin, Toddin, Walsmühlen, Warin, Wittenburg, Zarrentin, die ritterschaftlichen Aemter Crivitz, exclusive der Güter Gülzow, Parum, Langensee, Penzin, Friedrichswalde und Zibühl c. p. — Schwerin, exclusive der Güter Boldebuck, Grünenhagen, Lübzin, Mühlengeez und Sülten c. p. — Wittenburg, exclusive Ivenack c. p. — so wie über die zum ritterschaftlichen Amte Lübz gehörenden Güter Beckendorf, Benthen, Greven, Lanken, Lenschow, Passow, Welzin, Charlottenhof, Tannenhof c. p. (Sämmtliche, diesen JurisdictionsBezirk bildenden Güter sind in dem, am Ende des zweiten Theils befindlichen OrtsRegister mit dem Buchstaben S. bezeichnet.)

KanzleiDirector,

Johann Anton Wachenhusen, ritter- und landschaftlicher Präsentatus.

ViceDirector,	Carl Christian Friedrich Martini.
Justizräthe:	Kammerherr Carl von Bülow.
	Reinhard Carl von Monroy.
	Friedrich Kaysel.
Kanzl. Assessor,	Carl Justus Heinrich Mencke.

6

Subalternen:

KanzleiSecretär,	Johann Georg Francke.
Kanzl.Registratoren:	August Johann Carl zurNedden.
	Carl Friedrich Buchholtz.
JustizKanzellisten:	Joh. Heinr. Christoff Maass, *emer.*
	Carl Jul. Friedr. Prange, Revisions-Kanzellist, auch Kanzleischreiber.
	Johann Friedr. Casimir Juhr.
	Friedrich Chr. Th. Fahrenheim.
	Joh. Georg Fr. Benemann, supern.
Commiss.Secretär,	Carl Heinrich Parbs.
KanzleiPedell,	Johann Hermann Ludwig Barten.
KanzleiExecutor,	Carl Heinrich Parbs, Comm.Secr.

KanzleiAdvocaten und Procuratoren: (100)

(die Namen der von den drei JustizKanzleien zur Uebernahme des Amts eines PatrimonialRichters denominirten Advocaten sind zur Unterscheidung mit gesperrter Schrift gedruckt).

KanzleiFiscal, Hofrath Friedr. Chr. Hartw. Tolzien.
Carl Gabriel Diedrich Berner.
Hofreth August Gottlieb Hermann Ehlers, zu Bützow.
Gustav Heinrich Büsing.
Doctor Detlov Friedrich Dreves, zu Rostock.
Gerichtsrath Johann Martienssen, zu Waren.
KirchenSecretär, Hofrath Carl Christian Hartmann.
Doctor Carl Gustav Georg Livonius, zu Hamburg.
Hofrath Friedrich Gottlieb Mussäus, zu Boizenburg.
Hofrath Georg Friedrich Nicolas Livonius.
Gerichtsrath, Dr. Jac. Christ. Gustav Karsten, zu Schönberg.
Gerichtsrath Carl Langfeldt, zu Parchim.
Johann Friedrich Ebert, zu Gadebusch.
Doctor Georg Albert Kütemeyer.
Albert Carl Ludwig Voss, zu Deven.
Carl Hennemann.
Gerichtsrath Wilh. Franz Gabriel Ahrens, zu Schwaan.
August Wilhelm Franz Westphal.
Friedrich Meinshausen, zu Teterow.
Adolf von Königslöw, zu Parchim.
Carl Caspar, zu Grabow.
August Johann Gottlieb Adolph Keller.
August Ehlers, zu Plau.

Gustav Zickermann, zu Goldberg.
Carl Vogel, zu Dömitz.
Christian Friedrich Hermann Löhr.
Doctor Jacob Brasch, zu Parchim.
Hofrath Hans Krüger, zu Lehsen.
Wilhelm Meister, zu Bützow.
GarnisonAuditeur August Paschen.
Adolph Bartning.
Hofrath Carl Leop. Friedr. Wilh. Vaigt, zu Wittenburg.
Friedrich Ludwig Schweden.
OberAuditeur Joach. Friedr. Zickermann.
Commissionsrath Carl Friedr. Giffenig, zu Boizenburg.
Georg Beyer, zu Ludwigslust.
Carl Ludwig Daniel, zu Rehna.
Gotthard Carl Rassau, zu Boizenburg.
August Rudow, zu Rehna.
Carl Julius Juhr.
Heinrich Ebert, zu Grevismühlen.
Wilhelm Carl Weber, zu Grabow.
August Theodor Löscher, zu Parchim.
Ernst Gädcke, zu Lübz.
Doctor Heinrich Ludwig Ueltzen, zu Dömitz.
Doctor Johann Ernst Georg Bölte, zu Hagenow.
Ludwig Hansen.
Hans Friedrich Bürger, zu Boizenburg.
Hartwig Heinrich August Hundt, zu Hagenow.
Hartwig Johann Friedrich Massmann, zu Sternberg.
Christian Friedrich Johann Dolberg, zu NeuBukow.
Wilhelm Paschen, zu Bützow.
Heinrich Johann Rudolph Kossel.
Hermann Joh. Gottlieb Dölle, zu Wittenburg.
Amtmann Daniel Carl Johann Möller.
Magnus Friedrich Vollrath Knebusch.
Friedrich Johann Georg Gadow.
Ferdinand Ludwig Carl Daniel.
Gustav Christian Bernhard Behrens, zu Gadebusch.
Wilhelm August Gustav Masius.
Doctor Wilhelm Gottlieb Beyer, zu Parchim.
Heinrich Friedrich Born, zu Bruel.
Georg Andreas Christian Kopseel.
August Brünier.
Carl Heinrich Otto Paschen, zu Hagenow.

6*

Johann Friedrich Wilhelm Tonagel, zu Tessin.
Friedrich Albert Georg Wendt, zu Bützow.
Carl Johann Friedrich Wilhelm Wachenhusen.
Doctor Johann Heinrich Bernhard Hast, zu Bützow.
Heinrich Johann Georg Holm, zu Rühn.
Bernhard Heinrich Wehmeyer.
Bernhard Anton Ringwicht.
Hartwig Emil Friedrich Bahl, zu Goldberg.
Heinrich Friedrich Hermann Buchholtz, zu Grabow.
Doctor Lewis Jacob Marcus.
Joh. Heinr. Carl Friedrich zur Nedden, zu Wredenhagen.
Wilhelm Conrad Grupe, zu Warin.
Theodor Daniel Zacharias Graff, zu Grabow.
Georg Gustav zur Nedden.
Friedrich Ludwig Johann Lemcke, zu Ludwigslust.
Carl Wilhelm Friedrich Driver.
Carl Theodor Schlaaf, zu Lübz.
Gustav Georg Ludwig Wilhelms, zu Parchim.
Christian Julius Adolph Schlüter, zu Crivitz.
Helmuth Flemming.
Doctor Friedrich Franz Leopold Flörke, zu Grabow.
Carl Heinrich Rönnberg, zu Parchim.
Joachim Heinrich Friedrich Martens.
Carl August Schwerdtfeger.
Otto August Ernst Witt, zu Dömitz.
Carl Heinrich Ferdinand Barten.
Hermann Carl Heinrich Kleiminger, zu Grabow.
Wilhelm Julius Bernhard Havemann, zu Grabow.
Ferdinand Adolph Ernst Modes, zu Neustadt.
August Philipp Conrad Paschen.
August Wilhelm Bölte, zu Hagenow.
Ferdinand Carl Friedrich Sommer-Dierssen, zu Bützow.
Rudolph Friedrich Peter Carl zur Nedden.
Carl Ernst Friedrich Julius Krüger.
Carl Gustav Heinrich Willbrand, zu Warin.
Ludwig Johann Friedrich Sommer, zu Parchim.

---

2) *Zu Güstrow,*

in die Stelle des vormals concurrirenden, seit dem 1 Octbr. 1818 aufgelöseten Hof- und Landgerichts daselbst errichtet, und sowohl in zweiter als erster Instanz (vermöge der Bekanntmachung vom 1 August 1818) zum abgesonderten Landesgerichte angewiesen: für die Städte und Flecken Goldberg, Güstrow, Ivenack, Lage, Krakow, Malchin, Malchow, Penzlin, Plau, Lübz, Röbel, Stavenhagen, Teterow, Waren und resp. deren KämmereiGüter, für die Domanial- und ritterschaftlichen Aemter Goldberg, Plau, Stavenhagen, Wredenhagen, für die DomanialAemter Güstrow, Lübz, Marnitz und Rossewitz, für die ritterschaftlichen Aemter Güstrow, exclusive der Güter Fresendorf, Reez, Gros- und KleinViegeln, — Neustadt, inclusive Ivenack c. p. — Lübz, exclusive der Güter Beckendorf, Benthen, Greven, Lanken, Lenschow, Passow, Welzin, Charlottenhof, Tannenhof c. p. — für die respect. zu den Aemtern Crivitz, Schwerin und Schwaan gehörenden Güter Gülzow, Parum, Langensee, Penzin, Friedrichswalde, Zibühl, Boldebuck, Grünenhagen, Lübzin, Mühlengeez, Sülten c. p. und Prützen c. p., so wie für die KlosterAemter Dobbertin und Malchow; in erster Instanz aber für die Stadt Rostock und deren Magistrat.* (Sämmtliche, zu diesem Jurisdictions-Bezirk gehörenden Güter sind in dem, am Ende des zweiten Theils befindlichen OrtsRegister mit dem Buchstaben G. bezeichnet.)

KanzleiDirector,

Doctor Georg Bernhard Johann Brandt.

ViceDirector, August Ludolph Radel *.

JustizRäthe: Gustav Wilhelm von Suckow.
Carl Christoph von Bülow.
Carl Heinr. Christoph Trotsche.

KanzleiRath, Adolph von Wick.

Subalternen:

KanzleiSecretär, Hofrath Wilhelm Friedrich Christian Ludwig von Meding.

Registratoren: Hofrath Franz Ludwig Driesch, Auctionator.
Hofrath Joh. Aug. Th. Sänger.

Auctionator und RevisionsKanzellist, G. W. von Dadelsen.

Kanzellisten: Carl Ludwig Schauer.
Ludwig Carl Wilhelm Arndt.

Kanzleischreiber, Johann Carl Heinrich Lisch.

Pedell, Gottl. Christian Leopold Gusmar.

Executor, J. Prange.

KanzleiAdvocaten und Procuratoren: (75)

KanzleiFiscal, Joh. August Theodor Sänger, Hofrath.
Carl Johann Joachim Rönnberg.

Carl Spalding.
Hofrath Johann Christian Friedrich Piper.
Hofrath Julius Carl Heinrich Schmidt, zu Waren.
Johann Friedrich Wilhelm Brückner, zu Waren.
Procurator Joachim Heinr. Christian Lettow, zu Parchim.
Hofrath Joachim Friedr. Wilhelm Bölckow, zu Gnoien.
Carl Schondorf, zu Teterow.
Hofrath August Gottlieb Hermann Ehlers, zu Bützow.
Hofrath Georg Johann August Krüger, zu Rostock.
Hofrath Carl Christian Heinrich Schlüter, zu Crivitz.
Carl August Voss.
Hofrath Wilhelm Friedrich Alexander Stampe, zu Lübz.
Christian Johann Constantin Danneel, zu Teterow.
Procurator Johann Wilhelm Ludwig Icke, zu Parchim.
Anton Friedrich Münchmeyer.
Friedrich Wehner, zu Tessin.
Joachim Carl Theodor Amsberg, zu Wismar.
Hofrath Christian Ludwig Bernhard Engel, zu Röbel
Johann Heinrich Anton Krüger.
Doctor Friedrich Heinrich Schröder, zu Schwerin.
Hofrath Carl Ludwig Voss, zu Krakow.
Wilhelm Hans Heinrich Rönnberg.
Friedrich Ludwig Franz Richter.
August Johann Gottlieb Adolf Keller, zu Schwerin.
Carl Christian Wilhelm Bormann, zu Teterow.
Doctor Joachim Christian Vollrath Rothbart, zu Rostock.
Doctor Johann Levin Christian Ebeling, zu Hamburg.
Franz Johann Gottlieb Diederichs.
Johann Friedrich Gustav Reinnoldt, zu Bützow.
Christian Friedrich Wilhelm Görbitz, zu NeuKalden.
Helmuth Johann Friedrich von Schultz.
Procurator Christian Friedrich Grothe, } zu Parchim.
Carl Conrad Voss, }
Doctor Heinrich Wilhelm Röntgen.
Johann Friedrich Wilhelm Wiese.
Christian Friedrich Bernhard Kähler, zu Waren.
Heinrich Christian Pries, zu Waren.
Carl Georg Theodor Belitz, zu Plau.
Conrad Friedrich Ulrich Lüders, zu Lage.
Adolf Friedrich Francke, zu Malchow.
Doctor August Heinrich Voss.
Doctor Johann Christoph Ernst Bühring, zu Wismar.

Heinrich Christoph Brandt.
Carl Jacob Heinrich Burmeister.
Hans Christ. Friedr. Gottl. Wulfleff, zu Woldegk.
Doctor Friedr. Philipp Gottlieb Brandt, zu Parchim.
Johann Heinrich Christian Voss, zu Penzlin.
Friedrich Wilhelm Ludwig Kortüm.
Carl Friedrich Heinrich Timm, zu Neustadt.
Friedrich Wilhelm Schulze, zu Goldberg.
Doctor Nathan Baruch Aarons.
Carl Heinrich Paul Kentzler, zu Boizenburg.
Christian Heinrich Poertner, zu Röbel.
Wilhelm Heinrich Johann Krull.
Gustav Christian Diedrich Wilhelm Wachenhusen.
Doctor Wilhelm Friedrich August Schmidt, zu Waren.
Ferdinand Johann Heinrich Conrad Schondorff.
Gustav Alex. Friedrich Georg Jahn.
Johann Friedrich Wilhelm Goerbitz, zu Rostock.
Johann Joachim Trotsche.
Doctor Carl Friedr. Aug. Petermann, zu Wesenberg
Wilhelm Heinrich Gottfried Eichmann, zu Waren.
Otto Friedrich Ludwig August von Pentz.
Doctor Ernst Friedrich Ludwig Otto Raven.
Friedr. Johann Georg Conrad Meyer, zu Krakow.
Doctor Heinr. Friedr. Aug. Schultetus, zu Malchin.
Johann Georg Wilhelm Jahn.
Heinrich Friedrich Wilhelm Raabe, zu Parchim.
Ludwig Friedr. Aug. Jul. Spangenberg, zu Schwerin.
Johann Gottfried Ludwig Mau, zu Güstrow.
Otto Conrad Besser.
Doctor Carl Friedrich Heinrich Diederichs.
Carl Friedrich Rudolph Seitz.
Carl Heinrich Johann Vermehren, zu Bützow.
Carl Rudolph Friedrich Nerger, zu Malchin.
Carl Spalding junior.
Doctor Fedor Papinga Julius Georg Spangenberg.

3) *Zu Rostock,*

zur Ausübung der landesherrlichen Gerichtsbarkeit in höherer Instanz, aus den fürstlichen Räthen der, früher schon (1573) angeordneten HofKanzlei zu Güstrow (1598) errichtet, (1611-1701) auf den Güstrowschen LandesAntheil, nach den KanzleiOrdnungen vom 26 October 1617 und 2 März 1669 beschränkt, demnächst (1701) mit der Schwerinschen JustizKanzlei über beide Herzogthümer, mit Ausnahme der Stadt Rostock und des Stargardischen Kreises, concurrirend, 1702-1722 und 1748 nach Rostock verlegt; hat seit dem 1 October 1818, sowohl in erster, als zweiter Instanz ihren abgesonderten JurisdictionsBezirk über die Aemter und Städte: Bützow, Doberan, Marlow, Ribnitz, mit Inbegriff des KlosterAmts und der KämmereiGüter, Rühn, Schwaan, — mit Ausnahme des Guts Prützen c. p., — Sülze, Teutenwinkel, Bukow, Kröpelin, Meklenburg, Redentin, Dargun, Gnoien, NeuKalden, Tessin, die Rostocker DistrictsGüter, mit Inbegriff des KlosterGerichts zum heil. Kreuz in Rostock, und den ritterschaftlichen Antheil in Fresendorf, so wie der Güter Reez, Gros- und KleinViegeln, Amts Güstrow; auch vom 1 Jul. 1829 über die Aemter Poel und NeuKloster, so wie in erster Instanz über die Stadt Wismar und deren Magistrat. (Sämmtliche, diesen JurisdictionsBezirk bildenden Güter sind in dem, am Ende des zweiten Theils befindlichen OrtsRegister mit dem Buchstaben R. bezeichnet.)

KanzleiDirector,

Doctor Philipp Jacob von Gülich.

ViceDirector,	ViceKanzler, Dr. Carl Friedrich von Both.
JustizRäthe:	Christian Johann Christoph Stampe.
	Carl Ferdinand Siebmann, ritter- und landschaftlicher Präsentatus.
	Friedrich Georg von Bastian.
KanzleiAssessoren:	Wilhelm Friedrich Carl von Blücher.
	Doctor Carl Adolph Schmidt.

Subalternen:

KanzleiSecretär,	Ludw. Friedr. Heinr. Kossel.
Kanzl.Registratoren:	Friedrich Cornelius.
	August Wilhelm Prehn.
	Ernst Christian Friedrich Saniter, Gehülfe.
JustizKanzellisten:	Friedrich Ludwig Raeder.
	Friedrich Ludwig Franz Maakens.
Auctionator,	Ludwig Gottl. Wilh. Burmeister.
KanzleiPedell,	David Heinrich Jenzen.
KanzleiExecutor,	Joachim Christian Cornelius.

KanzleiAdvocaten und Procuratoren: (129)

KanzleiFiscal, Johann Friedr. Scharenberg, Hofrath.
Doctor Johann Christian Brandenburg, senior.
Bürgermeister, Dr. Joach. Fr. Carl Brandenburg, jun.
Doctor Johann Hermann Becker, senior.
Doctor Carl Friedrich Prehn.
Peter Friedrich Ledder.
Doctor Johann Ludwig Schultze.
Johann Andreas Gustav Schulz, zu Goldberg.
Hofrath Carl Gottlieb Heinrich Taddel.
Johann Jacob Wehner.
Doctor Ludwig Peter Friedrich Ditmar.
Hofrath, Doctor Georg Christian Friedrich Crull.
Doctor Ernst Heinrich Bencard.
Doctor Gottlieb Christian Friedrich Linck.
Hofrath Ernst Emil Eggersf.
Doctor Detlof Ludolf Eobald Karsten.
Doctor Johann Peter Gottfried Zastrow.
Auditeur Hans Burchard.
Doctor Georg Friedrich Hermann Becker, junior
August Friedrich Balck, zu Grevismühlen.
Johann Joachim Valentin Beselin.
Carl Heinrich Bauer.
Friedrich Heinrich Johann von Müller, zu Malchow.
Ludwig Theodor Bühring, zu Sülze.
Friedrich Wilhelm Hinze.
Doctor August Ludwig Albert Petersen.
Doctor Heinrich Gottfried Mahn.
Friedrich Ludwig Thyben.
Doctor Gottlieb Wilhelm Saniter.
Doctor Friedrich Wilhelm Tarnow.
Johann Gottlieb Bernhard Lechler, zu NeuBukow.
Christian Wilhelm Conrad Telschow, zu Warin.
Friedrich Joachim Liss, zu Gnoien.
Andreas Burchard Roeper, zu Kröpelin.
Friedrich Wackerow.
Heinrich Carl Jacob Radel.
Gerichtsrath Friedr. Wilhelm Ferd. Josephi, zu Malchin
Doctor Ferdinand Justus Crumbiegel.
Doctor Wilhelm Christian Friedrich Samuel Dugge.
Doctor Carl Ernst Christian Böcler.
Carl Friedrich Müller, zu Penzlin.

Doctor Johann Daniel Gottlieb Jantzen.
Doctor Johann Ernst Georg Bölte, zu Hagenow
Doctor Friedrich Ludwig Gottspfenning.
Doctor Carl Friedrich Küting.
Friedrich Johann Massmann.
Doctor Carl Johann Ludwig Koeve, zu Ribnitz.
Doctor Adolf Friedrich Mann.
Christian Heinrich Diederichs.
Ludwig Friedrich August Seeger.
August Ludwig Axel Groth, zu Wismar.
Doctor Gottlieb Heinrich Friedrich Gaedcke.
Friedrich Wilhelm Hottelet, zu NeuBukow.
Doctor Ernst Heinrich Ludwig Giese.
Doctor Johann Georg Joachim Weber. (S. Crimin.Coll.)
Doctor Friedrich Philipp Gottlieb Brandt, zu Parchim.
Hartwig Friedrich Christian Massmann.
Doctor Gottlieb Christian Kippe.
Doctor Theodor Wilhelm Millies.
Friedrich Zander.
Justus Adolf Krüger, zu Grabow.
Doctor Friedrich Christian Bäder.
Doctor Gustav Adolf Böcler.

Syndicus, Hofrath, Dr. Alb. Joach. Friedrich Dahlmann,
Gabriel August Michelsen,
Gabriel Christian Mann,
Johann Valentin Heinrich Borchert,
Hermann Diedrich Wilhelm Mau,
Doctor Hans Hermann Carl Walter,
Doctor Hermann Gustav Fabricius,
Carl Wilhelm Groth,
Johann Christian Peter Düberg,
} zu Wismar

Doctor Carl Alexander Bolten.
Johann Heinrich Anders, zu Wismar.
Doctor Johann Carl Andreas Klempien.
Carl Friedrich Erdmann Sohm.
Doctor Georg Heinr. Franz Wertheimer, zu NeuSammit.
Friedrich Wilhelm Kneser.
Doctor Friedrich Wilhelm Ulrich Rehberg.
Carl Gottfried Ernst Metelmann, zu Kröpelin.
Ernst Franz Adolf Strömer.
Christian Heinrich Hoppe.

Doctor Carl Ernst Heinrich Bühring, zu Gneven.
Doctor Ferdinand Klitzing.
Adolf Ernst Friedrich Groth.
Johann Friedrich Wilhelm Görbitz.
Carl Friedrich Deiters, zu Wismar.
Doctor Wilh. Rudolf Christian Hasskarl, zu Wittenburg.
Gustav Wilhelm Theodor Millies.
Carl Friedrich Wilhelm Möller, zu Gnoien.
Doctor Carl Albert Schneider, zu Berlin.
Carl Eugen Behm, zu NeuBrandenburg.
Gustav Adolf Seboldt.
Heinrich Ludwig Vollrath Becker, zu Schwaan.
Doctor Wilhelm Friedrich Ernst Dresen.
Doctor Albert Friedrich Sprengel.
Carl Paul Gottlieb Enoch, zu Sülze.
Doctor Johann Carl Friedrich Zickermann.
Wilhelm Petersen.
Doctor Maximilian Theodor Ludwig Wendhausen.
Doctor Emil Carl Eduard Wächter.
Ernst Moritz Guido Krüger.
Doctor Wilhelm Christian Süsserott, zu Wismar.
Eduard Adolph Gerresheim, zu Ribnitz.
Daniel Carl Heinrich Bölte, zu NeuBukow.
Doctor Joh. Adolph Gottfried Gülzow.
Friedrich Wilhelm Johann Behendig.
Franz Joachim Briesemann, zu Wismar.
August Carl Christian Glaevecke, zu Neustadt.
Hans Georg Eduard Pauly, zu Gadebusch.
Julius Ernst Ludwig Görbitz, zu Schwaan.
Adolf Alfred Scharenberg.
Gabriel Christoph Lembke, zu Wismar.
Friedrich Ludwig Schultze.
Johann Gottlieb Steffenhagen, zu Sternberg.
Christian Heinrich Helmuth Prestien, zu Schwaan.
Carl Johann Friedrich Ludwig Boldt, zu Hagenow.
Hans Bernhard Daniel Peltz.
Carl Christoph Küffner.
Doctor Franz Carl Theodor Crull.
Doctor Friedrich Carl Jenning, zu Stavenhagen.
Heinrich Gustav Otto Wiggers.
August Carl Wilhelm von Leitner, zu Plau.
Ernst Christian Friedrich Saniter.

Doctor Johann Friedrich Blanck.
Julius Albert Martens, zu Wismar.
Wilhelm Julius Johann Heinrich Spiegelberg.
Carl Friedrich Gustav Schulemann, zu NeuBukow.
Carl Matthies Friedrich Hartung.
Ludwig Johann Friedrich Krasemann.
Julius Friedrich Kneser, zu Wismar.
Friedrich Johann Christian Boldt, zu Ribnitz.

III. *Das CriminalCollegium,*
zu Bützow,

errichtet am 12 Octbr. 1812, führet, nach Vorschrift der CriminalGerichtsOrdnung vom 31 Januar 1817 und der Verordnung vom 12 Jan. 1838, die CriminalInquisitionen in allen nicht besonders ausgenommenen peinlichen Fällen aus dem ganzen Lande, bis zum definitiven, von einer der drei JustizKanzleien oder der JuristenFacultät zu Rostock einzuholenden Erkenntniss, unter OberAufsicht des OberAppellationsGerichts, als OberGerichts und letzter Instanz für CriminalFälle.

CriminalDirector,
Carl August Friedrich Bolte.
Criminalräthe: Conrad August Ackermann.
Theodor Friedr. Wilhelm von Bülow.
Ausserordentliches Mitglied: Dr. Joh. Georg Joachim Weber, *ad inter.*, vermöge landesherrl. Auftrags. (S. pag. 90.)
Auditoren: AmtsAuditor, Advocat Sommer-Dierssen, AmtsAuditor, Adv. Vermehren, *ad interim.*

CriminalGerichtsPhysicus,
Doctor Julius Caspar.

Subalternen:
CriminalSecretär, Joh. Friedr. Gustav Reinnoldt.
Registrator und CasseBerechner, Christ. Heinr. Gustav Rassau.
Actuarius, CriminalRegistrator G. Stammer.
RegistraturGehülfen u. Actuarien: Friedr. Joh. Gustav Meltzer.
Carl Ernst Wolde.
Pedell: Christian Heinrich Daniel Jürn.
Gefangenhaus-Officianten: Joh. Christ. Friedr. Vick, Fried. Otto Ludw. Lange, Heinr. Fr. Ludw. Kossel, Gefangenwärter.

Gefangenhaus-Officianten: Christ. Christ. Wilcken, Schliesser.
Friedrich Richter, Gehülfe.

IV. *NiederGerichte:*

1) *In den Domänen:* die AmtsGerichte.

A) (S. Beamte, V. Abschnitt.)

B) Zu *Ludwigslust:*

Gerichtsrath, Johann Friedrich Daniel Richter.
GerichtsVerwalter, Johann Jacob Ludwig Wiechelt.
GerichtsBeisitzer, vacat.
GerichtsAuditor, Advocat Friedr. Ludw. Joh. Lemcke.
GerichtsActuarien: Johann Berg.
H. Schaumkel, auch Protocollist.

2) *In den ritterschaftlichen und übrigen LandGütern:* die PatrimonialGerichte.

I. *Für die CivilJurisdiction:*

A) Vereinte Gerichte: (25)
(in Gemässheit der landesherrlichen Constitution vom 21 Julius 1821, wegen Verbesserung der PatrimonialGerichte).
(In alphabetischer Folge.)

a) Zu *Boizenburg:* (I.)

Richter, Gerichtsverwalter Gotth. Carl Rassau, zu Boizenburg.
Actuarius, Georg Carl Stypmann daselbst.
Der Gerichtsverband besteht aus den Gütern:
Badekow c. p., Beckendorf, HofBretzin, Gresse c. p., Sprengelshof, GrosTimkenberg, Wiebendorf, Zahrensdorf, (Amts Boizenburg).
KleinTimkenberg, (Amts Wittenburg).

b) Zu *Boizenburg:* (II.)

Richter, Hofrath Fr. Gottl. Mussäus, zu Boizenburg.
Actuarius, Christian Heinrich Behncke.
Der Gerichtsverband besteht aus den Gütern:
Blücher, WendischLieps, Schwartow, (Amts Boizenburg).

c) Zu *NeuBukow:*

Dirigent,
Gutsbesitzer Maue auf GrosSiemen.
Richter: Stadtrichter, Adv. Chr. Dolberg zu NBukow.
Bürgermeister, Adv. Lechler daselbst, *subst.*
Actuarius, Rathmann J. C. F. Jörges daselbst.

Der Gerichtsverband besteht aus den Gütern:
Altenhagen, Berendshagen c. p., Blengow, KleinBölkow, Bolland, Buschmühlen c. p., Büttelkow c. p., Clausdorf, Danneborth, Detershagen c. p., Duggenkoppel, Eichholz, NeuGaarz, Garvsmühlen, Garvensdorf, Gerdshagen, Gersdorf c. p., Gnemern c. p., Goldberg c. p., Gorow c. p., Horst, Kägsdorf, AltKarin, Körchow, Lehnenhof, Lischow, Madsow, Mechelsdorf, Miekenhagen, HohenNiendorf, GrosNienhagen, KleinNienhagen, Parchow, Poischendorf, AltPoorstorf, Pustohl, Radegast c. p., Rakow c. p., Roggow c. p., Rohlstorf c. p., Rosenhagen, GrosSiemen, KleinSiemen, Sophienholz, Spriehusen c. p., Steinhagen, KleinStrömkendorf, Wakendorf, Westenbrügge c. p., Wichmannsdorf, (Amts Bukow).

d) Zu *Bützow:* (I.)

Richter, Hofrath August Ehlers, zu Bützow.
Actuarius, Friedrich Rusch, daselbst.
Der Gerichtsverband besteht aus den Gütern:
KleinBelitz, NeuKirchen, HohenLukow, (A. Bukow).
KurzenTrechow c. p., (Amts Meklenburg).
Boldenstorf, (Amts Schwaan).

e) Zu *Bützow:* (II.)

Richter: Bürgermeister Wilh. Paschen, zu Bützow.
Doctor Heinrich Hast daselbst, *substit.*
Actuarius, Rathmann Friedr. Th. Drechsler, daselbst.
Der Gerichtsverband besteht aus den Gütern:
Katelbogen c. p., Schependorf, Steinhagen, Viezen, (Amts Meklenburg).

f) Zu *Crivitz:*

Dirigent:

Gutsbesitzer Wilhelm Peitzner auf Kölpin.
Richter: Hofrath Carl Christian Heinrich Schlüter, zu Crivitz.
Actuarius, StadtSecretär Carl Aug. Bade daselbst.
Der Gerichtsverband besteht aus den Gütern:
Augustenhof, Basthorst c. p., Bülow c. p., Kölpin, Kritzow c. p., Müsselmow c. p., Radepohl, Schlieven, Vorbeck, Wendorf c. p., Wessin, (A. Crivitz).
Zieslübbe, (A. Grabow).
Keez, (A. Meklenburg).
Liessow, (A. Schwerin).
Stieten c. p., (A. Sternberg).

g) Zu *Faulenrost:*

Richter: Bürgermeister, Doctor Schultetus in Malchin.
Stadtrichter, Gerichtsrath Josephi daselbst, *substit.*

Actuarien: N. N. Hintze, zu Faulenrost.
Postmeister Chr. Meincke, zu Malchin.

Der Gerichtsverband besteht aus den Gütern:
Baumgarten, KleinGrabow, Grabowhoefe c. p., Panschenhagen, Tressow c. p., (A. Neustadt).
Thürckow c. p., (A. Güstrow).
Basedow c. p., Faulenrost c. p., Hinrichshagen c. p., Lansen c. p., Rittermannshagen, (A. Stavenhagen).

h) Zu *Gadebusch:*

Dirigent,
Landrath Joh. Jac. von Leers auf Schönfeld.

Richter: Stadtrichter Joh. Fr. Ebert zu Gadebusch.
Adv. Gust. Christ. Bernh. Behrens, daselbst, *substit.*

Actuarius, StadtSecretär Carl Joh. Launburg, daselbst.

Der Gerichtsverband besteht aus den Gütern:
Bentin, Dorotheenhof, Dutzow c. p., Frauenmark c. p., Hindenberg, Holdorf, Käselow, Lüzow c. p., Meetzen c. p., Othensdorf, Pokrent c. p., Roggendorf c. p., KleinSalitz, GrosSalitz c. p., Veelböken c. p., Vietlübbe, (A. Gadebusch.)
Schönhof c. p., Fräulein Steinfort, Wendelstorf, (A Grevismühlen).
GrosBrütz, Brüsewitz c. p., GrosEichsen c. p., MühlEichsen, Rosenhagen, Schönfeld, Seefeld, Webelsfelde, GrosWelzin c. p., Zülow, (A. Schwerin).
Rögnitz c. p., (A. Wittenburg).

i) Zu *Gnoien:*

Dirigent,
Landdrost Ernst von Schack auf Nustrow.

Richter: Stadtrichter, Hofrath Joach. Friedr. Wilh. Bölckow, zu Gnoien.
Adv. Friedr. Joach. Liss daselbst, *substit.*

Actuarius, Adv. Carl Friedr. Wilh. Möller daselbst.

Der Gerichtsverband besteht aus den Gütern:
Bäbelitz c. p., Boddin c. p., Böhlendorf c. p., Dölitz c. p., Duckwitz, Gottesgabe, Grammow, Granzow,

HolzLübchin, Lübchin, Lühburg c. p., GrosLunow, KleinNieköhr, Nustrow, Remlin, Samow c. p., Stassow c. p., Strietfeld, Tangrim, Viecheln, Warbelow, Wasdow, Wolckow, (A. Gnoien).
Neuhof, (A. Ribnitz.).

k) Zu *Grevismühlen:*

Dirigent,

Gutsbesitzer Meno Diederich Rettich auf Harkensee.

Richter: Adv. Aug. Siegfr. Balck, zu Grevismühlen.
Bürgermeister Daniel zu Rehna, *substit.*

Actuarius, Adolph Reinecke, zu Grevismühlen.

Der Gerichtsverband besteht aus den Gütern:
Arpshagen c. p. Barneckow c. p., Beidendorf, Beneckendorf, Bernstorf c. p., BössowWesthof, BössowOsthof, Bothmer c. p., Broock, Christinenfeld, Damshagen c. p., Dönkendorf, Eggerstorf c. p., Elmenhorst, Goldbeck, Grossenhof c. p., Grundshagen, Harkensee c. p., Harmshagen, Hofe, Hohenkirchen, Hoikendorf, NeuJassewitz, Johannstorf c. p., Kalkhorst c. p., Kaltenhof, Köchelstorf c. p., GrosKrankow c. p., Lutterstorf, HofMummendorf, KirchMummendorf, Naudin, Neuenhagen, Neuhof, Oberhof c. p., Parin c. p., Rambow, Rankendorf, Reppenhagen, Rethwisch c. p., Saunstorf c. p., Scharfstorf, Schmachthagen, Gros- und KleinSchwansee c. p., Steinbeck, Stellshagen, GrapenStieten, GrosStieten, Tarnewitzerhagen, Tressow, Wahrstorf, GrosWalmstorf c. p., KleinWalmstorf c. p., Weitendorf c. p., Wieschendorf c. p., Wilmstorf, Zierow c. p., (A. Grevismühlen).

l) Zu *Güstrow:*

Dirigent,

Geheimer Finanzrath Satow auf Prüzen.

Richter: Adv. Helmuth von Schultz, in Güstrow.
Adv. Ferd. Joh. Heinr. Conr. Schondorf daselbst, *substit.*

Actuarius, Notarius Fr. Wilh. Chr. Livonius daselbst.

Der Gerichtsverband besteht aus den Gütern:
Gülzow, Parum und Wilhelminenhof, (A. Crivitz).
Boldebuck, Mühlengeez, (A. Schwerin).
Bolz c. p., Ruchow, Tieplitz, (A. Sternberg).
Amalienhof, Hägerfelde, Kussow, Lüdershagen, Mierendorf, Niegleve c. p., Nienhagen c. p., Raden,

Reinshagen, Schlieffensberg, Schönwolde, Tolzin, Vietgest, Vogelsang, Wendorf, Zapkendorf c. p., (A. Güstrow).
Prüzen c. p., (A. Schwaan).

m) Zu *Ivenack:*

Dirigent,

Gustav, Baron v. Maltzahn, Graf v. Plessen, auf Ivenack.

Richter: Advocat Roggenbau, zu NeuBrandenburg.
Rath, Dr. Brückner daselbst, *substit.*

Actuarius, Secretär N. N. Ehrlich zu Ivenack.

Der Gerichtsverband besteht aus den Gütern:
Ivenack c. p., (A. Ivenack).
Borgfeld, Kastorf c. p., Knorrendorf c. p., Kriesow, Zwiedorf c. p., (A. Stavenhagen).
Wolde

n) Zu *Krakow:*

Dirigent,

Gutsbesitzer Theodosius von Levetzow auf Koppelow.

Richter: Advocat Friedr. Joh. Georg Conr. Meyer, zu Krakow.
Stadtrichter, Hofrath Carl Ludwig Voss daselbst, *substit.*

Actuarius, StadtSecretär Joh. Chr. Bernh. Rudow, das.

Der Gerichtsverband besteht aus den Gütern:
Glave, Louisenhof, AltSammit, GrosTessin, KleinTessin, (Amts Lübz).
Dobbin c. p., Reimershagen, (A. Goldberg).
Ahrenshagen c. p., Charlottenthal c. p., KleinGrabow, Koppelow, (A. Güstrow).

o) Zu *Lage:*

Dirigent,

Gutsbesitzer Friedr. August Wilh. Ludw. von Gadow auf GrosPotrems.

Richter: Bürgermeister Conrad Lüders, zu Lage.
Adv. Helmuth v. Schultz zu Güstrow, *substit.*
Adv. Friedr. Joach. Liss zu Gnoien, *substit.*

Actuarius, StadtSecretär C. M. Kranitzky zu Lage.

Der Gerichtsverband besteht aus den Gütern:
Dalwitz c. p., Grieve, Poggelow, Prebberede, Stechow, Stierow, Walckendorf c. p., (A. Gnoien).
Dolgen, Dudinghausen c. p., Jahmen, Kassow, Knegendorf, GrosPotrems c. p., GrosRidsenow c. p.

7

Schwiessel c. p., Wardow c. p., Weitendorf, Gros-Wüstenfelde c. p., (A. Güstrow).
NeuHeinde c. p., (A. NeuKalden).
KleinRidsenow c. p., Wozeten, (A. Stavenhagen).

p) Zu *Lehsen:*

Richter, Hofrath Hans Krüger, in Lehsen.
Actuarius, vacat.
Der Gerichtsverband besteht aus den Gütern:
Bandekow, Benz c. p., Jesow, Jessenitz, Setzin, Warlitz c. p., (A. Schwerin).
Badow c. p., Banzin, Boddin c. p., Brahlstorf, Camin, Dammereez c. p., Dersenow, Dreilützow c. p., Drönnewitz c. p., Garlitz, Goldenbow c. p., Goldenitz c. p., Harst c. p., Hülseburg c. p., Kloddram c. p., Körchow, Langenheide, Lehsen, Melkhof, Mühlenbeck, Neuhof c. p., Perlin, Pritzier, Quassel, Raguth c. p., Gros- und KleinRenzow, Rodenwalde c. p., Ruhethal, Scharbow c. p., Schwechow, Söhring, Tessin, Tüschow c. p., Volzrade, Vortsahl, Waschow, Wölzow, Zapel, Zühr, (A. Wittenburg).
Gosau, (A. Boizenburg).

q) Zu *Marlow:*

Richter, Stadtrichter Wilhelm Lüders in Marlow.
Actuarius, StadtSecretär Christian Joh. Erdm. Bass.
Der Gerichtsverband besteht aus den Gütern:
Brunstorf, Drüsewitz c. p., Selpin c. p., (A. Gnoien).
Barkvieren c. p., Alt- und NeuGuthendorf, Reppelin, AltSteinhorst, (A. Ribnitz).

r) Zu *Parchim:*

Richter, Advocat Carl Conrad Voss, in Parchim.
Actuarius, Advocat Gustav Georg Ludwig Wilhelms daselbst.
Der Gerichtsverband besteht aus den Gütern:
Balow, Neese c. p., Werle c. p., (A. Grabow).
Severin c. p., (A. Goldberg).

s) Zu *Röbel:*

Richter: Hofrath Chr. Ludw. Bernh. Engel, in Röbel.
Adv. Christ. Heinr. Pörtner daselbst, *subst.*
Actuarius, Ludwig Christian Jung daselbst.
Der Gerichtsverband besteht aus den Gütern:
Suckow, (A. Lübz).
Jürgenshof, Rossow Dorf, (A. Plau).
Below c. p., Buchholz, Grabow, Hauptsmühle, Gros- und KleinKelle, Klopzow, Krümmel c. p., Alt-

und NeuLeppin c. p., Ludorf c. p., Netzeband c. p., Retzow c. p., Schönberg c. p., Wackstow, Winkelhof, Zielow, Zierzow, (A. Wredenhagen).

t) Zu *Rostock:*

Dirigent,

Hauptmann von der Lühe auf Sildemow.

Richter: Senator Doctor G. W. Saniter, in Rostock.
Doctor Gottlieb Christian Kippe daselbst.

Actuarien: Johann Heinrich Ritzerow, daselbst.
Adv. Christ. Heinr. Hoppe daselbst, *substit.*

Der Gerichtsverband besteht aus den Gütern:

Rederank (A. Bukow).

Fresendorf, (A. Güstrow).

Carlsruhe, Dettmannsdorf, Dummerstorf c. p., Emekendorf, Freudenberg c. p., Gnewitz, Kölzow c. p., Lieblingshof, Neuendorf c. p., Niekrenz, Pankelow, Redderstorf, NeuSteinhorst, Stubbendorf, Wehnendorf, (A. Ribnitz).

Beselin, Finkenberg, KleinKussewitz, GrosKussewitz, HohenSchwarfs, Sildemow, GrosStove c. p., Wahrstorf, (Rostocker Districts).

u) Zu *Schwerin:*

Carl Friedrich von Barner auf KleinTrebbow.

Richter: Advocat August Westphal, in Schwerin.
Adv. Carl Heinr. Ferd. Barten, *substit.*

Actuarius, CommissionsSecretär Parbs, daselbt.

Der Gerichtsverband besteht aus den Gütern:

Gneven, Gustävel c. p., Kladow, Rönkenhof, Zaschendorf, (A. Crivitz).

NeuSchlagsdorf, (A. Meklenburg).

Ahrensbök, Cambs c. p., Cramonshagen c. p., Gottesgabe, Gottmannsfoerde c. p., Grambow c. p., Kleefeldt c. p., Leezen c. p., Nienmark, BarnerStück c. p., KleinTrebbow c. p., KleinWeltzien c. p., Wendischhof, (A. Schwerin).

Schossin, (A. Wittenburg).

v) Zu *Sternberg:*

Dirigent,

Geheimer Legationsrath von Schmidt zu Ludwigslust.

Richter: Bürgermeister Anton Wulfleff, zu Sternberg.
Adv. J. Gottl. Steffenhagen daselbst, *substit.*

Actuarius, Ferdinand Maass daselbst.

7*

Der Gerichtsverband besteht aus den Gütern:
Friedrichswalde, Kuhlen, Langensee, Penzin, Klein-Pritz c. p., Tessin, Wamekow, Zibühl c. p., (A. Crivitz).
Dämelow, Eickelberg, Eickhof, Golchen, Laase, Rothenmoor c. p., Rubow, AltSchlagsdorf, Thurow, (Amts Meklenburg).
LangenBrütz, (A. Schwerin).
Borkow, Dinnies, Gägelow, GrosGörnow, KleinGörnow, Kaarz, Mustin c. p., Prestin c. p., GrosRaden c. p., Rothen, Weitendorf, Zülow c. p., (A. Sternberg).

w) Zu *Tessin:*

Dirigent,

Gutsbesitzer Adam Joachim von Koss auf Vilz.

Richter: Stadtrichter Friedrich Wehner, in Tessin.
Advocat Johann Friedr. Wilhelm Tonagel, daselbst, *substit.*

Actuarius, August Carl Wilhelm Collasius, daselbst.

Der Gerichtsverband besteht aus den Gütern:
Kowalz, GrosNieköhr, NeuNieköhr, Repnitz, Schabow, Sophienhof, Starkow, Thelkow, Vilz, Wilhelmshof, Wohrenstorf c. p., Woltow, (A. Gnoien).
Wesselstorf, (A. Güstrow).
HohenGubkow, Helmstorf, Liepen, GrosLüsewitz c. p., Stormstorf c. p., KleinTessin c. p., Teutendorf, Vieren, Vietow, KleinWehnendorf, Wendfeld, NeuWendorf, Zarnewanz, (A. Ribnitz).

x) Zu *Teterow:*

Dirigent,

Gutsbesitzer Joh. Aug. Friedr. Wilh. Held auf KleinRoge.

Richter: Bürgermeister Fried. Meinshausen, zu Teterow.
Adv. Chr. Joh. Const. Danneel daselbst, *substit.*

Actuarius, RathsProtocollist Paegelow daselbst.

Der Gerichtsverband besteht aus den Gütern:
Appelhagen c. p., Grambzow, KleinRoge, (A. Güstrow).
Gehmkendorf, Klenz c. p., Levitzow c. p., Schorrentin c. p., NeuSührkow, (A. NeuKalden).
Alt- und NeuPanstorf, Remplin c. p., BurgSchlitz c. p., Ziddorf, (A. Stavenhagen).

y) Zu *Wismar:* (I.)

Dirigent,

Obristlieutenant von Bassewitz auf Schimm.

Richter: Senator, Doctor Wilh. Christ. Süsserott, in Wismar.

Advocat Franz Joachim Briesemann daselbst *substit.*

Actuarius, Adv. Julins Albert Martens, daselbst.

Der Gerichtsverband besteht aus den Gütern:

Dreveskirchen, Friedrichsdorf, Goldebee, Steinhausen c. p., (A. Bukow).

Fahren, Greese, Holdorf, Necheln, Neuhof c. p., Ravensruh c. p., Schimm, Tarzow, Trams c. p., (Amts Meklenburg).

Zarneckow, (Wismarschen Districts).

z) Zu *Wismar:* (II.)

Dirigent,

Gutsbesitzer Friedrich Bobsien auf Kritzow.

Richter: Adv. Gabriel Aug. Michelsen, in Wismar.
Adv. Gabriel Christoph Lembke daselbst, *substit.*

Actuarius, Friedrich Ernst Mau daselbst.

Der Gerichtsverband besteht aus den Gütern:

Damekow, Gamehl c. p., Alt- und NeuHagebök, Ilow, Kartlow, Kritzow, Tatow c. p., Vogelsang, (A. Bukow).

Bibow und Hasenwinkel, Nutteln, (A. Crivitz).

Gramkow, Gressow, KleinKrankow, Manderow, Niendorf, Levetzow, Klein- und NeuStieten, HohenWieschendorf, Wolde, (A. Grevismühlen).

Buchholz, Flessenow, Jesendorf, Kahlenberg, Kleekamp, Krassow, Masslow, Neperstorf, Retgendorf, Schmakentin, Ventschow, Wietow, Zurow, (Amts Meklenburg).

Moltenow, (A. Schwerin).

Wisch, (Wismarschen Districts).

B) Einzelne Gerichte.

a) *Im Herzogthume Schwerin.*

Amt Bukow.

S. vereinte Gerichte in *NeuBukow*, *Bützow* I., *Rostock* und *Wismar* I. und II.

GrosBelitz, KleinGischow,	Gerichtsrath Ahrens, in Schwaan.
Preensberg c. p.,	der Magistrat zu Wismar.
Wustrow c. p., Tuizen,	Advocat Ledder, in Rostock.

Amt Crivitz.

S. vereinte Gerichte zu *Crivitz, Güstrow, Schwerin, Sternberg,* und *Wismar* II.

Frauenmark,	vacat.
Herzberg c. p.,	Adv. Carl Conr. Voss, in Parchim.
Kressin,	Stadtrichter, Hofrath Stampe, in Lübz.
KleinNiendorf,	Procurator Icke, in Parchim.

Amt Gadebusch.

Siehe vereintes Gericht zu *Gadebusch.*

Gros- und Klein-Hundorf c. p., Weitendorf c. p., Löwitz c. p.,	Stadtrichter Ebert, zu Gadebusch.

Amt Grabow.

Siehe vereinte Gerichte in *Crivitz* und *Parchim.*

Dargelütz c. p., Wozinkel, Kummin c. p., Meierstorf, Mentin, Griebow, Möllenbeck c. p., Repzien,	Adv. Carl Conr. Voss, in Parchim.
Möderitz, Poltnitz,	vacat.
Neuhof,	Procurator Icke, in Parchim.

Amt Grevismühlen.

Siehe vereinte Gerichte in *Gadebusch, Grevismühlen* und *Wismar* II.

Hanshagen,	Stadtrichter Ebert, in Gadebusch.
Lütgenhof c. p., Dassow, Prieschendorf c. p.,	vacat.
Rastorf c. p.,	Advocat Hennemann, in Schwerin.

Amt Lübz.

S. vereinte Gerichte zu *Krakow* und *Röbel.*

Altenhof c. p., Grüssow,	Bürgermeister, Hofrath Engel, in Röbel.

Beckendorf, Benthen, Damerow c. p., Daschow, Grambow, Greven c. p., Karow c. p., Kuppentin, Passow c. p., Welzin c. p., Penzlin, Suckwitz c. p., StuerscheMühle, Tannenhof, Weisin,	Stadtrichter, Hofrath Stampe, in Lübz.
KleinBreesen c. p.,	Bürgermeist. Langfeldt, in Güstrow
AltenGaarz c. p., Sophienhof,	Advocat Brückner, in Waren.
Klocksin c. p., NeuSapshagen c. p.,	Bürgermeister, Hofrath Schmidt, in Waren.
Darze, Käselin, Kogel, Hof- und KirchLütgendorf c. p., WendischPriborn, Rogeez, Satow c. p., Stuer c. p., StuerVorwerk, Walow, Woldzegarten, Zislow,	vacat.
Lanken,	Procurator Icke, in Parchim.
NeuPoserin c. p.,	Stadtricht. Zickermann, in Goldberg.
NeuSammit c. p.,	Stadtrichter Rönnberg, in Güstrow.

Amt Meklenburg.

Siehe vereinte Gerichte zu *Bützow* I. und II., *Crivitz, Sternberg, Wismar* I. und II.

GrosGischow, Reinstorf,	Gerichtsrath Ahrens, in Schwaan.
Moisall c. p.,	Bürgermeister Telschow, zu Warin.

Amt Neustadt.

Siehe vereintes Gericht zu *Faulenrost*.

Ankershagen c. p., Boeck c. p., KleinDratow, Federow c. p., Rethwisch c. p.,	Syndicus, Advocat Wiese, in Güstrow.
Ave, Mollenstorf, GrosVielen, Zahren c. p.,	Rath, Dr. Brückner, in NeuBrandenburg.
GrosDratow, Alt- u. NeuSchönau c. p., Schwastorf, Speck c. p.,	Advocat Voss, zu Deven.
Clausdorff, Lehsten, GrosLukow, Marin, Pieverstorf, Torgelow c. p., KleinVarchow, Vielist c. p.,	Bürgermeister, Hofrath Schmidt, in Waren.
Dambeck,	Rath Zander, in AltStrelitz.
Möllenhagen, Wendorf c. p.,	Advocat Roggenbau, in NeuBrandenburg.

Amt Schwerin.

S. vereinte Gerichte zu *Crivitz*, *Gadebusch*, *Güstrow*, *Lehsen* und *Schwerin*.

Grünenhagen, Lübzin c. p.,	Advocat Reinnoldt, in Bützow.

Amt Sternberg.

S. vereinte Gerichte zu *Crivitz*, *Güstrow* und *Sternberg*.

Amt Wittenburg.

S. vereinte Gerichte zu *Boizenburg* II., *Gadebusch*, *Lehsen* und *Schwerin*.

Düssin,	Hofrath Mussäus, in Boizenburg.

Amt Ivenack.

S. vereintes Gericht zu *Ivenack*.

b) *Im Herzogthume Güstrow.*

Amt Boizenburg.

S. vereinte Gerichte zu *Boizenburg* I. und II. und *Lehsen*.

Niendorf c. p.,	Hofrath Mussäus, in Boizenburg.

Amt Gnoien.

S. vereinte Gerichte zu *Gnoien, Lage, Marlow, Rostock* und *Tessin*.

Bobbin c. p., Quitzenow c. p., Lüchow, KleinLunow, AltPannekow, Alt- und NeuVorwerk,	Stadtrichter, Hofrath Bölckow, in Gnoien.
Dammerstorf,	Senator, Dr. Wächter, zu Rostock.
Kanneberg, Wöpkendorf,	Doctor Bencard, in Rostock.
Kucksdorf c. p.,	Bürgermeister Lüders, in Marlow.
NeuPannekow,	Stadtrichter Görbitz, in NeuKalden
Schlakendorf,	Advocat Danneel, in Teterow.

Amt Goldberg.

S. vereintes Gericht zu *Krakow* und *Parchim*.

Bellin c. p., Marienhof,	Hofrath Piper, in Güstrow.
Brütz c. p., Diestelow, KleinPoserin,	Stadtrichter, Hofrath Stampe, in Lübz.
Dersentin,	Adv. Heinr. Krüger, in Güstrow.
Finkenwerder, NeuPoserin,	Stadtrichter Zickermann, in Goldberg.
Kuchelmiss c. p.,	Advocat Spalding, in Güstrow.
Lalendorf, Langhagen, Steinbeck,	Syndicus, Adv. Wiese, in Güstrow.

Amt Güstrow.

Siehe vereinte Gerichte in *Faulenrost, Güstrow, Krakow, Lage, Rostock, Tessin* und *Teterow*.

Bartelshagen, Bergfeld, Friedrichshagen c. p., Gottin, Klaber, KleinKöthel, Matgendorf, Perow, Pohnstorf,	Advocat Danneel, in Teterow.

Alt- u. NeuPolchow, Pölitz, Roggow c. p., Schrödershof, Striesenow, Tellow, Tessenow, Vietschow c. p., Warnkenhagen c.p., Wattmannshagen, Zierstorf,	Advocat Danneel, in Teterow.
Bansow, Braunsberg, Drölitz, Karow, Küselow, Lübsee c. p., Neuhof c. p., Spotendorf c. p., Striggow c. p.,	Adv. Heinrich Krüger, in Güstrow.
Dehmen,	OeconomieGericht in Güstrow.
Dieckhof c. p., Schweez, Hinzenhagen,	Advocat Spalding, in Güstrow.
GrosGrabow, Hoppenrade c. p., Rothspalk, Carlsdorf, Zehna,	Stadtrichter, Adv. Wilhelm Rönnberg, in Güstrow.
Gremmelin c. p.,	Hofrath Piper, in Güstrow.
Karcheez,	Bürgermeister, Advocat Timm, zu Neustadt.
AltKaetwin,	Doctor Schultze, in Rostock.
NeuKaetwin, Kobrow,	Doctor Bolten, in Rostock.
Lüssow c. p.,	Syndicus Wiese, in Güstrow.
Reez, Gros- und KleinViegeln,	Doctor Becker junior, in Rostock.
Rensow,	Stadtrichter Lüders, in Lage.
Scharstorf c. p.,	Doctor Linck, in Rostock.
Teschow c. p.,	Senator, Dr. Wächter, in Rostock.
Wotrum,	vacat.

Amt NeuKalden.

S. vereinte Gerichte zu *Lage* und *Teterow*.

Bukow, Karnitz, Lelkendorf, GrosMarkow c. p., HohenMistorf c. p., Pohnstorf, Schwasdorf, Schwetzin, Suckow c. p., Teschow, Hagensruhm,	Advocat Danneel, in Teterow.
Gorschendorf,	Bürgermeister Meinshausen, in Teterow.
Jettchenshof, Sarmstorf,	Gerichtsrath Josephi, in Malchin.
Rey,	Stadtrichter Görbitz, in NeuKalden.
AltSührkow c. p.,	Syndicus Wiese, in Güstrow.

Amt Plau.

Siehe vereintes Gericht zu *Röbel*.

Göhren, AltSchwerin c. p., Sparow c. p.,	vacat.
Leisten, Werder,	Bürgermeister, Hofrath Engel, in Röbel.
Rossow, Hof,	vacat.

Amt Ribnitz.

S. vereinte Gerichte zu *Gnoien, Marlow, Rostock* und *Tessin*.

Bandelstorf c. p., Goritz c. p., Teschendorf c. p.,	Doctor Bolten, in Rostock.
Dudendorf c. p.,	Bürgermeister Lüders, in Marlow.
Poppendorf,	Doctor Bencard, in Rostock.

Amt Schwaan.

S. vereinte Gerichte zu *Bützow* I., *Güstrow* und *Rostock*.

Brookhusen, Ziesendorf,	Doctor Bolten, in Rostock.
Wokrent,	Gerichtsrath Ahrens, in Schwaan.

Amt Stavenhagen.

S. vereinte Gerichte zu *Faulenrost, Ivenack, Lage* und *Teterow*.

Adamsdorf c. p.,	Syndicus Wiese, zu Güstrow.

Liepen, Deven, Kargow c. p., Ulrichshusen,	Syndicus Wiese, zu Güstrow.
Gros- und KleinFlotow c. p., Gros- und KleinGievitz c. p., Kraase, Langhagen, GrosPlasten, Rahnenfelde, Rockow c. p., Schorssow c. p., Varchentin,	Advocat Voss, zu Deven.
GrosBäbelin,	Hofrath Schmidt, in Waren.
Breesen, GrosHelle c. p., Kalübbe c. p., Woggersin, Luplow c. p., Passentin,	Hofrath Moll, in NeuBrandenburg.
Bredenfelde c. p., Chemnitz c. p., Möllen c. p.,	Syndicus Nicolai, in NBrandenburg.
Briggow, Puchow, Rosenow,	Rath, Dr. Müller, in NBrandenburg.
Bristow c. p., Bülow c. p., HohenDemzin, GrosKöthel,	Advocat Danneel, in Teterow:
Marxhagen c. p., KleinPlästen,	Gerichtsrath Martienssen, in Waren.
Gaedebehn c. p., Krukow c. p., Lapitz, KleinLukow c. p., Wrodow, Mallin, Peccatel c. p., Penzlin, Stadt und Herrschaft,	Advocat Roggenbau, in NeuBrandenburg.

Peutsch, AltRehse, Rumpshagen, Tarnow, KleinVielen c. p.,	Advocat Roggenbau, in NeuBrandenburg.
Galenbeck, Gützkow c. p., Kittendorf c. p., Jürgenstorf c. p., GrosVarchow,	Stadtrichter Reuter, in Stavenhagen.
KirchGrubenhagen c. p., SchlossGrubenhagen, KleinLuckow c. p., GrosLuckow c. p., Moltzow c. p., Rothenmoor c. p.,	Stadtrichter, Gerichtsrath Josephi, in Malchin.
KleinHelle, Schwandt c. p.,	Rath, Dr. Brückner, in NeuBrandenburg.

Amt Wredenhagen.

Siehe vereintes Gericht zu *Röbel*.

Ahrensberg c. p.,	Rath Zander, in AltStrelitz.
Bollewiek, Dambeck c. p., Karchow c. p., Nätebow, Spitzkuhn, Dammwolde c. p., Karbow, Leizen, Massow c. p., Melz c. p., Priborn, Wildkuhl,	Bürgermeister, Hofrath Engel, in Röbel.
Finken c. p., Gotthun c. p., Jürgensthal, Lebbin,	vacat.
Grabenitz, Klink, Berendswerder,	Bürgermeister, Hofrath Schmidt, in Waren.

Hinrichsberg,	Syndicus Wiese, in Güstrow.
Solzow,	Advocat Voss, in Deven.
Wendhof c. p., Poppentin c. p.,	Advocat Brückner, in Waren.

c) *Die KlosterGüter.*

Siehe Abschnitt X.

d) *Rostocker District.*

Siehe vereintes Gericht zu *Rostock*.

Bussewitz, Evershagen,	Doctor Bencard, Doctor Bolten, in Rostock.

e) *StiftungsGüter.*

Bergrade,	Procurator Icke, in Parchim.

f) *Wismarscher District.*

Siehe vereinte Gerichte zu *Wismar* I. II.

II. *Für die CriminalJurisdiction.*

Vereinte Gerichte: (31)

a) Zu *Boizenburg:*

Für die Güter:

Düssin, Klein Timkenberg, (A. Wittenburg).

Badekow c. p., Beckendorf, Blücher, Gresse c. p., WendischLieps, Niendorf c. p., Schwartow, Sprengelshof, GrosTimkenberg, Wiebendorf und Hof Bretzin, (A. Boizenburg).

Dirigent,

Gutsbesitzer Georg Nicolaus Gerstenkorn, auf Badekow.

Richter: Bürgermeister, Hofrath Friedrich Gottlieb Mussäus, zu Boizenburg.

Gerichtsverwalter Gotth. C. Rassau daselbst.

Actuarius, Christian Heinrich Behncke daselbst.

b) Zu *NeuBukow:*

Für die Güter:

Altenhagen, Berendshagen c. p., Blengow, Klein-Bölkow, Bolland, Buschmühlen c. p., Büttelkow c. p., Clausdorf, Danneborth, Detershagen c. p., Duggenkoppel, Eichholz, NeuGaarz, Garvsmühlen, Garvensdorf, Gerdshagen, Gersdorf c. p., Gnemern c. p., Goldberg c. p., Gorow c. p., Horst, Kaegsdorf, Alt-Karin c. p., Körchow, Lehnenhof, Lischow, Madsow,

Mechelsdorf, Miekenhagen, HohenNiendorf, GrosNienhagen, KleinNienhagen, Parchow, Poischendorf, AltPoorstorf, Pustohl, Radegast c. p., Rakow c. p., Roggow c. p., Rohlstorff c. p., Rosenhagen, GrosSiemen, KleinSiemen, Sophienholz, Spriehusen c. p., Steinhagen, KleinStrömkendorf, Tuitzen, Wakendorf, Westenbrügge c. p., Wichmannsdorf, Wustrow c. p., (A. Bukow).

Dirigent,

Gutsbesitzer Maue auf GrosSiemen.

Richter: Stadtrichter, Advocat Christian Dolberg, zu NeuBukow.
Bürgermeister, Adv. Lechler das., *subst.*

Actuarius, Rathmann Jörges daselbst.

c) Zu *Bützow:*

Für die Güter:

GrosBelitz, KleinBelitz, NeuKirchen, KleinGischow, HohenLukow, (A. Bukow).

GrosGischow, Katelbogen c. p., Moisall c. p., Reinstorf, Schependorf, Steinhagen, KurzenTrechow c. p., Viezen, (A. Meklnnburg).

Boldenstorf, Wokrent, (A. Schwaan).

Dirigent,

Drost Ludwig, Baron von Meerheimb auf Gr.Gischow.

Richter: Bürgermeister, Adv. W. Paschen, zu Bützow.
Doctor Heinrich Hast daselbst, *substit.*

Actuarius, Rathmann Friedr. Th. Drechsler, daselbst.

d) Zu *Crivitz:*

Für die Güter:

Augustenhof, Basthorst c. p., Bülow c. p., Kölpin, Kritzow c. p., Müsselmow c. p., Radepohl, Schlieven, Vorbeck, Wendorf c. p., Wessin, (A. Crivitz).

Zieslübbe, (A. Grabow).

Keez, (A. Meklenburg).

Liessow, (A. Schwerin).

Stieten c. p., (A. Sternberg).

Dirigent,

Gutsbesitzer Wilhelm Peitzner auf Kölpin.

Richter: Hofrath Carl Christian Heinrich Schlüter zu Crivitz.

Actuarius, StadtSecretär Carl Aug. Bade daselbst.

e) Zu *Faulenrost:*

Für die Güter:

Baumgarten, KleinGrabow, Grabowhoefe c. p., Panschenhagen, Tressow c. p., (A. Neustadt).
Kuchelmiss c. p., (A. Goldberg),
Hinzenhagen, Thürkow c. p., (A. Güstrow).
Basedow c. p., Faulenrost c. p., Hinrichshagen c. p., Lansen c. p., Rittermannshagen, (A. Stavenhagen).

Dirigent,

Erblandmarschall, Graf von Hahn auf Basedow etc.

Richter: Bürgermeister, Dr. Schultetus in Malchin.
Stadtrichter, Gerichtsrath Josephi daselbst, *substit.*
Advocat Heinr. Christ. Brandt zu Güstrow, *substit.*

Actuarien: N. N. Hintze zu Faulenrost.
Postmeister Christian Meincke, zu Malchin.

f) Zu *Gadebusch:*

Für die Güter:

Bentin, Dorotheenhof, Dutzow c. p., Frauenmark c. p., Hindenberg, Holdorf, GrosHundorf c. p., Käselow, Löwitz, Lützow c. p., Meezen c. p., Othensdorf, Pokrent c. p., Roggendorf c. p., KleinSalitz, GrosSalitz c. p., Vehlböken c. p., Vietlübbe, Wedendorf c. p., (A. Gadebusch).
Hanshagen, Schönhof c. p., FräuleinSteinfort, Wendelstorf, (A. Grevismühlen).
GrosBrütz, Brüsewitz c. p., GrosEichsen c. p., MühlEichsen, Rosenhagen, Schönfeld, Seefeld, Webelsfelde, GrosWelzin c. p., Zülow, (A. Schwerin).
Rögnitz c. p., (A. Wittenburg).

Dirigent,

Landrath Joh. Jac. von Leers auf Schönfeld.

Richter: Stadtrichter Joh. Fr. Ebert, zu Gadebusch.
Advocat Gustav Christian Bernh. Behrens daselbst, *substit.*

Actuarius, StadtSecretär Carl Joh. Launburg daselbst.

g) Zu *Gnoien:*

Für die Güter:

Baebelitz c. p., Bobbin c. p., Boddin c. p., Böhlendorf c. p., Dölitz c. p., Duckwitz, Gottesgabe, Grammow, Granzow, HolzLübchin, Lübchin, Lüchow, Lühburg c. p., GrosLunow, KleinLunow, KleinNieköhr, Nustrow, AltPannekow, Quitzenow, Remlin, Samow c. p., Stassow c. p., Strietfeld, Tangrim, Viecheln, Alt- und NeuVorwerk, Warbelow, Wasdow, Wolckow c. p., (A. Gnoien).

Neuhof, (A. Ribnitz).

Dirigent,

Landdrost Ernst von Schack auf Nustrow.

Richter: Stadtrichter, Hofrath Joach. Friedr. Wilh. Bölckow daselbst.

Advocat Fried. Joach. Liss daselbst, *substit.*

Actuarius, Advocat Carl Friedr. Wilh. Möller daselbst.

h) Zu *Grevismühlen:*

Für die Güter:

Arpshagen c. p., Barnekow c. p., Beidendorf, Benekendorf, Bernstorf c. p., Bössow-Westhof, Bössow-Osthof, Bothmer c. p., Broock, Christinenfeld, Damshagen c. p., Dönkendorf, Eggerstorf c. p., Elmenhorst, Goldbeck, Grossenhof c. p., Grundshagen, Harkensee c. p., Harmshagen, Hofe, Hohenkirchen, Hoikendorf, NeuJassewitz, Johannstorf c. p., Kalkhorst c. p., Kaltenhof, Köchelstorf c. p., GrosKrankow c. p., Lutterstorf, Hof Mummendorf, Kirch Mummendorf, Naudin, Neuenhagen, Neuhof, Oberhof c. p., Parin c. p., Rambow, Rankendorf, Rastorf c. p., Reppenhagen, Rethwisch c. p., Saunstorf c. p., Scharfstorf, Schmachthagen, Gros- und KleinSchwansee c. p., Steinbeck, Stellshagen, GrapenStieten, GrosStieten, Tarnewitzerhagen, Tressow, Wahrstorf, GrosWalmstorf c. p., KleinWalmstorf c. p., Weitendorf c. p., Wieschendorf c. p., Wilmstorf, Zierow c. p., (A. Grevismühlen).

Dirigent,

Gutsbesitzer Meno Diederich Rettich auf Harkensee.

Richter: Adv. Aug. Siegfr. Balck zu Grevismühlen.

Bürgermeister Daniel in Rehna, *substit.*

Actuarius, Adolp Reinecke, zu Grevismühlen.

i) Zu *KirchGrubenhagen:*

Für die Güter:

KirchGrubenhagen c. p., SchlossGrubenhagen, GrosLuckow c. p., KleinLuckow c. p., Moltzow c. p., Rothenmoor c. p., (A. Stavenhagen).

Dirigent,

Landrath, Baron von Maltzahn auf Rothenmoor.

Richter, Gerichtsrath Josephi zu Malchin.

Actuarius, Organist H. Bohn zu KirchGrubenhagen.

k) Zu *Güstrow*: (I.)

Für die Güter:

Gülzow, Parum c. p., (A. Crivitz).
KleinBreesen c. p., (A. Lübz).
Boldebuck, Mühlengeez, (A. Schwerin).
Bolz c. p., Ruchow, Tieplitz, (A. Sternberg).
Bellin, (A. Goldberg).
Amalienhof, Dehmen, Gremmelin c. p., Hägerfelde, Karcheez, Kussow, Lüdershagen, Mierendorf, Niegleve c. p., Nienhagen c. p., Raden, Reinshagen, Schlieffenberg, Schönwolde, Tolzien, Vietgest, Vogelsang, Wendorf, Zapkendorf c. p., (A. Güstrow).
Prützen c. p., (A. Schwaan).

Dirigent,

Geheimer Finanzrath Satow auf Prützen, zu Güstrow.

Richter: Advocat Helmuth von Schultz daselbst.
Advocat Ferd. Joh. Heinr. Conr. Schondorf daselbst, *substit.*

Actuarius, Notarius Friedr. Wilh. Christ. Livonius daselbst.

l) Zu *Güstrow*: (II.)

Für die Güter:

Grünenhagen, Lübzin c. p., (A. Schwerin).
Dersentin, Lalendorf, Langhagen, Marienhof, Steinbeck, (A. Goldberg).
Bansow, Braunsberg, Carlsdorf, Drölitz, GrosGrabow c. p., Hoppenrade c. p., Lübsee c. p., Lüssow c. p., Karow, Kaeselow, Neuhof c. p., Rothspalk, Scharstorf c. p., Spoitendorf c. p., Striggow c. p., Wotrum, Zehna, (A. Güstrow).

Dirigent,

Gutsbesitzer Christian Wilhelm Engel auf GrosGrabow.

Richter: Richter Wilhelm Rönnberg in Güstrow.
StadtSyndicus Joh. Friedr. Wilh. Wiese daselbst.
Advocat Heinrich Krüger daselbst.

Actuarius, GerichtsActuar Christ. Diederich Holsten daselbst.

m) Zu *Ivenack:*

Für die Güter:

Ivenack c. p., (A. Ivenack).

Borgfeld, Kastorf c. p., Knorrendorf c. p., Kriesow, Zwiedorf c. p., (A. Stavenhagen).

Wolde.

Dirigent,

Gustav, Baron von Maltzahn, Graf von Plessen, auf Ivenack.

Richter: Advocat, Senator Roggenbau in Neu-Brandenburg.

Rath, Dr. Brückner daselbst, *substitut.*

Actuarius, Secretair Ehrlich zu Ivenack.

n) Zu *Krakow:*

Für die Güter:

Glave, Louisenhof, AltSammit, NeuSammit c. p., Gros-Tessin, KleinTessin, (A. Lübz).

Dobbin c. p., Reimershagen, (A. Goldberg).

Ahrenshagen c. p., Charlottenthal c. p., KleinGrabow, Koppelow, (A. Güstrow).

Dirigent,

Gutsbesitzer Theodosius von Levetzow auf Koppelow.

Richter: Adv. Friedrich Joh. Georg Conr. Meyer zu Krakow.

Stadtrichter, Hofrath Carl Ludwig Voss daselbst, *substitut.*

Actuarius, StadtSecretär Joh. Christian Bernh. Rudow daselbst.

o) Zu *Lage:*

Für die Güter:

Dalwitz c. p., Grieve, Poggelow, Prebberede, Stechow, Stierow, Walckendorf c. p., (A. Gnoien).

Diekhof c. p., Dolgen, Dudinghausen c. p., Jahmen, NeuKaetwin, Kassow, Knegendorf, GrosPotrems c. p., Rensow, GrosRidsenow c. p., Schweez, Schwiessel c. p., Wardow c. p., Weitendorf, GrosWüstenfelde c. p., (A. Güstrow).

NeuHeinde c. p., (A. NeuKalden).

Goritz, (A. Ribnitz).

KleinRidsenow c. p., Wozeten, (A. Stavenhagen).

Dirigent,

Gutsbesitzer von Gadow auf GrosPotrems.

8*

Richter: Bürgermeister Conrad Lüders in Lage.
Advocat Helmuth von Schultz in Güstrow, } *substit.*
Advocat Friedr. Joach. Liss in Gnoien, }
Actuarius, StadtSecretär C. M. Kranitzky in Lage.

p) Zu *Lehsen:*

Für die Güter:
Bandekow, Benz c. p., Jesow, Jessenitz, Setzin, Warlitz c. p., (A. Schwerin).
Badow c. p., Banzin, Boddin c. p., Brahlstorf, Camin, Dammereez c. p., Dersenow, Dreilützow c. p., Drönnewitz c. p., Garlitz, Goldenbow c. p., Goldenitz c. p., Harst c. p., Hülseburg c. p., Kloddram c. p., Körchow, Langenheide, Lehsen, Melkhof, Mühlenbeck, Neuhof c. p., Perlin, Pritzier, Quassel, Raguth c. p., Gros- und KleinRenzow, Rodenwalde c. p., Ruhethal, Scharbow c. p., Schwechow, Söhring, Tessin, Tüschow c. p., Volzrade, Vortsahl, Waschow, Wölzow, Zapel, Zühr, (A. Wittenburg).
Gosau, (A. Boizenburg).

Dirigent,
Graf Adolph von Eyben auf Setzin.
Richter: Hofrath Hans Krüger in Lehsen.
Actuarius, vacat.

q) Zu *Lübz:*

Für die Güter:
Frauenmark c. p., Kressin, KleinNiendorf, (A. Crivitz).
Beckendorf, Benthen, Damerow c. p., Daschow, Grambow, Greven c. p., Karow c. p., Kuppentin, Passow c. p., Penzlin, GrosPoserin c. p., Stuersche HinterMühle, Suckwitz c. p., Tannenhof, Weisin, Welzin c. p., (A. Lübz).
Brütz c. p., Diestelow c. p., Finkenwerder, NeuPoserin, KleinPoserin, (A. Goldberg).

Dirigent,
Gutsbesitzer von Hartwig auf Daschow.
Richter: Hofrath Wilhelm Stampe in Lübz.
Adv. Carl Theod. Schlaaff daselbst, *substit.*
Actuarius, vacat.

r) Zu *Malchow:*

Für die Güter:

Darz, Käselin, Kogel, Hof- und KirchLütgendorf c. p., WendischPriborn, Rogeez, Satow c. p., Stuer c. p., StuerVorwerk, Wahlow c. p., Woldzegarten, Zislow, (A. Lübz).

Göhren c. p., Jürgenshof, Leisten, AltSchwerin c. p., Sparow c. p., Werder, (A. Plau).

Dammwolde c. p., Finken c. p., Gotthun c. p., Hinrichsberg, Jürgensthal, Lebbin, (A. Wredenhagen).

Dirigent,

Aug. Adam Phil. Matth. von Flotow auf Woldzegarten.

Richter: vacat.

Advocat Friedr. Joh. Georg Conr. Meyer zu Krakow, *substitut.*

Actuarius, StadtSecretair H. J. C. Harberding zu Malchow.

s) Zu *Parchim:*

Für die Güter:

Herzberg c. p., (A. Crivitz und Lübz).

Balow, Dargelütz c. p., Griebow, Kummin und Tessenow c. p., Meierstorf, Mentin, Möderitz c. p., Möllenbeck c. p., Neese c. p., Neuhof, Poltnitz, Repzien, Werle c. p., (A. Grabow).

Lanken, (A. Lübz).

Severin c. p., (A. Goldberg).

Bergrade, OeconomieGut.

Dirigent,

Gutsbesitzer von Quitzow auf Severin.

Richter: Advocat Carl Conr. Voss in Parchim.

Procurator Icke daselbst, *substit.*

Actuarius, Adv. Gust. Georg Ludw. Wilhelms daselbst.

t) Zu *Penzlin:*

Für die Güter:

Ave, GrosLuckow, Marin, Möllenhagen, Mollenstorf, GrosVielen, Zahren c. p., (A. Neustadt).

Adamsdorf c. p., Breesen, Chemnitz c. p., Gros- und KleinFlotow c. p., Gaedebehn c. p., GrosHelle c. p., KleinHelle, Kalübbe c. p., Langhagen, Lapitz, Liepen, KleinLuckow c. p., Luplow c. p., Mölln c. p., Passentin, Rahnenfelde, Rumpshagen, Schwandt c. p., Tarnow, KleinVielen c. p., Woggersin, Wrodow (A. Stavenhagen).

Dirigent,
Landrath von Oertzen auf GrosVielen.
Richter: Senator, Advocat Roggenbau in Neu-Brandenburg.
Rath, Bürgermeister, Dr. Brückner daselbst, *substit.*
Actuarius, GerichtsActuar Friedr. Trebbin, zu Penzlin.

u) Zu *Röbel:*

Für die Güter:
Altenhof c. p., Grüssow, Suckow, (A. Lübz).
Rossow, Dorf, (A. Plau).
Below, Bollewick, Buchholz, Dambeck, Grabow, Hauptsmühle, Karbow, Karchow c. p., Gros- und KleinKelle, Klopzow, Krümmel c. p., Leizen, Alt- und Neu-Leppin c. p., Ludorf c. p., Massow c. p., Melz c. p., Naetebow, Netzeband c. p., Poppentin c. p., Priborn, Retzow c. p., Schönberg c. p., Solzow, Spitzkuhn, Wackstow, Wendhof, Wildkuhl, Winkelhof, Zielow, Zierzow, (A. Wredenhagen).

Dirigent,
Klosterhauptmann, Baron von LeFort auf Wendhof.
Richter: Bürgermeister, Hofrath Chr. Engel zu Röbel.
Advocat Christ. Heinr. Poertner daselbst, *substit.*
Actuarius, Rathmann Ludw. Christ. Jung, daselbst.

v) Zu *Rostock:*

Für die Güter:
Rederank, (A. Bukow).
Brunstorf, Dammerstorf c. p., Drüsewitz c. p., Kanneberg, Kucksdorf, Selpin c. p., Wöpkendorf, (A. Gnoien).
Fresendorf, AltKaetwin, Kobrow, Reez, Teschow c. p., Gros- und KleinViegeln, (A. Güstrow).
Bandelstorf c. p., Barkvieren c. p., Carlsruhe, Dettmannsdorf, Dudendorf c. p., Dummerstorf c. p., Emekendorf, Freudenberg c. p., Gnewitz, Alt- und Neu-Gothendorf, Kölzow c. p., Lieblingshof, Neuendorf c. p., Niekrenz, Pankelow, Petschow (PfarrGericht), Poppendorf, Redderstorf, Reppelin, AltSteinhorst, Neu-Steinhorst, Stubbendorf, Teschendorf c. p., Wehnendorf, Wendorf, (A. Ribnitz).
Beselin, Bussewitz, Evershagen, GrosKussewitz, Klein-

Kussewitz und Finkenberg, Sildemow, HohenSchwarfs, GrosStove c. p., Wahrstorf, (Rost. District).
Brookhusen, Ziesendorf, (A. Schwaan).

Dirigent,

Hauptmann von der Lühe auf Sildemow.

Richter: Senator Dr. G. W. Saniter in Rostock.
Doctor Gottl. Christian Kippe daselbst.
Bürgermeister W. Lüders in Marlow, *substit.*

Actuarien: Johann Heinrich Ritzerow in Rostock.
Advocat Christian Heinrich Hoppe daselbst, *substit.*

w) Zu *Schwerin:*

Für die Güter:

Gneven, Gustaevel c. p., Kladow, Rönkenhof, Zaschendorf, (A. Crivitz).
NeuSchlagsdorf, (A. Meklenburg).
Ahrensbock, Cambs c. p., Cramonshagen c. p., Görslow, Gottesgabe, Gottmannsfoerde c. p., Grambow c. p., Kleefeld c. p., Leezen c. p., Nienmark, BarnerStück c. p., KleinTrebbow c. p., KleinWelzien c. p., Wendischhof, (A. Schwerin).
Schossin, (A. Wittenburg).

Dirigent,

Carl Friedrich von Barner auf KleinTrebbow.

Richter: Advocat August Westphal in Schwerin.
Advocat Carl Heinrich Ferdinand Barten daselbst, *substit.*

Actuarius, CommissionsSecretär Parbs daselbst.

x) Zu *Stavenhagen:*

Für die Güter:

Bredenfelde, Briggow, Galenbeck, Gützkow c. p., Jürgenstorf c. p., Kittendorf c. p., Peckatel c. p., Peutsch, Puchow, Rosenow, Varchentin c. p., GrosVarchow, (A. Stavenhagen).

Dirigent,

Rittmeister von Blücher auf Rosenow.

Richter: Rath, Dr. Müller in NeuBrandenburg.
Stadtrichter Reuter in Stavenhagen, *substit.*

Actuarius, AmtsRegistrator Joh. Gottl. August Faull daselbst.

y) Zu *Sternberg:*

Für die Güter:

Friedrichswalde, Kuhlen, Langensee, Penzin, Klein-Pritz c. p., Tessin, Wameckow, Zibühl c. p., (A. Crivitz).
Dämelow, Eickelberg, Eikhof, Golchen, Laase, Rothenmoor c. p., Rubow, AltSchlagstorf, Thurow, (A. Meklenburg).
LangenBrütz, (A. Schwerin und Crivitz).
Borkow, Dinnies, Gaegelow, GrosGörnow, Klein-Görnow, Kaarz, Mustin c. p., Prestin c. p., GrosRaden c. p., Rothen, Weitendorf, Zülow c. p., (A. Sternberg).

Dirigent,

Geheimer Legationsrath von Schmidt zu Ludwigslust.

Richter: Bürgermeister Anton Wulffeff zu Sternberg.
Advocat Johann Gottl. Steffenhagen daselbst, *substit.*

Actuarius, Ferdinand Maass daselbst.

z) Zu *Tessin:*

Für die Güter:
Kowalz, GrosNieköhr, NeuNieköhr, Repnitz, Schabow, Sophienhof, Starkow, Thelkow, Vilz, Wilhelmshof, Wohrenstorf c. p., Woltow, (A. Gnoien).
Wesselstorf, (A. Güstrow).
HohenGubkow, Helmstorf, Liepen, GrosLüsewitz c. p., Stormstorf c. p., KleinTessin c. p., Teutendorf, Vieren, Vietow, KleinWehnendorf, Wendfeld, NeuWendorf, Zarnewanz, (A. Ribnitz).

Dirigent,

Gutsbesitzer Adam Joachim von Koss auf Vilz.

Richter: Stadtrichter Friedr. Wehner in Tessin.
Advocat Joh. Friedr. Wilh. Tonagel daselbst, *substit.*

Actuarius, Aug. Carl Wilh. Collasius daselbst.

aa) Zu *Teterow:* (I.)

Für die Güter:
Schlackendorf, (A. Gnoien).
Bartelshagen, Bergfeld, Friedrichshagen und Hohenfelde, Gottin, Klaber, KleinKöthel c. p., Matgendorf c. p., Perow, Pohnstorf, Alt und NeuPolchow, Pölitz, Roggow c. p., Schrödershof, Striesenow, Tellow, Tessenow, Vietschow c. p., Warnkenhagen c. p., Wattmannshagen, Zierstorf, (A. Güstrow).

Bukow, Gorschendorf, Hagensruhm, Jettchenshof, Karnitz, Lelkendorf, HohenMistorf c. p., GrosMarkow c. p., Pohnstorf, Rey, Sarmstorf, Schwastorf, Schwetzin, AltSührkow c. p., Suckow c. p., Teschow, (A. NKalden).
Bristow c. p., Bülow c. p., HohenDemzin, GrosKoethel, (A. Stavenhagen).

Dirigent,

Gutsbesitzer Carl Ludw. Friedr. von Lowtzow auf Klaber.

Richter: Advocat Christian Joh. Constant. Danneel in Teterow.
Bürgermeister Friedrich Meinshausen daselbst, *substit.*

Actuarius, N. N. Lübcke daselbst.

bb) Zu *Teterow:* (II.)

Für die Güter:
NeuPannekow, (A. Gnoien).
Appelhagen c. p., Grambzow, KleinRoge, (A. Güstrow).
Gehmkendorf, Klenz c. p., Levitzow c. p., Schorrentin c. p., NeuSührckow, (A. NeuKalden).
Alt- und NeuPanstorf, Remplin c. p., BurgSchlitz c. p., Ziddorf, (A. Stavenhagen).

Dirigent,

Gutsbesitzer Joh. Aug. Friedr. Wilh. Held auf KleinRoge.

Richter: Bürgermeister Friedrich Meinshausen zu Teterow.
Advocat Christian Joh. Constant. Danneel daselbst, *substit.*

Actuarius, RathsProtocollist Paegelow daselbst.

cc) Zu *Waren:* (I.)

Für die Güter:
Sophienhof, (A. Lübz).
Ankershagen c. p., Boeck c. p., Dambeck, GrosDratow, KleinDratow, Federow c. p., Rethwisch c. p., Alt- und NeuSchönau c. p., Schwasdorf, Speck c. p., Wendorf c. p., (A. Neustadt).
Deven, GrosGievitz c. p., Kargow c. p., Kraase, Marxhagen, GrosPlasten, KleinPlasten, Rockow c. p., Schorssow c. p., Ulrichshusen, (A. Stavenhagen).

Dirigent,

Graf Felix von Voss auf GrosGievitz.

Richter: Advocat Joh. Friedr. Wilh. Brückner zu Waren.
Bürgermeister Heinr. Christ. Pries daselbst, } *substit.*
Advocat Wilh. Heinr. Gottfr. Eichmann daselbst, }
Actuarius, StadtSecretär Carl Wilh. Wagner daselbst.

dd) Zu *Waren:* (II.)

Für die Güter:
AltGaarz c. p., Klocksin c. p., NeuSapshagen c. p., (A. Lübz).
Clausdorf, Lehsten, Pieverstorf, Torgelow c. p., KleinVarchow, Vielist c. p., (A. Neustadt).
GrosBäbelin, (A. Stavenhagen).
Berendswerder, Grabenitz, Klink c. p., (A. Wredenhagen).

Dirigent,
Gutsbesitzer Leopold Kaehler auf Klink.
Richter: Hofrath Jul. Carl Heinr. Schmidt zu Waren.
Doctor Wilh. Friedr. Aug. Schmidt, daselbst, *substit.*
Actuarius, Notarius Friedr. Eberh. Stammer, daselbst.

ee) Zu *Wismar:* (I.)

Für die Güter:
Dreveskirchen, Friedrichsdorf, Goldebee, Steinhausen c. p., (A. Bukow).
Fahren, Greese, Holdorf, Necheln, Neuhof c. p., Ravensruh c. p., Schimm, Tarzow, Trams c. p., (A. Meklenburg).
Zarnekow, (Wismarsch. Distr.)

Dirigent,
Oberstlieutenant von Bassewitz auf Schimm.
Richter: Senator, Dr. Wilh. Christian Süsserott in Wismar.
Adv. Fr. Joach. Briesemann daselbst, *substit.*
Actuarius, Advocat Julius Alb. Martens daselbst.

ff) Zu *Wismar:* (II.)

Für die Güter:
Dameckow, Gamehl c. p., Alt- und NeuHagebock, Ilow, Kartlow, Kritzow, Tatow c. p., Vogelsang, (A. Bukow).
Bibow und Hasenwinkel, Nutteln, (A. Crivitz).

Gramkow, Gressow, KleinKranckow, Levetzow, Manderow, Niendorf, Klein- und NeuStieten, HohenWieschendorf, Wolde, (A. Grevismühlen).
Buchholz, Flessenow, Jesendorf, Kahlenberg, Kleekamp, Krassow, Masslow, Neperstorf, Retgendorf, Schmackentin, Ventschow, Wietow, Zurow, (A. Meklenburg).
Moltenow, (A. Schwerin).
Wisch, (Wismarschen Districts).

Dirigent,
Gutsbesitzer Friedrich Bobsien auf Kritzow.
Richter: Adv. Gabr. Aug. Michelsen in Wismar.
Adv. Gabr. Christ. Lembke daselbst, *substit.*
Actuarius, Notarius Friedr. Ernst Mau daselbst.

3) *In den Städten:*

Rostock: } die Stadt-, Ober- und NiederGerichte. } S. XII. Abschnitt.
Wismar: }

4) *In der Stadt Schwerin:*
Das MagistratsGericht, S. XII. Abschnitt.

5) *In den übrigen LandStädten:*
(1) In CivilSachen,
Die Grosherzoglichen Stadtrichter,
mit zwei vom Rathe angeordneten Beisitzern.

a) *Im Herzogthume Schwerin.*

Zu *Brüel:*	Bürgermeister Heinr. Friedr. Born.
	Actuarius, Johann Friedrich Pries.
— *NeuBukow:*	Adv. Christ. Friedr. Joh. Dolberg.
	Actuarius, Secretär Chr. Joh. Gieseke
— *Crivitz:*	Bürgermeister, Hofr. Chr. H. Schlüter.
	Actuarius, Carl August Bade.
	Protocollist, F. W. Kerstenhann, *ad int.*
— *Dömitz:*	Bürgermeister, Carl Vogel, *ad interim.*
	Actuarius, Gust. Adolph Gotsch.
— *Gadebusch:*	Advocat Johann Friedrich Ebert.
	Actuarius, Joachim Ernst Frey.
— *Grabow:*	Advocat Carl Caspar.
	Protocollist, Ernst Martienssen.
— *Grevismühlen:*	Bürgermeister Heinrich Ebert.
	Actuarius: Carl Christ. Behrmann.
	Friedr. Joh. Heinr. Schultze, Gehülfe.

Zu *Hagenow:*	Bürgermeister Dr. Johann Ernst Georg Bölte.
	Actuarius, Georg Friedr. Christ. Lange.
	Protocollist, Heinrich Rick.
— *Kröpelin:*	Bürgermeister Andr. Burch. Röper.
	Adv. Carl Gottfr. E. Metelmann, Auditor.
	Actuarius, Joh. Christ. Odewahn, *emer.*
	Peter Johann Hormann, adj.
— *Lübz:*	Bürgermeister, Hofr. W. F. A. Stampe.
	Actuarius, Advocat Ernst Gaedcke.
— *Malchow:*	Advocat Friedrich von Müller.
	Actuarius H. J. C. Harberding.
— *Neustadt:*	Bürgermeister Carl Friedr. Heinr. Timm.
	StadtSecretär Joh. Wilh. Sam. Jancke.
— *Parchim:*	Gerichtsrath Carl Langfeldt.
	Actuarius, Friedrich Weckmann.
— *Rehna:*	Bürgermeister Carl Ludwig Daniel.
	Actuarius: J. F. M. Lemke.
	Johann Carl Lemke, adj.
	Protocollist, And. Jac. Christ. Lenschau.
— *Sternberg:*	Bürgermeister, Adv. Anton Wulfleff.
	Actuarius Hartw. Joh. Fried. Massmann.
— *Waren:*	Gerichtsrath Johann Martienssen.
	Actuarius, Ernst Könemann.
— *Wittenburg:*	Bürgermeister, C. L. F. W. Vaigt.
	Actuarius, Hermann Joh. Gottl. Dölle.

b) *Im Herzogthum Güstrow.*

Zu *Boizenburg:*	Gerichtsverwalter, Advocat Gotthard Carl Rassau.
	Actuarius, C. H. Behncke.
— *Gnoien:*	Bürgermeister, Hofrath J. F. W. Bölckow.
	Advocat Friedr. Joa. Liss, Auditor, *c. v.*
	Actuarius, Johann Joachim Pflugk.
— *Goldberg:*	Bürgermeister Gustav Zickermann.
	Actuarius, Friedr. Oppermann, *ad int.*
	Protocollist, Ernst Friedr. Wilh. Duge.
— *Güstrow*, Stadt, Burg- u. Dom-Freiheit:	Advocat Wilhelm Rönnberg.
	Cand. jur. Carl Friedr. Buchka, Auditor.
	Actuarius, Christian Diedrich Holsten.
— *NeuKalden:*	Bürgermeister, Adv. C. F. W. Görbitz.
	Actuarius, Johann Friedr. Müller.

Zu *Krakow:* Bürgermeister, Hofrath Carl Ludwig Voss.
Advocat Friedr. Joh. Georg Conrad Meyer, Gehülfe.
Actuarius Joh. Christian Bernh. Rudow.

— *Lage:* Bürgermeister, Adv. Conrad Friedrich Lüders.
Actuarius, C. M. Kranitzky, *ad inter.*

— *Malchin:* Gerichtsrath Fr. Wilh. Ferdin. Josephi.
Actuarius, Ant. Joh. Friedr. Wulfleff.

— *Marlow:* Bürgermeister Carl Friedr. Wilh. Lüders.
Actuarius, Christian J. E. Bass.

— *Plau:* Bürgermeister August Ehlers.
Actuarius, G. A. Wendt, Ger.Secretär.
Heinrich Sauber, Franz Burmeister, *ad int.*, } Gehülfen.

— *Ribnitz:* Doctor Carl Ludwig Johann Koeve.
Actuarius, Friedrich Beister.

— *Röbel:* Bürgermeister, Hofrath C. L. B. Engel.
Actuarius, Gottfried Gennburg.

— *Schwaan:* Bürgermeister, Gerichtsrath W. F. G. Ahrens.
Adv. Chr. Heinr. Helm. Prestien, Auditor.
Actuarius, Carl Heinr. Friedr. Peters.

— *Stavenhagen:* Bürgermeister Georg Johann Reuter.
Actuarius, vacat.

— *Sülze:* Die SalineBeamte, *ad interim.*
Actuarius, Heinr. Dan. Aug. Bolte.

— *Tessin:* Bürgermeister Friedrich Wehner.
Actuarius, W. F. Haase, *ad interim.*

— *Teterow:* vacat.
Actuarius, Adam Friedrich Lehsten.

— *Penzlin,* siehe ritterschaftliche Güter.

c) *Im Fürstenthume Schwerin.*

Zu *Bützow:* Bürgermeister Wilhelm Paschen.
Advocat Wilhelm Meister, Auditor.
Actuarius: Joachim Friedrich Kramer, *emer.*
Albert Georg Wendt.

— *Warin:* Bürgermeister C. W. C. Telschow.
Actuarius, August Theodor Kulow.

(2) In PupillenSachen und andern, den Magistraten zustehenden JurisdictionsFällen, auch über StadtGrundstücke:

Die StadtRäthe, als Waisen- und PatrimonialGerichte.
(S. XII. Abschnitt.)

V. PrüfungsBehörden:

1) *Das OberAppellationsGericht zu Rostock,*

für die Mitglieder des OberAppellationsGerichts, der JustizKanzleien, des CriminalCollegii, der Amts-, Stadt- und sonstigen SpecialGerichte, auch der Magistrats- und aller übrigen Patrimonialgerichte.

2) *Die PrüfungsCommission zu Rostock,*

für die RechtsCandidaten zur Advocatur oder zum Auditorat bei Amts-, Stadt- und MagistratsGerichten. (Dieselbe versammelt sich um Ostern und Michaelis jeden Jahres.)

Mitglieder:

Justizrath Carl Ferdinand Siebmann zu Rostock.
Geh.Hofrath, Professor, Dr. Ferd. Kämmerer, zu Rostock.
Professor, Dr. Christoph Joh. Friedr. Raspe, zu Rostock.
Justizrath Carl Heinrich Christoph Trotsche, zu Güstrow.
Justizrath Reinhard Carl von Monroy, zu Schwerin.
Actuarius, Advocat Carl Friedr. Erdm. Sohm, auch CassenBerechner.
Pedell, KanzleiPedell Dav. Heinr. Jenzen.

3) *Die JustizKanzleien zu Schwerin, Güstrow und Rostock,*

für die vom Decan der JuristenFacultät zu Rostock creirten Notarien zum Zweck deren Immatriculirung.

VI. Landwirthschaftliche und forstverständige Taxatoren

zu gerichtlichen GüterAbschätzungen,

(vermöge der landesherrlichen Constitution, wegen Abwendung der Concurse, vom 27 Februar 1813. §. 6. Wegen der Grösse der sechs benannten Districte siehe II. Theil, dritte Abtheilung, militairische Topographie).

1) Im Districte *Rostock:*

Amtsverwalter von Oertzen, zu Ribnitz.
Oberforstmeister von Grävenitz, zu Doberan.

2) Im Districte *Wismar:*
KammerCommissär Wendt, in Ludwigslust.
Major von Liebeherr, auf Steinhagen.
Oberforstmeister von Schack, zu Wolken.

3) Im Districte *Schwerin:*
KammerCommissär Wendt, in Ludwigslust.
Gutsbesitzer von Schack, auf Retgendorf.
Oberforstmeister von Lehsten, zu Rehna.

4) Im Districte *Parchim:*
Gutsbesitzer von Dannenberg, auf Neese.
Oberforstmeister von Buch, zu Ludwigslust.

5) Im Districte *Güstrow:*
Geheimer Amtsrath Drechsler, in Lübz.
Oberforstmeister von Wickede, zu Dargun.
Oberförster Garthe, zu Remplin.

6) Im Districte *Waren:*
Amtmann Koppe, zu Neustadt.
Gutsbesitzer von Flotow auf Wahlow.
Oberförster Passow, zu Sternberg.

VII. Immatriculirte Notarien: (363)

werden, nach der Verordnung vom 26 Januar 1786, wenn sie bei einer der drei JustizKanzleien recipiret sind, auch bei den andern beiden reciproce zugelassen.

Oeffentliche Behörde,

zur Creirung der Notarien und zur Ertheilung der Notariats-Diplome ist der jedesmalige Decanus der JuristenFacultät zu Rostock, vermöge einer, von der Landesherrschaft ausgebrachten Kaiserlichen Comitive vom 23 Julius 1582.

Zu *Boizenburg:* Hofrath Gottlieb Mussäus.
ZollInspector Georg Carl Stypmann.
Commissionsrath Carl Friedr. Giffenig.
Advocat Gotthard Carl Rassau.
— Hans Friedrich Bürger.
AmtsRegistrator Carl Fr. Christ. Koch.
Advocat Carl Heinr. Paul Kentzler.

— *Brüel:* Secretär Johann Friedrich Pries.
Bürgermeister Heinr. Friedr. Born.

— *NeuBukow:* Bürgermeister Joh. Gottl. B. Lechler.
Advocat Christ. Joh. Friedr. Dolberg.
— Friedrich Wilhelm Hottelett.

Zu *NeuBukow:* Rathmann Joh. Christ. Friedr. Jörges.
Advocat Dan. Carl Heinrich Bölte.
— Carl Friedr. Gust. Schulemann.

— *Bützow:* StadtSecretär Joachim Friedr. Kramer.
Advocat Joh. Friedr. Gustav Reinnoldt.
Rathmann Friedrich Theodor Drechsler.
Advocat Wilhelm Meister.
Johann Friedrich Christian Rusch.
Advocat Wilhelm Paschen.
StadtSecretär Albert Georg Wendt.
Doctor Joh. Heinr. Bernh. Hast.
Adv. Carl Heinr. Joh. Vermehren.
Adv. Ferd. C. Friedr. SommerDierssen.

Crivitz: Hofrath Carl Christian Heinr. Schlüter.
AmtsRegistrator Lor. F. C. Hornemann.
StadtSecretär Carl August Bade.
Adv. Christ. Ad. Jul. Schlüter.
Christian Friedr. Aug. Friedrichs.

— *Damgarten:* Bürgermeister Conr. Gottl. Friederich.

— *Dargun:* Amtsverwalter Joh. Christ. Dan. Liss.

— *Demen:* Advocat Albert Carl Ludwig Voss.

— *Dobbertin:* Küchenmeister Joh. Christ. Fr. Behrens.
AmtsSchreiber Ludwig Franz Vollrath Christ. Lierow.

— *Doberan:* Christoph Friedrich Gustav Möller.
Johann Heinr. Müffelmann.

— *Dömitz:* Advocat Carl Vogel.
Doctor Heinrich Ludwig Ueltzen.
Amtsverwalter G. W. von Breitenstern.
Dan. Heinr. Wilh. Rönnberg.
AmtsMitarbeiter Otto Aug. Ernst Witt.
Friedrich Christian Brinckmann.

— *Gadebusch:* Advocat Johann Friedrich Ebert.
Amtsverwalter, Dr. Carl Lange.
StadtSecretär Carl Johann Launburg.
Adv. Gustav Christian Bernh. Behrens.
Adv. Hans Georg Eduard Pauly.

— *Gnoien:* Hofrath Joach. Friedr. Wilh. Bölckow.
StadtSecretär Johann Joach. Pflugk.
Advocat Friedrich Joachim Liss.
— Carl Friedr. Wilh. Möller.

— *Goldberg:* AmtsSecretär Levin Ulrich Bahl.
Advocat Joh. Andr. Gustav Schultz.

Zu *Goldberg:* Advocat Gustav Zickermann.
AmtsRegistrator Friedr. Wilh. Schulze.
Postmeister Joh. Joachim Christ. Koth.
Advocat Hartw. Em. Friedr. Bahl.
Rathmann Ernst Friedr. Wilh. Duge.

— *Grabow:* StadtSecretär Johann Hermann Ruge
Advocat Carl Caspar.
— Wilhelm Carl Weber.
AmtsRegistrator Joh. Ludw. Weber.
Advocat Justus Adolph Krüger.
Advocat Heinr. Friedr. Herm. Buchholtz.
— Theod. Dan. Zacharias Graff.
Doctor Friedrich Franz Leop. Floerke.
Advocat Herm. Carl Heinr. Kleiminger.
— Wilh. Jul. Bernh. Havemann.

— *Grevismühlen:* Advocat August Siegfried Balck.
— Heinrich Ebert.

— *Güstrow:* Advocat Carl August Voss.
Johann Friedrich Krüger.
Advocat Wilh. Hans Heinr. Rönnberg.
GerichtsActuarius Christ. Died. Holsten.
Advocat Franz Gottlieb Joh. Diederichs.
— Friedr. Ludwig Franz Richter.
David Heinrich Plagemann.
Rathsherr Carl Sibeth.
Advocat Helmuth Joh. Friedr. v. Schultz.
Doctor Heinrich Wilhelm Roentgen.
Advocat Johann Diedrich Wilh. Wiese.
Bürgermeister Ernst Langfeldt.
Johann Carl Christian Maass.
Johann Friedrich Romberg.
Johann Joachim Rasmuss.
Amtmann, Dr. C. F. W. Bollbrügge.
Advocat Heinrich Christoph Brandt.
— Carl Jac. Heinrich Burmeister.
C. A. Toernberg.
Advocat Wilh. Johann Heinrich Krull.
— Gust. Ch. D. W. Wachenhusen.
Amtsverwalter W. J. Fr. O. Schultetus.
Advocat Gust. Alex. Friedr. Georg Jahn.
— Johann Joachim Trotsche.
Doctor Ernst Friedr. Ludw. Otto Raven.
StadtSecretär Gustav Wilhelm Scheel.

Zu *Güstrow:* Advocat Joh. Georg Wilh. Jahn.
— Joh. Gottfr. Ludw. Mau.
Friedr. Wilh. Christ. Livonius.
Doctor Carl Friedr. Heinr. Diederichs.
Dr. Fed. Papinga Jul. Geo. Spangenberg.
— *Hagenow:* SteuerEinn. Carl Heinr. Ernst Paschen.
Amtsverwalter, Dr. C. G. J. Wildfang.
Doctor Joh. Ernst Georg Bölte.
Advocat Hartw. Heinr. August Hundt.
Amtsverwalter Carl Friedr. Gloeckler.
Advocat Carl Heinr. Otto Paschen.
Advocat Carl Joh. Friedr. Ludw. Boldt.
— August Wilh. Bölte.
— *NeuKalden:* Bürgermeister Bernh. Joh. Christ. Petri.
Johann Friedrich Müller.
Advocat Christ. Fr. Wilh. Görbitz.
— *Krakow:* Hofrath Carl Ludwig Voss.
Advocat Friedr. Johann Georg Conrad Meyer.
StadtSecretär Joh. Christ. Bernh. Rudow.
— *Kröpelin:* Advocat Andreas Burchard Röper.
StadtSecretär Peter Johann Hormann.
Advocat Carl Gottfr. Ernst Metelmann.
— *Lage,* — Conr. Friedr. Ulrich Lüders.
— *Lehsen,* Hofrath Hans Krüger.
— *Ludwigslust:* Gerichtsrath Joh. Friedr. Dan. Richter.
Gerichtsverwalter Joh. Carl L. Wiechelt.
Auditeur, Adv. Georg Beyer.
Advocat Friedr. Ludw. Joh. Lemcke.
— *Lübz:* AmtsRegistrator Carl Christ. Schlaaff.
Advocat Ernst Gädcke.
— Carl Theodor Schlaaff.
— *Malchin:* StadtSecr. Anton Joh. Friedr. Wulfleff.
Franz Friedr. Gotth. Borchard.
Johann Daniel Günter.
Adv. Carl Rud. Friedr. Nerger.
— *Malchow:* Advocat Adolph Friedrich Francke.
StadtSecretär H. J. C. Harberding.
— *Marlow,* Advocat Carl Friedrich Wilh. Lüders.
— *Neustadt:* Amtsprotocollist C. C. Wilh. Böttger.
Amtsverwalter Gust. Ad. Mühlenbruch.
Advocat Carl Friedr. Heinr. Timm.
— Aug. Carl Christ. Glaevecke.

Zu *Neustadt,*	Advocat Ferd. Adolph Ernst Modes.
— *Parchim:*	Organist Christian Friedrich Klohdel.
	Procurator Joh. Wilh. Ludw. Icke.
	StadtSecretär Christ. Bernhard Voss.
	Procurator Christian Friedrich Grothe.
	Advocat Carl Conrad Voss.
	— August Loescher.
	Rathsherr Franz Floercke.
	— Dr. Friedr. Ph. Gottl. Brandt.
	GerichtsActuarius Friedr. Weckmann.
	KirchenOeconomus Jul. A. Brockmann.
	Doctor Wilh. Gottl. Beyer.
	Advocat Gust. Georg Ludw. Wilhelms.
	— Carl Heinrich Rönnberg.
	— Heinr. Friedr. Wilh. Raabe.
	— Ludw. Joh. Friedr. Sommer.
— *Penzlin:*	GerichtsActuar Friedrich Trebbin.
	Advocat Carl Friedr. Müller.
	— Joh. Heinr. Christian Voss.
	StadtSecretär Ludw. Carl Friedr. Lau.
— *Plau:*	Bürgermeister August Ehlers.
	Advocat Carl Georg Theodor Belitz.
	— Aug. Carl Wilh. von Leitner.
— *Rehna,*	Advocat August Rudow.
— *Ribnitz:*	Küchenmeister Heinr. Christ. Saniter.
	AmtsSecretär Joach. Adolf Krüger.
	Doctor Carl Johann Ludwig Koeve.
	StadtSecretär Christian Ernst Krauel.
	Advocat Eduard Adolph Gerresheim.
	— Friedr. Joh. Christian Boldt.
— *Röbel:*	Hofrath Christian Bernh. Ludw. Engel.
	StadtSecretär Gottfried Gennburg.
	Rathmann Ludwig Christian Jung.
	Advocat Christian Heinrich Poertner.
— *Rostock:*	Secretär Christian Friedrich Päpcke.
	Advocat Peter Friedrich Ledder.
	Hofrath Georg Joh. Aug. Krüger.
	Advocat Johann Jacob Wehner.
	Secretär Ferd. Fr. Heinr. Spangenberg.
	Doctor Johann Adolph Gottfr. Gülzow.
	Johann Ludwig Daniel Babst.
	Hofr., Dr. Georg Christian Friedr. Crull.
	Doctor Gottlieb Friedr. Christian Linck.

9*

Zu *Rostock:*

RathsSecretär, Doctor E. H. L. Giese.
Kanzellist Friedrich Ludwig Raeder.
PolizeiAdministr.Secr. G. H. Ludwig.
Joach. Friedr. Pfannenstiel.
Gottfried Müller.
Johann Wilhelm Richelmann.
Registrator Johann Friedrich Koch.
Kanzellist Fr. Ludw. Franz Maackens.
Johann Georg Friedrich Crull.
Johann Joachim Friedrich Bernicke.
Advocat Carl Heinrich Bauer.
— Friedrich Wilhelm Hinze.
GewettsSecret. Joh. Chr. Friedr. Ahrens.
Doctor Heinrich Gottfried Mahn.
Advocat Friedrich Ludwig Thyben.
Johann Heinrich Ritzerow.
Johann Christian Pfannenstiel.
Advocat Christian Heinrich Diedrichs.
Doctor Johann Daniel Gottl. Jantzen.
— Carl Friedrich Rüting.
— Friedr. Ludwig Gottspfenning.
— Wilhelm Friedrich Tarnow.
Advocat Friedrich Johann Massmann.
Doctor Adolf Friedrich Mann.
Advocat Ludw. Friedr. Aug. Seeger.
— Hartw. Fr. Christ. Massmann.
Doctor Gottlieb Christian Kippe.
— Theodor Wilhelm Millies.
Advocat Friedrich Zander.
Doctor Friedrich Christian Bäder.
— Gustav Adolf Böcler.
AmtsProtocollist Fr. Carl A. Wahlsdorf.
Doctor Carl Alexander Bolten.
— Joh. Andr. Carl Klempien.
Advocat Carl Friedrich Erdm. Sohm.
— Friedrich Wilhelm Kneser.
Doctor Friedr. Wilh. Ulrich Rehberg.
Advocat Ernst Franz Adolf Strömer.
— Christian Heinrich Hoppe.
Doctor Ferdinand Klitzing.
Advocat Ad. Ernst Friedr. Groth.
Registrator Aug. Wilhelm Prehn.
Advocat Joh. Friedr. Wilhelm Görbitz.

Zu *Rostock:*	Advocat Gust. Wilh. Theodor Millies.
	Doctor Joh. Carl Friedr. Zickermann.
	Advocat Gustav Adolph Sebold.
	— Wilhelm Petersen.
	— Ernst Moritz Guido Krüger.
	Carl Joh. Heinr. Behrens.
	Advocat Adolf Alfred Scharenberg.
	Gustav Lange.
	Advocat Friedrich Ludwig Schultze.
	— Hans Bernh. Daniel Peltz.
	— Carl Christoph Küffner.
	Doctor Franz Carl Theodor Crull.
	Advocat Heinr. Gustav Otto Wiggers.
	Advocat Ernst Christ. Friedr. Saniter.
	Doctor Joh. Friedr. Blanck.
	Hermann Zielstorf.
	Advocat Wilhelm Julius Joh. Heinrich Spiegelberg.
	Advocat Carl Matth. Friedr. Hartung.
	Christian Eman. Andr. Bannier.
	Adv. Ludw. Joh. Friedr. Krasemann.
	Theod. Friedr. Franz Otto.
— *Rühn:*	Amtmann Gustav Bölckow.
	Amtsverwalter Friedrich Paul Ludwig Erhardt.
— *Schwaan:*	Gerichtsrath Wilh. Franz Gabr. Ahrens.
	Advocat Heinr. Ludw. Vollrath Becker.
	— Jul.-Ernst Ludw. Görbitz.
	— Christian Heinr. Helm. Prestin.
— *Schwerin:*	Landrentmeister Carl Chr. Chrff. Ahrens.
	Johann Christian Ludwig Schweden.
	Geh. Kanzellist Franz Fried. Buschmann.
	Commiss. Secretär Joh. J. Gottl. Krüger.
	Doctor Heinr. Diedr. Ludw. Krüger.
	AmtsSecretär Albert Franz Schnell.
	Doctor Georg Albert Kuetemeyer.
	Advocat Carl Hennemann.
	Advocat Aug. Wilh. Franz Westphal.
	— Aug. Johann Gottlieb Keller.
	Kanzellist Carl Julius Ludwig Zeller (*).
	Friedr. Moritz Wilh. Oldenburg.
	Commiss. Rath C. B. Zachar. Mantius.
	GarnisonAuditeur August Paschen.

Zu *Schwerin:* KammerRegistrator Ludw. H. Schulze.
CommissionsSecretär CarlHeinr.Parbs.
KammerRegistrator J.Bernh.OttoJeppe.
Advocat Christ. Friedr. Herm. Loehr.
— Adolf Bartning.
— Friedrich Ludwig Schweden.
LotterieActuarius Friedr. Jac. Stresow.
Amtsverwalter Fr. Wilh. Schroeder.
Advocat Ludwig Hansen.
— Heinr. Joh. Rud. Kossel.
— Friedr. Joh. Georg Gadow.
Amtsverwalter Ed.Heinr.E.L.Ihlefeldt.
Advocat Magn. Friedr. Vollr. Knebusch.
— Wilhelm Aug. Gustav Masius.
— GeorgAndr.ChristianKopseel.
— Friedrich Wachenhusen.
— Bernh. Heinr. Webmeyer.
Distr.ActuarJoh.Chr.Bernh.Siggelkow.
Advocat Bernhard Anton Ringwicht.
— Georg Gustav zur Nedden.
— Carl Wilh. Friedrich Driver.
Amtsverwalter Heinr. Ludw. Böcler.
Advocat Helmuth Flemming.
— Joach. Heinr. Friedr. Martens.
— Carl August Schwerdtfeger.
— Carl Heinr. Ferd. Barten.
Franz Peter Georg Voigt.
Advocat Christ. Friedr. Aug. Brünier.
— Aug. Phil. Conrad Paschen.
— Carl Ernst Friedr. Jul. Krüger.
— Rud. Fried. Pet. C. zur Nedden.

— *Stavenhagen:* Bürgermeister Georg Joh. Jacob Reuter.
AmtsRegistrator Joh. Gottl. Aug. Faull.
AmtsMitarbeiter Friedrich zur Nedden.
Doctor Friedr. Carl Jenning.

— *Sternberg:* Advocat Hartw. Joh. Friedr. Massmann.
— Joh. Gottl. Steffenhagen.

— *Sülze:* — Ludwig Theodor Bühring.
Rathmann Friedr. Chr. Chr. Böhmer.
Joh. Adolph Friedr. Schröder.
AmtsRegistrator Friedrich Lange.
AmtsMitarbeiter Carl Paul Gottl. Enoch.

— *Tessin:* Advocat Friedr. Wehner.

Zu Tessin: Rathmann August Carl Wilh. Collasius.
Advocat Joh. Friedr. Wilh. Tonagel.
— Teterow: Advocat Carl Schondorf.
— Christ. Joh. Const. Danneel.
Actuarius Adam Friedrich Lebsten.
Advocat Carl Christian Wilh. Bormann.
— Friedrich Meinshausen.
— Teutenwinkel: Johann Joachim Jacob Stypmann.
— Waren: Advocat Johann Friedrich Wilhelm Brückner.
August Wilcken.
Adolf Friedrich Cordua.
Friedrich Eberhard Stammer.
Advocat Heinr. Christian Pries.
Doctor Wilh. Friedr. Aug. Schmidt.
Advocat Wilh. Heinr. Gottfr. Eichmann.
Joh. Friedr. Ludw. Gretzler.
StadtGer.Actuar E. B. L. C. Könemann.
— Warin: AmtsRegistrator Mor.Friedr.Leonhardi.
Amtmann Ludwig Krüger.
Advocat Christ. Wilh. Conr. Telschow.
AmtsMitarbeiter Wilh. Conr. Grupe.
Advocat Carl Gustav Heinr. Wilbrandt.
— Wismar: Syndicus, Hofrath, Dr. Alb. Joachim Friedrich Dahlmann.
Bürgermeister Gabr. Christian Mann.
Johann Ludwig Willgeroth.
Advocat Gabriel August Michelsen.
— Hermann Diedrich Wilh. Mau.
Doctor Joh. Christoph Ernst Bühring.
— Hans Hermann Carl Walter.
Advocat Joh. Heinr. Valentin Borchert.
Doctor Hermann Gustav Fabricius.
Johann Friedrich Bastian.
Advocat Carl Wilhelm Groth.
— Johann Christ. Peter Düberg.
StadtSecr. Jac. Heinr. Ehregott Enghart.
Advocat August Ludwig Axel Groth.
— Johann Heinrich Anders.
Friedrich Ernst Mau.
AmtsActuar Georg Joh. Aug. Treu.
Advocat Carl Friedrich Deiters.
Doctor Wilhelm Christian Süsserott.

Zu *Wismar:*	Advocat Franz Joachim Briesemann.
	— Gabr. Christoph Lembke.
	— Julius Albert Martens.
	Carl Friedr. Schmidt.
	Advocat Jul. Friedr. Kneser.
	Diederich Christoph Johann Meyer.
— *Wittenburg:*	Hofrath Carl Leop. Friedr. Wilh. Vaigt.
	Advocat Hermann Joh. Gottl. Dölle.
	Amtsverwalter Carl Fr. Emil v. Flotow.
— *Zarrentin,*	Amtsverwalter Carl Lud. Fried. Päpcke.

Achter Abschnitt.

MilitairEtat.

Se. Königliche Hoheit der Grosherzog haben sich die oberste Leitung der MilitairAngelegenheiten vorbehalten.

Grosherzogliche Adjutantur.

GeneralAdjutant,

GeneralMajor von Boddien, Commandant zu Ludwigslust und Chef der Gensdarmerie, des Kaiserl. Russischen St. StanislausOrdens Groskreuz, des Königl. Preussischen rothen AdlerOrdens zweiter Classe mit dem Stern Ritter, des Königl. Hannoverschen GuelphenOrdens Commandeur, des Königl. Schwedischen Schwerdt-, wie auch des JohanniterOrdens in Brillanten Ritter.

FlügelAdjutanten:

Oberstlieutenant von Hopffgarten, Director des Militair-Collegii, des Herzogl. Sachsen-Ernestinischen HausOrdens Comthur zweiter Classe, des Königl. Hannoverschen Guelphen- und des JohanniterOrdens Ritter.

Major von Hirschfeld, des Kaiserlich Russischen St. AnnenOrdens dritter Classe und des JohanniterOrdens Ritter, auch Inhaber der Grosherzogl. Oldenburgischen MilitairVerdienstMedaille, (versieht zugleich die GeneralStaabsGeschäfte).

I. *Das MilitairCollegium,*

zu Schwerin.

Director,

Oberstlieutenant von Hopffgarten. (S. Grosherzogliche Adjutantur.)

Kriegsrath Grimm.

Subalternen:

Secretär, Volmar.

Registrator u. Kanzellist, Hennings, Inhaber der Königl. Preuss. CampagneMedaille.

Fourier, Pagel.

MilitairCasse:

OberZahlmeister, Hencke.
Cassier, Zeller.
Rentschreiber, Ackermann.
CassenBote, Klentz.

(Wegen des Bauwesens vergleiche man die HofBauAdministration Abschnitt III.)

II. *BundesContingent.*

1) BrigadeStaab zu Schwerin.

BrigadeCommandeur,

GeneralMajor von Elderhorst, Ritter des Königl. Französischen Ordens der EhrenLegion.

GeneralStaabsOfficier,

vacat. (Der FlügelAdjutant, Major von Hirschfeld versieht die Geschäfte. S. Grosherzogl. Adjutantur.)

BrigadeAdjutant,	Anciennetät.
Hauptmann von Zülow, Mitglied der MilitairPrüfungsCommission für Officiere, des Kaiserl. Russischen St. Stanislaus-Ordens dritter Classe Ritter,	8 April 1840.

Adjutant,

SecondLieutenant von Müller, aggregirt der Artillerie, zur Dienstleistung,	1 Dec. 1835.

BrigadeArzt,

GeneralChirurgus, Doctor Klooss, Director der sämmtlichen MilitairMedicinalAnstalten, Ritter des Königl. Preussischen rothen AdlerOrdens vierter Classe.

BrigadeQuartiermeister,

Major von Wickede.

BrigadeAuditeur,

OberAuditeur Zickermann, Mitglied der MilitairPrüfungs-Commission für Officiere.

2) *Infanterie.*

a) *GrenadierGardeBataillon,* Garnison Schwerin.

Chef,

Se. Königl. Hoheit der Grosherzog.

Commandeur,	Anciennetät.
Oberstlieutenant von Both, des Johanniter-Ordens Ritter, Inhaber der Meklenburgischen, der Königl. Schwed. Schwerdt-Ordens und der Hanseatischen Militair-VerdienstMedaille,	7 April 1840.
Major,	
von Plessen, des JohanniterOrdens Ritter,	10 April 1839.
Capitains,	
von Thien,	1 Nov. 1834.
von Vietinghoff,	5 — 1837.
von Oertzen,	7 April 1839.
Graf von Rittberg,	8 — 1839.
PremierLieutenants:	
von Schreeb, BataillonsAdjutant,	1 Apr. 1838.
von Gundlach,	4 Oct. 1838.
von Raven,	8 Apr. 1840.
Baron von Langermann-Erlenkamp,	9 — 1840.
von Jasmund,	11 — 1840.
SecondLieutenants:	
Graf von Normann-Ehrenfels,	13 Dec. 1832.
Baron von Stenglin I.,	1 Jul. 1835.
von Bülow,	3 — 1837.
von Hirschfeld,	8 Jan. 1838.
von der Lühe,	1 Mai 1838.
Baron von Stenglin II.,	2 — 1838.
von Gundlach,	3 — 1838.
von Pressentin,	3 Jul. 1840.
Aggregirt:	
PremierLieutenants:	
von Zülow, (commandirt als Gouverneur Sr. Hoheit des Herzogs Wilhelm),	9 Apr. 1839.
S. Königl. Hoheit, der Erbgrosherzog Friederich Franz,	10 Dec. 1839.

OberArzt, Doctor Müller.
BataillonsChirurgus, Bartsch.
BataillonsQuartiermeister, Hannemann, Inhaber der Meklenburgischen MilitairVerdienstMedaille.
Auditeur, (s. GarnisonAuditeur).

b) *Erstes MusquetierBataillon,* Garnison Wismar.

	Commandeur,	Anciennetät.
Major von Raven I.,		7 Apr. 1839.
	Major,	
von Bülow,		6 Apr. 1840.
	Capitains:	
Quistorp, Inhaber der Meklenburgschen und der Hanseat. CampagneMedaille,		1 Dec. 1835.
Leue,		2 Nov. 1837.
von Holstein,		3 Oct. 1838.
von Rieben,		10 Apr. 1839.
	PremierLieutenants:	
von Bülow,		2 Nov. 1837.
Oldenburg, BataillonsAdjutant,		3 — 1837.
von Weltzien,		8 Apr. 1839.
von Holstein,		6 — 1840.
von Wickede,		10 — 1840.
	SecondLieutenants:	
von Holstein,		12 Dec. 1832.
Paepcke,		1 Jul. 1834.
von Pritzbuer,		1 — 1836.
von Schmidt,		6 Mai 1838.
von Raven,		1 Sept. 1838.
von Hafften,		1 Mai 1839.
von Amsberg,		1 Jul. 1840.
von Both,		4 — 1840.
von Schack,		7 — 1840.

OberArzt, Dr. Hahn, Inhaber der Königl. Preussisch. CampagneMedaille.
BataillonsChirurgus, Zeitz.
BataillonsQuartiermeister, Kälcke.
Auditeur, (s. GarnisonAuditeur).

c) *Zweites MusquetierBataillon,* Garnison Rostock.

	Commandeur,	Anciennetät.
Major von Raven II., Inhaber der Meklenburgischen und der Hanseatischen MilitairVerdienstMedaille,		8 Apr. 1839.
	Major,	
von Nussbaum,		5 Apr. 1840.

Capitains:

von Koppelow,	1 Sept. 1834.
Görbitz,	4 Nov. 1837.
von Nussbaum,	5 Apr. 1840.
von Bassewitz,	7 — 1840.

StaabsCapitain,

von Pressentin,	5 Apr. 1840.

PremierLieutenants:

von Bülow,	6 Nov. 1837.
von Klein, BataillonsAdjutant,	3 Oct. 1838.
von Bernstorf,	7 Apr. 1839.
von Elderhorst,	6 — 1840.

SecondLieutenants:

von Thomstorff,	1 Nov. 1833.
von Storch,	31 März 1835.
von Bülow I.,	15 Apr. 1836.
von Bülow II.,	2 Jul. 1836.
von Hintzenstern,	1 — 1837.
du Trossel,	2 — 1837.
Erhardt,	2 Mai 1839.
Kentzler,	2 Jul. 1840.
von Pritzbuer,	9 — 1840.

Aggregirt:

Hauptmann von Raben, commandirt als Platzmajor in der ResidenzStadt Schwerin, 10 Dec. 1833.

OberArzt,	Doctor Detharding.
BataillonsChirurgus,	Doctor Wiedow.
BataillonsQuartiermeister,	Miethe.
BataillonsAuditeur,	Burchard.

d) *Leichtes InfanterieBataillon*, Garnison Schwerin.

Commandeur,	Anciennetät.
Major von Sprewitz,	9 Apr. 1839.

Capitains:

von Santen,	1 Nov. 1837.
von Schmidt, Inhaber der Königl. Preuss. *Campagne*Medaille,	6 Apr. 1840.

StaabsCapitain,

Graf von Oeynhausen,	6 Apr. 1840.

PremierLieutenants:

Baron von Nettelbladt,	2 Apr. 1838.
von Bilguer, BataillonsAdjutant,	7 — 1840.
von Graevenitz,	1 Dec. 1840.

SecondLieutenants:

von Lowtzow,	10 Dec. 1834.
von Pressentin I.,	2 Jul. 1835.
Baron von Hammerstein,	4 Mai 1838.
von Pressentin II.,	1 Dec. 1838.
Mecklenburg,	1 Oct. 1839.
von Zülow,	5 Jul. 1840.
von Huth,	6 — 1840.

OberArzt, Dr. Rennow, Inhaber der Königl. Preussischen CampagneMedaille.

BataillonsQuartiermeister, Winterfeld, Inhaber der Meklenburgischen MilitairVerdienstMedaille.

Auditeur, (s. GarnisonAuditeur).

3) *DragonerRegiment,* Garnison Ludwigslust.

Commandeur,	Anciennetät.
Oberstlieutenant von Kleeburg, des Königl. Preuss. MilitairVerdienstOrdens Ritter, Inhaber der Meklenburgischen MilitairVerdienstMedaille und des Kaiserlich Oesterreichischen ArmeeKreuzes,	11 Dec. 1833.

Major,

von Scherer, Inhaber des Kaiserl. Oesterreichischen ArmeeKreuzes,	10 Dec. 1831.

Rittmeister:

von Bülow,	1 Jul. 1834.
von der Lühe,	16 Jan. 1840.

StaabsRittmeister,

von Lowtzow,	16 Jan. 1840.

PremierLieutenants:

von der Lancken I., RegimentsAdjutant,	2 Jan. 1835.
von der Lancken II.,	8 Nov. 1837.
von Bülow I.,	1 Sept. 1838.
von Bülow II.,	2 Jul. 1840.

SecondLieutenants:	Anciennetät.
von Levetzow,	1 Oct. 1836.
von Bülow,	1 — 1837.
von Zepelin,	5 Mai 1838.
von Suckow,	8 Jul. 1840.
von Gamm,	10 — 1840.

RegimentsBereiter, Sengebusch, StaabsRittmeister.
RegimentsArzt, Hofrath, Doctor Frese.
EscadronsAerzte: Wendt.
Rennow.
RegimentsQuartiermeister, Wulff.
Auditeur, (s. GarnisonAuditeur).
RegimentsPferdeArzt, Schoen.

4) *Artillerie*, Garnison Schwerin.

BatterieChef,	Anciennetät.
Capitain Scheffer, Mitglied der Militair-PrüfungsCommission für Officiere, Inhaber der Churhess. CampagneMedaille,	1 Jul. 1834.
PremierLieutenants:	
Schumacher, (StaabsCapitain,)	2 Nov. 1837.
Stender,	15 — 1834.
SecondLieutenants:	
Lemcke, (PremierLieutenant,)	7 Nov. 1837.
von Buch,	28 Mai 1833.
von Huth,	1 Aug. 1833.
von Schöpffer,	7 Mai 1838.

Aggregirt:
SecondLieutenant,
von Müller, (s. BrigadeStaab).

FeuerwerksLieutenant,
Vogler.
BataillonsChirurgus, Doctor Wilcke.
Auditeur, (s. GarnisonAuditeur).

5) *Reserve*, Garnison Bützow.

Commandeur,	Anciennetät.
Oberstlieutenant von Koppelow,	6 Apr. 1840.

Capitains:	Anciennetät.
von Langermann,	17 März 1829.
Hundt von Hafften,	11 Dec. 1833.

PremierLieutenant,

Görbitz, versieht die AdjutantenDienste und QuartiermeisterGeschäfte, 2 Sept. 1834.

BataillonsChirurgus, Bremer.

III. *Gouvernements und Commandanturen:*

1) in Schwerin.

Gouverneur,

Se. Excellenz, der GeneralLieutenant von Both, des Kaiserl. Russischen Sct. AnnenOrdens erster Classe in Brillanten, des WladimirOrdens vierter Classe, des Königlich Preussischen rothen AdlerOrdens erster Classe Ritter, des Königlich Dänischen Dannebrog-Ordens Groskreuz, des Königl. Hannoverschen GuelphenOrdens Commandeur, des Königl. Schwedischen Schwerdt- und des MalthesérOrdens Ritter, Inhaber der Meklenburgischen und der Hanseatischen Militair-VerdienstMedaille.

Commandant,

Oberstlieutenant von Huth, ZeughausDirector, Inhaber der Churhessischen CampagneMedaille.

PlatzMajor,

Hauptmann von Raben. (S. zweites Musquet.Bataillon).

GarnisonAuditeur, Paschen.

2) in Ludwigslust.

Commandant,

GeneralMajor von Boddien, (s. Grosherzogl. Adjutantur).

ViceCommandant,

Oberst von Pogwisch, Inhaber der Meklenburgischen, der Königl. Schwedischen SchwerdtOrdens- und der Hanseatischen MilitairVerdienstMedaille.

GarnisonAuditeur, Beyer.

3) in Rostock.

Commandant,

Oberst von Sittmann.

4) in Wismar.

Commandant,

Oberst von Pressentin.
GarnisonAuditeur, Amsberg.

5) in Güstrow.

Commandant,

Oberst von Bilguer, Inhaber der Meklenburgischen und der Hanseatischen MilitairVerdienstMedaille.

6) Festung Dömitz.

Commandant,

Oberstlieutenant von Bülow.

GarnisonAuditeur,	Gerichtsrath Blanckenberg
PlatzMajor u. ProviantVerwalter,	Rodatz.
GarnisonArzt,	Dr. Schwartz, *ad interim.*
GarnisonWundarzt,	Chirurgus Finger, *ad int.*
Wall- und Schleusenmeister,	Meyer.
Stockmeister,	Meincke.

IV. *Gensdarmerie.*

Chef,

GeneralMajor von Boddien. (Siehe Grosherzogliche Adjutantur.)

PremierLieutenant,	Anciennetät.
von Langermann,	4 Nov. 1837.

Arzt, ObermedicinalRath, Dr. Brückner. (S. Abschn. XI. KreisPhysici.)
Quartiermeister, Piraly.
Auditeur, Gerichtsverwalter Wiechelt. (S. Gericht zu Ludwigslust, Abschn. VII.)

V. *GarnisonCompagnie zu Dömitz.*

CompagnieChef,

Major von Hartwig.

Lieutenants:

Kobel, Inhaber der Meklenburgischen und der Hanseatischen MilitairVerdienstMedaille.

Lange.

von Graevenitz.

Heine.

Stammann, Inhaber der Meklenburgischen MilitairVerdienstMedaille.

Chirurgus, Finger.

VI. *Garnison- und InvalidenCommandos.*

Commandeur,

Major von Sülstorff, zu Schwerin.

Auditeur, (s. GarnisonAuditeur zu Schwerin).

VII. *Zur Disposition stehende und pensionirte Officiere.*

GeneralMajor, von Pentz, des Kaiserl. Oesterreichischen St. LeopoldOrdens Ritter, des Königl. Hannoverschen GuelphenOrdens Groskreuz, und Inhaber des Kaiserl. Oesterreichischen ArmeeKreuzes.

Oberstlieutenant, du Trossel, des JohanniterOrdens Ritter.

Majors: Baron von Lützow, des Königl. Schwedischen SchwerdtOrdens Ritter.

von Engel.

von Martius, Inhaber der Hanseatischen MilitairVerdienstMedaille.

von Vietinghoff.

Tarnow, Inhaber der Meklenburgischen und der Hanseatischen MilitairVerdienstMedaille.

von Schmidt.

von Klein, des JohanniterOrdens Ritter, Inhaber der Meklenburgischen, der Königl. Schwedischen SchwerdtOrdens- und der Hanseatischen MilitairVerdienstMedaille.

von Schack.

Capitains: von Horn.

von Graevenitz, Inhaber der Königl. Preussischen CampagneMedaille.

Plener.

Capitains: von Flotow.
Fuchs.
Lieutenants: von Krüger.
von Lützow.
von Rantzau.
König.
von Kaphengst.

GeneralChirurgus, GeheimerMedicinalRath, Dr. Josephi zu Rostock, des Grosherzogl. Hessischen LudwigOrdens Ritter.

VIII. *MilitairRecrutirungsBehörden,*

(nach Vorschrift der RecrutirungsVerordnung vom 15 December 1820, §. 17.)

a) *Für den Schwerinschen HauptDistrict:*

Hauptmann Georg Wilh. von Bornstädt, auf Jessenitz, Grosherzoglicher DistrictsOberster.

Carl von Weltzien, auf KleinTessin, Bürgermeister, Hofrath Mussäus, zu Boizenburg, } ritter- und landschaftliche Deputirte.

Joh. Christ. Bernh. Siggelkow, zu Schwerin, Actuarius.

b) *Für den Güstrowschen HauptDistrict:*

Major von Liebeherr, auf Steinhagen, Grosherzoglicher DistrictsOberster.

Baron Ad. Aug. Helm. Albr. von Maltzahn, auf GrosLukow, Bürgermeister Ernst Langfeldt, } ritter- und landschaftliche Deputirte.

Franz Zintgraff, zu Steinhagen, Actuarius.

Vierter Abschnitt.

Verwaltung der geistlichen und UnterrichtsAngelegenheiten.

I. *Geistliche Angelegenheiten.*

1) Christlich-geistlicher Staat

der landesgesetzmässigen evangelisch-lutherischen, der reformirten und der römisch-katholischen Religion, unter besonderer Ober-Aufsicht der Regierung.

A) KirchenGerichte.

Das Grosherzogliche Consistorium, zu Rostock,

zur Verwaltung der vormals von den Bischöfen des Landes ausgeübten geistlichen Jurisdiction, von den Herzogen Johann Albrecht und Ulrich, nach der ConsistorialOrdnung vom 31 Jun. 1570 zu Rostock errichtet und am 27 März 1571 eröffnet: ist seit 30 Nov. 1756, mit Abnahme aller Civil- und ProcessSachen, nur auf Doctrinal-, Ceremonial- und DisciplinarSachen der Prediger und Kirchendiener, (mit Ausschluss derer in Rostock und Wismar, welche unmittelbar unter der Aufsicht der Regierung stehen), so wie seit dem 20 Jun. 1776 und 8 Jan. 1777 auf die Sponsalien und Ehesachen der DomanialUnterthanen, (indem sämmtliche übrige LandesEinwohner in dieser Hinsicht theils den drei Landesgerichten, theils den Ehegerichten in Rostock und Wismar untergeordnet sind), auch öffentliche Scandale und Irreligiosität beschränkt; seit 1 Oct. 1818 aber mit dem vor 3 Oct. 1567 vom H. Ulrich zu Schwerin errichteten StiftsConsistorium vereinigt. Appellationen gehen an das OberAppellationsGericht.

ConsistorialViceDirector,

Doctor Conrad Theodor Gründler.

ConsistorialRäthe,

Doctor Friedrich Gustav Wiggers.
Doctor August Ludwig Diemer.
ConsistorialFiscal, Joh. Friedrich Scharenberg, Hofrath.
Protonotarius, Doctor Joh. Peter Gottfried Zastrow.
Pedell, Carl Wilh. Theod. Burchard, Kanzellist.

Procuratoren:

(aus der Zahl der KanzleiAdvocaten.)

Hofrath, Doctor Georg Christian Friedrich Crull.
Doctor Friedrich Wilhelm Tarnow.
Doctor Adolf Friedrich Mann.
Doctor Carl Friedrich Rüting.

Doctor Joh. Joach. Georg Weber. (S. Crimin.Coll.)
Advocat Ernst Moritz Guido Krüger.
Doctor Franz Carl Theodor Crull, jun.

In Ehesachen Rostockscher und Wismarscher Bürger und der übrigen, den städtischen und geistlichen Hebungs-Gerichten unterworfenen Einwohner entscheiden

Die Ehegerichte,

a) zu *Rostock*,

(errichtet durch den Erbvertrag de 1788; Appellationen gehen an das OberAppellationsGericht zu Parchim).

Bürgermeister, Dr. Dethloff Ludwig Eobald Karsten.
Syndicus, Dr. Aug. Ludwig Albert Petersen.
Senator Christian Heinr. Janentzky.
Senator, Dr. Emil Carl Eduard Wächter.
Director ministerii, Präpositus M. J. G. Becker.
Pastor Ludwig Ernst Johann Koch.
Pastor, Mag. Johann Christian Carl Klooss.
Pastor A. E. F. Kuhrt.
Secretär, Dr. Ernst Heinrich Ludwig Giese.

b) zu *Wismar:*

(errichtet durch das Regulativ vom 10 März 1829; Appellationen gehen an das OberAppellationsGericht zu Parchim).

Bürgermeister Gabriel Christian Mann.
Superintendent Joachim Heinrich Eyller.
Syndicus, Hofrath Dr. Alb. Joach. Friedr. Dahlmann.
Pastor Ehregott Johann Christian Enghart.
Rathsherr, Doctor Herrmann Gustav Fabricius.
Pastor Christian Friedr. Theodor Goetze.
Secretär, StadtSecretär Jacob Heinr. Ehregott Enghart.

B) Superintendenten,

(nach der SuperintendenturOrdnung vom 31 Januar 1571.)

Johann Heinrich Kleiminger, zu Sternberg, im Rostockschen, und in vier Präposituren (1, 2, 5 und 7) des Meklenburgschen KirchenKreises.

Albrecht Friedrich Justus Floerke, zu Parchim, im Parchimschen KirchenKreise.

Joach.Heinr.Eyller, zu Wismar, in der Herrschaft Wismar.

Hofprediger Joh. Christoph Kliefoth, zu Schwerin, im Fürstenthume Schwerin, in drei Präposituren (3, 4, 6) des Meklenburgschen und der Boizenburger des

Rostockschen KirchenKreises, so wie einstweilen für die Parochie Ludwigslust.

Doctor Carl Christian Hermann Vermehren, im Güstrowschen KirchenKreise.

KirchenSecretarien:

Hofrath Carl Christian Hartmann, zu Schwerin, für das Herzogthum Schwerin — mit Ausschluss der Präpositur Sternberg —, das Fürstenthum Schwerin, und die Boizenburger Präpositur des Herzogthums Güstrow.

Kirchen- und KammerProcurator C. J. Heinr. Burmeister, zu Güstrow, für den Güstrowschen KirchenKreis.

Bürgermeister, Advocat Johann Anton Wulfleff, zu Sternberg, für den Rostockschen KirchenKreis und die Präpositur Sternberg des Meklenburgschen KirchenKreises.

Advocat Joach. Carl Theod. Amsberg, zu Wismar, für die Herrschaft Wismar.

C) Präpositen: (29)

(nach Ordnung ihres DienstAlters).

In der Präpositur:	
Lübz,	Jac. Friedr. Christ. Schmidt, zu Lübz.
Waren,	Kirchenrath Carl Conradi, zu Waren.
Boizenburg,	C. Riemann, zu Boizenburg.
Grabow,	Kirchenrath C. C. A. Floerke, zu Grabow.
Goldberg,	J. Birkenstädt, zu Goldberg.
Neustadt,	Joh. Wilh. Christian Kleffel, zu Neustadt.
Crivitz,	Friedr. Wilh. Spiegelberg, zu Crivitz.
Grevismühlen,	J. H. Heyden, zu Grevismühlen.
Schwaan,	J. G. C. Berg, zu Biestow.
Hagenow,	C. H. G. Willebrand, zu Hagenow.
Parchim,	C. D. Hermes, zu Parchim.
Sternberg,	Ernst Breem, zu Gägelow.
Penzlin,	Joh. Joach. Eberhard, zu Penzlin.
Doberan,	J. J. F. Crull, zu Doberan.
Bützow,	C. F. Rönck, zu Bützow.
NeuBukow,	G. L. Schmundt, zu NeuBukow.
Ribnitz,	A. G. F. Mie, zu Marlow.
Wittenburg,	Friedr. Wilh. Floerke, zu Camin.
Gnoien,	Heinr. L. J. Karsten, zu Vilz.

Meklenburg,	C. H. F. Müller, zu HohenViecheln.
Gadebusch,	J. L. Fromm, zu Rehna.
Röbel,	August Piper, zu Kieve.
NeuKalden,	T. J. F. Schmidt, zu AltKalden.
Krakow,	F. G. Krebs, zu Zehna.
Teterow,	F. D. Burmeister, zu Teterow.
Lüssow,	C. F. C. Erdmann, zu Lage.
Lübow,	V. A. H. Hager, zu Goldebee.
Plau,	G. C. D. Prahst, zu Kloster Malchow.
Malchin,	Friedrich Franz Meier, zu Malchin.

D) Prediger *(Pastores),*

(inclusive der Superintendenten und Hofgeistlichkeit 328).

nach alphabetischer Ordnung der Pfarren. Die den Namen der Prediger beigefügten Zahlen bezeichnen das Alter ihrer Introductionen, so weit solches bekannt ist. Die combinirten Mutterkirchen und Filiale, mit Ausschluss der Kapellen, stehen unmittelbar nach ihren HauptKirchen, an welchen der Prediger wohnt. (Zahl der Kirchen: 469.)

(Kirchen)		
	a) *HofGemeinde*	
(1)	im Herzogthume Schwerin 1	(Patronat)
Zu *Schwerin,*	s. Hofgeistlichkeit pag. 18.	Gr.herzogl.
	b) *Im Meklenburgschen KirchenKreise*	
(76)	des Herzogthums Schwerin 67	
(11)	1) Präpositur Bukow. 9:	
Zu *NeuBukow,*	Präp. C. L. Schmundt.	Gr.herzogl.
—Berendshagen,	Ludw. C. Simonis. 7	Berendshagen.
—Biendorf und Brunshaupten,	J. J. C. Riedel. 1	Gr.herzogl.
—AltBukow,	Ernst Ludw. Monich. 5	Gr.herzogl.
—AltGaarz,	Joh. Joach. Riedel. 2	Wustrow.
—AltKarin,	J. L. Mau. 4	Grosherzoglich.
—Mulsow u. Passee,	Georg Loeper. 6	Grosherzoglich.
—Russow,	Friedrich Lechler. 3.	Roggow.
—Westenbrügge,	L. E. Priester. 8.	Westenbrügge.
(11)	2) Präpositur Doberan. 10:	
Zu Doberan,	Präp. J. J. Fr. Crull.	Gr.herzogl.
—*Kröpelin,*	J. A. C. Haevernick. 2	Gr.herzogl.
—*Lambrechtshagen,*	vacat.	Gr.herzogl.
—*Lichtenhagen,*	C. F. Brunswig. 3	Gr.herzogl.
—Parkentin und Stäbelow,	Ad. W. H. Willebrand. 8	Gr.herzogl.

ZuRethwisch,	U. J. F. Darjes*. 6	
— Retschow,	Joh. F. Carl Schmidt. 5	
— Satow,	C. L. Vortisch. 7	Gr.herzogl.
— Steffenshagen,	H. T. C. Martienssen. 1	
— Warnemünde,	G. A. F. Quittenbaum. 4	

(8) 3) Präpositur Gadebusch. 10.

Zu*Rehna:*	Präpositus J. L. Fromm.	
	J. J. G. Bauer. 6	Gr.herzogl.
— *Gadebusch:*	C. J. T. Hane. 5 .	
	C. L. C Francke. 9	
— Grambow:	J. J. B. v. Königslöw. 2	Wedendorf.
	E. C. Salfeld, Adj. 7	
— Lübsee,	Kirchenrath Burchard. 1	Gr.herzogl.
— Pokrent,	G. S. F. Reuter. 4	Pokrent.
— Roggendorf,	C. F. W. Zander. 8	Roggendorf.
— GrosSalitz,	R. J. H. Walter. 10	GrosSalitz.
— Vietlübbe,	G. C. L. Riedel. 3	Vietlübbe.

(14) 4) Präpositur Grevismühlen. 15:

Zu*Grevismühlen:*	Präposit. J. H. Heyden.	
	A. F. C. zurNedden. 13	Gr.herzogl.
— Börzow,	G. H. F. Schliemann. 10	
— Bössow,	Dr. J. C. F. Stedingk. 11	
— Damshagen,	F. E. Groth. 1	Bothmer.
— Dassow,	C. C. F. Griewank. 9	
— Diedrichshagen,	E. H. Kliefoth, *Vicar.* 14	
— Elmenhorst,	W. H. Birkenstädt. 2	
— Friedrichshagen,	Timoth. Gottl. Märk. 6	Gr.herzogl.
— Gressow,	Gottfried Keil. 3	
— Hohenkirchen,	C. Th. Erfurth. 5	
— Kalkhorst,	C. L. F. Schliemann. 7	
— Klütz,	J. C. A. Erdmann. 8	Bothmer.
— Mummendorf,	H. C. F. Wolf. 12	Gr.herzogl
— Roggenstorf,	W. G. P. Kuntze. 4	

(6) 5) Präpositur Lübow. 6:

ZuGoldebee,	Präpositus V. H. A. Hager.	Goldebee.
— Dreveskirchen,	G. C. W. Lampert. 4	Gr.herzogl. Damekow.
— Hornstorf,	C. H. Höfisch. 2	
— Lübow,	Carl Wilh. Albrandt. 5	Gr.herzogl.
— Neuburg,	Präp. F. L. U. Stichert. 1	
— Proseken,	E. L. J. Schaumkel. 3	

(13) 6) **Präpositur Meklenburg.** 9:

ZuHohenViecheln,	Präp. C. H. F. Müller.	Gr.herzogl.
— Beidendorf,	H. J. D. Grapengiesser. 3	
— *Brüel,*	Franz J. Dan. Frese. 6	
- Jesendorf,	J. D. Chr. Propp. 7	Trams.
— Meklenburg,	Präp. C. C. F. Klotz. 1	Gr.herzogl.
— Retchendorf und Buchholz,	C. D. F. Wiechel. 4	
— Tempzin und Bibow,	J. H. F. Zarncke, zu Zahrenstorf. 5	Bibow.
— Zittow, LangenBrütz und	J. C. Hoeffler. 2	Cambs.
Zaschendorf,		Zaschendorf
- Zurow,	vacat.	Zurow.

(13) 7) **Präpositur Sternberg.** 8:

ZuGägelow u.Dabel,	Präp. G. J. E. Breem.	Gr.herzogl.
- Eickelberg,	A. C. L. Schwerdtfeger. 1	Eickhof. Eickelberg.
Laase und		Laase.
Penzin,		Penzin.
— Prestin,	U. F. C. Bauch. 2	Prestin.
— GrosRaden,	Mor. Carl Dan. Bauch. 3	Gr.Raden.
— Ruchow,	C. F. Th. Simonis. 6	Bclz.
— *Sternberg,*	Superintend. J. H. Kleiminger.	Gr.herzogl.
und Sülten,	R. J. C. Diez *. 4	
— Witzin,	(S. Boitin, e. 2).	
— Woserin und Berkow,	W. P. C. Hartmann. 5	

c) *Im Parchimschen KirchenKreise*
(139) des Herzogthums Schwerin. 83

(26) 1) **Präpositur Crivitz.** 10:

Zu*Crivitz* und Barnin,	Präp. F. W. Spiegelberg.	Gr.herzogl.
— Demen u. Hohen-Pritz,	August Adam Friedrich Müller. 6	
— Garwitz, Zieslübbe und Domsühl,	C. T. A. Grapengiesser. 9	
— Herzberg,	(S. Granzin, f. 1).	Herzberg.
— Holzendorf und Müsselmow,	E. C. F. Beckmann. 3	Müsselmow.
— *Kladow* und Vorbeck,	A. F. Lase. 2	Kladow. Vorbeck.

ZuKlinken und Raduhn,	J. C. Bierstedt, *emer.* 1 Hülfsprediger W. Ch. F. Bierstedt, *substit.*	Gr.herzogl.
— Pinnow, Suckow und Görslow,	Dr. H. F. Schenke. 4	Görslow.
— Plate, Banzkow und Consrade,	Carl Christian Beust. 7	Gr.herzogl.
— Wamekow,	(S. Prestin, b. 7).	Wamekow.
— Wessin und Bülow,	T. W. Mecklenburg. 8	Wessin u. Radepohl. Bülow.
— Zapel, Tramm u. Rutenbeck,	Ant. Friedr. Schubart. 5	Gr.herzogl.

(14) 2) Präpositur Grabow. 12:

Zu*Grabow:*	Präp., Kirchenrath C. C. A. Floerke. C. H. Schorer, *adj.* 12 J. C. L. Matthesius. 4	Grosherzoglich.
— Brunow u. Drefahl,	August Burmeister. 3	
— Conow,	Joach. H. Griewank. 6	
— *Dömitz*, StadtK.:	A. P. C. Bard. 1 J. C. Fr. Struensee. 9	
— — ZuchthausK.:	F. W. C. Held. 8	
— Eldena,	J. F. C. Sickel. 7	
— Gorlosen,	J. H. E. Simonis. 11	
— GrosLaasch und Karstädt,	Carl Albrecht Friedr. Grimm. 10	
— Leussow,	C. G. Studemund. 2	
— Möllenbeck,	(S. Herzfeld, S. 155).	Möllenbeck.
— Neese und Werle,	J. F. Müller. 5	Gr.herzogl. Werle.

(24) 3) Präpositur Hagenow. 15:

Zu*Hagenow* und Bakendorf,	Präpositus C. H. G. Willebrand.	Gr.herzogl.
— GrosBrütz,	E. F. Lemcke. 8	GrosBrütz.
— Cramon,	KirchenrathM.F.Stolte.7	Gr.herzogl.
— Dambeck,	Carl Müller. 11	
— Mühlen- und GrosEichsen,	H. L. Seger. 2	Mühlen-Eichsen.
— Jabel,	H. J. F. Gesenius. 1	Gr.herzogl.
— Lübtheen,	Joh. Carl Alb. Koch. 12	
— Meteln u. Zickhusen,	C. Wienke. 3	
— Pampow,	St. J. H. Blandow. 10	

Zu Picher, vacat.
— Stralendorf, C. F. Oeltze, *emer.* 7
O. F. A. Hermes, *adj.* 15
— Sülstorf u. Kraak, J. G. F. C. Heidensleben. 13 } Gr.herzogl.

— Gros Trebbow u. Kirch Stück, E. S. J. Staack. 6 — Barner Stück.

— Uelitz, Sülten, Goldenstädt u. Mirow, H. J. A. Friedrichs. 5
— Warsow u. Jesar, C. H. E. Lindemann, *emer.* 9
Licent. Dr. C. Bruger, *adj.* 14 } Gr.herzogl.

(20) 4) Präpositur Lübz. 10:

Zu *Lübz*, Benzin u. Lutheran, Präposit. C. J. Schmidt.
— Barkow u. Brook, G. F. L. Plahn. 4 } Gr.herzogl.

— Benthen, Joh. C. F. Wolf. 6 — Benthen.
— Weisin u. Passow, — Weisin, Passow.
— Burow und Klein Niendorf, C. J. Hoffmann. 1 — Gr.herzogl. Kl. Niendorf.
— Grebbin, Kossebade, Dargelütz, J. G. C. Riedel. 5 — Gr.herzogl. Dargelütz,

— Karbow u. Darz, H. L. A. Scheel. 9
— Kladrum, Alb. Wilh. Kindler. 8
— Kreien, E. C. Riedel, *emer.* 3
Carl Kahle, *adj.* 10 } Gr.herzogl.

— Satow, C. C. F. Hövet. 2 — Satow.
— Stuer und Wendisch Priborn, G. D. L. G. Leue. 7 — Stuer. Altenhof.

(14) 5) Präpositur Neustadt. 8:

Zu Neustadt und Lüblow, } Präpositus J. W. C. Kleffel.
C. H. L. Hane. 4
— Brenz, Stolpe u. Blievenstorf, C. F. J. Goss. 5 } Gr.herzogl.
— Dambeck und Balow, C. F. C. Fredenhagen. 3 — Balow.

— Herzfeld u. Karrenzin, Fr. Schneider. 6
— Klüss (und Neuhausen J. C. M. Quehl).
— Muchow u. Zierzow, C. W. Bardey. 1
— Spornitz u. Dütschow, J. J. C. Kittel. 2 } Gr.herzogl.

(18) 6) Präpositur Parchim. 10:

Zu *Parchim*, Georgen Kirche:

Superintendent A. F. Floerke.		Gr.herzogl
Archidiaconus, Präpos. C. D. Hermes.		
Diaconus,	(S. Damm).	
Zu *Parchim*, MarienK.:	C. F. Siefart. 4	Gr.herzogl.
— Damm und Matzlow,	J. H. Marc. Rohde. 6	
— Gischow,	H. G. D. S. Burchard. 8	St. Parchim.
— Lanken und Greven,	H. J. C. Schmidt. 2	Gr.herzogl. Greven.
— Marnitz, Ziegendorf, Wulfsahl und	H. T. F. von Santen. 3	Gr.herzogl.
Meierstorf,		Meierstorf.
— Paarsch,	(S. Parchim, Archid.)	Gr.herzogl.
— GrosPankow und Siggelkow,	C. D. F. Engmann. 5 (KleinPankow und Reddelin).	
— Slate u. GrosGodems,	F. W. H. Haeger. 7	
— Sukow und Porepp,	G. G. Struensee. 1	

(9) 7) **Präpositur Waren.** 5:

Zu *Waren*, AlteKirche:	Präpositus, Kirchenrath C. Conradi.	Grosherzogl.
Neue —	G. A. L. Walter. 4	
— Federow, Kargow und Speck,	J. C. D. Schneider. 3	Kargow. Speck.
— Schloen und Gros-Dratow,	W. L. Beckmann. 2	Torgelow. Gr. Dratow.
— Vielist und Sommerstorf,	J. G. Hermes. 1	Vielist. Grabowhöfe.

(14) 8) **Präpositur Wittenburg.** 13:

Zu Camin,	Präp. Fr. Wilh. Floerke.	Camin.
— Döbbersen,	H. F. L. J. Kehrhahn. 10	Gr.herzogl.
— Dreilützow,	J. H. Andrä. 5	Dreilützow.
— Gammelin,	F. P. Th. Krüger. 9	Gr.herzogl.
— Körchow,	E. H. G. Barnewitz. 12	Körchow.
— NeuKirchen,	Fr. Chr. G. Elfreich. 7	Drönnewitz.
— Parum,	G. A. E. Zeller. 4	Gr.herzogl.
— Perlin,	H. A. Seidel. 11	Perlin.
— Pritzier und Warlitz,	Heinr. Otto Böcler. 8	Pritzier. Schwechow.
— Vellahn und Marsow,	C. L. Tarnow. 6	Gr.herzogl. Marsow.
— *Wittenburg:*	W. C. Danneel. 1	Gr.herzogl.
	B. E. Glüer, *emer.* 2	

Zu *Wittenburg*,	Hülfsprediger J. C. G. Ritter, *substit.*	Gr.herzogl.
— Zarrentin,	Fr. Dan. Grammann. 3	Gr.herzogl.

d) *Im Güstrowschen KirchenKreise*

(156) des Herzogthums *Güstrow*. 90

(4) 1) Zu *Güstrow*. 5:

Domkirche und H.GeistKirche:	Superintendent, Dr. C. C. H. Vermehren.	Gr.herzogl.
	Adolf Türk. 2	Gr.herzogl.
	Julius Tarnow. 4	Gr.herzogl.
PfarrKirche:	August Vermehren. 1	Stadt Güstrow.
	Friedrich Loescher. 3	Stadt Güstrow.
LandArbeitshaus	K. A. Vermehren, s. PfarrK.	Gr.herzogl.

(10) 2) Präpositur Goldberg. 8:

Zu *Goldberg*,	Präp. J. J. Birkenstädt.	Gr.herzogl.
— Brütz,	Fr. Wilh. Rösecke. 4	Brütz.
— Dobbertin,	F. H. Birkenstädt, *emer.* 2	Kloster Dobbertin.
	Chr. Heinr. Mahn, *adj.* 8	Kloster Dobbertin.
— KirchKogel,	G. C. J. F. Ebeling. 7	Kloster Dobbertin.
— Lohmen,	Kirchenrath D. H. Zander, *emer.* 1	Kloster Dobbertin.
	G. A. W. Lierow, *adj.* 9	Kloster Dobbertin.
— Mestlin u. Ruest,	J. H. Birkenstädt. 6	Kloster Dobbertin.
— Techentin u. Below,	C. C. Borngräber. 3	Gr.herzogl.
— Woosten,	C. J. C. Zander. 5	Gr.herzogl.

(13) 3) Präpositur Krakow. 7:

Zu Zehna,	Präpositus F. G. Krebs.	Zehna.
— Badendiek u. Rosin,	J. G. L. Susemihl. 3	Gr.herzogl.
— Bellin,	H. F. Staude. 2	Bellin.
— *Krakow* und Sammit,	J. F. Schütze. 5	Gr.herzogl. AltSammit.
— Lüdershagen und Lübsee,	A. E. F. Koch. 4	Gr.herzogl.
— Serrahn, Langhagen und Dobbin,	E. F. E. Walter. 1	Kuchelmiss. Gr.herzogl.
— GrosUpahl und Karcheez,	A. J. D. Francke. 6	Gr.herzogl. Karcheez.

(8) 4) Präpositur Lüssow. 7:

Zu *Lage*,	Präp. C. F. C. Erdmann.	Gr.herzogl.
— Cammin,	Dr. Fr. L. Fr. Raspe. 4	Gr.herzogl.

Zu Kavelstorf,	C. F. L. Christlieb. 6	Gr.herzogl.
— Kritzkow und Weitendorf,	Carl Emil G. Ludwig. 3	Gr.herzogl. Weitendorf.
— Lüssow,	Kirchenrath J. Simonis. 1	Gr.herzogl.
— Recknitz,	C. W. S. Müller. 5	Spoitendorf. Zapkendorf.
— HohenSprenz,	C. A. F. Stiebeler. 2	Gr.herzogl.

(32) 5) Präpositur Malchin. 17:

Zu *Malchin:*	Präpositus *emer.* Helm. Alb. Timm. 4 Präpositus Fr. Fr. Meier.	Gr.herzogl.
— Basedow,	L. G. Stubbendorf. 17	Basedow.
— Borgfeld,	F. A. Scheven. 8	Ivenack.
— Bülow,	Dan. Phil. Walter. 11	Bülow. Schorssow. Ziddorf.
— HohenDemzin und Bristow,	(S. Bülow.)	HohenDemzin. Bristow.
— Gielow,	(S. Malchin.)	Gr.herzogl.
— Gr.Gievitz u. Schönau,	W. H. Brückner. 7	Gr.Gievitz.
— Grubenhagen,	Fr. Kaysel. 2	Grubenhagen.
— Ivenack,	F. A. H. Ballhorn. 5	Ivenack.
— Kastorf,	H. E. Nahmmacher. 12	Kastorf.
— Rosenow (u. Wolde),		Rosenow.
— Kittendorf, Sülten und Briggow,	E. J. C. Fuchs. 3	Kittendorf. Gr.herzogl. Briggow.
— Panstorf,	(s. Hoh. Mistorf, S. 162).	Remplin.
— Rambow u. Dahme,	H. L. F. Reuschel. 13	Moltzow.
— Rittermannshagen und Lansen,	C. G. E. Engel. 9	Basedow.
— Röckwitz und Zwiedorf,	C. F. W. Piper. 14	Gützkow. Kastorf.
— Schwinkendorf,	F. J. Augustin. 10	Basedow.
— *Stavenhagen,* Ritzerow und Jürgenstorf,	J. B. Schmidt, *emer.* 1 H. T. Dewerth, *adj.* 16	Gr.herzogl. Kittendorf.
— Varchentin, Kraase und Deven,	J. C. F. Weissenborn. 6	Varchentin. Kraase. Deven.
— GrosVarchow und Luplow,	L. T. F. Knitschky. 15	Gr.Varchow. Luplow.

(27). 6) Präpositur Penzlin. 11:

Zu *Penzlin*,	Präpos. J.J.Eberhard.	Penzlin.
—Lapitz,	F. A. P. Frölich. 8	Lapitz.
— Gr.Helle, Schwandt,	(S. Penzlin.)	GrosHelle. Schwandt.
—Ahrensberg,	Carl Christ. Budler. 7	Basedow.
—Ankershagen und Möllenhagen,	Christ. Conradi, *Vicar*. 9	Gr.herzogl. Möllenhagen.
—Rumpshagen,	(s. Ankershagen.)	Rumpshagen.
—Breesen, Pinnow und Woggersin,	F. W. Alban, Ritter des eisernen Kreuzes. 4	Breesen. Chemnitz. Woggersin.
—Chemnitz,	(s. Möllen.)	Gr.herzogl.
—GrosLukow, Marin und GrosFlotow,	F.J.L.A.Eberhard. 6	Gr.herzogl. Gr.Flotow.
—Möllen,	J. D. Wagner. 1	Möllen.
—Tarnow,		Tarnow.
—KleinHelle,		KleinHelle.
—Passentin, (und Wolkenzin,	E. M. Genzmer zu Wolkenzin. 10.)	Passentin.
—Peccatel und Liepen,	F. C. T. Nahmmacher. 4	Peccatel. Liepen.
—AltRehse, Krukow und Mallin,	G. L. J. Christlieb. 3	AltRehse. Krukow. Mallin.
—GrosVielen, Zahren und Mollenstorf,	J. G. D. Doblow. 2	Gr.Vielen. Zahren. Mollenstorf.

(21) 7) Präpositur Plau. 13:

Zu *Malchow*, KlosterK., und Lexow,	Präpositus G. C. D. Prahst.	Kl.Malchow.
—Gnevstorf u. Ganzlin,	L. A. F. Schmidt. 12	Gr.herzogl.
—Grüssow, Walow und Zislow,	W. G. A. Rathsack. 14	Kogel.
—Jabel und HohenWangelin,	E. F. Reuter. 5	Kloster Malchow.
—Kieth,	B. C. Voss. 3	Gr.herzogl.
—Kuppentin, und Plauerhagen,	G. C. F. Walter. 8	Daschow. Kuppentin. Penzlin. Gr.herzogl.
—Lütgendorf,	C. W. H. Prätorius. 1	Lütgendorf.

Zu *Malchow*, StadtK.	C. M. A. Weinreben, Präpos., *emer.*	St.Malchow.
	F. L. G. Stolzenburg, *adj.* 13	
— Nossentin,	(s. AltSchwerin).	Gr.herzogl.
— *Plau:*	G. Schlecker, Präpositus, *emer.* 2 Dr. A. H. Reincke. 10 E. T. F. Birkenstädt, *adj.* 11	Gr.herzogl.
— Gr.Poserin u. Karow,	J. H. Heyer. 9	NeuPoserin.
— AltSchwerin,	J. F. J. Schmidt. 7	AltSchwerin. Sparow.
— Vietlübbe und Retzow,	J. G. D. Hempel. 6	Grosherzoglich.

(33) 8) Präpositur Röbel. 14

Zu Kieve, Zepkow und Wredenhagen,	Präpos. August Piper.	Grosherzoglich.
— Dambeck, Bütow und Karchow,	C. L. A. Dulitz. 6	Grosherzoglich. Dambeck.
— Dammwolde und Finken,	Joh. Gust. Kühl. 5	Dammwolde. Finken.
— Kambs und Grabow,	vacat.	Gr.herzogl. Below.
— Krümmel (u. Gaarz,	H. G. L. Bluhme zu Gaarz. 12)	Krümmel.
— Laerz, Schwarz u. Diemitz,	G. F. W. Lindig. 8	Kloster Dobbertin.
— Leizen,	(s. Satow, S. 155).	Leizen.
— Massow,	(s. Satow, S. 155).	Massow.
— Melz und Buchholtz,	H. A. L. Willebrand. 1	Melz. Buchholtz.
— Rechlin und Boek,	C. F. C. Hast. 2	Retzow. Boek.
— *Röbel,* Neustadt,	G. C. C. Bartholdy. 10 Carl Heinr. Kalow. 11	Grosherzoglich
— — Altstadt,	H. F. F. Passow. 7	Grosherzoglich
— Nätebow,	(s. Röbel, Neustadt).	Bollewick.
— Ludorf,	(s. Röbel, Altstadt).	Ludorff.
— Rossow, Netzeband und Schönberg,	L. A. F. Mahncke. 9	Grosherzoglich. Schönberg.
— Sietow,	C. E. J. Schmidt. 4	Kl.Dobbertin

Klink und Poppentin,		Klink. Kl.Malchow,
— Vipperow, Priborn und Zielow,	Mag. B. C. F. Wachenhusen. 3	Gr.herzogl

(8) 9) Präpositur Teterow. 8:

Zu *Teterow*:	Präp. F. D. Burmeister.	Grosherzoglich.
	G. E. Zander. 4	
— Belitz,	Mag. J. S. Krause. 1	
— Klaber und GrosWokern,	Friedr. Ludwig. 2	
— Reinshagen,	B. Fr. Martienssen. 5	Vietgest.
— Thürkow,	E. C. Fr. Simonis. 7	Grosherzoglich.
— Warnkenhagen,	Aug. Fr. Sperling. 6	
— Wattmannshagen,	J. Fr. Gustloff. 3	

e) *Im Rostockschen KirchenKreise*
(58) des Herzogthums *Güstrow*. 47

(8) 1) Präpositur Boizenburg. 6:

Zu *Boizenburg*:	Präpos. C. Riemann.	Grosherzoglich.
	G. J. F. Crull.. 1	
— Blücher,	Heinr. C. L. Scharff. 5	
— Granzin u. Greven,	J. C. S. Haendcke. 4	
— Gresse,	Joh. Ad. Seitz. 2	Gresse.
— Zahrensdorf,	F. W. Bauch. 3	Grosherzoglich.
— Zweedorf u. Nostorf,	(s. Gresse).	

(10) 2) Präpositur Gnoien. 10:

Zu Vilz,	Präp. H. J. Karsten.	Vilz. Gr.herzogl.
— Basse,	F. A. L. von Rusdorf. 2	Gr.herzogl. Lühburg.
— Boddin,	G. F. Mühlenfeld. 4	Dölitz.
— *Gnoien*,	G. G. F. Küffner. 3	Gr.herzogl.
— Lübchin,	C. F. C. Sperling. 9	Grammow. Lübchin.
— Polchow,	F. C. H. Beutell. 7	Gr.herzogl.
— *Tessin*,	C. E. Ziemssen. 5	
— Thelkow,	Fried. Joach. Hermes. 1	Thelkow. Gr.herzogl.
— Walkendorf,	C. G. A. Maetzner. 6	Walkendorf.
— Wasdow,	G. A. F. Hempel. 8	Gr.herzogl.

11

(12) 3) Präpositur NeuKalden. 9:

Zu AltKalden,	Präpos. G. J. F. Schmidt.	Gr.herzogl.
— Bruderstorf,	C. L. H. Darjes. 5	
— Jördenstorf,	J. C. Luci. 4	
— *NeuKalden* und Gorschendorf,	Präposit. J. G. Brinckmann. 3	
— Levezow,	(s. Thürkow, S. 161).	Levezow.
— Levin,	F. H. Harder. 6	Grosherzoglich.
— GrosMethling,	C. F. J. Hückstädt. 1	
— HohenMistorf,	vacat.	
— Röcknitz und Dargun,	C. H. Rennecke. 7	
— Schorrentin,	M. J. F. Böhmer. 2	

(18) 4) Präpositur Ribnitz. 15:

Zu *Marlow,*	Präposit. A. C. F. Mie.	Gr.herzogl.
— Bentwisch,	Ernst Erdmann. 7	
— Blankenhagen und Däuschenburg,	E. D. D. Wehner. 3	
— Fischland (Wustrow),	L. J. G. Dühring. 13	
— Kölzow,	C. A. F. Fuchs. 11	Dettmannsdorf. Kölzow.
— Kuhlrade, Rost. Wulfshagen u. Kloster Wulfshagen	Aug. Schröder. 10	Grosherzoglich. Kl. Ribnitz.
— Petschow,	F. C. M. Hauswedel. 1	Bandelstorf. Gubkow. Wehnendorf.
— *Ribnitz,* StadtK.:	Der erste, vacat. Friedr. H. Hane. 2	Gr.herzogl.
— — KlosterK.:	Ad. Wilh. Müller. 8	Klost. Ribnitz.
— Röversbagen,	E. C. F. A. Wolff. 9	StadtRostock.
— Sanitz und Thulendorf,	C. F. G. Ziegler. 12	Gr.herzogl. Gr.herzogl. Lüsewitz.
— *Sülze,*	B. L. A. Thede. 4	Gr.herzogl.
— Teutenwinkel,	J. G. Wenzel. 6	
— Volkenshagen,	H. J. G. Schmidt. 5	

(9) 5) Präpositur Schwaan. 6:

Zu Biestow,	Präposit. J. C. D. Berg.	Gr.herzogl.
— Buchholz,	Joh. Jacob Lange. 3	

—Cambs und Gros- Grenz, J. G. C. Gardelin. 1
—Hanstorf und Heiligenhagen, J. H. A. Zander. 4
—Kessin, J. G. B. Knöchel. 5
—*Schwaan* und Wiendorf, J. D. Walter. 2
} Gr.herzogl.

(25) f) *Im Fürstenthum Schwerin.* 23:

(9) 1) Schweriner SpecialCircul. 11:

Zu *Schwerin:* DomKirche:
Superintendent J. C. Kliefoth.
Kirchenrath F. C. Erbe, *emer.* 1
F. F. Beutler. 6
Albrecht Bartsch. 7
} Grosherzogl.

— — NeustädterKirche:
V. A. Studemund senior. 2
F. C. P. Studemund junior. 3
—Frauenmark, Severin und Schlieven, Friedr. Ludw. Kühm. 8
—Granzin, C. Hoffmann. 4
—Ludwigslust: Carl Wilhelm Sellin. 9
Dr. Theod. Fr. D. Kliefoth. 10
—Sachsenberg, Albr. Bartsch, (S. Schwerin).
—Wittenförden, E. J. A. Wuestnei. 5
} Grosherzogl.

(16) 2) Präpositur Bützow. 13:

Zu *Bützow*, StadtKirche: Präp. C. F. Rönck.
Mag. Sueno Eric Carlstädt. 10
— — ReformirteK., W. Chr. Motz.
} Grosherzoglich.

—Baumgarten, (s. Qualitz).
—Bernitt, (s. Moisall).
—Boitin, Kirchenrath F. W. G. Francke 1
—Dreibergen, J. G. H. Timmermann. 12
} Gr.herzogl.

—Moisall, A. F. Strempel. 5 Moisall.
—NeuKirchen und HohenLukow, A. F. C. Koch. 9 Gr.herzogl. HohenLukow.

—Parum, Prof. J. C. W. Schumacher. 11
—*Qualitz*, G. G. M. Behrens. 4
—Rühn, A. F. O. L. Hahn. 7
—Tarnow, J. S. O. Schünemann. 2
} Grosherzoglich.

11*

— *Warin,*	J. T. A. Soeffing. 8	Gr.herzogl.
— Zernin u. Warnow,	C. C. Wagner. 3	

(9) g) *In der Herrschaft Wismar.* 9

Ministerium zu Wismar.

Zu St. Marien und Schwarze Kloster,	Superintendent J. H. Eyller.	Gr.herzogl.
	Mag. L. W. Massmann. 6	Räthlich.
— St. Georg u. Heil. Geist:	Chr. Fr. Th. Goetze. 5	Gr.herzogl.
	Der zweite, vacat.	Räthlich.
— Nicolai:	E. J. C. Enghart. 3	Gr.herzogl.
	Joh. Ernst Dav. Hager. 7	Räthlich.
— NeuKloster und Bäbelin,	Erich Samuel Haupt. 2	Grosherzoglich.
— Poel,	D. C. Susemihl. 1	
— GrosTessin,	Johann Peter Schiller. 4	

h) *Ministerium zu Rostock.* 8:

Director Ministerii: Präpos. Dr. J. G. Becker. (5 Kirchen.)

Zu St. Jacob:	A. C. F. Kuhrt, Pastor. 4	Die 3 Camerarien.
	Ludwig Riedel, Diaconus. 7	
— St. Marien:	Pastor, S. Director Ministerii.	Die 3 Bürgermeister.
	H. R. A. J. Karsten, Diaconus. 6	
— Nicolai:	Ludw. Ernst Joh. Fr. Koch, Pastor. 2	Die 3 Camerarien.
	Carl Bruger, Diaconus. 3	
— Petri:	Mag. Joh. Christ. C. Kloos, Pastor. 1	
	Ludwig Petersen, Diaconus. 5	
— Heil. Kreuz,	S. Pastor zu St. Marien.	Das Kloster zum heil. Kreuz.

2) *Reformirte Prediger zu Bützow:*

S. oben Präpositur Bützow, S. 163.

(2) 3) *RömischKatholische Prediger.* 3:

Zu *Schwerin:*	Pastor Stephan Heck.
	Pastor Joseph Brocken.
— *Ludwigslust,*	Pastor Meier.

E) HülfsPrediger, (21)

(nach dem Alter ihrer Ordination).

Rector J. Suwe,	zu Gnoien.
Rector Heinrich D. F. Zander,	— Lübz.

Rector C. L. F. Thiem, zu Sülze,
Carl Hecker, — Meklenburg.
Carl Leopold Beckmann, — Techentin.
J. G. C. Ritter, — Wittenburg.
Wilhelm Benecke, — Schwaan.
Rector Joh. Friedr. Carl Hast, — Crivitz.
W. J. O. Fromm, — Ribnitz.
Joh. Joach. Heinr. Rust, — Barkow.
Rector August Bard, — Dömitz.
Wilh. Christ. Heinr. Bierstädt, — Klinken.
Joh. Christ. Friedr. Georg Günther, — Eldena.
Rector Johann Koch, — Schwaan.
Friedr. Ludwig Carl Stichert, — Neuburg.
Heinrich Höfisch, — Hornstorf.
A. Chr. Fr. Vollbrecht, — Leussow.
Friedr. Joh. Theod. Hübener, — Sternberg.
Joh. Fr. Andr. Glaevecke, (zu Doberan),
Rud. Friedr. Wilh. Jordan, — Hagenow.
Friedr. Franz Heinr. Markwart, — Boizenburg.

E) Candidaten des PredigtAmts, (193)

insofern solche, *pro licentia concionandi*, tentiret sind:
(nach der Zeitfolge des statt gehabten Tentamens).

Johann Joachim Bühring, zu Gadebusch.
Friederich Franz Ebeling, zu Schwerin.
Carl Friedrich Ludwig Michaelsen, zu NeuWendorf.
Heinrich Gottlieb Carl Tarnow, zu Cramon.
Johann Balthasar Matthias Mense, zu NeuKrenzlin.
Georg Friedr. Adam Ludwig Heidensleben, zu Bergrade.
Joachim Jacob Brunst, zu AltSührkow.
Heinrich Wilhelm Günther, zu Kröpelin.
Carl Friedrich Ludwig Scherlübbe, zu Bützow.
Carl Heinrich Theod. Thiem, zu Güstrow.
Joh. Heinrich Christian Bruger, zu ----
Carl Kossel, zu Boizenburg.
Heinrich Friedrich Georg Gentzke, zu NeuKalden.
Hartwig Carl Ferdinand Massmann, zu ----
Carl Christian Victor Born, zu Ulrikenhof.
Carl Friedrich Ludwig Ulrich Voss, zu Bandelstorf.
Heinrich Joachim Billenberg, zu Vietschow.
Johann Christian Lebahn, zu Müsselmow.
Wilh. Friedr. Ferdinand Korb, zu Ilow.

Theodor Diederich Rose, zu Grabow.
Johann Carl Friedrich Möller, zu Schwerin.
Georg Christoph Berner, zu Rostock.
August Johann Friedrich Owstien, zu Dobbertin.
Christian Carl Friedrich Günther, zu ----
Johann Jacob Heinrich Kühl, zu Roloffshagen.
Friedrich Ludwig Carl Meyer, zu Gudow.
Carl Gustav Becker, zu Rubow.
Herm. Joh. Friedr. Friede, zu Grevismühlen.
Carl Georg Sperling, zu Warnkenhagen.
Wilhelm Jacob Starck, zu Ludwigslust.
August Johann Friedrich Buchholz, zu Rittermannshagen.
Johann Friedrich Ludwig Wundemann, zu Lage.
Friedr. Theod. Nicol. Nussbaum, zu Doberan.
Friedrich Gottfried Kühl, zu Malchow.
Ludwig August Kaltofen, zu Sülze.
August Gottlieb Elias Bartsch, zu Rostock.
Friedrich Wilhelm Ebeling, zu Gresse.
Gustav Carl Christian Segnitz, zu Schwerin.
Heinrich Ludolph Retslag, zu ----
Carl Ludwig Friedr. Eichmann, zu Schwasdorff.
Johann Wilhelm Knetzlein, zu Schwinkendorff.
Friedr. Theod. Carl Wilh. Freund, zu Lübtheen.
Joh. Heinr. Adolph Schumpelick, zu Schlemmin.
Heinr. Carl Friedr. Thun, zu Ludwigslust.
Johann Joachim Friedr. Drewes, zu Güstrow.
Heinrich Christoph Lange, zu ----
Christ. Friedr. Heinr. von der Osten, zu Kirchdorf auf Poel.
Friedrich Bernhard Julius Walter, zu Wismar.
Johann Carl Jacob Reuter, zu KleinPlasten.
Heinrich Carl August Rhades, zu Schwerin.
Wilhelm Heinrich Wiggers, zu GrosRaden.
Carl Burchard Clasen, zu Boizenburg.
Dr. Carl Christoph Heinrich Burmeister, zu Wismar.
Johann Carl Friedr. Christian Schütz, zu Penzlin.
Friedrich Wilhelm Müller, zu Kuchelmiss.
Johann Ferdinand Wagner, zu Penzlin.
Gottl. Friedr. Christoph Lösewitz, zu Rostock.
Johann Carl Friedrich Passow, zu NeuDraguhn.
Johann Georg Friedrich Wolff, zu Rostock.
Carl Joh. Christoph Müller, zu Plau.
Carl Joachim Ferdinand Fischer, zu Brüel.
Johann Gottlieb Wilhelm Oesten, zu Rostock.
Johann Georg Hermann Penkow, zu Hagenow.

Johann Friedrich Hesse, zu Rostock.
Aug. Andr. Joach. Jac. Wilcke, zu Rostock.
Anton Ludw. Friedr. Griewanck, zu ----
Joh. Heinr. Ludw. Dunckelmann, zu Grabow.
Ernst Joh. Ferdinand Paschen, zu ----
Heinrich Friedrich Spiegelberg, zu ----
Johann Carl Ludwig Piper, zu ----
Aug. Friedr. Carl Herm. Schmidt. zu Pinnow.
Aug. Daniel Friedr. Seitz, zu Sietow.
Joh. Gustav Friedr. Kleffel, zu Neustadt.
Ernst Ludwig Peter Kaysel, zu Dargun.
Gustav Christoph Carl Pommerencke, zu Schwerin.
Joh. Magnus Wilhelm Raabe, zu Wismar.
Emil Hardrat, zu GrosLuckow.
Franz Wilhelm Sacher, zu ----
Alexander Theodor Oldenburg, zu GrosUpahl.
Friedrich Christian Ludwig Walter, zu Meklenburg.
Carl Heinrich Romberg, zu GrosStrömkendorf.
Joh. Friedr. Wilh. Schäfer, zu Rostock.
Wilhelm Theod. Ludw. Hempel, zu Hagenow.
Friedr. Carl Otto Wilhelm Niederhöffer, zu Röbel.
Albert Carl Wilh. Brandt, zu Lüssow.
Friedrich Gustav Georg Hermes, zu Schwerin.
Joh. Theod. Friedr. Carl Kaempffer, zu ----
Ernst August Huth, zu Ludwigslust.
Carl Gustav Schröder, zu Goldberg.
Carl Meese, zu Wismar.
Carl Alexander Frege, zu Wismar.
Andr. Bernh. Friedr. Koepcke, zu Lübow.
Aug. Friedr. Heinr. Reuter, zu Ludwigslust.
Carl Franz Krüger, zu Wesselstorf.
Gustav Adolph Heinrich Fuchs, zu Kittendorf.
Carl August Ludwig Müller, zu ----
Albert Friedr. Jacob Schmidt, zu ----
Friedr. Wilh. Ludwig Bauer, zu Kobrow.
Johann Christian Brennmehl, zu Rostock.
Gustav Friedrich Struck, zu Rostock.
Ludwig Timotheus Johann Reese, zu KleinBreesen.
Gustav Friedrich Christian Heidensleben, zu Wabel.
Heinrich Christian Diedrich Stahl, zu Warin.
Carl August Berner, zu Repnitz.
Heinrich Christian Otto Harder, zu AltPoorstorf.
Johann Heinrich Rudolph Singhol, zu Ludwigslust.
Christian Berg, zu Gehmkendorf.

Heinr. Ludwig Jul. Christoph Witt, zu GrosNiendorf.
Eduard Adolph Schnelle, zu GrosGievitz.
August Johann David Rust, zu ----
Wilhelm Georg Friedrich Hencke, zu Mühlenbeck.
Franz Albert Bauer, zu Kolbow.
Johann Carl Gottlieb Meyer, zu Schwerin.
August Heinr. Wilhelm Adalb. Engelhardt, zu Krakow.
Friedrich Franz Bassewitz, zu Lübz.
Joh. Heinr. Ferd. Friedr. Carl Sadler, zu Lehsen.
Friedr. Joh. Ludwig Christmann, zu Penkow.
Ernst Carl Christian Düffcke, zu Leezen.
Heinr. Friedr. Christian Bolle, zu Woltow.
Otto Theodor Joh. Plagemann, zu Tempzin.
Carl Friedrich Adolph Haupt, zu Gadebusch.
Friedrich Wilhelm August Röse, zu Kaltenhof auf Poel.
Friedrich Georg Christian Ernst Mangold, zu ----
Carl Aug. Friedr. Sondershausen, zu GrosStove.
Aug. Joh. Friedr. Tapp, zu Jarchow.
Heinrich Rudolph Ebers, zu Wismar.
Carl Friedrich Hermann, zu HohenViecheln.
Carl Heinrich Eyller, zu Pustohl.
Peter Friedr. Bonaventura Glaevecke, zu Bentin.
Friedr. Theodor Lorenz, zu Boizenburg.
Heinr. Wilh. Hermann Willebrand, zu Dassow.
Friedr. Wilh. Heinr. Hast, zu Zarchelin.
Doctor Carl Eduard Julius Dahse, zu Rostock.
Albrecht Detloff Friedr. Schwarz, zu Schlutow.
Adolph Carl Heinrich Schmidt, zu Rey.
Carl August Starck, zu Schwerin.
Carl Warmers, zu Zarrentin.
Heinrich Christian Dethloff, zu Pritzier.
Gustav Friedr. Wilh. Schmidt, zu Rostock.
Heinr. Friedr. Christian Schuldt, zu Bützow.
Ernst Friedrich Theodor Wagener, zu Wüstenfelde.
Joh. Friedr. Ludwig Paulli, zu Güstrow.
Ferd. Aug. Theophil. Piper, zu ----
Heinr. Carl Herm. Studemund, zu NeuBukow.
Christian Ernst Erich Romberg, zu Hungerstorf.
Wilhelm Samuel Walter, zu Wismar.
Johann Carl Hermann Cordua, zu Sülze.
Ernst Hans Magnus Staack, zu Gädebehn.
Friedrich Albrecht Schmidt, zu Wolde.
Ernst Friedrich Julius Plagemann, zu Wismar.

Phil. Carl Heinr. Rötger, zu LangenBrütz.
Teut Freimann Eberhard, zu GrosRogahn.
Johann Wilhelm Wöhler, zu Ludwigslust.
Wilh. Heinr. Reinhold Georg Belitz, zu Ziesendorf.
Adolph Hermann Kneser, zu Harste.
Heinrich Ernst Friedr. Franz Koch, zu - - - -
Joh. David Wilhelm Becker, zu Pinnowhof.
Christ. Friedr. Jul. Gustav Siedenburg, zu - - - -
Carl Joh. Friedr. Burmeister, zu Spotendorf.
Wilh. Friedr. Carl Heinr. Flörke, zu Boizenburg.
Joh. Heinr. Friedr. Theodor Raabe, zu Rostock.
Heinrich Krüger, zu Polchow.
Johann Carl Danckert, zu Volzrade.
Friedrich Christ. Carl Paepcke, zu Gnoien.
Rudolph Joh. Friedr. Heinr. Erfurth, zu HohenLukow.
Carl Joh. Friedr. Hermann Reuter, zu Zapel.
Heinr. Christ. Elias Hamann, zu Ulrikenhof.
Adolph Wilhelm Carl Schliemann, zu Rostock.
Wilhelm Adolph Julius Belitz, zu Kloster Malchow.
Gottfried Ulrich Ferdinand Zastrow, zu Kuhlen.
August Johann Friedr. Ladendorf, zu - - - -
Joachim Peter Wenz, zu Rostock.
Doctor Carl Heinr. Friedr. Wedemeier, zu Schwerin.
Carl Friedr. Emanuel Saniter, zu AltKalden.
Carl Joh. Heinr. Prahl, zu Dammerstorf.
Chr. Gottl. Wilh. Ludw. Friedr. Stiebeler, zu - - - -
Julius Agathon Dav. Friedr. Rudeloff, zu Teutenwinkel.
Georg Carl Heinrich Flörke, zu Parchim.
Georg Christian August Behm, zu Vilz.
Wilh. Heinr. Küffner, zu Schweez.
Joh. Friedr. Wilh. Becker, zu Kalkhorst.
Friedr. Joach. Joh. Chr. Poll, zu Malchow.
Friedr. Heinr. Herm. Kuntze, zu Fahren.
Bernhard Ferdinand Matthes, zu - - - -
Ernst Gustav Friedr. Theod. Hersen, zu - - - -
Carl Julius Piper, zu Dambeck.
Carl Heinrich Martin Sass, zu Goritz.
August Theodor Willebrand, zu Melz.
Friedr. Carl Ernst Wachenhusen, zu Gägelow.
Wilh. Friedr. Christian Wilbrandt, zu - - - -
Friedr. Christoph Breuel, zu Kloster Malchow.
Friedrich Carl Wendt, zu Cambs.
Franz Gustav Moritz Unbehagen, zu Kastorff.

G) Cantoren und Organisten:

a) *in den Städten,*

(in sofern dieselben nicht zugleich Schullehrer sind).

1) *Bei der HofGemeinde zu Schwerin.*

S. HofGeistlichkeit, p. 18.

2) *In der MeklenburgRostockschen Superintendentur.*

Zu *Kloster Ribnitz,* Johann Rahn, Organist und Küster.

3) *In der Parchimschen Superintendentur.*

Zu *Parchim,* GeorgenK., Christ. F. Klohdel, }
— — MarienK., Joh. Jac. Schmidt, } Organisten.

4) *In der Güstrowschen Superintendentur.*

Zu *Güstrow,* DomKirche, Gust. Noebe, Organist.
— — PfarrKirche, Thiem, Organist, (räthlichen Patronats).
— *Penzlin,* Joh. Heinr. Reiffenberger, Organist, (freiherrl. Patronats).

5) *In der SchwerinMeklenburgschen Superintendentur.*

Zu *Bützow,* reform. K., Organist, vacat.
— *Ludwigslust,* Joh. Wilh. Matth. Wöhler.
— *Rehna,* F. C. Balde, Cantor u. Organist.
— *Schwerin,* DomKirche, Friedrich Friese, }
— — NeustädtK., Georg Rettberg, } Organisten.

6) *In der Wismarschen Superintendentur.*

Zu *Wismar,* MarienK., Joh. Val. Räusche, }
— — GeorgenK., Carl Räusche, } Organisten.
— — NicolaiK., Andr. Fr. Lührss, }

7) *In Rostock.*

Zu St. Jacob: J. L. D. Babst, Cantor.
A. L. C. Trutschel, Organist.
— St. Marien: Carl Künne, Cantor.
Adolph Heinr. Sponholz, Organist.
— St. Nicolai: Joh. Friedr. Ludwig Grapow, Cantor.
J. H. Fromm, Organist.
— St. Petri: Cantor, s. pag. 186.
J. H. Fromm, Organist.

8) *Bei der römisch-katholischen Gemeinde,*

zu *Schwerin,* August Waldeyer, Organist.

b) *auf dem Lande,*

Organisten. (78)

1) *In der MeklenburgRostockschen Superintendentur.* (23)

Grosherzogl. Patronats.		Ritterschaftl. Patronats.	
Zu Bentwisch,	C. J. A. Thiel.	Zu Boddin,	Langberg.
—Biestow,	J. F. L. Kurzhauer, Cantor.	—AltGaarz,	H. Seemann.
—Blankenhagen,	C. H. Belz.		
—Brunshaupten,	Möller.		
—DrevesKirchen,	J. H. Propp.		
—Fischland,	Westendorf.	—Petschow,	C. Vorbeck.
—Hanstorf,	Wollenberg.	—Ruchow,	C. Ahrens.
—Hornstorf,	J. H. Stange.	—Russow,	J. J. Timm.
—Jördenstorf,	G. C. J. Hagen.	—Walkendorf,	E. Bützow.
—AltKalden,	L. Cordes.		
—Kessin,	J. H. N. Brunow.		
—Levin,	F. P. C. Heintze.		
—Neuburg,	J. M. Töppel.		
—Polchow,	F. C. G. P. Lohmann.		
—Proseken,	J. F. W. Krüger.		
—Sanitz,	Fr. Wolkow.		
—Teutenwinkel,	G. W. Brunow.		

2) *In der Parchimschen Superintendentur.* (12)

Zu Spornitz,	C. H. Bahrdt.	Zu Camin,	J. F. C. Burgdorf.
—Eldena,	Christmann.	—MEixen,	E. L. F. Friese.
—KirchJesar,	J. D. Reincke.	—Pritzier,	L. C. G. Frese.
—GrosLaasch,	J. J. H. Schlichting.		
—Leussow,	G. W. Bade.		
—Marnitz,	J. F. J. Hackbusch.		
—Neese,	J. J. Schröder, zu Prislich.		
—Vellahn,	vacat.		
—Zickhusen,	F. F. J. Schulenburg, zu Meteln.		

3) *In der Güstrowschen Superintendentur.* (22)

Zu Belitz,	F. H. Müschen.	Zu Basedow,	W. Bröcker.
—Cammin,	J. H. E. Schlie.	—Bock,	Heitmann.
—Gielow,	C. Schröder.	—Bristow,	C. F. Köpke.
—Klaber,	H. Rentzow, zu GrosWokern.	—Bülow,	J. J. G. Sanftleben.
		—Dobbertin,	J. C. F. Behrens.
—*Hoh.*Sprenz,	C. H. Haase.	—Gr.Gievitz,	J. F. Schröder.
—*Warnkenhagen*,	J. F. C. Lübcke.	—Grubenhagen,	H. Bohn.
		—Ivenack,	H. J. F. Bischof.

Grosherzogl. Patronats.

Ritterschaftl. Patronats.

Zu Kastorf, A. C. Lindemann.
— Lohmen, A. F. Friese.
— Kl.Malchow, J. F. Liebnau.
— Recknitz, H. Schumacher.
— Reinshagen, F. Walter.
— Serrahn, Hammermann.
— GrosVielen, J. C. E. Brandt.
— Zehna, R. M. Fiedler.

4) *In der SchwerinMeklenburger Superintendentur.* (18)

Zu Beidendorf, A. M. Brüsehaver.
— Blücher, J. E. C. Au.
— Granzin, Schneppekrell.
— Hohenkirchen, J. J. Warncke.
— Kalkhorst, G. F. Bruhns.
— Mummendorf, H. J. A. Hill.
— NeuKirchen, F. Schulz.
— Rühn, C. F. Tietgen.
— Sachsenberg, C. J. Prahl (zu Schwerin).
— Tarnow, J. J. C. Döscher.
— Tempzin, C. Wiedow in Zahrenstorf.

Zu Gresse, Schneppekrell.
— Jesendorf, J. C. Lüben.
— Klütz, H. G. F. Bruhns.
— Moisall, J. C. Langguth.
— Roggendorf, G. L. Lohff.
— GrosSalitz, A. C. C. Masch.
— Zittow, F. Engelbrecht.

5) *In der Herrschaft Wismar.* (3)

Zu NeuKloster, Ferd. Christ. Ludw. Willers.
— Poel, Chr. L. P. G. Pose.
— Gr.Tessin, C. F. Eichholz.

H) KirchenOeconomi, Provisoren und Vorsteher.

a) *In den Städten:*

1) der MeklenburgRostocker Superintendentur.

Zu *NeuBukow,* Kirchen- und HospitalProvisor, Postmeister C. J. G. Schulemann.

— *Doberan,* KirchenProvisor und Vorsteher, Amts-Secretär W. F. Krieg.

— *Gnoien:* Oeconomus und ArmenKastenVorsteher, Hofrath Bölckow.
ArmenKastenInspector, Pastor Küffner.

— *NeuKalden:* Kirchen- und HospitalProvisor, Postmeister J. F. Müller.
Oeconomus und ArmenKastenProvisor, Präpositus J. R. Brinckmann.

Zu *Kröpelin,*	Oeconomus u. HospitalProvisor, Pastor J. A. C. Haevernick.
— *Marlow:*	Oeconomus, Präpositus A. C. F. Mie.
	KirchenVorsteher, Joh. Casp. Reddelin.
	— Heinr. Nic. Reddelin, *adj.*
— *Ribnitz:*	KirchenVorsteher, vacat.
	Oeconomus und KirchenProvisor, Doctor L. F. Nizze.
— *Schwaan,*	KirchenProvisor, Doctor G. H. P. Ehlers.
— *Sternberg:*	KirchenProvisor, Friedr. Joach. Rötger.
	Oeconomus, J. C. D. Janentzky.
	Provisor beim ElendenHospital, Pastor R. J. C. Dietz.
	Provisor beim St. Georg und Heil.Geist, Joh. Wilh. Rhades.
— *Sülze:*	Oeconomus, Pastor B. L. A. Thede.
	KirchenProvisor, Pastor Thede, *ad inter.*
— *Tessin:*	Oeconomus, Pastor C. J. Ziemssen.
	KirchenVorsteher, A. N. Ave.

2) der Parchimschen Superintendentur.

Zu *Parchim, GeorgenK.,*	Oeconomus, Jul. A. Brockmann.
— — *MarienK.,*	Provisor, Joh. Jacob Schmidt.
— *Crivitz,*	KirchenProvisor, Präpositus Spiegelberg.
— *Dömitz,*	Oeconomus, Rathmann Conr. Fr. Bürger.
— *Grabow,*	Oeconomus, SteuerEinnehmer F. J. F. Dunckelmann.
— *Hagenow,*	Oeconomus, Rathmann Hermann Bibow.
— *Lübz:*	KirchenProvisor, Hülfsprediger H. D. F. Zander.
	Aufseher des ArmenStifts, ArmenKastenProvisor, } Präpositus Schmidt.
— *Neustadt:*	Oeconomus, Präpositus Kleffel.
	ArmenKastenVorsteher, Organist H. C. F. Wolff.
— *Waren,*	Oeconomus, Gerichtsrath J. Martienssen.
— *Wittenburg:*	Oeconomus, AmtsRegistrator Oertzen, *ad interim.*
	ArmenhausProvisor, Pastor Danneel.

3) der Güstrowschen Superintendentur.

Zu *Goldberg,*	KirchenProvisor und ArmenKastenVorsteher, Kaufmann Adam Wilh. Wolgast.

Zu *Güstrow, DomK.:* Oeconomus und Provisor, Hauptmann Aug. Buschick.
ArmenKastenVorsteher, Joh. Diedrich Bohnstorff.

— — *PfarrK.:* (räthl. Patron.) Vorsteher: Scheel. Schmidt. ArmenKastenVorsteher, Wolff.

— *Krakow,* KirchenProvisor, Rathmann W. L. Conradi.

— *Lage,* KirchenProvisor und ArmenKastenVorsteher, Präpositus Erdmann.

— *Malchin:* Oeconomus, Rathmann Ernst Ludwig Jacob Lüders.
ArmenKastenVorsteher, der Magistrat.

— *Malchow,* Wittwen- und ArmenCassenBerechner, Pastor adj. Stolzenburg.

— *Penzlin,* Oeconomus, Fr. Trebbin, (freih. Patronats).

— *Plau:* Oeconomus, SteuerEinnehmer Meyer.
KirchenProvisor Fr. Brandes.

— *Röbel:* Oeconomus der AltstädterKirche, Bürgermeister, Hofrath Engel.
Oeconomus und Provisor der Neustädter Kirche, auch ArmenKastenVorsteher, Adv. Pörtner, zu Röbel.

— *Stavenhagen,* Oeconomus u. ArmenhausVorsteher, AmtsRegistrator J. G. A. Faull.

— *Teterow:* Provisor, Bürgermeister Meinshausen.
Oeconomus, Präpositus Burmeister.

4) der Schwerin-Meklenburgschen Superintendentur.

Zu *Boizenburg:* Oeconomus und ArmenhausBerechner, LicentCommissär G. Chr. H. Schoen.
WittwenKastenBerechn., d. beid. Prediger.

— *Brüel,* Kirchen- u. HospitalProvisor, Pastor Frese.

— *Bützow, StadtK.:* Oeconomus, auch Kirchen- und Hospital-Provisor, Rathmann W. Block.

— *Gadebusch:* Kirchen- u. HospitalProvisor u. Oeconomus, AmtsRegistrator Joach. Ernst Frey.
ArmenKastenVorsteher, Pastor C. J. T. Hane.

— *Grevismühlen:* Oeconomus, vacat.
ArmenhausVorsteher, Pastor zur Nedden.

— *Rehna:* Oeconomus, Präpositus Fromm.
KirchenProvisor, Advocat Rudow.

Zu *Schwerin, DomK.:* Vorsteher: Superintend J.C.Kliefoth.
KirchenSecretär, Hofrath C. C. Hartmann.
Structuarius C. Winckler.
— — *Neust.K.:* Provisor, Rathsherr J. F. Kittel.
— *Warin,* KirchenOeconomus, Pastor Soeffing.

5) Zu *Wismar:*

(geistliche Hebungen zum heil. Geist, St. Marien geistliche Gebäude-, Ziegelhofs-, Almosentafel- und ArmenbeutelHebung, MarienConvent, St. Nicolai geistliche Gebäude-, Almosentafel- und ArmenbeutelHebung, St. Georg geistliche Gebäude-, Almosentafel- und ArmenbeutelHebung, St. Georg Gasthäuser, St. JacobsHebung, SchwarzeKloster, GraueMönchen, PapenCollatie, Grüne Convent, Blaue Convent).

Patronat: Bürgermeister Carl Friedrich Schmidt.
Bürgermeister Gabr. Christian Mann.

Hebungs-Departement: Rathsherr Christ. Wilh. Hermes, Rathsherr Victor Ad. Erdmann, Rathsherr, Dr. H. G. Fabricius, } Inspectoren.
Consul Phil. Gottl. J. Süsserott, Kaufmann Ferd. G. Michaelis, Drechsler Peter Andr. Lerch, Krämer Carl Ernst Fr. Sellentin, Amtshaak Joh. Carl Hammer, Kaufmann Friedr. Gust. Steffen, Tischler Joh. Friedr. Massmann, } Provisoren.

Secretarien u. Rechnungsführer: Oeconomus, Adv. J. V. H. Borchert.
Oeconomus, Georg. Nic. Sohst.
Heb. Bauschreiber, Kaufmann Joh. Friedr. Voss.

6) Zu *Rostock:*

I. *KirchenOecomie:*

Grosherzogliche Provisoren: Consistorialrath, Dr. G. F. Wiggers.
Consistorialrath, Dr. A. L. Diemer.
Räthliche Provisoren: Bürgermeister, Dr. Brandenburg.
Bürgermeister, Dr. Karsten.
Oeconomus, J. J. Otto.
Monitor, . M. F. C. Krebs.

II. *StadtKirchen* (räthlichen Patronats).

Zu *St. Jacobi:* J. Ludwig Möller, A. F. Schalburg, } Vorsteher.

Zu St. Jacobi: Aug. Friedr. Barkey, } Vorsteher.
Joh. Joach. David Capell, }
Kaufmann J. C. Krohn, Beckenherr.

— St. Marien: J. D. Kühl, } Vorsteher.
J. B. Mann,
H. F. Saniter,
B. C. Peters,
Kaufmann C. H. Hommel, Beckenherr.

— St. Nicolai: J. A. D. Witte, } Vorsteher.
W. Nahmmacher,
G. Neumann,
C. F. Tausch,
J. G. Neuendorf, Beckenherr.

— St. Petri: C. J. Heidtmann, } Vorsteher.
J. H. Gierz,
Chr. Petersen,
Fr. W. Krüger,
N. Kröger, Beckenherr.

7) Bei der römisch-katholischen Gemeinde,

zu *Schwerin:* GeheimeRath C. H. von Wendland, } Vorsteher.
Kaufmann G. B. Einighorst,
HofBauInspector C. H. Barca,
Gastwirth Feldtmann,
Kaufmann Gerhard Wiessmann,

8) Bei der reformirten Kirche,

zu *Bützow:* Papierfabrikant Kramer, } Vorsteher.
Bäcker H. Brünier,

b) auf dem Lande,

Berechner: die respect. Prediger und KirchenJuraten.
zu Gielow, Rathmann Lüders, (in Malchin).

I. *Privilegirte KirchenArbeiter:*

Gesangbuchs- } Drucker, Buchdruckers Ebert Erben, zu Güstrow.
Katechismus- } Drucker, HofBuchdrucker H. W. Bärensprung, zu Schwerin.

Orgelbauer: Joh. Joach. Schmidt, zu Malchin.
DomOrganist F. Friese, zu Schwerin.
Heinrich Rasche, zu Rostock.

2) Jüdisch-geistlicher Staat

für alle israelitischen Glaubensgenossen im Lande in Gemässheit des landesherrlichen Statuts vom 5 Mai 1839.

A) Der Oberrath zu Schwerin:

Landesherrliche Commissarien:	Geh.Kanzleirath Friedr. Christ. Müller,	zu Schwerin.
	Schulrath Christ. Friedr. Meyer,	zu Schwerin.
LandesRabbiner,	Dr. Samuel Holdheim,	zu Schwerin.
Mitglieder:	Dr. Lewis Jacob Marcus,	zu Schwerin.
	Kaufmann A. J. Kauffmann,	zu Schwerin.
	Dr.Nath.BaruchAarons, zu Güstrow.	
	Dr. J. Behrend, zu Grevismühlen.	
	Kaufmann L. Marcus, zu Malchin.	
Cassier,	KaufmannD.M.Rubens, z.Schwerin.	

B) LandesRabbiner,

Doctor philosophiae Samuel Holdheim, zu Schwerin.

II. *Unterrichts- und BildungsAnstalten.*

A) *Die LandesUniversität,* zu Rostock,

gestiftet von den Herzogen Johann III. und Albrecht V. zu MeklenburgSchwerin, unter Bestätigung des Papstes Martin V., vom 13 Februar, und eingeweihet 12 Novbr. 1419 von dem Bischof Heinrich zu Schwerin, nach Greifswald verlegt 1437-1443; nach Bützow 1760; restaurirt in Rostock vom Herzog Friedrich Franz 13 Mai 1789.

Patron und Kanzler der Universität,

Se. Königl. Hoheit der Grosherzog.

(bis Johannis 1827 competirte der Stadt Rostock das Compatronat der Universität).

ViceKanzler, auch RegierungsBevollmächtigter,

(zur Beobachtung des deutschen BundestagsBeschlusses vom 20 September 1819).

Dr. Carl Friedrich von Both.

Grosherzogliche ImmediatCommission zur Direction der UniversitätsFinanzVerwaltung, auch des Cassen- und RechnungsWesens,

(nach der Grosherzogl. Verordnung de 17 Jun. 1834 und dem Regulativ de 25 Jun. 1840).

Grosherzoglicher Commissarius,

ViceKanzler, Dr. von Both.

12

Deputirter der Universität:

Professor, Dr. Eduard Becker,	bis Joh. 1844.
Substitut, Professor, Dr. Hermann Karsten,	

Berechner, Hofrath Joh. Friedr. Scharenberg.

Rector der Universität,

Professor, Dr. Johann Philipp Bauermeister, (bis 1 Julius 1841).

Academisches Concilium:

Präses, der jedesmalige Rector.
Mitglieder: sämmtliche ordentliche Professoren in der unten bemerkten Reihefolge, nach dem Tage ihrer Einführung.

Engeres academisches Concilium,
(concilium arctius).

Präses, der jedesmalige Rector.
Assessor perpetuus, Professor, Dr. Raspe.
Temporäre Assessoren: Consistorialrath, Professor, Dr. Wiggers. Professor, Dr. Fritzsche sen.

UniversitätsGericht,

nach der Verschiedenheit der Gegenstände, theils das engere academische Concilium, bisweilen auch mit Zuziehung des Pleni, theils der Rector und die Juristen-Facultät.

UniversitätsSyndicus,

Geh. Hofrath, Professor, Dr. Kaemmerer.

UniversitätsSubalternen:

UniversitätsSecretär,	Advocat C. H. Diederichs.
Pedellen:	J. H. Schulze, auch Auctionator und LogisCommissär.
	L. W. C. Roloffsen.
Famulus,	J. C. M. Junge.

Facultäten:

Decane (bis zum 1 Julius 1841):

Professor, Dr. Fritzsche sen., in der theologischen Facultät.

Consistorialrath, Professor, Dr. Diemer, in der juristischen Facultät.
Geh. Medicinalrath, Professor, Dr. Josephi, in der medicinischen Facultät.
Professor, Dr. Mahn, in der philosophischen Facultät.

LehrerPersonale:

a) *In der theologischen Facultät:*

1) Ordentliche Professoren:

Consistorialrath, Dr. Gustav Friedrich Wiggers. (2)
Doctor Joh. Phil. Bauermeister. (7)
Doctor Carl Friedrich August Fritzsche sen. (10).
Doctor Otto Carsten Krabbe. (24).

2) Ausserordentlicher Professor,

Doctor H. Haevernick.

3) PrivatDocent,

Licentiat Jul. Wiggers, Doctor philos., Professor extraord.

b) *In der juristischen Facultät:*

1) Ordentliche Professoren:

Geh. Hofrath, Doctor der Rechte und der Philosophie Ferdinand Kämmerer, Senior der Facultät. (3)
ConsistorialViceDirector, Dr. Conr. Theod. Gründler. (4)
Consistorialrath, Dr. August Ludwig Diemer. (5)
Doctor Christoph Johann Friedrich Raspe. (11)
Doctor Christian Friedrich Elvers. (12)
Doctor Carl Georg Christoph Beseler. (19)

2) PrivatDocent,

Doctor Gottl. Heinr. Friedr. Gaedcke.

c) *In der medicinischen Facultät:*

Ordentliche Professoren:

Geh.Medicinalrath und GeneralChirurgus, Dr. Wilhelm Josephi, des Grosherzogl. Hessischen LudwigsOrdens Ritter, Senior der Universität. (1)
OberMedicinalrath, Doctor Heinrich H. Spitta. (8)
OberMedicinalrath, Doctor Carl Friedr. Strempel. (9)
Medicinalrath, Dr. Carl Friedrich Quittenbaum. (16)
Doctor Friedrich Hermann Stannius. (23)

12*

2) Ausserordentlicher Professor,

Doctor C. Krauel.

3) PrivatDocenten:

Doctor Georg Friedrich Most.
Doctor Friedrich Wilhelm Lesenberg.
Doctor Carl Hanmann.
Doctor Johann Schröder, HofMedicus.
Doctor Ludw. Friedr. Christian Dragendorff.

d) *In der philosophischen Facultät:*

1) Ordentliche Professoren:

Dr. Theologiae et Philosophiae Ernst Aug. Philipp Mahn, Prof. der morgenländischen Literatur und Sprachen. (6)
Dr. Franz Volkmar Fritzsche, Prof. der classischen Literatur und Beredsamkeit. (13)
Dr. Joh. Aug. Christian Roeper, Prof. der Naturgeschichte und Botanik. (14)
Dr. Eduard Becker, Professor der Oeconomie und Forstwissenschaften. (15)
Dr. Gottl. Ludw. Ernst Bachmann, Professor der classischen Literatur. (17)
Dr. Helmuth von Blücher, Professor der Chemie und Pharmacie. (18)
Dr. Hermann Karsten, Professor der Mathematik und Physik. (20)
Dr. der Rechte und der Philosophie Carl Türk, Professor der Geschichte. (21)
Dr. Christian Ludw. Theod. Wilbrandt, Professor der Aesthetik und neuen Literatur. (22)

2) Ausserordentliche Professoren:

Dr. Friedrich Joachim Heinrich Francke, ausserordentlicher Professor der Philosophie.
Dr. Georg Nicolas Johann Busch, ausserordentl. Professor der classischen Literatur.
Dr. Eduard Schmidt, ausserordentl. Prof. der Philosophie.

3) PrivatDocent,

Doctor Carl Franz Jacob Weinholz.

Lehrer der französischen Sprache, Aug. Albr. Christian Tischbein.

Lehrer im Zeichnen, derselbe.
Lehrer in der Musik, Anton Saal.
Lehrer in der Reitkunst, Stallmeister Friedr. Rehberg.
Lehrer in der Fechtkunst und Gymnastik, Joh. Dan. Jul. Ferber.

SpruchCollegium der juristischen Facultät:
Ordinarius, Geh. Hofrath, Professor, Dr. Kämmerer.
Mitglieder: die sechs ordentlichen Professoren.
Actuarius, Advocat Carl Erdm. Sohm.

Academische Institute:

a) *UniversitätsBibliothek.*

Erster Bibliothekar, Professor Mahn.
Zweiter Bibliothekar, Baron Erhard von Nettelbladt.
Ausserordentliche MitArbeiter: Doctor G. H. F. Gädcke.
Doctor C. Franz Jac. Weinholz.
Bibliothekdiener, J. C. M. Junge.

b) *MünzCabinet.*

Aufseher, Bibliothekar Baron E. von Nettelbladt.

c) *Pädagogisch-theologisches Seminarium,* aus der Herzoglichen Stiftung vom 16 April 1790.

Director, Consistorialrath, Dr. G. F. Wiggers.
Ordentliche Mitglieder: 6.
Ausserordentliche: 18.

d) *Anatomie und anthropotomisches Museum,*

Dirigent, Medicinalrath, Professor Quittenbaum.
AnatomieAufwärter, N. Schuldt.

e) *Vergleichend anatomisches und pathologisches Institut.*

Dirigent, Professor Stannius.

f) *Medicinisch-chirurgische Klinik.*

Dirigent, OberMedicinalrath, Professor Strempel.

g) *Geburtshülfliche Klinik.*

Dirigenten: OberMedicinalrath, Professor Strempel.
Professor extraord., Dr. Krauel.

h) *Philologisches Seminarium,* (nach der landesherrlichen Bestätigung vom 29 Novbr. 1838).

Director, Professor Franz Volkmar Fritzsche.
Ordentliche Mitglieder: 6.

i) *Philosophisch-ästhetisches Seminarium,*
(nach der landesherrlichen Bestätigung vom 12 Febr. 1839).
Director, Professor Wilbrandt.

k) *Naturhistorisches Museum.*
Aufseher: Professor Roeper (für die zoologische und botanische Abtheilung).
Professor Karsten (für die mineralogische Abtheilung).
Aufwärter, J. C. M. Junge.

l) *Botanischer Garten.*
Aufseher, Professor Roeper.
Gärtner, Ludwig Haedge.

m) *Chemisches Laboratorium.*
Dirigent, Professor von Blücher.

n) *Physicalisches Cabinet.*
Aufseher: Professor von Blücher.
Professor Karsten.
UniversitätsMechanicus, A. A. C. Albrecht.

o) *Mathematisches Cabinet und Observatorium.*
Director, Professor Karsten.

p) *Academische Reitbahn.*
Director, Stallmeister Rehberg.
Stallbedienter, Friedrich Ahrens.

Commission für die Immatriculation der Studirenden,
(nach den am 30 November 1837 landesherrlich bestätigten DisciplinarStatuten).
Präses, der jedesmalige Rector.
Assessor perpetuus, Professor, Dr. Raspe.
Temporärer Assessor, Consistorialrath, Professor, Dr. Wiggers.

Academische Deputationen und NebenAemter:

a) *BibliotheksCommission,*
zur Verwendung eines Theils des BibliothekenFonds nach dem Regulativ vom 21 Septbr. 1840.
Beständige Mitglieder: die beiden Bibliothekare.

Temporäre Mitglieder: (auf 2 Jahre) Professor, Dr. Fritzsche sen., von der theologischen Facultät.
Geh. Hofrath, Professor, Dr. Kämmerer, von der juristischen Facultät.
Professor, Dr. Stannius, von der medicinischen Facultät.
Professor, Dr. Karsten, } von der philosoph. Facultät.
Professor, Dr. Türk, } von der philosoph. Facultät.

b) *Deputation für die HonorarienAngelegenheiten,*
(auf 2 Jahre).

Präses, der jedesmalige Rector.
Assessores: Professor, Dr. von Blücher.
Professor, Dr. Karsten.
Substituten: Professor, Dr. Beseler.
Professor, Dr. Türk.
Quaestor, Advocat Sohm, *ad interim.*

c) *Deputation für die academischen Stipendien.*

Präses, Professor, Dr. Elvers.
Assessores: Consistorialrath, Prof., Dr. Wiggers.
OberMedicinalrath, Prof., Dr. Strempel.
Professor, Dr. Röper.
Inspector stipendiorum, Professor, Dr. Becker.

d) *Deputation für die academischen Convicte:*

Präses und Assessores wie ad c.
Inspector convictorii, Professor, Dr. Karsten.

e) *ProfessorenWittwenCasse:*

Administrator, Professor, Dr. Röper.
Beitragende: 9; Wittwen: 1.

f) *Academisches ArmenWesen.*

Administrator fisci pauperum: der jedesmalige Rector.

Der Universität verwandte Institute:

UniversitätsBuchhandlung, G. B. Leopold.
UniversitätsBuchdrucker, F. Behm's Erben (Adler's Erb.)

Studirende im December 1840:

Immatriculirte	96
nicht immatriculirte, aber von der ImmatriculationsCommission auf 4 Jahre zum Besuch der Vorlesungen Berechtigte . . .	8
vom Rector zum Besuch der Vorlesungen Concessionirte .	5

B) *Schulen.*

a) Gelehrte Schulen.

1) *Im Herzogthume Schwerin.*

Das FriederichFranzGymnasium zu Parchim,
(Grosherzogl. Patronats),
als Schule gestiftet von den Herzogen Johann Albrecht und Ulrich zu Meklenburg 1564, vom Grosherzoge *Friederich Franz* unter Verbesserung der SchulFonds zum Gymnasium erhoben, und als solches eingeweiht den 10 Dec. 1827.

Scholarchen: Superintendent A. F. J. Floerke.
Bürgermeister, Dr. Gotthard Koss.
Pastor C. F. Siefart.
Rathsherr, Dr. Fr. Ph. G. Brandt.
Director, Dr. Johann Zehlike.
Conrector, Heinrich Gesellius.
Oberlehrer: J. H. D. Müller.
Ad. Gottfried Erh. Steffenhagen.
Collaboratoren: Doctor A. Giese.
Ernst Fr. Wilh. Niemann.
Doctor Ferdinand Schröder.
August Schmidt.
Schreib- und Rechnenlehrer, Worbitzky.

2) *Im Herzogthume Güstrow.*

DomSchule zu Güstrow,
gestiftet vom Herzog Johann Albrecht zu Meklenburg durch Vereinigung einer früheren Domschule mit der Stadtschule 1553, erweitert und neu geordnet vom Herzog Ulrich 1602, vom Herzog Gustav Adolph 1662, vom Herzoge Friederich Franz 1789, und neu organisirt bei Abzweigung einer besonderen Bürgerschule vom Grosherzoge *Paul Friedrich* Michaelis 1840.

Patronus, Se. Königl. Hoheit.
Scholarchen: Superintendent, Dr. C. C. H. Vermehren.
Senator, Advocat H. von Schultz.
Pastor August Vermehren.
Pastor Adolph Türk.
Director, Prof., Dr. Joh. Friedr. Besser.
Pastor Friedrich Löscher.
Director, Professor, Dr. Joh. Friedr. Besser.
Conrector, Wilhelm Wendhausen.
Prorector, Dr. G. C. A. Raspe.
Subrector, Joh. C. Krückmann.
Lehrer: Friedrich Matthaei.
Albr. Johann Theod. Reuter.

Mit der Domschule in Verbindung steht die Mich. 1840 errichtete

Bürgerschule:

Patronen: Bürgermeister und Rath zu Güstrow.

SchulVorstand: Superintendent, Dr. C. Ch. H. Vermehren.
Bürgermeister Ph. Friedr. Burmeister.
Pastor August Vermehren.
Pastor Adolph Türk.
Director, Professor, Dr. J. Fr. Besser.
Pastor Friedrich Loescher.
Senator Christ. Friedr. Viereck.

Lehrer: Rector Ludwig Friedr. Jahn.
Carl Eduard Julius Burmeister.
Anton van Rumpt.
Candidat Joh. Joach. Friedr. Drewes, *ad inter.*
W. A. Quitzow.

3) *Im Fürstenthum Schwerin.*

Das Gymnasium Fridericianum, zu Schwerin,

(Grosherzogl. Patronats),

ist die vom Herzog Ulrich, als Bischof zu Schwerin, 1565 gestiftete Domschule, welche 1576 mit der früher 1553 vom H. Johann Albrecht gestifteten Burgschule vereinigt, vom Herzog Friedrich mit einem Theile der Bützowschen PädagogienFonds 1781 aufs neue dotiret und vom Grosherzoge Friederich Franz mit erweiterten Verbesserungen 1818 zum *Gymnasium Fridericianum* erhoben wurde, mit welchen die demnächst Michaelis 1835 errichtete Bürgerschule in Verbindung steht.

Scholarchen: Superintendent J. C. Kliefoth.
Hofrath Carl Christian Hartmann.
Schulrath C. F. Meyer.

Lehrer des Gymnasii:

Director, Dr. Friedrich Carl Wex.
Prorector, Friedrich August Ferdinand Loeber.
Subrector, Wilhelm Christoph Monich.
Oberlehrer, Friedrich Reitz.
Cantor, Friedrich Hintz.
Oberlehrer: Doctor Wilhelm Büchner,
Friedrich Carl Adolph Weber.
Collaborator, Dr. Carl Christian Schiller.
Schreiblehrer, Friedrich Franz Schulz.

Lehrer der Bürgerschule:

Rector, Joh. Joach. Christ. Friedrich Brasch.
Lehrer: Carl Heinr. Wilh. Ludw. Evert.
Carl Gust. Georg Wüstnei.
Friedrich Tiede, HofCantor.
Carl Schulze.
Wilhelm Georg Bade.
Johann Foth.

Quaestor und Berechner der GesammtSchulCasse, Advocat Schweden.

4) *In der Herrschaft Wismar.*

StadtSchule zu Wismar.

Patronen: Bürgermeister und Rath zu Wismar.
Scholarchen: Bürgermeister Carl Friedrich Schmidt.
Bürgermeister Gabr. Christ. Mann.
Syndicus, Hofrath, Dr. A. J. F. Dahlmann.
Rathsherr G. D. A. Hass, } Inspectoren.
Rathsherr, Dr. H. G. Fabricius, }
Rector, Professor, Mag. Carl Ferdinand Crain.
Lehrer: Magister J. O. Plagemann.
Doctor Heinrich Francke (*).
Dr. Caesar Emanuel Frege.
Dr. Eduard Theodor Haupt.
Johann Joachim Hartwig Meyer.
Aug. Gabr. Friedr. Griewank.
Dr. Friedr. Theod. Nölting.
Dr. Gustav Walther.
Schreib- u. Rechnenmeister: Joh. Anton Friedr. Soltau.
Ant. Friedr. Wilh. Wetterich.

5) *In der Stadt Rostock.*

StadtSchule zu Rostock.

(Gymnasium und höhere Bürgerschule.)

Patronen: Bürgermeister und Rath zu Rostock; insbesondere
Bürgermeister, Dr. Brandenburg, }
Bürgermeister, Dr. D. L. E. Karsten, }
Syndicus, Dr. C. E. Böcler, } Scholarchen.
Syndicus, Dr. A. L. A. Petersen, }
Director Ministerii, Präpositus, Dr. Becker, }
Director, Prof., Dr. Gottl. Ludw. Ernst Bachmann.

Lehrer:	Doctor Joh. Friedr. Aug. Mahn.
	Professor, Dr. G. N. J. Busch.
	C. L. S. G. Markwart.
	Doctor F. L. G. B. Brandes.
	Joh. Joach. Allers, Cantor an der PetriK.
	Dr. J. E. W. Brummerstädt.
	Friedrich Wilhelm Clasen.
	C. F. Witte.
	J. Ludw. Evers.
	Doctor H. Wendt.
	Wilhelm Georg Röver.
	R. Ruge, Lehrer d. franz. u. engl. Sprache.
	G. Fr. Dresen, Schreib- u. Rechnenlehrer.
	Carl Künne, Gesanglehrer.
	J. Fr. Andr. Hesse, Zeichnenlehrer.

b) Bürgerschulen in den übrigen Städten und Flecken,
(unter OberAufsicht der Superintendenten).

(Schulen.) (45)		(Lehrer.) (164)
(121)	*der Meklenb. Rostockschen Superintendentur.*	(43)
Zu *NeuBukow,*	Heinrich Wilhelm Bröckert, Rector.	
	Friese, Organist und 2ter Lehrer.	
	J. H. C. Behncke, Cantor u. 3ter Lehrer.	
— *Dargun:*	B. F. L. Schmidt, Cantor und Organist.	
	N. Borchert, 2ter Lehrer.	
— *Doberan:*	Fr. Ludwig Carl Mozer, Rector.	
	Hagen, Cantor und 2ter Lehrer.	
	J. H. Fehland, Küster und 3ter Lehrer.	
	Theod. Friese, Organist und 4ter Lehrer.	
— *Gnoien:*	Hülfsprediger J. Suwe, Rector.	
	Carl Ernst Belitz, Conrector.	
	J. J. E. Altmüller, Organist.	
	Otto Bernh. Thile, Schullehrer.	
	C. Sachs.	
— *NeuKalden:*	J. F. Buschmann, Rector und Organist.	
	Johann Enoch Simonis, Conrector.	
	Küster Friedrich Wiebcke, Schullehrer.	
— *Kröpelin:*	C. C. H. Schönherr, Rector.	
	Heinr. Ulr. Kaven, Cantor und Organist.	
	A. H. W. Bandt, 3ter Lehrer.	
	H. W. Günther, 4ter Lehrer, *ad inter.*	
— *Marlow:*	Georg Friedrich Ellmann, Rector.	
	Küster Johann Jaanssen, Cantor.	

Zu *Ribnitz:*	Theodor Hempel, Rector.
	C. C. Maak, Cantor und Organist, räthl. Patronats.
	F. H. A. Willers, Küster u. 3ter Lehrer.
	C. F. W. Maak jun., 4ter Lehrer.
— *Schwaan:*	Hülfsprediger Johann Koch.
	August Heinrich Gädt, Conrector.
	Gustav Schultz, Küster und Organist.
	Joh. Wilh. Ernst Wiencke, 4ter Lehrer.
— *Sternberg:*	Joh. Friedr. Albert Meincke, Rector.
	Carl Eduard Lehmann, Conrector.
	F. Krüger, Rathfisch, } Schullehrer.
— *Sülze:*	Hülfsprediger C. L. F. Thiem, Rector.
	Franz Ludw. Friedr. Christmann, Cantor.
	J. C. Lau, Organist und Küster.
	August Peters, 4ter Lehrer.
	J. C. Hermes, 5ter Lehrer.
— *Tessin:*	Carl Aug. Krause, Rector u. Organist.
	Johann Christian Dehn, Conrector.
	C. F. Hincke, 3ter Lehrer.

(12) 2) *des Parchimschen KirchenKreises.* (43)

Zu *Crivitz:*	Hülfspred. J. C. F. Hast, Rector u. Organ.
	Joh. Carl L. Haeger, Conrector.
	C. Krull, titul. Organist, 3ter Lehrer.
	C. L. Fr. Anthon, Küster und 4ter Lehrer.
— *Dömitz:*	Hülfsprediger August Bard, Rector.
	Ad. Heinr. Ferd. Thiem, Conrector.
	Fr. Kreutzer, Schullehrer und Organist.
	Heinrich Schminck, 4ter Lehrer.
	Scharlow, 5ter Lehrer
— *Grabow:*	F. F. A. Bauer, Rector.
	Johann Gottfried Römer, Conrector.
	L. F. W. Heiden, Cantor u. Organist.
	Ludw. Langschmidt, Schullehrer.
— *Hagenow:*	Fr. J. B. Chrestin, Rector.
	Friedr. Belz, Cantor und Organist.
	Dubbe, 3ter Lehrer.
	Thiele, 4ter Lehrer.
	Joh. Joa. H. Gottl. Reishauer, 5ter Lehrer.
— *Lübtheen:*	Küster J. Borgmann, Schullehr. u. Organ.
	G. Moll, zweiter Lehrer.

Zu *Lübz:*	Hülfspred. H. D. F. R. Zander, Rector.
	Fr. Saenger, Cantor und Organist.
— *Neustadt:*	H. F. Dietz, Rector.
	Cantor H. C. F. Wulff, Organist und Schullehrer.
	Carl Joh. C. Hohn, Küster.
— *Parchim:*	Joh. Carl Diedr. Dahse, } Schullehrer.
	Küster Joach. Fr. Dubbe, } Schullehrer.
— *Waren:*	Dr. Chr. G. Aug. Balck, Rector.
	Georg Wenmohs, Conrector.
	Joh. Hencke, Organist u. 3ter Lehrer.
	N. Müller, 4ter Lehrer.
	G. A. Badestein, 5ter Lehrer.
	A. Werner, 6ter Lehrer.
	C. L. F. Eichbaum, 7ter Lehrer.
	C. H. D. Schwabe, 8ter Lehrer.
— *Wittenburg:*	Joh. Friedr. Gust. Wolf, Rector.
	H. J. H. Algenstädt, Conrector u. Cantor.
	J. J. Casimir, Organist.
	Küster Kneese, 4ter Lehrer.
	F. G. H. J. Kneese, 5ter Lehrer.
— *Zarrentin:*	Küster J. F. A. Christlieb, erster Lehrer.
	Georg Hallbach, zweiter Lehrer.
	Wittholz, dritter Lehrer.

(11) 3) *des Güstrowschen KirchenKreises.* (43)

Zu *Goldberg:*	Joh. Christian Kracht, Rector.
	Alexander Schneider, Conrector.
	N. N. Neese, Organist.
— *Krakow:*	Andr. Ludw. Heinr. Hoffmann, Rector.
	J. F. W. Krüger, Cantor u. 2ter Lehrer.
	Joh. Fr. W. Hirsch, Küster u. 3ter Lehrer.
— *Lage:*	Adolf Friedr. Ludw. Gossaré, Rector.
	Joh. Carl Riedel, Conrector.
	Ludwig Schlichting, Mädchenlehrer.
— *Malchin:*	Carl Bülch, Rector.
	E. C. F. Behm, Cantor.
	E. Susemihl, Succentor.
	Constantin Friedr. Lippold, Schullehrer.
— *Malchow,* (räthlich. Patron.):	Wilh. Alex. Schünemann, Rector.
	Joh. Friedr. Oberton, Mädchenlehrer.
	Carl Friedrich Lutz, Schullehrer.

Zu *Malchow*, (räthlich. Patron.):	Joh. C. Friedr. Fahning, Schullehrer.
	Johann Jentzen, 5ter Lehrer u. Cantor.
— *Penzlin*, (freiherrl. Patron.):	Ed. Napp, Rector.
	Zweiter Lehrer, vacat.
	Carl Aug. Lemme, Cantor.
— *Plau*:	W. O. Krause, Rector.
	Conr. C. Chr. Fabricius, Conrector.
	C. H. W. Erich, Cantor und Organist.
	Franz Christmann, 4ter Lehrer.
	N. N. Quade, Küster und 5ter Lehrer.
	Timm, Andr. Joh. Franz Vick, } Gehülfen.
— *Röbel*:	Wilhelm Francke, Rector.
	Cantor Joh. Christian Ungnad, Conrector.
	Friedr. Sam. Weil, Organist u. 3ter Lehrer.
	Joach. L. Ahrens, Organ. u. 4ter Lehrer.
	Fr. J. Hackbusch, 5ter Lehrer.
	Aug. Ludw. Joach. Moll, 6ter Lehrer.
— *Stavenhagen*:	Carl Heldt, Rector und Organist.
	F. L. G. Hundt, Cantor u. 2ter Lehrer.
	J. H. C. Schlottmann, Küster u. 3ter Lehr.
	A. Funck, 4ter Lehrer.
— *Teterow*:	Heinr. C. C. Schulze, Rector.
	Joh. Friedr Teich, Conrector.
	S. Chr. H. Müschen, Cantor u. Organist.
	G. C. D. Cordes, 4ter Lehrer.
	Küster C. C. Kliefoth, 5ter Lehrer.
	Joh. Fried. Heinr. Jahn, 6ter Lehrer.

(10) 4) *der SchwerinMeklenburgsch. Superintendentur.* (35)

(wegen der Waisenhaus- und FreiSchulen zu Schwerin, vergl. den Abschnitt X.)

Zu *Boizenburg*:	Joh. Friedr. Aemil Bergner, Rector.
	Ferd. Wilh. H. Martens, Conrector.
	J. C. F. Karnatz, Organist u. 3ter Lehrer.
	J. C. Meyer, Küster u. 4ter Lehrer.
	C. C. H. Wendt, 5ter Lehrer.
	Joh. Friedr. Kölling, 6ter Lehrer.
— *Brüel*:	Wilh. Heinr. Mart. Dehn, Rector.
	Küster H. Chr. Techen, 2ter Lehrer.
	N. N. Schlie, Cantor und 3ter Lehrer.

Zu *Bützow*, Stadt-schule:	Adolf zur Nedden, Rector.
	N. N. Fust, Cantor und Organist.
	J. H. W. Schucht, Küster u. 3ter Lehrer.
	Balthasar Köster, 4ter Lehrer.
	N. N. Klockmann, 5ter Lehrer.
— — ref. Schule,	Rong, reform. Cantor.
— *Dassow:*	Cantor und Organist, vacat.
	Buch, Schullehrer.
— *Gadebusch:*	Christ. Dan. Benthien, Rector u. Organ.
	Carl Bühring, Cantor.
	H. Halbach, Organist und 3ter Lehrer.
	N. N. Quaalmann, Küster u. 4ter Lehrer.
— *Grevismühlen:*	Carl Christian Bunge, Rector.
	Pet. Fr. H. Voigt, Cantor und Organist.
	Joh. Heinr. Chr. Fr. Thiel, 3ter Lehrer.
	Luckmann, 4ter Lehrer.
— *Ludwigslust:*	Joh. Friedr. Gerdess, Inhaber der SchwerdtOrdensMedaille (*), Rector.
	Fr. Ludw. Carl Müffelmann, Conrector.
	Ernst Ludw. Aug. Reinhard, Subrector.
	J. W. M. Wöhler, Gesang- u. Schreiblehrer.
— *Rehna:*	Friedrich Strecker, Rector.
	H. C. Friedr. Lindemann, Cantor und 2ter Lehrer.
	Schumacher, 3ter Lehrer.
	Mehlgarten, 4ter Lehrer.
— *Warin:*	J. F. C. Markgraff, Rector.
	H. Overbeck, Cantor, Organist und 2ter Lehrer.
	Küster N. N. Gossmann, 3ter Lehrer.

6, 7) *wegen der Waisenhaus- und Freischulen zu Güstrow, Wismar und Rostock, vergl. den Abschnitt X.*

c) *Landschulen,*

welche zunächst unter der Aufsicht der competirenden Ehren-Prediger stehen, werden im zweiten Theile, sowohl bei den Domainen, als ritterschaftlichen und übrigen Landgütern, an jedem Orte nachgewiesen, ohne Benennung des Personals.

LandSchullehrerSeminarium, zu Ludwigslust,

gestiftet in Schwerin 29 April 1782 und nach Ludwigslust verlegt den 26 April 1786, für die grosherzoglichen Domainen.

Curator und Berechner,
Pastor Carl Wilhelm Sellin, *ad interim.*

SeminarLehrer:

Carl Adolf Zehlicke, Director und erster Lehrer.
Franz Ludwig Friedrich Ackermann, zweiter Lehrer.
Carl Friedrich Kittel, dritter Lehrer.
Traugott Gotthilf Wächtler, vierter Lehrer.
Gesanglehrer, HofSänger J. W. M. Wöhler.
Lehrer im GartenBau, HofGärtner Carl Schweer.
Unterlehrer der SeminarSchule: Theod. Helm. Friedr. Beltz.
Joh. Friedr. Klevesahl.
Ludw. Joach. Friedr. Lüth.
Joach. Franz Friedr. Moltmann.
Joh. Joach. Steffen.
Joh. Heinr. Theod. Sundt.
Lehrerin an der MädchenIndüstrieSchule des Seminariums, Wittwe Marie Franckmann.
Oeconom, Joachim Heinrich Beyer.
Seminaristen: 56.

d) *TaubstummenInstitut zu Ludwigslust,*
unter unmittelbarer OberAufsicht der Regierung.

Lehrer, Chr. Benque.
(Zöglinge: 11. Mich. 1840.)

e) *Thierarzneischule zu Schwerin,*
(unter Direction des MarstallAmts).

Lehrer, Professor Friedrich Steinhoff.
Lehrschmid, J. J. H. Gülzow.
Aufwärter, J. D. Gehl.

f) *Steuermannsschule,*
zu Wustrow, auf dem Fischlande, Amts Ribnitz.

Zehnter Abschnitt.

Klöster, milde Stiftungen und Wohlthätigkeits-Anstalten.

I. *JungfrauenKlöster,*

A) In den Herzogthümern Meklenburg,

sind von der Landesherrschaft 1572 zur christlichen Auferziehung inländischer Jungfrauen der Ritter- und Landschaft überwiesen, und die von dieser erwählten Provisoren und Hauptmänner werden von der Regierung bestätigt.

a) *Das Kloster Dobbertin.*

1) *KlosterBeamte.*

Provisoren:

Landrath Johann Jacob von Leers, auf Schönfeld, wegen des Herzogthums Schwerin.

Landrath Hans Diedrich Wilhelm von Blücher, auf Sukow, wegen des Herzogthums Güstrow.

Klosterhauptmann,

Carl Peter, Baron von Le Fort auf Wendhof.

Syndicus u. Richter, Advocat Carl Jacob Heinrich Burmeister, zu Güstrow.

Substituirter Richter für die SandProbstei, Hofrath Chr. Engel zu Röbel.

Küchenmeister, J. F. C. Behrens.

Amtsschreiber und Actuarius, L. Lierow.

Förster: zu Kläden, Wendland. zu Schwinz, Jacobs.
— Mestlin, Zebuhr. — Sietow, Kleinkamp.
— Schwarz, Wilhelms. — Kl.Upahl, Pflugradt.

AmtsJäger, zu Dobbertin: Kobow.

Holzwärter: zu Bossow, Stange. Zu Seelstorf, Gundlach.
— Darze, Zebuhr.

2) *Der klösterliche Convent:* (162)

(nach den Nummern der Einschreibung in die KlosterListe).

Domina, E. H. von Quitzow.

13

Conventualinnen,

zur vollen Geld- und NaturalHebnng: (31)

(tragen, nebst der Domina, ein von der hochseligen Herzogin *Louise Friederike* 1763 verliehenes Ordenskreuz *pour la vertu*, an einem blauen mit weiss eingefassten Bande, mit einem, von der wail. Durchl. Herzogin *Louise* 1787 zum Gnadenzeichen hinzugefügten silbernen Stern auf der linken Brust).

G. H. von Vieregg. 337
F. D. M. von Blücher. 492
F. M. von Zepelin. 542
F. F. von Moltcke. 543
Gräfin L. von Holstein. 553
O. F. von Blücher. 554
E. C. S. von Pressentin. 561
K. F. M. von Linstow. 573
F. C. von Bülow. 574
C. L. E. von Blücher. 588
L. S. von Linstow. 589
U. E. S. von der Lühe. 590
L. C. von Both. 609
H. E. von Sperling. 613
F. S. von Lützow. 615
S. E. E. von Schack. 617
L. J. von Holstein. 628
D. M. von Mecklenburg. 637
G. F. W. von Tornow. 638
J. S. von Stralendorf. 645
A. L S. von Graevenitz. 650
L. F. C. von Lützow. 669
F. B. E. von Flotow. 677
C. D. E. von Flotow. 678
E. C. D. von Flotow. 680
Gräfin E. M. C. von Bothmer. 689
B. L. von Bassewitz. 693
F. D. von der Lühe. 696
H. C. A. von Wick.
D. C. L. Lüders.
M. G. Büsing.

Zur vollen GeldHebung: (25)

M. C. A. von Bülow. 700
G. F. L. von Gentzkow. 708
L. F. C. von Holstein. 714
E. D. L. von Lücken. 715
W. F. A. von Bredow. 720
W. J. von Flotow. 724
D. L. W. von Flotow. 728
W. C. von Preen. 736
S. J. H. von Weltzien. 740
E. J. von Plessen. 741
S. M. von Lowtzow. 747
A. E. W. von Grävenitz. 748
J. W. von Gloeden. 750
S. W. A. von Schack. 753
D. E. von der Lanken. 755
W. J. L. von Bülow. 759
D. E. C. von Pentz. 764
M. U. von Weltzien. 767
U. W. von Bülow. 770
B. S. U. von Preen. 772
M. C. von Grävenitz. 775
M. A. von Holstein. 777
Baronin J. M. von Meerheimb. 784
C. W. B. von Below. 797
H. J. von Lützow. 799

Zur halben Hebung: (48)

S. H. von Weltzien. 805
D. M. E. von Pentz. 809
A. H. von Grävenitz. 813
W. L. U. von Ferber. 814
S. H. E. von Bassewitz. 815
H. C. von Pritzbuer. 830
S. M. von Bassewitz. 833
D. C. von Wickede. 836
J. W. von Bülow. 839
S. C. E. von Hopffgarten. 849
P. F. W. H. E. von Buch. 853
Baronin S. L. von Langermann. 854
A. F. G. von der Lanken. 864

A. S. H. F. von Oertzen. 866
G. L. J. von Graevenitz. 871
C. M. von Blücher. 874
S. F. von Buch. 877
J. C. F. L. von Wickede. 878
C. S. C. T. H. L. von Graevenitz. 879
H. P. A. von Schack. 880
J. D. M. M. von Pentz. 891
C. S. C. von Oertzen. 894
S. J. L. L. von Bülow. 898
J. E. C. von Oertzen. 901
H. von Restorff. 903
L. L. G. von Bülow. 906
Baronin F. C. D. von Hammerstein. 909
C. L. J. W. von Bülow. 911
G. M. J. E. T. v. Plessen. 912
L. F. S. M. von Lowtzow. 917
H. F. E. H. von Bülow. 923
E. F. E. B. von Oertzen. 928
B. H. J. von Plüskow. 929
F. J. M. W. E. v. Waldow. 934
B. von Lützow. 936
E. M. C. S. v. Pressentin. 937
S. E. H. W. von der Lühe. 938
L. von Holstein. 939
A. C. C. H. v. Winterfeldt. 943
Baronin A. J. L. F. v. Maltzahn. 944
M. D. C. S. von Bülow. 945
C. L. C. von Blücher. 946
A. S. H. J. von Rieben. 948
Baronin L. C. A. A. von Hammerstein. 949
C. J. F. von Passow. 951
L. F. S. von Bülow. 952
W. Wachenhusen.
D. Loescher.

Zur ViertelHebung: (57)

M. von Rohr. 954
J. C. E. von Bülow. 955
J. von Behr. 957
L. E. von Flotow. 961
A. M. H. von der Lühe. 962
A. W. E. von Arenstorff. 964
E. H. L. T. von Rohr. 966
Gräfin C. W. F. C. von Bassewitz. 969
Baronin S. A. M. A. F. E. von Hammerstein. 971
N. A. E. A. C. v. Laffert. 975
E. J. L. von der Lanken. 976
L. C. H. von Preen. 977
C. S. J. C. C. von Both. 978
C. L. F. E. v. Koppelow 980
Baronin A. M. W. von Meerheimb. 982
J. C. L. F. W. v. Waldow. 984
H. F. C. von Dewitz. 985
M. M. E. von Bülow. 987
M. E. C. L. F. von Pentz. 988
H. B. J. von Arenstorff. 989
M. O. L. von Blücher. 991
M. J. W. von Schack. 993
E. H. C. von Schack. 995
S. A. M. B. v. Wickede. 996
B. C. C. A. G. von Bülow. 998
L. A. H. F. P. von Bassewitz. 999
B. H. F. von Kamptz. 1000
E. Gräfin von Bernstorf. 1001
A. H. L. von Bülow. 1003
S. F. J. P. E. von Scheve. 1004
E. R. von Weltzien. 1006
E. S. A. H. C. von Koppelow. 1007
H. von Fabrice. 1008
Baronesse A. C. C. von Brandenstein. 1010
W. H. P. C. E. A. von Plüsckow. 1011
O. F. R. von Bülow. 1012
A. M. A. A. von Flotow. 1013

E. F. S. H. von Plessen. 1014
Baronesse M. A. C. A. von Spörcken. 1015
J. C. F. von Raven. 1016
A. W. E. von Oertzen. 1018
F. A. S. L. von Buch. 1019
C. A. W. F. C. A. von Fabrice. 1020
C. P. D. S. von Kahlden. 1021
C. W. J. von Gülich. 1022
S. C. L. W. M. von Both. 1024
W. F. A. G. S. A. von Scheve. 1025
P. C. L. C. von Lücken. 1027
A. von Stralendorf, gen. von Kolhans. 1028
S. T. A. G. C. G. von Oertzen. 1029
Baronesse E. H. C. L. E. von Stenglin. 1030
L. E. E. A. von Arnim. 1031
M. A. F. J. von Voss. 1032
M. C. A. A. von Restorf. 1033
Baronesse F. H. J. H. C. A. von Maltzahn. 1034
M. F. L. E. von Raven. 1035
L. von Gentzckow. 1036

3) *Grosherzogliche Pensionistinnen.*

I. Mecklenburg-Schwerinsche: (6)

(aus der EntsagungsVereinbarung vom 22 April 1809. *Staats-Kalender* 1810, Th. II. S. 197)

Hedwig von Bodeck,
Marianne von Barsse,
Dorothea von Hannecken,
Auguste von Lützow,
} zur vollen GeldHebung.

Wilhelmine von Wickede,
Baronesse Charl. von Forstner,
} zur halben Hebung.

II. MeklenburgStrelitzsche: (3)

(aus einer ritter- und landschaftlichen Bewilligung vom 23 Dec. 1809, MeklenburgSchwerinscher *StaatsKalender* 1810, S. 196.)

Florentine von Kamptz,
Charlotte von Scheve,
} zur vollen Hebung.

Henriette Horn, zur halben Hebung.

b) *Kloster Malchow.*

1) *KlosterBeamte.*

Provisoren:

Theodosius von Levetzow, auf Koppelow, wegen des Herzogthums Güstrow.

Carl von Weltzien, auf KleinTessin, wegen des Herzogthums Schwerin.

Klosterhauptmann,

Landrath Ernst Anton Wilh. von Blücher, auf Kuppentin.

Syndicus, Hofrath Schmidt, zu Waren.
Küchenmeister, Friedrich Jacob Wilhelm Engel.
Förster: zu Cramon, L. Schildein. zu Jabel, W. Schlange.
—Drewitz, F. Strecker.
AmtsJäger,—Malchow, F. Hagemann.
Holzwärter: zu Damerow, Schwarz. zu Loppin, Berend.
— Drewitz, Michael. — Sembzin, Bruhns.
— Jabel, Martens.

1) *Der klösterliche Convent:* (76)
(nach den Nummern der Einschreibung in die KlosterListe).

Domina, Charlotte D. F. von Pressentin.

Conventualinnen: zur vollen Hebung: (14)
(tragen, nebst der Domina, den, von der hochsel. Herzogin *Louise Friederike* 1763 gestifteten Orden: *pour la vertu*, an einem rothen mit weiss liserirten Bande, mit dem von der wail. Durchl. Herzogin *Louise* 1787 erhaltenen Stern auf der linken Brust).

M. M. von Lützow.	268	L. C. von Mecklenburg.	381
E. E. von Maltzahn.	274	A. M. von Sperling.	384
C. A. D. von Rohr.	312	C. S. von Schack.	385
F. M. von Kamptz.	347	F. L. von Wenkstern.	387
J. M. von Barner.	349	L. L. F. von Koppelow.	401
C. J. E. von Quitzow.	362	S. J. H. von Weltzien.	405
F. L. J. von Zepelin.	373	F. L. von Grävenitz.	407

Zur vollen GeldHebung: (9)

E. S. von Barner.	413	C. C. von Hobe.	431
H. S. von Linstow.	416	C. C. von Lützow.	432
C. L. von Flotow.	419	J. H. F. von Gloeden.	437
L. A. von Flotow.	424	S. G. A. von Lücken.	451
E. C. von Schack.	429		

Zur halben Hebung: (30)

C. S. A. von Flotow.	454	L. C. C. von Bülow.	502
H. M. S. von Flotow.	455	E. L. C. von Weltzien.	503
J. C. von Grävenitz.	457	F. H. A. von Bülow.	517
C. E. von Bassewitz.	459	A. A. A. S. C. Gräfin von Hahn.	518
J. C. L. von Kahlden.	460	A. D. L. W. v. Weltzien.	521
W. C. G. F. von Voss.	464	P. G. S. H. L. F. F. von Kamptz.	530
S. D. von Bülow.	465	O. C. E. von Lehsten.	532
R. L. M. von Oertzen.	478	L. B. von Lepel.	534
A. A. G. von Arenstorf.	491	F. L. B. von Pressentin.	535
A. H. J. S. von Flotow.	492	J. M. C. von der Lühe.	537
F. E. E. M. von Ferber.	494	G. A. L. von Arenstorff.	539
H. S. von Grävenitz.	495		
E. von Preen.	500		

G. C. A. S. Baronesse von Maltzan. 541
B. von Restorf. 543
F. D. U. E. von Oertzen. 545
A. E. von Schack. 548
J. L. E. Bölckow.
S. J. H. Danneel.

Zur Viertel Hebung. (22)

A. M. A. von Ferber. 553
E. A. C. von Bassewitz. 556
C. A. F. von Waldow. 557
L. J. S. G. von Below. 558
M.C.A.M.F.E.S.v.Bülow. 559
O. S. A. G. Baronesse von Hammerstein. 566
H. A. D. D. von Rieben. 568
F. von Hammerstein. 570
M. von Lützow. 571
L. H. W. von Bernstorff. 572
E. K. W. L. von Flotow. 574
F. L. K. von Preen. 579
C. C. A. F. B. Baronne von Maltzahn. 580
A.M.B. Baron.v.Lützow. 581
M. G. C. von Behr. 582
C. C. L. von Lützow. 583
A. K. A. von Ferber. 584
M. D. S. von Bülow. 585
A. M. T. A. von Bülow. 587
E. A. H. von Gülich. 588
M. E. G. von Bülow. 589
L. W. F. M. von Both. 590

c) *Kloster Ribnitz.*

1) *KlosterBeamte.*

Provisoren.

Heinrich Friedrich von Restorf auf Rosenhagen, wegen des Herzogthums Schwerin.

Ernst Christoph Adolph Friedrich von Lowtzow auf Rensow, wegen des Herzogthums Güstrow.

Senator, Dr. Ernst Heinrich Beucard, wegen der Stadt Rostock.

Klosterhauptmannn, vacat.

Syndicus, Advocat J. J. V. Beselin, zu Rostock.

Küchenmeister, Heinrich Christian Saniter.

KlosterJäger: zu Kuhlrade und Poppendorf. Wilhelm Zeeden.
— Wulfshagen, Carl Pflugradt.

2) *Der klösterliche Convent:* (52)

Domina, Henriette von Grävenitz.

Conventualinnen zur ganzen Hebung: (11)

(tragen, nebst der Domina, das herzogliche Ordenskreuz und den herzoglichen Ordensstern *pour la vertu*, jenes an einem weissen mit roth liserirten Bande).

L. C. von Barner.
A. E. von Stralendorf.
H. S. von Bassewitz.
S. O. von Blücher.
W. H. C. Eyller.
C. S. U. von Barner.

C. S. C. A. von Bülow.	M. D. A. Behm.
C. H. von Moltcke.	F. von Sperling.
A. C. A. von Oertzen.	C. S. von Barner.

Zur halben Hebung: (28)

W. F. D. von Tornow.	C. C. von Bülow.
S. D. E. von Flotow.	M. A. L. von Bülow.
D. W. E. C. von Holstein.	E. von Both.
C. von Schack.	M. J. C. von Preen.
F. C. D. von der Lühe.	C. M. S. J. von Ferber.
C. J. E. E. von Lützow.	A. C. E. S. von Flotow.
L. C. C. von Lowtzow.	A. S. F. M. von Raven.
B. E. H. von Flotow.	L. S. W. U. von Bülow.
S. A. von Flotow.	M. C. von Bassewitz.
F. A. J. von Holstein.	W. J. A. von Grävenitz.
B. F. C. von Bülow.	E. L. C. von Oertzen.
A. J. A. B. von Buch.	C. F. J. von Weltzien.
B. F. J. von Koppelow.	F. L. Crull.
F. C. G. C. von der Lancken.	J. D. Büsing.

Zur ViertelHebung: (12)

S. C. L. von Bülow.	J. S. D. C. von der Lühe.
A. F. J. von Buch.	E. C. C. E. von Arenstorf.
V. C. S. E. C. v. Hammerstein.	M. C. F. A. V. von Oertzen.
H. C. L. A. C. von Kamptz.	C. von Lützow.
C. B. L. von Pressentin.	A. F. A. von Bülow.
O. W. J. H. von Preen.	A. S. von Bülow.

B) In der Stadt Rostock.

Das Kloster zum heiligen Kreuz,

seit 1584 zur Auferziehung und Unterhaltung inländischer Jungfrauen vom Adel und Bürgerstande bestimmt.

1) KlosterBeamte.

Provisoren:

Grosherzogliche:	Consistorialrath, Dr. G. F. Wiggers.
	Consistorialrath, Dr. A. L. Diemer.
Räthliche:	Bürgermeister, Dr. Brandenburg.
	Bürgermeister, Dr. Karsten.
KlosterProbst,	Dr. W. C. F. S. Dugge.
KlosterActuarius,	Doctor H. G. G. Mahn.
Monitor,	M. F. Krebs.

2) der klösterliche Convent: (9)

Domina, Catharina Louise Engelken.

3) Conventualinnen: (8)

T. W. von Berg.	W. C. S. Wiese.
F. C. L. Nagel.	L. H. Behm.
C. Lange.	W. S. Petersen.
M. C. Martens.	F. Uhlig.

II.) *Milde Stiftungen und Wohlthätigkeits-Anstalten.*

(cf. Abschnitt XI. sub H.)

A) Allgemeine:

a) WittwenInstitute:

1) *Das WittwenInstitut für die grosherzogliche Dienerschaft,*

aus der herzogl. FundationsActe vom 1 Septbr. 1797, erweitert

auf die Prediger und Schullehrer,

durch die Verordnung vom 5 December 1833.

Directorium:

Mitglieder aus der Regierung:

Se. Excellenz, der GeheimeRaths- und Regierungs-Präsident Ludwig von Lützow.

Regierungsrath J. C. Bouchholtz.

Mitglieder aus der Kammer:

GeheimerRath J. C. v. Steinfeld, des Kaiserl. Oesterreich. St. LeopoldOrdens dritter Classe, des K. Hannov. GuelphenOrdens, des K. Schwed. WasaOrdens dritter Classe und des K. Schwed. NordsternOrdens Ritter.

GeheimerKammerrath, Landdrost von Plessen.

Secretär, Staats Fr. Bouchholtz, RegierungsSecretär.

WittwenCasse:

Berechner, RegierungsSecretär Staats Fr. Bouchholtz.

Civil- und MilitärDiener WittwenInstitut:

Beitragende Mitglieder . . . . 1479 } Mich.
Percipirende Wittwen . . . . 459 } 1840.

CapitalFonds Joh. 1840: 279000 Rthlr. N⅔.

Prediger- und Schullehrer WittwenInstitut:

BeitragendeMitglieder . . . . 925 } Mich.
Percipirende Wittwen . . . . 78 } 1840.

CapitalFonds Joh. 1840: 71000 Rthlr. N⅔.

2) *Meklenburgische PredigerWittwen- und Waisen-VerpflegungsGesellschaft,*

bestätiget am 7 April 1768 und erneuert am 9 Januar 1778, ist aufgelöset im Jahre 1834 und zahlt nur noch die Pensionen bis zum allmäligen Aussterben der Wittwen.

Vorsteher:

Präpositus Karsten, zu Vilz.
Präpositus Hermes, — Parchim.
Percipirende Wittwen und Waisen 94 mit 150¾ Portionen. CapitalFonds 4550 Rth. N⅔. } im Johannis-Termin 1840.

3) *RathsWittwenInstitut für die Städte des Meklenburgischen und Wendischen Kreises, auch des Fürstenthums Schwerin,*

(nach der grosherzoglichen Bestätigung vom 20 November 1818, eröffnet am 1 Januar 1819).

Directorium: Das Corps der Städte des Meklenburg- und Wendischen Kreises.

HauptBerechner, Bürgermeister, Hofrath Bölckow, zu Gnoien.

	1 Octbr. 1840.
HauptCasse:	
CapitalFonds . . .	. . . . 36000 Rth. N⅔.
WittwenPensionen (46)	. . . . 2784 — — ß. —
SupplementarCasse:	
CapitalFonds . . .	. . . . 10000 — — — —
ErgänztePensionen (18)	. . . . 609 — 16 — —

4) *ProfessorenWittwenCasse.*
(S. Universität zu Rostock.)

5) *WittwenInstitut zu Rostock für dortige Cantoren etc.*
(S. unten sub B. zu Rostock.

b) *Städtische Stiftung zur Erziehung und Unterhaltung unverheiratheter Töchter,*

nach der herzoglichen BestätigungsActe vom 17 December 1792.

Directorium,

das Corps der Meklenburgischen und Wendischen Städte.

Rechnungsführer,

Bürgermeister, Gerichtsrath Ahrens in Schwaan.

Ordentl. Hebungen:			Ausserordentl. Hebungen:		
Classe	I.	5.	Classe	I.	6.
Classe	II.	7.	Classe	II.	8.
Classe	III.	11.	Classe	III.	12.
Classe	IV.	20.	Classe	IV.	24.

93 Hebungen von in Summa 1637 Rth. 34 ß. N⅔.
CapitalFonds (Michaelis 1840) 42925 Rth. N⅔.

c) *Grosherzogliche Stiftung zur Erziehung unbemittelter Töchter landesherrlicher Bedienten,*

aus einem Vermächtnisse der wailand verwittweten Herzogin *Friederike Louise,* nach dem StiftungsPlan vom 20 Dec. 1793.

Directorium.

Die LandesRegierung.

Berechner, KammerSecretär G. J. W. Stolte.

Percipientinnen: (16)

mit Bezeichnung des letzten Quartals der jährlichen Hebung, 100 ℛ N$\frac{2}{3}$.

Alexandr. Marie Hel. v. Kahlden, zu Ludw., — Johann. 1841
Amal. Hel. Louise Fried. v. Arnim, zu Jameln, — Mich. 1841
Mar. Jul. Paul. Hahn, zu Ludwigslust, — Mich. 1841
Aug. Magd. Wilh. Mar. Kentzler, zu Rostock, — Mich. 1841
Louise Dor. Lis. Em. Hemleben, zu Polchow, — Mich. 1841
Georgine Ernest. Louise Bade, zu Güstrow, — Ostern 1842
Soph. Eleonore Elisab. Jahn, zu Schwerin, — Johann. 1844
Wilh. Ch. Car. L. v. Nettelbladt, zu Rostock, — Mich. 1844
Soph. Marie Louise Raddatz, zu Rostock, — Weihn. 1841
Anne Hel. Albert v. Sprewitz, zu Schwerin, — Johann. 1843
Josephine Sophie v. Lehsten, zu Schwerin, — Ostern 1845
Wilh. Dor. El. Amal. Ch. Radel, zu Güstrow, — Weihn. 1844
Aug. Hel. Fr. E. L. C. v. Wickede, zu Rostock, — Mich. 1842
Fried. Wilh. Carol. v. Weltzien, zu Kl. Tessin, — Weihn. 1843
Amalie Aug. Helmine v. Klein, zu Ludwigsl., — Johann. 1845
Dor. Friedr. Alb. Amal. Päpcke, zu Lübchin, — Mich. 1844

d) *Neue Waisenstiftung zu Schwerin,*

errichtet den 12 Oct. 1804.

Vorsteher: Superintendent J. C. Kliefoth.
Pastor Studemund senior.

e) *UnterstützungsVereinigung für vater- und mutterlose Waisen von Predigern und studirten Schullehrern,*

nach der landesherrl. BestätigungsActe vom 7 April 1835.

Administrirende Präpositur: NeuKalden b. Joh. 1845.
Rechnungsführer, Pastor Harder zu Levin.
Mitglieder: 162.
Percipirende Waisen: 3.

f) *Die von Hahnsche milde Stiftung,*

zur Unterstützung armer Personen adlichen oder bürgerlichen Standes, besonders PredigerWittwen, nach der herzoglichen Confirmation vom 20 Febr. 1766, aus den Zinsen eines Capitals des wail. Landmarschalls Grafen von Hahn auf Remplin von 26000 ℛ Gold.

Administrator,

Friedrich, Graf von Hahn, auf Basedow.

Percipientinnen: adlichen Standes 35
bürgerlichen Standes . . . 45
80

g) *von Bergholzsches Vermächtniss für hülfsbedürftige Frauenzimmer.*

(Aus einem Codicill der weil. GeheimeRäthin von Bergholz von 1773, nach der herzoglichen Auctorisation vom 3 April 1776 und 24 März 1804.

Administrator,

der jedesmalige Superintendent zu Schwerin.

Percipientinnen: adliche 7
bürgerliche 7

CapitalFonds . . . . 2788 Rthlr. N⅔.

h) *TrauerPfennigsInstitut für die Geistlichkeit,*

nach der landesherrl. BestätigungsActe vom 6 März 1781 und den erneuerten Statuten vom 4 Jul. 1835.

Vorsteher: Präpositus Karsten, zu Vilz.
Präpositus Hermes, zu Parchim.

Mitglieder: 39, auf 163 Portionen. } Johannis
CapitalFonds: 1200 Rthlr. N⅔. } 1840.

i) *MeklenburgSchwerinsche BibelGesellschaft,*

(seit dem grosherzoglichen Privilegium vom 10 August 1816).

Protector,

Se. Königl. Hoheit, der allerdurchlauchtigste Grosherzog.

Directorium, zu Schwerin.

Hofmarschall von Röder, } Directoren.
Superintendent J. C. Kliefoth, }
Kirchenrath Erbe, Bibliothekar.
PagenInformator Dehn, Secretär.

Mitglieder (Michael. 1840): 82.

B) Besondere und Locale.

(cf. der neunte Abschnitt sub I. II.)

a) *Zu Gnoien:*

Bischoffsche Stiftung für arme Studirende.

Directorium, der Magistrat zu Gnoien.
Berechner, Hofrath Bölckow zu Gnoien, *ad interim.*
Percipienten: 5 Studirende.

b) *Zu Grabow:*

1) *Besendahlsches Legat für Bürger Wittwen.*

Verwalter: der Magistrat und
die Prediger zu Grabow.

2) *Martienssensches Legat für Bürger Wittwen.*

Verwalter: der Magistrat und
der jedesmalige erste Prediger.

c) *Zu Güstrow:*

1) *Das Armen Collegium.*

Rathsherren: Adv. Schondorf, Eduard Wasmuth, } räthliche Deputirte.
Pastor Vermehren, Pastor Türk, } Deputirte der Geistlichkeit.
KreisPhysicus, Dr. Loeser, Stadtrichter, Adv. Rönnberg, SteuerRevisor Simonis, Advocat Heinrich Brandt, } Deputirte der Eximirten.
Kaufmann Dettmann, AusschussBürger Groschopff, Buchbinder Blauert, Stuhlmacher Tode, Kaufmann Bahlmann, } Deputirte der Bürgerschaft.
Berechner, Notarius Joh. Joach. Rassmus.

Armen Freischule.

Bürgermeister Langfeld, Rathsherr Friedr. Viereck, Pastor Löscher, Pastor Tarnow, OberInspector von Sprewitz, } Vorsteher.
Lehrer: J. Fr. W. Wellhusen. J. J. Krauthoff.
Carl Bade. T. H. C. Kallies.
Lehrerinnen: verehel. Wellhusen. Wittwe Völcker.
verehel. Bade.

2) *Das Heil. Geist- und Sct. Georgs Hospital.*

Provisor, Hauptmann August Buschick.

3) *Bildungs Anstalt für Gärtner und Handwerker.*

Directoren: KanzleiDirector, G. J. B. Brandt.
Superintendent, Dr. C. C. H. Vermehren.
Administrator, Oeconomus, Hauptmann Buschick.

d) *Zu Rostock:*

1) *Das ArmenCollegium.*

Senator Janentzky,
Senator Ziel,
Senator, Dr. Wächter, } räthliche Deputirte.

Justizrath Stampe,
Professor Becker,
Pastor Koch, } Deputirte der Eximirten.

Kaufmann Brockelmann,	Gärber Vorbeck,	bürgerliche Deputirte.
— C. Petersen,	Drechsler Dethleff,	
— F. W. Susemihl,	Baumeister Goesch,	
— C. H. Fanter,	Nadler Harder,	
— R. Raspe,	Goldarbeiter Kerfack,	

Arzt,	Doctor Breitenbücher.
Wundarzt,	Kuhrcke.
Secretär u. WaarenAufseher, auch Oeconomus,	Notarius J. C. Pfannenstiel.
Armenschreiber,	G. J. Rogge.
Armendiener,	H. D. J. Efflandt.
Aufseher der IndüstrieSchule,	E. A. F. Beckmann.
2 Schullehrer,	2 Lehrerinnen.

2) *Freischulen für arme Kinder:*

von der Lühesche,	Zu St. Jacobi, H. Kölzow,	Schullehrer.
Sassesche,	— St. Marien, C. Brosemann,	
von Barner Lehstensche	— St. Nicolai, P. J. Priess,	

Drei KleinKinderWarteschulen unter Protection eines FrauenVereins.

3) *Friederich Franz Schule,*

(gestiftet bei der JubilarFeier am 24 April 1835 durch Rostocks Bürger und Einwohner, zugleich als Volksschule und als städtisches Seminar zur Bildung für Volksschullehrer, demnächst aber im Jahre 1839 von der Stadt übernommen).

Erster Lehrer,	Cantor Carl Künne.
Zweiter Lehrer,	N. N. Griewank.
Dritter Lehrer,	Klingenberg.
Lehrerinnen:	N. N. Paepcke.
	N. N. Priess.

4) *Friederich Franz Stiftung,*

(gestiftet bei der Jubilarfeier am 24 April 1835 durch die Professoren, Doctoren Becker und Elvers).

Vorsteher,

Professor, Doctor Elvers.

Lehrer, Carl Friedrich Emil Hahn.
Gehülfin, verehelichte Anschütz.

5) *StadtHospitalien.*

Zum heil. Geist: Die zwei ältesten Bürgermeister, Patronen.
J. C. Voigt, D. C. Kaehmzow, } Vorsteher.
C. Dugge, Hospitalmeister.

Zu St. Georg in der Vorstadt: Der erste und der jüngste Bürgermeister, } Patronen.
G. P. H. Prang, H. C. Möller, } Vorsteher.
Dr. Th. Wilh. Millies, Hospitalmeister.

6) *BröckerArmenhaus, am alten Markt.*

Patronen: die zwei jüngsten Senatoren.
Vorsteher: Chr. Petersen.
F. W. Krüger.

7) *Rostocksche BibelGesellschaft.*

Präses, Direct. minist., Präpositus Becker.
Directoren: ConsistorialViceDirector, Dr. Gründler.
Professor, Dr. Becker.
Bibliothekare: Pastor Koch.
Diaconus Bruger.
Cassenführer, Consul Hermann Saniter.
Secretär, Professor extraord., Dr. Haevernick.
Mitglieder: in Rostock 114, ausser Rostock 347 } October 1840.

8) *Rostocksche HülfsGesellschaft für die evangelischen Missionen unter den Heiden,*
(landesherrlich bestätigt den 11 October 1836).

Vorstand,

Diaconus H. Karsten, Vorsteher.
Professor extraord., Dr. Haevernick, Secretär.
Senator E. Passow, Cassier.
Candidat G. Schmidt.
Candidat F. G. Göttig.

9) *WittwenInstitut für Cantoren, Organisten, Küster und Thurmdiener zu Rostock,*
(gestiftet vom Pastor L. E. Koch zu Rostock im J. 1837).

Berechner, Pastor L. E. Koch.

Beitragende Mitglieder, 3 Percipirende Wittwen, keine	Mich. 1840.
CapitalFonds:	119 Rthlr. 24 ß. N⅔.

e) *Zu Schwaan:*

Das Crellsche SchulStift.

Berechner, der jedesmalige KämmereiBerechner.

f) *Zu Schwerin:*

1) *ArmenCollegium.*

Senator Strempel, Director.

Bürgermeister, GeheimerHofrath Kahle, Senator Voss,	Deputirte des Magistrats.
Pastor Studemund, der ältere, Pastor Studemund, der jüngere, KammerDirector, Baron von Meerheimb, Bäckermeister Lütken, KammerSecretär Stolte, Kaufmann Meukow, Kaufmann Wittstock senior, HofTischler Behncke, DomPrediger Beutler,	städtische Deputirte.
Arzt, Wundarzt,	Doctor Adolf Kittel.

Inspector des Arbeits- u. Krankenhauses, Christ. Jalass.

2) *Freischulen für arme Kinder:*

Schullehrer: Schüler. C. P. Krull. Ahrens.
Eine KleinKinderWarteschule.

3) *WaisenAnstalt.*

Vorsteher: Superintendent J. C. Kliefoth.
Pastor Fr. Fr. Beutler.
Präceptor, Gerhard.

4) *CarolinenStift,*

zur Bildung guter Dienstboten weiblichen Geschlechts, unter dem Schutze der Grosherzogin *Alexandrine*, gestiftet durch die Vorsteherinnen des Schwerinschen FrauenVereins, und eröffnet 1816.

Hausmutter, Magdalene Nagel.
Lehrerin, Louise Koch.
Zöglinge: 12.

5) *Schnellsche Stiftung.*

Administratoren: die beiden DomPrediger.

6) *Doctor Heidersche Stiftung,*

für unbemittelte Studirende und für arme Schwerinsche Bürger.

Administrator, Advocat Büsing in Schwerin.

7) *Hospital,* auf der Neustadt,

für herrschaftliche DomanialUnterthanen.

(S. Abschnitt XI.)

g) *Zu Stavenhagen:*

Rümkersche LegatenStiftung.

Berechner, AmtsRegistrator J. G. A. Faull.

h) *Zu Teterow:*

1) *Das ArmenStift, Burmeisters Lehn genannt.*

Patronen und der jedesmalige erste Prediger.
Berechner, der jedesmalige Bürgermeister.

2) *Das Fiedlersche Schulstift.*

Patronen: die beiden Prediger.
der jedesmalige Bürgermeister.
Berechner, der jedesmalige erste Prediger.

3) *Das PredigerWittwenStift.*

Patronen: die beiden Prediger.
der jedesmalige erste Prediger.

4) *Das von Blüchersche Legat für Arme.*

Berechner, Präpositus Burmeister.

5) *Die Anthonsche Stiftung für Arme.*

Verwalter, der jedesmalige erste Prediger.

6) *Das Sommersche Legat zum Besten der Stadtschule.*

Verwalter, der SchulVorstand.

7) *Die von Möller-Lilienstèrnsche Schul- und Armen-Stiftung,*

Patron, der Magistrat.
Berechner, der StadtCasseBerechner.

i) *Zu Wismar:*

1) *Das ArmenCollegium.*

Director, Senator L. M. Schulze.
Senator Heinrich Christoph Böst,
— August Ludwig Axel Groth,
— Dr. Wilh. Chr. Süsserott, } Inspectoren.
Rechnungsführer, Auctionator J. E. C. Oesten.
Arzt des Krankenhauses, Dr. Friedrich Pentzlin.

Provisoren des Krankenhauses: Schneider J. G. Eichler.
Kaufmann H. Ungnad.
Provisoren des Arbeitshauses: Krämer Joh. Fr. Dinnies.
Kaufmann F. G. Steffen.

2) *Waisenhaus.*

Patronen: Bürgermeister Carl Friedrich Schmidt.
Bürgermeister Gabr. Christ. Mann.
Inspectoren: Rathsherr C. W. Hermes.
Rathsherr L. M. Schulze.
Provisoren: HandelsAgent Friedrich Crull.
Riemermeister Joh. Jac. Henkelmann.
Waisenlehrer, Johann Gottlieb Künne.

3) *Freischule,* (Kochsche Stiftung).

Vorsteher: Superintendent Eyller.
Pastor Goetze.
Pastor J. E. D. Hager.
Kaufmann F. F. Voss.
Färber Carl Köhler.
Lehrer: Heinrich Eberhard Schliephake.
F. C. H. Müller.
Carl Heinr. Friedr. Engelbrecht.
Lehrerin: Wittwe Hansen.
N. N. Müller, Gehülfin.

4) *StipendiatenLehn.*

Provisoren: Krämer Johann Friedrich Märk.
Schlachter Joh. Gust. Schlottmann.

5) *Grellsches Testament.*

Administratoren: Kaufmann Johann Ernst Kindler.
Kaufmann Gottfr. Joh. Frahm.

6) *Grotecordsches Testament.*

Provisoren: Bäcker Joh. Heinr. Christian Burmeister.
Krämer Joh. Friedr. Mann.

7) *Tesmarsches Testament.*

Provisor, Kaufmann Johann Friedrich Voss.

8) *Böddeckersches Testament, von Smithsches Legat, Armenschuhe- und ArmenLeinLehn,*

unter Verwaltung des jedesmalig ältesten Bürgermeisters.

9) *Hardersches Testament.*

Administratoren: Doctor Hans Herm. Carl Walter.
Kaufmann Helmuth Brunswig.

14

10) *Schnorrsches Testament, Maassen und Doctors Brügge Legat und Velthusensche Stiftung.*

Verwalter: die Aelterleute der KrämerCompagnie.

11) *Godert von der Fehrsches Legat.*

Verwalter, Bürgermeister Gabriel Lembke.

12) *Lembkesches Stipendium.*

Verwalter, Bürgermeister Gabriel Lembke.

13) *Wulffsches Testament.*

Verwalter, Rathsherr, Dr. Herm. Gustav Fabricius.

14) *Rüdemannsches Testament.*

Administratoren: Bürgermeister Gabriel Lembke.
Tuchhändler Joh. Friedr. Burmeister.

15) *Mausches Legat.*

Verwalter, Kaufmann Friedr. Gustav Steffen.

16) *Eggebrechtsches Legat.*

Verwalter, StadtQuartiermeister M. H. Martens.

17) *Schwarzkopffsches Gasthaus.*

Administrator, Kaufmann Albrecht Triebsees.

18) *von Smithsches WohlthätigkeitsInstitut,*

zur Unterstützung der Schulen, WittwenCassen und Stipendien in Wismar, auch der Universität in Rostock und der Armen in Bützow; gestiftet von dem im Jahre 1753 verstorbenen OberPostDirector von Smith in Wismar in seinen testamentarischen Dispositionen vom 6 April 1744 und 5 Septbr. 1758, neu regulirt und landesherrlich bestätigt unterm 8 April 1829; unter OberAufsicht der Regierung.

Administratoren: Rathsherr C. L. Cornelsen, zu Wismar.
Syndicus, Hofrath Dahlmann daselbst.

Eilfter Abschnitt.

LandesPolizeiAngelegenheiten, auch Behörden und Institute zu gemeinnützigen Zwecken.

(Unter OberAufsicht der Regierung.)

I. *Sicherheits-, Straf- und ArbeitsAnstalten.*

A) *SicherheitsAnstalt,*

zur Aufrechthaltung der Ordnung im Innern des Landes, und zur schnelleren Ausübung der PolizeiGesetze, durch ein Corps berittener Gensdarmerie, unter dem OberBefehl des

GeneralMajors von Boddien, in Ludwigslust,

nach der Vorschrift des DienstReglements für die Gensdarmerie, vom 28 Novbr. 1812.

ViceKreisPolizeimeister:

a) *Im Districte Rostock.*

Kammerherr, Drost von Dorne, zu Ribnitz.

b) *Im Districte Wismar.*

Amtmann Brandes, zu Wismar.

c) *Im Districte Schwerin.*

Amtshauptmann Schmarsow, zu Boizenburg.

d) *Im Districte Parchim.*

Geheimer Amtsrath Drechsler, zu Lübz.

e) *Im Districte Güstrow.*

vacat.

f) *Im Districte Waren.*

vacat.

(wegen des Umfanges eines jeden dieser sechs Districte cf. Th. II, dritte Abtheilung, militairische Topographie).

StandOrte für die GensdarmerieBrigaden.

(vorzüglich für die Sicherheit des platten Landes und der Heerstrassen.)

1) Ribnitz.
2) Wismar.
3) Boizenburg.
4) Parchim.
5) Güstrow.
6) Plau.
7) Schwerin.

14*

B) *StrafAnstalten.*

a) *Stockhaus,* zu Dömitz.

unter Aufsicht des FestungsCommandanten daselbst.
Gefangene (Novbr. 1840): . . , 25.

b) *Zucht- und Werkhaus,* zu Dömitz.

OberOfficianten:

Inspector, Gerichtsrath Friedr. Christ. Blankenberg.
Prediger, Wilhelm Held.
Arzt, Doctor Adolph Schwartz.
Actuarius und Materialien-
Berechner, Lieutenant Carl Held, *ad interim.*

UnterOfficianten:

Wundarzt, Finger.
Speisemeister, Johann Jacob Bartels.
Schulmeister, Küster Scharlow.
Zuchtmeister, Johann Rath.
Spinnmeisterin, Wittwe Stein.
LeinWebermeister, Daniel Schmidt.
Calefactor, vacat.

Zahl der Sträflinge, (Novbr. 1840):
Im Zuchthause . . . 144.

c) Zu Dreibergen, bei Bützow.

OberOfficianten:

OberInspector, Adolph Jul. Heinr. Ludw. Seitz.
Syndicus, *ad inter.,* BürgermeisterW. Paschen, zu Bützow.
Prediger, Pastor J. G. H. Timmermann.
Arzt, Doctor Jul. Caspar, zu Bützow.

UnterOfficianten:

Wundarzt, KreisChirurgus Christ. Sattler, zu Bützow.
Aufseher, Joachim Wegener.
Wächter: Joachim Kiel.
Gottlieb Otto.
Ludwig Kuckemuss.

Zahl der Sträflinge: 65. (Decbr. 1840.)

d) *Zucht- und Werkhaus,* zu St. Catharinen, in Rostock.

Patronen: die drei Bürgermeister.
Vorsteher: E. J. H. J. Paetow. J. A. Reinke.
J. F. Heyer. C. J. M. Gottspfenning.
Inspector, J. F. Richter.
Arzt, Hofmedicus, Dr. J. Schröder.

Wundarzt, J. C. Hoppe.
Zuchtmeister, E. H. Oldenburg.

Zahl der Sträflinge, (Septbr. 1840):
Im Zuchthause . . . 2.
Im Correctionshause . 48.

C) *LandArbeitshaus*, zu Güstrow,

zur Aufnahme und Beschäftigung der Müssiggänger, Landstreicher und Bettler; nach der ArbeitshausOrdnung vom 3 Febr. 1817 und 21 Juli 1821, am 15 April 1817 eröffnet.

Dirigirende Commission.

Grosherzoglicher Commissarius,

vacat.

Ritter- und landschaftliche Deputirte.

Oberster, Graf F. L. von der OstenSacken, auf Marienhof.
Bürgermeister Phil. Friedr. Burmeister, zu Güstrow.

OberOfficianten:

OberInspector,	Adolf von Sprewitz.
Inspector u. Controleur,	Gustav Walter.
Syndicus u. Justitiarius,	Advocat H. J. F. von Schultz.
Prediger und Katechet,	Pastor August Vermehren.
Arzt,	KreisPhysicus, Dr. C. O. W. Löser.
Revisor,	Adolf Simonis.
Actuarius u. Registrator,	Joh. Friedr. Heinr. Negendank.

UnterOfficianten:

Wundarzt,	Georg Schmidt, *ad interim.*
Hausvater,	Carl Rohde.
Spinn- u. Werkmeister,	Johann Kittendorf.
Hausmutter,	verehelichte Rohde.
Küster,	Carl Bade.
Polizeimeister,	Friedrich Köster.

Dienstleute:

Aufseher:	Friedrich Suhr.
	Friedrich Meyer.
	Christian Reuter, } *ad interim.*
	Johann Heuck, } *ad interim.*
	Friedrich Bösecke, } *ad interim.*
	Johann Voss, } *ad interim.*
Zuchtmeister,	Ludwig Grunzel, *ad interim.*
Thorhüter,	Friedr. Christ. Henn. Paepcke.
Hausbote,	Christian Engel.
Krankenwärter,	J. Thies, *ad interim.*
Nachtwächter:	Georg Schröder.
	Christian Sodemann.

Aufseherin,	verwittwete Lüthke, *ad interim.*
Krankenwärterinnen:	Wittwe Gode.
	verehelichte Engel.
Köchin,	verehelichte Suhr.

Effective Zahl der aufbewahrten Personen: (5 Octbr. 1840). 212 Männer; 52 Frauen; 52 Kinder, in Summa 316 Personen.

II. *Behörden und Institute zur Erhaltung und Vermehrung des innern Verkehrs, auch zu andern gemeinnützigen Zwecken.*

A) *WegeCommissarien,*

nach dem Commissorio perpetuo vom 7 Juli 1770.

Die DomanialBeamte.

B) *ChausseeBauInspection:*

Das KammerCollegium.

a) Grabow-Boizenburger Chaussee:

Departementsräthe: Kammerrath Wendt.
OberBaurath Wünsch.

Die SpecialAufsicht führen:

Die Beamte

zu Grabow,	von der Preussischen Grenze bis zur Neu-Krenzliner Scheide;
— Hagenow,	von dort bis zur SchwechowerScheide;
— Wittenburg,	von dort bis zur Tessiner Scheide;
— Boizenburg,	von dort bis zur Lauenburgschen Grenze.

Berechner der ChausseeBauCasse,
Rentschreiber Eduard Sachse, zu Schwerin.

ChausseeGeldEinnehmer:

Hennings,	b. Chausseehause	Nr. 1,	a. d. KremminerFelde.
Ahlefeldt,	—	— 2,	bei Grabow.
Meyer,	—	— 3,	a. d. Techentin. Felde.
Bernin,	—	— 4,	zu Redefin.
Schmettau,	—	— 5,	bei Vellahn.
Helms,	—	— 6,	zu Zahrensdorf.
Lange,	—	— 7,	bei Boizenburg.
Deichmann,	—	— 8,	zu Horst.

b) SchwerinWismarsche Chaussee:

Departementsräthe: Kammerrath Wendt.
OberBaurath Wünsch.

Die SpecialAufsicht führen:

Die Beamte

zu Schwerin, von Schwerin bis Zickhusen.
— Wismar, von dort bis Wismar.

ChausseeGeldEinnehmer:

Zettler, b. Chausseehause Nr. 1, bei GrosMedewege
Schnohr, — — — 2, zu Zickhusen.
Reidt, — — — 3, bei Meklenburg.

c) SchwerinLudwigsluster Chaussee:

Die SpecialAufsicht führen:

Die Beamte
zu Schwerin, von Schwerin bis zum Ortkrug.
— Neustadt, vom Ortkrug bis Ludwigslust.

ChausseeGeldEinnehmer,

N. N. Eckermann, zu Ortkrug.

C) *ChausseeBauGesellschaften:*

a) für die Rostock-NeuBrandenburger Chaussee:

Directorium:

LandesSteuerDirector, Drost Ludwig von Wickede, zu Rostock, Grosherzogl. Schwerinscher Commissarius.
KammerDirector von Kamptz, zu NeuStrelitz, Grosherzoglich Strelitzscher Commissarius.
Landrath H. D. W. von Blücher, auf Sukow, } Deputirte der
Senator, Dr. Bencard, zu Rostock, } Actionärs.
HauptCassenRendant, Friedrich Zelck, zu Rostock.
WegeBaumeister Vollrath Düffcke.

b) für die Güstrow-Lantower Chaussee:

Directorium:

LandesSteuerDirector, Drost Ludwig von Wickede, zu Rostock, Grosherzogl. Commissarius.
Senator Carl Dan. Fr. Loennies, zu Güstrow, Deputirter der Actionärs.
Cassier, Kaufmann Simonis in Güstrow.
WegeBaumeister Vollrath Düffcke.

D) *ActienGesellschaft,*
zur Schiffbarmachung der Elde, Havel und Stör.

Directorium:

Forstrath von Wickede, zu Schwerin, Grosherzoglich Schwerinscher Commissarius.
GeheimerKammerrath von Graevenitz, zu NeuStrelitz, Grosherzoglich Strelitzscher Commissarius.

Kammerherr von Borck, auf Möllenbeck,	Deputirte der Actionärs.
Bürgermeister, Hofrath Schmidt, zu Waren,	
Landrath von Blücher, auf Kuppentin,	

Expedient u. HauptCassenführer, G. Peitzner, zu Schwerin.
BauDirigenten: LandBaumeister Dunckelberg, zu Neu-Strelitz.
BauConducteur Garthe, zu Neustadt.

E) *Der ritterschaftliche CreditVerein,*

nach der landesherrlichen Bestätigung vom 28 Juli 1818, eröffnet den 11 Juli 1819, neu constituirt in Term. Antonii 1840.

HauptDirection, zu Rostock.

	Aus dem
Landrath von Leers, auf Schönfeld,	Meklenb. Kreise.
Landrath von Blücher, auf Teschow,	Wendisch. Kreise.
Landrath von Rieben, auf Galenbeck,	Stargard. Kreise.

Syndicus, Doctor Ludwig Peter Friedrich Ditmar.
Rendant, August Heinrich Francke.
Registrator, Johann Friedrich Koch.

KreisDirectoren:

	Im
Joh. Heinr. Carl v. Behr, auf Hindenberg,	Meklenb. Kreise.
Landrath, Baron von Maltzahn, auf Rothenmoor,	Wendisch. Kreise.
Kammerherr Ad. v. Oertzen, auf Salow,	Stargard. Kreise.

KreisDeputirte:

Kammerherr von Graevenitz, auf Waschow,	Aus dem Meklenb. Kreise.
Gutsbesitzer Rohrdantz, auf Dutzow,	
Major von Bülow, auf Rogecz,	
Kammerherr von Stralendorf, auf Gamehl,	
Erblandmarschall, Baron von Maltzan, auf Penzlin,	Aus dem Wendisch. Kreise.
Landrath H. D. W. von Blücher, auf Sukow,	
ViceLandmarschall von Oertzen, auf Rattey,	Aus dem Stargardschen Kreise.
Gutsbesitzer W. v. Oertzen, auf Barsdorf,	

Aufgenommene Mitglieder:

Aus dem Meklenb. Kreise mit 44	118 HauptGütern von 548 Hufen 27$\frac{11}{12}$ Scheffel.
— Wendisch. Kreise mit 55	
— Stargard. Kreise mit 19	

zu einem Kapitalwerthe geschätzt von
8,535,562 Rthlr. 39 ß. 10 Pf. N$\frac{2}{3}$. (Michaelis 1840.)

Darauf sind Pfandbriefe ausgegeben
für die Summe von 1,946,525 Rthlr. N⅔.
1,898,800 Rthlr. Gold.

F) *ErsparnissCassen.*

a) Zu Schwerin.

nach der Grosherzogl. Bestätigung vom 14 Mai 1821.

Director.

KanzleiViceDirector Martini.

Vorsteher:

Se. Excellenz, der GeheimeRathsPräsident, Minister von Lützow.

GeheimeRath von Wendland.
Regierungsrath, Dr. Knaudt.
Hofrath Livonius.
HofApotheker Sarnow.
Hofrath Hartmann.
Landdrost von Plessen.
KammerSecretair Brüning.
Advocat Büsing.
HofMaurermeister Schulz.
Kanzleirath Boccius.
Revis.Rath Schumacher.
Senator Schnapauff.
Zahlmeister Timm.
ZahlCommissär Peitzner.
Kaufmann Wittstock sen.
GeheimerKanzleirath Faull.
HofTischler Behncke.

Cassier, Advocat Schweden.

Gehülfe, Bernhard Büsing.

b) Zu Rostock,

nach der Grosherzogl. Bestätigung vom 30 Jun. 1825.

Director,

Syndicus, Dr. Ditmar.

Vorsteher:

Bürgermeister, Dr. Karsten.
Kaufmann A. F. Schalburg.
Kaufmann C. F. Crull.
Senator J. C. Weber.
Baumeister Joh. Gösch.
Kaufmann J. C. Haak.
Kaufmann J. D. Kühl.
Doctor G. Becker jun.
Kaufmann B. C. Peters.
Professor Becker.
Consul M. Köster.
Revisor H. Neuendorf.
Kaufmann W. Susemihl.
Diaconus H. Karsten.
Klempner J.H.Papenhagen.
Hutfabrikant Lansemann.

Cassier, Kaufmann Eggers.

c) Zu Wismar,

nach der Grosherzogl. Bestätigung vom 24 April 1826.

Räthliche Commissarien:

Bürgermeister Mann.
Rathsherr Schulze.

Bürgerschaftliche Deputirte:

Consul, Kaufmann Kröpelin.
Kaufmann Ernst Kindler.
Schmidt Krempin.
Klempner C. Christ. Linde.
Maler Kehmtzow.
Krämer Rhades.
Stuhlmacher Hoffmann.
Glaser Joseph.
Krämer Martens.
Kaufmann G. L. Köster.
Schlachter Waack.
Lakenhändler Nestor.

Revisor, Kaufmann Johann Ernst Kunze.
Berechner, Kaufmann Gabriel Andreas Menck.

d) Zu Güstrow,
nach der Grosherzogl. Bestätigung vom 9 October 1826.

Directorium,
der Magistrat zu Güstrow.

Berechner, Rathsherr Christian Friedrich Viereck.

e) Zu Grabow,
nach der Grosherzogl. Bestätigung vom 6 März 1830.

Vorsteher:

Landdrost von Suckow.
Brauer Martienssen.
Müller Bollbrügge.
Oeconomus Müller.
Brenner Ebeling.
Senator Bollbrügge.
Senator Weidemann.
Kirchenrath Flörke.
Pastor Matthesius.
Schuster Schulz.
Rademacher Krohn
HofTischler Wallmann.
Tischler Brauns.
Conrector Römer.
Tabacksfabrikant Bibelje.
Bäcker Bollhagen.
Bürgermeister, Dr. Floerke.
AmtsMitarbeiter Krüger.

Cassier, AmtsEinnehmer Kindt.

f) Zu Kröpelin,
nach der Grosherzogl. Bestätigung vom 21 Sept. 1830.

Directorium,
der Magistrat zu Kröpelin.

Vorsteher:

Rathmann von Santen.
AusschussBürger Schall.

Berechner, Kaufmann Griebnitz.

g) Zu NeuBukow,
nach den Grosherzogl. Bestätigungen vom 6 Mai 1831 u. 18 Dec. 1840.

Directorium,
der Magistrat zu NeuBukow.

h) Zu Goldberg,
nach der Grosherzogl. Bestätigung vom 23 Novbr. 1831.

Directorium,
der Magistrat zu Goldberg.

Vorsteher:

Rathmann Bösefleisch, Kaufmann Kleffel.
Rathmann Eichbaum.

i) Zu Röbel,
nach der Grosherzogl. Bestätigung vom 13 Sept. 1832.
Directorium,
Der Magistrat zu Röbel.

k) Zu Boizenburg.
nach den Grosherzogl. Bestätigungen vom 13 März 1833 und 24 Decbr. 1840.
Directorium,
der Magistrat zu Boizenburg.

l) Zu Plau,
nach der Grosherzogl. Bestätigung vom 7 Februar 1834.
Directorium,
der Magistrat zu Plau.

m) Zu Rehna,
nach der Grosherzogl. Bestätigung vom 11 April 1834.
Directorium,
der Magistrat zu Rehna.

n) Zu Teterow,
nach der Grosherzogl. Bestätigung vom 11 Novbr. 1834.
Directorium,
der Magistrat zu Teterow.

o) Zu Bützow,
nach der Grosherzogl. Bestätigung vom 24 Decbr. 1834.
Directorium,
der Magistrat zu Bützow.

p) Zu Malchow,
nach der Grosherzogl. Bestätigung vom 4 Januar 1839.
Directorium,
der Magistrat zu Malchow.

q) Zu Ribnitz,
nach der Grosherzogl. Bestätigung vom 1 Mai 1839.
Directorium,
der Magistrat zu Ribnitz.

r) Zu Waren,
nach der Grosherzogl. Bestätigung vom 30 Mai 1839.
Directorium,
der Magistrat zu Waren.

G) *Assecuranzen.*

a) *DomanialBrandCasse,* zu Schwerin,

nach der Grosherzogl. Bestätigung vom 18 Januar 1817.

Directorium,

Director, Drost Carl Ludw. Friedr. Ulr. von Plessen.
Assessoren: Erbpächter Dühring, zu Lübstorf.
Erbpächter Weidemann, zu Seehof.
Registrator und Expedient, KammerRegistrator Johann Gottfried Dierking.
Berechner, Amtmann Georg Krefft.
VersicherungsSumme 10,781,900 Rthl. N⅔. 1 Decbr. 1840.

c) *Ritterschaftliche BrandVersicherungsGesellschaft*

des Meklenburg- und Wendischen Kreises,
nach der Herzogl. Bestätigung vom 28 Decbr. 1781.

Directorium, der löbliche Engere Ausschuss.
Berechner, LandesEinnehmer Koeve.
VersicherungsSumme 13,493,300 Rthl. N⅔. Octbr. 1840.

c) *Städtische BrandVersicherungsGesellschaft*

des Meklenburgschen, Wendischen und Stargardischen Kreises,
nach den landesherrlichen Bestätigungen vom 30 Julius 1785 und 2 Julius 1828.

GeneralDirectorium,

Das Corps der associirten Städte.

SpecialDirectorium,

Bürgermeister und Rath jeder recipirten Stadt.
VersicherungsSumme 21152125 Rthl. N⅔. Michael. 1840.
Darunter wegen Meklenb.Schwerin 18,587,150 Rthl. N⅔.

d) *Rostocksche BrandAssecuration.*

Director, Bürgermeister, Dr. Karsten.
Räthliche Deputirte: Senator C. J. B. Weber.
Senator G. F. Meyenn.
4 Deputirte des ersten } Quartiers der Bürgerschaft.
4 Deputirte des zweiten }
Secretär, H. F. Michaelsen.
VersicherungsSumme 4,581,375 Rthl. N⅔. Octbr. 1840.

e) *Wismarche BrandAssecuration.*

Directorium,

Senator Hermes.
2 Deputirte der Kaufleute.
2 Deputirte vom Gewerke.
Secretär, Oeconomus Georg Nicolaus Sohst.
VersicherungsSumme 1,863,000 Rthl. N⅔. Michael. 1840.

f) *Vaterländ. Feuer VersicherungsSocietät,* in Rostock.

Directorium.

Kaufmann J. F. Schalburg.
Consul M. Köster.
Consul H. F. Saniter.
Bürgermeister J. F. Bauer.
Kaufmann Chr. Petersen.
Senator C. Janentzky.
Kaufmann J. B. Mann.
Kaufmann E. Paetow.
Kaufmann J. F. Strömer.

Bevollmächtigter, Kaufmann J. B. Scheele.
Cassier, Kaufmann C. F. Eggers.
Buchhalter, Kaufmann Carl Burchard.
Bote, Bürger J. G. Leverenz.
GeneralAgent, Kaufmann J. P. Holtzschue.
Haupt- und SpecialAgenten: 48.
VersicherungsSumme 7,500,000 Rthl. N⅔. 1 Novbr. 1840.

g) *MobiliarAssecuranz für LandBewohner,* zu NeuBrandenburg,

nach der Grosherzogl. MeklenburgSchwerinschen erneuerten Bestätigung vom 21 Febr. 1836.

Oberamtmann Schröder zu Neetzka.
Pensionär Natorp zu Grauenhagen.
Amtsrath Nauck auf Dischley.
Gutsbesitzer Pogge auf Zierstorff.
Pensionär Gaettens zu GrosMedewege.

Secretäre und Berechner:

August Gaeth, Advocat Carl Eugen Behm, } zu NeuBrandenburg.
Totale des VersicherungsFonds 25,823,025 Rthl. Gold. (Novbr. 1840) darunter:
wegen MeklenburgSchwerin - - 6,514,200 — —

h) *Feuer- und HagelVersicherungsVerein für Meklenburg,* zu Güstrow,

nach der Grosherzogl. Bestätigung vom 30 April 1831.

Directorium:

Pensionär Dabel, zu Cammin, Carl von Weltzien, auf KleinTessin, Domänenrath Dencker, auf Knegendorf, } Directoren.

RevisionsCommission:

Pensionär Witte, zu Zehlendorf.
Pensionär Müller, zu GrosUpahl.
SteuerRevisor Simonis, zu Güstrow.

Directoren der Districte:

Güstrow, Pensionär Carls zu Spoitendorf.
Bützow, Pensionär Krey zu LangenTrechow.
Tessin, Pensionär Schröder zu KleinRidsenow.
Wismar, Gutsbesitzer Bobsien auf Kritzow.
Rostock, Pensionär Junghans zu Fienstorf.
Sternberg, Pensionär Pauly zu Wendorf.
Kröpelin, Gutsbesitzer Kulow auf Lehnenhof.
Neustadt, Gutsbesitzer von Flotow auf Balow.
Eldena, Förster Baerens zu Grittel.
Waren, Pensionär Witte zu Baumgarten.
Gadebusch, Pensionär Steinmann zu Holdorf.
Marlow, Gutsbesitzer Lange auf Brunstorf.
Hagenow, Pensionär Koch zu Düssin.
Gnoien, Gutsbesitzer Könemann auf Tangrim.
Lübz, Pensionär Wiencke zu Neuhof.
Malchow, Pensionär Schröder zu Penkow.

Secretär und Berechner, Advocat Franz Gottlieb Johann Diederichs, zu Güstrow.

VersicherungsFonds: gegen Feuer, 11,931,105 Rthl. N⅔.
(2 Septbr. 1840) gegen Hagel, 2,949,515 — —

i) *Meklenburgsche HagelAssecuranz*, zu NeuBrandenburg,

nach der Grosherzogl. MeklenburgSchwerinschen erneuerten Bestätigung vom 21 Febr. 1836.

Directorium,

wie bei der MobiliarAssecuranz für Landbewohner.

Secretäre und Berechner:

August Gaeth, Advocat Carl Eugen Behm, } zu NeuBrandenburg.

Summe der VersicherungsFonds 9,961,100 Rthl. Gold.
(Novbr. 1840) darunter:
wegen MeklenburgSchwerin . . . . 2,186,100 — —

H) *WollManufacturUnterstützungsAnstalt*, zu Schwerin.

Commissarien:

Geheimer Hofrath Carl Christian Friedrich Schröder.
Commerzienrath Friedrich Mantius.

Aufseher über die WollArbeiter,

FabrikCommissär Johann Christian Georg Mantius.

Maschinenbauer, OberMechanicus David Zerrahn zu Malchow.

Berechner des UnterstützungsFonds, RegierungsRegistrator Friedrich Paschen.

Berechner der an einzelne WollArbeiter angeliehenen Unterstützungsgelder:
Die Magisträte in den verschiedenen Städten.

Grosherzogliches Werkhaus, zu Schwerin.

Commissarius,	Geheimer Hofrath Schröder.
Inspector u. Berechner,	Commerzienrath Friedr. Mantius.
Werkmeister,	vacat.

I) *Der Meklenburgsche patriotische Verein,*
(nach dem, mit Grosherzogl. Genehmigung vom 14 Octbr. 1817, erweiterten Zweck der vormaligen *landwirthschaftlichen Gesellschaft*, auf Veredlung der Producte und auf sittliche Bildung der Arbeiter des Landbaues).

Protectoren:

Ihre Königl. Hoheiten, die allerdurchlauchtigsten Grosherzoge von MeklenburgSchwerin und Meklenburg-Strelitz.

HauptDirectorium.

Oberst, Graf von der OstenSacken, auf Marienhof, erster HauptDirector.

Gutsbesitzer Engel, auf GrosGrabow, zweiter HauptDirector.

Präpositus Karsten, zu Vilz, HauptSecretär und Cassier.

Ordentliche Mitglieder:

ausserhalb Meklenburg 21, in Meklenburg 645,
welche letztere zur Zeit unter der Leitung nachbenannter Directoren in folgende 18 Districte vertheilt sind.

NeuBukow: (22) Präpositus Schmundt, zu NeuBukow.
Senator Jörges, zu NeuBukow, DistrictsSecretär.
Gutsbesitzer Michels, auf Buschmühlen, DistrictsCassier.

Bützow: (30) Baron von Rodde, auf Zibühl.
CriminalRath von Wick, in Bützow, DistrictsSecretär.
Kammerherr von Plessen, in Bützow, DistrictsCassier.

Gadebusch:	(29)	Landdrost v. Wrisberg, zu Gadebusch. Advocat Ebert, zu Gadebusch, DistrictsSecretär.
Gnoien:	(17)	von Schuckmann, zu Viecheln. Advocat Liss, in Gnoien, DistrictsSecretär.
Grabow:	(28)	Oeconomus Dunkelmann, in Grabow.
Grevismühlen:	(29)	Gutsbesitzer Rettich, auf Harkensee.
Güstrow:	(62)	Domänenrath Satow, auf Hägerfelde. Apotheker Hollandt, zu Güstrow, DistrictsCassier.
Kröpelin:	(17)	Gutsbesitzer Maue, auf GrosSiemen. Apotheker von Santen, zu Kröpelin, DistrictsSecretär.
Parchim:	(52)	Pensionär Krüger, zu GrosNiendorf. Pastor von Santen, zu Marnitz, DistrictsSecretär.
Ribnitz:	(36)	Oberforstmeister, Baron von Stenglin, zu Gelbensande. Förster Schulz, zu Volkshagen, DistrictsSecretär.
Röbel:	(20)	VicePräsident v. Bülow, auf Gr. Kelle. Pastor Passow, zu Röbel, DistrictsSecretär.
Rostock:	(59)	Professor Becker, zu Rostock. Professor, Dr. Karsten, daselbst, DistrictsSecretär.
Schwaan:	(15)	Amtsverwalter Scheel, in Schwaan. Fabrikant Prehn, daselbst, DistrictsSecretär.
Schwerin:	(34)	Revis. Rath Schumacher, zu Schwerin.
Tessin:	(42)	Landdrost von Schack, auf Nustrow. Präposit. Karsten, zu Vilz, Distr. Secr.
Teterow:	(76)	Gutsbesitzer Pogge, auf Zierstorf. Pastor Zander, in Teterow, DistrictsSecretär.
Waren:	(37)	Bürgermeister Pries, in Waren. Postmeister Viereck, in Waren, DistrictsSecretär.
Warin:	(36)	GeheimerAmtsrath Koch, in Warin. Doctor Schnelle, auf Buchholz, DistrictsSecretär.

Mitglieder, die sich keinem Districte angeschlossen: 9.

EhrenMitglieder.

Se. Königl. Hoheit, der Prinz Friedrich Wilhelm Ludwig von Preussen.

Se. Durchlaucht, der Herzog von HolsteinSonderburg-Augustenburg.

Einheimische 15
Auswärtige 90

K) *Die Meklenburgsche naturforschende Gesellschaft*, zu Rostock,
(gestiftet am 1. Juli 1800).

Ordentliche Mitglieder:

ViceKanzler und KanzleiViceDirector C. F. von Both, Präsident.
Professor, Dr. J. Röper, VicePräsident.
Professor, Dr. H. Karsten, beständiger Secretär.
Professor, Dr. E. Becker.
Professor, Dr. K. von Blücher.
Lehrer F. W. Clasen.
Oberarzt, Dr. Detharding.
Syndicus, Dr. Ditmar.
Doctor Dragendorff.
Doctor Dreyer in Grevismühlen.
Doctor Fischer.
Doctor Hanmann.
Professor extraord. Dr. C. Krauel.
HofApotheker F. W. Krüger.
Doctor Lesenberg.
Bibliothekar, Baron von Nettelbladt.
LandesRevisor H. Neuendorf.
Doctor A. A. Reder.
Doctor Siemssen.
OberMedicinalrath, Professor, Dr. Spitta.
Professor, Doctor Stannius.
OberMedicinalrath, Professor Dr. Strempel.
LandesSteuerDirector, Drost von Wickede.
Apotheker, Dr. F. Witte.

Ehrenmitglieder: 3.
Correspondenten: 106.

L) *Der wissenschaftliche Verein für Aerzte und Apotheker Meklenburgs.*

Vorstand: Geh. Medic.Rath, Dr. Sachse zu Schwerin.

Vorstand: KreisPhysicus, Dr. Crull zu Wismar.
KreisPhysicus, Dr. Bartsch zu Warin, Secretär.
Mitglieder: 112 Aerzte.
35 Apotheker.

M) *Die philomatische Gesellschaft*, zu Rostock.
(gestiftet am 24 Mai 1819)

Director, Apotheker, Dr. Kühl.
GehülfsDirector, LandesSteuerDirect., Drost v. Wickede.
Secretär, Doctor Dragendorff.
GehülfsSecretär, Doctor Serrius.
EhrenMitglieder: 2.
Auswärtige Mitglieder: 9.
Ordentliche Mitglieder: 107.

N) *Der Verein für meklenburgische Geschichte und Alterthumskunde*, zu Schwerin,
(gestiftet am 22 Aril 1835).

Protectoren:
Die allerdurchlauchtigsten Grosherzöge von Meklenburg-Schwerin und MeklenburgStrelitz.

Präsident,
Se. Excellenz, der GeheimeRathsPräsident, Minister von Lützow, zu Schwerin.

VicePräsident Regierungsrath von Oertzen,
Erster Secretär, Archivar Lisch,
Zweiter Secretär, Pastor Bartsch,
Rechnungsführer, Geheimer Kanzleirath Faull,
Antiquar, Hofmaler Schumacher,
Bibliothekar, Hofbuchdrucker Bärensprung,
} zu Schwerin.

EhrenMitglieder: 4.
Correspondirende Mitglieder: 51.
Ordentliche Mitglieder: 349.

III. *GesundheitsAnstalten.*

A) *MedicinalCommission*, zu Rostock.
(errichtet durch die PatentVerordnung vom 18 Februar 1830, zur Aufsicht über das gesammte Medicinalwesen, unter Leitung der Regierung).

Director,
KanzleiDirector, Doctor der Rechte und der Medicin, Philipp Jacob von Gülich.

Mitglieder:
Geh. Medicinalrath, Professor, Doctor Wilhelm Josephi.

OberMedicinalrath, Professor, Doctor Heinrich Spitta.
OberMedicinalrath, Prof., Dr. Joh. Carl Friedr. Strempel.
Professor, Doctor Friedr. Herm. Stannius.
Professor, Doctor Helmuth von Blücher, extraord.
Secretär, Advocat C. H. Diederichs.
Pedell, Kanzellist Carl Wilhelm Theodor Burchard.

a) KreisPhysici und StadtPhysici.

1) *KreisPhysici:*

(nach Ordnung ihres DienstAlters).

Im Bezirk:

Parchim, Sanitätsrath, Dr. Theod. Josephi, zu Marnitz.
Gadebusch, Medicinalrath, Dr. Heinrich Carl Friedrich Litzmann zu Gadebusch.
Ribnitz, Hofmedicus, Dr. Fr. Wittstock, zu Rostock.
Malchin, Dr. Helm. Friedr. Alb. Scheven, zu Malchin.
Wismar, Dr. Franz Georg Friedr. Crull, zu Wismar.
Ludwigslust, OberMedicinalrath, Dr. Gust. Adam Brückner, zu Ludwigslust.
Schwerin, Sanitätsrath, Dr. Hans Herm. C. Ch. Grapengiesser, zu Schwerin.
Waren, Hofrath, Dr. Ludw. Dornblüth, zu Plau.
Boizenburg, Sanitätsrath, Dr. J. G. Richter, zu Boizenburg.
Güstrow, Dr. Carl Otto Wilh. Loeser, zu Güstrow.
Gnoien, Dr. Joh. Friedr. Ludw. Kues, zu Gnoien.
Bützow, Dr. Friedr. Ernst Carl Bartsch, zu Warin.

2) *StadtPhysici:*

Zu *Wismar*: Dr. Franz Georg Friedrich Crull.
Dr. Ferdinand Rose, SubPhysicus.
— *Rostock*, Dr. Friedr. Wilh. Lesenberg.
— *Güstrow*, Dr. Carl Otto Wilh. Loeser.
— *Parchim*, vacat.

b) Ausübende Aerzte (186), Wundärzte (80), Zahnärzte (7), Thierärzte (53) und Apotheker (58).

1) *Im Boizenburger KreisPhysicat:*

(welches die Aemter und Städte Bakendorf, Boizenburg, Hagenow, Lübtheen, Toddin und Wittenburg umfasst.)

KreisPhysicus, Sanitätsrath, Doctor J. C. Richter, zu Boizenburg.
KreisChirurgus, Heinr. Ant. Aug. Pfeiffer, zu Vellahn.

15 *

1) *Ausübende Aerzte:*

Zu *Boizenburg:*	S. KreisPhysicus.
	Hofrath, Dr. Joh. Joach. Schmidt.
	Doctor C. W. Karwatcky.
	Doctor Friedrich Wigel.
Zu *Hagenow:*	Doctor G. H. Maass.
	Doctor Friedr. Ludw. Carl Vogel.
	Doctor J. Jansen.
— *Lübtheen:*	Doctor C. F. Wenmohs.
	Doctor Friedr. J. H. Becker.
— *Wittenburg:*	Sanitätsrath, Dr. Carl Martin Voigt
	Doctor Römer.
	Doctor Theodor Schaeffer.

II) *Wundärzte:* (9)

Zu *Boizenburg:*	Daniel Friedrich Gädkens.
	Buschendorff.
	Walter.
	Kiez.
	Nahr.
— *Hagenow,*	Riemcke.
— *Vellahn,*	S. KreisChirurgus.
— *Wittenburg:*	Jahncke.
	Thiesfing.

III) *Thierärzte* (5)

Zu *Boizenburg:*	J. C. W. Passow.
	Joh. Friedr. Ludw. Hövet.
— *Greven,*	Elink.
— *Redefin,*	Friedrich Wilh. Christoff Steinhoff.
— *Wittenburg,*	W. C. Maassen.

IV) *Apotheker:* (6)

Zu *Boizenburg:*	Christian Joachim Ludwig Windhorn.
	Wilhelm Friedrich Heller.
— *Hagenow,*	Joh. Heinr. Wilh. Kahl.
— *Lübtheen,*	N. Hennings.
— *Wittenburg:*	Georg Christian Ludwig.
	Georg Carl H. Seelhorst.

2) *Im Bützower KreisPhysicat:*

(welches die Aemter und Städte Brüel, Bützow, Dobbertin, Kröpelin, Rühn, Sternberg, Tempzin und Warin umfasst).

KreisPhysicus, Doctor Friedrich Ernst Carl Bartsch, zu Warin.

KreisChirurgus, Christoph Sattler, zu Bützow.

1) *Ausübende Aerzte:* (14)

Zu *Brüel:*	Doctor Peters.
	Doctor Wehmeyer.
	Doctor Julius Caspar.
	Doctor Carl Friedr. Lüttmann.
	Doctor Carl Wilh. Andr. Bock.
— *Doberan:*	Doctor Joh. Heinrich Matfeld.
	Doctor Doebereiner.
	Doctor Malbranc.
— *Kröpelin,*	Doctor Jonas Weil.
— *Sternberg:*	Sanitätsrath, Dr. Ant. Heinr. Volger.
	Doctor L. Wagener.
	Doctor Carl Fr. Wilh. Helm. Friederichs.
— *Warin:*	S. KreisPhysicus.
	Doctor Carl Otto Ernst Engel.

II) *Wundärzte:* (7)

Zu *Brüel:*	Ebeling.
	C. F. Cammann.
— *Bützow:*	S. KreisChirurgus.
	Bernard.
— *Doberan,*	HofChirurgus Friedrich Schmidt.
— *Kröpelin,*	Johann Friedrich Lühring.
— *Sternberg,*	Crenow.

III) *Thierärzte:* (7)

Zu *Brüel,*	Carl Friedrich Gädcke.
— *Bützow:*	Kuhs.
	Eduard Luger.
	Heinrich Flentjen.
— *Doberan,*	F. L. Müller.
— *Kröpelin,*	Gabr. Friedr. Christian Gosebeck.
— *Sternberg,*	Michelsen.

IV) *Apotheker:* (6)

Zu *Brüel,*	Friedrich Franz Christian Wettering.
— *Bützow*	Friedrich Hesse.
— *Doberan,*	HofApotheker J. Heinrich Framm.
— *Kröpelin,*	H. C. von Santen.
— *Sternberg,*	Friedrich Joachim Röttger.
— *Warin,*	F. W. Grupe.

3) *Im Gadebuscher KreisPhysicat:*

(welches die Aemter Gadebusch, Walsmühlen und Zarrentin, und die Stadt Gadebusch umfasst.)

KreisPhysicus, Medicinalrath, Doctor Heinr. Carl Friedr. Litzmann, zu Gadebusch.
KreisChirurgus, vacat.

1) *Ausübende Aerzte:* (4)

Zu *Gadebusch:* S. KreisPhysicus.
Doctor Samuel Georg Seebohm.
Doctor Gotth. Joachim Gust. Meyer.
— *Zarrentin,* Doctor N. N. Jaffée.

II) *Wundärzte:* (4)

Zu *Gadebusch,* Friedrich Ludwig Paetow.
— *Zarrentin,* Carl Döring.

III) *Thierärzte:* (1)

Zu *Gadebusch,* Chr. Fr. Urban.

IV) *Apotheker:*

Zu *Gadebusch,* Rudolf Friedrich Gerhard Wilhelm.
— *Zarrentin,* Joh. Christian Friedrich Stockfisch.

4) *Im Gnoienschen KreisPhysicat:*
(welches die Städte Gnoien, Lage, Sülze und Tessin umfasst).

KreisPhysicus, Doctor Joh. Friedr. Ludw. Kues, zu Gnoien.
KreisChirurgus, Joh. Friedr. Wiedemann, zu Gnoien.

1) *Ausübende Aerzte:* (10)

Zu *Gnoien:* S. KreisPhysicus.
Doctor C. H. Johannes.
Doctor Hermann Meyer.
— *Lage:* Doctor Dethl. G. H. Susemihl.
Doctor J. A. Ludwig Intze.
Doctor Hirsch Levy.
— *Sülze:* Doctor Johann Plotzius.
Doctor Eduard Albrandt.
— *Tessin:* Doctor Ludwig Adolf Friedr. Jahn.
Doctor Philipp Behrens.

II) *Wundärzte:* (2)

— Zu *Gnoien,* S. KreisChirurgus.
— *Sülze,* August Ziegler.

III) *Thierärzte:* (3)

Zu *KleinBützin,* L. Schlächter.
— *Lage,* Carl Friedrich Meyer.
— *Tessin,* C. Fr. W. Fiedler.

IV) *Apotheker:* (4)

Zu *Gnoien*, Christoff Johann Friedrich Stahr.
— *Lage*, Carl David Wilhelm Bülle's Erben.
— *Sülze*, H. C. Bock.
— *Tessin*, Friedrich Wilhelm Georg Nerger.

5) ***Im Güstrowschen KreisPhysicat:***
(welches die Aemter und Städte Güstrow, Krakow, Rossewitz und Schwaan umfasst).

KreisPhysicus, Doctor Carl Otto Wilhelm Loeser, zu Güstrow.
KreisChirurgus, Doctor Joachim Ludwig Burmeister, daselbst.

1) *Ausübende Aerzte:* (18)

Zu *Güstrow:* S. KreisPhysicus.
Hofrath, Dr. C. C. F. Hasse.
Doctor L. Volger.
Doctor Bogislav Conrad Hansen.
Doctor J. Rosenthal.
Doctor Schmuhl.
Doctor Maass.
Doctor Joachim Ludwig Burmeister. (S. KreisChirurgus.)
Doctor Ludwig.
Rath, Doctor Ad. Aug. Otto Waldow.
Doctor Andr. Friedr. Gottl. Rachow.
Doctor Aug. Ludw. Burmeister.
— *Krakow:* Doctor Julius Bollbrügge.
Doctor Friedr. Heinr. David Stolte.
Medic. pract. Wilh. L. Conradi.
— *Schwaan:* Doctor Gottfr. Peter Heinr. Ehlers.
Doctor Heinr. F. E. Grimm.
Doctor Heinrich Stahl.

II) *Wundärzte:* (3)

Zu *Güstrow*, (S. Güstrowsches StadtPhysicat.)
— *Krakow*, Meyer.
— *Schwaan*, J. H. Nendel.

III) *Zahnärzte:* (1)

Zu *Güstrow*, Friedrich Jürss.

IV) *Thierärzte:* (5)

Zu *Güstrow:* Fr. Simonis.
Johann Samuel Krohn.
Hast.

Zu *Güstrow*, Moritz Isaack Marcus.
— *Schwaan*, Tobias.

V) *Apotheker:* (5)

Zu *Güstrow*: (Die RathsApotheke. S. Güstrowsches StadtPhysicat.)
C. H. Hollandt.
— *B. u. D. freiheit*, Johann Wilhelm Prätorius.
— *Krakow*, W. Block.
— *Schwaan*, Ernst Friedrich Bahlmann.

6) *Im Güstrowschen StadtPhysicat:*

StadtPhysicus, Doctor Carl Otto Wilhelm Loeser, zu Güstrow.

StadtChirurgus, Georg Schmidt.

I, II, III) *Ausübende Aerzte, Wundärzte u. Thierärzte*, Siehe Güstrowsches KreisPhysicat.

IV) *Apotheker*,

RathsApotheker Ernst Brun.

7) *Im Ludwigsluster KreisPhysicat:*
(welches die Aemter und Städte Dömitz, Eldena, Grabow und Neustadt, so wie die KirchSprengel Picher u. Leussow umfasst).

KreisPhysicus, OberMedicinalrath, Doctor Gustav Adam Brückner, zu Ludwigslust.

KreisChirurgus, Dr. H. Fr. Wilh. Klooss, zu Grabow.

1) *Ausübende Aerzte:* (12)

Zu *Dömitz*: Doctor C. P. du Mesnil.
Doctor Heinrich Meyer.
Doctor Adolph Schwartz.
— *Grabow*: Doctor Jacob Meyer Löwenthal.
Dr. H. F. W. Klooss, (s. KreisChirurgus).
Doctor Joach. Carl Friedr. Rüst.
— *Ludwigslust*: Siehe KreisPhysicus.
GeneralChirurgus, Doctor Klooss.
HofChirurgus, Hofrath, Dr. Carl Frese.
HofMedicus, Dr. H. Fr. Woempner.
— *Neustadt*: Doctor Joh. Heinr. Gottfr. Brockmann,
Doctor Heinr. Helm. Friederichs.

II) *Wundärzte:* (5)

Zu *Dömitz*, Finger.
— *Grabow*, Ernst Born.
— *Ludwigslust* Johann Heinrich Zeitz.
Wendt.
Rennow.

III) *Thierärzte:* (3)

Zu *Grabow,*	Carl Speckmann.
— *Ludwigslust:*	OberRossArzt Georg Rüst.
	RegimentsRossArzt Schoen.

IV) *Apotheker:* (4)

Zu *Dömitz,*	Wilhelm Bernhard Carl Braunwaldt.
— *Grabow,*	Carl Jänecke.
— *Ludwigslust,*	HofApotheker Otto Heinrich Volger.
— *Neustadt,*	Carl Georg Friedr. Gädcke.

8) *Im Malchinschen KreisPhysicat:*

(welches das Amt Gnoien, die Aemter und Städte Dargun, Malchin, NeuKalden, Penzlin, Stavenhagen und Teterow umfasst).

KreisPhysicus, Doctor Helm. Friedr. Alb. Scheven, zu Malchin.

KreisChirurgus, Doctor Aug. Th. Leonh. Drümmer, daselbst.

I) *Ausübende Aerzte:* (17)

Zu *Dargun:*	Doctor August Friedrich Carl Wolters.
	Doctor Ed. Joh. Dethl. Bernh. Linsen.
— *NeuKalden,*	Doctor Hermann Friedrich Willgohs.
— *Malchin:*	S. KreisPhysicus.
	S. KreisChirurgus.
	Doctor Friedrich Theodor Gesellius.
— *Penzlin:*	Doctor J. F. Moltrecht.
	Doctor Ernst Friedrich Betcke.
	Doctor Hermann Trebbin.
— *Stavenhagen:*	Doctor Johann Christian Luckow.
	Medic. pract. Spaarmann sen.
	Doctor Christ. Friedr. Spaarmann jun.
	Doctor Michael Liebmann.
— *Teterow:*	Doctor Friedrich Heinrich Wieland.
	Doctor Theodor Emanuel Wegener.
	Doctor Ad. Bernh. Otto Friedr. Waldow.
	Doctor Moritz Hirsch.

II) *Wundärzte:* (4)

Zu *Malchin:*	C. F. Molzahn.
	Wilhelm Müller.
— *Penzlin,*	Rudolph Gericke.
— *Stavenhagen,*	Metze.

III) *Thierärzte:* (6)

Zu *Basedow,*	Borchert.
— *Malchin,*	Christoff Dan. Friedr. Krogmann.

Zu *Remplin,*	Märtens.
— *Stavenhagen:*	HofThierArzt Wagenknecht.
	August Kossel.
— *Teterow,*	Julius Theodor Lenthe.
	IV) *Apotheker:* (6)
Zu *Dargun,*	verwittwete Dinnies.
— *NeuKalden,*	Heinrich Friedrich Hermes.
— *Malchin,*	Hans Friedrich Timm.
— *Penzlin,*	Albert Hoth.
— *Stavenhagen,*	Doctor Carl Christoph Grischow.
— *Teterow,*	Friedrich Scheibel.

9) *Im Parchimschen KreisPhysicat:*
(welches die Aemter und Städte Lübz, Marnitz und Plau umfasst).

KreisPhysicus, Sanitätsrath, Dr. Theodor Josephi, zu Marnitz.
KreisChirurgus, Christian Rambaum, zu Plau.

	1) *Ausübende Aerzte:* (10)
Zu *Lübz:*	Doctor Carl Friedrichs.
	Doctor Joh. Georg Friedrich Schmidt.
— *Marnitz,*	S. KreisPhysicus.
— *Parchim:*	GeheimerMedicinalrath, Leibarzt, Dr. J. H. Becker.
	Medicinalrath, Doctor Carl Uterhart.
	Doctor Hermann Weil.
	Doctor Albert Wendt.
— *Plau:*	Hofrath, Doctor August Dornblüth.
	Doctor Joh. Friedr. Wilh. Nevermann.
	Doctor Maass.
	II) *Wundärzte:* (4)
Zu *Lübz,*	Fr. Eichblatt.
— *Parchim,*	S. Parchimsches StadtPhysicat.
— *Plau:*	S. KreisChirurgus.
	N. Heinrici.
	III) *Thierärzte:* (3)
Zu *Parchim:*	Carl Martens.
	M. Cohn.
— *Plau,*	Joh. Joach. Sam. Berlin.
	IV) *Apotheker:* (3)
Zu *Lübz,*	Otto Sarnow.

Zu *Parchim*,	Die RathsApotheke, s. Parchimsches StadtPhysicat.
— *Plau*,	Friedr. Joh. Georg Scheel.

10) *Im Parchimschen StadtPhysicat:*

StadtPhysicus, vacat.
StadtChirurgus, Friedr. Wilh. Ziegler, daselbst.

I, II, III) *Ausübende Aerzte, Wundärzte u. Thierärzte:*
S. Parchimsches KreisPhysicat.

IV) *Apotheker:*

RathsApotheker Fr. Schumacher.

11) *Im Ribnitzer KreisPhysicat:*

(welches die Aemter und Städte Marlow, Ribnitz und Teutenwinkel umfasst).

KreisPhysicus, HofMedicus, Dr. Friedr. Wittstock, zu Rostock.
KreisChirurgus, Joh. Heinr. Gallenbach, daselbst.

1) *Ausübende Aerzte:* (4)

Zu *Marlow*,	Doctor Friedr. Ludw. Herm. Huen.
— *Ribnitz:*	Doctor Carl August Tott.
	Doctor Friedr. Wilh. Heinr. Doblow.
	Doctor Ernst Schliemann.

II) *Thierärzte:* (1)

Zu *Marlow*,	Gottlieb Thiessing.

III) *Apotheker:* (2)

Zu *Marlow*,	Julius Nerger.
— *Ribnitz*,	Julius Wendt.

12) *Im Rostocker StadtPhysicat:*

StadtPhysicus, Doctor Friedrich Wilh. Lesenberg, zu Rostock.
RathsChirurgus, Conrad Behrens.

1) *Ausübende Aerzte:* (25)

Zu *Rostock:*	Siehe StadtPhysicus.
	Geh.Medicinalrath und Professor, Dr. W. Josephi.
	OberMedicinalrath, Prof., Dr. Heinr. Spitta.

Zu *Rostock:*	OberMedicinalrath, Prof., Dr. Joh. Carl Fr. Strempel.
	Medicinalrath, Professor, Dr. Carl Fr. Quittenbaum.
	Doctor G. Breitenbücher.
	HofMedicus, Doctor Friedr. Wittstock.
	Oberarzt, Dr. Georg Wilh. Detharding
	Doctor G. S. Most.
	Doctor A. Lehmann.
	Doctor August A. Reder.
	Professor extraord., Dr. C. Krauel.
	HofMedicus, Doctor Joh. Schröder.
	Doctor F. Koeve.
	BataillonsChirurgus, Doctor Wiedow.
	Doctor Carl Adolf Friedr. Köpcke.
	Doctor Adolf Theodor Bollmann.
	Doctor Heinr. Friedr. Carl Hanmann.
	Doctor Ernst Joh. Friedrich Fischer.
	Doctor Johann Friedrich Weber.
	Doctor Ludw. Fr. Christ. Dragendorf.
	Doctor Friedr. Wilh. Aug. Benefeldt.
	Professor, Dr. Friedr. Herm. Stannius.
	Doctor Friedrich Siemssen.
	Doctor Herm. Brandenburg-Schäffer.
	II) *Wundärzte:* (10)
Zu *Rostock:*	RathsChirurgus Conrad Behrens.
	J. F. W. Kuhrcke.
	J. F. Nieter.
	J. C. Hoppe.
	F. H. S. Noland.
	Joh. Heinr. Gallenbach.
	G. F. C. Neese.
	C. B. A. Grosse.
	J. C. H. Schultz.
— *Warnemünde,*	Friedrich Wilh. Schütz.
	III) *Zahnärzte:* (2)
Zu *Rostock:*	HofZahnarzt Luckow, Doctor der Philosophie.
	Chr. Jantzen, Doctor der Philosophie.
	IV) *Thierärzte:* (2)
Zu *Rostock:*	J. H. Ascheberg.
	Friedr. August Urban.

V) *Apotheker:* (3)

Zu *Rostock:*	Bernh. Friedr. Kühl, Dr. der Philos.
	F. Witte, Dr. der Philosophie.
	F. W. Krüger, HofApotheker.

13) *Im Schwerinschen KreisPhysicat:*
(welches die Aemter und Städte Crivitz, Grevismühlen, Meklenburg, Rehna und Schwerin umfasst).

KreisPhysicus, Sanitätsrath, Dr. Hans Herm. Carl Chr. Grapengiesser, zu Schwerin.
KreisChirurgus, Joh. Heinr. Conr. Vollbrecht.

1) *Ausübende Aerzte:* (33)

Zu *Crivitz:*	Doctor Steinfeld.
	Doctor H. A. W. Becker.
	Doctor Friedrich Wendt.
— *Dassow:*	Doctor J. D. A. Haecker.
	Doctor Joh. Heinr. Wilh. Millies.
— *Grevismühlen:*	Doctor Peter Andreas Glävecke.
	Doctor H. H. Scheel.
	Doctor J. Behrend.
	Doctor Julius Dreyer.
— *Klütz,*	Doctor Friedr. Wilh. Christ. Heyken.
— *Rehna:*	Doctor Joh. Christ. Heinr. Schreiber.
	Doctor Joh. Heinr. Paul Böttcher.
	Doctor Lewis Nathan Marcus.
— *Sachsenberg,*	OberMedicinalrath, Dr. C. F. Flemming.
— *Schwerin:*	S. KreisPhysicus.
	GeheimerMedicinalrath und Leibarzt, Doctor Joh. Dav. Wilh. Sachse.
	GeheimerMedicinalrath und Leibarzt, Dr. Wilhelm Hennemann.
	Leibmedicus, Doctor Joseph Rossi.
	Doctor Ernst Christian Gottl. Gley.
	Oberarzt, Doctor Rennow.
	Doctor Christ. Friedr. Wilh. Teetz.
	Doctor Carl Bartels.
	Doctor Adolf Kittel.
	Doctor Georg Daniel.
	Doctor Chr. David Klockow.
	Doctor M. Rudolphi.
	BataillonsChirurgus, Doctor Joachim Chr. Ludw. Wilcke.
	Oberarzt, Dr. A. T. F. Müller.
	Doctor Heinrich Gressmann.

Zu *Schwerin:*	HofMedicus, Dr. Joh. Herm. L. Sachse.
	Doctor Carl August Heinrich Driver.
	Doctor Carl Ferd. Gust. Wendt.
	Doctor Heinrich Eduard Krüger.
	Doctor Georg Adolph Claren.
	II) *Wundärzte:* (15)
Zu *Crivitz,*	N. N. Caphengst.
— *Dassow,*	Joh. Carl Daniel Schröder.
— *Grevismühlen:*	Ludwig Dannehl.
	Johann Sandt.
	Albrecht.
	Joach. Heinr. Gallowitz.
— *Klütz,*	Rohde.
— *Rehna:*	N. N. Huberich.
	N. N. Hesse.
— *Roggenstorf,*	Levecke.
— *Schwerin:*	S. KreisChirurgus.
	Salomonn.
	Morien.
	Freudenthal.
	Johann Gottfried Heinrich Capheim.
	III) *Zahnärzte:* (3)
Zu *Schwerin:*	HofZahnarzt J. M. Bonheim.
	Ernst Paulsen.
	HofZahnarzt Mor. Sigism. Memler.
	IV) *Thierärzte:* (8)
Zu *Bothmer,*	Dinnies.
— *Crivitz,*	Wilh. Both.
— *Dassow,*	Vetter.
— *Grevismühlen,*	Benthien.
— *Rehna:*	Heinrich Both.
	Salomon Cohen.
— *Schwerin:*	Professor Steinhoff.
	Fr. Peters.
	V) *Apotheker:* (9)
Zu *Crivitz,*	Carl Schartow.
— *Dassow,*	Carl Fischer.
— *Grevismühlen:*	Carl Franck.
	C. F. Framm.
— *Klütz,*	Gustav Bühmann.
— *Rehna,*	Friedrich Octavius Schulz.
— *Schwerin,*	HofApotheker Heinrich Sarnow.

Zu *Schwerin:* HofApotheker Ernst Dolberg.
H. Francke.

14) *Im Warenschen KreisPhysicat:*

(welches die Aemter und Städte Goldberg, Malchow, Röbel, Waren und Wredenhagen umfasst).

KreisPhysicus, Hofrath, Doctor Ludwig Dornblüth, zu Plau.

KreisChirurgus, Franz Podesta, zu Malchow.

1) *Ausübende Aerzte:* (14)

Zu *Goldberg:* Sanitätsrath, Doctor J. F. Bornemann.
Doctor C. F. Lützenhoff.
Doctor Jacob Joach. Ernst Raber.
Medic. pract. August Burmeister.

— *Malchow:* Doctor W. Passow.
Doctor Friedr. Wilhelm Sternsdorff.
Doctor Adolph Friedr. Ludwig Penz.

— *Röbel:* Doctor Bartholomäi.
Doctor W. Günther.
Doctor Friedrich Hingst.
Doctor Jacob Daniel.

— *Waren:* Doctor August Kortüm.
Doctor Levy Daniel.
Doctor Ludwig Dühring.

II) *Wundärzte:* (9)

Zu *Dobbertin,* Friedrich Günther.

— *Malchow:* S. KreisChirurgus.
Gradhandt.

— *Waren:* Meincke.
Westphal.
Marenholz.
Hesse.
Pape.
Joh. Carl Heinr. Blandow.

III) *Thierärzte:* (4)

Zu *Goldberg,* Johann Meyer.

— *GrosRehberg,* Carl Koppe.

— *Röbel,* Friedr. Wilhelm Cölestin Liss.

— *Waren,* Adolph Friedrich Cowalsky.

IV) *Apotheker:* (5)

Zu *Goldberg,* Christian Philipp Böseflei sch.

Zu Malchow, verwittwete Müller.
— *Röbel,* Heinrich Schlosser.
— *Waren:* Wilhelm Strilack.
J. L. E. Saxe.

15) *Im Wismarschen KreisPhysicat:*

(welches die Aemter und die Stadt NeuBukow, Redentin, NeuKloster und Poel umfasst.)

KreisPhysicus, Doctor Franz Georg Friedrich Crull, zu Wismar.
KreisChirurgus, Christian Joh. Vehstädt, zu Wismar.

I) *Ausübende Aerzte:* (4)

Zu NeuBukow: Doctor F. Jahn, genannt Schwassmann.
Doctor L. Schweizer.
Doctor Heinrich Röper.
Doctor Helmuth Dernehl.

II) *Wundärzte:* (4)

Zu NeuBukow: Eichler.
Ibe.
— *NeuKloster,* Schultz.
— *Poel,* Henkel.

III) *Zahnärzte:* (1)

Zu NeuBukow, Jacobsen.

IV) *Thierärzte:* (1)

Zu NeuBukow, Jörges.

V) *Apotheker:* (1)

Zu NeuBukow, Johann Daniel Sthamer.

16) *Im Wismarschen StadtPhysicat:*

StadtPhysicus, Doctor Franz Georg Friedrich Crull, zu Wismar.
StadtSubPhysicus, Dr. Ferdinand Rose, daselbst.
StadtChirurgus, Christian Joh. Vehstädt daselbst.

1) *Ausübende Aerzte:* (9)

Zu Wismar: Siehe StadtPhysicus.
Siehe StadtSubPhysicus.
Doctor G. C. Thiele.
Doctor Johann Friedrich Carl Kniep.

Zu *Wismar:* Oberarzt, Dr. Hahn.
Doctor Friedrich Pentzlin.
Doctor Johann Gottlieb Siedenburg.
Doctor Helm. Friedr. Ludw. Belitz.
Doctor Heinrich Carl Sthamer.

II) *Wundärzte:* (6)

Zu *Wismar:* Siehe RathsChirurgus.
Kellmann.
Freundlieb.
Froh.
Schaumkell.
J. C. L. Henkel.

III) *Thierärzte:* (4)

Zu *Wismar:* Wegener.
Johann Heinrich Jacob Kehrhahn.
Johann Schütt.
Seidler.

IV) *Apotheker:* (2)

Zu *Wismar:* RathsApotheker Carl Ludwig Lau.
August Carl Ludwig Fabricius.

b) DomanialAmtsAerzte:

In dem Amte:	
Boizenburg,	Hofrath, Dr. Schmidt, zu Boizenburg.
NeuBukow,	Dr. J. Jahn, gen. Schwassmann, zu NeuBukow.
Bützow-Rühn,	Dr. Heinrich Wehmeyer, zu Bützow. Dr. Lüttmann, zu Bützow.
Crivitz,	Doctor Hermann A. W. Becker, zu Crivitz.
Dargun, Gnoien u. NeuKalden,	Doctor Willgohs, zu NeuKalden. Doctor Linsen, zu Dargun.
Doberan,	Doctor Matfeld, zu Doberan.
Dömitz,	Doctor Meyer, zu Dömitz.
Gadebusch,	Medicinalrath, Doctor Litzmann, zu Gadebusch.
Goldberg,	Sanitätsrath, Doctor Bornemann, zu Goldberg.
Grabow-Eldena,	Doctor Rüst, zu Grabow.

In dem Amte Grevismühlen und Plüschow,	Dr. Glaevecke, zu Grevismühlen.
Güstrow,	Doctor Burmeister, zu Güstrow. Doctor Wieland, zu Teterow. Doctor Intze, zu Lage.
Hagenow, Toddin und Bakendorf,	Doctor Vogel, zu Hagenow.
Lübtheen,	Doctor Becker, zu Lübtheen.
Lübz,	Doctor Carl Friedrichs, zu Lübz.
Marnitz,	Sanitätsrath, Doctor Josephi, zu Marnitz.
Meklenburg und Redentin,	KreisPhysicus, Dr. Crull, zu Wismar.
NeuKloster,	Doctor Engel, zu Warin.
Neustadt,	Doctor H. Brockmann, zu Neustadt.
Plau,	Hofrath, Doctor Dornblüth, zu Plau.
In einem Theil der Aemter Goldberg und Plau,	Doctor Passow, zu Malchow.
Rehna,	Doctor Böttger, zu Rehna.
Ribnitz,	Doctor Köpcke, zu Rostock. Doctor Schliemann, zu Ribnitz.
In der Vogtei Rüting,	Doctor Scheel, zu Grevismühlen.
Schwaan,	Doctor Ehlers, zu Schwaan. Doctor Grimm, zu Schwaan.
Schwerin und Walsmühlen,	Sanitätsrath, Doctor Grapengiesser, zu Schwerin.
Stavenhagen,	Doctor Scheven, zu Malchin.
Sternberg,	Dr. Carl Friedrichs, zu Sternberg.
Sülze,	Doctor Johann Plotzius, zu Sülze.
Tempzin und Warin,	KreisPhysicus, Doctor Bartsch, zu Warin.
Teutenwinkel,	Geh.Medicinalrath, Professor, Dr. Josephi, zu Rostock.
Wittenburg,	Doctor Römer, zu Wittenburg.
Wredenhagen,	Doctor Günther, zu Röbel.
Zarrentin,	Doctor Jaffée, zu Zarrentin.

C) Oeffentliche HebammenLehrer.

Zu *Schwerin,* Sanitätsrath, Dr. H. H. C. C. Grapengiesser.
— *Rostock,* Geh.Medicinalrath, Dr. J. Josephi.

d) Zum Impfen der Kuhblattern privilegirte Wundärzte. (20)

Johann Gottfried Heinrich Capheim, zu Schwerin.
Friedrich Günther, zu Dobbertin.
KreisChirurgus Franz Podesta, zu Malchow.
N. N. Ebert, zu Hagenow.
Daniel Friedrich Gädkens, zu Boizenburg.
N. N. Gradhandt, zu Malchow.
Carl Dörring, zu Zarrentin.
RathsChirurgus Conrad Behrens, zu Rostock.
Ludwig Dannehl, } zu Grevismühlen.
Johann Sandt. }
J. H. Nendel zu Schwaan.
Friedrich Wilhelm Schütz, zu Warnemünde.
KreisChirurgus H. A. A. Pfeiffer, zu Vellahn.
Johann Friedrich Lühring, zu Kröpelin.
Johann Carl Daniel Schröder, zu Dassow.
KreisChirurgus Johann Heinrich Conrad Vollbrecht, zu Schwerin.
KreisChirurgus Christoph Sattler, zu Bützow.
N. N. Schulz zu NeuKloster.
Wilhelm Müller zu Malchin.
Heinrich Schultz zu Rostock.

B) *BadeAnstalten.*

a) *See- und StahlBad,* zu Doberan.

Intendant,

KammerDirector, Kammerherr Friedr. Ludw. von Flotow, auf Penzin.

Directoren:

GeheimerAmtsrath Hundt, zu Doberan.
GeheimerMedicinalrath, Dr. Becker, zu Parchim, auch Badearzt.
Chirurgus, HofChirurgus Friedrich Schmidt.
OberBadeInspector, N. Burmeister.
Bademeister beim Stahlbade, Joh. Helm. Stoffer.
Capitän des Jagdschiffes, Krahnstöver.
Steuermann desselben, Jacob Schlie.

Gärtner, Nusbaum.

(wegen des Bauwesens vergleiche man die HofBauAdministration Abschnitt III.)

b) *SoolBad zu Sülze.*

(S. pag. 49.)

C) *IrrenHeilAnstalten.*

a) Zu Sachsenberg, (bei Schwerin).

Directorium:

KammerDirector Wilhelm, Baron von Meerheimb.
GeneralChirurgus, Dr. Klooss.

OberOfficianten:

OberMedicinalRath, Doctor Carl Friedrich Flemming, dirigirender Arzt.
Pastor Albrecht Bartsch, zu Schwerin, HausGeistlicher.
G. H. F. Framm, Hausverwalter.
C. A. Martens, Inspector und Berechner.
Bernhard Fiedler, GehülfsArzt.

UnterOfficianten:

Chirurgus J. L. T. Freudenthal, Aufseher.
Verwittwete S. Schwarz, Aufseherin.
Carl J. Prahl, Organist, zu Schwerin.
Joh. Rathsack, Schuster und Thorwärter.
G. Brumm, Schneider und Nachtwächter.
(ausserdem 18 Wärter und 15 Wärterinnen.)
(Zahl der Kranken, Novbr. 1840, männl. 99, weibl. 24.)

b) Zu St. Catharinen, in Rostock.

Patronen: die drei Bürgermeister.
Vorsteher: E. J. H. J. Paetow. J. A. Reinke. J. F. Heyer. C. J. M. Gottspfenning.
Inspector, J. F. Richter.
Arzt, Hofmedicus, Dr. Johann Schroeder.
Wundarzt, Hoppe.
Aufseher, J. F. Wedel. Chr. Westendorf.
(Zahl der Kranken, Septbr. 1840: männl. 43, weibl. 25.)

D) *Krankenhaus zu Schwerin.*

(Für herrschaftliche DomanialEinwohner.)

Arzt, Sanitätsrath, Dr. Grapengiesser.
Chirurgus und Hospitalmeister, Dr. Wilhelm Teetz.

IV. Einzelne, der LandesPolizei untergeordnete Institute.

A) *Kalender Wesen:*

a) StaatsKalender.

Herausgeber, GeheimerKanzleiRath Faull, } zu
Verleger, die Hofbuchdruckerei, } Schwerin.

b) Haushaltungs- und übrige Kalender.

Herausgeber, Professor Karsten, } zu Rostock.
Verleger, Friedrich Behm's Erben, }

B) *Intelligenz- und Wochenblätter.*

a) Officielles Wochenblatt.

Die Grosherzogliche RegierungsRegistratur.
Verleger, HofBuchdr. H. W. Bärensprung, zu Schwerin.

b) IntelligenzExpedition.

OberPostAmtsDirector Peter Christ. Bartning, } zu
Advocat Adolph Bartning, } Schwerin.

c) Rostocker Anzeigen.

RathsBuchdrucker J. M. Oeberg, zu Rostock.

d) Gemeinnützige Wochenblätter.

Buchdruckers Ebert Erben, zu Güstrow.
Buchdrucker Werner, zu Bützow.

C) *Concessionirte ZeitungsExpeditionen:*

Zu *Parchim*, F. J. Zimmermann's Erben.
— *Rostock*, UniversitätsBuchdruckers F. Behm Erben.
— *Schwerin*, HofBuchdrucker H. W. Bärensprung.
— *Wismar*, Wittwe Oesten.

D) *Behörde für die Vergleichung und Eichung der Maasse und Gewichte, auch die Lothfähigkeit des Goldes und Silbers.*

Die Grosherzogliche Münze zu Schwerin.

E) *Behörde in den LandStädten* (mit Ausnahme von Schwerin) *für die Brot- und FleischTaxe.*

Die Grosherzoglichen Stadtrichter.

F) *Amts- und StadtMusikanten,* (32)

mit ausschliesslichen Privilegien von der Grosherzogl. Regierung, in Gemässheit des LandesVergleichs §. 344 bestellet.

Stadt und Amt Boizenburg, Carl Friedrich Fick.
— Brüel und Amt Tempzin, F. Lindner.

Stadt und Amt Bukow, — Kröpelin und Amt Redentin,	E. F. Engel.
— und Amt Bützow und Rühn,	vacat.
— — — Crivitz,	Goldström.
Amt Doberan,	F. Bergmann.
Stadt u. A. Dömitz.	Schulze.
— — Gadebusch.	Geisler.
— — Gnoien und Dargun,	H. Grünberg.
— — Goldberg,	C. Stocks.
— — Grabow und Eldena,	J. Brunkow.
— — Grevismühlen,	L. C. H. Stubbe.
— — Güstrow, Krakow u. Lage,	Carl Bierwirth.
— — Hagenow und Toddin,	Ferd. Löwenhelm.
— — NeuKalden,	Franz Crell. W. L. Sens, *adj.*
— — Lübz,	Wengler.
— Malchow, Röbel und Amt Wredenhagen,	Carl Schröder.
Amt Marnitz,	B. Junker zu Parchim.
— NeuKloster,	J. Meincke.
Stadt und Amt Neustadt,	W. Stocks.
— Penzlin,	C. A. Güntermann.
— u.A.Plau,	Lantow.
— — Rehna,	C. M. F. Kronas.
— — Ribnitz, Sülze u. Marlow,	Grünwald.
— — Schwaan,	Joh. Friedr. Gold.
— — Schwerin u. Walsmühlen,	Johann Hartig.
— — Stavenhagen,	Berger.
— Sternberg,	F. Lindner.
— Tessin,	Friedrich Kempf.
— Teterow,	Carl Friedr. Kempf.
— u.A. Warin und Meklenburg,	Siehe Schwerin.
— Waren.	Rogge.
— u.A. Wittenburg, Bakendorf, und Zarrentin,	Carl Heinr. Wilhelm Voss.

Zwölfter Abschnitt.

Landständische Verfassung.

I. Landstände der Herzogthümer MeklenburgSchwerin und MeklenburgGüstrow,

in dem Sinne des LVII. Artikels der Wiener SchlussActe des deutschen Bundes vom 15 Mai 1820, sind in Meklenburg, seitdem mit der landesherrlichen Säcularisirung der Stifter und Klöster, die Geistlichkeit nach der Reformation aufgehöret hat, unter dem Namen der *Prälaten*, den ersten Stand zu bilden, nur zwei:

A) Die eigenthümlichen Besitzer der landtagsfähigen Rittergüter, aller drei Kreise,
die *Ritterschaft* (II. Theil, Seite 63 — 103).

B) Die Obrigkeiten der 40 Städte,
die *Landschaft* (II. Theil, Seite 115 — 133).

Von ersteren werden zugleich ihre Bauern und Hintersassen, von letzteren ihre Bürger und nicht von der NiederGerichtsbarkeit *eximirte* Einwohner repräsentiret; die nicht landtagsfähigen *übrigen Landbegüterten* (II. Theil, Seite 104 — 110) werden von beiden vertreten.

A) Directorium

der Ritter- und Landschaft auf Landtagen und LandesConventen.

Grosherzogliche Landräthe: (8)

(werden, nach vorgängiger Präsentirung dreier vom eingebornen oder recipirten Adel des respectiven Herzogthums, von der Landesherrschaft erwählt und beeidiget.)

Johann Friedr. Carl von Schack auf Rey,	wegen des Herzogthums Güstrow.
Georg Heinrich Leopold von Oertzen auf GrosVielen, Georg Justus von Koenemann auf Pritzier, Ernst Ant. Wilh. von Blücher auf Kuppentin,	— — Schwerin.
Baron Friedr. Nicol. Rudolph von Maltzahn auf Rothenmoor, Georg Alex. Wolfg. v. Rieben auf Galenbeck, Stargard. Kreises,	— — Güstrow.

Hans Diederich Wilhelm von Blücher auf Sukow, wegen des Herzogthums Güstrow.
Johann Jacob von Leers auf Schönfeld, — — Schwerin.

Erb Landmarschälle:

a) *des Herzogthums Meklenburg.*
August Friedrich Ulrich von Lützow auf Eikhof.

b) *des Fürstenthums Wenden.*
Ferdinand, Baron von Maltzan auf Penzlin.

c) *der Herrschaft Stargard.*
Friedrich, Graf von Hahn auf Pleez.

ViceLandmarschall, Kammerherr Adolf Friedrich Carl von Oertzen auf Rattey.

Deputirter der Stadt Rostock,
Bürgermeister, Doctor Dethl. Ludw. Eobald Karsten.

B) Der Engere Ausschuss der Ritter- und Landschaft, zu Rostock,

ausserhalb des Landtages,
constituirt durch die Vollmacht der Ritter- und Landschaft v. D. Sternberg den 27 Jun. 1620 und, als ein die gesammte Ritter- und Landschaft vorstellendes Collegium, in seiner jetzigen Verfassung von der Landesherrschaft durch den Landesvergleich vom 18 April 1755 §. 176 ff. bestätiget.

Landräthe:

Georg Justus von Koenemann auf Pritzier, wegen des Herzogthums Schwerin.
Baron Friedrich Nicolaus Adolph von Maltzahn auf Rothenmoor, wegen des Herzogthums Güstrow.

Ritterschaftliche Deputirte:

Oberstlieutenant Ulrich Carl Adolf von Bassewitz auf Schimm, des Königl. Schwed. SchwerdtOrdens Ritter, aus dem Meklenburgschen Kreise.
Ernst Christoph Adolph Friedrich von Lowtzow auf Rensow, aus dem Wendischen Kreise.
Kammerherr Adolf Alexander Wilhelm von Oertzen auf Salow, aus dem Stargardischen Kreise.

Landschaftliche Deputirte:

Bürgermeister, Doctor Detloff Ludwig Eobald Karsten, von der Stadt Rostock.
Bürgermeister, Geh.Hofrath Georg Friedr. Christian Wüsthoff, Vorderstadt Parchim.

Bürgermeister, Ernst Langfeldt, von der VorderStadt Güstrow.

Bürgermeister, Hofrath Carl Julius Friedrich Moll, von der VorderStadt NeuBrandenburg.

Ritter- und landschaftliche Bediente. (11)

LandSyndicus,	Doctor Detl. Friedr. Dreves.
LandesSecretär,	Dr. Friedr. Chr. GeorgWiggers.
Archivar u. Bibliothekar,	Dr. Johann Hermann Becker.
LandesEinnehmer,	Christian Heinrich Koeve.
Gegenschreiber,	Friedrich Koeve.
LandKastenSecretär,	Advocat Carl Heinrich Bauer.
Revisor b. Land.Cataster,	Heinrich Neuendorff.

LandesExecutoren:

Joh. Michael Dragendorff, { für den Meklenburg. Kreis. / für den Wendischen Kreis.

N. N. Jacobs, zu AltStrelitz, — — Stargardisch.Kreis.

Pedell, Ludw. Joh. Ernst Dohrmann.

C) Ritter- und Landschaft.

a) *Ritterschaft.*

α) Repräsentirendes Collegium in privative ritterschaftlichen Angelegenheiten.

(S. LandesVergl. §. 181, 185.)

Der Engere Ausschuss der Ritterschaft, zu Rostock.

Landräthe:

Georg Justus von Koenemann auf Pritzier, wegen des Herzogthums Schwerin.

Baron Friedrich Nicolaus Rudolph von Maltzahn auf Rothenmoor, wegen des Herzogthums Güstrow.

Deputirte:

Oberstlieutenant Ulrich Carl Adolph von Bassewitz auf Schimm, des Königl. Schwed. SchwerdtOrdens Ritter, aus dem Meklenburgschen Kreise.

Ernst Christoph Adolph Friedrich von Lowtzow auf Rensow, aus dem Wendischen Kreise.

Kammerherr Ad. Alex. Wilh. von Oertzen auf Salow, aus dem Stargardischen Kreise.

Ritterschaftlicher Syndicus.

Doctor Ludwig Peter Friedrich Ditmar.

β) Deputirte der ritterschaftlichen Eingesessenen
aus den Aemtern,
zu LandesConventen und gemeinsamen Angelegenheiten.

aa) *Im Meklenburgischen Kreise.*

1) Des Amts Bukow.

Major von Liebeherr, auf Steinhagen.
Einnehmer, Rathmann Joh. Christ. Friedr. Joerges, zu NeuBukow.

2) Des Amts Crivitz.

Otto Friedrich von Buchwald auf Kladow.
Einnehmer, Hofrath Carl Christ. Heinrich Schlüter, zu Crivitz.

3) Des Amts Gadebusch.

Johann Heinrich Carl von Behr auf Hindenberg.
Einnehmer, Advocat Joh. Friedr. Ebert zu Gadebusch.

4) Des Amts Grabow.

Philipp August Wilhelm von Flotow, auf Balow.
Einnehmer, Franz Carl Joh. Ernst Kindt, zu Grabow.

5) Des Amts Grevismühlen.

Justizrath Moritz Christian, Edler von Paepcke, auf Lütgenhof.
Einnehmer, Ad. Friedr. Carl Reincke, zu Grevismühlen.

6) Des Amts Lübz.

Major Carl Wilhelm Hans von Meding, auf Suckwitz.
Einnehmer, Hofrath W. A. F. Stampe, zu Lübz.

7) Des Amts Meklenburg.

Ernst Carl Christoph von Schack*, auf Retgendorf.
Einnehmer, StadtSecretär Aug. Theod. Kulow, zu Warin.

8) Des Amts Neustadt.

Heinr. Aug. Ludw. von Schuckmann, auf Schwastorff.
Einnehmer, Postmeister Friedrich Trebbin, zu Penzlin.

9) Des Amts Schwerin.

Carl Friedrich von Barner auf KleinTrebbow.
Einnehmer, Advocat Carl Hennemann, zu Schwerin.

10) Des Amts Sternberg.

Adolph Barthold Georg von Pressentin auf Prestin.
Einnehmer, Advocat Hartwig Massmann, zu Sternberg.

11) Des Amts Wittenburg.

Graf Friedr. Ad. Gottl. von Eyben, auf Ruhethal.
Einnehmer, Hofrath Hans Krüger, zu Lehsen.

bb) *Im Wendischen Kreise.*

1) Des Amts Boizenburg.

Georg Nicolaus Gerstenkorn, auf Badekow.
Einnehmer, Advocat Gotth. Carl Rassau, zu Boizenburg.

2) Des Amts Gnoien.

Drost Helmuth von Plessen, Lehnträger des Guts Repnitz.
Einnehmer, vacat.

3) Des Amts Goldberg.

Graf von der OstenSacken, auf Marienhof.
Einnehmer, Joh. Friedr. Heinr. Negendank, zu Güstrow.

4) Des Amts Güstrow.

Theodosius von Levetzow, auf Koppelow.
Einnehmer, G. W. von Dedelsen, zu Güstrow.

5) Des Amts NeuKalden.

Landrath Hans Diederich von Blücher auf Suckow.
Einnehmer, Johann Friedrich Müller zu NeuKalden.

6) Des Amts Plau.

vacat.

7) Des Amts Ribnitz.

Julius Wächter, auf Liepen.
Einnehmer, Rathmann Aug. Carl Wilh. Collasius, zu Tessin.

8) Des Amts Schwaan.

Geheimer Finanzrath Satow auf Prüzen.
Einnehmer, Gerichtsrath W. F. Gab. Ahrens, zu Schwaan.

9) Des Amts Stavenhagen.

Friedrich von Meyenn auf Gaedebehn.
Einnehmer, Postmeister Friedrich Trebbin, zu Penzlin.

10) Des Amts Wredenhagen.

Klosterhauptmann, Baron Carl von LeFort, auf Wendhof.
Einnehmer, Bürgermeister, Hofrath Christ. Engel, zu Röbel.

cc) *Im Stargardischen Kreise.*
Siehe den MeklenburgStrelitzschen StaatsKalender d. J.

dd) *Uebrige Landbegüterte:*

αα) Die drei Klöster *Dobbertin*, *Malchow* und *Ribnitz*.
werden von gesammter Ritter- und Landschaft, so wie

ββ) *Der Rostocker District*
von der Stadt Rostock repräsentiret.

Director, Senator, Dr. Ferd. Just. Crumbiegel, zu Rostock.

ee) *Die städtischen Kämmerei- und OeconomieGüter*
werden von ihren resp. Communen vertreten.

b) *Landschaft.*

α) SeeStadt Rostock.

aa) *MagistratsCollegium.*

Bürgermeister:

Doctor Joachim Friedrich Carl Brandenburg.
Doctor Dethloff Ludwig Eobald Karsten.
Johann Friedrich Bauer.

Syndici: Doctor Carl Ernst Christian Böcler.
Doctor Aug. Ludw. Albert Petersen.

Rathsherren: (10)

Doctor Ernst Heinrich Bencard.
Doctor Ferdinand Justus Crumbiegel, Archivar.
Christian Heinrich Janentzky.
Johann Christian Ziel.
Doctor Emil Carl Eduard Wächter.
Doctor Gottlieb Wilhelm Saniter.
Christoph Joachim Bernhard Weber.
Doctor Maximilian Theodor Ludwig Wendhausen
Georg Friedrich Meyenn.
Eduard Johann Friedrich Passow.

Protonotarius, Johann Christ. Theodor Stever.
RathsSecretär, Doctor Ernst Heinr. Ludw. Giese.

DepartementsSecretarien und sonstige StadtOfficianten in Rostock:

KämmereiSecretär,	Christian Friedrich Paepcke.
GewettsSecretär,	J. F. C. Ahrens.
GerichtsSecretär,	T. W. Schleuder.
PolizeiSecretäre:	T. W. Schleuder.
	Advocat Friedrich Wackerow.
WaisenGer.Secretär,	J. F. C. Ahrens.
PolizeiAdminist.Secretär u. RathsCopiist,	Gustav Heinrich Ludwig.
StadtCassenSecretär,	Ferd. Friedr. Heinr. Spangenberg.
KriegsCassenSecretär,	Heinr. Friedr. Michaelsen.
StadtFiscal,	Advocat Peter Friedr. Ledder.
StadtPhysicus,	Doctor F. W. Lesenberg.
RathsApotheker,	Doctor Bernh. Friedr. Kühl.
RathsChirurgus,	Conrad Behrens.
Bauschreiber,	Baumeister W. T. Schwedler.
RathsBuchdrucker,	J. M. Oeberg.
StadtMusikDirector,	J. F. Weber.

AerarienEinnehmer,	A. F. Sonnenschmidt.
Auctionarius,	G. D. Uebele.
Feuermeister,	J. F. Wölfer.
Spritzenmeister,	Schulz.
StadtWagenmeister,	J. Schnäckel.
StadtWageschreiber,	J. F. Kahl.
Hafenmeister,	D. Baselow.
LootsenAufseher,	N. N. Husfeldt.
Baggermeister,	J. H. Nolandt.
Stadtwäger,	J. C. Krasemann.
Münzmeister,	A. Schiller.
Marktvoigt,	J. G. J. Weiss.
BierVisitator.	C. Küchenmeister.
Polizeiwachtmeister:	J. H. Pelz.
	J. H. Böttcher.
27 PolizeiWachtleute.	

ausserhalb Rostock:

ForstInspectoren:	Herm. Fr. Becker, zu Rövershagen
	Georg Garthe daselbst, *adj.*
3 Holzwärter:	in der Rostocker Heide.
4 Holzwärter:	zu Rickdahl.
	— Barnstorf, Hospital z. heil. Geist.
	— Diedrichshagen, — Goldenitz, } zum St. Georg.
2 Jäger,	— Willershagen und Cordshagen.
3 Jäger, 3 Baumwärter,	} in der Rostocker Heide.
Vogt,	F. H. Meyer, } zu Warnemünde.
LootsenCommandeur,	J. C. Davids, } zu Warnemünde.

bb) *Das, die ganze Bürgerschaft repräsentirende Collegium der Hundert Männer:*
nach dem landesherrlichen Regulativ vom 25 August 1770.

Erstes Quartier: 50 Brauer und Kaufleute.

Senior,	Johann Christian Petersen.
Syndicus,	Doctor Joh. Chr. Brandenburg.
Secretär,	Advocat Friedrich Wilhelm Kneser.

Zweites Quartier: 50 Gewerke.

Senior,	Friedrich Ludwig Seeger.
Syndicus,	Doctor Carl Alex. Bolten.
Secretär,	Advocat Ludwig Friedrich August Seeger.

cc) *Die gemeinsame Bürgerschaft,*
theilt sich in XI. Fahnen und wird commandirt von

6 Fahnenherren: die 6 jüngsten Rathsherren.

11 BürgerCapitains, } aus der Bürgerschaft.
11 — Lieutenants,
11 — Fähnrichs,
6 — Adjutanten,

β) LandStädte.

aa) *Landesherrliche AufsichtsBehörde:*
Die Regierung.

Erhöhete SteuerReceptur,

bewilligt 31 Mai 1783, zum Abtrag der übernommenen LandKasten-Schulden und zu eigenen Bedürfnissen der Landschaft gegen eine jährliche Recognition von 3000 ℛ𝓉. M. V. zur Unterstützung für hülfsbedürftige Grosherzogl. PatronatKirchen.

Berechner, LandesEinnehmer C. H. Koeve, zu Rostock.

bb) *RathsCollegien,*
werden in den Vorderstädten und einigen andern Städten, wo sie zum Unterschiede durch gesperrte Schrift kenntlich gemacht sind, theils mit, theils ohne landesfürstliche Bestätigung, gewählt, in den übrigen aber von der Landesherrschaft ernannt:

und cc) *Bürgerschaftliche Repräsentanten*
werden aus der Mitte der Bürger gewählt.

(Bei den Städten, von welchen keine Veränderung angezeigt war, ist das vorigjährige Personale unverändert geblieben.

αα) Im Meklenburgschen Kreise.

1) *Vorderstadt Parchim.*

Bürgermeister:
GeheimerHofrath Georg Friedrich Christian Wüsthoff.
Doctor Gotthard Koss.

Rathsherren:
August Christian Sommer.
Franz Floerke.
Doctor Friedrich Philipp Gottlieb Brandt.
Gustav Friedrich Scharlau.
StadtSecretär, Christian Bernhard Voss.
Registrator, Advocat August Loescher.

StadtOfficianten,
StadtPhysicus, vacat.
RathsApotheker, Fr. Schumacher.
StadtChirurgus, Friedrich Wilhelm Ziegler.
Bauschreiber Christian Tiede.
StadtMusikant, Bernhard Junker.
Wagemeister, Kaufmann Sauer.
StadtFörster: Schulz, zu Kiekindemark.
Flemming, zu Slate.

2 Holzwärter, {zu Trotzenburg. / — Malchow.}

2 StadtJäger.

BürgerAusschuss:

Achtzehn BürgerRepräsentanten.

BürgerWorthalter, Dr. Beyer.

Substitut, Kaufmann C. Hoffmann.

6 Lohnherren zur Ausführung der FeldPolizei.

6 FeuerCassenBürger bei den LöschAnstalten.

2) *Brüel.*

Bürgermeister,	Advocat Heinrich Friedrich Born.
Rathmänner:	Carl Dalitz.
	der zweite vacat.
Stadtschreiber,	Johann Friedrich Pries.
Camerarius,	vacat.
BürgerAusschuss,	9 BürgerVorsteher.
BürgerWorthalter,	Kaufmann Hauswedell.

3) *NeuBukow.*

Bürgermeister,	Advocat Joh. Gottl. Bernh. Lechler.
Rathmänner:	J. C. Fr. Joerges, auch Stadtschreiber.
	Heinrich Carl Sengebusch.
KämmereiBerechner,	Friedrich Thede.
BürgerAusschuss:	8 Achtmänner.
	2 Viertelsmänner.

4) *Crivitz.*

Bürgermeister,	Hofrath Carl Christ. Heinr. Schlüter.
Rathmänner:	Carl Schartow.
	Heinr. Christoph Wilde.
	Aug. Herm. Raettig, *supern.*
StadtSecretär,	Carl August Bade.
Protocollist,	F. W. Kerstenhann, *ad interim.*
BürgerAusschuss:	1 Stadtsprecher.
	4 Viertelsmänner.

5) *Dömitz.*

Bürgermeister,	Advocat Carl Vogel.
Rathmänner:	Conrad Friedrich Bürger.
	Eduard Winter, auch Stadthauptmann.
	Matthias Bruchhans, *supern.*
StadtSecretär,	Gustav Adolph Gotsch.
KämmereiBerechner,	Friedrich Ernst Stephan.
BürgerAusschuss,	12 BürgerRepräsentanten.
BürgerWortführer,	Kaufmann Staack.
Substitut,	Schlächter Riebstein sen.

6) *Gadebusch.*

Bürgermeister, Christian Koch.
Rathmänner: Heinrich Rieck.
L. Walter, auch PassRevisor.
StadtSecretär, Carl Launburg.
KämmereiBerechner, L. Schnorr.
BürgerAusschuss: 12 BürgerVorsteher, worunter ein Wortführer.

7) *Grabow.*

Bürgermeister, Dr. Friedr. Franz Leopold Floerke.
Rathmänner: Advocat Wilhelm Carl Weber.
Friedr. Joh. Gottfr. Bollbrügge.
Carl Wilhelm Gohde.
Christian Ernst Zach. Weidemann.
StadtSecretär, Johann Hermann Ruge.
StadtRegistrator, Johann Stampehl.
StadtRechnungsführer, Friedrich Wilhelm Brockmann.
KämmereiBürger, 2 AusschussBürger.
BürgerAusschuss: 1 Stadtsprecher.
6 AusschussBürger.
4 Viertelsmänner.

8) *Grevismühlen.*

Bürgermeister, Advocat Heinrich Ebert.
Rathmänner: Johann Diederich Steinbeck.
Johann Hartwig Schumacher.
StadtSecretär: Carl Christian Behrmann.
Friedr. Joh. Heinr. Schultz, Gehülfe.
KämmereiBerechner, Friedrich Pelle.
StadtJäger, J. F. Hansen.
BürgerAusschuss, 12 BürgerVorsteher.
Wortführer, Webermeister Möller.

9) *Hagenow.*

Bürgermeister, Doctor Joh. Ernst Georg Bölte.
Rathmänner: Christian Windelberg.
Hermann Bibow.
P. C. W. Pitschner, *supern.*
StadtSecretär, Georg Friedrich Christian Lange.
Protocollist, Heinrich Rick.
Camerarius, Friedrich Cabell.
BürgerAusschuss: 2 Stadtsprecher.
8 AusschussBürger.

10) *Kröpelin.*

Bürgermeister, Advocat Andreas Burchard Röper.
Rathmänner: Heinrich Ludwig von Santen.
Franz Malchin.
Auditor, Adv. Carl Gottfr. Ernst Metelmann.
StadtSchreiber, Joh. Christian Odewahn, *emerit.*
StadtSecretär, Peter Johann Hormann.
CasseBerechner, Kaufmann Griebnitz.
BürgerAusschuss, 8 AusschussBürger.

11) *Lübz.*

Bürgermeister, Hofrath Wilh. Friedr. Alex. Stampe.
Rathmänner: Dr. Med. Carl Friedrichs.
Friedrich Heinrich Wolff.
BürgerAusschuss: 1 Stadtsprecher.
5 Viertelsmänner.
8 Achtelsmänner.

12) *Malchow.*

Bürgermeister, Advocat Friedrich von Müller.
Rathmänner: J. Martens.
Friedrich Carl Johann Sodemann.
StadtSecretär, Heinrich Johann Carl Harberding.
KämmereiBürger, J. M. Zabel.
BürgerAusschuss: 1 BürgerWorthalter.
4 Viertelsmänner.
8 AusschussBürger.

13) *Neustadt.*

Bürgermeister, Advocat Carl Friedr. Heinr. Timm.
Rathmänner: Carl Christoff Friedrich Lemke.
Heinr. Bened. Fabricius, auch Stadtwäger.
StadtSecretär, Joh. Wilh. Samuel Jancke.
KämmereiBürger, Stadtsprecher F. Bannier.
BürgerAusschuss: 6 AusschussBürger.

14) *Rehna.*

Bürgermeister, Advocat Carl Ludwig Daniel.
Rathmänner: Johann Ernst Dreyer.
Friedrich Octavius Schulz.
E. J. Demmler.
StadtSecretär, J. F. M. Lemke.
Johann Carl Lemke, *adj.*
RathsProtocollist, Andr. Jacob Christian Lenschau.
KämmereiBerechner, Johann Martin Lübcke.

Stadtwäger, Johann Schlünz.
BürgerAusschuss: 12 BürgerVorsteher.

15) *Schwerin,* Alt- und Neustadt,
(vereinigt durch die VerfassungsUrkunde vom 28 Januar 1832).

1) MagistratsCollegium:

Bürgermeister: Geh. Hofrath Rud. Chr. Heinr. Kahle.
Gerichtsrath Theodor Floerke.
StadtSyndicus, vacat.
Rathsherren: Ernst Jul. Gottlieb Bernien.
Johann Andreas Christian Kühm.
Ludwig Schnapauff.
Johann Friedrich Kittel.
Friedrich Strempel.
Heinrich Friedrich Voss.
Auditoren: Advocat Carl Heinr. Ferd. Barten.
Adv. Aug. Phil. Conr. Paschen.
Adv. Carl Ernst Friedr. Jul. Krüger.

Subalternen:

StadtSecretär, Friedrich Ahrens.
GerichtsRegistrator, Gabriel Andr. Gottfr. Richter.
StadtSchreiber, Johann Hartw. Gottfr. Daum.
Ger.Schreiber, Bernh. Christ. Heinr. Herold.
Protocollist, Christian Behncke.
Polizeischreiber, Heinr. Christ. Matth. Oertling.

StadtOfficianten:

RathsKellermeister u. Waagemeister } Carl Christoph Gabriel Gaetcke.
RathsChirurgus, vacat.
StadtMusikant, Johann Hartig.
StadtFörster, J. Hasse, zu Zippendorf.
2 Holzwärter, zu Schwerin und zu Göhren.

2) Der bürgerschaftliche Ausschuss:

Sieben und dreissig BürgerRepräsentanten.
Vorsteher, Advocat Adolph Bartning.
Substitut, ZahlCommissär G. L. Peitzner.

16) *Sternberg.*

Bürgermeister, Advocat Anton Wulfleff.
Rathmänner: Wilhelm Rhades.
Joh. Heinr. Günther, auch Kämmerei-Berechner.
Friedrich Rötger.

StadtSecretär, Advocat Hartw. Joh. Fr. Massmann.
BürgerAusschuss: 1 Stadtsprecher.
4 Viertelsmänner.
8 AusschussBürger.

17) *Waren.*

Bürgermeister: Hofrath Julius Carl Heinr. Schmidt.
Advocat Heinr. Christian Pries.
Rathmänner: Heinr. Wilh. Freund.
Advocat Friedr. Wilh. Brückner.
Adv. Christ. Friedr. Bernh. Kähler.
StadtSecretär, Carl Wilhelm Wagner.
BürgerAusschuss: 2 Stadtsprecher.
8 AusschussBürger.
2 Viertelsmänner.

18) *Wittenburg.*

Bürgermeister, Hofrath Carl Leop. Fr. Wilh. Vaigt.
Rathmänner: Johann Christian Cordshagen.
Hermann Carl Schlottmann.
StadtSecretär, Advocat Herm. Joh. Gottlieb Dölle.
Camerarius, Joachim Friedrich König.
Rathswäger, Carl Oderich.
BürgerAusschuss: 2 Stadtsprecher.
6 AusschussBürger.

ββ) Im Wendischen Kreise.

1) *VorderStadt Güstrow.*

Bürgermeister:

Ernst Langfeldt.
Philipp Friedrich Burmeister.
Syndicus, Johann Friedrich Wilhelm Wiese.

Rathsherren:

Advocat Helmuth Johann Friedrich von Schultz.
Advocat Carl Friedrich Kämmerer.
Carl Daniel Friedrich Lönnies.
Christian Friedrich Viereck.
Advocat Ferdinand Johann Heinrich Conrad Schondorff.
Eduard Wasmuth.
StadtSecretär, Gustav Wilhelm Scheel.
Registrator und Polizeischreiber, Christian Dan. Friedr. Glaser.
StadtPhysicus, Doctor Carl Otto Wilh. Loeser.
RathsApotheker, Ernst Christian Gustav Brun.
RathsChirurgus, Georg Schmidt.

17*

RathsKeller- und Wagemeister, Theodor Geist.
AusschussBürger: 6 im DomViertel.
6 im SchnoienViertel.
6 im MühlenViertel.
6 im GlevinschenViertel.

Grosherzogl. Burg- und DomFreiheit.

(S. II. Theil, Seite 126, 127.)

Richter, Advocat Wilhelm Hans Heinrich Rönnberg.
Actuarius, Christian Diederich Holsten.
Einnehmer und Berechner des Haus- und PfandBuches daselbst, Hauptmann Buschick.

2) *Boizenburg.*

Bürgermeister, Hofrath F. G. Mussäus, auch StadtSyndicus.
Rathmänner: Friedr. Joh. Ant. Schnapauff, Camer.
Advocat Johann Bürger.
Christian Heinrich Behncke.
StadtSecretär, Heinr. Friedr. Jul. Mussäus. auch Registrator.
Stadt- u. KämmereiCassenBerechner, Joach. Cord Bobsin.
BürgerAusschuss: 2 BürgerWorthalter.
10 Zehnmänner.

3) *Gnoien.*

Bürgermeister, Hofrath J. F. W. Bölckow.
Rathmänner: Adv. O. F. Liss, auch Gehülfe des Bürgermeisters.
J. F. Köppen.
D. J. L. Hempel, Camerarius.
C. J. F. Stahr, supern.
StadtSecretär, Johann Joachim Pflugk.
KämmereiBerechner, Christ. Franck.
BürgerAusschuss: 2 Stadtsprecher.
4 Viertelsmänner.
6 AusschussBürger.

4) *Goldberg.*

Bürgermeister, Advocat Gustav Zickermann.
Rathmänner: Friedrich Oppermann, auch StadtSecretär, *ad interim.*
Christ. Philipp Böseﬂeisch.
Ernst Friedrich Wilh. Duge, supern., auch Protocollist.
N. N. Eichbaum, supern.

BürgerAusschuss: 1 Stadtsprecher.
1 KämmereiBürger.
4 Viertelsmänner.

5) *NeuKalden.*

Bürgermeister, Adv. Christ. Friedr. Wilh. Görbitz.
Rathmänner: J. C. Schumacher.
Doctor Herm. Friedr. Willgohs.
StadtSecretär, Johann Friedrich Müller.
CassenBerechner, Ludwig Meyer.
BürgerAusschuss: 2 Stadtsprecher.
2 KämmereiBürger.
4 Viertelsmänner.
4 AusschussBürger.

6) *Krakow.*

Bürgermeister: Hofrath Carl Ludwig Voss.
Adv. Fr. J. Georg Conr. Meyer, Gehülfe.
Rathmänner: Medic. Pract. W. Conradi.
H. J. Haase.
StadtSecretär, Johann Christian Bernh. Rudow.
KämmereiBerechner, C. Winter.
BürgerAusschuss: 2 Stadtsprecher.
4 Viertelsmänner.
8 AusschussBürger.

7) *Lage.*

Bürgermeister, Adv. Conrad Friedrich Ulrich Lüders.
Rathmänner: Christoph Gottfr. Jacob Müller.
C. F. Buhse.
StadtSecretär, C. M. Kranitzky, *ad interim.*
KämmereiBerechner, Friedrich Dehn.
BürgerAusschuss: 1 Stadtsprecher.
3 BürgerDeputirte.
3 Viertelsmänner.

8) *Malchin.*

Bürgermeister, Doctor Heinr. Friedr. Aug. Schultetus.
Rathmänner: Carl Friedrich Krüger.
Johann Daniel Günter.
Ernst Ludw. Jac. Lüders.
StadtSecretär, Anton Johann Friedrich Wulffleff.
BürgerAusschuss: 2 Stadtsprecher.
18 AusschussBürger.

9) *Marlow.*

Bürgermeister, Advocat Carl Friedr. Wilh. Lüders.

Rathmänner: Johann Caspar Reddelin.
Ernst Schlie.
Johann Heinrich Reddelin, supern.
StadtSecretär, Christian Johann Erdmann Bass.
KämmereiBerechner, Apotheker Joh. Jul. Nerger.
BürgerAusschuss: 1 Stadtsprecher.
3 Viertelsmänner.
6 AusschussBürger.

10) *Penzlin.*

Bürgermeister, Advocat Friedrich Müller.
Rathmänner: Ernst Friedrich Ladendorf.
Ludwig Altmann.
StadtSecretär, Ludwig Carl Friedr. Lau.
BürgerAusschuss: 4 Stadtsprecher.
8 AusschussBürger.

11) *Plau.*

Bürgermeister, Advocat August Ehlers.
Rathmänner: Carl Schultetus.
Advocat Carl Georg Theodor Bolitz.
StadtSecretär, G. A. Wendt.
Heinrich Sauber, } Gehülfen.
Franz Burmeister, *ad int.*, }
StadtRechnungsführer, Johann Möller.
BürgerAusschuss: 1 BürgerWorthalter.
13 BürgerVorsteher.

12) *Ribnitz.*

Bürgermeister, Doctor Friedrich Ludwig Nizze.
Rathmänner: Carl Friedrich Böhmer.
Adolf Friedrich Boldt.
Joh. E. Dan. Hinrichsen.
Heinr. August Walter.
StadtSecretär, Advocat Christian Ernst Krauel.
StadtCassenBerechner, Joh. Ludw. Miebrodt.
BürgerAusschuss: 1 Stadtsprecher.
11 BürgerVorsteher.

13) *Röbel.*

Bürgermeister, Hofrath Christ. Ludw. Bernh. Engel.
Rathmänner: Johann Christoff Bierstädt.
J. F. Michler.
Ludwig Christian Jung
StadtSecretär, Gottfried Gennburg.

KämmereiBürger: Friedrich Polthier.
BürgerAusschuss: 3 Stadtsprecher.
2 Altermänner.
5 Viertelsmänner.

14) *Schwaan.*

Bürgermeister, Gerichtsrath Wilh. Fr. Gabr. Ahrens.
Rathmänner: Johann Heinrich Pogge.
Heinrich Becker.
Adv. Chr.Heinr.Helm.Prestien, supern.
StadtSecretär, Carl Heinr. Friedr. Peters.
Protocollist, Joh. Wilh. Heinr. Ehlers.
KämmereiBürger, Johann Dahm.
StadtCassenBuchhalter, Joh. Friedr. Weidt.
BürgerWorthalter, Stolte.
BürgerVorsteher, 6 Bürger.
Stadtwäger, Kaufmann Joh. Cordes.

15) *Stavenhagen.*

Bürgermeister, G. Johann Reuter.
Rathmänner: J. F. Cummerow.
Carl Clasen.
Auditor, Doctor Friedr. Carl Jenning.
StadtProtocollist, C. H. Tiedt.
KämmereiBerechner, C. R. Grambow.
BürgerAusschuss: 1 Stadtsprecher.
2 Viertelsmänner.
4 AusschussBürger.

16) *Sülze.*

Bürgermeister, Advocat Ludwig Theodor Bühring.
Rathmänner: Heinrich Drewfs.
Friedr. Chr. Chr. Böhmer.
StadtSecretär, Heinr. Dan. Aug. Bolte.
BürgerAusschuss: 1 KämmereiBürger.
1 BürgerWorthalter.
4 Viertelsmänner.
8 AusschussBürger.

17) *Tessin.*

Bürgermeister, Advocat Friedrich Wehner.
Rathmänner: August Carl Wilhelm Collasius.
Carl Friedrich Brandt.
StadtSecretär, W. F. Haase, *ad interim*, auch Camerarius.

BürgerAusschuss: 2 KämmereiBürger.
4 Viertelsmänner.
2 AusschussBürger.

18) *Teterow.*

Bürgermeister, Advocat Friedrich Meinshausen (*).
Rathmänner: Johann Friedrich Hagemann.
Christian Friedr. Ernst Ruess.
StadtSecretär, Friedrich Hagemann.
RathsProtocolllist, Gottfr. Gust. Theod. Paegelow.
KämmereiBerechner, vacat.
BürgerAusschuss: 2 Stadtsprecher.
2 Viertelsmänner.
8 AusschussBürger.

γγ) *Städte des Stargardischen Kreises.*

1)	VorderStadt	*NeuBrandenburg,*	Siehe den Meklenb. Strelitzischen StaatsKalender d. J.
2)	—	*Friedland,*	
3)	—	*Woldegk,*	
4)	—	*AltStrelitz,*	
5)	—	*Fürstenberg,*	
6)	—	*Wesenberg,*	
7)	—	*Stargard,*	

II. *Im Fürstenthum Schwerin*

sind keine Landstände, sondern, ohne Sitz und Stimme auf Landtagen, nur Domänen und

Städte.

a) *Landesherrliche AufsichtsBehörde.*

(Siehe oben, Seite 254.)

Erhöhete SteuerReceptur. (Siehe ebendaselbst.)

b) *RathsCollegien,*

werden von der Landesherrschaft besetzt,

und c) *bürgerschaftliche Repräsentanten,*

werden von der Bürgerschaft gewählt.

1) *Bützow.*

Bürgermeister, Advocat Wilhelm Paschen.
Rathmänner: Joachim Conrad Seemann.
Friedrich Theodor Drechsler.
Wilfried Block.
StadtSecretäre: Joachim Friedrich Kramer, *emer.*
Albert Georg Wendt.
KämmereiBerechner, Thomas Heyer.

BürgerAusschuss: 1 Stadtsprecher.
4 KämmereiBürger.
4 Viertelsmänner.
2 BauBürger.
1 FeuerschauBürger.

2) Neustadt *Schwerin* und *DomKapittelsfreiheit.*
(Siehe Schwerin Alt- und Neustadt p. 258 (II. Th. S. 135.)

3) *Warin.*

Bürgermeister,	Advocat Chr. Wilh. Conr. Telschow.
Rathmänner:	Christoph Haase.
	J. C. Danckwarth.
StadtSecretär,	August Theodor Kulow.
KämmereiBerechner,	Johann Heinrich Plate.
BürgerAusschuss:	2 Viertelsmänner.
	3 AusschussBürger.

III. *In der Herrschaft Wismar.*
(Ohne Landstandschaft.)

SeeStadt Wismar.

1) *MagistratsCollegium.*

Bürgermeister:

Carl Friedrich Schmidt.
Gabriel Christian Mann.
Syndicus, Hofrath, Dr. Alb. Joach. Fr. Dahlmann.

Rathsherren: (9)

Gottlieb Diederich August Hass.
Christian Ludwig Cornelsen.
Christian Wilhelm Hermes.
Victor Adolf Erdmann.
Lorenz Martin Schulze.
Doctor Hermann Gustav Fabricius.
Heinrich Christoph Böst.
August Ludwig Axel Groth.
Doctor Christian Wilhelm Süsserott.

StadtSecretär,	Jacob Heinr. Ehregott Enghart.
RathsRegistrator,	Franz Joachim Briesemann.
KämmereiSecretär,	Johann David Trendelburg.
GerichtsSecretär,	Doctor Joh. Chr. Ernst Bühring.
PolizeiSecretär,	Carl Friedr. Albr. Schmidt.
RathsCopiist,	Pet. Joh. Friedr. Rüthnick.

StadtOfficianten:
(nach alphabetischer Ordnung.)

AcciseBuchhalter,	Johann Gottlieb Hennings.
AcciseSchreiber,	Carl Friedrich Fabricius.
AcciseAufseher,	Aug. Christian Mussäus.
RathsApotheker,	Carl Ludwig Lau.
Apotheker,	August Carl Ludwig Fabricius.
Auctionator,	Johann Christian Ernst Oesten.
BauSchreiber,	Johann Gabriel Jacobs.
Baumverwalter,	Johann Gabriel Mass.
RathsChirurgus,	Christian Johann Vehstädt.
StadtFiscal,	Advocat Heinrich Anders.
RathsKellermeister,	Ernst Jacobs.
Marktvogt,	Friedrich Ehrenreich Christen.
Mühlenschreiber,	Erich Meink.
StadtMusikDirector,	F. O. Trautwein.
Packmeister,	Valentin Joseph Borchert.
StadtQuartiermeister,	Matthias Heinrich Martens.
StadtPhysicus,	Doctor Franz Georg Friedr. Crull.
SubPhysicus,	Doctor Ferdinand Rose.
SchiffsClarirer,	Johann Gottfried Martens.
StrandSchreiber,	Heinrich Küter.
StrandVogt,	Joh. Andr. Christ. Rosenberg.
Rathswäger,	Johann Hartwig Möller.
Wagenmeister,	Johann Ludwig Rathsack.
Weinschreiber,	Andreas Riedel.
4 Thorhüter:	am AltWismarschen } — Lübschen } Thor. — Mecklenburger } — Poeler }

2) *Der bürgerschaftliche Ausschuss,*
nach der VerfassungsActe de 29. December 1830.

ErstesQuartier:	17 Repräsentanten d. Handelsstandes.
BürgerWorthalter:	Kaufmann Gottfried Joh. Frahm. KrämerAelteste J. E. F. Sellentin.
Consulent,	Advocat Heinrich Anders.
Zweites Quartier:	25 Repräsentanten der übrigen Bürgerschaft.
BürgerWorthalter:	Töpfermeister Joh. D. Schlichting. TischlerAelteste J. F. Massmann.
Consulent,	Advocat Carl Wilh. Groth.

Erster Anhang.

Neue Annalen

des

Grosherzogthums Meklenburg-Schwerin 1840.

Sechs und zwanzigstes Jahr,

seit Annahme der Grosherzoglichen Würde.

Jan. 2. Der zur Notification des Ablebens des Königs Friedrich VI. und der Thronbesteigung Sr. Majestät des Königs Christian VIII. von Dänemark, als ausserordentlicher Gesandter hierher geschickte Königl. Dänische Kammerherr Graf von Reventlow übergiebt in feierlicher Audienz zwei Schreiben Sr. Majestät des Königs Christian VIII.

— 6. Rückreise des Erbgrosherzogs von Schwerin nach Dresden.

— 8. Absendung des Oberlandforstmeisters, Kammerherrn von Bülow nach Kopenhagen, um dem Könige Christian VIII. von Dännemark zur erfolgten Thronbesteigung Glück zu wünschen.

— 21. Verordnung wegen der von den Schauspielern zu entrichtenden ausserordentlichen Contribution.

— 22. Edict wegen Aufbringung der Kosten der Unterhaltung des CriminalCollegiums zu Bützow.

— — Edict wegen Aufbringung der Kosten der Unterhaltung des LandArbeitshauses zu Güstrow.

— — Audienz des Oberlandforstmeisters, Kammerherrn von Bülow bei dem Könige Christian VIII. von Dännemark in Kopenhagen.

— — Verordnung wegen der ausserordentlichen Steuer vom Holzhandel.

Jan. 25. Erläuterung der CollateralErbsteuerOrdnung vom 12 Febr. 1835 und Erweiterung des §. 2 der über diese Collateral-ErbsteuerOrdnung unterm 18 Decbr. 1835 ergangenen Declaratorien.

— 27. Von der Regierung wird die Königl. Hannoversche Verordnung de 9 Jul. 1838, betreffend die Form und Fassung der von den dortigen Behörden zu ertheilenden Reise-Documente, zur Nachachtung der hiesigen PolizeiBehörden bekannt gemacht.

— — Verordnung wegen der von den ProductenHändlern zu erlegenden ausserordentlichen Steuer.

Febr. 1. Rückreise des Oberlandforstmeisters, Kammerherrn von Bülow von Kopenhagen.

— 12. Erweiterung der Verordnung vom 12 Jan. 1838, wegen der Besteuerung auswärtiger HandlungsReisender, auf SubscribentenSammler und solche Reisende inländischer Kaufleute, welche zugleich für Handlungshäuser des Auslandes reisen.

— 17. Die Regierung bringt zur öffentlichen Kenntniss, dass laut der zwischen dem diesseitigen GeheimenStaatsMinisterio sub d. 16 Jan. 1840 und dem Königl. Preussischen Ministerio ausgewechselten Erklärungen die bisher vom Amt Grabow über einige BauerGehöfte in der WestPrignitz belegenen Dorfe Mellen bis jetzt ausgeübten JurisdictionsBefugnisse auf die Königl. Preussische Regierung übergegangen sind.

— 26. Von der Regierung wird allen betreffenden Behörden und LandesEinwohnern zur Pflicht gemacht, den mit den von dem Königl. Preussischen Gouvernement veranstalteten geodätisch-trigonometrischen Messungen längs der Ostsee beauftragten Major Baeyer auf Erfordern bei Ausführung seines Auftrags alle nothwendige Hülfe angedeihen zu lassen.

März 6. Den bei den Zünften der Maurer- und Zimmerleute in sämmtlichen LandStädten und Flecken ausgeschriebenen Gesellen wird, wegen der sich ihnen in der Haupt- und Residenzstadt Schwerin, so wie in den Seestädten Rostock und Wismar darbietenden Gelegenheit zur tüchtigen Ausbildung in ihrem Fache gestattet, ihre Verpflichtung zur Wanderung in das Ausland in den zuletzt genannten drei Städten zu erfüllen.

— 8. Reise des Grosherzogs und der Grosherzogin nach Berlin.

— 10. Durch eine Verordnung der Kammer werden die Schirrmeister, Postillons und für diese eventualiter die Posthalter, so wie die PostFussboten, wenn von ihnen zur Defraudation der Posten Reisende, Briefe oder Sachen mitgenommen werden, für die sämmtlichen StrafErlegnisse der Aufgeber und Reisenden verantwortlich gemacht.

März 28. Verordnung, wodurch die durch die Verordnung vom 20 Mai 1800 bestimmte Frist, binnen welcher neugeborne Kinder getauft werden müssen, auf vier Wochen erweitert wird.

— 30. Publicandum über die Errichtung eines Taubstummen-Instituts in Ludwigslust und dessen am 1 Jun. 1840 erfolgende Eröffnung.

April 3. Abreise des Grosherzogs und der Grosherzogin aus Berlin, und

— 4. Ankunft Hochderselben in Schwerin.

— — Einige Bestimmungen der Verordnung vom 4 August 1837 wegen Aufhebung der ReihefuhrAemter und Regulirung des PostfuhrWesens werden im Einverständniss mit den Ständen abgeändert.

— 6. Publication einer Instruction für die Stadtbuchbehörden zur Einrichtung der Stadtbücher, Protocollbücher und Acten.

— 10. Verordnung wegen der in der Umgegend von Boizenburg, Hagenow, Wittenburg und Zarrentin zunehmenden Wilddieberei.

— — Ankunft des Erbgrosherzogs aus Dresden in Schwerin.

— 14. Oeffentliche Confirmation der Herzogin Louise in der Schlosskirche zu Schwerin.

— 22. bis 30. Ablieferung der in den verschiedenen AusloosungsBezirken der Ritterschaft und der Städte zum activen Contingente aus dem GeburtsJahre vom 1 Aug. $\frac{18}{18}\frac{18}{19}$ ausgelooseten militairpflichtigen jungen Mannschaft von
500 Mann aus dem Hauptdistricte Schwerin, und
361 Mann aus dem Hauptdistricte Güstrow,
zusam. 861 Mann in Schwerin und Güstrow.

— 24. Rückreise des Erbgrosherzogs von Schwerin nach Dresden.

Mai 13. Morgens 3 Uhr, Ableben Sr. Excellenz, des ersten Ministers, Doctors Christian Friedrich Krüger, im fast vollendeten 87sten Lebens- und 62sten Jahre eines mit seltenem Eifer und Erfolg geleisteten treuen Dienstes.

— 16. Ableben Sr. Excellenz, des Oberstallmeisters und Kammerherrn Vollrath Helmuth Joachim von Bülow, nach vieljähriger, rühmlicher und treuer DienstErfüllung.

Jun. 1. Eröffnung des Taubstummeninstituts in Ludwigslust.
— — Abreise der Grosherzogin und der Herzogin Louise nach Berlin, wegen beklagenswerther schwerer Erkrankung Sr. Majestät, des Königs Friedrich Wilhelm III. von Preussen.
— 4. Reise des Grosherzogs nach Berlin.
— 5. Die Verordnung vom 10 April d. J. wegen der Wilddiebereien in der Umgegend von Boizenburg, Hagenow, Wittenburg und Zarrentin wird auch auf Grabow, Neustadt und Ludwigslust erstreckt.
— 6. Das erste und zweite MusketierBataillon aus Wismar und Rostock beziehen ein Lager beim Haselholze bei Schwerin.
— 7. Ableben Sr. Majestät, des Königs Friedrich Wilhelm III. von Preussen zu Berlin.
— 9. Rückkehr des Grosherzogs von Berlin.
— — Um das Andenken des verewigten Königs von Preussen, Friedrich Wilhelm III. zu ehren, wird bei sämmtlichen grosherzoglichen Truppen Trauer auf sechs Wochen angeordnet und jede Art von MilitairMusik am 11 Jun., als am Tage der feierlichen Beisetzung der Leiche, untersagt.
— 10. Reise des Grosherzogs nach Berlin zur feierlichen Beisetzung der Leiche Sr. Majestät, des Königs Friedrich Wilhelm III., und
— 12. Rückkehr des Grosherzogs von dort nach Schwerin.
— 15. Rückkehr der Grosherzogin und der Herzogin Louise aus Berlin nach Schwerin.
— 18. bis 29. Gemeinschaftliche militairische Uebungen des gesammten BundesContingents bei Schwerin.
— 21. Der GeneralLieutenant von Both wird als ausserordentlicher Gesandter nach Kopenhagen zu der dort stattfindenden Krönung Sr. Majestät des Königs Christian VIII. geschickt.
— 24. Ankunft des GeneralLieutenants von Both in Kopenhagen.
— 26. Die Regierung bringt eine von der Königl. Preussischen Regierung zu Potsdam unterm 16 Jun. erlassenen Bekanntmachung wegen Errichtung eines PassPolizeiBüreaus zu Wittenberge zur öffentlichen Kenntniss.

Jul. 1. Einrichtung einer Postverbindung zwischen Rostock und Berlin über Lage, Teterow, Malchin, Stavenhagen, NeuBrandenburg, NeuStrelitz, Fürstenberg, Gransee und

Oranienburg mittelst einer täglich aus Rostock und einer täglich aus Berlin abgehenden PersonenPost.

Jul. 4. Der Königl. Preussische ausserordentliche Gesandte und bevollmächtigte Minister am hiesigen Hofe, Legationsrath von Hänlein übergiebt in feierlicher Audienz das BeglaubigungsSchreiben Seiner jetzt regierenden Majestät, des Königs Friedrich Wilhelm IV. von Preussen.

— 5. Ernennung des bisherigen zweiten Ministers und RegierungsPräsidenten von Lützow zum ersten Minister und GeheimenRathsPräsidenten, so wie des GeheimenRaths und KammerPräsidenten von Levetzow zum zweiten Minister.

— 8. Rückkehr des GeneralLieutenants von Both von seiner Mission nach Kopenhagen.

— 8.
— 9. } Zweites norddeutsches Musikfest in Schwerin.
— 10.

— 11. Landesherrliche Bestätigung der revidirten Statuten des Feuer- und HagelVersicherungsVereins für Meklenburg zu Güstrow.

— 13. PublicationsVerordnung wegen Errichtung eines israelitischen OberRaths in Schwerin und Bekanntmachung eines Auszugs aus dem Statut für die allgemeinen kirchlichen Verhältnisse der israelitischen Unterthanen.

— 20. Publication der revidirten OberAppellationsGerichtsOrdnung.

— —. Publication der Verordnung über die Rechtsmittel in CivilSachen und in nichtcriminellen Strafsachen.

— 20. NebenVerordnung zur revidirten OberAppellationsGerichtsOrdnung und zur Verordnung, die Rechtsmittel betreffend.

— 20. Verordnung, die richterliche Feststellung der Advocatur- und ProcuraturGebühren betreffend.

— 21. Ableben der Prinzessin Charlotte von Dännemark, geb. Herzogin von MeklenburgSchwerin, in Rom.

Aug. 1. Ankunft des Erbgrosherzogs aus Dresden in Doberan.

— 30. Die Grosherzogin kommt erkrankt aus Doberan in Schwerin an.

— —. Der Grosherzog reiset von Doberan nach Ratzeburg, um dort Sr. Majestät, dem König Christian VIII. von Dänemark einen Besuch zu machen.

— 31. Rückkehr des Grosherzogs von Ratzeburg nach Schwerin.

Sept. 1. Verordnung wegen Zulassung sämmtlicher JustizCanzlei-Advocaten in Rostock zur Uebernahme der Procuraturen beim dorthin zu verlegenden OberappellationsGericht.

— 19. Feierliche Einführung des ersten israelitischen Landes-Rabbiners, Dr. Holdheim, zu Schwerin, in sein Amt.

— 30. Ausschreiben zur Haltung eines allgemeinen Landtags in der Stadt Malchin, am 12. November.

Oct. 1. Verlegung des OberAppellationsGerichts von Parchim nach Rostock und Eröffnung desselben an letzterem Orte.

— 13. Der Grosherzog und der Erbgrosherzog reisen nach Berlin, um dort der dem König Friedrich Wilhelm IV. von Seiten der Stände zu leistenden Huldigung beizuwohnen.

— 14. Ankunft des Grosherzogs und des Erbgrosherzogs in Berlin.

— 21. Rückkehr des Grosherzogs und des Erbgrosherzogs aus Berlin nach Schwerin.

— — Abreise des Erbgrosherzogs nach Bonn zu seiner ferneren Ausbildung auf der dortigen Universität.

Nov. 2. Nach glücklich erfolgter Wiederherstellung Ihrer Königlichen Hoheit, der allverehrten Grosherzogin, von der AllerhöchstSie betroffen habenden langwierigen, schweren Krankheit, vereinigen sich die Einwohner der Haupt- und Residenzstadt Schwerin zu einem Fackelzuge, um Ihrer Königl. Hoheit die Gefühle der treuesten Anhänglichkeit und die Freude über die Genesung der theueren Landesfürstin auszudrücken.

— 8. Reise des Grosherzogs nach Gartow zum Besuch beim dort anwesenden Könige Ernst August von Hannover, und

— 9. Rückkehr nach Schwerin.

— 12. Feierliche Eröffnung des Landtags in der Stadt Malchin. Landtagspropositionen:

I. die ordinäre LandesContribution;

II. die Bedürfnisse der allgemeinen LandesReceptur-Casse;

III. Weitere Berathung über angemessene Verbesserung der CriminalRechtspflege;

IV. Maassregeln zur Beförderung von EisenbahnAnlagen;

V. Berathungen über die GensdarmerieOrdnung und SicherheitsPolizei.

— 20. Der Kronprinz von Dänemark kommt auf der Rhede von Warnemünde an, besucht von da Rostock und setzt

— 21. seine Reise nach NeuStrelitz fort.

Nov. 24. BewilligungritterschaftlicherLandesAnlagen auf dem Landtage zuMalchin mit Inbegriff der Kloster-, Rostocker Districts- und OeconomieGüter: für den

zahlbar:	Meklenb. und Wend. Kreis. ℛ	ß	Stargardischen Kreis. ℛ	ß
Weihn. 1840 zu den ordentlichen Necessarien .	1	44	1	44
— — zu den ausserordentl. Necessarien .	—	24	—	24
Antonii 1841 zu den Bedürfnissen der Ritter- und Landschaft	—	8	—	—
— zur Unterstützung Hülfsbedürftiger . .	1	—	1	—
— zu ausserordentlichen Pensionen . . .	—	4	—	4
— zu den Bedürfnissen der Ritterschaft .	—	18	—	18
Antonii u.Ostern zur Verzinsung und zum Abtrag der Land-KastenSchuld	2	—	—	—
— zur Verzinsung und zum Abtrag der Schuld der Ritterschaft Stargardischen Kreises	—	—	5	32
Antonii u. d. 1 Jul. zur Unterhaltung des Landarbeitshauses und des CriminalGerichts	5	—	—	—
— — zur Unterhaltung des Ober-AppellationsGerichts	1	24	1	24
Ostern zu dem erhöheten Etat der JustizKanzleien	—	40	—	—
— zur LandesBibliothek	—	4	—	4
— zum Voluntario wegen Verlegung des Ober-AppellationsGerichts	4	30	4	30
zusammen von der catastrirten Hufe:	18	4	15	36

Dec. 1. Erweiterung der Gesetze der städtischen BrandVersicherungsGesellschaft auf alle mit Asphalt gedeckt werdenden Gebäude.

— 12. LandtagsAbschied zu Malchin:

Mit Bezeugung der innigsten Freude über die, aus Veranlassung der Wiederherstellung Ihrer Königlichen Hoheit, der Grosherzogin, von der überstandenen schweren Krankheit, in den Wünschen für das Wohl der Grosherzogin von den getreuen Ständen geäusserte herzliche Liebe und Anhänglichkeit, wird sodann rücksichtlich der LandtagsPropositionen

ad I. die Bewilligung der ordentlichen LandesContribution in vorgeschlagener Art genehmigt; nicht minder

ad II. die dreifache Erhebung der ausserordentlichen Contribution, und zwar doppelt im Monat April und einfach in der ersten Hälfte des Monats October 1841;

ad III. sollen die Gesetze über den Beweis im Criminal-Process, so wie gegen Wilddieberei und Jagd-

18

frevel in vereinbarter Art fordersamst erlassen werden, wobei zugleich die von den Ständen diesen wichtigen Theilen der StaatsRechtspflege gewidmete Sorgfalt rühmlichst anerkannt wird.

ad IV. haben die ständischen Erklärungen rücksichtlich der Beförderung der Eisenbahnen zur besondern Zufriedenheit gereicht. Es soll daher das ExpropriationsGesetz in Gemässheit der ständischen Zustimmung publicirt werden; die Bewilligung einer ständischen Beihülfe in der Form von Actien (von 30,000 Rthlrn. für jede Meile innerhalb Meklenburg auf den beiden Bahnstrecken von Wismar nach Boizenburg und von Berlin nach Hamburg) wird angenommen, so wie auch die ständische Erklärung, dass, falls bestehende GewerbsEinrichtungen den BahnAusführungen Schwierigkeiten bereiten sollten, diese zu beseitigen sein würden, in welcher Hinsicht weitere Vorschläge vorbehalten bleiben.

ad V. soll die Gensdarmerie Ordnung einer wiederholten Prüfung unterzogen und sodann den Ständen zur weiteren Verhandlung vorgelegt werden.

Dec. 13. Ableben des Geheimen RegierungsRaths von Laffert zu Schwerin im 51. Lebensjahre und 26. Jahre treuer, redlicher Diensterfüllung.

— 14. Ergänzung der PatentVerordnung vom 23 Junius 1828 in Betreff der NebenSteuerErlegnisse der ErbPächter und ZeitPächter kleinerer Ländereien.

— — Edict zur Erhebung der ordentlichen LandesContribution.

— 19. Ankunft des Kronprinzen von Dännemark aus Berlin in Schwerin.

Eingekommene und ausgegangene Schiffe zu *Warnemünde:*

(Januar 1 bis December 31.)

142	unter	Dänischer	Flagge	. .	145
12	—	Englischer	—	. .	11
7	—	Französischer	—	. .	7
2	—	Hamburgischer	—	. .	3
31	—	Hannoverscher	—	. .	32
28	—	Holländischer	—	. .	27
9	—	Lübeckscher	—	. .	11
177	—	Meklenburger	—	. .	167

3	unter Norwegischer	—	. .	4
—	— Oldenburgischer	—	. .	1
19	— Preussischer	—	. .	31
168	— Rostocker	—	. .	157
21	— Russischer	—	. .	21
84	— Schwedischer	—	. .	84
703				701

Zu *Wismar:*

45	unter Dänischer	Flagge	. .	45
12	— Englischer	—	. .	12
1	— Französischer	—	. .	1
5	— Hannoverscher	—	. .	5
11	— Holländischer	—	. .	11
97	— Meklenburgischer	—	. .	95
3	— Preussischer	—	. .	3
22	— Russischer	—	. .	22
76	— Schwedischer	—	. .	76
272				270
	darunter:			
186	— fremde			188
86	— Wismarsche			82

Summarische Uebersicht:

1) der von Rostock und Wismar aus fahrenden See-Schiffe, Nachprahmer und LeichterSchiffe.

1) von *Rostock:*

	Zahl der Schiffe:	deren Grösse, nach Rostocker Roggenlasten:	Zahl der Nachprahmer und Leichter:	deren Grösse, nach gleichem Maassstabe:
Decbr. 1840.	210	17240	29	523
Decbr. 1839.	196	15581	28	502
Mehr:	14	1659	1	21

2) von *Wismar:*

	Zahl der Schiffe:	deren Grösse, nach Rostocker Roggenlasten:	Zahl der Nachprahmer und Leichter:	deren Grösse, nach gleichem Maassstabe:
Decbr. 1840.	38	3270	17	circa 207
Decbr. 1839.	34	2784	18	circa 215
Mehr:	4	486	—	—
Weniger:	—	—	1	circa 8

18*

II. der inländischen Einwohnern gehörenden Elde- und StoerSchiffe:

	Tragfähigkeit der Schiffe nach preussischen Centnern bei 18 Zoll (rheinisch) Bord gegen Wellenschlag:					
	Classe I. von 800 — 1000 Ctrn.	Classe II. von 600 — 799 Ctrn.	Classe III. von 400 — 599 Ctrn.	Classe IV. von 200 — 399 Ctrn.	Classe V. von 1—199 Ctrn.	Summa:
Bei Eröffnung der EldenSchiffarth im J. 1836 waren vorhanden:	3	1	23	50	3	80
Im Dec. 1839.	23	21	35	65	6	150
im Dec. 1840.	30	42	43	69	6	190
Mehr:	7	21	8	4	—	40

Anmerkung: im Jahre 1840 passirten die FangSchleuse bei Dömitz auf- und niederwärts 1542 Fahrzeuge, ungefähr 200 mehr wie im Jahre 1839.

Notizen über den WollmarktsVerkehr:

1) in *Güstrow:*

im Jahre	gelagerte Stein	Ortschaften	verkaufte Stein	für Thaler	Durchschn. Preis ℛ	ß
1840.	45830	445	45138	473898	10	24
1839.	48890	415	45191	587923	13	—
Mehr:	—	30	—	—	—	—
Weniger	3060	—	58	114025	2	24

2) in *Rostock:*

im Jahre	gelagerte Stein	Ortschaften	verkaufte Stein	für Thaler	Durchschn. Preis ℛ	ß
1840.	18300	219	18300	201000	11	—
1839.	20000	240	15000	200000	13	—
Mehr:	—	—	3300	1000	—	—
Weniger:	1700	21	—	—	2	—

Notizen über den Verkehr auf den ButterMärkten zu Grabow:

am	Zahl der Ortschaften.	Zahl der Gebinde.	Pfunde (brutto.)	Durchschnitts-Preis. β	Erlös circa: Rthlr
13. 14. Febr.	25	99	15603	$8\frac{3}{8}$	2450
24. 25. März	12	48	7329	$8\frac{3}{8}$	1151
13. 14. Mai	26	150	19643	$8\frac{5}{8}$	3177
15. 16. Jun.	30	167	20265	$7\frac{3}{4}$	2945
11. 12. Aug.	22	291	35082	$7\frac{1}{2}$	4933
15. 16. Septbr.	16	89	10454	$7\frac{3}{4}$	1519
29. 30. Oct.	10	29	3426	$8\frac{3}{4}$	562
7. 8. Decbr.	8	20	2450	$9\frac{1}{4}$	425
Summa d. J. 1840.	149	893	114252	$8\frac{1}{4}$	17162
— — 1839.	251	1584	234798	$7\frac{1}{2}$	36313
Mehr:	—	—	—	$\frac{3}{4}$	—
Weniger:	102	691	120546	—	19151

Zweiter Anhang.

Repertorium der MeklenburgSchwerinschen Literatur, 1840.

Ein und funfzigstes Jahr
seit der Restauration der LandesUniversität zu Rostock,
vom Doctor F. L. C. Brüssow zu Schwerin.

(Mit Ausschluss aller GelegenheitsGedichte und aller in Zeitschriften und Journalen erschienenen, nicht besonders gedruckten Aufsätze.)

I. Theologie, Erbauungsschriften und Predigten. †)

Dr. Carol. 'Chr. Henric. *Burmeister* (Candidat des Predigtamtes und Privatlehrer zu Wismar): De instauratione ecclesiae Christianae sexto decimo seculo in civitate Wismaria peracta. (Rostochii, apud J. M. Oeberg, 1840. 4to.)

Carl Alexander *Frege* (Candidat des Predigtamtes und Vorsteher einer Unterrichts-Anstalt für junge Mädchen in Wismar): Das Leben Jesu, für Schule und Haus, als Muster, eigenes Leben danach zu bilden und dadurch Tugendgrösse zu erlangen. Aus den vier Evangelien nach der Lutherschen Uebersetzung in eine einzige Erzählung gebracht und mit den zum Verständniss nothwendigen Sinnerklärungen und Nachrichten von dem Lande, dem Leben und den Vorstellungen der Juden versehen. *Zweite Auflage.* (Quedlinburg, bei Ernst, 1840. 17 Bog. gr. 8.)

†) ' Der Asteriscus vor den Namen und Schriften bedeutet, dass der Autor zuerst mit diesem Artikel als besonderer Schriftsteller aufgetreten sei, und hinter den Schriften, dass er auch schon früher Aufsätze in Zeitschriften geliefert habe.

Dr. Samuel *Holdheim's* (Grosherzogl. LandesRabbiners und Mitgliedes des Israelitischen Oberraths zu Schwerin †) Worte Gottes, oder gottesdienstliche Vorträge in der Synagoge zu Frankfurt an der Oder. (Leipzig, in Commission bei Fritzsche, 1840. 7 Bog. gr. 8.)

Ebenderselbe: Der religiöse Fortschritt im deutschen Judenthume. Ein friedliches Wort in einer aufgeregten Zeit. (Leipzig, in Commission bei Fritzsche, 1840. 1¾ Bog. gr. 8.)

Ebendesselben: Gedächtnissrede zu der zum Andenken Friedrich Wilhelm's III., Königs von Preussen, in der Synagoge zu Frankfurt an der Oder am 23. Jun. 1840 gehaltenen Todtenfeier. (Leipzig, in Commission bei Fritzsche, 1840. 1 Bog. gr. 8.)

Ebendesselben: Antrittspredigt bei der feierlichen Introduction in sein Amt als Grosherzogl. Meklenburgischer LandesRabbiner in Schwerin am 19. September 1840 gehalten. (Schwerin, im Verlage der K. Kürschnerschen Buchhandlung, 1840. 1¾ Bog. gr. 8.)

Vier und zwanzigster *Jahresbericht* der Rostocker Bibelgesellschaft. (Rostock, gedruckt bei Adlers Erben, 1840. gr. 8.)

Christ. *Kahl* (der Theologie Beflissener zu Rostock): Ueber die Lehre vom descensus Christi ad inferos. (Rostock, gedruckt in der Rathsbuchdruckerei von J. M. Oeberg, 1840. 2½ Bog. 8.) (Ist eine Sassesche Stipendiatenschrift.)

M. Herrmann Rudolph Adolph Jacob *Karsten's* (Diaconus an der St. Marienkirche zu Rostock): Kirchen- und Schulblatt für die Grosherzogthümer MeklenburgSchwerin und Strelitz. Herausgegeben etc. *Neue Folge. Vierter* Jahrgang in 12 Heften. (Rostock, im Verlage bei J. M. Oeberg, 1840. gr. 8.)

Dr. Otto Carsten *Krabbe's* (vierten ordentlichen Professors der Theologie und UniversitätsPredigers zu Rostock) Ecclesiae evangelicae Hamburgi instauratae historia. (Hamburgi, apud Meissner, 1840. 14½ Bog. 4 maj.)

Dr. Heinrich *Müller's* (Seniors der theologischen Facultät und Superintendenten zu Rostock, † den 23. September 1675) Evangelische Schlusskette und Kraftkern. Vier Predigten über das Evangelium am ersten heiligen Weihnachtsfeiertage, Lucas 2, 1 bis 14, auf's Neue herausgegeben. (Leipzig, bei Kummer, 1840. 5¾ Bog. gr. 8.)

Dr. Franz Carl *Serrius* (Candidat des Predigtamtes und Privatlehrer zu Rostock): M. Joachim Slüter, oder die Reformation

---

†) Ein Bildniss desselben, gezeichnet von Wollenberg, lithographirt von Dümmler und gedruckt im Königl. lithographischen Institute zu Berlin, erschien im Jahre 1840 in Commission der K. Kürschnerschen Buchhandlung in Schwerin.

in Rostock. Nach den Quellen bearbeitet. (Rostock, bei F. L. Schmidtchen, 1840. $8^1/_4$ Bog. gr. 8.)

Christoph Ludwig Franz *Thiem's* (Hülfspredigers und Rectors zu Sülz) Predigt, am Bettage vor der Adventzeit, den 20. November 1839, über den vorgeschriebenen Text: Jeremias 6, Vers 8, in der Kirche zu Sülz gehalten. (Güstrow, im Verlage bei Fr. Opitz et Comp., 1840, 1 Bog. gr. 8.)

Friederich Carl Ernst *Walter's* (Grosherzogl. Oberhofpredigers und Consistorialraths zu Schwerin) Rede, bei der Confirmation Sr. Königl. Hoheit, des Erbgrosherzogs *Friederich Franz*, am 10 December 1839 in der Schlosskirche zu Schwerin gehalten und auf Befehl dem Druck übergeben. *Zweiter unveränderter* Abdruck. (Schwerin, gedruckt in der Hofbuchdruckerei, und in Commission der Stillerschen Hofbuchhandlung daselbst und zu Rostock, 1840. 1 Bog. gr. 8.)

Ebendesselben: Rede, bei der Confirmation Ihrer Hoheit, der Herzogin *Louise Marie Helene,* am 14. April 1840 in der Schlosskirche zu Schwerin gehalten und auf Befehl dem Druck übergeben. (Schwerin, gedruckt in der Hofbuchdruckerei, und in Commission der Stillerschen Hofbuchhandlung daselbst und zu Rostock, 1840, 1 Bog. gr. 8.)

Johann Heinrich *von der Wettern's* (Candidaten der Theologie zu Boizenburg, † im März 1840) Geistliche Oden und Lieder. (Boizenburg, gedruckt und verlegt von Fried. Weigel, 1840. 7 Bog. 8.)

Dr. Julius Otto August *Wiggers* (Licentiaten der Theologie und PrivatDocenten derselben zu Rostock, auch titul. ausserordentlichen Professors): Kirchengeschichte Meklenburgs, (Parchim und Ludwigslust, im Verlage der D. C. Hinstorffschen Hofbuchhandlung, 1840. $16^1/_2$ Bog. gr. 8.)

Dr. Gustav Friedrich *Wiggers'* (Grosherzogl. Consistorialraths, ordentlichen Professors der Theologie und derzeitigen Rectors der Universität zu Rostock) RectoratsProgramm: De Gregorio Magno ejusque placitis anthropologicis. Commentationis posterioris particula *secunda.* (Rostochii, typis Adlerianis, 1840. $6^1/_4$ Bog. gr. 4.) †)

---

†) Dieses Programm führt die Untersuchung zu Ende, welche in zwei früheren Programmen desselben Verfassers, die ihre Veranlassung ebenso, wie das genannte in der drei Jahre hinter einander übernommenen Verwaltung des academischen Rectorats hatten, nämlich der Commentatio prior (Rostochii 1838) und der Commentationis posterioris particula prima (Rostochii 1839) begonnen wurde. Die drei nunmehr ein Ganzes bildenden Abhandlungen umfassen zusammen 134 Seiten in Quart und sind in Commission der Stillerschen Hofbuchhandlung in Rostock und Schwerin. — Zugleich erwähnen wir hier die grosse und seltene Ehre, welche diesem

Johann Wilhelm Matthias *Wöhlers* (Grosherzogl. Hofsängers und Gesanglehrers am SchullehrerSeminarium zu Ludwigslust): Melodieen zu den Gesangbüchern im Grosherzogthum MeklenburgSchwerin, zum Schul- und häuslichen Gebrauch. *Stereotyp*-Ausgabe. (Parchim und Ludwigslust, im Verlage der Hofbuchhandlung von D. C. Hinstorff, 1840. $2^1/_2$ Bog. kl. 4.)

*Adolph Carl Friederich *zur Nedden's* (zweiten Predigers zu Grevismühlen) Vier Predigten. (Schwerin, gedruckt bei A. W. Sandmeyer, 1840. 8.) *

II. Rechtsgelehrsamkeit.

Conrad August *Ackermann* (Grossherzogl. Criminalrath beim CriminalCollegium zu Bützow): Der Wächter. Polizeianzeiger für Norddeutschland. *Dritter* Jahrgang. (Bützow, gedruckt bei Fr. Werner, 1840. Wöchentlich 2 Viertelbogen kl. 8.)

Dr. Carl Georg Christoph *Beseler* (ordentlicher Professor der Rechtswissenschaften und Mitglied des SpruchCollegiums zu Rostock): Die Lehre von den Erbverträgen. *Zweiten* Theils *zweiter* Band. (Göttingen, bei Dietrich, 1840. 22 Bog. gr. 8.)

Dr. Christian Friedrich *Elvers* (ordentl. Professors des Civilrechts und Mitgliedes des SpruchCollegiums zu Rostock) Themis. Zeitschrift für Doctrin und Praxis des römischen Rechts. Herausgegeben etc. Neue Folge. *Erster* Band. *Zweites* Heft. (Göttingen, bei Vandenhoeck und Ruprecht, 1840. $13^3/_4$ Bog. 8.)

Neue vollständige *Gesetzsammlung* für die MeklenburgSchwerinschen Lande, vom Anbeginn der Thätigkeit der Gesetzgebung bis zum Anfange des 19. Jahrhunderts, in 5 Bänden. *Vierten* Bandes *erste* und *zweite* Abtheilung. Enthaltend: Kammer- und Domanial-, Forst- und Jagd-, Post-, Zoll-, Münz- und Militair-

---

Gelehrten darin widerfahren ist, dass zwei seiner früheren Werke in das Englische übersetzt und in diesem Jahre gleichzeitig an verschiedenen Orten erschienen sind, das eine in England, das andere in Nordamerica. Der Titel des ersteren dieser beiden Werke lautet: „G. Wiggers, Socrates als Mensch, als Bürger und als Philosoph, oder Versuch einer Charakteristik des Socrates. Rostock, gedruckt bei Adler's Erben und in Commission bei Albanus zu Neustrelitz, 1807. Zweite verbesserte und vermehrte Auflage. Neustrelitz 1811, bei Ferdinand Albanus.“ In Octav. Der Titel der englischen Uebersetzung ist dieser: „G. Wiggers life of Socrates, translated from the German. With notes. London 1840.“ 12mo. Das andere, den englisch redenden Völkern durch Uebertragung in ihre Sprache zugänglich gemachte Werk ist folgendes: „G. F. Wiggers Versuch einer pragmatischen Darstellung des Augustianismus und Pelagianismus. Erster Band. Vom Anfange der Pelagianischen Streitigkeiten bis zur dritten ökumenischen Synode. Berlin, 1821. Zweiter Band. Von der dritten ökumenischen Synode bis zum Concilium von Oranges. Hamburg 1833.“ In Octav. Der englische Titel lautet: G. F. Wiggers. An historical presentation of Augustianism and Pelagianism. Translated from the German with notes and additions by R. Emerson. New-York, 1840.“ 8.

Sachen. (Parchim und Ludwigslust, im Verlage der D. C. Hinstorffschen Hofbuchhandlung, 1840. 64 Bog., gr. 4.)

Diedrich Friedrich *von Holstein's* (Grosherzogl. Obersten und Commandanten zu Güstrow, † den 20 März 1840) Vollständiges Register zu dem Grosherzogl. MeklenburgSchwerinschen officiellen Wochenblatte des Jahres 1839. (Güstrow, gedruckt und verlegt von D. H. L. Ebert's Erben, 1840. 4 Bog. 4.)

Philipp Anton Guido *von Meyer's* (Grosherzogl. Menklenburg-Schwerinschen und Strelitzischen Legationsraths bei der BundestagsGesandtschaft zu Frankfurt am Main) Staatsacten für Geschichte und öffentliches Recht des deutschen Bundes, oder Corpus juris Confoederationis Germanicae. Editio II. Fortsetzung zum zweiten Theil, die Nummern CXV—CXLIX, von den Jahren 1833—1839 incl. enthaltend. (Frankfurt am Main, bei Boselli, 1840. 12 Bog. gr. 8.).

Dr. Christian Carl Fried. Wilhelm, Barons *von Nettelbladt* (Grosherzogl. OberAppellationsRaths zu Rostock) Rechtssprüche des OberAppellationsGerichts zu Parchim. *Erster* Band. *Zweite* Auflage. (Parchim und Ludwigslust, im Verlage der Hofbuchhandlung von D. C. Hinstorff, 1840. 12½ Bog. 4.) (Die erste Auflage davon erschien zu Berlin, bei A. Rücker, im Jahre 1821.)

Heinrich Friedrich Wilhelm *Rabe's* (JustizkanzleiAdvocaten zu Güstrow) Systematisches Repertorium zu dem Grosherzogl. MeklenburgSchwerinschen officiellen Wochenblatte des Jahres 1839. (Parchim und Ludwigslust, im Verlage der D. C. Hinstorffschen Hofbuchhandlung, 1840. 2½ Bog. 4.)

Ebendesselben: Systematisch-chronologisches Verzeichniss aller bis zum Schlusse des Jahres 1839 ergangenen MeklenburgSchwerinschen Gesetze, Verordnungen und Regiminalrescripte. (Parchim und Ludwigslust, im Verlage der Hofbuchhandlung von D. C. Hinstorff, 1840. 16 Bog. gr. 8.)

Dr. August Wilhelm *von Schröter's* (Grosherzogl. OberAppellationsRaths zu Rostock) Zeitschrift für Civilrecht und Process. Gemeinschaftlich herausgegeben mit Dr. J. F. B. Linde (Grosherzogl. Hessischen Geheimen Staatsrathe zu Darmstadt) und Dr. Th. Lud. Aug. Marezoll (Königl. Sächsischen Hofrathe und Professor des Rechts zu Leipzig). *Vierzehnter* Band. (Giessen, bei B. C. Ferber, 1840. gr. 8.) (Der Band in 3 Heften, à 9 Bog. stark.)

III. ArzneiGelehrsamkeit und deren Hülfswissenschaften.

* Dr. Aug. Lud. *Burmeister's* (ausübenden Arztes zu Güstrow) Dissertatio inaugural.: de Cardialgia. (Rostochii, typis Adlerianis, 1840. 2 Bog. 8.)

* Dr. Ad. Geo. *Claren's* (praktischen Arztes zu Schwerin) Dissertatio inaug.: de Varicocele. (Rostochii, literis Adlerianis, 1840. $2^3/_4$ Bog. 8.)

Medicinisches *Conversationsblatt* des wissenschaftlichen Vereins für Aerzte und Apotheker Meklenburgs. Herausgegeben von Dr. Johann David Wilhelm *Sachse* (Grosherzogl. Geheimen Medicinalrathe und Leibarzte zu Schwerin, Ritter etc.), Dr. Carl Friedrich *Flemming* (Grosherzogl. Obermedicinalrathe und dirigirendem Arzte der Irrenheilanstalt Sachsenberg) und Dr. Friedr. Ernst Carl *Bartsch* (Kreisphysicus und ausübendem Arzte zu Warin.) No. 1—XII. (Schwerin, gedruckt bei A. W. Sandmeyer, 1840. (Erscheint seit dem 1. Januar d. J. in monatlichen Blättern von einem halben bis ganzen Druckbogen.)

* Dr. Hellm. *Dernehl's* (ausübenden Arztes zu NeuBukow) Dissertatio inaugural.: de Encephalomalacia. (Rostochii, typis Adlerianis, 1840. 2 Bog. 8.)

* Dr. Moritz *Hirsch* (praktischen Arztes zu Teterow) Dissertatio inaugural.: de scientiarum naturalium in medicinam effectu. (Rostochii, typis Adlerianis, 1840. 2 Bog. 8.)

* Dr. Car. *Knocke's* (aus Blankenburg, im Herzogthum Braunschweig, derzeitig zu Rostock) Dissert. inaugural.: de gangliis lymphatico-vasculosis. (Rostochii, literis Adlerianis, 1840. $3^1/_2$ Bog. 8.) (Da diese Inauguraldissertation des gelehrten Verfassers zugleich als eine am 15 Septbr. 1838 mit dem ersten Geldpreise gekrönte Preisschrift erscheint, so hat sie ausser diesem Haupttitel noch einen Nebentitel, welcher also lautet: De gangliorum lymphatico-vasculosorum usu ope anatomes comparatae et pathologicae demonstrando. Commentatio physiologica de sententia gratiosi medicorum ordinis in academia Rostochiensi d. XV. m. Septembris MDCCCXXXVIII primo praemio nummario ornata, quam scripsit Carolus *Knocke,* BrunovicoBlancoburgensis.)

Dr. Bogislav Conrad *Krüger-Hansen's* (ausübenden Arztes zu Güstrow) Entschleierung des bisherigen Heilverfahrens bei der ägyptischen Augenentzündung. *Zweite* Ausgabe. (Quedlinburg, bei Ernst, 1840. 10 Bog. gr. 8.)

Ebendesselben: Ansichten und Vergleichungen über Homöopathie und Allopathie, durch Vernunft beleuchtet und die Wahrheit ans Licht gebracht. *Zweite* Ausgabe. (Quedlinburg, bei Ernst, 1840. 18 Bog. gr. 8.)

Ebendesselben: Heil- und UnheilMaximen der Aerzte über den Standpunct der Heilkunst, homöopathisches Curverfahren, WochenbettKrankheiten und das Verfahren der Wundärzte. *Zweite* Auflage. (Quedlinburg, bei Ernst, 1840. 10 Bog. gr. 8.)

Dr. Car. Fried. Henr. *Stahl's* (ausübenden Arztes zu Rostock) Dissertatio Inaugural.: Nonnulla de Jodeto Kalico. (Rostochii, typis Adlerianis, 1840. $1^1/_2$ Bog. 8.)

IV. Mathematik und Arithmetik.

* D. F. *Jonas* (Buchhalters und Lehrers der Handelswissenschaften zu Schwerin) Lehrbuch der Rechenkunst für alle Geschäftszweige, nach den besten Methoden für Schulen und zum Selbstunterricht fasslich dargestellt. (Wismar, in der Rathsbuchhandlung von H. Schmidt und von Cossel, 1840. $15^1/_2$ Bog. 8.)

Ebendesselben: Kurzgefasste vollständige GeldTabellen, wonach nicht nur die Louisd'or gegen $N^2/_3$. sowohl per Stück als procentweise, sondern auch alle im Hamburger Cours vorkommende GeldSorten ohne Schwierigkeit berechnet werden können. Nebst Erklärungen. (Schwerin, gedruckt bei A. W. Sandmeyer, 1840.)

Kalender auf das Jahr 1841 für die Grosherzogl. Meklenburg-Schwerinschen Lande, astronomisch berechnet von Dr. Hermann *Karsten* (ordentlichem Professor der Mathematik und Physik an der Universität zu Rostock). Mit gemeinnützigen Aufsätzen, genealogischem Verzeichnisse und Anzeigen der Postcourse und Jahrmärkte. (Rostock, bei Adlers Erben. 8 Bog. 4.)

Grosherzogl. MeklenburgSchwerinscher *Kalender* auf das Jahr 1841. Mit gemeinnützigen Aufsätzen und Anzeigen der Jahrmärkte. (Rostock, bei Adlers Erben. $2^1/_4$ Bog. 12.)

Meklenburgischer *CabinetsKalender* auf das Jahr 1841. Mit den Postcoursen. (Rostock, bei Adlers Erben. 1 Bog. Folio.)

Dr. Hermann *Karsten's* (ordentlichen Professors der Mathematik und Physik an der Universität zu Rostock) Kleiner astronomischer Almanach auf das Jahr 1841. *Zweiter* Jahrgang. Vorzüglich zum Gebrauch der Seeleute. (Rostock, im Verlage bei J. M. Oeberg. gr. 8.)

* Alexander *Schumann's* (zu Boizenburg) FrachtTabellen. Entworfen und bearbeitet. (Boizenburg, in der Hösselschen Buchhandlung, 1840.) (Durch diese FrachtTabellen kann man ohne die geringste Schwierigkeit sogleich erfahren, wie viel ein Pfund bis zehn Schiffpfund an Fracht kosten, wenn das Schiffpfund zu 24 Schillingen bis 10 Thalern bedungen wurde. Und nicht allein bei Berechnung der Frachten ist dies Werkchen ein sehr bequemes Hülfsmittel, sondern es leistet auch sonst die Dienste, wie jeder Rechnenknecht.) *

Adolph *Werner's* (Lehrers an der Stadtschule zu Waren) Praktische Aufgaben zum Zifferrechnen. Ein Hülfsmittel beim Rechnen-

Unterrichte für Meklenburgische Stadt- und Landschulen, in geordneter Stufenfolge entworfen. *Zweiter* Theil. Enthaltend die verschiedenen Rechnungsarten mit Brüchen, so wie die Berechnung der Raumgrössen. (Parchim und Ludwigslust, im Verlage der D. C. Hinstorffschen Hofbuchhandlung, 1840. 10 Bog. gr. 8.) (Die Auflösungen dazu besonders.)

V. Staatswissenschaft und Staatswirthschaft.

Beantwortung der Einwürfe gegen die MässigkeitsVereine. (Bützow, bei Fr. Werner, 1840. 2 Bog. 8.)

C. C. Gundlach's (Zeichnenlehrers zu Wismar) Meklenburgs Schiffarth aller von Rostock und Wismar fahrenden Schiffe, mit Angabe ihrer Grösse, Bauart, Flagge, CorrespondenzRheder etc. 1840. (Wismar, im Selbstverlage des Verfassers, 1840. Velinpapier. Geheftet.)

Erste *Nachricht* von dem MässigkeitsVereine zu Bützow. (Bützow, gedruckt bei Fr. Werner, 1840. 8.)

Meklenburgs *PferdeRennen.* 1839 — 1840. (Rostock und Schwerin, in Commission der Stillerschen Hofbuchhandlung, 1840. gr. 8.)

Heinrich Friedrich Wilhelm *Raabe's* (JustizkanzleiAdvocaten zu Güstrow) Einige Worte über den Modus der ordentlichen Contribution der Landstädte, so wie über die Landzölle im Grosherzogthum MeklenburgSchwerin, nebst Vorschlägen in Bezug auf dieselben. (Parchim und Ludwigslust, im Verlage der D. C. Hinstorffschen Hofbuchhandlung, 1840. $2\frac{1}{2}$ Bog. gr. 8.)

Sendschreiben an die Gutsbesitzer bürgerlichen Standes in Meklenburg von einem Mitstande. (Rostock, gedruckt in der J. M. Oebergschen Officin, 1840.)

Revidirte *Statuten* des Feuer- und HagelVersicherungsVereins für Meklenburg zu Güstrow. *Zweite* Auflage. (Güstrow, gedruckt bei H. H. L. Eberts Erben, 1840. $8\frac{1}{2}$ Bog. 4.)

Ueber die von einigen Gutsbesitzern bürgerlichen Standes in Meklenburg zur Wahrung gefährdeter Rechte gethanen Vorschritte. (Parchim, gedruckt in der Hofbuchdruckerei von Fried. Jul. Zimmermanns Erben, 1840.)

Uebersicht der Einnahme und Ausgabe des ArmenInstituts der ResidenzStadt Schwerin von Ostern 1839 bis dahin 1840. (Schwerin, gedruckt bei A. W. Sandmeyer, 1840. 3 Bog. 4.)

Verzeichniss der in Meklenburg befindlichen Vollblutpferde. *Elftes* Heft. Herausgegeben unter Autorität der Committe für Meklenburgs Pferderennen. (Rostock und Schwerin, in Commission der Stillerschen Hofbuchhandlung, 1840. gr. 8.) (Der Herausgeber dieses Meklenburgischen Gestütbuchs ist der Erblandmarschall Wilhelm Friedrich Adolph, Graf *von Hahn* auf Basedow etc.)

VI. Philosophie.

Dr. Carl Franz Jacob *Weinholtz* (academischer PrivatDocent in der Philosophie und Mitarbeiter an der UniversitätsBibliothek zu Rostock): Die WissenschaftsWege unserer Zeit. *Erste* Abtheilung. — *Auch unter dem Titel:* Der alte Weg und die Wissens-Mittel. (Rostock, im Verlage bei J. M. Oeberg, 1840. gr. 8.)

VII. Geschichte, Geographie und Statistik.

Albrecht Johann August *Bartsch* (Dompredigers zu Schwerin, wie auch Predigers an der IrrenHeilanstalt Sachsenberg und zweiten Secretairs des Vereins für Meklenburgische Geschichte und Alterthumskunde) Jahresbericht des Vereins für Meklenburgische Geschichte und Alterthumskunde, aus den Verhandlungen des Vereins herausgegeben. *Fünfter* Jahrgang. Auf Kosten des Vereins. Mit 2 Steindrucktafeln, enthaltend: I. Römische Alterthümer von Gr.Kelle bei Röbel an der Müritz. II. Plan der Ravensburg bei NeuBrandenburg. (Schwerin, gedruckt in der Hofbuchdruckerei, und in Commission der Stillerschen Hofbuchhandlung daselbst und zu Rostock, 1840. 10 Bog. gr. 8.)

Wilhelm Heinrich Martin *Dehn's* (Rectors an der Stadtschule zu Brüel) Meklenburgs Vorzeit, oder historische Erzählungen, Denkwürdigkeiten, Anekdoten und Sagen aus der Vergangenheit, nebst Biographien berühmter vaterländischer Personen, Schilderungen früherer Sitten und Gebräuche, und Züge aus dem Leben der Fürsten und des Volkes. Ein *Volksbuch* zur Ausbreitung der vaterländischen Geschichtskenntniss und zur Belebung des patriotischen Sinnes. Im Verein mit mehreren Geschichtsfreunden herausgegeben. *Erstes* Heft. (Bützow, gedruckt und verlegt von Fr. Werner, 1840. 8. (Das Ganze umfasst 3 bis 4 Hefte, à 6 bis 8 Bogen stark.)

Joachim Christian Heinrich *Diedrichs* (UniversitätsSecretairs und JustizkanzleiAdvocaten zu Rostock), Verzeichniss der Behörden, Lehrer, Institute, Beamten und Studirenden auf der Grosherzogl. Universität zu Rostock, mit ihren Wohnungen. Bei Letzteren noch die Anzeige der Zeit ihrer Ankunft, Geburtsort oder Vaterland und Studium. Im WinterSemester 1839/40. (Rostock, gedruckt bei Adlers Erben. 1840. 11 Seiten 4.) — *Dasselbe*: Im SommerSemester 1840. (Ebendaselbst, 1840. $1^1/_4$ Bog. 4.)

Dr. Wilhelm *Engel's* (PrivatGelehrten zu Rostock) Geschichte von Kypros. (Berlin, bei Reimer, 1840. 48 Bog. gr. 8.)

Etat der Stadt Rostock. Februar 1840. (Rostock, gedruckt und verlegt von Behm's Erben. 3½ Bog. 8.)

Peter Friederich Rudolph *Faull's* (Grosherzogl. Geheimen Kanzleiraths und ersten Hypothekenbewahrers zu Schwerin) Grosherzogl. MeklenburgSchwerinscher Staatscalender. 1840. *Erster* und *zweiter* Theil. (Schwerin, im Verlage der Hofbuchdruckerei. 42 Bog. 8.)

Georg Christian Friederich *Lisch* (Grosherzogl. Archivars, RegierungsBibliothekars und Aufsehers der Alterthümer- und MünzenSammlung zu Schwerin, wie auch ersten Secretairs des Vereins für meklenburgische Geschichte und Alterthumskunde) Jahrbücher des Vereins für meklenburgische Geschichte und Alterthumskunde, aus den Arbeiten des Vereins herausgegeben. *Fünfter* Jahrgang. Auf Kosten des Vereins. Mit 2 Steindrucktafeln, enthaltend: I. Grundriss des Grosherzogl. Schlosses zu Schwerin, gezeichnet vom Bauconducteur Tischbein. II. Lage der *Burg* Dobin. (Schwerin, gedruckt in der Hofbuchdruckerei, und in Commission in der Stillerschen Hofbuchhandlung daselbst und zu Rostock, 1840. 17½ Bog. gr. 8.)

Ebendesselben: Geschichte der fürstlichen ResidenzSchlösser zu Wismar, Schwerin und Gadebusch. Aus den Jahrbüchern des Vereins für meklenburgische Geschichte und Alterthumskunde besonders abgedruckt. Mit einer Steindrucktafel, enthaltend: Grundriss des Grosherzogl. Schlosses zu Schwerin, gezeichnet vom Bauconducteur Tischbein. (Schwerin und Rostock, im Verlage der Stillerschen Hofbuchhandlung, 1840. 4¾ Bog. gr. 8.)

* Carl Friedrich Wilhelm *Lüders* (in Hamburg) Meklenburgs eingeborner Adel und seine Vorrechte. Historische Andeutungen zur Aufhellung streitiger Puncte zwischen adlichen und nichtadlichen Gutsbesitzern. *Erstes* Heft. (Hamburg, bei Hoffmann und Campe, 1840. gr. 8.)

WappenAlmanach der souverainen Regenten Europa's, enthaltend die betreffenden 47 vollständigen 5 Zoll hohen Wappen-Abbildungen, nebst den hauptsächlichsten Ritterorden. *Pracht-Ausgabe* in resp. Gold- und Silberdruck und FarbenColorit. (Rostock, im Verlage der J. G. Tiedemannschen Hofsteindruckerei. 1840. In einem eleganten Gr.QuartGoldschnittEinbande.)

VIII. Naturwissenschaft.

Georg *Lembke's* (Hofraths, KanzleiFiscals und Kammerprocurators zu Schwerin, † den 8 Januar 1822.) Deutsche Ornithologie, oder Naturgeschichte aller Vögel Deutschlands in naturgetreuen Abbildungen und Beschreibungen. Gemeinschaftlich herausgegeben mit Dr. Bekker, Lichthammer und C. W. Bekker. Der *neuen* Ausgabe *viertes* und *fünftes* Heft und 25stes und 26ste. der Sammlung. Jedes mit 6 Abbildungen, gestochen vom Hofkupferstecher Johann Conrad Susemihl und unter dessen Aufsicht ausgemalt, in ½ Roy.Folio. (Darmstadt, bei Leske, 1840. 6 Blätter Text.)

J. H. *Rausse's* (i. e. Heinrich Fried. *Francke's*, Forstpracticanten zu Güstrow) Wasser thut's freilich! Miscellen zur Gräfenberger Wasserkur. *Zweite* Auflage, mit vielen Zusätzen. (Zeitz, bei Julius Schieferdecker, 1840. 23 Bogen 8.)

Dr. Johannes August Christian *Röper's* (ordentlichen Professors der Naturgeschichte und Botanik an der Universität zu Rostock) Verzeichniss der Gräser Meklenburgs. (Rostock, gedruckt bei Adlers Erben, 1840. 2 Bog. 4.)

Dr, Friederich Herrmann *Stannius* (ordentlichen Professors der Arzneiwissenschaften an der Universität zu Rostock und Mitgliedes der Grosherzogl. MedicinalCommission daselbst) Erster Bericht von dem zootomisch-physiologischen Institute der Universität Rostock. Enthaltend: Beiträge zur Anatomie des Delphins. (Rostock, bei J. M. Oeberg, 1840. 3 Bog. gr. 4.)

Ebendesselben: Symbolae ad anatomiam piscium. (Rostochii, apud J. M. Oeberg, 1840. 5 Bog. 4 maj.)

IX. Pädagogik, Schul- und Volksbücher.

Johann Joachim Christian Friederich *Brasch*, (Rector der Bürgerschule zu Schwerin): Die biblische Geschichte für den ersten zusammenhangenden Unterricht. (Schwerin, gedruckt und verlegt bei A. W. Sandmeyer, 1840. 11 Bog. gr. 8.)

FeierabendsBüchlein für Bauersleute. Herausgegeben vom Schwerinschen District des patriotischen Vereins in Meklenburg. *Zwei* Theile. *Dritte* Auflage. (Schwerin, verlegt und gedruckt von A. W. Sandmeyer, 1840. 14 Bog. gr. 8.) (Wird redigirt von dem Grosherzogl. Schulrathe Christoph Friederich Johann *Meyer* in Schwerin.)

Dr. Johann Friederich August *Mahn's* (ordentlichen Lehrers an der grossen Stadtschule zu Rostock) Uebersicht der alten Geschichte und Geographie. Ein Leitfaden beim Unterrichte in mittleren GymnasialClassen. Entworfen etc. (Rostock und Schwerin, im Verlage der Stillerschen Hofbuchhandlung, 1840. 16 Bog. 8.)

Christian Friederich *Michelsen's* vormals Amtmanns, zu Dömitz): BauernZeitung. Nr. 1 — 52. (Bützow, im Verlage bei Fr. Werner. 1840. gr. 4.) (Erscheint seit Johannis d. J.)

* Wilhelmine *Oelschläger's* (PrivatErzieherin zu Güstrow) Leitfaden zum Erlernen der englischen Sprache. (Güstrow, im Verlage bei Fr. Opitz, 1840. 8.)

Der *Volksfreund*, oder Stadt und Land. Ein gemeinnütziges Wochenblatt. *Zweiter* Jahrgang. (Bützow, gedruckt und verlegt von Fr. Werner, 1840. Wöchentlich 2 halbe Bogen. gr. 4.)

X. Vaterländische Schulschriften.

Dr. Johann Friedrich *Besser's* (Professors und Directors des Gymnasiums zu Güstrow) Güstrowsche Schulschriften. *Siebentes* Stück. (Güstrow, gedruckt bei H. H. L. Ebert's Erben. 1840. 8.)

Dr. Carl Friederich *Crain's* (Professors und Rectors der grossen Stadtschule zu Wismar) Einladungsschrift zu der öffentlichen Prüfung der Schüler der grossen Stadtschule am 24 und 25 September, sowie zur Anhörung der Redeübungen am 26 Septbr. — Inhalt: I. Abhandlung über die Frage: Was begründet und was fördert das religiöse Leben auf Schulen? vom Lehrer Johann Joachim Hartwig *Meyer*. II. Schulnachrichten, nebst dem Lehrplan und die Fortsetzung des Catalogs der Schulbibliothek. (Wismar, gedruckt bei J. W. G. Oesten's Wittwe. 1840. 4.)

Index Lectionum in Academia Rostochiensi per *semestre aestivum* a die XXVII. Mensis Aprilis Anni MDCCCXL. publice privatimque habendarum. (Rostochii, literis Adlerianis, 1840. 1 Bog. 4.) (Das kurze Vorwort des Professors Dr. Franz Volckmar *Fritzsche* führt den gründlichen Beweiss, dass der bei Pausanias I. 37. 3 erwähnte Cyamites unbefugtermassen für identisch mit dem Jacchus gehalten werde.)

Index Lectionum in Academia Rostochiensi per *semestre hibernum* a die XX. Mensis Octobris Anni MDCCCXL. publice privatimque habendarum. (Rostochii, literis Adlerianis, 1840. 1 Bog. 4.) (Das diesem Verzeichnisse vorgedruckte Vorwort des Professors Dr. F. V. *Fritzsche* berührt einen in neuerer Zeit vielfach angeregten und interessanten Gegenstand, den Begriff des Komischen.)

Regulativ über die Vermehrung der UniversitätsBibliothek zu Rostock, landesherrlich genehmiget am 21 Sept. 1840. (Rostock, gedruckt in der Rathsbuchdruckerei von J. M. Oeberg, 1840. 1 Bogen 4.)

Regulativ über die Benutzung der UniversitätsBibliothek zu Rostock vom 18 October 1840. Amtlicher Abdruck. (Rostock,

19

gedruckt in der Rathsbuchdruckerei von J. M. Oeberg, 1840. $1^1/_2$ Bogen 4.)

Dr. Friederich Carl *Wex* (Directors des Gymnasium Fridericianum zu Schwerin) Einladungsschrift zur Feier des Geburtstages Sr. Königl. Hoheit des Allerdurchlauchtigsten Grosherzogs *Paul Friedrich* durch einen Rede- und Declamationsactus am 15 Sept. um 11 Uhr. — Inhalt: Beiträge zur Kritik und Erklärung von Tacitus Agricola. (Schwerin, gedruckt in der Hofbuchdruckerei, 1840. $4^3/_4$ Bog. gr. 4to.)

Ebendesselben: Einladungsschrift zur öffentlichen Prüfung der Schüler des Gymnasium Fridericianum, welche am 28 und 29 Sept. gehalten werden soll. — Inhalt: Schulnachrichten von Michaelis 1839 bis dahin 1840. (Schwerin, gedruckt in der Hofbuchdruckerei, 1840. 1 Bog. gr. 4.)

Dr. Johannes Christian Wilhelm *Zehlicke* (Director des FriedrichFranzGymnasiums zu Parchim): Der Schulschriften des Grosherzogl. FriedrichFranzGymnasiums *neuntes* Heft. (Parchim, gedruckt in der Hofbuchdruckerei von Fr. Julius Zimmermann's Erben, 1840. 8.)

XI. Alterthumskunde und Philologie.

Dr. Carl Christoph Heinrich *Burmeister* (Candidat des Predigtamtes und Privatlehrer zu Wismar): Ueber die Sprache der früher in Meklenburg wohnenden ObodritenWenden. (Rostock, bei J. M. Oeberg, 1840. 8.)

Georg Christian Friederich *Lisch* (Grosherzogl. Archivars, RegierungsBibliothekars und Aufsehers der Alterthümer- und MünzSammlung zu Schwerin) Heinrichs von Krolewitz úz Missen Vater Unser. Herausgegeben etc. — *Auch unter dem Titel:* Bibliothek der gesammten deutschen NationalLiteratur von der ältesten bis auf die neuere Zeit. *Neunzehnter* Band. (Quedlinburg und Leipzig, bei Gottfried Basse, 1839. $13^3/_4$ Bog. gr. 8.)

* F. A. W. M. *Vermehren's* (der Theologie und Philologie Beflissenen zu Rostock) Tyrtaei quae supersunt. Cum prooemio et perpetua annotatione edidit. (Rostochii, ex officina J. M. Oebergi, 1840. 47 Seit. 8.) (Ist eine Sassesche Stipendiatenschrift.)

Dr. Friederich Carl *Wex* (Directors des Gymnasium Fridericianum zu Schwerin) Beiträge zur Kritik und Erklärung von Tacitus Agricola. (Leipzig, bei Vogel, 1840. gr. 4.)

XII. Schöne Wissenschaften und Künste.

Christian Jacob Anton *Dehn* (Grosherzogl. PagenInformator zu Schwerin): Die Obotriten. Grosse Oper in 4 Aufzügen, mit

Ballet. Musik von Philipp *Lappe* (Grosherzogl. Hof- und HarmonieMusicus ebendaselbst.) (Schwerin, gedruckt in der Hofbuchdruckerei, 1840. 3 Bog. 8.)

Die Attitüden der Lady Hamilton, nach dem Leben gezeichnet vom Professor Fr. Rehberg, lithographirt von Heinrich *Dragendorff* (aus Rostock.) (München, bei Mey et Widmeyer, 1840. 1 Bog. Text und 12 lithographirte Blätter in ½ Fol.)

Erinnerung an Schwerin. Walzer für's Pianoforte, von Aug. M. Canthal. Opus 68. Sr. Königl. Hoheit dem Allerdurchlauchtigsten Grosherzoge *Paul Friederich* von MeklenburgSchwerin gewidmet. Mit elegantem Titel. (Hamburg, bei G. W. Niemeyer, 1840.)

Sammlung kleiner interessanter *Erzählungen*. (Rostock, bei J. M. Oeberg, 1840. 8.)

An Louise. Gedicht von Louis *Gabillon* (Grosherzogl. Steuer-Secretair zu Schwerin) Componirt von Philipp *Lappe* (Grosherzogl. Hof- und HarmonieMusicus ebendaselbst.) Mit Pianofortebegleitung. Opus 2. (Schwerin, im Verlage der K. Kürschnerschen Buch- und Musicalienhandlung, 1840. 1 Bog. Querfolio.)

* Johann *Koch's* (Hülfspredigers und Rectors zu Schwaan) Kleeblüthen. Gedichte. Herausgegeben etc. (Bützow, im Verlage bei Fr. Werner, 1840. 15 Bog. 8.) *

Ebenderselbe: Zur Erinnerung an Felix MendelssohnBartholdy bei Aufführung seines Oratoriums „Paulus" am ersten Tage des zweiten norddeutschen Musikfestes in Schwerin, den 8 Jul. 1840. Allen Verehrern des Componisten gewidmet. (Schwerin, gedruckt bei A. W. Sandmeyer, 1840.)

* Julius Fried. John, Barons *von MöllerLilienstern* (Rittergutsbesitzers auf Carlsdorf, Amts Güstrow), Compositions pour Pianoforte. 2 Valses, La chasse, Marche et Galopp. (Leipzig, bei Klemm, 1840.)

Ebendesselben: Galopp für's Pianoforte. (Leipzig, bei Klemm, 1840.)

David *Russa's* (i. e. David Jacob *Assur's*, Privatlehrers zu Schwerin) Sonst und Jetzt. Novellensammlung. *Zwei* Bände. (Schwerin, im Verlage der K. Kürschnerschen Buchhandlung, 1840. 22¼ Bog. 8.)

Schweriner LieblingsTänze im leichten Arrangement für das Pianoforte. — Inhalt: I. JubelGalopp, von G. *Schmidt* (Grosherzogl. Hofmusicus zu Schwerin.) II. Schottischer Walzer, von *Ebendemselben*. III. Pas styrien. (Schwerin und Rostock, im Verlage der Stillerschen Hofbuchhandlung, 1840.).

Vaterlandslied mit Chor aus der Oper: „die Obotriten".

Text von Christian Jacob Anton *Dehn* (Grosherzogl. PagenInformator zu Schwerin.) Musik von Philipp *Lappe* (Grosherzogl. Hof- und HarmonieMusicus ebendaselbst.) Arrangirt für Sopran, Tenor, Bariton oder Bass mit Pianofortebegleitung vom Componisten. (Schwerin, im Verlage der K. Kürschnerschen Buch- und Musicalienhandlung, 1840. 2 Bog. Querfolio.)

XIII. Freimaurerei.

Johann Christian Friederich *Piper's* (Hofraths und JustizkanzleiAdvocaten zu Güstrow) Maurerische Fest- und Gelegenheitsreden, gehalten in der Loge zu Güstrow. (Quedlinburg, bei Ernst, 1840. 8 Bog. gr. 8.)

XIV. Haus- und Landwirthschaft.

Friederich Gotthard *von Boddien* (Grosherzogl. Meklenburg-Schwerinscher Geheimer Domainenrath und Königl- Hannöverscher wirklicher Regierungsrath bei der Landdrostei zu Aurich, Ritter etc.): Der meklenburgische Haken, ein vorzüglicheres Ackerwerkzeug, als der gewöhnliche Pflug, beschrieben nach *Schumacher* und dargestellt nach fremden und eigenen funfzigjährigen Erfahrungen, nebst Notizen über Dr. J. H. *von Thünen's* (auf Tellow, bei Güstrow) Hakenpflug. Mit 2 Abbildungen und 29 Figuren in Steindruck. (Oldenburg, bei Gerhard Stalling, 1840. 18 Bog. gr. 8.)

* C. W. F. *Burchard* (Oeconom zu Rostock): Die landwirthschaftliche Buchhaltung mit besonderer Rücksicht auf die WirthschaftsMethode in Meklenburg und den angränzenden Ländern. Ein Handbuch für Gutsbesitzer, Pächter, Wirthschafter und alle diejenigen, welche sich der Landwirthschaft widmen wollen, so wie auch für Geschäftsmänner, die mit dem Rechnungswesen, insbesondere mit Administrationen, Curatelen u. s. w. zu thun haben. (Rostock, gedruckt bei Fr. Behm's Erben, 1840. 34¼ Bog. gr. 4.)

Carl Friederich Heinrich *von Jasmund* (Grosherzogl. MeklenburgStrelitzcher Oberhofmeister und Kammerherr): Das wasserdichte und feuerfeste flache Dach nach einer bisher unangewandten, wohlfeilen Bauart. Mit vier Tafeln in Steindruck. (Güstrow, in Commission bei Fr. Opitz, 1840. 8.

Heinrich J. L. *Karsten's* (Präpositus und Predigers zu Vilz, bei Tessin, wie auch GeneralSecretairs des meklenburgischen patriotischen Vereins.) Neue Annalen der meklenburgischen LandwirthschaftsGesellschaft. *24ster* Jahrgang und *25sten* Jahrganges *erstes* Heft. (Rostock, im Verlage bei J. M. Oeberg, 1840. gr. 8.) (Der Jahrgang in 6 DoppelHeften, mit Tabellen und Abbildungen, 50 Bog. stark.)

XV. Vermischte Schriften.

Güstrowsches gemeinnütziges Wochenblatt. *24ster* Jahrgang. (Güstrow, im Verlage bei H. H. L. Ebert's Erben, 1840. Wöchentlich 2 halbe Bogen, mit und ohne Beilagen. gr. 4.)

Dr. Ferdinand *Kämmerer's* (Grosherzogl. GeheimenHofraths, ersten ordentlichen Professors der Rechtswissenschaften, Seniors der JuristenFacultät und Ordinarius des SpruchCollegiums zu Rostock) Gelehrte und gemeinnützige Beiträge aus allen Theilen der Wissenschaften. Herausgegeben etc. (Rostock, im Verlage von Adlers Erben, 1840. Wöchentlich 1 Bog. gr. 8.) (Diese encyklopädische Wochenschrift erscheint seit dem 1 Jan. d. J.)

Wöchentliche Rostocksche Nachrichten und Anzeigen. (Rostock, im Verlage bei J. M. Oeberg, 1840. Wöchentlich 2 Nummern 4.)

Friederich Ludwig *Schweden's* (JustizkanzleiAdvocaten zu Schwerin) Freimüthiges Abendblatt. No. 1096 bis 1143. (Schwerin, gedruckt bei A. W. Sandmeyer, und im Verlage von J. C. H. Bärensprung's Erben, 1840. 65¾ Bog. gr. 4.)

Nachtrag,
die MeklenburgStrelitzsche Literatur betreffend.

ad I. * Johannes Alexander *Bickel* (Prediger zu Prillwitz): Das Leiden Christi. Eine Reihe von Passionsbetrachtungen, nebst einer Busstagspredigt. (NeuStrelitz und NeuBrandenburg, in der L. Dümmlerschen Hofbuchhandlung, 1840. 6 Bog. gr. 8.)

Johann Heinrich *Selmer's* (Präpositus und Predigers zuGöhren) Synodalpredigt, nebst Anrede an die Synodalen, bei Eröffnung der ersten Synode gehalten. (Friedland, bei Gustav Barnewitz, 1840. gr. 8.)

ad III. Dr. Christian Fried. Ludwig *Wildberg's* (Grosherzogl. Obermedizinalraths und ausübenden Arztes zu NeuStrelitz) Jahrbuch der gesammten Staatsarzeneikunde. *Sechster* und *siebenter* Band, in 6 Heften. (Leipzig, bei Weber, 1840. 50 Bog. gr. 8.)

ad V. * Theodor Friederich *Kindler* (JustizkanzleiAdvocat und Procurator bei dem Justizamte der Landvogtei zu Schönberg im Fürstenthum Ratzeburg): Die Richtung der LübeckWismarschen Chaussee über Schönberg etc. (Schönberg, bei dem Verfasser, 1840. ½ Bog. gr. 4.)

ad VII. Gustav Herrmann Ferdinand *Bahlcke's* (Grosherzogl. Hofraths und Geheimen Secretairs zu NeuStrelitz) Grosherzogl. MeklenburgStrelitzischer Staatscalender auf das Schaltjahr 1840.

Mit Grosherzogl. Privilegium. (NeuStrelitz, im Verlage des HofbuchbindersGottlieb Spalding. 20 Bog. 8.)

Dr. Peter Ludwig Christian *von Kobbe's* (PrivatGelehrten auf dem Domhofe zu Ratzeburg) Römische Geschichte, in drei Bänden. *Erster* Band: von den ältesten Zeiten bis zum ersten punischen Kriege. (Leipzig, bei Engelmann, 1840. 24 Bog. gr. 8.)

Dr. Carl Werner *Reinhold's* (Candidaten der Theologie zu Woldegk) Chronik der Stadt Prenzlau. In vier Abtheilungen. *Erste* und *zweite* Abtheilung. (Prenzlau, bei Vincent, 1840. 12 Bog. 8.)

Ebenderselbe: Die römische Kaisergeschichte, ein von den Geschichtsschreibern aufgestelltes Zerrbild, umgestaltet im Namen der unpartheiischen Kritik des neunzehnten Jahrhunderts. Als Probe: Nero, ein Scheusal genannt, dargestellt als guter Mensch und vortrefflicher Regent, unschuldig verlästert und gebrandmarkt. (Pasewalk, bei Freyberg, 1840. $3^1/_2$ Bog. gr. 8.)

Dr. Carl Friederich *Scheibe's* (fünften ordentlichen Lehrers am Gymnasium Carolinum zu NeuStrelitz) Geschichte der dreissig Tyrannen zu Athen. (Halle, bei Lippert, 1840. 8.)

ad VIII. Wilhelm Christ. L. *Mussehl's* (Predigers zu Kotelow, bei Friedland) Vollständige Anweisung zur LüftungsBienenzucht, oder neue und menschliche Methode der Bienenpflege; wodurch das Leben der Bienen erhalten und Honig der besten Art in der grössten Menge mit leichter Mühe gewonnen wird. Nebst einer Naturgeschichte der Bienen. Nach dem Englischen des Thomas Nutt. Des Berichtes über die Einträglichkeit der LüftungsBienenzucht *zweite, stark vermehrte* und mit Abbildungen versehene Auflage. (NeuStrelitz und NeuBrandenburg in der L. Dümmlerschen Hofbuchhandlung, 1840. gr. 8.)

ad XII. Johann Friederich *Bahrdt's* (PrivatGelehrten zu NeuStrelitz) Erinnerungen. Eine Sammlung von GelegenheitsGedichten und dramatischen Festspielen. (NeuStrelitz und NeuBrandenburg, im Verlage der L. Dümmlerschen Hofbuchhandlung, 1840. 14 Bog. 8.)

* Friederich *Brückner's* (aus NeuBrandenburg) Erinnerung an Schleusingen. Walzer für Pianoforte. Opus I. (Erfurt, bei Körner, 1840.)

Georg Friederich Mantey, Freiherrn *von Dittmer* (Grosherzogl. pensionirten Hofcapellmeisters zu NeuStrelitz) Vier deutsche Lieder, für eine Singstimme mit Begleitung des Pianoforte in Musik gesetzt. (Hamburg, bei A. Cranz, 1840.)

Friederich Conrad *Schwiening's* (Musiklehrers zu Friedland) Vier Gesänge, für eine Singstimme mit Begleitung des Pianoforte.

(NeuStrelitz und NeuBrandenburg, im Verlage der L. Dümmlerschen Hofbuchhandlung, 1840.)

ad XV. Wöchentliche *Anzeigen* für das Fürstenthum Ratzeburg. Mit einer officiellen Beilage. (Schönberg, gedruckt und verlegt von L. Bicker, 1840. 4.)

Wilhelm Chr. L. *Mussehl's* (Predigers zu Kotelow, bei Friedland) Meklenburgisches Wochenblatt des Neuesten und Wissenswürdigsten für Land-, Hauswirthschaft, Gewerbe und Handel. Eine öconomisch-technische Zeitung und Sammlung der nützlichsten und für die Praxis wichtigsten Erfindungen, Verbesserungen, Erfahrungen und Beobachtungen für Ackerbau und allgemeinen landwirthschaftlichen Betrieb, Boden- und Pflanzenkunde, Viehzucht, Viehmästung, Bau- und Maschinenwesen, landwirthschaftliche Gewerbe, Hauswirthschaft, Bienenzucht, Seidenbau, Gärtnerei, Obst- und Gemüsebau, Handwerke und Industrie aller Art, nebst landwirthschaftlichen Berichten aus dem In- und Auslande und wöchentlichen Angaben der neuesten Nachrichten über den Handel und landwirthschaftliche Producte. *Fünfter* Jahrgang. Mit vielen in den Text gedruckten erläuternden Abbildungen. (NeuStrelitz und NeuBrandenburg, in der L. Dümmlerschen Hofbuchhandlung, 1840. Wöchentlich 1 Bog. gr. 4.)

Recapitulation.

(In alphabetischer Ordnung.)

Alterthumskunde und Philologie	4
ArzeneiGelehrsamkeit und deren Hülfswissenschaften	10
Freimaurerei	1
Geschichte, Geographie und Statistik	9
Haus- und Landwirthschaft	4
Mathematik und Arithmetik	8
Naturwissenschaft	5
Pädagogik, Schul- und Volksbücher	6
Philosophie	1
Rechtsgelehrsamkeit	10
Schöne Wissenschaften und Künste	12
Staatswissenschaft und Staatswirthschaft	10
Theologie, Erbauungsschriften und Predigten	20
Vaterländische Schulschriften	9
Vermischte Schriften	4
MeklenburgStrelitzische Schriften	16
Zusammen	129

Nachtrag
zur Literatur der beiden Grosherzogthümer Meklenburg des Jahres 1839.

John *Brinckmann* (zu Rostock) Der heilige Damm. Eine Legende in vier Gesängen. (Rostock, bei J. M. Oeberg, 1839. 8 Bog. 12.)

Wismarsches *Gesangbuch*. Auf Kosten des vereinigten geistlichen Hebungen. (Wismar, gedruckt in der Buchdruckerei von F. W. von Cossel, 1839. 8.) (Ward auf den Wunsch des Magistrates von dem dortigen geistlichen Ministerio neu veranstaltet.)

Das Rechtsverhältniss der Stadt *Parchim* als Sitz des Oberappellationsgerichts in besonderem Bezuge auf die in Frage gestellte Verlegung desselben. Eine Denkschrift für Meklenburg's Stände und alle Freunde des Rechts. Statt Manuscript's gedruckt. (Parchim, gedruckt bei Fr. Julius Zimmermann's Erben, 1838. 2¼ Bog. 4.)

Beitrag zur Beantwortung der Frage über die Verlegung des Oberappellationsgerichts von Parchim nach Rostock. Als Manuscript gedruckt. (1839. 7 Seiten 4.)

Betrachtungen über die Denkschrift: Das Rechtsverhältniss der Stadt Parchim als Sitz des Oberappellationsgerichts etc. Statt Manuscript's gedruckt. (Schwerin, 1839. 2 Bog. 4.)

Einige Bemerkungen zu den Betrachtungen über die Denkschrift: Das Rechtsverhältniss der Stadt Parchim als Sitz des Oberappellationsgerichts etc. (1839. 7 Seit. 4.)

Uebersicht der Einnahme und Ausgabe des ArmenInstituts der Residenzstadt Schwerin von Ostern 1838 bis dahin 1839. (Schwerin, gedruckt bei A. W. Sandmeyer, 1839. 3 Bog. 4.)

Dr. Herrm. Dan. Chr. *Schmidt* (Rectors der GelehrtenSchule zu Friedland) Doctrina temporum verbi graeci et latini, expositio historica. Particula III. (Halis Saxon., libr. Orphanotrophei, 1839. 4¼ Bog. 4 maj.)

* G. *Schmidt's* (Grosherzogl. Hofmusicus zu Schwerin) Schottischer Walzer aus dem Ballet: der Namenstag. (Rostock und Schwerin, in Commission der Stillerschen Hofbuchhandlung, 1839.)

Inhalt
des ersten Theils.

Statistisch-topographisches

JAHRBUCH

des

Grosherzogthums

MeklenburgSchwerin.

Zweiter Theil

des

MeklenburgSchwerinschen

Staats-Kalenders

1841.

Voran:

das Verzeichniss der europäischen Regenten, so wie derjenigen europäischer Abkunft.

Schwerin,
im Verlage der Hofbuchdruckerei.

„Da der deutsche Bund, mit Ausnahme der freien Städte aus *souverainen Fürsten* besteht; so muss, dem hierdurch gegebenen Grundbegriffe zufolge, die gesammte Staatsgewalt in dem Oberhaupte des Staates vereinigt bleiben, und der Souverain kann, durch eine landständische Verfassung, nur in der Ausübung *bestimmter* Rechte an die Mitwirkung der Stände gebunden werden." (Wiener *SchlussActe des deutschen Bundes* vom 15. Mai 1820, Art. LVII.)

Genealogisches Verzeichniss

der jetzigen Europäischen Regenten, so wie derjenigen Europäischer Abkunft.

A) Der durchlauchtigste DEUTSCHE BUND,

nach der für dessen Plenum, in der BundesActe vom Datum Wien den 8 Jun. 1815, Art. 6, berechneten Eintheilung.

Die, den Namen der BundesStaaten beigefügten arabischen Zahlen zur *rechten* bezeichnen das, in der BundesMatrikel angenommene BundesContingent, und die römischen sowie die Buchstaben R.D. zur *linken* die verschiedenen ArmeeCorps und die ReserveDivision des Bundesheers, welchen dasselbe zugetheilt ist.

Erste Classe:

BundesStaaten, die im Plenum der BundesVersammlung vier Stimmen führen:

I. Präsidium.

I, II, III. Oesterreich. (Kath. Rel.) Resid. Wien. 94822.

Kaiser: *Ferdinand I.,* König von Ungarn, Böhmen, der Lombardei, Venedig, Gallizien und Illyrien, geb. 19 April 1793, als König von Ungarn gekrönt 28 Septbr. 1830, succ. seinem Vater 2 März 1835, verm. 27 Febr. 1831 mit Marie Anne, Prinzessin von Sardinien.

Geschwister: Erzherzoge und Erzherzoginnen:
1 Marie Ludovike, geb. 12 Decbr. 1791. S. Parma.
2 Marie Clementine Franzisca, g. 1 März 1798. S. Sicilien.
3 Franz Carl Joseph, geb. 7 Decbr. 1802, verm. 4 Nov. 1824 mit Friederike Sophie Dorothea, Prinzessin von Baiern. Kinder:
 1 Franz Carl Joseph, g. 18 August 1830.
 2 Ferdinand Maximilian Joseph, g. 6 Jul. 1832.
 3 Carl Ludwig Joseph Maria, g. 30 Jul. 1833.
4 Marie Anne Franzisca Therese, g. 8 Jun. 1804.

Stiefmutter: Caroline Auguste, Prinzessin von Baiern, verm. 10 Novbr. 1816 mit Kaiser Franz I., W. seit 2 März 1835.

VatersGeschwister:
1 Carl Ludwig Johann Joseph Lorenz, geb. 5 Sept. 1771, W. von Henriette, Prinzessin von NassauWeilburg, seit 29 Decbr. 1829. Kinder:
 1 Marie Therese Isabelle, g. 31 Jul. 1816. S. Sicilien.
 2 Albert Friedrich Rudolf, g. 3 Aug. 1817.

A

3 Carl Ferdinand, g. 29 Jul. 1818.
4 Friedrich Ferdinand Leopold, g. 14 Mai 1821.
5 Marie Caroline Ludovike Christine, g. 10 Sept. 1825.
6 Wilhelm Franz Carl, g. 21 April 1827.
2 Joseph Anton Johann Franz, Palatinus von Ungarn, geb. 9 März 1776, zum drittenmal verm. 24 Aug. 1819 mit Marie Dorothea, Prinzessin von Würtemberg. Kinder zweiter Ehe mit Hermine, Prinzessin von AnhaltBernburgSchaumburg:
1 Hermine Amalie Marie, } geb. 14 Sept. 1817.
2 Stephan Franz Victor, }
Dritter Ehe:
3 Franzisca Marie Elisabeth, g. 17 Jan. 1831.
4 Joseph Carl Ludwig, g. 2 März 1833.
5 Marie Henriette, g. 23 Aug. 1836.
3 Johann Joseph Fabian Sebastian, g. 20 Jan. 1782.
4 Rainer Joseph Johann Michael, g. 30 Sept. 1783, ViceKönig von der Lombardei und Venedig, verm. 28 Mai 1820 mit Marie Elisabeth Franzisca, Prinzessin v. SavoyenCarignan. Kinder:
1 Marie Caroline Auguste, g. 6 Febr. 1821.
2 Adelheid Franzisca Marie, g. 3 Jun. 1822.
3 Leopold Ludwig, g. 6 Jun. 1823.
4 Ernst Carl Felix Rainer, g. 8 Aug. 1824.
5 Sigismund Leopold, g. 7 Jan. 1826.
6 Rainer Ferdinand Maria, g. 11 Jan. 1827.
7 Heinrich Anton, g. 9 Mai 1828.
5 Ludwig Joseph Anton Ferdinand, g. 13 Dec. 1784.
GrosVatersBruders, des Erzherzogs Ferdinand Kinder. S. Modena.

IV, V, VI. 2) Preussen. (Evang. Rel.) Berlin 79484.

König: *Friedrich Wilhelm IV.*, geb. 15 Oct. 1795, succ. 7 Jun. 1840, verm. 29 Novbr. 1823 mit Elisabeth Louise, Prinzessin von Baiern.

Geschwister:
1 Friedrich Wilhelm Ludwig, Prinz von Preussen, geb. 22 März 1797, verm. 11 Jun. 1829 mit Marie Louise Auguste, Prinzessin von SachsenWeimar. Kinder:
1 Friedrich Wilhelm Nicolaus Carl, g. 18 Oct. 1831.
2 Louise Marie Elisabeth, g. 3 Dec. 1838.
2 Friederike Louise Charlotte, g. 13 Jul. 1798. S. Russland.
3 Friedrich Carl Alexander, geb. 29 Jun. 1801, verm. 26 Mai 1827 mit Marie Louise Alexandrine, Prinzessin von Sachsen-Weimar. Kinder:
1 Friedrich Carl Nicolaus, geb. 20 März 1828.
2 Marie Louise Anne, geb. 1 März 1829.
3 Maria Anna Friederike, geb. 17 Mai 1836.
4 Friederike Wilhelmine Alexandrine Marie Helene, geb. 23 Febr. 1803. S. MeklenburgSchwerin.
5 Louise Auguste Wilhelmine Amalie, geb. 1 Februar 1808. S. Niederlande.
6 Friedrich Heinrich Albrecht, geb. 4 Octbr. 1809, vermählt 14 Sept. 1830 mit Mariane, Prinzessin der Niederlande.

Kinder:
1 Friederike Louise Charlotte, geb. 21 Jun. 1831.
2 Friedrich Wilhelm Nicolaus Albrecht, geb. 8 Mai 1837.
VatersGeschwister:
1 Des Prinzen Ludwig Carl Kinder, von Friederike, Prinzessin von MeklenburgStrelitz. S. Hannover.
1 Friedrich Wilhelm Ludwig, geb. 30 Octbr. 1794, verm. 21 Novbr. 1817 mit Wilhelmine Louise, Prinzessin von AnhaltBernburg. Davon:
1 Friedrich Wilhelm Alexander, geb. 21 Jun. 1820.
2 Friedrich Wilhelm Georg Ernst, geb. 12 Febr. 1826.
2 Friederike Wilhelmine Louise, geb. 30 Septbr. 1796. S. AnhaltDessau.
2 Friederike Christiane Auguste, geb. 1 Mai 1780. S. Hessen-Cassel.
3 Friedrich Heinrich Carl, geb. 30 Decbr. 1781.
4 Friedrich Wilhelm Carl, geb. 3 Jul. 1783, verm. 12 Jan. 1804 mit Mariane Amalie, Prinzessin von HessenHomburg. Kinder:
1 Heinrich Wilhelm Adalbert, g. 29 Oct. 1811.
2 Marie Elisabeth, g. 18 Jun. 1815. S. HessenDarmstadt.
3 Friedrich Wilhelm Waldemar, g. 2 Aug. 1817.
4 Friederike Franzisca Auguste Marie, g. 15 Oct. 1825.
UrGrosVatersBruders, des Prinzen August Ferdinand Sohn: Friedrich Wilhelm Heinrich August, g. 19 Sept. 1779.

VII. 3) Baiern. (K. R.) München. 35600.

König: *Ludwig Carl August*, geb. 25 Aug. 1786, succ. 13 Oct. 1825, verm. 12 Oct. 1810 mit Therese Charlotte Louise, Prinzessin von SachsenAltenburg. Kinder:
1 Maximilian Joseph, g. 28 Novbr. 1811.
2 Mathilde Caroline, g. 30 Aug. 1813. S. HessenDarmstadt.
3 Otto Friedrich Ludwig, g. 1 Jun. 1815. S. Griechenland.
4 Luitpold Carl Joseph, g. 12 März 1821.
5 Adelgunde Auguste Charlotte, g. 19 März 1823.
6 Hildegard Louise Charlotte, g. 10 Jun. 1825.
7 Alexandra Amalie, g. 26 Aug. 1826.
8 Adalbert Wilhelm Georg Ludwig, g. 19 Jul. 1828.
Geschwister:
1 Auguste Amalie, g. 21 Jun. 1788. S. Leuchtenberg.
2 Caroline Auguste, g. 8 Febr. 1792. S. Oesterreich.
3 Carl Theodor Maximilian August, g. 7 Jul. 1795.
4 Elisabeth Louise, s. Preussen, } g. 13 Nov. 1801.
5 Amalie Auguste, s. Sachsen, }
6 Friederike Sophie Dorothea, s. Oesterreich, } geb. 27 Jan. 1805.
7 Marie Leopoldine Anne, s. Sachsen, }
8 Louise Wilhelmine, g. 30 Aug. 1808. S. unten.
Stiefmutter: Friederike Wilhelmine Caroline, Prinzessin von Baden, verm. 9 März 1797 mit Maximilian Joseph, König von Baiern, W. seit 13 Octbr. 1825.
GrosTante, des Kuhrfürst. Carl Theodor von PfalzBaiern Wittwe: Marie Leopoldine, Prinzessin von Modena, W. 16 Febr. 1799.

Die herzogliche, ehemals pfalz-zweibrücken-birkenfeldische Linie:

Herzog Maximilian Joseph, g. 4 Decbr. 1808, verm. 9 Sept. 1828 mit Louise Wilhelmine, Prinzessin von Baiern. (S. oben.) Kinder:
1 Ludwig Wilhelm, g. 21 Jun. 1831.
2 Caroline Therese, g. 4 April 1834.
3 Marie Elisabeth, g. 24 Decbr. 1837.
4 Carl Theodor, g. 9 Aug. 1839.

VatersSchwester: Marie Elisabeth Amalie, geb. 5 Mai 1784, verm. 9 März 1808 mit Alexander Berthier, vormals Fürsten von Neufchatel, W. 1 Jun. 1815.

IX. 4) Sachsen. (K. R.) Dresden. 12000.

König: *Friedrich August,* geb. 18 Mai 1797, Mit-Regent seit dem 13 Sept. 1830, succ. 6 Jun. 1836, zum zweitenmal verm. 24 April 1833 mit Marie, Prinzessin von Baiern.

Geschwister:
1 Marie Amalie, g. 10 Aug. 1794.
2 Marie Ferdinande Amalie, g. 27 April 1796. S. Toscana.
3 Johann Nepomuk Maria, geb. 12 Decbr. 1801, verm. 21 Novbr. 1822 mit Amalie Auguste, Prinzessin von Baiern. Kinder:
1 Marie Auguste Friederike, g. 22 Jan. 1827.
2 Friedrich August Albert, g. 23 April 1828.
3 Marie Elisabeth, g. 4 Febr. 1830.
4 Friedrich August Ernst, g. 5 April 1831.
5 Friedrich August Georg, g. 8 Aug. 1822.
6 Marie Sidonie, g. 16 Aug. 1834.
7 Anna Maria, g. 4 Jan. 1836.

Stiefmutter: Marie Louise Charlotte, Prinzessin von Lucca, verm. 7 Nov. 1825 mit dem Prinzen Maximilian, W. seit 3 Jan. 1838.

VatersBruders, des wail. Königs Friedrich August, Tochter: Marie Auguste, g. 21 Jun. 1782.

X. 5) Hannover. (Angl. Rel.) Hannover. 13054.

König: *Ernst August,* Herzog von Cumberland, (S. GrosBritannien), g. 5 Jun. 1771, succ. seinem Bruder, dem Könige Wilhelm IV. von GrosBritannien und Hannover am 20 Jun. 1837 in der Regierung des Königreichs Hannover, verm. 29 Mai 1815 mit Friederike, Herzogin von MeklenburgStrelitz, verwittwet gewesenen Prinzessin von Preussen und von Solms.

Sohn:
Kronprinz Georg Friedrich Alexander Carl, g. 27 Mai 1819.

Geschwister und GeschwisterKinder: s. GrosBritannien.

VIII. 6) Würtemberg. (L. R.) Stuttgard. 13955.

König: *Wilhelm*; geb. 27 Sept. 1781, succ. 30 Octbr. 1816, zum drittenmal verm. 15 April 1820 mit Pauline Therese Louise, Prinzessin von Würtemberg. Kinder zweiter Ehe, mit Catharina Pawlowna, Grosfürstin von Rusland:

1 Marie Friederike Charlotte, g. 30 Oct. 1816, verm. 19 März 1840 mit Alfred, Grafen von Neipperg.
2 Sophie Friederike Mathilde, g. 17 Jun. 1818. S. Niederlande.
Dritter Ehe:
3 Catharine Friederike Charlotte, g. 24 Aug. 1821.
4 Kronprinz Carl Friedrich Alexander, g. 6 März 1823.
5 Auguste Wilhelmine Henriette, g. 4 Oct. 1826.

Brüder: Herzog Paul Carl Friedrich August, g. 19 Jan. 1785, vermählt 28 September 1805 mit Charlotte, Prinzessin von SachsenAltenburg. Kinder:
1 Friederike Charlotte, g. 9 Jan. 1807. S. Rusland.
2 Friedrich Carl August, g. 21 Febr. 1808.
3 Pauline Friederike, g. 25 Febr. 1810. S. Nassau.
4 Friedrich August Eberhard, g. 24 Jan. 1813.

VatersGeschwister Nachkommen:

1 Herzogs Ludwig Friedrich Alexander Wittwe: Henriette, Prinzessin von NassauWeilburg, v. 28 Jan. 1797, W. 20 Sept. 1817. Dessen Kinder erster und zweiter Ehe:
1 Adam Carl Wilhelm Eugen, g. 16 Jan. 1792.
2 Marie Dorothea, g. 1 Nov. 1797. S. Oesterreich.
3 Amalie, g. 28 Jun. 1799. S. SachsenAltenburg.
4 Pauline Therese Louise, g. 4 Sept. 1800. S. oben.
5 Elisabeth Alexandrine, g. 27 Febr. 1802. S. Baden.
6 Alexander Paul Ludwig, g. 9 Sept. 1804, verm. 2 Mai 1835 in morganatischer Ehe mit Susanne, Gräfin von Rheday, jetzt Gräfin von Hohenstein.

2 Herzogs Eugen Friedrich Heinrich Kinder:
1 Friedrich Eugen Paul, geb. 8 Jan. 1788, zum zweitenmal verm. 11 Sept. 1827 mit Helene, Prinzessin von HohenloheLangenburg. Kinder erster Ehe mit Mathilde, Prinzessin von Waldeck.
1 Marie, g. 25 März 1818.
2 Eugen Wilhelm Alexander, g. 25 Dec. 1820.
Zweiter Ehe:
3 Wilhelm Nicolaus, g. 20 Jul. 1828.
4 Alexandrine Mathilde, g. 16 Decbr. 1829.
5 Nicolaus, g. 1 März 1833.
6 Pauline Louise Agnes, g. 13 Oct. 1835.
2 Louise, g. 4 Jun. 1789. S. HohenloheOehringen.
3 Friedrich Paul Wilhelm, geb. 25 Jun. 1797, verm. 17 April 1827 mit Marie Sophie Dorothea, Prinzessin von Thurn und Taxis. Davon:
Wilhelm Ferdinand Maximilian Carl, g. 3 Sept. 1828.

3 Herzogs Ferdinand Wwe.: Pauline, des F. Franz Georg Carl von Metternich T., g. 22 Nov. 1771, W. 20 Jan. 1834.

4 Herzogs Alexander Friedrich Carl Kinder:
1 Marie, g. 17 Sept. 1799. S. SachsenCoburgGotha.

2 Friedrich Wilhelm Alexander, g. 20 Dec. 1804, W. seit 2 Jan. 1839 von Marie, Tochter des Königs Ludwig Philipp der Franzosen. Sohn:
Philipp Alexander, g. 30 Jul. 1838.
3 Ernst Alexander Constantin, g. 11 Aug. 1807.

Zweite Classe:

BundesStaaten mit drei Stimmen.

VII. 7) Baden. (Evang. Rel.) Carlsruhe. 10000.

Grosherzog: *Leopold Friedrich*, geb. 29 Aug. 1790, succ. 30 März 1830, verm. 25 Jul. 1819 mit Sophie Wilhelmine, Prinzessin von Schweden. Kinder:

1 Alexandrine Louise, g. 6 Dec. 1820.
2 Ludwig, g. 15 Aug. 1824.
3 Friedrich Wilhelm Ludwig, g. 9 Sept. 1826.
4 Wilhelm Ludwig August, g. 18 Dec. 1829.
5 Carl Friedrich Gustav, g. 9 März 1832.
6 Marie Amalie, g. 20 Nov. 1834.
7 Cäcilie Auguste, g. 20 Sept. 1839.

Geschwister:

1 HalbBruders, des Erbprinzen Carl Ludwig Kinder:
1 des Grosherzogs Carl Ludwig Friedrich Wittwe: Stephanie Adrienne Louise Napoleon, vormals Prinzessin von Frankreich, geb. 28 August 1789, verm. 8 April 1806, W. 8 Dec. 1818. Kinder:
1 Louise, g. 5 Jun. 1811. S. HolsteinOldenburg.
2 Josephine, geb. 21 October 1813. S. Hohenzollern-Sigmaringen.
3 Marie Amalie Elisabeth Caroline, g. 11 Oct. 1817.
2 Caroline, g. 13 Jul. 1776. S. Baiern.
2 Markgraf Wilhelm Ludwig August, g. 8 April 1792, verm. 16 Oct. 1830 mit Elisabeth, Prinzessin von Würtemberg. Davon:
1 Sophie Pauline Henriette, g. 7 Aug. 1834.
2 Pauline Sophie, g. 18 Dec. 1835.
3 Leopoldine Wilhelmine, g. 22 Febr. 1837.
3 Amalie Caroline, g. 26 Jan. 1795. S. Fürstenberg.
4 Markgraf Maximilian Friedrich, g. 8 Dec. 1796.

IX. 8) HessenCassel. (R. R.) Cassel. 5679.

Kuhrfürst: *Wilhelm II.*, geb. 28 Jul. 1777, succ. 27 Febr. 1821, nimmt den Kuhrprinzen Friedrich Wilhelm zum MitRegenten an den 30 Septbr. 1831, vermählt 13 Februar 1797 mit Friederike Christiane Auguste, Prinzessin von Preussen. Kinder:

1 Caroline Friederike Wilhelmine, g. 29 Jul. 1799.
2 Friedrich Wilhelm, Kuhrprinz, MitRegent seit 30 Septbr. 1831, g. 20 Aug. 1802.
3 Marie Friederike, g. 6 Sept. 1804. S. SachsenMeiningen.

Schwester:
Caroline Amalie, g. 11 Jul. 1771. S. SachsenGotha.
VatersBrüderKinder:
1 des Landgrafen Carl:
1 Marie Sophie Friederike, g. 28 Oct. 1767. S. Dänemark.
2 Friedrich, g. 24 Mai 1771.
3 Juliane Louise Amalie, g. 19 Jan. 1773.
4 Louise Caroline, g. 28 Sept. 1789. S. HolsteinBeck.
2 des Landgrafen Friedrich:
1 Wilhelm, g. 24 Dec. 1787, v. 10 Nov. 1810 mit Louise Charlotte, Prinzessin von Dänemark. Kinder:
1 Marie Louise Charlotte, geb. 9 Mai 1814. S. Anhalt-Dessau.
2 Louise Friederike Wilhelmine, g. 7 Sept. 1817.
3 Friedrich Wilhelm Georg, g. 26 Nov. 1820.
4 Auguste Friederike, g. 30 Oct. 1823.
2 Friedrich Wilhelm, g. 24 April 1790.
3 Georg Carl, g. 14 Jan. 1793.
4 Louise Caroline, geb. 9 April 1794, verm. 4 April 1833 mit dem Obersten Grafen Georg von der Decken.
5 Marie Wilhelmine Friederike, geb. 21 Jan. 1796. S. MeklenburgStrelitz.
6 Auguste Wilhelmine Louise, geb. 25 Jul. 1797. Siehe GrosBritannien.

Vom Hause HessenCassel stammen ab:

a) HessenPhilippsthal. (R. R.) Philippsthal.

Landgraf: *Ernst Constantin*, geb. 8 Aug. 1771, succ. 15 Febr. 1816, zum zweitenmal verm. 17 Februar 1812 mit Caroline Wilhelmine, Prinzessin von HessenPhilippsthal. Kinder erster Ehe mit Christine Louise, Prinzessin von SchwarzburgRudolstadt:
1 Carl, g. 22 Mai 1803.
2 Franz August, g. 26 Jan. 1805.
GeschwisterKinder:
1 Bruders, des Erbprinzen Carl Tochter, von Victorie, Prinzessin von AnhaltBernburgSchaumburg:
Caroline Wilhelmine, g. 10 Febr. 1793. S. oben.
2 Bruders, Landgrafen Ludwig Tochter:
Marie Caroline, g. 14 Jan. 1793, verm. 19 Dec. 1810 mit dem Grafen de la Ville sur Illon, geschieden 1814.

GrosVatersBrudersSohns, Landgrafen Adolph Kinder zu

HessenPhilippsthalBarchfeld.

Landgraf: Carl August, g. 27 Jun. 1784, zum zweitenmal verm. 10 Sept. 1823 mit Sophie, Prinzessin von Bentheim. Tochter erster Ehe mit Auguste, Prinzessin von HohenloheIngelfingen:
1 Bertha Wilhelmine Caroline, g. 26 Oct. 1818. verm. 27 Jun. 1839 mit Ludwig, Prinzen von Bentheim-Bentheim.
2 Victor, g. 3 Dec. 1824.
3 Alexander Nicolaus, g. 1 Nov. 1826.
4 Alexis Wilhelm Ernst, g. 13 Sept. 1829.
5 Wilhelm, g. 3 Oct. 1831.
(2–5: Zweiter Ehe.)

Brüder:
1 Des Prinzen Wilhelm Wittwe, Juliane Sophie, Prinzessin von Dänemark, W. seit 30 Nov. 1834.
2 Ernst Friedrich Wilhelm, g. 28 Jan. 1789.

b) HessenRothenburg.

Des Landgrafen *Victor Amadeus* Wittwe, Eleonore, Prinzessin von SalmReifferscheidKrautheim, W. 12 Nov. 1834.
Dessen Schwester: Leopoldine Clotilde, geb. 12 Sept. 1787. S. HohenloheWaldenburgBartenstein.

VIII. 9) HessenDarmstadt. (L. R.) Darmstadt. 6195.

Grosherzog: *Ludwig II.*, geb. 26 Decbr. 1777, succ. 6 April 1830, W. von Wilhelmine, Prinzessin von Baden, seit 27 Jan. 1836. Kinder:
1 Ludwig, geb. 9 Jun. 1806, verm. 26 Decbr. 1833 mit Mathilde, Prinzessin von Baiern.
2 Carl Wilhelm Ludwig, geb. 23 April 1809, verm. 22 Octbr. 1836 mit Elisabeth, Prinzessin von Preussen. Söhne:
1 Friedrich Wilhelm Ludwig, g. 12 Sept. 1837.
2 Heinrich Ludwig, g. 28 Nov. 1838.
3 Alexander Ludwig Christian, g. 15 Jul. 1823.
4 Maximiliane Wilhelmine Marie, g. 8 Aug. 1824.
Brüder:
1 Ludwig Georg Carl, g. 31 August 1780, verm. 29 Jan. 1804 mit Caroline Ottilie, Prinzessin von Nidda.
2 Friedrich August Ludwig, g. 14 Mai 1788.
3 Emil Maximilian Leopold, g. 3 Sept. 1790.

X. 10) HolsteinLauenburg. (L. R.) 3600.

Herzog: siehe Dänemark.

IX. 11) LuxemburgLimburg. (R. R.) 2556.

Grosherzog: siehe Niederlande.

Dritte Classe.

BundesStaaten mit zwei Stimmen:

X. 12) Braunschweig. (L. R.) 2096.

Herzog: *Wilhelm*, geb. 25 April 1806, übernimmt die Regierung am 25 April 1831 in Folge des Beschlusses der Agnaten des, vom Deutschen Bunde für regierungsunfähig erklärten Herzogs Carl.
Bruder: Herzog *Carl Friedrich August*, geb. 30 Oct. 1804, succ. seinem Vater 16 Jun. 1815, regiert seit 30 Oct. 1823, wird vom deutschen Bunde für regierungsunfähig erklärt im J. 1831.

X. 13) Mekl.Schwerin. (L. R.) Schwerin. 3580.

Grosherzog: siehe I. Theil, Seite 3.

IX. 14) Nassau. (Evang. R.) Bieberich. 3028.

Herzog: *Adolph*, geb. 24 Jun. 1817, succ. 20 Aug. 1839.

Geschwister:
1 Therese Wilhelmine, g. 17 April 1815. S. Oldenburg.
2 Moritz Wilhelm August, g. 21 Nov. 1820.
3 Marie Wilhelmine, g. 29 Jan. 1825.
4 Helene Wilhelmine Henriette, g. 12 Aug. 1831.
5 Nicolas Wilhelm, g. 20 Sept. 1832.
6 Sophie Wilhelmine Marianne Henriette, g. 9 Jul. 1836.
Stiefmutter: Pauline, Prinzessin von Würtemberg, verm. 23 April 1829 mit dem Herzog Wilhelm von Nassau, W. seit 20 Aug. 1839.
VatersBruder: Friedrich Wilhelm, g. 15 Dec. 1799.
GrosVatersSchwestern:
1 Amalie, g. 6 Aug. 1776. S. AnhaltBernburgSchaumburg.
2 Henriette, g. 22 April 1780. S. Würtemberg.

NassauUsingen. (L. R.)

Des letzten Herzogs Friedrich August Tochter:
Auguste Amalie, g. 30 Dec. 1778.
Dessen Bruders, Fürsten Carl Wilhelm Tochter:
Louise Henriette Caroline, g. 14 Jun. 1763.

Vierte Classe:

BundesStaaten, deren jeder eine Stimme hat.

R.D. 15) Sachs.WeimarEisenach. (L.R.) Weimar. 2010.

Grosherzog: *Carl Friedrich*, geb. 2 Febr. 1783, succ. 14 Jun. 1828, verm. 3 Aug. 1804 mit Maria Pawlowna, Grosfürstin von Rusland. Kinder:
1 Marie Louise Alexandrine, g. 3 Febr. 1808. S. Preussen.
2 Marie Louise Auguste Catharine, geb. 30 September 1811. S. Preussen.
3 Carl Alexander August Johann, g. 24 Jun. 1818.
Bruder: Carl Bernhard, g. 30 Mai 1792, verm. 30 Mai 1816 mit Ida, Prinzessin von SachsenMeiningen. Kinder:
1 Wilhelm August Eduard, g. 11 Oct. 1823.
2 Hermann Bernhard Georg, g. 4 Aug. 1825.
3 Friedrich Gustav Carl, g. 28 Jun. 1828.
4 Anne Amalie Marie, g. 9 Sept. 1828.
5 Amalie Maria da Gloria, g. 20 Mai 1830.

SachsenGothaAltenburg. (L. R.)

Wittwe des vorletzten Herzogs August:
Caroline Amalie, Prinzessin von HessenCassel, Wittwe seit 17 Mai 1822.

R.D. 16) SachsenCoburgGotha. (L.R.) Coburg. 1116.

Herzog: *Ernst*, geb. 2 Januar 1784, succ. in Coburg 9 Dec. 1806, in Gotha 12 Novbr. 1826; zum zweiten

Male verm. 23 Dec. 1832, mit Marie, Prinzessin von Würtemberg; Kinder erster Ehe von Louise, Prinzessin von SachsenGotha:

1 Ernst August Carl Johann, Erbprinz, g. 21 Jun. 1818.
2 Albrecht Franz Aug. Carl, g. 26 Aug. 1819. S. Grosbritannien.
Geschwister:
1 Juliane Henriette Ulrike, g. 23 Sept. 1781, verm. 26 Febr. 1796 mit dem wailand Grosfürsten Constantin von Rusland, geschieden 20 März 1820.
2 Ferdinand Georg August, g. 28 März 1785, verm. 2 Jan. 1816 mit Antoinette, Prinzessin Kohary. Kinder:
1 Ferdinand August, g. 29 Oct. 1816. S. Portugal.
2 August Ludwig Victor, g. 13 Jun. 1818.
3 Victorie Auguste Antoinette, g. 14 Febr. 1822. S. Frankreich
4 Leopold Franz Julius, g. 31 Jan. 1824.
3 Victorie, g. 17 Aug. 1786. S. Grosbritannien.
4 Leopold Georg Christian, g. 16 Dec. 1790. S. Belgien.

R.D. 17) SachsenMeiningenHildburghausen. (L.R.) 1150.

Herzog: *Bernhard Erich Freund*, g. 17 Decbr. 1800, succ. in Meiningen 24 Decbr. 1803, in Hildburghausen 12 Novbr. 1826, reg. seit 17 Decbr. 1821, v. 23 März 1825, mit Marie Friederike, Prinzessin von HessenCassel.

Sohn: Georg, Erbprinz, g. 2 April 1826.
Schwestern:
1 Adelheid, g. 13 Aug. 1792. S. Grosbritannien.
2 Ida, g. 25 Jun. 1794. S. SachsenWeimar.

R. D. 18) SachsenAltenburg. (L. R.) 982.

Herzog: *Joseph*, geb. 27 Aug. 1789, succ. 29 Septb. 1834, verm. 24 April 1817 mit Amalie, Prinzessin von Würtemberg. Kinder:

1 Alexandrine Marie Wilhelmine, g. 14 April 1818.
2 Henriette Friederike Therese Elisabeth, g. 9 Oct. 1823.
3 Elisabeth Pauline Alexandrine, g. 26 März 1826.
4 Alexandra Friederike Henriette, g. 8 Jul. 1830.
Geschwister:
1 Charlotte Georgine, g. 17 Jun. 1787. S. Würtemberg.
2 Therese Charlotte Louise, g. 8 Jul. 1792. S. Baiern.
3 Georg Carl Friedrich, g. 24 Jul. 1796, verm. 7 Octbr. 1825, mit Marie, Herzogin von MeklenburgSchwerin. Söhne:
1 Ernst Friedrich Paul, g. 16 Sept. 1826.
2 Moritz Franz Friedrich, g. 24 Oct. 1829.
4 Friedrich Wilhelm Carl Joseph, g. 4 Oct. 1801.
5 Eduard Carl Wilhelm Christian, g. 3 Jul. 1804, verm. 25 Jul. 1835, mit Amalie, Prinzessin von HohenzollernSigmaringen. Kinder:

1 Therese Amalie, g. 21 Dec. 1836.
2 Antoinette Charlotte, g. 17 April 1838.
3 Ludwig Joseph Carl, g. 24 Sept. 1839.

X. 19) MeklenburgStrelitz. (L. R.) NeuStrelitz. 718.
Grosherzog. S. I. Theil, S. 4.

X. 20) HolsteinOldenburg. (L. R.) Oldenburg. 2829.

Grosherzog: *Paul Friedrich August*, geb. 13 Jul. 1783, succ. 21 Mai 1829, nimmt die grosherzogl. Würde an den 28 Mai 1829, zum drittenmale verm. 5 Mai 1831 mit Cäcilie, Prinzessin von Schweden. (S. unten.) Kinder erster Ehe mit Adelheid, Prinzessin von Anhalt-BernburgSchaumburg:
1 Marie Friederike Amalie, g. 21 Dec. 1818. S. Griechenland.
2 Elisabeth Marie Friederike, g. 8 Jun. 1820.
Zweiter Ehe mit Ida, Prinzessin von AnhaltBernburgSchaumburg.
3 Nicolaus Friedrich Peter, g. 8 Jul. 1827.
Bruders, des Prinzen Peter Friedrich Georg Sohn, von Catharina, Grosfürstin von Rusland:
Constantin Friedrich Peter, g. 26 Aug. 1812, verm. 23 April 1837 mit Therese Wilhelmine, Prinzessin von Nassau. Kinder:
1 Alexandra Friederike, g. 2 Jun. 1838.
2 Nicolaus Friedrich August, g. 9 Mai 1840.
GrosVatersBruders, des K. Gustav III. von Schweden Enkel:
1 Gustav, Prinz von Wasa, g. 9 Nov. 1799, verm. 9 Novbr. 1830 mit Louise, Prinzessin von Baden.
Tochter: Caroline Friederike Franzisca, g. 5 Aug. 1833.
2 Sophie Wilhelmine, g. 21 Mai 1801. S. Baden.
3 Amalie Marie Charlotte, g. 22 Febr. 1805.
4 Cäcilie, g. 22 Jun. 1807. S. oben.

R. D. 21) AnhaltDessau. (Evang. R.) Dessau. 529.

Herzog: *Leopold Friedrich,* geb. 1 Octbr. 1794, succ. 9 August 1817, verm. 18 April 1818 mit Friederike Louise Wilhelmine, Prinzessin von Preussen. Kinder:
1 Friederike Amalie Agnes, g. 24 Jun. 1824.
2 Leopold Friedrich Franz, g. 29 April 1831.
3 Marie Anne, g. 14 Sept. 1837.
Mutter, Christiane Amalie, Prinzessin von HessenHomburg, Wittwe seit 27 Mai 1814.
Geschwister:
1 Amalie Auguste, g. 18 Aug. 1793. S. SchwarzburgRudolstadt.
2 Georg Bernhard, g. 21 Febr. 1796, zum zweitenmal verm. 4 Octbr. 1831 in morganatischer Ehe mit Therese von Erdmannsdorff, Gräfin von Reina. Tochter erster Ehe von Caroline, Prinzessin von SchwarzburgRudolstadt:
Louise, g. 22 Jun. 1826.
3 Louise Friederike, g. 1 März 1798. S. HessenHomburg.

4 Friedrich August, g. 23 Sept. 1799, verm. 11 Sept. 1832 mit Marie, Prinzessin von HessenCassel. Töchter:
1 Adelheid Marie, g. 25 Dec. 1833.
2 Bathildis Amalgunde, g. 29 Dec. 1837.
3 Hilda Charlotte, g. 13 Dec. 1839.
5 Wilhelm Woldemar, g. 29 Mai 1807.

R.D. 22) AnhaltBernburg. (Evang.R.) Ballenstädt. 370.

Herzog: *Alexander Carl,* geb. 2 März 1805, succ. 24 März 1834, verm. 30 Octbr. 1834 mit Friederike, Prinzessin von HolsteinGlücksburg.
Schwester: Wilhelmine Louise, g. 30 Oct. 1799. S. Preussen.

NebenLinie:

AnhaltBernburgSchaumburg, zu Schaumburg an der Lahn.

Des vorletzten Fürsten Victor Carl Friedrich Wittwe:
Amalie Charlotte, Prinzessin von NassauWeilburg, verm. 29 Oct. 1793, W. 22 April 1812. Tochter:
Emma, g. 20 Mai 1802. S. Waldeck.

R.D. 23) AnhaltKöthen. (R. R.) Köthen. 325.

Herzog: *Heinrich,* geb. 30 Jul. 1778, succ. 23 Aug. 1830, verm. 18 Mai 1819 mit Auguste, Prinzessin von ReusSchleizKöstritz zweiter Linie, g. 3 Aug. 1794.
Geschwister:
1 Herzogs Ferdinand Wittwe, Julie, Gräfin von Brandenburg, W. seit 23 Aug. 1830.
2 Ludwig, g. 16 Jul. 1783.

R.D. 24) SchwarzburgSondershausen. (L. R.) 451.

Residenz: Sondershausen.

Fürst: *Günther Friedrich Carl,* geb. 24 Septbr. 1801, succ. seinem Vater in Folge dessen Resignation vom 19 Aug. und 3 Septbr. 1835, verm. 29 Mai 1835 mit Mathilde, Prinzessin von HohenloheOehringen.
Kinder erster Ehe von Marie, Prinzessin von Schwarzburg-Rudolstadt:
1 Elisabeth Caroline Louise, g. 22 März 1829.
2 Carl Günther, g. 7 Aug. 1830.
3 Günther Leopold, g. 2 Jul. 1832.
Zweiter Ehe:
4 Marie Pauline Caroline, g. 14 Jun. 1837.
5 Günther Friedrich Carl, g. 13 April 1839.
Schwester: Emilie Friederike, g. 23 April 1800. S. Lippe-Detmold.
Mutter: Caroline, Prinzessin von SchwarzburgRudolstadt, W. 22 April 1837.
VatersBruder: Johann Carl Günther, geb. 24 Jun. 1772, verm. 5 Jul. 1811 mit Güntherine Friederike, Prinzessin von SchwarzburgSondershausen. Kinder:

1 Louise Friederike Pauline, g. 12 März 1813.
2 Charlotte Friederike, g. 7 Sept. 1816.
GrosVatersBruders, des Prinzen August Kinder:
1 Albertine Charlotte Auguste, g. 1 Febr. 1768. S. Waldeck.
2 Des Prinzen Friedrich Christian Albert Tochter:
Güntherine Friederike, g. 24 Jul. 1791. S. oben.

R.D. 25) Schwarzb.Rudolstadt. (L.R.) Rudolstadt. 539.

Fürst: *Friedrich Günther*, geb. 6 Nov. 1793, succ. 28 April 1807, reg. seit 6 Nov. 1814, verm. 15 April 1818 mit Amalie Auguste, Prinzessin von AnhaltDessau.

Sohn:
Günther, Erbprinz, g. 5 Nov. 1821.
Mutter: Caroline Louise, Prinzessin von HessenHomburg, des F. Ludwig Friedrich Wittwe seit 28 April 1807.
Geschwister:
1 Thekla, g. 23 Febr. 1795, v. 11 April 1817 mit dem F. Otto Victor zu SchönburgWaldenburg.
2 Albert, geb. 30 April 1798, v. 26 Jul. 1827 mit Auguste Louise, Prinzessin von SolmsBraunfels. Kinder:
1 Elisabeth, g. 1 Oct. 1833.
2 Georg Albert, g. 23 Nov. 1838.
VatersGeschwister:
1 VatersBruders, des Prinzen Carl Günther Wittwe: Louise Ulrike, Prinzessin von HessenHomburg. Kinder:
1 Franz Friedrich Adolph, g. 27 Sept. 1801.
2 Maria Wilhelm Friedrich, g. 31 Mai 1806.
2 Caroline, g. 21 Jan. 1774. S. SchwarzburgSondershausen.

R.D. 26) HohenzollernHechingen. (K.R.) 145.

Residenz: Hechingen.

Fürst: *Friedrich Wilhelm Hermann*, geb. 16 Febr. 1801, succ. 13 Septbr. 1838, verm. 22 Mai 1826 mit Eugenie, Prinzessin von Leuchtenberg.

Mutter: Pauline, Prinzessin von Curland und Sagan, g. 19 Febr. 1782, W. seit 13 Sept. 1838.
GrosVatersBruder: Friedrich Franz Xaver, g. 31 Mai 1757. Kinder:
1 Friedrich Franz Anton, g. 3 Nov. 1790, verm. 7 Jan. 1839 mit Caroline, Prinzessin von HohenzollernSigmaringen.
2 Friederike Julie, g. 27 März 1792.
3 Friederike Josephine, g. 7 Jul. 1795.

R.D. 27) Liechtenstein. (K.R.) Wien. 55.

Fürst: *Aloys Joseph*, geb. 26 Mai 1796, succ. 20 April 1836, verm. 8 Aug. 1831 mit Franziska, Gräfin von Kinsky, geb. 8 Aug. 1813. Kinder:
1 Marie, g. 20 Sept. 1834.
2 Caroline, g. 27 Febr. 1836.
3 Sophie Marie Gabriele Pia, g. 11 Jul. 1837.
4 Aloysia, g. 13 Aug. 1838.
5 Ida, g. 11 Oct. 1839.

Geschwister:
1 Marie Sophie, geb. 5 Septbr. 1798, W. des Grafen Vincenz von EsterhazyGalantha.
2 Marie Josephine, g. 11 Jan. 1800.
3 Franz Joachim, g. 25 Febr. 1802.
4 Carl Johann Nepomuck, g. 14 Jun. 1803, verm. 10 Septbr. 1832 mit Rosalie, Gräfin von Grünne. Kinder:
  1 Rudolf, g. 28 Dec. 1833.
  2 Philipp Carl, g. 17 Jul. 1837.
  3 Albertine Josephine, g. 29 Jun. 1838.
5 Henriette, geb. 1 April 1806, verm. 1 Oct. 1825 mit Joseph Grafen von Huniady.
6 Friedrich, g. 21 Sept. 1807.
7 Eduard, g. 22 Febr. 1809, verm. 15 Oct. 1839 mit Honoria, Gräfin von Choloniewska.
8 August, g. 23 April 1810.
9 Ida Leopoldine, geb. 12 Sept. 1811, verm. mit dem Fürsten Carl von Paar.
10 Rudolf, g. 5 Oct. 1816.
Mutter: Josephine, Prinzessin von Fürstenberg, geb. 20 Jun. 1776, W. seit 20 April 1836.

R. D. 28) HohenzollernSigmaringen. (K. R.) 356.

Residenz: Sigmaringen.

Fürst: *Carl Anton Friedrich*, geb. 20 Febr. 1785, succ. 17 Oct. 1831, verm. 4 Febr. 1808 mit der Prinzessin Antoinette Murat, geb. 5 Jan. 1793. Kinder:
1 Annunciata Caroline Joachime, g. 6 Jun. 1810. S. HohenzollernHechingen.
2 Carl Anton Joachim, geb. 7 Sept. 1811, verm. 21 Oct. 1834 mit Josephine, Prinzessin von Baden. Kinder:
  1 Leopold, geb. 22 Septbr. 1835.
  2 Stephanie Friederike Wilhelmine, geb. 15 Jul. 1837.
  3 Carl Friedrich, g. 20 April 1839.
3 Amalie Antonie, g. 30 April 1815. S. SachsenAltenburg.
4 Friederike Wilhelmine, g. 24 März 1820.
Mutter: Amalie Zephirine, Prinzessin von SalmKyrburg, geb. 6 März 1760, W. seit 17 Oct. 1831.

R. D. 29) Waldeck. (Evangel. Rel.) Arolsen. 519.

Fürst: *Georg Friedrich Heinrich*, geb. 20 Sept. 1789, succ. 9 Septbr. 1813, verm. 26 Jun. 1823 mit Emma, Prinzessin von AnhaltBernburgSchaumburg. Kinder:
1 Auguste Amalie Ida, g. 21 Jul. 1824.
2 Hermine, g. 29 Sept. 1827.
3 Georg Victor, g. 13 Jan. 1831.
4 Wolrad Melander, g. 24 Jan. 1833.
Mutter: Albertine Charlotte Auguste, Prinzessin von SchwarzburgSondershausen, W. seit 9 Sept. 1813.
Geschwister:
1 Ida Caroline, g. 26 Sept. 1796. S. SchaumburgLippe.
2 Carl Christian, g. 12 April 1803.

3 Hermann Otto Christian, g. 12 Oct. 1809, verm. 2 Sept. 1833 mit Agnes, Gräfin von Teleki.

R. D. 30) Reuss ält. Linie, zu Greiz. (L. R.) Greiz. 223.

Fürst: *Heinrich XX.*, geb. 29 Jun. 1794, succ. 31 Oct. 1836, verm. 1 Oct. 1839 mit Caroline, Prinzessin von HessenHomburg.

Bruders, des Fürsten Heinrich XIX. Wittwe und Töchter: Gasparine, Prinzessin von RohanRochefort, g. 8 August 1800, W. seit 31 Oct. 1836. Töchter:
1 Louise Caroline, g. 3 Dec. 1822.
2 Elisabeth Henriette, g. 23 März 1824.

R. D. 31) Reuss jüng. Linie, zu Schleiz. (L. R.) Schleiz 522.

Fürst: *Heinrich LXII.*, geb. 31 Mai 1785, succedirt 17 April 1818.

Mutter: Caroline Henriette, Prinzessin von HohenloheKirchberg, W. seit 17 April 1818.
Geschwister:
1 Christiane Philippine Louise, g. 9 Sept. 1781.
2 Heinrich LXVII., g. 20 Octbr. 1789, v. 18 April 1820 mit Sophie Adelheid, Prinzessin von ReussEbersdorf. Kinder:
1 Anne Caroline Louise, g. 16 Dec. 1822.
2 Heinrich XIV., g. 28 Mai 1832.

ReussSchleizKöstritz. (L. R.)

Fürst: *Heinrich LXIV.*, g. 31 März 1787, succ. 22 Sept. 1814.

Mutter: Louise Christine, Gräfin von ReussEbersdorf, W. 22 Sept. 1814.
Schwestern:
1 Caroline Friederike Auguste, g. 23 April 1782.
2 Franzisca, g. 7 Dec. 1788. S. ReussLobenstein.

Reuss zu Lobenstein. (L. R.) Lobenstein.

Des Fürsten *Heinrich LIV.* Wittwe: Franzisca, Prinzessin von ReussKöstritz, W. seit 7 Mai 1824.

Reuss zu Ebersdorf u. Lobenstein. (L. R.) Ebersdorf.

Fürst: *Heinrich LXXII.*, geb. 27 März 1797, succed. 10 Julius 1822.

Geschwister:
1 Caroline Auguste Louise, g. 27 Sept. 1792.
2 Sophie Adelheid, g. 28 Mai 1800. S. ReussSchleiz.
VatersSchwester:
Louise Christine, g. 2 Jun. 1759. S. ReussKöstritz.

R. D. 32) SchaumburgLippe. (L. R.) Bückeburg. 240.

Fürst: *Georg Wilhelm*, g. 20 Dec. 1784, succ. 13 Febr. 1787, regiert seit 18 April 1807, verm. 23 Jun. 1816, mit Ida Caroline Louise, Prinzessin von Waldeck. Kinder:

1 Adolph Georg, Erbprinz, g. 1 Aug. 1817.
2 Mathilde Auguste Wilhelmine, g. 11 Sept. 1818,
3 Adelheid Christine Juliane, g. 9 März 1821.
4 Ida Marie Auguste Friederike, g. 26 Mai 1824.
5 Wilhelm Carl August, g. 12 Dec. 1834.
Schwestern:
1 Wilhelmine, geb. 18 Mai 1783, W. des Ernst Friedrich, Grafen von Münster seit 20 Mai 1839.
2 Caroline, g. 29 Nov. 1786.

R. D. 33) LippeDetmold. (R. R.) Detmold. 691.

Fürst: *Paul Alexander Leopold*, geb. 6 Novbr. 1796, succ. 4 April 1802, reg. seit 3 Jul. 1820, verm. 23 April 1820 mit Emilie Friederike Caroline, Prinzessin von SchwarzburgSondershausen. Kinder:
1 Paul Friedrich Emil Leopold, g. 1 Sept. 1821.
2 Christine Louise Auguste Charlotte, g. 9 Nov. 1822.
3 Günther Friedrich Woldemar, g. 18 April 1824.
4 Marie Caroline Friederike, g. 1 Dec. 1825.
5 Paul Alexander Friedrich, g. 18 Oct. 1827.
6 Emil Hermann, g. 4 Jul. 1829.
7 Carl Alexander, g. 16 Jan. 1831,
8 Caroline Pauline, g. 2 Oct. 1834.
Bruder: Friedrich Albrecht August, g. 8 Dec. 1797.

R. D. 34) HessenHomburg. (R. R.) Homburg. 200.

Landgraf: *Philipp August*, geb. 11 März 1779, succ. 19 Jan. 1839.
Geschwister:
1 Caroline Louise, g. 26 Aug. 1771. } S. SchwarzburgRudolstadt.
2 Louise Ulrike, g. 26 Oct. 1772. }
3 Christiane Amalie, g. 29 Jun. 1774. S. AnhaltDessau.
4 Auguste Friederike, g. 28 Nov. 1776. S. Mekl.Schwerin.
5 Gustav Adolph Friedrich, g. 17 Febr. 1781, verm. 12 Febr. 1818 mit Louise Friederike, Prinzessin von AnhaltDessau. Davon:
 1 Caroline Amalie, g. 19 März 1819. S. ReussGreiz.
 2 Elisabeth Louise Friederike, g. 30 Sept. 1823.
 3 Friedrich Ludwig Heinrich, g. 6 April 1830.
6 Ferdinand Heinrich Friedrich, g. 26 April 1783.
7 Marianne Amalie, g. 13 Oct. 1785. S. Preussen.

Die freien Städte:

X. 35) Lübeck. (L. R.) 407.
R. D. 36) Frankfurt a. M. (L. R.) 479.
X. {37) Bremen. (L. R.) 485.
 {38) Hamburg. (L. R.) 1298.

TotalSumme des *BundesHeers:* 302,288.

Fünfte Classe:
Mittelbare Deutsche Fürsten, ohne Stimme in der BundesVersammlung;

in soferne solche bis 1806 auf dem Reichstage Viril- und fürstliche CuriatStimmen führten; nach alphabetischer Ordnung.

Aremberg. (Katholischer Religion.)

In Hannover, Frankreich, Belgien und Westphalen.

Herzog: *Prosper Ludwig*, g. 28 April 1785, succ. Sept. 1803, verm. 26 Jan. 1819, mit Marie Ludomille, des F. Anton Isidor zu Lobkowitz T., g. 15 März 1798. Kinder:
1 Louise Pauline Sidonie, g. 18 Dec. 1820.
2 Marie Flore Pauline, g. 2 März 1823.
3 Engelbert August Anton, g. 11 Mai 1824.
4 Anton Franz, g. 5 Febr. 1826.
5 Carl Maria Joseph, g. 6 Sept. 1831.
6 Joseph Leonhard Balthasar, g. 8 Aug. 1833.
Brüder:
1 Philemon Paul Marie, g. 10 Jan. 1788.
2 Peter d'Alcantara Carl, g. 2 Octbr. 1790, verm. 27 Jan. 1829 mit Marie Charlotte von Talleyrand-Perigord. Kinder:
1 Augustine Marie, g. 15 Novbr. 1830.
2 Ludwig Carl, } g. 15 Decbr. 1837.
3 August Ludwig. }
VatersBruders, des Prinzen August Sohn: Ernst Engelbert, g. 25 Mai 1777, v. 2 April 1800 mit Marie Therese, Gräfin von WindischGrätz, g. 4 Mai 1774. Tochter:
Ernestine Marie, g. 19 Febr. 1804.

Auersberg. (K. R.) in Oesterreich.

Fürst: *Carl Wilhelm*, geb. 1 Mai 1814, succ. 25 Jan. 1827.
Mutter: Friederike, geb. von Lenthe, g. 13 Febr. 1791, W. des Fürsten Wilhelm seit 25 Jan. 1827.
Geschwister:
1 Aglaë Leopoldine Sophie Marie, g. 26 Jan. 1812, verm. 20. Mai 1837 mit dem Freiherrn Christian von Kotz.
2 Wilhelmine Franzisca Caroline, g. 2 April 1813, verm. 9 April 1839 mit dem Gr. Hermann von Nostiz.
3 Alexander Wilhelm Theodor, g. 15 April 1818.
4 Adolph Wilhelm Daniel, g. 21 Jul. 1821.
Grosmutter: Leopoldine Franzisca, Gräfin von Waldstein, g. 8 August 1761, Wittwe seit 16 März 1822.
VatersGeschwister:
1 Sophie Regine, g. 7 Sept. 1780, Wittwe des Grafen Joseph von Choteck seit 6 Jul. 1809.
2 Carl, g. 17 Aug. 1784, v. 15 Febr. 1810 mit Auguste Eleonore, von Lenthe, g. 12 Jan. 1790. Davon: 6 Töchter, 1 Sohn.
3 Des Prinzen Vincenz W. seit 16 Febr. 1812:
Marie Gabriele, Prinzessin von Lobkowitz. Sohn:
Vincenz Carl Joseph, g. 16 Jul. 1812.

Dietrichstein. (K. R.) in Oesterreich.

Fürst: *Franz Joseph*, geb. 28 April 1767, succ. 25 Mai 1808, verm. 16 Jul. 1797 mit Alexandrine, Gräfin von Schuwalow, g. 19 Dec. 1775.

Sohn: Joseph, g. 28 März 1798, v. 21 Febr. 1821 mit Gabriele, Gräfin WratislawMitrowitz. Davon 4 Töchter.

Fürstenberg. (K. R.)

Fürst: *Carl Egon*, g. 28 Octbr. 1796, succed. 17 Mai 1804, reg. seit Jun. 1817, verm. 19 April 1818 mit der Prinzessin Amalie Caroline von Baden. Kinder:
1 Elisabeth Louise Caroline, g. 15 März 1819.
2 Carl Egon Leopold, Erbprinz, g. 4 März 1820.
3 Marie Amalie Sophie Wilhelmine, g. 12 Febr. 1821.
4 Maximilian, g. 29 März 1822.
5 Emil Maximilian, g. 12 Sept. 1825.
6 Pauline Wilhelmine Caroline, g. 11 Jun. 1829.
Schwester: Marie Leopoldine, geb. 4 Sept. 1791. S. HohenloheSchillingsfürst.

HohenloheNeuensteinLangenburg. (K. R.)

In Würtemberg und SachsenGotha.

Fürst: *Ernst Christian Carl*, g. 7 Mai 1794, succ. 4 April 1825, verm. 18 Febr. 1828 mit Anne Feodorowna, Prinzessin von Leiningen. Kinder:
1 Carl Ludwig Wilhelm, g. 25 Oct. 1829.
2 Elise Adelheid Victorie, g. 8 Nov. 1830.
3 Hermann Ernst, g. 31 Aug. 1832.
4 Victor Ferdinand, g. 11 Nov. 1833.
5 Adelheid, g. 20 Jun. 1835.
6 Theodore Victorie, g. 7 Jul. 1839.
Mutter: Amalie Henriette Charlotte, Gräfin zu SolmsBaruth, g. 30 Jan. 1768, W. seit 4 April 1825.
Geschwister:
1 Constanze, g. 23 Febr. 1792. S. HohenloheSchillingsfürst.
2 Emilie, g. 27 Jan. 1793, verm. 25 Jun. 1816 mit Gr. Friedrich Ludwig von Castell.
3 Louise Charlotte, g. 22 Aug. 1799. S. HohenloheOehringen.
4 Johanne Philippine, g. 8 Nov. 1800, W. des Gr. Emil von ErbachSchönberg seit 26 Mai 1829.
5 Gustav Heinrich, g. 9 Oct. 1806.
6 Helene, g. 22 Nov. 1807. S. Würtemberg.

HohenloheOehringen (sonst Ingelfingen). (K. R.)

In Würtemberg, Schlesien und Sachsen.

Fürst: *Friedrich August Carl*, g. 27 Nov. 1784, succ. 15 Febr. 1818, verm. 28 Septbr. 1811 mit Friederike Sophie Louise, Prinzessin von Würtemberg. Kinder:
1 Friedrich Ludwig, g. 12 Aug. 1812.
2 Mathilde, g. 3 Jul. 1814. S. SchwarzburgSondershausen.
3 Friedrich Wilhelm Hugo, g. 27 Mai 1816.
4 Felix Eugen Ludwig Carl, g. 1 März 1818.
Geschwister:
1 Adelheid, g. 20 Jan. 1787. S. HohenloheKirchberg.
2 Amalie Louise, g. 20 Nov. 1788, verm. 26 Jun. 1810 mit Gr. Albert zu ErbachFürstenau.
3 Adolf Carl Ludwig, g. 29 Jan. 1797, v. 19 April 1819 mit Louise, Prinzessin von HohenloheLangenburg. Kinder:
1 Carl Adalbert, g. 19 Nov. 1820.
2 Friedrich Wilhelm Eduard, g. 9 Jan. 1826.

3 Kraft Friedrich Eduard, g. 2 Jan. 1827.
4 Adelheid, g. 13 Mai 1830.
5 Louise Eleonore, g. 25 Mai 1835.

HohenloheKirchberg. (L. R.) in Würtemberg.

Fürst: *Carl*, g. 2 Nov. 1780, succ. 25 Dec. 1836, v. 26 Mai 1821 mit Marie, Gräfin von Urach, g. 15 Dec. 1802.
Halbgeschwister:
1 Heinrich, g. 22 Dec. 1788.
2 Sophie, g. 27 Jan. 1790, verm. 26 Oct. 1824, mit August Friedrich, Grafen von Rohde.

HohenloheWaldenburgBartenstein. (K. R.)

In Würtemberg.

Fürst: *Carl August Theodor*, g. 9 Jun. 1788, succ. Nov. 1806, verm. 9 Sept. 1811 mit Leopoldine Clotilde, Prinzessin von HessenRheinfelsRothenburg, g. 12 Sept. 1787.

HohenloheBartensteinJagtsberg. (K. R.) in Würtemb.

Fürst: *Ludwig*, g. 5 Jun. 1802, succ. 6 Jul. 1838, verm. 11 Jan. 1835, mit Henriette Wilhelmine, Prinzessin von Auersberg.
Kinder:
1 Auguste Leopoldine, g. 15 Jan. 1836.
2 Carl, g. 2 Jul. 1837.
Schwestern:
1 Marie, g. 20 März 1798.
2 Francisca, geb. 29 Aug. 1807, Wittwe des Fürsten Anton von FuggerBabenhausen seit 29 Mai 1836.
3 Charlotte Sophie, g. 2 Sept. 1808, verm. 27 Mai 1826 mit dem Prinzen Constantin von SalmReiferscheid.
4 Leopoldine Marie, g. 22 April 1822.

HohenloheSchillingsfürst. (K. R.)

In Würtemberg und Baiern.

Fürst: *Friedrich Carl*, g. 5 Mai 1814, succ. seinem auf die Regierung verzichtenden Vater 26 Dec. 1839.
Eltern: *Carl Albrecht*, geb. 29 Febr. 1776, succed. 14 Jun. 1796, resignirt 26 Dec. 1839, zum zweitenmal verm. 20 Mai 1813, mit Marie Leopoldine, Prinzessin von Fürstenberg.
Geschwister:
1 Caroline Friederike, g. 1 Febr. 1800, verm. 27 Dec. 1823 mit dem Freiherrn von Coester.
2 Catharine Wilhelmine, g. 19 Jan. 1817, verm. 8 Mai 1838 mit dem Grafen Franz von Ingelheim.
3 Carl Stephan, g. 20 April 1818.
4 Egon Carl, g. 4 Jul. 1819.
VatersGeschwister:
1 Eleonore Henriette, g. 21 Jan. 1786.
2 Franz Joseph, g. 26 Nov. 1787, v. 30 März 1815 mit Constanze, Prinzessin von HohenloheLangenburrg. Kinder:
1 Therese Amalie, g. 19 April 1816.
2 Victor Moritz Carl, g. 10 Febr. 1818.
3 Ludwig Carl Victor, g. 31 März 1819.
4 Philipp Ernst, g. 24 Mai 1820.
5 Amalie Adelheid, g. 30 Aug. 1821.
6 Gustav Adolph, g. 26 Febr. 1823.

7 Constantin Victor, g. 8 Sept. 1828.
8 Elise Adelheid, g. 6 Jan. 1831.
3 Marie Gabriele, g. 2 April 1791, v. 1819 mit dem Freiherrn von Brinckmann.
4 Leopold Alexander, g. 17 Aug. 1794.

IsenburgBirstein. (K. R.) in Hessen.

Fürst: *Wolfgang Ernst*, g. 25 Jul. 1798, succ. 21 März 1820, v. 30 Jan. 1827 mit Adelheid, Gräfin von ErbachFürstenau.
Mutter: Charlotte Auguste Wilhelmine, Gräfin von Erbach, g. 5 Jun. 1777, W. 21 März 1820.
Bruder: Victor Alexander, g. 14 Sept. 1802, verm. 4 Oct. 1836 mit Marie, Prinzessin von LöwensteinWertheimRosenberg. Kinder:
1 Sophie Charlotte, g. 30 Jul. 1837.
2 Carl Victor, g. 29 Jul. 1838.

KaunitzRietberg. (K. R.)

In Mähren und PreussischWestphalen.

Fürst: *Aloysius*, geb. 20 Jun. 1774, verm. 29 Julius 1798 mit Francisca Xaverie, Gräfin Weissenwolff, g. 3 Decbr. 1773. Davon: 3 Töchter, Gräfinnen von Kaunitz.

Leiningen. (L. R.) in Baden, Baiern und Hessen.

Fürst: *Carl Friedrich Wilhelm Emich*, g. 12 Sept. 1804, succ. 4 Jul. 1814, reg. seit 12 Septbr. 1823, verm. 13 Febr. 1829 mit Marie, Gräfin von Klebelsberg. Söhne:
1 Ernst, g. 9 Novbr. 1830.
2 Eduard, g. 5 Jan. 1833.
Mutter: Marie Louise Victorie, Prinzessin von SachsenCoburg-Saalfeld, verm. 21 Dec. 1803, W. 4 Jul. 1814. S. Grosbritannien.
Schwester: Anne Feodorowna, g. 7 Dec. 1807. S. HohenloheLangenburg.

Leuchtenberg. (K. R.) in Baiern.

Herzog: Maximilian Joseph, g. 2 Oct. 1817, succ. 28 März 1835, v. 14 Jul. 1839 mit Marie Nicolajewna, Grosfürstin v. Rusland.
Tochter: Alexandra Maximilianowna, Grosfürstin v. Rusland, g. 9 April 1840.
Mutter: Auguste Amalie Louise, Prinzessin von Baiern, verm. 13 Jan. 1806, W. seit 24 Sept. 1824.
Geschwister:
1 Josephine, g. 14 März 1807. S. Schweden.
2 Eugenie, g. 23 Dec. 1808. S. HohenzollernHechingen.
3 Amalie, g. 31 Jul. 1812. S. Brasilien.
4 Louise Theodolinde, g. 13 April 1814.

Lobkowitz. (K. R.) in Oesterreich.

Fürst: Ferdinand Joseph, g. 13 April 1797, succ. 15 Dec. 1816, v. 9 Sept. 1826 mit Marie, Prinzessin von Liechtenstein. Kinder:
1 Maximilian, g. 5 Aug. 1827.
2 Moritz, g. 2 Jun. 1831.
3 Leopoldine Louise, g. 22 März 1835.
Geschwister:
1 Gabriele Marie, g. 19 Jul. 1793. S. Auersberg.
2 Marie Eleonore, g. 28 Oct. 1795, verm. mit dem Fürsten von WindischGrüz.

3 Johann Carl, g. 14 Jan. 1799, verm. 20 Mai 1834 mit Caroline, Gräfin von Wrbna. Töchter:
1 Caroline, g. 29 April 1835.
2 Marie, g. 13 Jul. 1837.
4 Therese Caroline, g. 13 Sept. 1800.
5 Joseph Franz, g. 7 Febr. 1803.
6 Aloys Johann, g. 30 Novbr. 1807, verm. 6 Mai 1837 mit Leopoldine, Prinzessin von Liechtenstein. Tochter:
Ludovike, g. 17 Mai 1838.
7 Anne Marie, g. 23 Jan. 1809, verm. 29 Mai 1827 mit Franz Ernst, Gr. von Harrach.
8 Sidonie Caroline, g. 13 Febr. 1812, verm. 6 Novbr. 1832 mit dem Gr. Ferd. Leop. von Palffy.
9 Carl Johann, g. 21 Novbr. 1814.

LöwensteinWerthheimRosenberg. (L. R.)

In Baden, Baiern, Würtemberg, Oesterreich und Hessen.
Fürst: *Carl*, g. 18 Jul. 1783, succ. 18 April 1814, v. 29 Sept. 1799, mit Sophie, Gräfin von WindischGrätz, g. 20 Jun. 1784. Kinder:
1 Des Prinzen Constantin Kinder:
1 Adelheid, g. 3 April 1831.
2 Carl Heinrich, g. 21 Mai 1834.
2 Leopoldine, g. 29 Dec. 1804. S. unten.
3 Adelheid, g. 19 Dec. 1806, v. 28 Mai 1826 mit Camill, Pr. von RohanRochefort.
4 Marie Crescentie, g. 3 Aug. 1813. S. IsenburgBirstein.
5 Eulalia Egidie, g. 31 Aug. 1820.
Geschwister:
1 Constantin, g. 26 März 1786, verm. 31 Jul. 1821 mit der Prinzessin Leopoldine von LöwensteinWertheimRosenberg.
2 August, g. 9 Aug. 1808.
3 Maximilian Franz, g. 3 April 1810.
4 Marie Josephine, g. 9 Aug. 1814.

OettingenSpielberg. (K. R.) in Baiern und Würtemberg.

Fürst: *Johann Aloysius, III.*, g. 9 Mai 1788, succ. 27 Jun. 1797, verm. 31 Aug. 1813 mit Amalie, des Fürsten Carl Philipp von Wrede T., g. 15 Jan. 1796. Kinder:
1 Otto Carl, g. 14 Jan. 1815.
2 Mathilde Sophie, g. 9 Febr. 1816. S. Thurn und Taxis.
3 Gustav Friedrich, g. 31 März 1817.
4 Bertha, g. 1 Aug. 1818.

OettingenWallerstein. (K. R.) in Baiern u. Würtemberg.

Fürst: *Friedrich Kraft Heinrich*, g. 16 Oct. 1793, succed. 14 Oct. 1823, zum zweitenmale verm. 8 Sept. 1830 mit der Gräfin Marie Anne von Trautmannsdorf. Töchter:
1 Sophie Therese Wilhelmine, g. 6 Jan. 1829.
2 Caroline Wilhelmine Marie, g. 21 Sept. 1831.
3 Gabriele Marie, g. 31 Jan. 1833.
4 Wilhelmine Marie, g. 30 Dec. 1833.
5 Marie Anne, g. 1 Febr. 1839.
6 Carl Friedrich Kraft Ernst, g. 16 Sept. 1840.
Geschwister:
1 Ludwig Kraft Ernst, g. 31 Jan. 1791, resign. 14 Oct. 1823, verm. 7 Jul. 1823 mit Crescentia Bourgin. Tochter:
Caroline, g. 19 Aug. 1824.

2 Carl Anselm, g. 6 Mai 1796, verm. 18 Mai 1831 mit Julie, Gräfin von Dietrichstein. Kinder:
1 Marie Theresie Wilhelmine, g. 31 Jul. 1832.
2 Eleonore Ernestine, g. 2 Mai 1834.
3 Moritz Carl Kraft, g. 22 Sept. 1838.
3 Sophie, g. 27 Aug. 1797, verm. 3 Jun. 1821 mit Alfred. Grafen von DürkheimMontmartin.
4 Marie Therese, g. 13 Aug. 1799, verm. 7 Jun. 1827 mit dem Baron Friedrich Späth von Marchthal.
5 Charlotte, g. 14 Febr. 1802, verm. mit dem Grafen Albert Montecuculi.
6 Marie Ernestine, g. 5 Jul. 1803.

SalmSalm. (Kathol. Rel.)

In PreussischWestphalen und den Niederlanden.

Fürst: *Wilhelm Florentin Ludwig*, g. 17 März 1786, succed. 25 Febr. 1828, v. 21 Jul. 1810 mit Flaminie von Rossi. Davon:
1 Alfred Constantin, g. 26 Dec. 1814, verm. 13 Jun. 1836 mit Auguste, Prinzessin von CroyDülmen. Kinder:
1 Mathilde, g. 19 April 1837.
2 Leopold Joseph, g. 18 Jul. 1838.
3 Franzisca Adelheid, g. 21 Jan. 1840.
2 Emil Georg, g. 6 April 1820.
3 Felix Constantin, g. 25 Dec. 1828.
HalbGeschwister:
1 Des Prinzen Maximilian Wittwe, seit 20 Nov. 1836: Rosine, Gräfin von Sternberg. Tochter:
Franzisca, g. 4 Aug. 1833.
2 Eleonore, g. 6 Dec. 1794, v. 21 Jun. 1819 mit Alfred, Prinz von CroyDülmen.
3 Johanne, g. 5 Aug. 1796, v. 28 Jul. 1821 mit Philipp, Prinz von CroyDülmen.
4 Franz Friedrich Philipp, g. 5 Jul. 1801.

SalmKyrburg. (K. R.)

Fürst: *Friedrich*, g. 14 Dec. 1789, succ. 28 Jul. 1794, verm. 11 Jan. 1815 mit Cecilie Rosalie von Bordeaux. Sohn:
Friedrich Ernst, g. 5 Nov. 1823.

SaynWittgensteinBerleburg. (K. R.) in Pr. Westphalen.

Fürst: *Albrecht*, g. 12 Mai 1777, succ. 4 Oct. 1800, verm. 18 Aug. 1830 mit Charlotte, Gräfin zu Ortenburg. Kinder:
1 Louise Charlotte Franzisca, g. 24 Sept. 1832.
2 Albrecht Friedrich, g. 16 März 1834.
3 Gustav Wolfgang, g. 20 Mai 1837.
4 Carl Maximilian, g. 2 Jun. 1839.

SaynWittgensteinHohenstein. (L. R.) in Pr. Westphal.

Fürst: *Alexander Carl*, g. 16 Aug. 1801, succ. 8 April 1837, v. 3 Jun. 1828 mit Amalie, Gräfin von Bentheim. Kinder:
1 Mathilde, g. 2 Mai 1829.
2 Emma, g. 30 Mai 1830.
3 Johann Ludwig, g. 20 Nov. 1831.
4 Alexander Carl, g. 29 Mai 1833.
5 Agnes, g. 18 April 1834.
6 Carl Georg, g. 16 Jul. 1835.
7 Ida Charlotte, g. 25 Febr. 1837.

8 Wilhelm Hermann, } g. 19 Jan. 1839.
9 Adolf Carl, }
Geschwister:
1 Friedrich Wilhelm, g. 29 Jun. 1798.
2 Emma Hedwig, g. 11 Dec. 1802.
3 Agnes, geb. 27 Jul. 1804, v. 31 Oct. 1828 mit dem Prinzen Casimir von BentheimTecklenburgRheda.

Schwarzenberg. (K. R.) in Baiern und Oesterreich.

Fürst: *Johann Adolf*, g. 22 Mai 1799, succ. 19 Dec. 1833, v. 23 Mai 1830 mit der Prinzessin Eleonore von Liechtenstein. Kinder:
1 Adolf Joseph Moritz, g. 17 März 1832.
2 Marie Leopoldine, g. 2 Nov. 1833.
3 Cajus Joseph, g. 25 April 1839.
Geschwister:
1 Marie Eleonore, g. 21 Sept. 1796, v. 16 Jun. 1817 mit dem Fürsten Alfred von WindischGräz.
2 Felix Ludwig, g. 2 Oct. 1800.
3 Aloyse Eleonore, g. 8 März 1803, verm. 20 Oct. 1823 mit dem Fürsten Eduard von SchönburgWaldenburg.
4 Mathilde Therese, g. 1 April 1804.
5 Marie Caroline, g. 15 Jan. 1806, verm. 27 Jun. 1831 mit Ferdinand, Fürsten von Bretzenheim.
6 Marie Anne Bertha, g. 2 Sept. 1807, verm. 10 Nov. 1827 mit August, Fürsten von Lobkowitz.
7 Friedrich Coelestin, g. 6 April 1809.

SolmsBraunfels. (R. R.) in RheinPreussen und Hessen.

Fürst: *Friedrich Wilhelm Ferdinand*, g. 14 Dec. 1797, succ. 20 März 1837, verm. 6 Mai 1828 mit Ottilie, Gräfin von Solms-Laubach. Geschwister:
1 Wilhelmine Caroline Marie, g. 20 Sept. 1793, verm. 17 Oct. 1811 mit Fürst Alexis von Bentheim.
2 Sophie Auguste, g. 24 Febr. 1796. S. Wied.
3 Carl Wilhelm Bernhard, g. 9 April 1800.
VatersBrüder und deren Nachkommen:
1 Wilhelm Heinrich Casimir, g. 30 April 1765.
2 Des Prinz. Friedrich Wilhelm W.: Friederike, Prinzessin von Meklenb.Strelitz, seit 13 April 1814. S. Hannover. Kinder:
  1 Friedrich Wilhelm Heinrich, g. 30 Dec. 1801, v. 8 Aug. 1831 mit Marie, Gr. von Kinsky. Kinder:
    1 Ferdinand, g. 15 Mai 1832.
    2 Marie, g. 13 Aug. 1833.
    3 Ernst Friedrich, g. 12 März 1835.
    4 Georg, g. 18 März 1836.
    5 Elisabeth Friederike, g. 12 Nov. 1837.
    6 Bernhard Friedrich, g. 26 Jul. 1839.
  2 Auguste Louise, g. 26 Jul. 1804. S. SchwarzburgRudolstadt.
  3 Alexander, g. 12 März 1807.
  4 Friedrich Wilhelm Carl, g. 27 Jul. 1812.

SolmsLich-HohenSolms. (R. R.) in RheinPr. u. Hessen.

Fürst: *Ludwig*, g. 24 Jan. 1805, succed. 10 Octbr. 1824, verm. 10 Mai 1829 mit Marie, Gräfin von IsenburgBüdingen.
Mutter: Henriette, Gräfin von Bentheim, W. seit 10 Jun. 1807.
Bruder: Ferdinand, g. 28 Jul. 1806, verm. 18 Jan. 1836 mit Caroline, Gräfin von Collalto. Kinder:

1 Marie Louise, g. 19 Febr. 1837.
2 Hermann Adolph, g. 15 April 1838.

Thurn und Taxis. (K. R.)

In Baiern, Hohenzollern, den Niederlanden, Oesterreich, Preussen und Würtemberg.

Fürst: *Maximilian Carl*, g. 3 Nov. 1802, succ. 15 Jul. 1827, v. 24 Jan. 1839 mit Mathilde, Prinzessin von OettingenSpielberg. Kinder erster Ehe mit Wilhelmine Caroline Henriette, Baronesse von Dörnberg:
1 Therese Amalie, g. 31 Aug. 1830.
2 Maximilian Anton Lamoral, g. 28 Sept. 1831.
3 Egon Maximilian Lamoral, g. 17 Nov. 1832.
4 Theodor Georg Maximilian Lamoral, g. 9 Febr. 1834.
Zweiter Ehe:
5 Otto Johann Maximilian Lamoral, g. 28 Mai 1840.
Schwestern:
1 Marie Therese, g. 6 Jul. 1794, verm. 18 Jun. 1812 mit dem Fürsten Paul Anton EsterhazyGalantha.
2 Marie Sophie, g. 4 März 1800. S. Würtemberg.

Wied. (R. R.) in RheinPreussen und Nassau.

Fürst: *Wilhelm Hermann Carl*, g. 22 Mai 1814, succ. 24 Apr. 1836.
Mutter: Sophie Auguste, Prinzessin von SolmsBraunfels, W. seit 24 April 1836.
Geschwister:
1 Luitgarde Wilhelmine Auguste, g. 4 März 1813, verm. 11 Sept. 1832 mit Otto, Grafen zu SolmsLaubach.
2 Louise Wilhelmine Thekla, g. 19 Jul. 1817.

B) Auswärtige Staaten,

nach alphabetischer Ordnung.

I. Belgien (L. R.)

König: *Leopold I.*, Herzog zu SachsenCoburgGotha, geb. 16 Dec. 1790, wird zum König der Belgier vom belgischen Congresse erwählt am 4 Jun., leistet den verfassungsmässigen Eid und tritt die Regierung an am 21 Jul. 1831. Wittwer seit 6 Nov. 1817 von der Prinzessin Charlotte von Grosbritannien, verm. 9 Aug. 1832 mit Louise, Prinzessin von Frankreich. Kinder:
1 Leopold Ludwig Philipp, g. 9 April 1835.
2 Philipp Eugen Ferdinand, g. 24 März 1837.
3 Marie Charlotte Amalie, g. 7 Jun. 1840.

II. Brasilien. (K. R.) Rio de Janeiro.

Peter II. de Alcantara, g. 2 Dec. 1825, succ. seinem Vater, dem wail. Kaiser Peter I. de Alcantara in Gemässheit der Entsagu[illegible]sActe desselben vom 7 April 1831, reg. seit 23 Jul. [illegible]40.
Stiefmutter: Amalie, Prinz[illegible] von Leuchtenberg, v. 17 Oct. 1829 mit Peter I. de Alcantara [illegible]zog v. Braganza, vormals Kaiser v. Brasilien u. König v. [illegible]gal, W. seit 24 Sept. 1834.

Geschwister:
1 Maria da Gloria II., geb. 4 April 1819, Königin von Portugal und Algarbien. S. Portugal.
2 Januaria, Kronprinzessin, geb. 11 März 1821.
3 Francisca Caroline Johanne, geb. 2 Aug. 1824.
4 Maria Amalie, geb. 1 Dec. 1831.
VatersGeschwister: Siehe Portugal.

III. Grosbritannien. (Anglic. Kirche.) London.

Königin: Alexandrine Victorie I., geb. 24 Mai 1819, Tochter des Herzogs Eduard von Kent, succ. ihrem Oheim, dem Könige Wilhelm IV. d. 20 Junius 1837, verm. 10 Febr. 1840 mit dem Prinzen Albrecht von SachsenCoburgGotha. Tochter:

Alexandrine Victorie, g. 26 Novbr. 1840.

Mutter: Marie Louise Victorie, Prinzessin v. SachsenCoburg-Saalfeld, verm. 29 Mai 1818 mit dem Herzog Eduard von Kent, Wittwe seit dem 23 Jan. 1820.

VatersGeschwister:
1 Wail. Königs Wilhelm IV. Wittwe, Adelheid, Prinzessin von SachsenMeiningen, verm. 11 Jul. 1818, W. 20 Jun. 1837.
2 Ernst August, Herzog von Cumberland, König von Hannover, g. 5 Jun. 1771. S. Hannover.
3 August Friedrich, Herzog von Sussex, g. 27 Jan. 1773.
4 Adolph Friedrich, Herzog von Cambridge, geb. 24 Febr. 1774, verm. 7 Mai 1818 mit Auguste Wilhelmine Louise, Prinzessin von HessenCassel. Kinder:
   1 Georg Friedrich Wilhelm Carl, g. 26 März 1819.
   2 Auguste Caroline, g. 19 Jul. 1822.
   3 Marie Adelaide, g. 27 Novbr. 1833.
5 Marie, geb. 25 April 1776. S. unten.
6 Sophie, geb. 3 Novbr. 1777.

GrosVatersBruders, H. Wilhelm Heinrich zu Gloucester Kinder:
1 Sophie Mathilde, geb. 23 Mai 1773.
2 Wilhelm, Herzogs von Gloucester Wittwe s. 30 Nov. 1834, Marie, Prinzessin von Grosbritannien. S. oben.

IV. Dänemark. (L. R.) Kopenhagen.

König: *Christian VIII.*, g. 18 Sept. 1786, succ. seinem Vetter, dem Könige Friedrich VI., den 3 Dec. 1839, zum zweitenmal verm. 22 Mai 1815 mit Caroline Amalie, Prinzessin von HolsteinSonderburgAugustenburg. Dessen Sohn erster Ehe von Charlotte Friederike, Prinzessin von MeklenburgSchwerin:

Friederich Carl Christian, geb. 6 Oct. 1808, verm. 1 Novbr. 1828 mit der Prinzessin Wilhelmine v. Dänemark (s. unten), geschieden im Sept. 1837.

Geschwister:
1 Juliane, geb. 18 Febr. 1788. S. HessenPhilippsthalBarchfeld.
2 Louise Charlotte, geb. 30 Oct. 1789. S. HessenCassel.
3 Friedrich Ferdinand, g. 22 Nov. 1792, verm. 1 Aug. 1829 mit der Prinzessin Caroline. S. unten.

VatersBrudersSohns, des Königs Friedrich VI. Wittwe:
Marie Sophie Friederike, Prinz. v. HessenCassel, W. s. 3 Dec. 1839.
Dessen Töchter:
1 Caroline, g. 28 Oct. 1793. S. oben.
2 Wilhelmine Marie, g. 18 Jan. 1808. S. HolsteinGlücksburg.
Dessen Schwester: Louise Auguste, g. 7 Jul. 1771. S. Holstein-Sonderburg.

Von dem Königl. Hause stammen ab:

HolsteinSonderburg. (L. R.) Augustenburg.

Herzog: *Christian*, g. 19 Jul. 1798, succ. 14 Jun. 1814, v. 18 Sept. 1820 mit Louise, Gräfin von DanneskioldSamsoe. Kinder:
1 Louise Auguste, g. 28 Aug. 1824.
2 Caroline Amalie, g. 15 Jan. 1826.
3 Friedrich Christian, g. 6 Jul. 1829.
4 Friedrich Christian Carl, g. 22 Jan. 1831.
5 Caroline Henriette, g. 2 Aug. 1833.
Mutter: Louise Auguste, Prinzessin von Dänemark, H. Friedrich Christian W. seit 14 Jun. 1814.
Geschwister:
1 Caroline Amalie, g. 28 Jun. 1796. S. Dänemark.
2 Friedrich Emil August, g. 23 Aug. 1800, v. 17 Sept. 1829 mit Henriette, Gräfin von DanneskioldSamsoe. Kinder:
1 Friedrich Christian, g. 16 Nov. 1830.
2 Louise Caroline, g. 29 Jul. 1836.
VatersBruder: Friedrich Carl Emilius, g. 8 März 1767, verm. 29 Sept. 1801 mit Sophie Eleonore von Scheel, geb. 26 Dec. 1778, W. s. 18 Nov. 1836. Davon 3 Söhne, 4 Töchter.

HolsteinGlücksburg. (L. R.) Glücksburg.

Herzog: *Carl*, g. 30 Sept. 1813, succ. 17 Febr. 1831, verm. 19 Mai 1838 mit Wilhelmine, Prinzessin von Dänemark.
Mutter: Louise Caroline, Prinzessin von HessenCassel, W. seit 17 Febr. 1831.
Geschwister:
1 Louise Marie Friederike, geb. 23 Oct. 1810, v. 19 Mai 1837 mit dem AnhaltBernburgischen Kammerherrn von Lasperg.
2 Friederike, g. 9 Oct. 1811. S. AnhaltBernburg.
3 Friedrich, g. 23 Oct. 1814.
4 Wilhelm, g. 10 April 1816.
5 Christian, g. 8 April 1818.
6 Louise, g. 18 Nov. 1820.
7 Julius, g. 14 Oct. 1824.
8 Johann, g. 5 Dec. 1825.
9 Nicolaus, g. 22 Dec. 1828.
VatersSchwester: Elisabeth Friederike, g. 13 Dec. 1780, W. seit 25 Febr. 1808 vom Baron G. S. von Richthofen.

V. Frankreich. (K. R.) Paris.

König: *Ludwig Philipp I.*, geb. 6 Oct. 1773, Statthalter von Frankreich den 31 Julius, König der Franzosen den 9 Aug. 1830, verm. 25 Novbr. 1809 mit Marie Amalie, Prinzessin beider Sicilien. Kinder:
1 Ferdinand Philipp, Herzog von Orleans, g. 3 Sept. 1810, verm. 30 Mai 1837 mit Helene, Herzogin von Meklenburg-Schwerin. Söhne:

1 Ludwig Philipp Albert, Graf von Paris, g. 24 Aug. 1838.
2 Robert Philipp Ludwig Eugen Ferdinand, Herzog von Chartres, g. 9 Nov. 1840.
2 Louise Marie Therese, g. 3 April 1812. S. Belgien.
3 Ludwig Carl, Herzog von Nemours, g. 25 Oct. 1814, verm. 27 April 1840 mit Victorie, Prinzessin v. SachsenCoburgGotha.
4 Marie Clementine, g. 3 Jun. 1817.
5 Franz Ferdinand, Prinz von Joinville, g. 14 Oct. 1818.
6 Heinrich Eugen, Herzog von Aumale, g. 16 Jan. 1822.
7 Anton Marie, Herzog von Montpensier, g. 31 Jul. 1824.
Schwester: Eugenie Adelaide Louise, g. 23 Aug. 1777.

Vormals regierende Dynastie, das Haus Bourbon:
Des wail. Königs Carl X. Kinder:
1 Ludwig Anton, *Dauphin*, g. 6 Aug. 1775, entsagt der Thronfolge zu Gunsten des Herzogs von Bordeaux am 2 Aug. 1830, v. 10 Jun. 1799 mit Marie Therese Charlotte, Prinzessin von Frankreich.
2 Carl Ferdinand, Herzogs von Berry Wittwe und Kinder: Caroline, Prinzessin von beiden Sicilien, *Madame*, verm. 17 Jun. 1816, W. 14 Febr. 1820, zum zweiten Male verm. in morganatischer Ehe mit dem Grafen Hector Lucchesi-Palli. Kinder erster Ehe:
1 Louise Marie Therese, *Mademoiselle*, g. 21 Sept. 1819.
2 Heinrich, Herzog von *Bordeaux*, g. 29 Sept. 1820.
Dessen Bruders, des K. Ludwig des XVI. von Frankreich Tochter: Marie Therese Charlotte, *Dauphine*, g. 19 Dec. 1778. S. oben.

VI. Griechenland. (Kath. Rel.)

zum unabhängigen Staat erklärt durch den Tractat der verbündeten Mächte Frankreich, Grosbritannien und Rusland den 6 Jul. 1827, und anerkannt durch die Hohe Pforte am 23 April 1830.

König: *Otto I.*, Prinz von Baiern, geb. 1 Jun. 1815, auf den griechischen Thron berufen durch den Tractat der gedachten drei Mächte vom 7 Mai 1832, ratificirt vom Könige von Baiern, Namens seines Sohnes den 27 Mai 1832, nimmt die Königl. Würde am 5 Octbr. 1832 an, besteigt den Thron am 25 Jan. 1833, reg. seit 1 Jun. 1835, verm. 22 Novbr. 1836 mit Amalie, Prinzessin von Oldenburg.

VII. Jonische 7 InselnRepublik. (Griech. Rel.)

Protector: S. Königin von Grosbritannien.

Corfu, Paxo, St.Mauro, Ithaka, Zante, Cefalonien, Cerigo.

VIII. Italienische Staaten.

a) KirchenStaat. (Kath. Relig.) Rom.

Pabst: *Gregor der XVI.*, (Mauro Capellari), geb. 18 Sept. 1765, Cardinal 21 März 1825, erwählt 2 Febr., gekrönt 6 Febr. 1831.

CardinalsCollegium: 6 CardinalBischöfe, 38 CardinalPriester, 11 CardinalDiaconen, } 55.

b) Lombardei und Venedig. (K. R.)

König: S. Oesterreich.

c) Lucca. (K. R.) Lucca.

Herzog: *Carl Ludwig*, geb. 22 Decbr. 1799, König von Etrurien bis 19 Decbr. 1807, succ. in Lucca 13 März 1824, verm. 15 Aug. 1820 mit Marie Therese Ferdinande, Prinzessin von Sardinien. Sohn:
Ferdinand Carl, g. 14 Jan. 1823.
Schwester: Marie Louise Charlotte, g. 1 Oct. 1802. S. Sachsen.

d) Modena. (K. R.) Modena.

Herzog: *Franz IV.*, Erzherzog zu Oesterreich, geb. 6 Oct. 1779, regiert zum zweitenmal seit 1814, W. seit 15 Sept. 1840 von Marie Beatrix, Prinzessin von Sardinien. Kinder:
1 Marie Therese Beatrix, g. 14 Jul. 1817.
2 Franz Ferdinand, g. 1 Jun. 1819.
3 Ferdinand Carl, g. 20 Jul. 1821.
4 Marie Beatrix, g. 13 Febr. 1824.
Geschwister: Erzherzoge und Erzherzoginnen von Oesterreich:
1 Marie Leopoldine, g. 10 Dec. 1776. S. Baiern.
2 Ferdinand Carl Joseph, g. 25 April 1781.
3 Maximilian Joseph Johann, g. 14 Jul. 1782.

e) Parma, Piacenza und Guastalla. (K. R.) Parma.

Herzogin: *Marie Ludovike*, Erzherzogin von Oesterreich, geb. 12 Dec. 1791, verm. 2 April 1810 mit Napoleon (Bonaparte), damals Kaiser der Franzosen und König von Italien, Wittwe seit 5 Mai 1821, reg. in Parma seit 17 März 1816.

f) Sardinien. (K. R.) Turin.

König: *Carl Albert*, geb. 2 Octbr. 1798, succ. in SavoyenCarignan 16 Aug. 1800, im Königreiche Sardinien 27 April 1831, verm. 30 Sept. 1817 mit Therese Franzisca, Prinzessin von Toscana. Kinder:
1 Victor Emanuel, g. 14 März 1820.
2 Ferdinand Maria Albert, g. 15 Nov. 1822.
Mutter: Marie Christine Albertine, Prinzessin von Sachsen-Curland, W. des Fürsten Carl Emanuel Ferdinand von SavoyenCarignan, seit 16 Aug. 1800, zum zweitenmal vermählt mit dem Fürsten von Montléart.
Schwester: Marie Elisabeth Franzisca, geb. 13 April 1800. S. Oesterreich.
Königs Carl Felix Joseph von Sardinien Wittwe seit 27 April 1831: Marie Christine, Prinzessin von Sicilien.
Dessen Bruders, Königs *Victor Emanuel*, Kinder:
1 Marie Therese Ferdinande, s. Lucca, } geb. 19 Septbr.
2 Marie Anne, s. Oesterreich, } 1803.

NebenLinie von SavoyenCarignan:
Nachkommen des am 30 Jun. 1785 verstorbenen Prinzen Eugen Maria Ludwig:
Eugen Emanuel Joseph, geb. 14 April 1816, zum Prinzen von SavoyenCarignan erklärt durch ein Decret vom 28 April 1834.
Schwester: Marie Victorie, g. 29 Sept. 1814. S. Sicilien.

g) Königreich beider Sicilien. (K. R.) Neapel.

König: *Ferdinand II.*, geb. 12 Jan. 1810, succ. 8 Nov. 1830, zum zweitenmale verm. 9 Jan. 1837 mit Therese, Erzherzogin von Oesterreich. Sohn erster Ehe von Christine, Prinzessin von Sardinien:

1 Franz d'Assisi Maria Leopold, g. 16 Jan. 1836.
Zweiter Ehe:
2 Carl Ludwig Maria, geb. 1 Aug. 1838.
3 Albert Maria, geb. 17 Sept. 1839.

Mutter: Marie Isabelle, Infantin von Spanien, W. des Königs Franz I. seit 8 Novbr. 1830.

Geschwister:
1 Caroline, g. 5 Nov. 1798. S. Frankreich.
2 Louise Charlotte, g. 24 Oct. 1804. S. Spanien.
3 Marie Christine, g. 27 April 1806. S. Spanien.
4 Carl Ferdinand, Fürst von Capua, g. 10 Oct. 1811.
5 Leopold Joseph, Graf von Syracus, g. 22 Mai 1813, verm. 1 Jun. 1837 mit Marie, Prinzessin von SavoyenCarignan.
6 Marie Antonie, g. 19 Dec. 1814. S. Toscana.
7 Anton Pascal, Graf von Lecce, geb. 23 Sept. 1816.
8 Marie Amalie, g. 25 Febr. 1818. S. Spanien.
9 Caroline Ferdinande, g. 29 Febr. 1820.
10 Therese Christine Marie, g. 14 März 1822.
11 Ludwig Carl, Graf von Aquila, g. 19 Jul. 1824.
12 Franz de Paula, Graf von Trapani, g. 13 Aug. 1827.

VatersGeschwister:
1 Marie Christine Therese, g. 17 Jan. 1779. S. Sardinien.
2 Marie Amalie, g. 26 April 1782. S. Frankreich.
4 Leopold Johann Joseph, Prinz von Salerno, geb. 2 Jul. 1790, verm. 28 Jul. 1816 mit Marie Clementine, Erzherzogin zu Oesterreich. Tochter:
Marie Caroline Auguste, g. 26 April 1822.

h) Toscana. (K. R.) Florenz.

Grosherzog: *Leopold II.*, geb. 3 Oct. 1797, succ. 18 Jun. 1824, zum zweitenmale verm. 7 Jun. 1833 mit Marie Antonie, Prinzessin von Sicilien. Kinder erster Ehe von Marie Anne, Prinzessin von Sachsen:

1 Marie Caroline Auguste, g. 19 Novbr. 1822.
2 Auguste Ferdinande Louise, g. 1 April 1825.
Zweiter Ehe:
3 Marie Isabelle, g. 21 Mai 1834.
4 Ferdinand Salvator, g. 10 Jun. 1835.
5 Marie Christine, geb. 5 Febr. 1838.
6 Carl Salvator, geb. 30 April 1839.
7 Marie Anne, geb. 9 Jun. 1840.

Stiefmutter, Grosherzogs Ferdinand Joseph Wittwe:
Marie Ferdinande, Prinzessin von Sachsen, W. seit 18 Jun. 1824.
Geschwister:
1 Marie Louise, g. 30 Aug. 1798.
2 Therese Franzisca, g. 21 März 1801. S. Sardinien.
VatersGeschwister: S. Oesterreich.

IX. Niederlande. (R. R.) Haag.

König: *Wilhelm II.*, geb. 6 Dec. 1792, succ. in Folge der Abdication seines Vaters vom 7 Oct. 1840, verm. 21 Febr. 1816 mit der Grosfürstin Anna Pawlowna von Rusland. Kinder:
1 Wilhelm Alexander, Prinz von Oranien, g. 19 Febr. 1817, verm. 18 Jun. 1839 mit Sophie, Prinzessin von Würtemberg. Davon:
Ein Prinz, g. 4 Sept. 1840.
2 Wilhelm Alexander Friedr. Constantin, g. 2 Aug. 1818.
3 Wilhelm Friedrich Heinrich, g. 13 Jun. 1820.
4 Wilhelmine Marie Sophie Louise, g. 8 April 1824.
Vater: König *Wilhelm I.*, Prinz von NassauOranien, g. 24 Aug. 1772, reg. in Fulda von 1802 bis Nov. 1806, in Nassau vom 9 April 1806 bis 1814, souverainer Fürst der Niederlande 6 Decbr. 1813, auch Grosherzog zu Luxemburg 1814, König seit 16 März 1815, entsagt der Regierung am 7 Oct. 1840, W. seit 12 Oct. 1837 von Wilhelmine, Prinzessin von Preussen.
Geschwister:
1 Wilhelm Friedrich Carl, g. 28 Febr. 1797, verm. 21 Mai 1825 mit Louise Auguste Wilhelmine Amalie, Prinzessin von Preussen. Kinder:
1 Wilhelmine Friederike Alexandrine, g. 5 Aug. 1828.
2 Wilhelm Friedrich Nicolaus, g. 22 Aug. 1836.
2 Wilhelmine Friederike Mariane, g. 9 Mai 1810. S. Preussen.

X. Portugal. (K. R.) Lissabon.

Königin: *Maria II. da Gloria*, geb. 4 April 1819, succ. in Folge der AbdicationsActe ihres Vaters, des wail. Kaisers Dom Pedro I. von Brasilien, vom 2 Mai 1826, und des Decrets desselben vom 3 März 1828, verm. 26 Jan. 1835 mit dem Herzog August von Leuchtenberg, Wittwe seit 25 März 1835; zum zweitenmal verm. 9 April 1836 mit dem Könige Ferdinand von Portugal, Herzog von SachsenCoburgGotha. Söhne:
1 Pedro de Alcantara, g. 16 Sept. 1837.
2 Ludwig Philipp, g. 31 Oct. 1838.
Geschwister, s. Brasilien.
VatersGeschwister:
1 Marie Therese, g. 29 April 1793.
2 Isabelle Marie, g. 4 Jul. 1801, Regentin von Portugal vom 10 März 1826 bis 26 Febr. 1828.
3 Michael, g. 26 Oct. 1802.

XI. Rusland. (Griechischer Rel.) St. Petersburg.

Kaiser: *Nicolaus I.*, g. 7 Jul. 1796, succ. 1 Dec. 1825, verm. 13 Jul. 1817 mit Alexandra Feodorowna (Friederike Louise Charlotte), Prinzessin von Preussen. Kinder, Grosfürsten und Grosfürstinnen von Rusland:

1 Alexander Nicolajewitsch Cäsarewitsch, g. 29 April 1818.
2 Marie Nicolajewna, g. 18 Aug. 1819. S. Leuchtenberg.
3 Olga Nicolajewna, g. 11 Sept. 1822.
4 Alexandra Nicolajewna, g. 24 Jun. 1825.
5 Constantin Nicolajewitsch, g. 21 Sept. 1827.
6 Nicolaus Nicolajewitsch, g. 8 Aug. 1831.
7 Michael Nicolajewitsch, g. 25 Oct. 1832.

Geschwister, Grosfürsten und Grosfürstinnen von Rusland:

1 Maria Pawlowna, g. 16 Febr. 1786. S. SachsenWeimar.
2 Anna Pawlowna, g. 19 Jan. 1795. S. Niederlande.
3 Michael Pawlowitsch, g. 8 Febr. 1798, verm. 19 Febr. 1824 mit Helene Pawlowna, (Friederike Charlotte Marie), Prinzessin von Würtemberg. Töchter:
 1 Marie Michaelowna, g. 9 März 1825.
 2 Elisabeth Michaelowna, g. 26 Mai 1826.
 3 Catharina Michaelowna, g. 28 Aug. 1827.

XII. Schweden und Norwegen. (L. R.) Stockholm.

König: *Carl XIV. Johann*, (Baptista Julius Bernadotte), Prinz von PonteCorvo, geb. 26 Jan. 1764, zum Thronfolger erw. 21 Aug., adoptirt vom König Carl XIII. 2 Nov. 1810, succ. 5 Febr. 1818, v. 16 Aug. 1798 mit Eugenie Bernardine Clary, g. 8 Novbr. 1781. Sohn: Joseph Franz Oscar, Kronprinz, g. 4 Jul. 1799, v. 19 Jun. 1823 mit Josephine Maximiliane, Prinzessin v. Leuchtenberg. Davon:

1 Carl Ludwig, Herzog von Schonen, g. 3 Mai 1826.
2 Franz Gustav, Herzog von Upland, g. 18 Jun. 1827.
3 Oscar, Herzog von OstGothland, g. 21 Jan. 1829.
4 Charlotte Eugenie Auguste, g. 24 April 1830.
5 August, Herzog von Dalekarlien, g. 24 Aug. 1831.

XIII. Schweizer Eidgenossen.

Zürich, Bern, } R. R.	Basel, Landschaft, R. R.
	Schaffhausen, R. R.
Lucern, Uri, Schwyz, Innerland, — Ausserland, Unterwalden, } K. R.	Appenzell, St. Gallen, Graubündten, Aargau, Thurgau, } Verm. Rel.
Glarus, Verm. Rel.	Tessino, K. R.
Zug, Freiburg, Solothurn, } K. R.	Waadtland, Genf, Neufchatel, } R. R.
Basel, Stadttheil, R. R.	Wallis, K. R.

XIV. Spanien. (K. R.) Madrid.

Königin: Donna Isabelle II., geb. 10 October 1830, succed. ihrem Vater, dem König Ferdinand VII., am 29 Septbr. 1833.

Mutter: Königin Marie Christine, Prinzessin beider Sicilien, Wittwe des Königs Ferdinand VII. von Spanien seit 29 Sept. 1833.
Schwester: Marie Louise Ferdinande, geb. 30 Jan. 1832.
VatersGeschwister, Infanten und Infantinnen von Spanien:
1 Carl Maria Isidor, g. 29 März 1788, zum zweitenmale verm. 20 Oct. 1838 mit Marie Therese, Prinzessin von Portugal. Kinder erster Ehe von Maria Franzisca, Prinzessin v. Portugal:
1 Carl Ludwig, g. 31 Jan. 1818.
2 Johann Carl Maria, g. 15 Mai 1822.
3 Ferdinand Maria, g. 19 Oct. 1824.
2 Marie Isabelle, g. 6 Jul. 1789. S. Sicilien.
3 Franz de Paula Anton, g. 10 März 1794, v. 12 Jun. 1819 mit Louise Charlotte, Prinzessin beider Sicilien. Davon:
1 Isabelle Ferdinande, g. 18 Mai 1821.
2 Franz Maria, Herzog von Cadix, g. 13 Mai 1822.
3 Heinrich Maria Ferdinand, g. 17 April 1823.
4 Louise Therese, g. 11 Jun. 1824.
5 Josephine Ferdinande Caroline, g. 25 Mai 1827.
6 Ferdinand Maria, g. 11 April 1832.
7 Marie Christine, g. 5 Jun. 1833.
8 Amalie Philippine, g. 12 Oct. 1834.
GrosVatersBrudersSohns, des Infanten Peter Carl Anton Sohn aus der Ehe mit Marie Therese, Prinzessin von Portugal, (s. oben): Sebastian Gabriel, g. 14 Nov. 1811, verm. 25 Mai 1832 mit Maria Amalie, Prinzessin beider Sicilien.

XV. Türkey. (Mahomed. Rel.) Constantinopel.

Grosherr: *Abdul Medschid*, geb. 19 April 1823 succ. 1 Jul. 1839. Tochter:
Mehwibe, g. 31 Mai 1840.
Geschwister:
1 Salyha, g. 16 Jun. 1811, verm. seit 1834 mit Halil-Rifat Pascha.
2 Hadidsche, g. 6 Sept. 1825.
3 Adile, g. 1 Mai 1826, verm. seit 1840 mit Fethi-Achmed Pascha.
4 Sultan Abdul Aziz, g. 9 Febr. 1830.
5 Adile, g. 30 Jan. 1831.

GesandschaftsPersonale
der durchlauchtigen
Deutschen Bundes Versammlung, zu Frankfurt am Main,
November 1840,

(nach der Ordnung des engern BundesVereins im 4. Art. der BundesActe).

(wegen)	Präsidirender Gesandte.
1 *Oesterreich,*	Graf von MünchBellinghausen, K. K. wirklicher GeheimerRath.
2 *Preussen,*	vacat.

3	*Baiern,*	Staatsrath von Mieg.
4	*Sachsen,* K.	GeheimerRath von Nostiz-Jänkendorf.
5	*Hannover,*	GeheimerCabinetsrath, Baron v. Stralenheim.
6	*Würtemberg,*	vacat.
7	*Baden,*	GeheimerRath von Dusch.
8	*KuhrHessen,*	Geheim.Rath Ries v. Scheurnschloss.
9	*Grosherzogth. Hessen,*	GeheimerRath, Freiherr von Gruben.
10	*HolsteinLauenburg,*	Kammerherr, Freiherr von Pechlin.
11	*Luxemburg,*	GeneralLieutenant, Graf von Grünne.
12	*Sächsische Häuser,*	Staatsrath, Freiherr von Fritsch.
13	*Braunschweig,*	Geh.Cabinetsrath, Bar. v. Stralenheim.
	Nassau,	GeheimerRath von Röntgen.
14	*MeklenburgSchwerin und Strelitz,*	GeheimerRath Adam Reimar Christoph von Schack.
15	*HolsteinOldenburg, Anhalt, Schwarzburg,*	Grosherzogl. HolsteinOldenburgscher Geheimer Staatsrath von Both.
16	*Hohenzollern, Liechtenstein, Reuss, SchaumburgLippe, LippeDetmold, Waldeck,*	vacat.
17	*Lübeck,*	Syndicus, Dr. Curtius.
	Frankfurt,	Syndicus von Meyer.
	Bremen,	Bürgermeister, Dr. Smidt.
	Hamburg,	Syndicus, Dr. Sieveking.

MilitärCommission.

Oesterreich, GeneralMajor, Freiherr von Rodiczky.
Preussen, Oberstlieutenant von Radowitz.
Baiern, Oberst, Baron von Völderndorff.
VIII. ArmeeCorps: Königl. Würtembergischer OberstLieutenant von Faber du Faur.
Grosherzogl. Hessischer GeneralLieutenant, Freiherr von Weyhers.
IX. ArmeeCorps: Kurfürstl. Hessischer Major von Stein.
Königl. Niederländ. Major von Panhuis.
X. ArmeeCorps: Königl. Dänischer Oberst von Trepka.
Königl. Hannov. OberstLieutenant Meincke.

Verzeichniss

der von den siebzehn Stimmen des engeren Raths der deutschen BundesVersammlung für die Jahre 1840-1842 ernannten Spruchmänner zu dem durch BundesBeschluss vom 30 October 1834 angeordneten SchiedsGericht:

1 *Oesterreich,*	Appell.Ger.Präsident, Geh. Rath Baron von Hess zu Prag.
	Geh.Rath, Graf von Ugarte zu Brünn.
2 *Preussen,*	OberPräsident, Graf zu Stolberg-Wernigerode zu Magdeburg.
	Geh.Ob.Tribun.Rath, Dr. Eichhorn zu Berlin.

C

3 *Baiern*,	Staatsrath Eduard von Schenck zu Regensburg. OberAppell.Ger.Präsident, Graf von Rechberg zu München.
4 *Sachsen*, Königreich	StaatsMinist.v.WietersheimzuDresden. Ob.App Ger.Präsident, Dr. Schumann zu Dresden.
5 *Hannover*,	Landdrost von Dachenhausen zu Hannover. Landdrost, Graf von Wedel zu Osnabrück.
6 *Würtemberg*,	Staatsrath v. Hartmann, zu Stuttgardt. OberFinanzrath von Schmidlin, zu Stuttgardt.
7 *Baden*,	OberHofGerichtsKanzler Autenrieth zu Mannheim. Geh.Rath Dahmen zu Mannheim.
8 *KuhrHessen*,	Staatsrath Wöhler, Ob.App.Ger.Rath Bickel, zu Cassel.
9 *Grosherzogth. Hessen*,	Geh.Rath von Kopp zu Darmstadt. Geh.Staatsrath Linde zu Darmstadt.
10 *HolsteinLauenburg*,	Conferenzrath Levsen zu Glückstadt. Conferenzrath Scholz zu Reinbeck.
11 *Luxemburg*,	Geh.Referendair Stifft, Licentiat München, zu Luxemburg.
12 *Sächsische Häuser*,	Landmarschall, Baron von Riedesel zu Neuhof. OberApp.Ger.Präs. v. Ziegesar zu Jena.
13 *Braunschweig*, *Nassau*,	FinanzDirector v. Amsberg zu Braunschweig. Hofger.Director von Winzingerode zu Usingen.
14 *MeklenburgSchwerin und Strelitz*,	Ob.App.Ger.Präsident von Oertzen zu Rostock. Reg.Rath Bouchholtz zu Schwerin.
15 *HolsteinOldenburg*, *Anhalt*, *Schwarzburg*,	Staatsrath Suden zu Oldenburg. Reg.Präsident v.Morgenstern zu Dessau.
16 *Hohenzollern*, *Liechtenstein*, *Reuss*, *SchaumburgLippe*, *LippeDetmold*, *Waldeck*,	Ob.Appell.Ger.Rath von Strombeck zu Wolfenbüttel.
17 *Lübeck*, *Frankfurt*, *Bremen*, *Hamburg*,	Senator, Dr. Torkuhl zu Lübeck. Syndicus Starck zu Frankfurt a. Main.

Topographie
des Grosherzogthums MeklenburgSchwerin.
1 8 4 1.

Das jetzige *Grosherzogthum Meklenburg*, im Nordosten von Deutschland, an den Küsten der Ostsee gegen Norden, von den Königlich Preussischen Staaten Brandenburg und Pommern im Süden und Osten, westlich aber von den Königlich Hannöverschen und Dänemarkschen Provinzen Lüneburg und Lauenburg, und von der Hansestadt Lübeck begrenzt, zwischen 53 und 54 Grad 10 Minuten nördlicher Breite, vom 28. Grad 25 Minuten bis 31. Gr. 25 M. östlicher Länge, ist aus den vormals abgesonderten Ländern:

1) der Herzoge zu *Meklenburg*, mit Inbegriff
2) der Herrschaft *Stargard* und
3) der Herrschaft *Rostock*;
4) der Grafen zu *Schwerin*, nebst dem überelbischen Theile der Grafschaft Danneberg;
5) der Fürsten zu *Wenden*;
6) der Bischöfe zu *Schwerin* und
7) der Bischöfe zu *Ratzeburg*;

zusammengesetzt. Es umfasst noch jetzt diese sieben Provinzen, so wie sie im Grosherzogl. Titel, dem Range nach, auf einander folgen, nur nach einer veränderten Eintheilung.

Das ursprüngliche Stammland seiner Regenten, das Herzogthum Meklenburg nämlich, so wie damit in obiger geschichtlichen Ordnung die vier folgenden Provinzen (2 - 5) nach und nach vereiniget waren, sonderte sich durch den fürstbrüderlichen TheilungsVertrag vom 3. März 1621 in zwei Herzogthümer *MeklenburgSchwerin* und *MeklenburgGüstrow* ab. Auf die früheren Grenzlinien seiner Bestandtheile ward dabei nicht weiter Rücksicht genommen. Nur das eigentliche Herzogthum *Meklenburg* verblieb ganz der Schwerinschen und die Herrschaft *Stargard* unzertrennt der Güstrowschen Linie; von dem Fürstenthum *Wenden* hingegen und von der Herrschaft Rostock ward der grössere Theil dem Güstrowschen Herzogthume, so wie dem Schwerinschen fast die ganze Grafschaft *Schwerin* zugetheilt.

In sofern gleichwohl beide Herzogthümer Ein politisches Ganzes ausmachten, behielt man im Innern die schon frühere Eintheilung in drei Kreise, dem Namen nach, bei. Man nannte. nach dem vorzüglichsten Bestandtheile, den Schwerinschen Antheil den *Meklenburgschen Kreis;* in dem Güstrowschen Antheil aber unterschied man, unter dem Namen des

(1)

Wendischen Kreises, dessen übrige Besitzungen von der Herrschaft Stargard, dem *Stargardschen Kreise.* Von beiderlei Eintheilungen blieben die Stadt Rostock mit ihren ländlichen Umgebungen, die drei JungfrauenKlöster u. s. w. ausgeschlossen und beiden Herzoglichen Linien *gemeinschaftlich.*

Späterhin trennte sich von dem Herzogthume Schwerin die Stadt *Wismar* mit zwei Aemtern, als sie durch den Westfälischen Frieden (1648) der Krone Schweden abgetreten wurde. Dagegen wurden die beiden Bisthümer *Schwerin* und *Ratzeburg*, als abgesonderte Fürstenthümer, den Herzogen von Meklenburg-Schwerin beigeleget.

Mit dem Abgange der Güstrowschen Linie (1695) wurde dessen privativer sowohl, als gemeinschaftlicher LandesAntheil mit den MeklenburgSchwerinschen Staaten consolidiret. Nur durch eine neuere Vereinbarung in dem Hamburger Vergleich (1701) ward der jüngeren Linie des Schwerinschen Hauses von dem Herzogthume Güstrow der Stargardische Kreis mit den zwei JohanniterKomthureien und das Fürstenthum Ratzeburg eigenthümlich überlassen.

Seitdem inmittelst die MeklenburgSchwerinschen Staaten (1803) durch die Zurückgabe der Herrschaft Wismar von der Krone Schweden redintegrirt wurden, bilden nunmehr nach der, von beiden fürstlichen Häusern (1815) angenommenen Grosherzoglichen Würde,

1) das *Herzogthum Schwerin,* der Meklenburgische Kreis,
2) das *Herzogthum Güstrow,* Wendischen Kreises,
3) der *Rostocker District* mit den übrigen dorthin gemeinschaftlichen Oertern,
4) das *Fürstenthum Schwerin,*
5) die *Herrschaft Wismar,*

das *Grosherzogthum MeklenburgSchwerin;* so wie

6) der Stargardische Kreis des Herzogthums Güstrow, und
7) das Fürstenthum Ratzeburg,

das Grosherzogthum *MeklenburgStrelitz.*

Die Aufzeichnung der zu unsern verschiedenen Provinzen gehörenden einzelnen Oerter zerfällt, nach der Verschiedenheit der Gesichtspuncte, in die

I. bürgerliche
II. kirchliche } Topographie.
III. militairische

Dieser folgen IV. Materialien zur natürlichen Topographie.

Erste Abtheilung.

Bürgerliche Topographie.

Die *bürgerliche* oder politische Ortsbeschreibung bezeichnet, ohne Rücksicht auf geographische Abrundung oder intensive Ausgleichung, die Verbindung, worin die verschiedenen Aemter und Städte des Landes und deren Zubehörungen, nach eben der geschichtlichen Ordnung, wie sie, unter den vorhin (S. 2) abgesonderten Regenten, vor der Auflösung des deutschen Reichs, zu eignen Reichs- und Kreis-Anschlägen beitragen mussten, und noch jetzt in Beziehung auf landständische Verfassung mit einander stehen.

Auch die *kirchliche* Topographie, oder die Vertheilung der sechs geistlichen Inspectionen des Grosherzogthums, blieb im Allgemeinen, seit der Reformation, der vormaligen politischen Eintheilung bis jetzt getreu, wenn gleich eine neuere Organisirung zweier Superintendenturen (1774) auf den örtlichen Zusammenhang getrennter Präposituren (1. Theil, Seite 142. B.) mehr Rücksicht nimmt, auch einzelne Kirchspiele des Schwerinschen weltlichen Gebiets näheren Güstrowschen Präposituren angehören.

Die *militairische* Topographie, welche seit dem Jahre 1810, ohne Rücksicht auf die verschiedenen Bestandtheile Meklenburgs, das ganze Land unter sechs Districte umfasste, ist im Jahre 1820 wieder der älteren politischen und geschichtlichen Eintheilung näher gebracht worden.

Die Basis der bürgerlichen Topographie oder der politischen Eintheilung beruhet noch jetzt auf die Zusammenbringung der ordentlichen öffentlichen Lasten der vorhin abgesonderten vier verschiedenen Staaten, die das jetzige Grosherzogthum MeklenburgSchwerin bilden. Das Princip derselben ist das Grund-Eigenthum der verschiedenen Classen, die sich darin theilen, nämlich:

I. die landesherrlichen Domainen,
II. die ritterschaftlichen und übrigen Landgüter,
III. die Städte,

je nachdem es von der Landesherrschaft entweder für sich behalten, oder ihrer Ritterschaft verliehen, oder den Städten bei deren Stiftung angewiesen wurde.

(1*)

I. Domainen.

1) Der Ausdruck Domainen, im erweiterten Sinne, umfasst alles landesherrliche GrundEigenthum, ohne Unterschied, ob es vor dem, im LandesVergleich §. 96, 97 zum Normaltermin der Erwerbung angenommenen, Jahre 1748 fürstliches StammGut war, oder in neueren Zeiten aus ritter- und landschaftlichen PrivatGütern angekauft wurde. Die ersteren Güter, das eigentliche, gesetzlich abgesonderte *Corpus Domaniorum*, sind hier mit gewöhnlicher Schrift;

2) diejenigen *incamerirten* Oerter, welche nicht zu den ursprünglichen Domainen, sondern aus neueren Erwerbungen mit ihrem SteuerAnschlage, wie mit allen übrigen RealPflichten und Rechten, zu dem Corps der Ritterschaft gehören, sind zum Unterschiede mit *Cursiv*Schrift gedruckt.

3) Von beiden sind auf der einen Seite die Namen der Oerter nach alphabetischer Ordnung, und gegenüber bei den Höfen die Pächter namentlich, und zwar die Erbpächter zum Unterschiede mit deutscher Schrift, bei den Dörfern aber die Zahlen der auf ZeitPachtContracte wohnenden Voll-, Dreiviertel-, Halb-, Viertel-, oder AchtelHüfner sowohl, als der Erbpächter, und (mit eigenthümlichen Häusern nebst Zubehör angesessenen) Büdner oder Colonisten.

4) die daselbst befindlichen Kirchen, Pfarren, Schulen, Forsten, Zölle, Mühlen, Krüge, Ziegeleien, Schmieden, TheerOefen, Kalkbrennereien, Fischereien und Frohnereien, so weit diese, wie jene, aus officiellen Angaben nach den CircularVerordnungen vom 30. Januar 1805 und 24. August 1815 bekannt sind, angezeigt. Bei der Zahl der Hauswirthe oder Büdner ist in (Klammern) bemerkt, wenn einer derselben zugleich Holzwärter ist.

5) Die in (Klammern) eingeschlossenen, zu Anfang der Zeile etwas eingerückten, Grundstücke sind zwar in Ansehung der Steuerpflichtigkeit oder Gerichtsbarkeit domanial- und amtssässig, im übrigen aber ein. PrivatEigenthum der gegenüberstehenden Besitzer.

6) Die voraufgeschickten historischen Notizen beziehen sich auf die Geschichte jedes Amts im Allgemeinen, wovon vielleicht auf einzelne, später hinzugekommene Güter durchgängig nicht Anwendung zu machen ist.

7) Bei dem Namen des Amts findet man die Summe der □Ruthen, zu welcher der FlächenInhalt der eigentlichen Domainen derselben, mit Ausschluss der incamerirten ritterschaftlichen Güter, vermessen ist. Ihr Hufenstand findet sich unter J).

8) Jahrmärkte sind bei dem Namen des Dorfs mit einem ? bezeichnet.

9) Am Schlusse des Verzeichnisses der Domainen findet sich sub H) eine summarische Tabelle aller in denselben befindlichen Pächter, Erbpachtstellen, Hauswirthe, Büdner u. s. w.

A) *Herzogthum MeklenburgSchwerin,*

seit der Landestheilung 1611 und 1621 der älteren Linie des herzoglichen Hauses gehörig. (138,674,803 □R.)

1) Amt *Bukow:* (3,376,609 □R.)

eine ursprüngliche Vogtei der ehemaligen Herrschaft, des nachherigen *Herzogthums Meklenburg,* Schweriner Linie, im Jahre 1832 mit vier Ortschaften des Amts Redentin vermehrt. $79\frac{5}{8}$ Hufen.

AmtsBauhof und Malpendorf	Johann Christian Schwabe.
Arendsee	5 Halb-, 2 ViertelHüfner, 6 Büdner.
Bantow	7 DrittelHüfner, 3 Büdner.
Bastorf	6 DreiviertelHüfn., 5 B., Schule, und ErbSchmiede.
Biendorf	PfarrKirche, Schule, 4 HalbH., 6 B.
Brunshaupten	Kirche, Schule, 1 Erbpächter, 11 Halb-, 6 AchtelH., 14 B., Erb-WindMühle, Holzwärter und ErbSchmiede.
AltBukow	2 Voll-, 4 Dreiv.-, 1 ViertelH., 5 B. PfarrKirche, Schule, Schmiede und Krug.
Zu NeuBukow	Amt, PfarrKirche, Schule, LZoll, Mühle, Jagd, Frohnerei und 2 B.
Camminshof	1 DrittelHüfner.
Alt*Gaarz*	9 AchtelH. und 1 B.
Gaarzerhof	Eckard Joachim Briest's Erben.
Höltingsdorf	Forsthof.
Jörnstorf, Hof	Georg Ludwig Schlüter's Erben.
Jörnstorf, Dorf	1 Erbpächter, 3 HalbH. und 4 B.
Kamin	2 Erbpächter, 4 Halb-, 1 AchtelH., 5 Büdner und Schule.
Zu AltenKarin	Kirche, Pfarre und Küsterei.
NeuKarin	5 HalbH., 6 B. und Schmiede.
Krempin	8 Halb-, 1 AchtelHüfner, 5 B., ErbSchmiede und Schule.
In Kröpelin	Pachtgelder.
Meschen*dorf*	2 DrittelHüfner, 1 B.
Moitin	5 ZweidrittelHüfner, 5 B., Schule und ErbSchmiede.
WendischMulsow und NeuPoorstorf	Vollrath Keding.
KirchMulsow, Hof	N. N. Studier.

KirchMulsow, Dorf	PfarrK., Schule, 1 Erbpächter, 4 B., ErbSchmiede, ErbMühle u. Krug.
Nantrow	5 DrittelHüfn., Holzwärter, 12 B., Schmiede und NebenSchule.
Panzow	Helmuth Petersen's Erben.
—	ErbSchmiede.
Passee	Carl Stavenhagen.
—	Kirche, Schule, Krug u. Ziegelei.
Questin	6 HalbHüfn., 5 B. (1 Holzwärter.)
Ravensberg	Carl Christian Gottfried Ascher.
—	Schmiede und Krug.
Teschow	3 Halb-, 1 AchtelHüfner, 3 B.
NeuTeschow	13 B. und Schmiede.
Wendelstorf	3 HalbHüfner.
Westhof	1 Erbpächter, 1 B.
Wischuer	6 HalbH., 5 B.
Zweedorf, Hof	Conrad Heinrich Bensen.
— Dorf	3 HalbH., 3 B. und ErbSchmiede.

2) Amt *Crivitz:* (8,629,999 □R.)

eine ehemalige Vogtei der *Grafschaft Schwerin*, und seit 1352 Meklenburgisch, bis 1752 verpfändet. 75¼ Hufen.

(AmtsBauhof	die Bürger zu Crivitz.)
Bahlenhüschen	Forsthof und 6 Büdner.
Barnin, Hof	N. N. Bahlmann.
—	6 Drittel-, 2 AchtelHüfner, 8 B. (Schmiede), Kirche, Schule, Holzwärter und Fischerei.
Zu Bergrade	Kapelle.
— Crivitz	Amt, Pf.Kirche, Schule, LandZ., Antheil an der Jagd, Pacht-Fischerei und Frohnerei.
Damerow	8 DrittelH., 2 B. Kapelle u. Schule.
Demen ?	PfarrK., Schule, 9 Dreiv.H., 8 B., Fischer, ErbKrug u. ESchmiede.
Domsühl	2 Erbpächter, 8 HalbH., 21 B. (Schmiede), Kirche u. Schule.
Zu Frauenmark	Kirche, Pfarre und Küsterei.
Friedrichsmoor (S. Amt Neustadt.)	Jagdhaus und Forsthof.
Friedrichsruh	Georg Diestel.
—	Mühle, Krug, Schm. u. Holzwärter.
Gädebehn, Hof	Gottl. Mau, ESchmiede u. WehrZoll.
—	Forsthof und WehrZoll.

Garwitz	PfarrK., Schule, Indüstr.Schule, 12 HalbH. u. 12 B. (Schmiede).
Göhren	4 ViertelH., 1 ErbSchmiede, 7 B. und Schule.
Goldenbow	1 Erbpächter, 9 HalbH., 1 Erbpachtgehöft und Ziegelei, 5 B., Schule und IndüstrieSchule.
Göthen	Friedrich Prüssing.
Klinken	PfarrKirche, Schule, Indüstrie-Schule, 13 DrittelH., 2 Erbpächter, 19 B. und ErbMühle.
(— 1 Büdner	die Kirche zu Klinken.)
Kobande	die Hauswirthe zu Demen.
Krudopp	ErbMühle.
Kukuk	7 Büdner und Mühle.
Lewitz	Waldung und Wiesen.
MarkowerMühle	ErbMüller.
(MuchelwitzerFeldmark	das Orgelstift zu Crivitz.)
Petersberg	4 DrittelHüfner, 1 Erbpächter (Schmiede), 1 Büdner.
Pinnow	PfarrKirche, Schule, 4 Zweidrittel H., 3 B., Fischerei u. ErbKrug.
HohenPritz	verwittwete Reichhoff.
—	Kirche, Schule, See u. Schmiede.
Raduhn	22 HalbH., 14 B., Kirche, Schule und ErbSchmiede.
Rönkendorfer Mühle	Pachtmüller, Mühlenschreiber u. NebenZoll.
Rusch	Forsthof und 6 Büdner.
Ruthenbeck, Hof	Martin Joachim Zarneckow und 3 B.
— Dorf	6 DrittelHüfner, Kirche, 6. B. und Schule.
Zu Schlieven } — Severin }	Kirchen.
Settin	Carl Fischer's Erben, und Pacht-Fischer.
Sukow	12 HalbH., 23 B., Kirche, Schule, IndüstrieSchule, Forsthof, NebenZoll, ErbKrug u. ErbSchmiede.
(— 1 Büdner	die Kirche zu Sukow.)
Tramm	16 Drittel-, 4 AchtelH., 14 Büdn., Kirche, Schule und ErbSchmiede.
Zapel, Hof	Christoph Joh. Gottfried Böttger.
— Dorf	PfarrK., Schule, 7 DrittelH., 8 B.

Zieslübbe	Kirche, 4 Drittel-, 2 AchtelH., 2 B.
Zietlitz	Georg Carl Behrens.

3) Amt *Doberan:* (9,722,309 □R.)

vormals eine Abtei und MönchsKloster CistercienserOrdens, in der *Herrschaft Rostock*, gestiftet 1173, seit 1323 Meklenburgisch und 1552 von Herz. Johann Albrecht I. säcularisirt, seit Johannis 1837 mit 3 Ortschaften des Amts Schwaan vermehrt, deren Flächeninhalt und Hufenstand dort noch mit berechnet ist. 194¼ Hufen.

Admannshagen	1 Erbpächter, 10 ZweidrittelH., 6 B. und Schule.
Allershagen	6 ZweidrittelH., 4 B.
Altenhof	Johann Christian Stein.
—	ErbMühle und Ziegelei.
BackhausMühle	AmtsSecretär Krieg.
BadenMühle	ErbMüller.
Bargeshagen	10 HalbH., 6 B. u. Schule.
Bartenshagen	14 Erbpächter, 5 B. u. Schule.
Bliesekow	Johann Jacob Büsch.
Boldenshagen	4 ZweidrittelH., 1 Erbpächter, 8 B.
Bollbrücke	Holzwärter.
KleinBollhagen	1 Halb-, 4 ViertelH., 2 B.
VorderBollhagen	Christoph Burmeister.
HinterBollhagen	Christian Heinrich Burgwedel und Holzwärter.
Börgerende	13 Drit.H., 6 B. Pachtfis. u. Schule.
Brodhagen, Hof	Carl Burmeister.
— Dorf	3 HalbH., 6 B. und Kalkbrennerei.
Brusow	Conrad Warncke.
Heilige Damm	Seebad und Schwefelquelle.
Diedrichshagen	3 Erbpächter und 2 B.
Flecken Doberan ?	Palais, Amt, PfarrKirche, Schule, Forsthof, Posthaus, Stahlbad, ErbSchmiede, 220 B., Brauerei und Brennerei und Landkrug.
Einhusen	Friedrich Ziemssen, und 2 Büdner.
Elmenhorst	1 Erbpächter, 11 ZweidrittelH., 6 B. und Schule.
Fulgen	Erbpächter Gerdes.
Glashagen, Hof	W. Hesse.
— Dorf	3 HalbHüfner, 10 B.
Hanstorf, Hof	Ernst Burgwedel.
Zu Hanstorf	PfarrKirche und Schule.
(— 1 Büdner	die Pfarre zu Hanstorf.)

Hastorf	1 Erbpächter, 7 Halb-, 1 ViertelH., 5 B. und Schule.
Heiligenhagen	Kirche, 10 ZweidrittelH., 1 Erbpächter, ErbSchmiede u. ErbKrug, Schule, Mühle und 17 B.
(Heiligenhagen, 7 B.	Kirche, Pfarre u. Küsterei das.)
Hohenfelde	16 DrittelH., Schule, 2 B. u. Schm.
NeuHohenfelde	8 Büdner.
(— Erbpachtgut	Die Pfarre zu Retschow.)
Hundehagen	Forsthof.
Hütten	Erbpächter Heyer und Ziegelei.
Jennewitz	Carl Maerker und 2 B.
— ErbMühle	N. N. Hamann.
Ivendorf	Forsthof, 5 ZweidrittelH., 1 Erbpächter, 1 B.
Kammerhof u. Walkenhagen	Christian Seer.
Konow und Neuhof	Carl Günther und Krug.
Zu Kröpelin	Kirche, Pfarre, Schule, Jagd und Mühle.
Lambrechtshagen, Hof und Meierei	Ludwig Eggersf.
Lambrechtshagen, Dorf	PfarrK., Schule, 7 ViertelH., 2 B.
Lichtenhagen	PfarrK., Schule, 3 Erbpächter, ErbMühle, 11 HalbH. u. 13 Büdner.
KleinLichtenhagen	7 Büdner.
Lüningshagen	3 HalbH., 2 Erbpächter, 3 B.
Marienehe (*ol.* Karthause)	Wilhelm Drosten.
Mönkweden	Forsthof.
NeuMühle bei Doberan	PachtMüller Tiede.
Nienhagen, Hof	N. N. Rogge.
— Dorf	4 HalbH., Holzwärter und 3 B.
Parkentin	PfarrKirche, Schule, 10 HalbH., 12 B. und Krug.
Püschow	August Seer.
Rabenhorst	Carl Brockmann.
Reddelich	9 Zweidr.H., 7 B., Schule u. Schm.
Reinshagen, Hof	Siehe Bliesekow.
— Dorf	1 Erbpächter, 6 ZweidrittelH., 5 B., Schmiede, Schule u. Krug.
Rethwisch	PfarrK., Schule, 10 Zweidrittel-, 4 Halb-, 2 DrittelH., 1 Erbpächter, 10 B. und Schmiede.
NeuRethwisch	1 Erbpächter, 9 B. u. Schmiede.

Retschow, Hof	Paul Fr. Eduard Rabe.
— Dorf	PfarrKirche, Schule, 9 HalbH., 11 B., ErbKrug und ErbSchmiede.
Sandhagen	4 ZweidrittelH., 2 B.
Satow, Hof	Berkholtz.
— Dorf	PfarrK., Schule, 5 Zweidr., 5 Halb-, 6 DrittelH., 6 Erbpächter, Holzwärter, ErbSchmiede u. ErbKrug, 19 B., ErbKorn- und OelMühle.
Schmadebeck	5 HalbH., 6 B.
Schutow	5 HalbH., 1 B. und Schule.
Sievershagen	9 HalbH., Schule, 6 B. u. EMühle.
Steffenshagen, Hof	Burgwedel.
OberSteffenshagen	4 HalbH., 6 B.
NiederSteffenshagen	PfarrK., Schule, 6 Zweidrittel-, 3 DrittelH., 12 B. u. ESchmiede.
Steinbeck, Hof	Peter Beese.
— Dorf	2 DrittelHüfner.
Stülow	10 HalbHüfner und Schule.
Vorweden	Kiencke.
(— 4 Büdner	die Pfarre zu Lambrechtshagen.)
Zu Warnemünde	Kirche, Pfarre, Küsterei und Armenhaus.
Wittenbeck	5 ZweidrittelH., 6 B. u. Schule.

4) Amt *Dömitz:* (5,228,591 □R.)

früher ein Theil des, zur *Grafschaft Danneberg* gehörigen Landes Weningen, seit 1372 Meklenburgisch und 1719 bis 1747 Residenz des Herzogs Carl Leopold. 45½ Huf.; seit 1820 mit 5 Oertern aus dem Amte Hagenow vermehrt.

Zu Dömitz	Schloss, Amt, Zuchthaus, PfarrKirche, Schule, Elb-, Schleusen- und LandZoll, Jagd, Ziegelei und Frohnerei.
EisenFabrik	1 Erbpächter, ErbPapier- und OelMühle, 16 B.
Die Elbe, Antheil / ElbFähre	Carl Wulff.
Findenwirunshier, Korn- und Papiermühle	Erbmüller Friedrich Marcurth, Mühlenschreiber, 1 B. u. NebenZoll.
Heiddorf	18 B.; Krug, Schule und IndüstrieSchule.
Heidhof und Broda	Friedrich Zachau.
—	8 B., Schule, Holzwärter.
—	Werder- und Holzvogt.

Jabel???	PfarrK., Schule, 17 AchtelH., 16 B., Krug und Schmiede.
NeuJabel	17 Büdner und Schule.
Kaliss	17 Viert.H., 18 B., Forsthof, Krug, Schmiede, 2 Schulen und IndüstrieSchule.
Kaltenhof (jens. d. Elbe)	Friedrich Ohsten.
Laupin	11 AchtelH., 6 B., Schule und IndüstrieSchule.
Neudorf	17 ViertelH., 15 B., Schule, Holzvogt, Schmiede, Krug und NebenZoll.
Polz	22 ViertelH,, 15 B., Holzvogt, Schule, Krug und NebenZoll.
Priemer	Waldung und Heide.
Quast	Forsthof und 5 Büdner.
Raddenfort	8 Viert.H., 3 B., Schule und Krug.
Gasthof z. Rothenhause	verwittwete Krüger, geb. Pflug.
Sandwerder	(nicht verpachtet).
Schlesin	Heinr. Georg Wilhelm Dankwerts.
Schlonsberge	Schleusen- und Zollwärter, und 3 B.
GrosSchmölen	16 Viert.H., 6 B., Schule u. Krug.
KleinSchmölen	8 Viert.H., 9 B., 1 Häusler, Schule und Krug.
Steuermannskaten	1 Büdner und Schiffer.
Verklas	Johann Joachim Rusch und 1 B.
Vielank	21 DrittelHüfn., 22 B., WehrZoll, Holzwärter, Krug, Schmiede, Schule und IndüstrieSchule.
WendischWeningen	2 Erbpächter, 8 AchtelH., 14 B., Schule, Kalkbrenner und Krüger, Deichvogt und NebenZoll.
HohenWoos	8 AchtelH., 8 B., Schule und Krug.
— — Ziegelei	Langhoffsche Erben.
Tews*Woos*	1 Erpächter, 20 ViertelH., 21 B., 2 Schulen, Schmiede und Krug.
Woosmer, Hof	Ludwig Harms.
— Dorf,	1 Erbpächter, 21 ViertelH., 19 B., Schule, Krug und Schmiede.
Woosmersche Mühle	Pachtmüller, Wehr- und NebenZoll.

5) Amt *Eldena:* (5,282,726 □R.)

ein vormaliges Benedictiner Nonnenkloster in der *Grafschaft Danneberg*, gestiftet 1230, seit 1372 Meklenburgisch und vor 1556 von den Herzogen säcularisiret, 1734-1787 an Preussen verpfändet. $31\frac{6}{8}$ Hufen.

In Baarz u. Gaarz	Antheile in der Mark Brandenburg.
Bellevue	F. F. D. Reckel.
Bockup	1 Erbpächt., 7 AchtelH., 2 B. u. Schu.
Bresegard	22 ViertelH., 15 B., Schule und IndüstrieSchule.
Conow und Sülze	PfarrK., Schule, 7 Drittel-, 1 AchtelH., 8 B., Schmiede, Holzwärter und Ziegelei.
Eldena ???	PfarrK., 2 Schulen, 1 Indüstrie-Schule, 34 Erbpächter, 46 B., 4 Krüge, 2 Schmieden, Pacht-Fischerei, Damm- u. WehrZoll.
EulenKrug	Jacob Mussow.
Glaisin	22 Viert.-, 1 AchtelH., 1 Erbpächter, 17 B., Forsthof, Schmiede, 2 Schulen und IndüstrieSchule.
Grebs	1 Erbpächter, 19 Viert.H., 2 B., Krug und Schule.
Grittel	2 Erbpächter, 14 Viert.-, 1 AchtelH., 4 B., Forsthof, Schule, Schmiede, Krug und PachtFischerei.
Karenz, Hof	Gehrz.
— Dorf	11 ViertelH., 14 B., Schmiede, Krug und Schule.
Krohn	6 DrittelHüfner.
Liepe	1 Erbpächt., 7 Drit.H., 1 B. u. Schule.
Malk, Hof	Friedrich Schmidt.
— Dorf	7 ViertelH. und 3 Büdner.
Mallitz	Bosselmann.
In Mellen (M. Brandenb.)	1 Halb-, 1 Viertel-, 1 AchtelH.
Menkendorf	10 Büdner.
Stuck	9 AchtelHüfner.
ProbstWoos	Ludwig Pentz.

(Zuckelrade, Antheil in der Mark Brandenburg.)

6) Amt *Gadebusch:* (4,041,424 □R.)

vormals ein Theil der *Grafschaft Ratzeburg*, seit 1219 Meklenburgisch, und mehrmals (1219, 1273, 1570, 1608) die Residenz jüngerer Prinzen, 1734-1768 an Hannover verpfändet. $66\frac{5}{8}$ Hufen.

AmtsBauhof	Landdrost H. F. C. von Wrisberg.

Botelstorf	3 DreiViertel-, 1 ZweiDrittelH., 1 Erbpächter, 6 B. und Schule.
Breesen	6 SiebenAchtelH., 1 B. u. Holzw.
Buchholz	1 Halb-, 5 DrittelH. und 1 B.
Dragun	3 VollH., 2 B., ErbKrug u. NZoll.
NeuDragun	Forsthof und 4 B.
Zu Gadebusch	Schloss, Amt, Pf.Kirche, Schule, 2 KornMühlen, LandZoll, Frohnerei und PachtFischerei.
Ganzow, Hof	Joh. Rudolph Berndes u. Schule.
— Dorf	3 DrittelHüfner.
Güstow	5 Halb-, 2 Drittel-, 2 ViertelHüfn., 4 Büdner und Schule.
Jarmstorf	ErbKrug, ErbSchmiede, 24 B. und Schule.
Kneese, Hof	Heinrich Ludwig Rohrdantz.
— Dorf	1 Halb-, 3 DrittelH., Forsthof, 2 Büdner und Schule.
Krembz	8 HalbHüfner, 5 B.
LandMühle	Korn- und OelMühle.
Möllin	4 Halb-, 3 DrittelHüfner, 1 B.
Passow	1 Erbpächter, 6 ZweiDrit.H., 1 B.
Pätrow	Johann Heinrich Stamer's Erben.
Rosenow	3 Erbpächt., 1 ZweiDritt.-, 2 Halb-, 1 ViertelH., 7 B. (Schmiede.)
Alt- und NeuSteinbeck	Johann Römer's Erben.
Stöllnitz	1 Erbpächter, 3 Dreiv.-, 4 Zweidr.-, 3 HalbH., 2 B., ESchmiede u. Schule.
Wakenstädt	5 HalbH., 4 B. und NebenZoll.

7) Amt *Grabow:* (12,657,218 □R.)

vorhin ein Theil der *Grafschaft Danneberg* bis 1293, seit 1320 Meklenburgisch, 1603-1626, 1658-1665 fürstlicher Witthumssitz und 1669-1725 Residenz einer jüngern fürstlichen Linie. 74¼ Huf.

Altona	Forsthof und 1 B.
Bauerkuhl	N. N. Schmidt.
Beckentin	Christian Bühring.
Bei Beckentin	Krug.
Boeck	11 ViertelH., 8 B. und Schule.
Brunow	PfarrK., IndüstrieSchule, 17 DrittelH., 6 Erbpächter, 10 Büdner, Schmiede, Schule und Krug.
Dadow	14 Dritt.H., 10 B., Schule u. Schm.
Dre*fahl*	14 DrittelH., Kirche, Schule, IndüstrieSchule und Schmiede.

NeuDrefahl	4 Büdner und Holzwärter.
Göhlen	24Viert.H.,14B., Holzwärt.,Schule, IndüstrieSchule u. Schmiede.
und Hornkaten	23 Büdner und Schule.
Göhren	1 Erbpächter, 21 ViertelH., 12 B. und Schule.
Gorlosen	PfarrK., Schule, IndüstrieSchule, 3 Erbpächter, 4 AchtelH., Schm., 11 B., ErbKrug, Mühle u. NZoll.
Zu Grabow	Amt, PfarrKirche, Schule, ErbMühle, PachtFischerei, Jagd, 1 B., LandZoll und Frohnerei.
Guritz	7 Erbpächter, 4 B., Holzwärter, PachtFischerei und Schule.
Horn, Wald	Antheil und Jagd.
Horst	Bruns.
Kaltehof	Carl Langschmidt und 1 Büdner.
Zu Karstädt	Kirche.
Kastorf	6 ViertelHüfner und 1 Büdner.
Kleinow	Forsthof, 23 Büdner u. Schmiede.
Kremmin	1 Erbpächter, 9 DrittelH., 11 B., Forsthof, Schule und Krug.
Bei Kremmin	ChausseeGeldEinnehmer.
Kummer	23Viert.H., 1 FreiH., 28B., 2Schulen, 1 IndüstrieSchule, Schmiede, Krug und Ziegelei.
GrosLaasch	PfarrK., 25Viert.H., 45B., Schm., Krug, 3 Schul. u. 1 Indüstr.Sch.
(LassahnerFeldmark, 5H.	Baugilde zu Grabow.)
LaukMühle	Erbmüller H. Reimer.
Leussow	PfarrKirche, Schule, 13ViertelH., 17 B., Forsthof, Krug u. Schm.
Löcknitz	8 Büdner.
Zu Neese, (1 Hufe)	PfarrKirche.
Neuhof	Friedrich Döhn.
Pampin	2 Erbpächter, 4 Dritt.Hüfn., 8 B., Schule, IndüstrieSch. u. Schm.
(Pampin, Antheil ½ H.	Neubauer.)
Platschow	9 Viert.H., 3 B., 1 Häusler, Schule und ErbMühle.
Poitendorf	Forsthof und 5 Büdner.
Prislich	13 ViertelH., 20 B., Schmiede, Schule und IndüstrieSchule.
Semmerin	9 Erbpächt., 3 B., Holzw. u. Schule.

Strassen	10 ViertelH., 5 B. und Schule.
Techentin	22 ViertelH., 38 B., 2 Schulen, 1 IndüstrieSchule u. Schmiede.
Bei Techentin	2 ChausseeGeldEinnehmer, Holzwärter und 2 B. (Krug.)
Wanzlitz, Antheil	SchulCompatronat u. 3 DrittelH.
Ziegendorf	18 ViertelH., Kirche, Schule, IndüstrieSchule, 18 B. und Schm.
Zierzow, Hof	August Georg Ortmann's Erben.
— Dorf	9 AchtelH., 3 Erbpächter, 8 B., Kirche, Schule und NebenZoll.

8) Amt *Grevismühlen:* (5,821,498 □R.)

ursprünglich unter dem Namen des Landes Breesen, Klütz und Darzow, ein Theil der vormaligen Herrschaft und des nachherigen *Herzogthums Meklenburg*, 1734-1768 an Hannover verpfändet und seit 1821 mit den vormals adlichen Gütern der Vogtei Rüting vermehrt. $129\frac{4}{8}$ Hufen.

Beckerwitz	7 Erbpächter, 2 Zweidr.-, 2 Dritt.H., 10 B., Schmiede, Schule u. Krug.
Boltenhagen	10 AchtelH., und 3 Büdner.
Börzow	PfarrK., Schule, 9 HalbH., 1 Erbpächter, 6 B., Krug u. Schmiede.
In Bössow	Kirche, Pfarre u. Schule, 3 Dritt.-, 2 ViertelH., 1 Erbpächter, 2 B.
In Dassow	PfarrKirche und Küsterei.
Degetow u. Hungerstorf	Friedrich Stricker, und Schule.
Diedrichshagen	PfarrKirche, Schule, 7 DrittelH., 2 Erbpächter und 1 B.
(— Krug	die Pfarre zu Diedrichshagen.)
Zu Elmenhorst	PfarrKirche und Küsterei.
Everstorf	Förster Georg Allerding und 2 B.
Gantenbeck und Anth. in *Grossenhof*	N. N. Wodarg, 1 B. u. Schmiede.
Goostorf, Hof u. Forsthof	Förster Heinrich Müller.
— Dorf	2 Erbpächter, 5 Drittel-, 8 AchtelH., 12 B., Schule, Krug, Armenhaus und Ziegelei.
Greschendorf	3 SiebenachtelH., 1 Erbpächter u. Armenhaus.
NeuGreschendorf	6 Büdner und Schule.
Zu Gressow	Kirche, Pfarre und Küsterei.
Grevenstein	Friedrich Callies.
—	ErbMüller Freyer.
Zu Grevismühlen	Amt, PfarrKirche, Schule, Jagd, LandZoll und Frohnerei.

Fürstlich Gutow	Heinrich Römer.
Hamberge	3 DrittelH., Schmiede, 8 B.
Hilgendorf	Christoph Heinrich Lübbe.
Zu Hohenkirchen	Kirche, Pfarre und Küsterei.
Holm	Johann Maass und Holzvogt.
Zu Kalkhorst	Kirche, Pfarre und Küsterei.
Kastahn	1 Erbpächter, 6 HalbHüfner, 5 B.
In Klütz	WehrZollGehöft, 1 Erbpächter.
Krummbroock	1 Vollhüfner.
Kühlenstein	1 Erbpächter, 2 DrittelH., 2 B.
Mallentin	2 HalbH., 9 B. und Krug.
Zu Mummendorf	PfarrKirche und Küsterei.
(1 Büdner	die Pfarre daselbst.)
Naschendorf	4 HalbH., 3 B., Schm. u. Krug.
Poischower Mühle	die Stadt Grevismühlen.
GrosPravtshagen	7 Zweidr.H., 14 B. und Schule.
KleinPravtshagen	Heinrich Koopmann und 2 ErbpachtH.
Proseken	PfarrK., Schule, ErbKrug.
Questin	Heinrich Fratzscher, und Schule.
Reppenhagen, Hof	Wilhelm Blanck.
— Dorf	2 DrittelHüfner.
Rocksin	3 Erbpächter, 4 HalbH., 8 Büdner und Krug.
Roggenstorf	PfarrK., Schule, 1 Erbpächter, 8 Halb-, 5 AchtelH., 14 B., ErbSchmiede und ErbKrug.
Rüting, Hof	Johann Friedr. Levecke u. Schule.
— Dorf	5 Erbpächter, 2 B., Mühle, Schmiede und Krug.
Santow mit dem See	Johann Neckel.
Schildberg	Carl Fried. Aug. Paepcke's Erben.
Hoh.Schönberg, Antheil	Johann Kelling.
Seefeld	Forsthof.
Rütinger Steinfort	Christian Bade.
Testorfer Steinfort	Doris Dühring, geb. Bade.
Tankenhagen	Forsthof, 8 AchtelH., 3 Büdner, Armenhaus und Schule.
Tarnewitz	6 Drittel-, 8 AchtelH., 7 B. (1 Holzwärter), und Schule.
Thorstorf	Joh. Christian Friedr. Günther.
Tramm	2 Erbpächter, 2 Drittel-, 2 AchtelHüfner, 3 B. und Schule.
Upahl	5 Erbpächter, 9 HalbHüfner, 13 B., Schule, ErbSchmiede u. ErbKrug.

GrosVogtshagen	N. Bunkenburg, und Schmiede.
— Mühle	ErbMüller Johann Beusch.
KleinVogtshagen	Christian Joachim Friedr. Kelling.
Warnken*hagen*	6 Voll-, 1 Halb-, 5 AchtelH., 3 B., Fischer und Wassermühle.
Warnow	7 Drittel-, 6 ViertelH., 2 Erbpächter, 15 B., Schule und Schmiede.
Welzin	4 DrittelH., 3 Erbpächter, 5 B., Schule, Schmiede und Krug.
Wichmannsdorff	N. N. Bobsin.
Wotenitz	Heinrich Peters und Schule.
—	21 Büdner (1 Holzvogt) u. Schm.
Wüstenmark	6 Drittel-, 3 AchtelH., 1 Erbpächter, Schule, Armenhaus u. 2 Büdn.

9) Amt *Hagenow:* (13,975,785 □R.)

vormals zum Theil mit dem Lande Wittenburg zur *Grafschaft Ratzeburg*, demnächst zur Grafschaft Schwerin und mit dieser seit 1359, theils aber, jenseits der Sude, unter dem Namen des Landes Jabel, zur *Grafschaft Danneberg* und mit dieser seit 1373 den Meklenburgischen Herzogen gehörig, mit der (1552) eingezogenen vormaligen deutschen OrdensComthurei *Kraak*, bis Johannis 1757 ein Theil des Amts Schwerin, seit 1835 mit Rastow und Achterfeld aus dem Amte Schwerin vermehrt. 90 Hufen. (S. Amt Dömitz.)

Belsch	25 Acht.H., 12 B., Schule, IndüstrieSchule und Krug.
Besendorf	Carl Malchin.
Bresegard, Hof,	Friedrich Theodor Duve.
— Dorf	25 ViertelH., 20 B., 2 Krüge, Erb-Wind- u. WasserMühle, Schule und IndüstrieSchule.
Eichhof	9 Büdner.
In Hagenow	Amt, PfarrK., Schule, Criminal-Jurisdiction, ErbMühle, Jagd, LZoll, Frohnerei u. Holzvogt.
Hagenower Heide	Waldung, 2 Holz- u. Baumvögte, 19 B., Schule, IndüstrieSchule und Krug.
Hoort	14 HalbH., 14 B., Schule u. Krug.
KirchJesar	18 DrittelH., 14 B., Holzvogt, Kirche, Küsterei, 2 Schulen und IndüstrieSchule.
KlüsserMühle und Krug	EMüller, EKrüger, 10 B. u. Schm.
NeueMühle, zu Kraak	ErbMüller.
Kraak	10 HalbHüfner, 1 Erbpächter, 20

(2)

	B., Kirche, Schule, ErbKrug, Krug und Schmiede.
GrosKrams	20 ViertelH., 20 B., Schule, Indüstrie Schule, Krug u. Schmiede.
KleinKrams	11 AchtelH., 12 B., Krug u. Schule.
AltKrenzlin	10 AchtelH., 16 B., Holzvogt, Schule und IndüstrieSchule.
NeuKrenzlin, Hof	von Wrisberg.
— Dorf	6 ViertelH., 9 B., 2 Krüge, Schule und Schmiede.
KrenzlinerHütte	14 Büdner.
Kuhstorf	1 EPächter, 22 Viert.H., 20 B., Krug, Schm., Schule u. Indüstr.Schule.
Kuhstorf, Antheil	Landrath von Könemann.
Loosen	19 ViertelH., 18 B., Schule, Krug und Schmiede.
Moraas	16 HalbHüfner, 16 B., Schmiede, Krug, Schule u. IndüstrieSchule.
Picher????	PfarrKirche, 30 DrittelH., 40 B., 4 Krüge, 2 Schulen, Indüstrie-Schule, Schmiede u. Forsthof.
Pulverhof	Holzwärter und 4 Büdner.
Ramm	Forsthof, 3 Viert.H., 8 B. u. Schule.
Rastow, Hof und Achterfeld	Hermann Anders.
Rastow, Dorf	7 DrittelH., 18 B., Schule und IndüstrieSchule.
Redefin, Hof	Grosherzogl. GestütAmt, 2 Pacht-Fisch., Mühle, Schm. u. Schule.
— Dorf	Forsthof, 11 AchtelH., 16 B., Erb-Krug, 2 Krüge, Postgehöft, ChausseegeldEinnehmer, Schule, Indüstr.Schule u. NebenZoll.
Sandkrug	ErbKrüger.
Sudenhof	Wilhelm Janisch Erben.
Sudenkrug	KrugPächter und NebenZoll.
Uelitz	PfarrK., 12 DrittelH., 11 Büdn., Schule und Schmiede.
(Zu Uelitz, 1 Büdner	die Pfarre daselbst.)
Warsow, Hof	Wilhelm Eduard Hoese.
— Dorf	PfarrKirche, 8 B., Krug, Schule, und Schmiede.
AltZachun	9 HalbH., 8 Büdn. und Schule.
NeuZachun, Hof	Lieutenant Joh. Herm. Wilh. Wildfang.

NeuZachun, Dorf	Forsthof, 4 Viert.H., 22 B., Schule, Indüstr.Schule, ESchmiede u. Kr.

10) Amt *Lübtheen:* (2,627,918 □R.)

bis zum Jahre 1830 Theil des Amtes Hagenow; seit der Zeit zu einem besonderen Amte vereinigt. 17¾ Hufen.

Brömsenberg	12 Büdner und Krug.
Garlitz	3 Dritt.H., 31 B., 2 Schul. u. WZoll.
Bei Garlitz	WasserMühle.
Gudow	Forsthof, 1 Viert.H., 4 B., Schule und WehrZoll.
Probst Jesar	3 Erbpächt., 7 ViertH., 6 B. u. Schule.
Auf der Lanck	2 Büdner.
Lübbendorf	12 ViertelH., 8 B., Schmiede und Schule.
Lübtheen, Flecken????	Amt, PfarrK., 22 DrittelH., 87 B., 3 Häusler, 3 Schulen, Gipswerk, Holzwärter, 1 ErbKrug und 7 NebenKrüge.
Zu Quassel	1 Erbpächter u. BrückenZoll, 1 B., Krug und WehrZoll, ½ H.
Trebs	11 ViertelH., 6 B. und Schule.

11) Amt *Lübz:* (10,978,960 □R.)

vormals Eldenburg im Lande Thure genannt, gehörte bis 1308 den Herren zu Werle, seit 1319 aber zu der Herrschaft, dem nachherigen *Herzogthume Meklenburg*, insbesondere (1352-1471) der Stargardschen Linie, 1547-1634 fürstlicher Wittwensitz, bis 1752 verpfändet. 113⅜ Hufen.

Barkow, Hof	Friedrich Wilhelm Reuter.
— Dorf	PfarrK., Schule, 10 AchtelH., 12 B., Krug und Schmiede.
AmtsBauhof	Friedrich Frick's Erben.
Benzin	16 Dritt.H., 15 B., Kirche u. Schule.
AltBobzin	Schule.
Bobzin, Hof	Herm. Funck und Schmiede.
Broock	13 DrittelH., 14 B., Unterförster, Schleusenwärter, Kirche u. Schule.
Burow	PfarrK., 19 Drittel-, 1 AchtelH., 13 B. und Schule.
Darz	5 Erbpächt., 1 B., Kirche u. Schule.
HofGrabow u. NGrabow	Wilhelm Bosselmann's Erben.
—	Schule und ErbSchmiede.
Granzin	Pf.Kirche, 20 DrittelH., 14 B., Schule, ErbSchmiede und Krug.

(2*)

Grebbin	PfarrKirche, 19 DrittelHüfn., 9 Büdner und Schule.
Karbow, Hof	Wilhelm Heinr. August Winter.
— Dorf	PfarrK., Schule, 8 DrittelH., 6 Büdner und Ziegelei.
Kladrum	Pf.Kirche, Schule, ErbSchmiede, 1 Erbpächter, 4 Halb-, 6 ViertelH., 9 B., Krug und ErbMühle.
Kossebade	20 Dritt.H., 10 B., Kirche, Schule, Schmiede, ErbKrug u. ErbMühle.
Kreien, Hof	Friedrich Ludwig Carl von Plato.
— Dorf	Pf.Kirche, Schule, 12 DrittelH., 15 B. und ErbSchmiede.
Kritzow m. d. Fischerei	Hans Christoph Suderow.
Zu Lanken	PfarrKirche und Küsterei.
Zu Lübz	Amt, PfarrK., Schule, Korn- u. OelMühlen, ArmenStift, LZoll, WasserZoll, Forsthof, Jagd, PachtFischerei und Frohnerei.
Lutheran	14 Drittel-, 3 AchtelH., 9 B., Kirche, Schule und Forsthof.
GrosNiendorf, Hof	Carl Friedrich Krüger.
— Dorf	2 Erbpächter, 8 Drittel-, 3 AchtelH., Kapelle, Schule, 6 Büdner, ErbKrug und ErbSchmiede.
Quasslin	Carl Rosenow.
(QuasslinerMühle $\frac{1}{8}$ H. das Kloster Stepenitz.)	
Retzow, Hof	Friedrich Dabel.
— Erbpachtgut	N. N. Abraham.
— Dorf	Kirche, Schule, 3 DrittelH., 2 Erbpächter, 6 B., Holzwärter, EMühle, ErbKrug, ErbSchmiede, u. NZoll.
(Retzow, Antheil 1 H. das Kloster Stepenitz.)	
Runow	6 DrittelH., 6 B. und Schule.
Ruthen	Georg Wilhelm Gebhardi.
Sandkrug	Forsthof, ErbKrug u. ErbSchmiede.
Schlemmin	Wilhelm Albrecht.
Wahlstorf, m. Antheil in Jannerstorf,	1 SiebenAchtel-, 3 DrittelH., 8 B.
Dorf Wangelin	12 Drittel-, 4 AchtelH., 3 Büdner und Schule.
Werder	14 DrittelH., 1 Erbpächter, 10 B. und Schule.

Wessentin	8 HalbHüfner, 7 Büdner u. Schule.
Wilsen	7 Drittel-, 2 AchtelH., 2 Büdn., Kapelle und Schule.
(Wilser Mühle ¼ H.	das Kloster Stepenitz.)
Woeten	Christoph Joh. Hamann's Erben.
Zolkow	14 DrittelH., Forsthof, 5 Büdn. und Schule.

12) Amt *Meklenburg:* (2,674,004 □R.)

eine ursprüngliche Vogtei der ehemaligen Herrschaft und des nachherigen *Herzogthums Meklenburg*, 1734-1766 an Hannover verpfändet. 45¼ Hufen.

Zu Beidendorf	Kirche, Pfarre und Küsterei.
Blumenhof	1 Erbpächter.
Brusenbeck	Erbmühle.
Zu Buchholz	Kirche.
Fichtenhusen	8 Büdner und Schule.
Gägelow	6 Erbpächter, 2 B. und Schmiede.
Haedchenshof	1 Erbpächter.
Hoppenrade	A. Lütken und Schmiede.
Karow	1 Erbpächter, 3 HalbH., 2 B.
Kletzin	1 Erbpächter, 3 HalbH., 4 B.
Loosten	2 VollH., E. Fischer, 3 B. u. Schmiede.
Lübow	PfarrKirche, Schule, 6 HalbH., 1 Erbpächter, 6 B., Armenhaus, ErbSchmiede und Krug.
(— 1 Büdner	die Kirche zu Lübow.)
Martensdorf, Dorf	2 Zweidritt.-, 1 AchtelH. und 3 B.
Meklenburg, Hof und Petersdorf	Christian Albert Kindler.
Zu Meklenburg	Mühle, ChausseegeldEinnehmer, 1 Büdn., ErbKrug und ErbGrob- und SensenSchmiede.
Meklenburg, Dorf	PfarrKirche, Schule, 15 DrittelH., Forsthof, 7 B.
Metelsdorf	2 Erbpächter, 5 HalbHüfner, Krug, 4 Büdner und Schule.
Mödentin	Peter Mengel.
—	ErbMühle.
WendischRambow	3 Erbpächter, 1 HalbHüfner, 3 Büdner und Schmiede.
Zu Retchendorf	Kirche, Pfarre und Küsterei.
Rosenthal	H. F. Bobsien.
Schulenbrook	1 Erbpächter.
HohenViecheln, Hof	F. Keding.

HohenViecheln, Dorf	PfarrK., Schule, 3 HalbH., 1 E.Hüfn., E.Fischer, 10B., E.Krug, E.Schmiede, Holzwärter und ErbFrohnerei.
NeuViecheln	1 Erbpächter.
Zu Wismar	Amt auf dem Fürstenhofe.

13) Amt *Neustadt*: (16,613,392 □R.)

vormals zur *Grafschaft Schwerin* gehörig und mit derselben seit 1359 Mekleaburgisch, 1725-1735 Residenz des Herzogs Christian Ludwig. 117¼ Hufen.

Barkow	16 AchtelHüfner u. 1 Brinksitzer.
Blievenstorf	35 Dritt.-, 2 Acht.H., 27B., 1 Brinksitzer, Kirche, 2 Schulen, 1 IndüstrieSch., NZoll, Krug u. Schm.
Brenz	PfarrK., Schule, Indüstr.Schule, Krug, 26 DrittelH., 2 B. u. Holzv.
NeuBrenz	30 Büdner und Krug.
Dambeck, Hof	Georg Phil. Carl Rabe.
— Dorf??	PfarrK., Schule, IndüstrieSchule, 25 Drittel-, 3 AchtelH., 9 Büdn., Schmiede und Krug.
Zu Damm	PfarrKirche und Küsterei.
Dreekrögen	1 Erbpächter, 11 B. (1 Holzvogt), Krug und Schule.
Dütschow, Hof	Johann Heinrich Schröder.
— Dorf	Kirche, Schule, 15 DrittelH., 7 B.
Fahrbinde	9 HalbH., 11 B. und Schule.
FriedrichFranzCanal	2 Canal-u.Holzwärter u. 1 Canalw.
Friedrichsmoor (S. Amt Crivitz.)	Schule und Fischer.
GrosGodems	9 Halb-, 10 AchtelH., 1 Büdner, Kirche, Schule und Krug.
KleinGodems	Joachim Hartwig Wieth's Erben.
Granzin	Adolph Maercker.
Herzfeld	PfarrK., Schule, IndüstrieSchule, 16 Dritt.H., 6 Büdn., NebenZoll, 2 Krüge und Schmiede.
NeuHerzfeld	12 Büdner.
Hohewisch	10 DrittelH., 7 B. und Schule.
Jasnitz	Oberforstmeister von der Lühe.
—	Forsthof, Schule und NebenZoll.
Karenzin	Kirche, Schule, 12 ViertelH., 6 B., 1 Brinksitzer, ErbSchmiede, Krug und ErbMühle.
Kiez	16 Erbpächter, 1 B. und Fischer.

Klüss	Kirche, Schule, IndüstrieSchule, 15 Viertel-, 4 AchtelH., 6 Büdn., Krug und ErbMühle.
Kolbow	Heinrich Friedrich Rogge.
Kronskamp	4 ViertelHüfner und 7 Büdner.
KleinLaasch	9 AchtelH., 3 B., Schule u. IndüstrieSchule.
Lüblow	Kirche, 2 Schulen, IndüstrieSch., 19 HalbH., 15 B., Krug u. Schm.
NeuLüblow	Forsthof, 14 Büdner und Schule.
Zu Matzlow	Kirche.
Muchow	PfarrK., 2 Schulen, IndüstrieSch., 37 Dritt.-, 1 Acht.H., 1 Erbpächter, 11 B. (Holzvogt), Krug u. Schm.
Neuhof	2 Erbpächter, 6 B.
Zu Neustadt	Schloss, Amt, Pf.Kirche, Schule, 2 WasserMühlen, EldenFischer, Jagd, LZoll und altes Schloss.
Niendorff	6 HalbH., Schule u. Armenhaus.
Zu Paarsch	Kirche und Küsterei.
— Parchim	2 PfarrK., FriederichFranzGymnasium, Anth. a. der Jagd u. LZoll.
— Slate	PfarrKirche und Küsterei.
Spornitz	PfarrK., 42 DrittelH., 22 B., Forsthof, EMühle, 2 Schulen, Indüstr.-Schule, Krug, Schm. u. Ziegelei.
Steinbeck	Johann Heinrich Schröder.
—	Schule und Schmiede.
Stolpe	17 Dritt.H., 10 B., Kirche, Schule, Unterförster, NZoll, Schmiede ErbKrug und Armenhaus.
Stresendorf	10 Viert.H., 4 B., Krug, Schule, IndüstrieSchule und ErbMühle.
Strohkirchen	16 Drittel-, 6 AchtelH., Krug, 15 B., Schule, Indüstr.Sch. u. NZ.
Tuckhude	2 Büdner, Baum- u. Canalwärter.
Wabel	Forsthof.
Warlow	20 DrittelH., 20 B., Schule, IndüstrieSchule, und Schmiede.
Weselsdorff	12 Büdner.
Wöbbelin	18 HalbH., 21 B., 2 Chausseewärt., Körnersches Monument, Krug, Schule, Indüstr.Schule, Schmiede und NebenZoll.

Wulfsahl	14 Drittel-, 1 AchtelH., 11 B., Kirche, Schule, IndüstrieSchule und Krug.

14) Vogtei *Plüschow*.

(S. *Ritterschaft*, Amts Grevismühlen.)
bis 1822 ritterschaftliche Güter im Amte Grevismühlen.

Barendorf	4 Dreiv.H., 1 B. und Schule.
Boienhagen	1 Erbpächter, 5 Halb-, 1 DrittelH., 2 B. und Schule.
Friedrichshagen u. Griesenhof	Kirche, Pfarre, Schule, 6 HalbH. und ErbSchmiede.
Jamel und Vogelsang	Forsthof und Armenhaus.
— Hof	Hauptmann von Arnim.
Meierstorf	N. N. Wegener.
—	Schmiede.
(*Overhagen*	Pfarre zu Friedrichshagen.)
Plüschow, Hof	Levin Heinrich Diestel.
—	ErbpachtMühle und Holzwärter.
Sternkrug	Carl Baumann.
Testorf	Johann Jacob Neckel's Erben.

15) Amt *Redentin*: (2,685,636 □R.)

in dem eigentlichen *Herzogthume Meklenburg*, vormals dem Kloster Doberan angehörig und mit demselben 1552 säcularisirt. 43¼ H.

Blowatz	4 HalbHüfn., 4 B. und Krug.
Boiensdorff	7 HalbH., 1 Erbpächter, 4 Büdner und Schule.
Zu Dreveskirchen	Kirchen-, Pfarr- und SchulCom-Patronat.
Farpen	Friedrich Schade.
—	Forsthof.
NeuFarpen	Adolph Schwaarck.
Fischkaten	9 AchtelHüfner.
Gagezow	6 HalbH., 6 B. und Schmiede.
Güstow	Johann Friedrich Cordua.
Heidekaten	2 AchtelH., 2 Büdner u. Schule.
Zu Hornstorf	Kirche, Pfarre und Küsterei.
Krusenhagen	4 DrittelH., 8 B. und Schule.
Neub*urg*	PfarrKirche, Schule, 1 Erbpächter, 6 ViertelH., 14 B., *ErbKrug* und Schmiede.
Niendorf	5 Halb-, 1 AchtelHüfner, 1 B.
Redentin, Hof	Joseph Philipp Baller.
— Mühle	ErbMüller F. Hansen.
— Dorf	6 HalbHüfner, 7 B. und Schule.

Robertsdorf	5 HalbH., 3 B., ErbSchmiede und ErbMühle.
Stove	7 HalbHüfn., 1 Erbpächter, 5 B., ErbMühle und ErbSchmiede.
GrosStrömkendorf	Joh. Joach. Petersen's Erben.
—	ErbSchmiede und Schule.
Wodorf	4 Halb-, 1 AchtelH., 5 B.

16) Amt *Rehna:* (3,231,547 □R.)

ein vormaliges BenedictinerNonnenkloster in dem, vorhin zur *Grafschaft Ratzeburg*, seit 1219 aber zur Herrschaft Meklenburg gehörenden Lande Gadebusch, gestiftet 1236 und 1555 von den Herzogen säcularisiret, 1734-1768 an Hannover verpfändet. $96\frac{1}{8}$ Hufen.

AmtsBauhof	die StadtKämmerei zu Rehna.
Benzin	4 Dreiv.-, 4 Zweidr.H., 4 B. u. Sch.
Bonnhagen	4 HalbH., 1 B.
Brützkow	1 Zweidr.-, 8 HalbH., 4 B. u. Schule.
Bülow, Hof	N. N. Derlon und Sophie Derlon.
— Dorf	19 ViertelH., 2 B., Ziegelei und Schule.
Büttlingen	1 Siebenachtel-, 2 Dreiv.H., 2 B.
Cordshagen	7 HalbH., 2 B.
Gletzow	1 Halb-, 5 Drittel-, 1 ViertelH., 5 B. und Schule.
Kalkberg	4 Büdner.
Lübsee	PfarrKirche und Schule.
(— 4 Büdner	die Pfarre zu Lübsee.)
Nesow, Hof	Christian Heinrich Rusch.
— Dorf	7 HalbH., 5 B. und Schule.
Parber und Zehmen	Heinrich Kayatz.
Zu Rehna	Amt, PfarrKirche, Schule, Forsthof, LandZoll, PachtFischerei, Jagd, Korn-, Walk- und LohMühlen und Frohnerei.
Roduchelstorf	1 Zweidrittel-, 4 Halb-, 2 AchtelH., 3 B. und NebenSchule.
(Schindelstädt, Feldmark,	Kammerherr, Graf v. Bernstorf.)
Sievershagen, Hof	Ferdinand Anders u. ErbSchmiede.
— Dorf	2 Zweidrittel-, 2 Halb-, 3 AchtelH., 3 B. und Schule.
Strohkirchen	Wilhelm Diestel.
Törber und Törberhals	3 Dreiviertel-, 1 ZweidrittelH., 2 B. und ErbSchmiede.

Vitense	4 Halb-, 2 Drittel-, 1 Viertel-, 5 AchtelH., 2 B., Forsthof, Schule.
Volkenshagen	2 Dreiv.H., 2 B., NebenSchule, Wehr- und NebenZoll.
Warnekow	1 Zweidrittel-, 2 Halb-, 1 Drittel-, 1 ViertelH., 6 B., NebenSchule, Wehr- und NebenZoll.
Welschendorf	4 HalbH., 4 B.
Woitendorf	2 Büdner und Holzwärter.

17) Amt *Schwerin:* (17,708,332 □R.)

das Stammland der *Grafschaft Schwerin* und mit derselben seit 1359 Meklenburgisch, seitdem aber fast ununterbrochen die Residenz der älteren herzoglichen Linie auf dem Schlosse zu Schwerin. $160\frac{7}{8}$ Hufen. (S. Amt Hagenow.)

Banzkow	Kirche, 2 Schulen, Holzvogt, 15 HalbH., ESchm., EKrug, EMühle, 46 B., Schmiede u. NebenZoll.
Böken, Antheil	5 Erbpächter, 2 Halb-, 1 AchtelH., 2 B. und Schulcompatronat.
Boldela	N. N. Hauskummer.
—	18 Büdner und Schule.
Buchholz	Forsthof, 4 B. u. 1 Rossmühle.
Consrade	Kirche, 2 Erbpächter, 12 Büdner (Holzvogt), NebenSchule und Schmiede.
Zu Cramon	Kirche, Pfarre und Küsterei.
Dalliendorf	Kammerherr Carl v. Leers, und Schule.
— Ziegelei	Dettmann.
Dambeck, Hof	Johann Joachim Ehlers Erben.
— Dorf	Pf.Kirche, Schule, 2 AchtelH., 2 Erbpächter, ErbMühle, PFischerei, Krug, Schmiede und 11 B.
Drieberg, Hof	Levin Heinrich Diestel.
— Dorf	7 DrittelH., 2 Büdn., 1 Erbpächter, Schule und Schmiede.
Fasanerie	N. N. Johannsen.
Friedrichsthal	N. N. Schulz, Jagdhaus u. Gasthof.
Godern	4 DrittelH., 3 B. und Schule.
NeuGodern	ErbMühle und 4 Büdner.
Goldenstädt	Kirche, Schule, 11 HalbH., 7 B. und Schmiede.
Görries	7 DrittelH., 9 B., Schule.

Grevenhagen	4 Erbpächter.
Hals	2 Büdner und 23 Parcelen.
Haselholz	Holzwärter, 1 Erbpachtgehöft u. 3 B.
Hasenhäge	Holzwärter und Chausseewärter.
Holthusen	11 DrittelH., 1 Erbpachtgehöft, 5 B. und Schule.
NeuJamel	Johann Heinrich Karnatz.
AltJamel	Holz- und Baumvogt und 8 B.
Kalkwerder	Kalkbrennerei.
Kaninchenwerder	Schultz, und Ziegelei.
Krebsförden	6 DrittelH., 12 B. und Schule.
Lehmkuhlen	9 ViertelH., 1 Erbpächter, 8 B., Schule, Schmiede und Krug.
Lieps, Insel	August Schubart.
Lübesse	7 DrittelH., 2 B. und Schule.
KleinMedewege	Johann Christian Bernhard Seitz.
Meteln u. *Moisall. Hufe*	Carl Karstien.
Meteln, Dorf	PfarrK., Schule, 5 DrittelH., 8 Erbpachtgehöfte, Forsthof, Neb.Zoll, Krug, ErbSchmiede und 15 B.
Mirow	Kirche, 7 DrittelH., 1 Erbpächter, 12 B. und Schule.
Muess	5 DrittelH., 11 B. und Schule.
NeuMühle	ErbMüller.
NeuMühlsche u. FauleSee	PachtFischerei.
Ortkrug	Wittwe Eckermann.
—	Posthalterei, WehrZoll, und Chausseehaus.
Ostorf	Carl Tessmann.
—	ErbKrug, Fischer und 5 Büdner.
— Feldmark	2 Krüge, Jägerhof, Hofjägerhaus, 5 B.
(— —	Geheimeräthin Krüger.)
Pampow, Hof	N. N. Schütze.
— Dorf	Pf.Kirche, 15 Drittel-, 1 ViertelH., 1 Erbpachtgehöft, 2 Schulen, NZoll, ErbKrug, Schmiede und 18 B.
Peckatel	10 DrittelH., 1 Erbpächter, 11 B., Kapelle und Schule.
Pingelshagen	1 HalbH., 2 Erbpachtgehöfte u. 3 B.
Plate	Pf.Kirche, 2 Schulen, 12 Drittel-Hüfner, 30 B., NebenZoll, Schmiede und Krug.

PüsserKrug	ErbKrüger.
GrosRogahn, Hof	August Schulz.
— Dorf	1 Erbpächter, 4 DrittelH., 6 B., GemeindeBäckerei, Schmiede und Schule.
KleinRogahn	2 Erbpächter, 3 DrittelHüfner, 20 Büdner, Schule u. Schmiede.
Rugensee	3 HalbHüfner, 5 Erbpächter, 5 B., Schule und PachtFischerei.
Zu Schwerin	Schloss, CollegienGebäude, Schauspielhaus, LandZoll, Wadewiese, BinnenMühle, 2 WindMühlen, SchleifM. u. Frohnerei.
Schwerinsche Fähre	ErbKrüger, Holzwärter u. 1 B.
— See	Wademeister Oberländer.
HerrnSteinfeld	Domänenrath Adolph Otto.
—	Schmiede und Krug.
RabenSteinfeld	OberJägermeister von Pressentin.
—	Forsthof, Schmiede, 3 B.
Stralendorf, Hof	Friedrich August Fratzscher.
— Dorf	Pf.Kirche, 5 Viertel-, 5 AchtelH., 9 Erbpächter, 17 B., Schule, IndüstrieSchule, ESchmiede u. EKrug.
KirchStück	Friedrich Bosselmann.
—	Schmiede, Krug und See.
Sülstorf	PfarrKirche, Schule, 15 DrittelHüfner, 6 B. und Schmiede.
Sülten	10 HalbH., 3 B., Kirche, Schule und Krug.
(Tannenhof	N. N. Clemens.)
Wandrum und	KammerPräsidentin von Dorne.
Heidekaten	6 Büdner.
Warnitz	4 Erbpächter, 6 HalbHüfner, 6 B., Forsthof und Schule.
Wittenförden	Pf.Kirche, 2 Schulen, 7 Erbpächter, 8 DrittelHüfner, 39 B., Forsthof, Krug und ErbSchmiede.
Wüstenmark	7 DrittelH., 12 B., Schule u. EKrug.
Zickhusen, Hof	Johann Joachim Ehlers Erben.
— Dorf	Kirche, Forsthof, Schule, ChausseegeldEinnehmer, Krug und Schmiede.
Ziegelwerder	Carl Tessmann, und Ziegelei.

18) Amt *Sternberg:* (3,191,751 □R.)

in dem eigentlichen *Herzogthum Meklenburg*, gehörte seit 1352 der Stargardschen und seit 1471 der Schwerinschen Linie, mit einem vormaligen AugustinerKloster. 35 Hufen.

Zu Borkow	Kirche.
Dabel, Hof u. Holzendorf	Johann Friedr. Christ. Schröder.
— Dorf	7 DrittelH., 1 Erbpächter, 15 B., Kirche, Schule u. ErbSchmiede.
Gägelow	Kirche, Pfarre und Schule.
(— PfarrErbPachthof	Carl Richter.)
Kobrow, Hof	August Friedrich Quehl.
— Dorf	4 HalbH., 2 B., Schule und See.
Loiz	4 DrittelH., 1 Büdner.
(Loiz, 1 Hufe	Die Pfarre zu Gr.Raden.)
NeuKrug	ErbKrüger und NebenZoll.
Pastin, Hof	Georg Johann Dühring.
— Dorf	4 Zweidr.H., 3 B., Schm. u. Schule.
KleinRaden	1 Erbpächter, 4 HalbH., 4 Büdner und Schule.
Rosenow	Carl Friedrich Köhn.
—	Forsthof.
Sagestorf	Georg Müller.
Schlowe	Holzwärter.
Zu Sternberg	AmtsFreiheit, PfarrK., Hospital, Schule, PachtFischerei, EKorn- und ErbGraupenMühle, LZoll, Klosterhof und Frohnerei.
Turloff	Förster Pfister.
Witzin, Hof	Johann Zarnekow.
— Dorf	Kirche, Schule, 5 DrittelH., 21 B., See, WZoll, ErbMühle u. Schm.
Woserin u. Hohenfelde	Friedrich Wien.
—	Kirche, Pfarre, Schule, Schmiede, Krug und See.

19) Amt *Toddin:* (1,570,794 □R.)

(S. Amt *Hagenow.*) 29¼ Hufen.

Gramnitz	3 Erbpächter, 6 B. und Krug.
Granzin	8 DrittelH., 4 B. und Schule.
Grünenhof	Helmuth von Blücher.
Pätow, Hof	Grosherzogl. GestütAmt.
— Dorf	8 DrittelH., 3 B., Schule, IndüstrieSchule und Schmiede.

PätowerSteegen	13 B. (1 Holz- und Baumwärter).
Schmeerenberg	Ziegelei.
Schwaberow	5 Drittel-, 1 HalbH., 2 Erbpächter, 6 B. und Schule.
Toddin	Carl Schulz.
—	Kapelle, Forsthof, ErbMühle, Schmiede und Krug.

20) Amt *Walsmühlen:* (1,419,752 □R.)

(S. Amt *Wittenburg.*) $22\frac{1}{8}$ Hufen.

Dümmer	1 Erbpächter, 9 ViertelHüfn., 7 B., Schule und Armenkaten.
Dümmerhütte	Forsthof, Krug, 29 B., 2 Schulen, ErbSchmiede und Armenkaten.
Dümmerstück, Hof	Albrecht Taddel.
— Dorf	7 AchtelH., 1 B. und Fischer.
Kothendorf	26 ViertelH., 3 B., Krug u. Schule.
Kowahl	Joachim Georg Andr. Ferd. Duhst, Krug und NebenZoll.
SudenMühle	Erbmüller Heinrich Drenkhahn.
Walsmühlen, Hof	Johann Friedrich Glanz.
— Dorf	6 AchtelH., 4 B., Schule, ErbMühle, Krug und ErbSchmiede.

21) Amt *Wittenburg:* (3,970,019 □R.)

vormals zur *Grafschaft Ratzeburg*, seit 1223 zur Grafschaft Schwerin gehörig, auch mit dieser seit 1359 Meklenburgisch, 1734 - 1776 an Hannover verpfändet. 37 Hufen.

Bantin	10 DrittelHüfner, 6 B., Schule und ErbSchmiede.
AmtsBauhof	Stadt Wittenburg.
Bob*zin*	10 DrittelH., 3 Erbpächter, 10 B., Schule, IndüstrieSchule, Schm und Armenkaten.
Bruchmühle	Erbmüller Bergholz.
Zu Dersenow	Kapelle.
Döbbersen ?	PfarrKirche, Schule, 4 ViertelH., 7 B., ErbSchmiede und Krug.
Düsterbeck	Johann Heinrich Friedrich Hagen.
Helm	3 Drittel-, 5 AchtelHüfner, 3 B., Schule und Holzwärter.
Karft, Hof	Friedrich Herm. Christoph Scheffel.
— Dorf	6 DrittelH., 1 Erbpächter, 15 Büdn., Schule, IndüstrieSchule, Schm. und Mühle.

Kogel, Hof	Heinrich Strube.
— Dorf	2 Erbpächt., 6 Drittel-, 1 AchtelH., 8 B., Forsthof, NZoll, Krug, Schule, IndüstrieSchule u. ErbSchmiede.
Kützin	4 HalbH. und Ziegelei.
(Marsow, Antheil	die Pfarre zu Vellahn.)
Zu Parum	Kirche, Pfarre und Küsterei.
Perdöhl, Hof	Vollrath Lübbe.
— Dorf	7 Drittel-, 6 AchtelH., 5 B., ErbSchmiede und Schule.
Püttelkow	10 DrittelH., 12 B., Schule, IndüstrieSchule, Krug, Schmiede, Holzwärter und NebenZoll.
Stoltenau	1 Erbpächter, 1 Büdner.
Vel*lahn* ? ? ?	PfarrKirche, 14 DrittelH., 24 B., ChausseegeldEinnehmer, Posthalterei und PostAmt, NebenZoll, Holzvogt, Schule, IndüstrieSchule, 3 Krüge u. Schm.
Vietow	Joh. Christoph Dieb. Baack, und 1 B.
Zu Wittenburg	Amt, PfarrKirche, Schule, Frohnerei, ErbMühle und LandZoll.
Woez, Hof	Andreas Facklam.
— Dorf	7 ViertelH. und Schule.
GrosWoldhof	Johann Joachim Peter von Lübbe.
WoldMühle	ErbMühle und 1 Büdner.
Ziggelmark	9 Viertel-, 2 AchtelH., 2 Erbpächter, 1 B., Schule u. IndüstrieSchule.

22) Amt *Zarrentin*: (3,284,539 □R.)

mit dem Lande Wittenburg, vormals ein Theil der *Grafschaft Ratzeburg*, demnächst unter den Grafen zu Schwerin 1216 ein NonnenKloster, CistercienserOrdens, seit 1359 Meklenburgisch und 1555 von den Herzogen säcularisiret, 1743-1766 an Hannover verpfändet. 28½ Hufen.

Bauhof Zarrentin	Christoph Witt.
Boize	Ferdinand Büsch.
Holzkrug	Holzwärter und 1 Erbpächter.
Kölzin	8 Erbpächter, Schaalschreiber, 6 B., Schule, ErbSchmiede u. Krug.
Lüttow	12 Halb-, 4 AchtelH., 7 Büdner und Schule.
Nieklitz	Johann Christian Proesch.
Pamprin	10 DrittelH., 6 B. und Schule.
Schadeland	6 DrittelH., 7 B. und Schule.

Schaalhof	Ludolph Dethl. Heinr. v. Stern u. 1 B.
SchaalMühle	Korn-, Walk-, Graupen-, Oel-, Wasser- und Windmühle.
SchaalSee	PachtFischerei.
Testorf	11 AchtelHüfner, 4 B., Forsthof, Schmiede und Schule.
Valluhn	1 Erbpächter, 11 Halb-, 3 AchtelH., 12 B., Kapelle, Schule, Schmiede, Krug und NebenZoll.
Flecken Zarrentin ? ?	PfarrK., 3 Schulen, 24 Erbpächter, 74 B., LZoll und 4 Krüge.

B) *Herzogthum MeklenburgGüstrow,*

durch die Landestheilung 1611 und 1621 der jüngeren Linie des herzoglichen Hauses und, nach deren Erlöschung 1695, der schwerinschen Linie zugefallen, mit Ausnahme des (1701) der Meklenburg-Strelitzischen Linie nebst der Komthurei *Mirow* abgetretenen *Stargardischen Kreises.* 59,531,588 □R.

23) Amt *Bakendorf:* (1,241,319 □R.)

vormals ein adliches Gut im Herzogthum Schwerin, Amts Wittenburg, aber im Jahre 1709, gegen das Amt *Ivenack* (ein im Fürstenthum Wenden 1252 gestiftetes und 1555 von den Herzogen säcularisirtes Cistercienser NonnenKloster) im *Herzogthum Güstrow*, vertauscht, 1734-1766 an Hannover verpfändet. 17 Hufen.

Bakendorf, Hof	Heinrich Clasen.
— Dorf	6 AchtelH., 4 Büdner, Kirche, Schule und IndüstrieSchule.
Gammelin, Hof	Franz Ernst Hencke.
— Dorf	PfarrK., Schule, Indüstr.Schule, 5 DrittelH., Krug, Schmiede, 8 B.
Radelübbe	Forsthof, 8 DrittelH., 8 Büdner, Schule und Schmiede.
RotheKrug	1 Büdner u. Branntweinbrenner.
RotheMühle	ErbMüller.
Viez	12 DrittelH., 8 B., Schule, IndüstrieSchule und ErbMühle.

24) Amt *Boizenburg:* (6,714,906 □R.)

in der *Grafschaft Schwerin* und seit 1359 Meklenburgisch, 1734-1768 an Hannover verpfändet. 60¾ Hufen.

Alten*dorf,* nebst zwei Werdern jenseits der Elbe,	18 B. und NebenSchule.
Bahlen	8 AchtelH., 5 B. und Schule.
Bahlendorf	16 Büdner.

Ban-

Bandekow	8 AchtelH., 3 B., Kapelle, Schule und Ziegelei.
GrosBen*gerstorf*	16 DrittelH., Holzvogt, 4 B. und Schule.
KleinBen*gerstorf*	1 Erbpächter, 12 Viertel-, 2 AchtelH., 3 B. und Schule.
Bennin	21 Erbpächter, 5 Büdn., Kapelle, Krug, Schule und Schmiede.
Besitz ? ?	18 Drittel-, 8 AchtelH., 20 B., Kapelle, Schmiede, Krug, Schule und BrückenZoll.
Bickhusen	4 DrittelH. und Schule.
Zu Blücher	Kirche, Pfarre und Küsterei.
Zu Boizenburg	Amt, Elb- und LandZoll, PfarrKirche, Schule, Armenhaus, Jagd, 3 Mühlen, Schlossberg, Rothehaus, 2 B. und Frohnerei.
Bei Boizenburg	ChausseeGeldEinnehmer.
Die Elbe, Antheil	FischerAmt zu Boizenburg.
Gallin, Hof	Majorin Adolphine v. Schoepffer.
— Dorf	Kapelle, 16 ViertelH., 3 B., Schule und Zoll.
NeuGallin	6 Büdner.
(*Gehrum*, 3 Hufen	die Stadt Boizenburg.)
Goldufer, u. ein Werder jenseits der Elbe	die Dorfschaft Brackede.
Gothmann	16 AchtelH., 6 B., Schule, PachtFischer und Kalkbrennerei.
Gran*zin*	PfarrK., Schule, 7 Drittel-, 2 Viertel-, 2 AchtelH., Schmiede u. 1 B.
Greven, Hof	S. Gallin.
— Dorf	Kirche, Schule, 2 Erbpächter, 11 Drittel-, 1 AchtelH., 7 B., NebenZoll, ErbKrug und Schmiede.
Gülze	19 AchtelHüfn., 16 B., Kapelle, Schule und Schmiede.
NeuGülze	13 Erbpächter, 5 B. und Schule.
Hatzberg	1 DrittelH. und 1 B.
Horst	Franz Nicolaus Bruhns.
—	UmladungsAnstalt, GrenzControleur, ChausseeGeldEinnehmer, Deichwärter, WehrZoll, Krug, und Schmiede.

Hühnerbusch		Mühle, Krug, Schmiede, Forsthof, 1 B. und NebenZoll.
Karrentin		1 Erbpächter und Krug.
Kuhlenfeld		die eilf Hauswirthe zu Tessin u. 4 B.
Lütten*mark*		7 Drittel-, 1 AchtelH., 9 B., Kapelle, Holzvogt, NZoll u. Krug.
(— Antheil, ¼ H.		die Pfarre zu Gresse.)
Manekenwerder		Wiesen, Viehweide u. 1 Brinksitz.
Zu Niendorf		Kapelle.
Nostorf		Kirche, 10 DrittelH., 5 Büdner und Schmiede.
Rensdorf		7 Erbpächter, 4 B. und Kapelle.
Schildfeld		Förster Christ. Schmarsow, u. 2 B.
Schildmühle		ErbMüller und NebenZoll.
Schwanheide		KammerIngenieur G. W. Voss.
—		ErbMühle.
(Schwartow, Anth. ½ H.		Carl Friedr. Christ. Seeler.)
Alteneichen		G. F. C. L. A. von Lücken.
Amholz		Christian Carl Prien.
Butenhagen		die Hauswirthe zu Bandekow.
Franzhagen		G. F. C. L. A. von Lücken.
Friederichsmühlen		Maria Magdal. Krüger, geb. Velten.
Grabenau		Johann Peter Krüger.
Hinterhagen		17 Büdner und Schule.
Klayen		die Hauswirthe zu Gülze.
Langfeld	in der Teldau.	Johann Heinrich Vernunft.
Marschkamp		G. F. C. L. A. von Lücken.
Paulshagen		Carl Putfarken.
Schleusenow		13 Büdner.
Soltow		Deichvogt, NebenZoll, Fähre, 15 B. und Schule.
Vorderhagen		34 B. (1 Holzvogt), Fähre und Schule.
Weitenfeld		Georg Nicolas Gerstenkorn.
Tessin		11 DrittelH., 4 B. und Schule.
Vier, Hof		Heinrich Elvers.
— Dorf		4 Büdner.
— Krug		Holzwärter und Krug.
Bei Vier		SeidenZüchterei des Kaufm. Behm.
Zu Zahrensdorf		Kirche, Pfarre, Küsterei und ChausseeGeldEinnehmer.
Zweedorf		PfarrK., 14 Dritt.H., 4 B. u. Schule.
NeuZweedorf		4 DrittelHüfner.

25) Amt *Dargun:* (6,380,716 □R.)

ein vormaliges Benedictiner MönchsKloster und Abtei in der *Herrschaft Rostock*, gestiftet im Jahre 1173, seit 1314 Meklenburgisch und 1552 von Herzog Johann Albrecht I. säcularisiret, bis 1756 die Appanage der letzten Prinzessin *Auguste* von MeklenburgGüstrow. 107 Hufen.

AlteBauhof	F. R. Walter.
NeueBauhof	Gustav Breem.
Barlin	4 Dreiv.-, 1 Viert.H., 6 B. u. Schule.
Brudersdorf	PfarrK., 13 Zweidritt.-, 2 Dritt.H., 11 B., Schule, Forsthof, ErbSchmiede, Krug u. PachtFischer.
Damm	6 Zweidritt.H., 6 B., Schm. u. Schul.
(Damm, 1 Zweidritt.H.	die Pfarre zu AltenKalden.)
Darbein	6 DreiviertelH., 7 B, und Schule.
Flecken Dargun und Röcknitz ? ? mit der NeuBaute	Schloss, SchlossKirche, Amt, Mühle, Forsthof, Brauerei und Brennerei, PfarrK., 10 ViertelH., Klostersee, 111 B., 4 Schulen und 3 Schmieden.
Dörgelin	9 HalbH., 9 B. und Schule.
Glasow	1 Erbpächter, 11 HalbH., 7 B., Schule und ErbSchmiede.
Jördenstorf	PfarrK., 5 Drittel-, 1 ViertelH. (1 Holzvogt), 2 Erbpächt., 5 B., Krug, ErbMühle, Schule u. ErbSchmiede.
(— 1 Hufe	die Pfarre daselbst.)
AltKalden	PfarrK., 3 Dreiv.H., 1 B., 3 Erbpächter, Schule, Ziegelei, Forsthof, ErbSchmiede und ErbKrug.
Kämmerich	W. E. Birkenstädt's Erben u. Schm.
Kleverhof	Joach. Heinrich Jacob Gutknecht
KummerowscheSee, halb	PachtFischerei.
Küsserow, Hof	Burmeister's Erben.
— Dorf	6 ZweidrittelH., 3 B. und Schule.
Kützerhof und Wagun	verehelichte von Zepelin.
Lehnenhof	Siegm. J. G. Bockhahn.
Levin	PfarrKirche, Schule, 1 Erbpächter, 7 DreiviertelH., 6 B.
Leviner Werder	1 Erbpächter, 6 Büdner.
GrosMethling	PfarrK., Schule, 6 Zweidr.H., 6 B., 1 Erbpächter, ErbSchmiede u. Krug.
KleinMethling	Johann Christian Friedr. Tack.
Upost	6 SiebenachtelH., 8 B. u. Schule.

(3 *)

Warrenzin	Joh. Carl Blanck, u. Holzwärter.
KleinWüstenfelde	Bernhard Kluth's Erben.
NeuWüstenfelde (Feldmark)	Joseph Jacobsen.
Zarnekow	6 DreiviertelH., 6 B., ErbSchmiede und Krug.

26) Amt *Gnoien:* (1,118,734 □R.)

in der *Herrschaft Rostock*, seit 1323 Meklenburgisch. 7¼ Hufen.

AmtsBauhof	die Stadt Gnoien.
Zu Basse — Thelkow — Vilz	Kirchen-, Pfarr- und Küsterei-Compatronat.
Finkenthal	7 HalbH., 7 B., Kapelle, Forsthof, Schule und ErbSchmiede.
Zu Gnoien	PfarrK., Schule, LandZoll, hohe Jagd, ErbMühle und Frohnerei.
Schlutow u. Fürstenhof	Daniel Otto.
Stubbendorf	7 HalbH., 10 Büdner, 1 Erbpächter, Schule und Krug.
Zu Wasdow	Kirche, Pfarre und Küsterei.

27) Amt *Goldberg:* (2,483,487 □R.)

im *Fürstenthum Wenden*, und 1316 - 1375 Residenz der älteren Linie des fürstlichen Hauses Werle, seit 1436 aber Meklenburgisch. 37 Hufen.

Adamshoffnung und	N. N. Knorre.
Petersdorf	Holzvogt und 3 Büdner.
AmtsBauhof nebst den Wasser-, Wind-, auch SchneideMühlen	die Stadt Goldberg.
Augzin	6 Zweidritt.H., 5 B. und Schule.
KleinBäbelin	Erbpächterin Roschlaub.
Below	Kirche, Schule, 13 Halb-, 4 ViertelHüfner, 14 B. und Schmiede.
Zu Dobbin	Kirche und Küsterei.
— Goldberg	Amt, PfarrK., Schule, Jagd, See und Frohnerei.
Zum Grünen Jäger	Holzvogt.
Hof Hagen	Erbpächter Müller.
Hinrichshof	Erbpächter Burmeister.
Kadow	Joh. Heinr. Christoph Oldach.
Kieth	PfarrKirche, Schule, Holzwärter und Mühle.
Langenhagen	10 HalbH., 9 Büdner, Holzwärter und Schule.

Lenz	Erbpächter Hartmann.
Linstow, Kieth und Bornkrug	N. N. Franck.
—	Schmiede und Krug.
Medow	Friedrich Steffen.
—	Ziegelei.
Möllen	3 ZweidrittelH., 3 B. u. Holzvogt.
Sandhof	Forsthof, 8 B. und Schule.
Techentin	PfarrKirche, Schule, 16 Halb-Hüfner, 5 B. und Schmiede.
Wendisch Waren	7 ZweidrittelH. und 10 B.
Woosten	Aug. Val. G. Burmeister's Erben.
—	PfarrKirche, Schule, Mühle, Schmiede und PachtFischerei.
—	Theerofen und 2 Büdner.
Zidderich u. Steinbeck	Wilhelm Heerlein.

28) Amt *Güstrow*: (13,535,940 □R.)

im Lande Werle oder *Fürstenthum Wenden*, die gewöhnliche Residenz der Regenten derselben, namentlich seit 1316 von der jüngeren Linie; seit deren Erlöschung (1436) aber Meklenburgisch und 1556 - 1695 die Residenz der jüngeren Linie des herzoglichen Hauses und deren Witthumsitz bis 1719; nebst einem CollegiatStifte, von den Landesherren 1226 gestiftet und vor 1555 säcularisiret. 194¼ Hufen. (S. Amt Schwaan.)

AmtsBauhof	Johann Bobsien.
Badendieck	PfarrK., Schule, 7 DreiviertelH., 1 B. und ErbSchmiede.
Zu Belitz	Kirche, Pfarre und Küsterei.
Bölkow	7 ZweidrittelH., 7 B. und Schule.
Bredentin	Franz Peters.
Bülow	Johann Bobsien und Schule.
Cammin, Hof	B. E. F. Dabel.
— Dorf	PfarrK., 2 Schulen, Mühle, Forsthof, 7 B., Schmiede und Krug.
Dalkendorf	Detl. Joh. Boller.
—	Schmiede und Schule.
Deperstorf, Eikhof	Wilhelm Frehse.
Depzower Damm	B. E. F. Dabel, und NebenZoll.
Devwinkel	Waldung, 1 B. und TheerOfen.
In Dobbertin	Pachtgelder.
Friedrichshof	Seer.
Ganzkow	9 HalbH., 6 B., Schule u. Ziegelei.

Goldewin	7HalbH.,4B.,Schule u.Schmiede.
NeuGoldewin	5 Büdner.
Zu Güstrow	JustizKanzlei, Domkirche, Domschule, HeiligeGeist, Landarbeitshaus, Schlossfreiheit, Wall, Wachsbleiche, Sumpf-See, LandZoll und Frohnerei.
Gutow	1 Erbpächter, 7 DrittelH., Schule, 4 B., Schmiede und ErbKrug.
— Antheil	der Superintendent zu Güstrow.
Kan*kel*	1 Erbpächter, 10 DrittelH., 1 B.
Zu Klaber	Kirche, Pfarre und Küsterei.
Klues	Forsthof, 3 B. und Krug.
Zu Krakow	PfarrKirche, Schule, ErbMühle und See.
Kritzkow	PfarrK., 12 DrittelH., 1 Erbpächter, 14 B., ChausseeGeldEinnehmer, Schule, ErbSchmiede u. ErbKrug.
Kuhs	11 ZweidrittelH., 1 B. und Schule.
Zu Lage	PfarrKirche, Schule, LandZoll, 1 B. und ErbMühle.
— Lübsee	Kirche und Küsterei.
— Lüdershagen	Kirche, Pfarre und Küsterei.
Lüningsdorf	L. Hagemeister und Schule.
Zu Lüssow	Kirche, Pfarre und Küsterei.
(— Hölzung	die Domkirche zu Güstrow.)
Magdalenenlust	Legationsraths Hansen Erben.
Mamerow, Hof	Axel Helmuth Kortüm.
— Dorf	4 HalbH., 6 B., Schule, ErbKrug, Holzvogt und Schmiede.
Mistorf	8Zweidr.H.,5B.,Kapelle u.Schule.
NeuMistorf	8 Büdner.
NeuKrug	Kammerherr, Graf von Bassewitz.
NeuMühle	MühlenPächter.
Nienhagen	2 Erbpächter, 5 ZweidrittelH., 3 B., Forsthof, Schule und Krug.
Oettelin	16 Dritt.H., Forsthof, 7 B., Schule, Schmiede, Kapelle und See.
Zu Polchow	Kirche, Pfarre und Küsterei.
Prangendorf	8 DrittelH., 2 B. und Schule.
Ra*chow*	3 Erbpächter, 1 DreiviertelH., 2 B. und Schule.
NeuRachow	7 Büdner.

GrosRoge	1 Erbpächter, 4 ZweidrittelH., 5 B., Holzvogt, ErbMühle, Schule und Schmiede
KirchRosin	Kirche, 2 Erbpächter, 13 B., Schmiede, Schule, Holzwärter, See.
MühlRosin	4 HalbH., 1 Erbpächter, 4 Büdner, Krug, Schule und ErbMühle.
Rukieten	8 HalbH., 4 B. und Schule.
NeuRukieten	10 Büdner.
Sabel	2 Erbpächter, 9 HalbH., 3 B., Schule, ErbSchmiede und Krug.
Sarmstorf	8 HalbH., 2 B., Kapelle u. Schule.
SchönInsel	N. N. Meier.
Schwiesow	Christian Maaſs Erben.
—	ErbSchmiede, Schule, Krug und Ziegelei.
— Meierei	verehel. Simonis, geb. Behrens.
Siemitz	6 DreiviertelH., 1 Erbpächter, 1 B. und NebenSchule.
HohenSprenz	PfarrK., Schule, 1 Erbpächter, 11 HalbH., 9 B., Forsthof, ErbKrug, ErbSchmiede und See.
KleinSprenz	Gustav Haase.
—	Mühle und Schmiede.
Strenz	9 HalbH., 4 B., Schule u. ErbSchm.
NeuStrenz	5 Büdner.
Striesdorf	Friedrich Otto.
Suckow	Johann Friedrich Buchholz.
—	Kapelle, Schule, Holzwärter.
Tenze	Carl Joh. Friedr. Bockfisch.
TenzerMühle	PachtMüller.
Zu Teterow	PfarrKirche, Schule, Erb- und BornMühle und Frohnerei.
— Thürkow	Kirche, Pfarre und Küsterei.
GrosUpahl	N. N. Müller.
—	PfarrKirche, Schule, Forsthof, Seen und Schmiede.
Zu Warnkenhagen	Kirche, Pfarre und Küsterei.
— Wattmannshagen	Kirche, Pfarre und Küsterei.
Weinberg	Hofrath J. C. F. Piper.
Wiek	Joh. Friedr. Ladewig und Schule.
GrosWokern	Kirche, 2 Schulen, 6 Erbpächter, 6 HalbH., ErbMühle, 10 B., Krug und ErbSchmiede.

KleinWokern	Friedr. Joh. Anton Schnapauff.
NeuWokern	7 Büdner.

29) Amt *NeuKalden:* (1,659,689 □R.)

in der *Herrschaft Rostock*, seit 1314 den Herren zu Werle oder Fürsten zu Wenden, von der Güstrowschen Linie, und seit 1436 den Herzogen zu Meklenburg gehörig. 27⅞ Hufen.

Franzensberg	Forsthof.
Zu Gorschendorf	Kirche.
Gülitz	Heinrich Lange.
Zu NeuKalden	PfarrKirche, Schule, Jagd, ErbMühle und LandZoll.
Zu HohenMistorf	Kirche, Pfarre und Küsterei.
Niendorf	Hauptmannin von Randow.
—	Unterförster, Schmiede u. Schule.
Salem	4 HalbH., 3 B. und PachtFischer.
Schlackendorf	L. C. Seeler und Schmiede.
Schönenkamp	H. Krüger.
Zu Schorrentin	Kirche, Pfarre und Küsterei.
Warsow	6 HalbH., 11 Büdn. (1 Holzvogt), Schmiede und Schule.

30) Amt *Plau:* (3,914,930 □R.)

im *Fürstenthum Wenden*, der Parchimschen, nachher (seit 1316) der Güstrowschen Linie gehörig, und seit 1436 Meklenburgisch, bis 1787 zum Theil an Preussen verpfändet. 50¼ H.

BarkowerBrücke	Forsthof.
Dammerow	Wilhelm Geertz.
(Dresenower Mühle	das Kloster Stepenitz.)
Gallin	16 DrittelH., ErbKrug, Schule und 2 B. (Schmiede).
Ganzlin, Hof	Hans Albrecht Guthke.
— Dorf	Kirche, Schule, 5 VollH., 1 B.
Gnevstorf	PfarrK., Schule, 20 Halb-, 3 AchtelH., 5 B. und Schmiede.
Lalchow	Syborg und 3 Büdner.
Hof Malchow	H. Albrecht und 1 B.
Nossentin	Theodor Rosenow.
—	Kirche, See, Ziegelei, Kalkbrennerei und Mühle.
Nossentinsche Hütte	Forsthof, TheerOfen, Schule u. 20 Büdner.

Zu Plau	Burgwall, Amt, PfarrK., Schule, Korn-, Walk- und Schneide-Mühlen, See, LZoll u. Frohner.
(Klebe	PfarrErbpächter Fick.)
Plauerhagen	Kirche (mit Compräsentations-Recht), 21 HalbH., 1 Erbpächter, 7 B., Schule und Schmiede.
Reppentin u. AmtsBauhof	Georg Döhn.
Silz	6 DreiviertelH., 5 B., Schule und Schmiede.
Twietfort	Forsthof und ErbMühle.
Vietlübbe	PfarrKirche, Schule, 18 HalbH., 7 Büdner und Schmiede.
Klein u. NeuWangelin	Friedrich von Bassewitz.
Zahren mit dem See	Heinrich Eggersf.
Zarchelin	Heinrich Hundt.

31) Amt *Ribnitz:* (7,996,659 □R.)

In der *Herrschaft Rostock*, seit 1323 Meklenburgisch. 77⅜ Hufen.

Albertstorf	Ludwig Ehlers.
Bartelshagen	1 Erbpächter, 9 ZweidrittelH., 39 B., ErbWindmühle, ErbSchmiede, Schule und Armenkaten.
Benekenhagen	4 ZweidrittelH., 19 B., Schule und ErbSchmiede.
Zu Bentwisch	Kirche, Pfarre und Küsterei.
(In Bentwisch 1½ Hufe	die Stadt Rostock.)
Billenhagen	Unterförster.
Blankenhagen	1 Erbpächter, 9 HalbH., 30 B. (1 Baumwärter), PfarrKirche und 2 Schulen, ErbWasser- u. Wind-Mühle, ErbSchmiede, Armenkaten.
Brünkendorf	5 ZweidrittelH., 20 B., Schule und Armenkaten.
Dänendorf	7 ViertelH., 15 B. und Schule.
Dänschenburg	Kirche, Schule, 3 Zweidr.H., 1 Erbpächter, 18 B. u. EWindMühle.
Dierhagen	13 DrittelH., Kapelle, Schule und 52 B.
Fienstorf	N. N. Junghans.

Altenhagen mit Folge	12 Halb-, 2 AchtelH., 68 Büdn. und Schule.
Barnstorf (auf der Halbinsel Fischland)	4 HalbHüfner.
Kirchdorf Wüstrow (auf der Halbinsel Fischland)	16 HalbH., 150 B., 2 ErbWind-Mühlen, PfarrK., 2 Schulen, 2 Steuermannsschulen u. ESchm.
Nienhagen (auf der Halbinsel Fischland)	5 HalbHüfn. und 21 Büdner.
GrosFreienholz	Forsthof, 1 Erbpächter.
KleinFreienholz	Adolph Friedrich Lange.
Fresendorf	3 VollHüfner.
Gelbensande	Forsthof.
Graal	16 B., Schule, 1 Erbpächter, NebenZoll und ErbKrug.
Gresenhorst	4 Dreiv.H., 31 B. und Schule.
Harmstorf	3 DreiviertelH., 1 Erbpächter.
AlteHeide	Forsthof.
NeueHeide	6 Büdner.
Heidekrug b. Mönchhagen	ErbKrüger.
Hirschburg	6 Erbpachtstellen, ErbSchmiede, 12 Büdner und Schule.
Jankendorf	2 Erbpächter, 5 DrittelH., 8 B., Schule und ErbSchmiede.
Zu Kessin	Kirche, Pfarre, Küsterei u. Schm.
(— Antheil	die Pfarre daselbst.)
Klockenhagen	1 Erbpächter, 13 Dritt.-, 1 Viert.H., 38 B., Schule und ErbWindmühle.
(— Antheil	die Kirche zu Ribnitz.)
Körkwitz, 1½ Hufen	die Stadt Ribnitz.)
Kösterbeck	1 Erbpächter, 3 ZweidrittelH., Erb-Wassermühle, und 1 B.
Zu Kuhlrade	Kirche, Pfarre und Küsterei.
LandKrug	Holz- und Baumvogt.
Mandelshagen	N. N. Soest, 1 B. u. Baumwärter.
Mönchhagen	9 Zweidr.-, 1 AchtelH., Schule, 2 Erbpächter, 2 B., ErbKrug, Erb-Wind- und ErbPapierMühle.
Müritz	1 Erbpächter, Holzwärter u. 19 B.
KleinMüritz	Baumhaus, 1 B. u. Holzwärter.
Neuhof	Obersten von Hintzenstern Erben.
Oberhof	N. N. Wendt.
— Meierei	Johann Carl Steincke und WindMühle.
Pastow	8 ZweidrittelH., Schule u. 1 B.
Petersdorf u. Wilmshagen	Rittmeister von Hopffgarten.

Wilmshagen	Holzwärter.
Zu Ribnitz	PfarrKirche, Amt, 2 Schul., LandZoll, hohe Jagd, 2 ErbWindmühlen, Grenzpass und Frohnerei.
Ribnitzer Heide	Waldung und Weide.
Roggentin	Johann Friedrich Ladewig.
Sanitz Hof	Ehlers.
— Dorf	Pf.Kirche, Schule, 4 Zweidr.H., 5 B. und ErbSchmiede.
NeuSanitz	1 Erbpächter und ErbKrug.
Zu Tessin	PfarrKirche, Schule, LandZoll, Schlossberg u. Wassermühle.
Zu Volkenshagen	Kirche, Pfarre und Küsterei.
Volkshagen	5 Zweidr.H., Forsthof, Schule, 27 B.
NeuVolkshagen	2 Erbpächter.
Rostocker Wulffshagen	C. F. W. Garthe.
— —	Kirche, Schule, 1 Erbpachtgehöft, 4 Büdner.

32) Amt *Rossewitz:* (S. *Ritterschaft,* A. Güstrow.)

(2,359,326 □R.)

bis respective 1781, 1782, 1783 ritterschaftliche Güter, im Amte Güstrow. 28¼ Hufen.

Breesen	8 HalbH., 5 B., Schule und Armenhaus.
Korleput	ErbMühle und Forsthof.
Kronskamp	N. N. Witte.
—	Holzwärter.
GrosLantow	5 HalbH., 7 B., Ziegelei, Armenhaus, Schule, Schmiede.
KleinLantow	Ludwig Röper.
Leveckendorf	Carl Kulow.
Lissow	3 DreiviertelH., 1 Erbpächter, 11 Büdner, Schule, Schmiede u. Armenhaus.
Rossewitz	Wilhelm Döhn.
Subsin	Johann Carl Friedr. Never.
Woland	Geheimer Kriegsrath von Viereck, u. Schule.
Zehlendorf, Hof	Peter Witte.
— Dorf	5 DreiviertelH., 1 B., Schule und Armenhaus.

33) Amt *Schwaan:* (6,707,967 □R.)

vormals den Herren zu WerleGüstrow, seit 1301 zur *Herrschaft Rostock* gehörig, und seit 1323 Meklenburgisch. 137¾ Hufen; seit 1820 mit 11 Oertern aus dem Amte Güstrow vermehrt, deren QuadratruthenZahl noch bei diesem Amte bemerkt ist; wogegen wiederum Joh. 1837 3 Ortschaften an das Amt Doberan abgegeben sind, deren Hufenstand und QuadratruthenZahl noch beim Amte Schwaan angeführt ist,

Bandow	6 ZweidrittelH., 1 B. u. Schule
Benitz	Franz Theodor Seemann's Erben.
Biestow	PfarrKirche, 6 Zweidr.-, 2 AchtelH., 3 B., Schule und Krug.
GrosBölkow	10 ZweidrittelH., 8 B. und Schule.
Bröbberow	Gustav Schröder.
Buchholz	PfarrK., 4 Dreiv.-, 4 Zweidr.-, 3 Viert.H., 7 B., Schule und Krug.
Damm	9 HalbH., 2 B. und Schule.
Fahrenholz	Johann Heinrich Wilhelm Hesse.
Friedrichsgabe	N. N. König, 11 B. u. Holzvogt.
Friedrichshof	August Georg Lübke.
Goldenitz	Johann Schleiermacher.
—	2 SiebenachtelH., 1 Büdner.
GrosGrenz	Kirche, 5 ZweidrittelH., 3 B., ErbSchmiede, ErbKrug, Schule u. LZoll.
(— 2 Büdner	die Kirche zu Gr.Grenz.)
KleinGrenz	1 Siebenachtel-, 5 Dreiv.-, 3 ZweidrittelH., 2 B. und Schule.
Griebnitz	2 Siebenachtel-, 1 Dreiv.H., 2 B.
NeuGriebnitz	4 Büdner.
Huckstorf	9 HalbH., 2 B., Schule u. Krug.
Kambs	August Georg Lübke.
—	PfarrKirche und Schule.
Kavelstorf	PfarrK., Schule, 11 DreiviertelH., 6 Büdner und ErbSchmiede.
(— Zarnowsche Hufe,	die Kirche zu Kavelstorf.)
Klingen*dorf*	1 Erbpächter, 8 Halb-, 1 ViertelH., 3 B. und ErbMühle.
Kritzemow	8 DreiviertelH. und Schule.
Letschow	1 Dreiviertel-, 4 ZweidrittelH., 12 B. und Forsthof.
Matersen	Johann Hesse.
Niendorf	5 Zweidr.-, 1 HalbH., 3 B. u. Schule.
Nienhusen	7 HalbHüfner, 1 Büdner.
Niex	Peter Meyer.

Papendorf	1 Siebenachtel-, 4 Dreiv.-, 2 ZweidrittelH., 2 B. und Schule.
Polchow	1 Siebenachtel-, 7 Dreiv.H., 1 B., Holzwärter, Krug und Schule.
Prisannewitz	7 ZweidrittelH.
Zu Schwaan	Amt, PfarrKirche, Schule, Jagd und Mühle.
KleinSchwass	8 ZweidrittelH., 1 B. und Schule.
Selow	1 Siebenacht.-, 13 Dreiv.H., Krug, ErbSchmiede, 11 B. und Schule.
Stäbelow	Kirche, Schule, 3 Siebenachtel-, 5 Dreiv.H., 9 B. (1 Holzwärter).
Tatschow, Hof	Friedrich Sommerfeld.
— Dorf	3 ViertelHüfner.
Vorbeck	10 ZweidrittelH., 1 B. und Schule.
Wiendorf	8 Sieb.acht.H., 7 B., Kirche u. Sch.
—	Ziegelei.
Wilsen	1 Voll-, 2 Siebenacht.-, 4 Dreiv.-, 1 Zweidr.H., 6 B., EMühle u. Schule.
Zeez	1 Siebenachtel-, 3 Dreiv.-, 2 ZweidrittelH., und 3 B.

34) Amt *Stavenhagen*: (3,575,345 □R.)

gehörte seit 1283 zum *Fürstenthum Wenden*, und zwar (1316-1375) der Goldbergschen Linie, seit 1436 aber dem Hause Meklenburg, bis 1765 verpfändet. 79½ Hufen.

Zu Ankershagen	Kirche, Pfarre und Küsterei.
AlteBauhof m. Vosshütte	Georg Krüger.
NeueBauhof	Henriette Prüssing, geb. Hansen.
Zu Chemnitz	Kirche und Küsterei.
— Eldenburg	WehrZoll.
Gielow	Kirche, 2 Schulen, 2 Erbpachtgehöfte, 15 DrittelH., 56 B., Forsthof, Mühle und Schmiede.
Gülzow	12 Drittel-, 9 AchtelH., 25 B., ErbKrug, 2 Schulen u. ErbSchmiede.
Kleeth	Heinrich Briest.
—	Mühle, Holzwärter, Schmiede.
Kölpin	Carl Müller.
Lehsten, Hof	Carl Merker.
— —	27 B. ErbKrug und Schule.
— Dorf	4 DrittelH. (Holzvogt).
Zu GrosLukow	Kirche, Pfarre und Küsterei.

33) Amt *Schwaan:* … e, Schule u. Froh-

vormals den Herren zu WerleGüst… *Rostock* gehörig, und seit 13… seit 1829 mit 11 Oertern … mehrt, deren Quadratru… bemerkt ist; wogegen w… das Amt Doberan abg… QuadratruthenZahl noc…

	…hagen.
	…ohnerei.
	…H., 11B., H…
Bandow	…hule, S…
Benitz	
Biestow	
GrosBölkow	
Bröbberow	…ule, Ziegelei und
Buchholz	…nerei.
	Amtsbrink, PfarrKirche,
Damm	…hule, hohe Jagd, 2 Wind-
Fahrenholz	mühlen und Frohnerei.
Friedrichs…	Friedrich Hoese.
Friedrich…	Kirche, 8 Drittel-, 16 AchtelH., 9
Goldeni…	B., Schule, ErbKrug u. Schmiede.
— … H.	die Pfarre zu Stavenhagen.)
Gros…	5 DrittelH., 6 Büdner, Schule,
	Holzvogt und ErbSchmiede.
K… Waren	2 PfarrKirchen, Schule, LZoll u.
	Frohnerei.

35) SalineAmt *Sülze:* (1,452,586 □R.)

zum Theil bis 1816 zum Amte Ribnitz gehörig, resp. seit 1824 und 1831 durch die angekauften ritterschaftlichen Güter Fahrenhaupt etc. und Breesen und Nütschow vermehrt.

Allerstorf	Theodor Bartels.
Breesen	Aug. Friedr. Peters.
— Dorf	2 ViertelHüfner.
Carlsthal, Glashütte	Ludwig Heinrich Betzin.
Fahrenhaupt	Thomas Friedrich Spalding.
Kneese, Hof	Heinrich August Pätow.
— Dorf	4 ViertelHüfner.
Langsdorf, Hof	Johann Schwarz.
— Dorf	Moorwärter, 11 Büdner, Schule, LandZoll, Grenzpass.
Zu Marlow	Kirche, Pfarre, Schule, Jagd, JurisdictionsAecker, Schlossberg und WindMühlen.
Nütschow, Hof	Ernst Bouchholtz..

Nütschow, Dorf ... adt Rostock,

...lenburg gemeinschaftlich, seit ...lischen Linie gehörig.

...lenberg, Hof ...t zu Rostock.

Dorf ...izKanzlei, OberAppel-...ht, Accise, Spinnhof.

...rin, ... Herzog Heinrich ... Westphälischen ... der Schwerin-...nburg erblich

36) ...

bis 1781 adliche ...

...sdorf	1 Halb-, Erbkrug, ... elt 1648 nebst ... ulari-
Cheelsdorfer Fähre	Erbkrugpächter.
Dierkow, Antheil	2 Dreiv.-, 1 Zweidr..., Erbkorn- und Graupenm...
Fienstorfer Mühle	Joachim Drews.
Goorstorf	Georg Friedrich Engell.
Häschendorf	J. G. Chr. Köhn.
Hinrichsdorf	1 Halb-, 5 DrittelH., Forsthof, 7 B. und Schule.
Krummendorf	2 Erbpächter, 3 Zweidr.-, 2 HalbH., 9 B. und Schule.
Nienhagen	Wilhelm Heinrich Behm.
Offtenhäven	F. Krempien.
Oldendorf	S. Petersdorf.
—	Holzvogt.
Peez	Heinrich Behm.
Petersdorf (134705) *Teutenwinkel*	Johann Carl Friedrich Crull.
—	PfarrKirche und Schule.
Rothbeck	Bernhard Möller.
Steinfeld	Ernst Friedrich Schreiber.
Thulendorf	CompatronatKirche, 3 Halb-, 3 DrittelH., 13 B. und Schule.

37) Amt *Wredenhagen:* (4,201,896 □R.)

im *Fürstenthum Wenden*, der Güstrowschen Linie des Hauses Werle gehörig, und seit 1436 Meklenburgisch, 1734-1787 an Preussen verpfändet. $41\frac{1}{8}$ Hufen.

Bauhof Wredenhagen Hinrichshof u. Mönchshof	Carl Georg Gottlieb Krüger.

Zu Buchholz	NebenZoll.
— Bütow	Kirche.
— Dambeck	PfarrKirche.
— Dammwolde — Grabow	NebenZölle.
Kambs, Hof	August Krüger.
— Dorf	Pf.Kirche, Schule, 4 DrittelH., 4 Büdner und ErbSchmiede.
Kieve	PfarrKirche, Schule, 10 HalbH., 5 ViertelH., 19 B., Holzwärter, PachtFischerei und Krug.
Minzow	12 DrittelH., 11 Büdner, 4 Erbpächter (1 Ziegler), Holzvogt, Fischerei und Schule.
Zu Mönchshof	ErbSchmiede.
Müritz, Antheil	PachtFischerei, Fähre und Zoll.
Zu Netzeband	Kirche und Küsterei.
Neuhof	Johann Christian Plagemann.
NeuKrug	1 Erbpächter, ErbKrug, NebenZoll und 7 Büdner.
Zu Priborn	Kirche.
Zu Röbel	2 PfarrKirchen, Amt, Schule, PachtFischer, ErbMühle, ErbFischer und Frohnerei.
Rossow	PfarrKirche, Schule u. 3 Schutzjuden.
In der SandProbstei	Pachtgelder und Kornpächte.
Vipperow	PfarrK., Schule, 17 DrittelH., 20 B., ErbSchmiede, ErbMühle, Krug und NebenZoll.
(Vipperow, Antheil 3 H.	die Pfarren zu Röbel.)
WittstockerHeide, Anth.	Jagd-, Mast-, Hölzungs-, Hütungs- und SchaafAbtriffsGerechtigkeit.
Wredenhagen	Kirche, 6 DrittelH., 1 Erbpächter, 31 B., Forsthof, LZoll, PachtFischer, ErbSchmiede, ZimmerGewerk und Schule.
—	Wasser- und WindMühle.
(— KrugLehn ½ H.	Heinrich Garfendorf.)
Zep*kow*	3 Erbpächter, Kirche, Schule, 8 HalbH., 22 B.
Zu Zielow	Kirche.

C) *In der Stadt Rostock,*

vormals beiden Herzogthümern Meklenburg gemeinschaftlich, seit 1659 aber privative der Schwerinschen Linie gehörig.

(Doberansche Hof *In Rostock:*	Universität zu Rostock. Palais, JustizKanzlei, OberAppellationsGericht, Accise, Spinnhof.

D) *Fürstenthum Schwerin,*

ein ehemaliges Bisthum, von dem Sächsischen Herzog Heinrich dem Löwen 1170 gestiftet und durch den Westphälischen Frieden 1648, als ein weltliches Fürstenthum, der Schwerinschen Linie des herzoglichen Hauses Meklenburg erblich überlassen. (18,738,053 □R.)

38) Amt *Bützow:* (5,574,317 □R.)

vormals ResidenzSchloss des *Bischofs zu Schwerin* und seit 1648 Meklenburgisch, bis 1749 fürstlicher Witthumssitz; nebst einem CollegiatStift, errichtet 1224 und nach 1553 säcularisiret. 70½ Hufen.

AmtsBauhof	Eduard von Bülow.
Boitin	Lieutenant Heinrich v. Meibom.
—	PfarrKirche, Schule, Krug u. 7 B.
Zu Bützow	CriminalGericht, PfarrKirche, Hospital, Schule, PFischerei, 2 KornMühlen, ErbPapierMühle, Jagd und Frohnerei.
Dreibergen	StrafAnstalt.
Glambeck	Jaspar Friedr. Zarnekow's Erben.
Göllin	2 Halb-, 4 DrittelH., 1 Büdner, Schmiede und Schule.
NeuGöllin	7 Büdner.
Horst	Carl Joh. Peter Schwarz.
Jürgenshagen	23 DrittelHüfner, 6 B., Kapelle, Schule und Schmiede.
Neuendorf	1 Erbpächter, 9 HalbH., 3 B. und Schule.
Zu NeuKirchen	PfarrKirche und Küsterei.
Parkow	11 DrittelH., 8 B., Schule u. Schm.
Zu Parum	PfarrKirche und Küsterei.
Passin	14 HalbHüfner, 2 Büdner, Kapelle, Schule, Krug und ErbSchmiede.
(Passin, Antheil	das Hospital zu Bützow.)
Penzin	8 Halb-, 6 DrittelHüfner, 4 B., Schule und ErbSchmiede.

(4)

Qualitz	PfarrKirche, Schule, 2 Erbpächter, 4 Halb-, 3 DrittelH., 4 B., Forsthof, ErbKrug und ErbSchmiede.
(— Antheil	Förster Baerens.)
Schlemmin	6 DrittelH., Forsthof, Schule, 5 B., ErbSchmiede und See.
(— Antheil	die Kirche zu Moisall.)
NeuSchlemmin	4 Büdner.
Schlockow	Georg Burmeister.
Hoheburg (b. Schlemmin)	verfallenes Bergschloss im Walde.
Tarn*ow*	PfarrKirche, 21 HalbH., 10 B., Forsthof, Schule, Ziegelei, ErbSchmiede.
Warnow, Hof	Ludwig Krüger.
— Dorf	Kirche, Schule, 2 Halb-, 3 Dritt. H., 1 Erbpächter, ErbSchmiede, 3 B. u. Krug.
Wolken	Oberforstmeister von Schack.
Zepelin	20 Halb-, 2 ViertelH., Kapelle, 2 Schulen, ErbSchmiede und 7 B.
Zernin	PfarrKirche, Schule, 12 HalbH., 9 Büdner und Schmiede.

39) Amt *Marnitz:* (2,937,042 □R.)

vormals zur *Grafschaft Danneberg*, seit 1275 aber zur Grafschaft Schwerin gehörig und mit derselben seit 1359 Meklenburgisch, Schwerinschen Antheils, 1731-1788 an Preussen verpfändet, endlich seit 1788 an die Stelle der, dem Herzogthum Schwerin 1775 incorporirten vormaligen StiftsRitterschaft, zum Fürstenthum Schwerin gelegt. $17\frac{3}{4}$ Hufen.

Bauhof Marnitz	Sanitätsrath Theodor Josephi.
AmtsFischerei	Majors von Voss Erben.
Drehnkow, Antheil	5 Zweidrittel-, 1 DrittelH., 2 B. und Schule.
Jarchow } Leppin }	Johann Adolph Friedr. Wilhelm Burmeister's Erben.
Malow	Christoph Klockmann.
—	ErbMühle und ErbKrug.
Mar*nitz*, Dorf	PfarrK., 2 Schulen, 16 DrittelHüfner, 27 B., 2 EKrüge, LZoll, ESchmiede, EWasser- und WindMühle, Forsthof und Frohnerei.
NeuMühle	ErbMüller.
GrosPan*kow*	PfarrKirche, Schule, 8 HalbH., 6 Büdner und ErbSchmiede.

Zu KleinPankow	ErbMühle.
Fürstlich Poltnitz	1 HalbH., 3 B., Krug, ErbMühle, ErbSchmiede und Zoll.
Porepp, Antheil	1 Halb-, 6 Viert.H., 1 B., Kirche, Schule und Krug.
Ruhn	Heinrich Suhrcke.
Siggel*kow*	Kirche, Schule, 1 Erbpachtgehöft, 14 Halb-, 8 AchtelH., 20 B., Holzwärter, Krug, ErbKrug, NebenZoll und ErbSchmiede.
Sukow, Antheil	16 DrittelHüfner, Kirche, Pfarre, Schule, 14 B., Krug, ESchmiede und NebenZoll.
Zachow	Heinrich Sieghorst.

40) Amt *Rühn:* (2,885,798 □R.)

ein vormaliges CistercienserNonnenKloster im *Bisthum Schwerin,* gestiftet 1233, seit 1648 Meklenburgisch und vom Herzog Friedrich 1756 säcularisiret. 44½ Hufen.

AmtsBauhof m. d. See	Maria Pelz.
Baumgarten	PfarrK., Schule, 3 Halb-, 11 DrittelH., 1 Erbpächter, 10 B., ErbSchmiede und Krug.
(— Antheil	das Hospital zu Bützow.)
Bernitt ?	PfarrKirche, Schule, 2 Erbpächter, 5 Zweidrittel-, 6 Halb-, 7 Drittel-4 ViertelH., 17 Büdner, Krug, ErbMühle und ErbSchmiede.
NeuBernitt	37 Büdnereien und Schule.
Hermannshagen mit Bischofshagen u. Anth. am Gr.SienerSee,	Johann Friedrich Schnackenburg.
Hermannshäger Mühle	ErbWasser- und WindMühle.
Jabelitz	1 Halb-, 3 DrittelH., 4 B. u. Schule.
Käterhagen	1 EPächter, 2 HalbH., 3 B. u. Schule.
NeuKäterhagen	12 Büdner und ErbSchmiede.
Moltenow, Hof	Johann Friedrich Bartels.
— Dorf	1 Dreiviertel-, 1 Halb-, 2 Drittel-Hüfn., 1 Büdner und Schule.
Pustohl	6 ViertelHüfner, 1 Büdner.
Rühn ?	Amt, PfarrKirche, Schule, ErbWasser- und WindMühle, See, 1 Erbpächter, ErbSchmiede und Krug, 15 Büdner.

(4 *)

KleinSien	7 HalbH., 3 B., Schule u. Erbschm.
Ulrikenhof	Friedrich Schade.
Warnkenhagen	1 Erbpächter, 7 Halb-, 1 DrittelH., 6 B., Schule, Holzwärter u. Schm.

41) StiftsAmt *Schwerin:* (2,861,038 □R.)

vormalige Güter des Domkapitels im *Bisthum Schwerin*, gestiftet 1171, seit 1648 Meklenburgisch und säcularisiret. 38 Hufen.

Dalberg	1 Erbpächter, 5 HalbHüfn., 31 B., Krug, Schule und Schmiede.
Drispeth	1 Erbpächter, 6 DrittelHüfner, 12 Büdner und Schule.
Gallentin	August Schubart, u. NebenSchule.
Hundorf	1 Erbpachtstelle, 1 DreiviertelH. und 8 Büdner.
Kleinen	5 Erbpächter, 2 Büdner u. Schule.
Lankow	7 Erbpächt., 13 B., WindM., Schm., Schule, Erbkrug und See.
Lübstorf	6 Erbpächter, 5 Büdner u. Schule.
NeuLübstorf	8 Büdner.
Gr.Medewege u. Hilgendorfer Feldmark	Johann Peter Gaettens.
Zu GrosMedewege	ChausseeGeldEinnehmer und Fischerei.
Rampe	Friedrich Fischer, Schm. u. Fähre.
Sachsenberg	IrrenHeilAnstalt.
SchelfFeld	Jagd.
SchelfWerder	Forsthof, DomkirchenForst und Ziegelei.
Zu Schwerin	Palais Bischofshof, JustizKanzlei, Dom- u. NeustädterKirchen, Fridericianum, Münze, Amt, Werkhaus, Hospital, ThierarzneiSchule, Sägeplatz u. Holzhof mit den Häusern des Inspectors u. des Seevogts, Spielthordamm, Ziegel- und PfaffenSee.
— — BischofsMühle	2 WasserMühlen, 2 WindMühlen, Mühlenschreiber und 1 B.
Seehof	Eduard Weidemann.
Wickendorf	2 HalbH., 3 Erbpächter, 2 B., 2 Ziegeleien und Chausseehaus.
— Antheil	Johann Peter Gaettens.
Zittow	5 DrittelH., 5 Erbpächter, 6 B., ErbKrug und ErbSchmiede.

42) Amt *Tempzin:* (2,541,581 □R.)

vormals eine Prälatur und Brüderschaft vom Orden des heiligen Antonius, im *Herzogthum Meklenburg*, gestiftet 1222 und säcularisiret 1555, seit 1788 aber, gegen die 1775 dem Herzogthum Schwerin incorporirte vormalige StiftsRitterschaft vertauscht und zum Fürstenthum Schwerin gelegt. 37⅞ H.

Brüel, Hof	Hermann Stamer, und Armenhaus.
In Brüel, Stadt	PfarrKirche, Schule, Jagd und ErbMühle.
Häven mit dem See	F. A. C. Löding.
Hütthof	. Forsthof.
LangenJarchow	8 HalbH., 9 B. und Schule.
Jülchendorf, Hof	Ludwig Erdmann.
— Dorf	2 DrittelHüfn., 7 B. und Schule.
Sülten	Carl Schmidt.
—	Kirche und Schule.
Tempzin, Werderhof u. Blankenberg	Johann Rusch.
Zu Tempzin	Kirche, Ziegelei, See u. ErbKrug.
Venzkow	1 Erbpächter, 2 SiebenachtelHüfn., 4 B., Krug und Forsthof.
Hütthof, Antheil } Weitendorf, Antheil }	Friedr. Johann Christoph Westphal.
Zu Weitendorf	ErbSchmiede und ErbNebenZoll.
Wendfeld (Feldmark)	Josua Lübbe.
Wipersdorf	Johann Heinrich Diestel.
Zahrensdorf	Pfarre, 9 HalbHüfn., 13 Büdner (1 Windmühle), Schule, Krug, und ErbSchmiede.

43) Amt *Warin:* (1,938,277 □R.)

ein vormaliges StiftSchloss des *Bisthums Schwerin*, seit 1648 Meklenburgisch. 15⅞ Hufen.

AmtsBauhof	Geheimer Amtsrath Koch.
Büschow	3 Erbpächter, 6 ViertelH., 4 B. und Schule.
KleinLabenz	Gustav Burgwedel.
Mankmoos	6 HalbH., 1 Büdner, Forsthof, Schmiede und Schule.
Nisbill	Heinrich Baumann.
Pennewitz	7 DrittelHüfn., 7 B. und Schule.
(— Schmiede	die Pfarre zu Warin.)
Wendorf	6 DrittelHüfn., 1 B. und Schule.

Zu Warin	Amt, Amtsfreiheit, PfarrKirche, Schule, Jagd, PachtFischerei, Königsbede, ErbKorn-, Graupen- und OelMühle.
WeisseKrug	Forsthof, TheerOfen und See.

Einzelne StiftsDomainen,

in verschiedenen Aemtern successive erworben.

Bandenitz, A. Hagenow	1 Erbpächter, 8 DrittelHüfner, 4 B. und Krug.
Biestorf, } A. Goldberg	Unterförster.
Lenz, } A. Goldberg	Baumwärter.
Officialei zu Rostock,	Protonotär J. C. T. Stever.
Pepelow, } A. Bukow.	5 HalbH., 4 Büdner und Schule.
Zarfzow, } A. Bukow.	Siehe Panzow, Amts Bukow.
—	Schule.

E) *Herrschaft Wismar:* (5,612,881 □R.)

vormals ein Theil des Herzogthums MeklenburgSchwerin, durch den Westphälischen Frieden 1648 aber der Krone Schweden, und von dieser 1803 wieder an Meklenburg abgetreten.

44) Amt *NeuKloster:* (4,455,771 □R.)

ein vormaliges NonnenKloster, BenedictinerOrdens, *Sonnenkamp* genannt, im Jahre 1219 gestiftet und 1555 säcularisiret. 49$\frac{7}{12}$ H.

Bäbelin	5 DrittelH., Kirche, Schule, 5 B. und Schmiede.
Babst	1 Erbpächter, 6 HalbH., 4 B.
Glasin	8 Drittel-, 1 AchtelHüfner, 9 B., ErbSchmiede, Krug und Schule.
(— 1 Büdner,	die Kirche zu GrosTessin.)
Lübberstorf	7 Halb-, 1 Viert.H., 5 B. u. Schule.
Lüdersdorf	6 Halb-, 2 Viert.H., 2 B. u. Schule.
(— 1 Büdner,	die Kirche zu NeuKloster.)
Nakenstorf	4 AchtelHüfner.
Neuhof	J. Keding.
NeuKloster, Amt ? ?	N. N. Wiegbers.
— Dorf	PfarrK., Forsthof, 2 Schulen, 2 ErbSchmieden, Fischer, EKrug, Korn- u. OelMühle, EWindMühle, 60 B.
NeuMühle	EMüller Ernst Dau u. Holzwärter.
Nevern	6 Halb-, 3 AchtelHüfner, 2 Büdner und Schule.
Perniek	7 HalbH., 8 B. und Schule.
Pinnowhof	Carl Tretow.
Reinstorf	4 Halb-, 2 ViertelH., 1 Erbpächter, 4 B., Ziegelei, Schule u. Krug.

Rügkamp	David Steinhagen.
Strameuss, mit Antheil am GrosSienerSee	G. Burmeister's Erb. u. PFischerei.
Teplitz	Carl Ernst Kindler.
Gros- (Sien) Tessin	PfarrKirche, Schule, 3 DrittelH., 4 B., Schmiede und Krug.
Tollow	4 HalbH., 7 B., Schm. u. NSchule.
KleinWarin	Ludwig Stein.
Züsow	5 Zweidrittel-, 1 AchtelH., Forsthof, Ziegelei, Schule, 7 B., Schmiede und WindMühle.

45) Amt *Wismar-Poel:* (1,187,526 □R.)

auf der Insel dieses Namens in der OstSee, zum *Herzogthum Meklenburg*, Schwerinschen Antheils, gehörig, seit Johannis 1833 mit den fünf bisher zum Amte Redentin gehört habenden vormaligen Lübeckschen HospitalDörfern Brandenhusen, Neuhof, Seedorf, Wangern und Weitendorf vermehrt. 27½ H.

AmtsBauhof (Kaltenhof) und Oerzenhof	Adam Ernst Jenssen's Erben.
Brandenhusen	1 Voll-, 1 DreiviertelHüfner.
Einhusen	1 Erbpächter und Schule.
Fährdorf	3 Erbpächter, 2 Käthner, 4 B. und Brückenwärter.
Golwitz	3 Erbpächter, 1 Büdner.
Kirchdorf	PfarrK., 3 Schulen, 3 Schmieden. 4 Krüge, 30 B. und 3 Häusler.
Malchow	5 Erbpächter, 1 Büdner.
Neuhof	die Hauswirthe zu Seedorf.
Niendorf	4 Erbpächter, 4 B. u. WindMühle.
Seedorf	2 DreiviertelH., 2 Büdner.
Timmendorf	5 Erbpächter, 3 Lootsen und 7 B.
Vorwangern	2 Büdner und Schmiede.
Vorwerk	3 Erbpächter, 1 Käthner, 1 B.
Wangern	2 Voll-, 2 DreiviertelH., 5 B.
Weitendorf	1 VollHüfner, 14 Büdner.
Zu Wismar (68094 □R.)	Fürstenhof, LicentKammerGebäude, PachtFischerei, Fortification, Wallfisch.

E) *Herrschaftliche Monopolien,*

deren privative Verpachtung oder Verleihung sich nicht bloss auf die Domainen, sondern (LandesVergleich §. 314) über das ganze Land erstrecket.

a) *Amts- und StadtMusikanten*

werden von der grosherzoglichen Regierung privilegiret. S. im I. Theil X. Abschnitt, Nr. IV.

b) *Privilegirte Schornsteinfeger:* für den

Bezirk		Bezirk	
Boizenburg	Aug. Jahn.	Neustadt	Sabban.
Bukow	Wittwe Fink.	Penzlin	Lüthcke.
Bützow	L. Otto.	Plau	Drändorff.
Crivitz	Anton Blasel.	Rehna	Demmler.
Gnoien	Hoffmann.	Röbel	Brasch.
Grabow	Stolz.	Schwerin (Alt- und Vorstadt)	Franzen.
Güstrow, Stadt	F. S. Ditberen.	Schwerin (Neustadt u. Amt)	Pagels.
Güstrow, Burg- und Domfreiheit und Amt	G. Linz.	Stavenhagen	Heinroth.
Hagenow	Krüger.	Sülz	Grünert.
Lage	E. Dalchow.	Teterow	Koop.
Lübz	Behrendt.	Waren	Schmidt.
Malchin	Kunzmann.	Wittenburg	Krüger.
Malchow	A. D. Behrendt.		

c) *Privilegirte Viehverschneider:*

Piehl	zu NeuKrenzlin.	J. Peters	zu Blankenhagen.
Prosch	— Ziggelmark.	H. Piehl	— Greven.
Hesse	— Garlitz.	Schultz	— NeuTeschow.
Prestin	— Güstrow.	Wiepke	— Barkow.
C. Krey	— Güstrow.	Hartmann	— Werder.
Wittenburg	— Ribnitz.	Schlünz, Lübstorf	— NeuKäterhagen.
Knochen	— Güstrow.		
Gustaevel	— Dalberg.	W. Both	— Crivitz.
Zander	— Stubbendorf.	C. Grabow	— Bandelstorf
Steffen	— Gülze.	C. Kirschenstein,	— Perniek.
Krüger	— Questin.		
Schünemann	— Kalckhorst.	Siesage,	— Gadebusch.
Nülcke	— Grabow.	C. Meyerhoff	— Wolkow.

G) *Nahrungsstand in den DomanialFlecken.*

1) *Dargun* und *Röcknitz,* im Amte Dargun, S. 35.

1 Apotheker, 1 Barbier, 3 Bäcker, 3 Böttcher, 1 Branntweinbrenner u. Brauer, 1 Bürstenbinder, 2 Drechsler, 2 Färber, 6 Gastwirthe, 2 Glaser, 1 Goldschmid, 1 Hutmacher, 17 JudenFamilien, 6 Krämer, 1 Maler, 1 Maurer, 1 Mühlenbauer, 1 Müller, 2 Nagelschmide, 2 Stell- u. Rademacher, 2 Riemer u. Sattler, 2 Scheerenschleifer, 4 Schlächter, 8 Grob- u. KleinSchmide, 17 *Schneider,* 29 *Schuster,* 1 Seiler, 1 Stuhlmacher, 8 *Tischler,* 1 Töpfer, 2 Uhrmacher, 1 Viehhändler, 21 *Weber,* 2 Zimmermeister; hält 2 *Jahrmärkte.*

2) *Doberan,* im Amte Doberan, S. 8.

1 Apotheker, 2 Barbiere, 4 Bäcker, 1 Beutler, 7 Böttcher, 1 Branntweinbrenner u. Brauer, 1 Buchbinder, 1 Chirur-

gus, 3 Drechsler, 1 Färber, 21 Fuhrleute, 6 Gastwirthe, 1 Glaser, 1 Glasschleifer, 1 Goldschmid, 2 Hebammen, 4 JudenFamilien, 1 Klempner, 1 Korbmacher, 10 Kaufleute u. Krämer, 1 Kupferschmid, 1 Lichtzieher, 3 Maler, 3 Maurer, 2 Müller, 1 Musikant, 2 Nagelschmide, 4 Stell- u. Rademacher, 2 Restaurateurs, 8 Riemer u. Sattler, 1 Scheerenschleifer, 6 Schlächter, 4 GrobSchmide, 9 Schlösser, 21 *Schneider*, 34 *Schuster*, 1 Seifensieder, 1 Seiler, 2 Stuhlmacher, 1 Tapezier, 1 Thierarzt, 18 *Tischler*, 4 Töpfer, 2 *TodtenBeliebungen*, 1 Uhrmacher, 20 *Weber*, 2 Weisgerber, 5 Zimmermeister; hält 1 *Jahrmarkt.*

3) *Ludwigslust*,

vom Herzog Christian Ludwig dem II. zu *Kleinow*, (s. S. 14) Amts Grabow angelegt, seit 1756 Herzogliche Residenz, mit einem vom Herzog Friedrich 1772 - 1779 erbaueten Schlosse, und 1792 zum Flecken mit besonderer Gerichtsbarkeit erkläret; hat 2 Kirchen, eine lateinische Schule und ein 1787 gestiftetes SchulmeisterSeminarium für die Domainen.

1 Apotheker, 10 Bäcker, 2 Barbiere, 1 Beutler, 4 Böttcher, 2 Brauer, 1 Branntweinbrenner, 3 Buchbinder, 1 Büchsenschäfter, 1 Chemiker, 1 Conditor, 5 Drechsler, 1 Färber, 12 Fuhrleute, 1 Galanteriearbeiter, 9 Gastwirthe, 1 Gelbgiesser, 3 Glaser, 1 GoldJuwelier, 1 Hutmacher, 1 Instrumentenmacher, 18 JudenFamilien, 28 Kaufleute und Krämer, 1 Kesselhändler, 2 Klempner, 1 Korbmacher, 1 Lackirer, 2 Lederhändler, 3 Maler, 2 Maurer, 1 Modelleur, 1 Müller, 1 Nadler, 1 Parasolmacher, 1 Perükenmacher, 2 Sattler, 1 Scheerenschleifer, 16 Schlächter, 7 Grob- u. KleinSchmide, 1 Schornsteinfeger, 29 *Schneider*, 20 *Schuster*, 1 Seiler, 3 Stell- und Rademacher, 2 Stuhlmacher, 1 Tapezier, 17 Tischler, 2 Tabacksspinner, 6 Töpfer, 1 Uhrenhändler, 5 Uhrmacher, 1 Wattenfabrikant, 8 Weber, 2 Zimmermeister, 1 Zinngiesser; hält 5 *Kram- und ViehMärkte.*

4) *Lübtheen*, im Amte Lübtheen, Seite 19.

1 Apotheker, 3 Bäcker, 1 Barbier, 5 Böttcher, 2 Branntweinbrenner u. Brauer, 6 Drechsler, 1 Färber, 1 Gärtner, 2 Gastwirthe, 2 Glaser, 1 Hutmacher, 3 JudenFamilien, 1 Klempner, 6 Krämer, 6 Krüger, 1 Lumpensammler, 2 Maler, 1 Maurer, 2 Sattler, 3 Stell- u. Rademacher, 3 Schlächter, 4 Grob- u. KleinSchmide, 16 *Schneider*, 15 *Schuster*, 1 Seiler, 1 Strohhutmacher, 11 *Tischler*, 1 Töpfer, 1 Uhrmacher, 12 *Weber*, 1 Zimmermeister; hält 4 *Jahrmärkte.*

5) *Zarrentin*, im Amte Zarrentin, Seite 32.

1 Apotheker, 1 Barbier, 4 Bäcker, 1 Brenner und Brauer, 4 Böttcher, 1 Chirurgus, 2 Drechsler, 1 Färber, 1 Fischer,

4 Gastwirthe und Krüger, 2 Glaser, 1 Klempner u. Maler, 6 Krämer, 1 Lohgerber, 2 Maurer, 1 Musikant, 1 Pfeifenkopfmacher, 3 Rademacher, 1 Riemer, 2 Sattler, 2 Schlächter, 4 Grob- u. KleinSchmide, 11 *Schneider*, 17 *Schuster*, 1 Seifensieder, 1 Tabacksspinner, 7 Tischler, 3 Töpfer, 1 Uhrmacher, 19 *Weber*, 3 Zimmermeister; h. 2 *Jahrmärkte*.

H) *Uebersicht* der *hauptsächlichsten Bestandtheile der Domainen.*	Herzogthum Schwerin.	Herzogthum Güstrow.	Fürstenthum Schwerin.	Herrschaft Wismar.	Summa.
PfarrKirchen	99	75	20	3	197
FilialKirchen	45	30	5	1	81
Kapellen	8	15	3	—	26
Stadt- und LandSchulen . .	393	210	53	15	671
Marktflecken	4	1	—	—	5
Pachthöfe	143	109	25	9	286
Erbpachtstellen	391	163	55	26	635
Hauswirthsstellen . . .	3057	1247	370	87	4761
Büdnerstellen	3633	1832	404	196	6065
Forst- und HolzwärterGehöfte	106	63	15	4	188
Erbmühlen	51	39	15	2	107
Pachtmühlen	32	27	8	4	71
Papiermühlen	2	1	1	—	4
Erbschmieden	52	32	20	3	107
Pachtschmieden	111	44	10	8	173
Erbkrüge	34	22	8	1	65
Pachtkrüge	130	28	14	7	179
Kalkbrennereien	3	3	—	—	6
Ziegeleien	17	12	5	2	36
TheerOefen	—	3	1	—	4
Glashütten	—	1	—	—	1
Steinschleiferei	1	—	—	—	1
Fischereien	37	23	13	3	76
Frohnereien	13	11	2	—	26
Salzwerk	—	1	—	—	1
Gypswerk	1	—	—	—	1
See-, Stahl- und SchwefelBad	1	—	—	—	1
SoolBad	—	1	—	—	1
IrrenHeilAnstalt	—	—	1	—	1
LandGestüt	1	—	—	—	1
Wasser-, Land- u. BrückenZölle	63	32	6	—	101

I) *DomanialHufenstand.*

Aemter.	□Ruthenzahl.	Domanial-Hufenzahl.	Dazu an Hufen.	Incommr. Scheffel.	
Bukow	3,376609	79 5/8	13 1/2	21,15	Herzogthum Schwerin.
Crivitz	8,629999	75 1/2	10 1/2	55,28	
Doberan	9,722309	194 1/2	—	— —	
Dömitz	5,228591	45 1/2	1 3/4	3 —	
Eldena	5,282726	31 5/8	—	— —	
Gadebusch	4,041424	66 5/8	5 3/4	29,10	
Grabow	12,657218	74 1/2	3/4	12,13	
Grevismühlen	5,821498	129 5/8	18 1/2	50, 5	
Hagenow	13,957785	90	3	55, 2	
Lübtheen	2,627918	17 3/4	1	54,13	
Lübz	10,978960	113 3/8	—	— —	
Meklenburg	2,674004	45 1/2	—	— —	
Neustadt	16,613392	117 1/2	—	— —	
Plüschow	—	—	19 3/4	7,26	
Redentin	2,685636	43 1/4	—	6,20	
Rehna	3,231547	96 1/8	—	— —	
Schwerin	17,708332	160 7/8	1	— —	
Sternberg	3,191751	35	10 1/4	23,17	
Toddin	1,570794	29 1/4	—	— —	
Walsmühlen	1,419752	22 7/8	—	— —	
Wittenburg	3,970019	37	2 1/4	52,17	
Zarrentin	3,284539	28 1/4	—	— —	
Bakendorf	1,241319	17	—	— —	Herzogthum Güstrow.
Boizenburg	6,714906	60 3/4	6	34, 1	
Dargun	6,380716	107	4 3/4	67,10	
Gnoien	1,118734	17 1/4	—	— —	
Goldberg	2,483487	37	18	45, 8	
Güstrow	13,535940	194 1/2	6	33,17	
NeuKalden	1,659689	27 3/8	—	— —	
Plau	3,914930	50 1/2	2	64,10	
Ribnitz	7,996659	77 5/8	12 3/4	— 23	
Rossewitz	(2,359326)	—	28	56, 7	
Schwaan	6,707967	137 3/4	6 1/2	36,22	
Stavenhagen	3,575345	79 7/8	2	35,16	
Sülze	(1,452586)	—	22 3/4	41,21	
Teutenwinkel	134705	—	29 1/2	25,—	
Wredenhagen	4,201896	41 5/8	2 4/4	3, 8	
Bützow	5,574317	70 1/2	3/4	22,29	Fürstenthum Schwerin.
Marnitz	2,937042	17 3/4	7 1/2	56,—	
Rühn	2,885798	44 1/4	—	— —	
Schwerin	2,861038	38	—	— —	
Tempzin	2,341581	37 7/8	1	33,13	
Warin	1,938277	15 3/8	—	— —	
	217,079149	2606 1/4	254	16,81	
NeuKloster	4,455771	49 7/12	—	— —	Herrsch. Wismar.
Wismar-Poel	1,187526	28 1/5	—	— —	
geistl. Grundstücke	2,426711	—	—	— —	
	225,149157	2684 1/30	241	27,31	

II. Ritterschaft,
und übrige Landbegüterte.

Die Güter der Meklenburgschen Ritterschaft sind noch jetzt in beiden Herzogthümern unter eben die Aemter vertheilt, denen sie, bei der Landestheilung zwischen der *Schwerinschen* und *Güstrowschen* Linie, in dem brüderlichen Erbvertrage zu Güstrow vom 3. März 1621 §. 18. beigelegt wurden. Weil nämlich die Güstrowschen Aemter ungleich mehr ritterschaftliche Güter umfassten, als die Schwerinschen, so mussten, nach dem angenommenen Princip der völligen Gleichheit, mehrere Güter z. B. aus dem Amte Schwaan nach Bukow, aus den Aemtern Goldberg und Plau nach Lübz, und aus dem Amte Stavenhagen die in der Nähe von Waren, wo kein fürstliches Amt seinen Sitz hatte, an das entfernte Amt Neustadt, dem es sonst an Ritterschaft gänzlich fehlte, abgegeben werden, wenn gleich ihre geographische Lage sie nicht dafür bestimmte.

Mit eben so wenig Rücksicht auf geographische Bestimmung ward späterhin das Amt Ivenack aus dem Herzogthum Güstrow, gegen Bakendorf (S. 32), an das Herzogthum Schwerin vertauscht; und die im Amte Bützow belegene vormalige Ritterschaft des Fürstenthums Schwerin ward, vermittelst ihrer Incorporation (1771, 1775, 1782), den Aemtern Bukow, Crivitz, Meklenburg, Sternberg, Schwerin und Schwaan zugetheilt, weil aus diesen eben so viele incamerirte Hufen dem Fürstenthume Schwerin (S. 49, 51, 52) zurückgegeben wurden.

Obgleich die ritterschaftlichen Eingesessenen jedes Amts unter sich im Amtsverbande stehen, so ist doch im technischen Sinne der Ausdruck *ritterschaftliches Amt* unrichtig. Die Domainen und die ritterschaftlichen Güter desselbigen Amts bilden nicht *zwei* verschiedene *Aemter:* sondern es giebt nur Ein Amt desselbigen Namens, so wie nur Ein Herzogthum Schwerin, nur Ein Herzogthum Güstrow; wenn gleich die einzelnen Güter in dem einen Amte dem Landesherrn allein, in andern theils diesem, theils PrivatBesitzern eigenthümlich angehören.

Erklärungen der nachstehenden Bezeichnungen.

a) Auf Seiten der Güter:

1) In der Regel haben alle ritterschaftlichen Güter in Meklenburg das Recht der Landstandschaft. Der grössere Theil derselben besteht aus landesherrlichen MannLehnen, deren Namen hier mit gewöhnlicher, wogegen die wenigen (4) Frauenzimmer-(Kunkel-) Lehne mit UNCIALSchrift, so wie

2) die *Allodien* zum Unterschiede *cursiv* gedruckt sind. Auf jeder Seite steht die Zahl der ersten zur linken, und die der letzten zur rechten der Ueberschrift, und eben so auch neben dem Namen jedes Kreises.

3) Diejenigen, womit sich eine Zeile anfängt, sind in gesetzlichem Verstande (des LandesVergleichs §. 441.) HauptGüter; und ihre Pertinenzien stehen, in soferne sie in demselbigen Amte liegen, unmittelbar dabei.

4) Liegen diese, oder ein Theil des HauptGuts, in einem andern Amte, welches beides am Ende der Zeile mit einem Trennungszeichen (-) angedeutet ist; so findet man sie daselbst unter den HauptGütern, doch zum Unterschiede in einer zu Anfang etwas eingerückten Zeile, mit Hinweisung auf das Amt, worin das HauptGut mit dessen Besitzer anzutreffen ist.

5) Die Reihefolge der Güter eines jeden Amts ist in der Regel die alphabetische. Nur wenn mehrere HauptGüter in demselben Amte Einem Besitzer gehören, hat man sie, der besseren Uebersicht halber, sogleich auf einander folgen lassen.

6) Vormalige Namen von HauptGütern, die nur noch in den LehnActen, nicht aber in der Natur vorhanden, sondern mit andern consolidirt sind, und deshalb auch im Cataster keinen eigenen SteuerAnschlag haben, wenn gleich ihre Besitzer noch davon zu Landtagen berufen werden, sind zum Andenken in (Klammern) eingeschlossen.

7) Deutsche Buchstaben bezeichnen das Vorhandensein von Familien*FideiCommissen, Senioraten, Majoraten, Minoraten* und *Stiftungen*, welche landesherrlich mit dem Effect bedingter oder unbedingter Unveräusserlichkeit, auch gänzlicher oder theilweiser Unverschuldbarkeit bestätigt sind. Sie finden sich in 41 Lehngütern mit gewöhnlicher, in 16 AllodialGütern mit Schwabacher Schrift.

*8) Die gesperrte Schrift bedeutet ein dem ritterschaftlichen CreditVereine beigetretenes Gut.

9) Mit römischen Ziffern sind die mit Hauswirthen besetzten BauerGehöfte einzelner Güter, so weit deren Niederlegung bisher nicht bekannt geworden, und die Erbpachtgehöfte bezeichnet.

10) Die arabischen Ziffern bei den Namen der Güter bedeuten die ganzen und 16theile Scheffel Einsaat, zu welchen die Grundfläche, bei der allgemeinen Vermessung und Bonitirung, (1762 - 1778) angeschlagen wurden. Hiervon wurden gesetzlich (LVergleich §. 8.) 300 für eine Hufe gerechnet, bis durch den ConvocationsTagsAbschied zu Rostock vom 4 October 1808 die Immunität der zweiten Hälfte jedes Guts aufgehoben wurde. Dadurch ist die Grösse jeder catastrirten Hufe auf 600 Scheffel verdoppelt, mit Ausnahme der 18¾ nicht vermessenen steuerbaren Pfarrhufen, welche jene Immunität schon vorhin nicht hatten, und daher fernerhin nur zu 300 Scheffel angenommen werden.

11) Folgende Abkürzungen bezeichnen:

GH.	eine Glashütte,
KB.	eine KalkBrennerei,
TO.	einen TheerOfen,
Z.	eine Ziegelei,
DZ.	einen DammZoll,
♉	eine Abdeckerei,
?	eine JahrmarktsGerechtigkeit,
]	eine Schmiede,

o einen See,
* eine Mühle,
*) eine CommunionMühle,
† eine Kirche,
♀ eine Kirche mit Orgel,
✝ eine Kapelle,
†) ein Compatronat,
(† ein Compräsentationsrecht,
| eine Schule.

12) Bei den Gütern ist die nächste PostStation, welche unter der Ueberschrift jedes Amts namentlich ausgedrückt stehen, am Ende der Zeile mit ihren AnfangsBuchstaben nachgewiesen.

13) Das Zeichen

„ am Anfang einer Zeile, bedeutet ein landesherrliches Vorkaufsrecht, (bei 37 Gütern)

„ am Schlusse einer Zeile, die reservirte hohe Jagd, (90)

: am Ende, eine Verpflichtung zur Erneuerung der Lehnbriefe oder der AllodialitätsErklärung in allen Veränderungsfällen, (56)

; am Schlusse, die Verpflichtung zur AllodialitätsErneuerung in Veränderungsfällen, (3)

¡ am Schlusse, eine jährliche Abgabe zur AllodialitätsRecognition an die Kammer, (34)

! für sogenannte KönigsBede an das competirende Amt, (98)

b) Auf Seiten der Besitzer:

1) Alle Lehnmänner und AllodialEigenthümer, ohne Unterschied sind mit gewöhnlicher Schrift gedruckt.

2) Diejenigen Lehnträger *(Provasalli)* aber, deren nutzbare Eigenthum während des geniesbräuchlichen Besitzes eines Pfandträgers oder eines Frauenzimmers, ausser Uebung sich befindet, sind einstweilen in (Klammern) eingeschlossen.

3) Die Zahlen bei den Namen der Eigenthümer geben die []Ruthen des, bei dem Gute vorhandenen oder erbpachtweise erworbenen geistlichen FlächenInhalts, der nicht nur steuerfrei ist, sondern regulariter auch noch einen verhältnissmässigen Theil der übrigen Grundfläche (115 : 175) von der Steuerpflichtigkeit befreiet, zu erkennen.

A) *Ritterschaft des Herzogthums Schwerin,*

oder *Meklenburgischer Kreis.* (147,264,303 □R.)

346 Lehngüter und 118 Allodialgüter.

1) Amt *Bukow:* (15,082,801 □R.) 76

PostStationen: Bukow, Bützow, Kröpelin, Rostock, Wismar.

<table>
<tr><td>Altenhagen !] * II. 2454,2. K.</td><td>Ferdinand Stolterfoht.</td></tr>
<tr><td>GroßBelitz |] VI. 1924,11. Bz.</td><td>KammerDirector Wilhelm, Baron von Meerheimb.</td></tr>
<tr><td>KleinBelitz] 2315,5. : „ Bz.
NeuKirchen * o III. ? 1151. „ Bz.</td><td>Regierungsrath Carl Friedrich und Gustav Friedr. Helmuth, Gebrüder von Langen. (7885)</td></tr>
<tr><td>Berendshagen †|]* u. Dolglas ! IV. 2358,10. Bz.</td><td>Friedrich Christian Conrad, Baron von Stenglin.</td></tr>
<tr><td>Blengow 2461,1 B.
Garvsmühlen 571,8.</td><td>Doctor Carl Anton Wilhelm Beste.</td></tr>
<tr><td>KleinBölkow 2159,2. R.
Gerow *] und Clausdorf V. | 3577,2. R.</td><td>Landrath Friedrich Franz von Bülow.</td></tr>
<tr><td>Buschmühlen] u. Drüschow 1895,15. B.</td><td>Georg Gottlieb Michels.</td></tr>
<tr><td>Büttelkow * mit Anth. in Meschendorf I. 1005,15.</td><td>Heinrich Wohlert.</td></tr>
<tr><td>Clausdorf 1425,9. B.</td><td>Christian Johann Friedrich Reichhoff.</td></tr>
<tr><td>„Damekow mit ♉) in Dreveskirchen 1143. W.</td><td>Herm. Friedr. Phil. Schmidt.</td></tr>
<tr><td>„Danneborth ! ; 1456,2. B.</td><td>verwittwete Schubart.</td></tr>
<tr><td>Detershagen mit Antheil in Westenbrügge |] * und Hanshagen ! 2459,3. K.
Parchow IV. | 2135,1. K.</td><td>Jacob Friedrich Ludwig Warncke.</td></tr>
<tr><td>Dreveskirchen] 1258,10. W.
Friedrichsdorf 1916,2. B.</td><td>Carl Koch.</td></tr>
<tr><td>Duggenkoppel 70,3. K.</td><td>Joh. Joach. Friedr. Hauck.</td></tr>
<tr><td>Gamehl 1527,9. : W.
Kartlow] III. 796,7. : W.
Kartlow 347,11.</td><td>Kammerherr Franz v. Stralendorf.</td></tr>
</table>

Tatow und Neuendorf] | 2341,7. : W.	Kammerherr Franz v. Straleudorf.
Garvensdorf] mit Antheil in Teschow II. 1488,2. B.	Christian Joh. Friedr. Reichhoff und Christian Mart. Theodor Reichhoff.
Gerdshagen | * Z. } 2148, 3. K.	Caspar Friedr. Mühlenbruch.
Gersdorf] Harmshagen und Horst III. 2139,7. : K.	Carl Georg Andr. Thomsen.
KleinGischow 1150,6. ¡ Bz.	Geheimer Amtsrath Ludwig Georg Friedr. Koch.
Gnemern] * | und KleinGnemern II. 2801,15. Bz.	Oberstlieutenant Jasp. Friedrich, Baron von Meerheimb.
Goldberg ! und Langenstück] 977,13. B.	Adolph Friedrich Nicolaus Bornemann.
Goldebee † |] III. 1600,11. W.	Joh. Christian Jacob Köster.
AltHagebök 772,4. } W.	Gust. Friedr. Theod. Schade.
NeuHagebök 1165. } W.	
Horst 175. Z. K.	Christian Suwe.
Ilow 1100,12. } B.	Hauptmann Carl Heinrich von Bülow.
Vogelsang 883,12. } B.	
Jörnstorf, Antheil 1600.	Grosherzogliche Kammer.
KirchMulsow 1386,10.	
WendischMulsow, NeuPoorstorf, Höltingsdorf u. Anth. in Neuburg 2537,3.	
Panzow, 2295,2. B.	
in AltenGaarz } 352,12.	
in Meschendorf } 352,12.	
in *Wodorf* 9,9.	
Kägsdorf IV. 2444,15. K.	Ernst Wendhausen.
„*AltKarin*] | * ! ¡ 2361,7. B.	Georg Christoph Gottlieb Rösner. (2765)
Gerdshagen, Anth. 35,12.	
Körchow 1518,8. B.	SteuerDirectorin Matthies-Klinger, geb. Buchholz.
Kritzow | 1016,8. W.	Friedrich Andreas Joachim Bobsien.
Lehnenhof 1275,10. B.	Christoph Theodor Kulow.
Lehnenhof, Anth. 16,2.	Die Stadt *NeuBukow*.

Lischow

Lischow | !] 2149,10. B. Eichholz 183,8. B.	HofJägermeister Julius von Uslar.
HohenLukow ! ♉ |] * IV. 5137,10. R.	Domänenrath Georg Philipp von Brocken.
Madsow | 1668,10. R.	Herm. Georg Friedr. Fischer.
Mechelsdorf 1854,3. B. NeuGaarz IV. 1002,11, B. HohenNiendorf * 1289,14. B.	Senator, Doctor Johann Pavenstädt.
Miekenhagen | ! II. 1767,13. K.	Christine Dorothea, verehelichte Rathlev.
GrosNienhagen | 1469,10. B.	Johann Matthias Friedrich Schröder.
KleinNienhagen 999,12. K.	Johann August Schomann.
Poischendorf] * 965,12. B.	Heinrich Prösch.
AltPoorstorf] 944,4. B.	Ad. Joh. Christ. Cowalsky.
Preensberg * ! mit Antheil in *Kartlow* I. 1354,15. W.	Das Gotteshaus zum heiligen *Geist* in Wismar.
Pustohl] 1249. B.	Gottlieb Ludwig Jörges.
Radegast ! mit Steinhagen ! * |] IV. 2507,6. B.	Drost Adolf Cord von Restorf.
Rakow * | und Tesmannsdorf ! III. 3956. B.	Heinrich Friedrich, Drost Adolf Cord und Titus Ferdinand Carl, Gebrüder von Restorf.
Rederank ! *] | 1921. : K.	Carl Erichson.
Roggow] Russow ♉ | V. Vorwerk * und Antheil in Wakendorf Z. 4336,7. B.	Wilhelm von Oertzen.
Kohlstorf * ! Hornstorf !] und Kalsow ! III. 5619,2. ; B.	Friedrich Otto von Both. (1214)
Rosenhagen Z. 1193,4. B.	Heinr. Friedr. von Restorf.
GrosSiemen 1681,12. K.	Martin Friedrich Maue.
KleinSiemen Z. II. | 1090,4. B.	Johann Gildemeister.
Sophienholz, Korn- und Oel-Mühle * 61,5. Bz.	Jaspar Fr. Dethl. Schröder.
Spriehusen und Steinbrink ·1484, 2. B.	Joh. Chr. Wilhelm Nölting.
Steinhagen 1560,2. B.	Major von Liebeherr. (280)
Steinhausen * und Pöliz II. 2649,9. W.	Kammerherr Friedrich Leopold von Vieregge.
Kl.Strömkendorf ! · III. 1726, 8. B.	Ernst Staunau.

(5)

Tüzen o 754,10. B.	Hermann Frehse.
Wakendorf 1099,1. B.	Johann Christian Winkler.
Westenbrügge *] † | und *Uhlenbrook* 2621,7. B. „*Bolland*] 831,7. ¡ B.	Rittmeister Ludwig von Müller. (1824)
Wichmannsdorf] 1624. K.	Ferdinand von Schack.
Wustrow o *Kl.Wustrow* IV. mit ♉ | in *AltGaarz* 4141, 11. B.	Theodor Ernst Stever.

2) Amt *Crivitz:* (12,690,446 □R.) 35

PSt.: Bützow, Brüel, Crivitz, Goldberg, Parchim, Schwerin, Sternberg.

Augustenhof 595,14. S.	Christian Elias Wallis. (2050)
Basthorst, Rehhagen und Samelow o II. 1461,15. C. Wendorf] * Z. und Weberin | o IV. 2433,13. St.	Gebrüder von Schack.
„BibowIV. o † mit †) in Tempzin |] * und Hasenwinkel 1991,9. B.	Gottlieb von Häseler.
in *LangenBrütz* 1049,6.	Siehe Amt *Schwerin.*
Bülow † mit († in Wessin |] * Dannhusen o II. Müggenburg II. und Badegow | 4511. C.	Major Heinrich Franz von Barner. (4010)
in Daschow 709,3.	S. Amt *Lübz.*
„*Darze* | III. 1010. P.	*Kloster Dobbertin.*
Frauenmark] und *Schönberg* 2099,10. P.	Hauptmann Friedrich von der Sode.
Friedrichsruh und Goldenbow 5211,12. Kölpin, Antheil. Petersberg 1200.	Grosherzogliche Kammer. (45907)
Friedrichswalde 393,13. : St. Penzin ! † | o 1632,5. : St.	KammerDirector Friedrich Ludwig von Flotow.
Gneven 1504,14. ¡ „ S.	Geschwister Bühring.
in *Görslow* 603.	S. Amt *Schwerin.*
Gülzow | !] * Z. 2542. Bz. Parum ! V. und Wilhelminenhof o 1895,9. Bz.	Georg Wilhelm, regierender Fürst zu *Schaumburg-Lippe.*

Gustävel o Schönlage | III. * o] 4396,15. St.	Staats- u. CabinetsMinister Carl Friedrich Alexander von Arnswaldt. (6231)
Herzberg III. † | *] 3941, 7. - P.	Friedrich Carl Albrecht, Baron von Maltzahn.
Kladow † | *] 758,6. } C. Rönkenhof 436,2.	Otto Friedrich v. Buchwald. (22511)
Kölpin] KB. 1578,3. C.	Wilhelm Peitzner.
Kressin 1643,10. : G.	Hofrath, Doctor Giesebert Swartendyk Stierling.
Kritzow] | und Richenberger Mühle 2225,7. C.	Friedr. Aug. Carl Heinrich von Ferber.
Kuhlen, Antheil | 1191,5. B. } *Kuhlen, Antheil* 144,2.	Georg Ludwig Gottlieb von Bülow.
Langensee 493,1. Bz.	Professor H. von Schröter.
Leezen, Antheil 557,2. } Panstorf 907,8.	S. Leezen, A. *Schwerin*.
Müsselmow †] * o und Holzendorf † | IV. 3361,8. St.	Gebrüder von Raven. (11887)
KleinNiendorf † |] 2117,14. P.	Johann Heinrich Lübbe.
Nutteln o 1178,5. B.	Friedr. Andr. Joach. Bobsien.
KleinPritz] u. Nepersmühlen o 1082,1. St.	F. L. C. A. und J. W. H. F. Gebrüder Greffrath.
Radepohl mit †) in Wessin 1671,9. C.	Heinrich Driver.
Rubow, Antheil 1628,1.	S. Amt *Meklenburg*.
Schlieven | IV. 2138,2. P.	Hauptmannin Friederike Rosine v. Henckel, geborne von Könemann. (Hauptmann Joh. Aug. Gerh. Ritter von Henckel.)
in *Stralendorf* 575,4.	die Stadt *Parchim*.
in Sülten 600.	S. Cambs, A. *Schwerin*.
in Sülten 600.	S. Kleefeld, A. *Schwerin*.
Tessin 1884,7. B.	Hans Christian von Bülow.
Vorbeck † 1012,5. St.	Carl Joh. Fr. Ueckermann.
Wamekow † |] 2461,2. St.	Gebrüder v. Bülow. (37152)
Wessin †) |] I. 1828,4. C.	Rittmeister Julius Heinrich von Dannenberg.
Zaschendorf | † |] * o 1759, 3. St.	Carl Emanuel Lübbe.
Zibühl | *] Peetscherhof und Peetsch o | 4186,6. Bz.	Baron Joachim Matthaeus von Rodde.

(5*)

3) Amt *Gadebusch:* (8,294,334 □R.) 21

PostSt.: Gadebusch, Rehna, Wittenburg.

„*Bentin* II. 2158,13. W.	Georg Schmarsow.
Dutzow] * | o DZ. Klein-Thurow III. und Sandfeld III. 2866,11. : „ G.	Heinrich Ludwig Rohrdanz.
Frauenmark o u. *NeuFrauenmark* V. 2310,15. G.	Amtmann August Ludwig Carl Rudloff.
Ganzow 2871,7. - G. Krembz, Antheil 637,3.	Grosherzogliche Kammer.
Hindenberg * 1712,4. G. *Veelböken* |·] und *Neu-Krug* 1951,15. G.	Johann Heinrich Carl von Behr.
Holdorf] * III. 2315,3. G. *Meetzen* † | und *Steinmannshagen* IV. 3017,3. G.	Bodo Ernst Leon Friedrich von Steinberg.
Käselow 1954,15. G.	Kammerrath Heinr. Adolph Diederich von Brock.
Löwitz *] | 2109,10. R.	Jacob Heinr. Ernst Ahrens.
Lützow | und Bleese] 4107, 13. G.	Major Ernst Theodor Friedr. von Behr.
Othensdorf] | II. 2095,6. R.	Joh. Heinrich und Christian Heinrich, Gebr. Diestel.
Pokrent † |] * *Neuendorf* und *AltPokrent* VII. 4903, 7. ¡ G.	Landdrostin von Wrisberg, geb. Thiessing. (11667)
Roggendorf X. ♅ |] und Marienthal 2596,6. G. Dorotheenhof 222,8. G. KleinSalitz Z. VI. 1578. : G.	Oberstallmeister, General-Major Friedrich Joseph Anton von Fabrice. (13150)
Gr.Salitz ♅ |] * Z. Schönwolde und Radegast VI. 6228, 9. G.	August Ulrich Friedrich von Lützow.
Vietlübbe † |] * o 2353,10. G.	Landrath Johann Jacob von Leers. (45474)
Wedendorf, Grambow † | III.] *Kasendorf* IV. *Blieschendorf* und *Rambeel* | VI. 7236,13. G. Gros- u. KleinHundorf, Köchelstorf * VI. und Stresdorf | VI. 5327,5. G.	Kammerherrn Ernst, Grafen von Bernstorff Erben.
Jeese | VI.] 1299,3. G.	S. Bernstorf, A. *Grevismühl.*

4) Amt *Grabow:* (6,592,255 □R.) 18

PostStationen: Grabow, Parchim.

Balow † mit († in Dambeck | VI. 4932,9. G.	Philipp August Wilhelm von Flotow.
Dargelütz † |] * Vogelsang mit III. in Wozinkel Z. und MützerMühle * 2963,3. P. *Wozinkel* 669,11. P.	Adolph Christian Ludwig von der Lühe.
Kummin, Tessenow] *Mühlenberg* 3121,1. P.	Majors Carl Friedrich von Voss Erben.
Malow mit Antheil in Marnitz 3009,5. P. Siggelkow Antheil, mit Anth. in GrosPankow 1602,11. in Drefahl 474,13.	Grosherzogliche Kammer. (41176)
Marnitz, Antheil,	Carl Peter Kohsen.
Marnitz, Antheil,	Wilhelm Heinr. Einkopff.
Marnitz, Antheil,	Friedr. Wilhelm Jabelmann.
Marnitz, Antheil,	Gebrüder Tiede.
Meierstorf † | IV. 1750,15. P.	Georg Friedrich Peters.
Mentin] 1147,6. P. Griebow * 810,10. P.	Ritterschaftsrath Ludwig von Klitzing.
Möderitz | * und Friedrichshof 1786,3. P. *Neuhof* 860,15. P.	Rudolph Prestin.
Möllenbeck † |] Z. und Menzendorf IV. 4174,11. G. „Repzin 999,9. G.	Gebrüder von Treuenfels.
Neese] IV. | und Marienhof 3078,5. G.	Ludwig Friedrich von Dannenberg.
Poltnitz, Antheil VI. 1714,8. P.	Christian Schwieger.
Stavenow : G.	StaatsMinisters von Voss Erben.
Werle † mit († in Neese | * IV. Buchhorst] Hühnerland u. Wanzlitz XII. | 5281,11. G.	Gustav von Restorff. (8185)
Zieslübbe, Anth. III.] | 360,4. P.	Christoph August Frick.

5) Amt *Grevismühlen:* (19,067,324 □R.) 89

PostStationen: Dassow, Grevismühlen, Klütz, Rehna, Schwerin, Wismar.

Barnekow] Krönkenhagen, Ziphusen | und Zipfeld ! III. 4418,11. W.	Gustav von Ladiges.
Beidendorf !] 1389,14. W.	Heinrich Andreas Wilhelm Feddersen. (5292)
Bernstorf ! * Wilkenhagen ! Pieverstorf VIII. und Teschow IV. ! 5162,3. G. -	Kammerherr Arthur Friedr. Carl, Graf von Bernstorff.
Bössow, Westhof] 29,3. G.	Joachim Stier.
Bössow, Osthof 85,10. G.	Joachim Heinrich Bibow.
Bothmer, Bahlen I. Hofzumfelde 3. NiederKlütz IV. und † in Damshagen 2430,9. K.	Christian Ludwig, Graf von Bothmer.
Arpshagen III. Flecken Klütz ? ♅ | XI. ! ☊ *] HohenSchönberg ! |] VIII. 7667,2. K.	
Brook ! |] IV. 3326,14. K.	
Christinenfeld 3330,5. K.	
Elmenhorst] * VI. ! 3365,4. : K.	
Goldbeck 1274,1. K.	
Grundshagen * 2567,8. K.	
Hofe I. 234,5. K.	
Parin, Rolofshagen !] * Moor IV. Küssow VI. und Gutow ! | VIII. 8128,11. : K.	
Steinbeck ! | VIII. o 1333,14. K.	
„Tarnewitzerhagen V. ! 1591,14. K.	
Damshagen | * IV.] Nederhagen III. u. Pohnstorf IV. ! 4822,3. G.	Geheim.Kammerrath, Landdrost Hans Leop. Bernh. von Plessen. (11539)
Dönkendorf * 1352. G.	Johann Vorbeck.
Gramkow] 1453,9. „ W.	Friedrich Martienssen.
Manderow 2157,1. G.	
Hoikendorf, Anth. 150,7.	
Gressow] o I. 2185,15. W.	Hofrath Carl Johann Conr. Hennemann.

Grossenhof * und Wohlenhagen II. 2473,1. G.	Julius Rassau.
„*Hanshagen* 1656,9. : R. Wahrstorf III. 1914,12. G.	Kammerherrn Ernst, Grafen von Bernstorff Erbén.
Harkensee * |* *Barendorf* IV. u. *Rosenhagen* ; 5055,7. D.	Meno Dietrich Rettich.
Harmshagen] 1986,15. W.	Senator, Dr. Joh. Pavenstädt.
Hohenkirchen XII.*] 755,4. G. „*Fräulein* Steinfort 928,10. G.	Hauptmann Aug. v. Dassel.
Hoikendorf 1971,11. G.	Gebrüder Dreves.
Johannstorf ! Pötenitz |] Z. u. Volkstorf X. ! * 4634,6. D. Benekendorf ! 990,2. D.	Gottfried Christian Eckermann.
Kalkhorst *] XI. ! und Borkenhagen III. 3872,13. G.	Gebrüder Caspar und Ludwig von Both.
Kaltenhof * ! 912,7. D.	Johann Joachim Facklam.
Groß Krankow] Bobitz | VI. Petersdorf u. Quaal | IV. 6282,1. G. Köchelstorf * und Käselow III. o 2173,13. W. Tressow 680,4. : G.	Carl Otto Friedrich, Graf von der Schulenburg.
KleinKrankow 2124,1. W.	Peter Heinrich Sievers.
„Krassow, Anth. II. 221,13.	Siehe Amt *Meklenburg*.
Kritzow, Antheil 256,3.	Siehe Amt *Bukow*.
„Levezow 1337,12. W.	Ludw. Diedr. Friedr. Bade.
Lütgenhof ! Z. * Flecken Dassow] ? und Vorwerk] 3236,1. D. Prieschendorf, Benedictenwerk ! Flecht-Krug I. u. VI. in Tramm ! 4391. D.	Justizrath Moritz Christian, Edler von Paepcke. (16608)
Lutterstorf 1109,7. W.	Doctor Paul Christian Nicolaus Lemke. (637)
Hof Mummendorf 1451,1. D. Kirch Mummendorf] VII. * 408,11. D.	Lieutenant Carl von Bassewitz.
Naudin 1189,5. W.	Ludwig Christian Sick.
Neuenhagen, Antheil IV. !] 1960,4. D.	Friedrich Wilhelm Gottlieb Heukendorff.

Neuhof ! 1013,11. W.	Levin Chr. Heinr. Diestel.
Niendorf II. ! 997,2. W.	GeneralMajor Joach. Gottfried von Brandenstein.
Oberhof] Wohlenberg | VIII. und Antheil in Tarnewitzerhagen ! 3749,7. G.	Joachim Carl Friedrich Schröder.
Plüschow und SternKrug 3167,12. G.	Grosherzogliche Kammer.
Barendorf 1129,5. G.	
Boienhagen 1445,1. G.	
Friedrichshagen 1163. G.	
Jamel 1234,3. G.	
Meierstorf 1071,4. G.	
Stein*fort* 1039,7. G.	
Testorf 2055,1. G.	
Overhagen 300.	die Pfarre z. Friedrichshagen.
Rüting, Wüstenmark und Steinfort 5557,10. G.	Grosherzogliche Kammer. (14916)
(OberRüting) 600.	
Schildberg 1742,1. G.	
Diedrichshagen 1574,2. G.	
in Grossenhof 12,9.	
in Tramm 141,9.	
in *Warnkenhagen*, Antheil 173,11.	
Rambow Z. !] | 1983,14. W.	Friedr. Conr. Gust. Hillmann.
Rankendorf] | II. ! 2503,6. G.	Gebrüder von Müller.
Rastorf] und Glashagen !] I. * Z. | 2560,7. W.	Doctor Carl Anton Wilhelm Beste.
Reppenhagen, Antheil ! 278,3.	Hans Joachim Duwe.
Rethwisch ! *] X. Hafthagen I. und Anth. in NiederKlütz 4257,15. G.	Regierungsrath Carl Wilh Lueder.
Saunstorf | und NeuSaunstorf II. 1246,13. W.	Ludwig Ernst Howitz.
Scharfstorf | * 1401,15. W.	Johann Wilhelm Fratzscher
Schmachthagen !] 1927,3. D.	Johann Jacob Böhl von Faber.
Schönhof |] u. Wendorf II. 2141,13. W.	Gebrüder von Bassewitz. (25888)

GrosSchwansee * II. ! |] 2612,3. D. *KleinSchwansee* II. ¡ 442,1. D. *Neuenhagen, Antheil* ¡ V. 991, 13. D.	Heinrich von Ladiges.
Stellshagen ! 1892,1. G.	Joh. Aug. Bosselmann.
GrapenStieten | ! Z. 1341,3. W.	C. C. H. Ernst von Both.
GrosStieten ! | *] 1677,5. W.	Geheimer Finanzrath Hans Friedrich von Thien.
Klein- u. NeuStieten ! 1198,7. W.	der verwittweten Ockel Erben.
„*Gr. Walmstorf*] | *Niendorf u. Jassewitz* XI. | 5282,12. G. Jassewitz, Anth. 512,13. W.	Die Lüneburgische *Ritterschaft*.
KleinWalmstorf u. ThorstorferMühle * 1813,5. G.	Carl Christian Johann Heuckendorff.
Weitendorf ┼ IV. ! und Stoffersdorf VII. !] | u. Antheil in Proseken 2985,2. W. NeuJassewitz o 699,5. W. Zierow] * Z. VII. Hoben und Fliemstorf | VI. ! 3099,15. W. Eggerstorf und Landstorf 2234,8. W.	Wilhelm Jul. Aug. Heinr. von Biel.
Wendelstorf] o 1353,9. S. Seefeld, Anth. 61,2. -	Gottlieb Christoph Christian Fischer.
Wieschendorf | Feldhusen u. IV. in Neuenhagen 3765,6. D.	Christian Ludwig Ernst von Mecklenburg.
HohenWieschendorf 1490, 11. W.	Friedr. Axel August Bade.
Wilmstorf II. 1648,1. G.	Adolph Ihlefeldt.
Wolde 647,11. W.	Hofräthin Hennemann, geb. Krell.

6) Amt *Lübz*: (19,362,551 □R.) 47

PostStationen: Goldberg, Güstrow, Krakow, Lübz, Malchow, Parchim, Plau, Röbel, Waren.

Altenhof | mit XIV. ┼] in Wend. Priborn 7470,7. P.	Theodor Ludwig Ferdinand von Flotow's Erben.
Beckendorf 1268,6. P.	Friedrich Adolph Bade.

Benthen †) |] 2505,12. „ L.	Christ. Carl Heinr. Düfsler
KleinBreesen] u. *Rothbeck* I. o 955,11. Gü. *Wendorf*, Anth. 431,5.	Rittmeister Friedrich Wilhelm von Blücher.
Damerow, mit Antheil in *GrosPoserin* und *Redewisch* 1613,2. P.	Majorin von Vincke, geb. von Biel.
Darze * TO. 2092,5. Käselin 1307,11. } P.	Ludw. Gerh. Hartw. Friedr. Grafen v. Blücher Erben.
Daschow mit †) in Kuppentin Z. o 975,1. „ - P.	Wilhelm Ferdinand Carl von Hartwig.
AltGaarz |] o * NeuGaarz o u. GaarzerKrug o 3525, 14. W.	Hofrath Julius Carl Heinrich Schmidt.
Glave | o TO. 1782, 4. Go.	Franz von Oldenburg.
Grambow *] 2181,6. Go.	Friedr. Christoph Wilhelm von Passow.
Greven † |] und Lindenbeck 4233,15. L.	Hofrath Carl Christian Hartmann.
Grüssow † | * 2253,8. M.	Domänenrath G. W. A. Kollmann.
Karow | *] o Z. TO. III. *SamoterKrug, GrüneJäger und Hahnenhorst, GH.* I. 5819,15. P. Die Pfarre zu Karow 300.	Ernst Wilhelm Carl Cleve.
Karow, Anth.	S. Leisten, Amts Plau.
„Klockſin] | NeuKlockſin o III. und Neuhof * 4608, 8. ; W. NeuSapshagen u. HellerMühle * 938,7. W.	Ewald Cosmus Leonhard von Frisch.
Kogel 2598. M. Satow ? † |] ☊ GH. TO. und Bruchmühle III. 3712,12. M. Zislow † | * IX. Z. 2008, 10. M.	Carl Friedr. Aug. v. Flotow.
RumKogel mit Antheil in *GrosBreesen* 1200. Go.	*Kloster Dobbertin.*
Kuppentin †) | *] IV. 1925, 5. P.	Landrath Ernst Anton Wilh. von Blücher. (8544)
Lanken X. * 2303,9. Pa.	Hauptmann Joh. Aug. Gerh., Ritter von Henckel.

Herzberg 483,14. Lenschow 1640,11.	S. Herzberg, *A. Crivitz.*
Linstow, Hinrichshof, Born-Krug o Kl.Bäbelin u. Kieth o 3658,6. W. Petersdorf u. Adamshoffnung 1093,15. M.	Groſsherzogliche Kammer.
Hof o und KirchLütgendorf † |] * u. Blücherhof 3069,15. W.	Ludwig Friedrich Bernhard von Arnim. (18480)
Malkwitz 1908,4. W. in *HohenWangelin* ╪ 306,6.	*Kloster Malchow.* (4170)
Neuhof 498,9.	S. Diestelow, A. *Goldberg.*
Passow mit († in Benthen, |] Z. * 2792,4. L. (Seefeld) CharlottenhofV.L. *Welzin* 1983,7. L. Welzin, Anth. I. 771,13. Grambow, Anth. 274,3.	August Gustav Hortarius von BehrNegendank.
Penzlin mit †) in Kuppentin] o Z. 2594,6. P.	Carl Wilh. Heinrich Seeler.
NeuPoserin und Antheil in *GrosPoserin* † *und* † *in Karow* | *] II., *KleinPoserin und Damerow* 1339, 11. P.	Geschwister Rosenow.
WendischPriborn,] Antheil, mit Anth. in Ganzlin 2443, 10. P.	Hauswirth Johann Heinrich Schade für sich und seine MitEigenthümer.
Rogeez | 2425,11. M.	Major Emil Georg v. Bülow.
AltSammit † |] I. 2556,10. K.	Georg Carl Riedel.
NeuSammit und GrüneJäger KB. 1040,1. K.	Doctor Georg Heinr. Franz Wertheimer.
Sophienhof |] Z. o 2390. W.	Kammerherr Gustav Carl von Oertzen.
Stuer |] II. NeuStuer, VorderMühle * u. Anth. in WendischPriborn 3385,15. M. Stuer Vorwerk Z. 2291, 2. M.	Ferdinand und Friedrich, Gebrüder Hagemeister.
StuerscheHinterMühle * 174, 11. P.	Simon Georg Hecht.

Suckow Z. 1431,7. M.	Hartwig Gustav Düssler.
Suckwitz Z. * o Werder und KirchKogel III.] 3463. Go.	Major Carl Wilhelm Hans von Meding.
Tannenhof 843,8. „ L.	Joh. Ulrich Heinr. Dühring.
GrosTessin 1744,10. K. }	} Ernst, Kammerherr Helmuth und Carl, Gebrüder von Weltzien.
KleinTessin |] 1319,10. K. }	
Louisenhof 1072,11. K. }	
Walow †]|KB.o u. Strietfeld 2628,11. M.	Ernst Heinrich Wilhelm von Flotow.
Weisin † mit († in Benthen o 2223,13. L.	Johann Friedrich Hoffschläger.
Woldzegarten o 2724,5. M.	Aug. Adam Phil. Matthias von Flotow.

7) Amt *Meklenburg:* (10,354,899 □R.) 41.

PostStationen: Bützow, Brüel, Sternberg, Warin, Wismar.

Buchholz |] ; 921,4. Br.	Doctor Samuel Schnelle.
Eickhof] * mit †) in Eickelberg 1971,13. S.	Erblandmarschall Aug. Friedrich Ulrich v. Lützow.
Eickelberg †) | III. 1346, 1. S.	Lieutenant Otto v. Lützow. (25062)
Fahren 1940,8. Wi.	Carl Ludwig Albert Sibeth.
GroßGischow !] | 1911,5. „ Bz. }	} Drost Ludwig, Baron von Meerheimb.
Reinstorf III. 1807,12. „ B. }	
Golchen | o 1888. Br.	Major Christian Friedrich von Kolhans.
Greese 1130,3. : Wi.	Victor Carl Friedrich von Behr.
Holdorf 1083,13. Br.	Ernst Friedr. Ferd. Müller.
Jesendorf |] o 1573,4. Wa.	Georg König.
Kahlenberg 1102,1. Wi.	Joh. Heinr. Ludw. Fratzscher.
Katelbogen] * und Gralow | ! Z. II. 3289,14. Bz.	Carl Joachim Adolph Hinrichsen.
Keez o !] 1737,6. Br.	Rittmeister Friedr. Adolph von Hedemann.
Kleekamp 1285,9. Wi.	Heinrich C. F. Koester.
Krassow | 1441,1. ! Wi. }	} Ernst Heinrich Christian Dühring.
Krassow, Antheil] 178. - }	
Kritzow, Anth. Z. ! 364,10. „ : - Wi. }	} S. Amt Bukow.

Laase, Antheil †] II. 602, 7. S. Laase, Antheil 1174,4. S.	Gebr. U. J. J. und H. J. C. Peltz, auch der verehel. Zander, geb. Peltz Erben. (9155)
Masslow IV.] * 2136. W.	Johann Friedrich Keding.
Moisall ♉ |] * und Moorhagen 1554,13. Bz.	Wilhelm Friedrich Theodor Peters. (36563)
Necheln Z. 672. Wa. *Ravensruh* und *Sellin* IV. 1353,5. Wi.	Joh. Christian Jac. Koester.
Neperstorf !] 2256,6. Wa.	Friedrich Wilhelm Heinrich von Plessen.
„Neuhof | o KlappenKrug u. Kl.Jarchow 3046,9. Wa.	Kammerherr Ludwig Philipp Otto von Langen.
Retgendorf III. Z. 2114,4. Wa. Flessenow * Z. 1259,15. Wa.	Ernst Carl Christoph von Schack.
Rothenmoor Z. u. Gros-Labenz o 2953,7. „ Wa.	GeheimeLegationsräthin v. Schmidt, geb. v. Lützow. (GeheimeLegationsrath, Dr. von Schmidt.)
Rubow 1618,8. - Wa. *Dämelow* * 942,5. : Wa. AltSchlagstorf IV. | 665,6.	Carl Fried. Eugen v. Storch.
Schependorf 723,13. Bz.	August Georg Ortmann.
Schimm |] 1581,1. Wi. Tarzow II. * o 1565,11. Wi.	Oberstlieutenant Ulrich v. Bassewitz.
NeuSchlagstorf] 3101,15. Wa.	Landrentmeister Carl Christoph Christian Ahrens.
Schmakentin] 1536,13. Wi.	Friedrich Unruh.
Steinhagen | 855. *Steinhagen* ! II. 856. B.	Carl Johann Peter Schwarz.
Thurow ! | 2332,10. Br.	Josua Lübbe.
Trams | o Moltow ! | * III.] und ♉ in Jesendorf 3024, 14. Wa.	Major Heinrich Franz Ludwig von Barner.
KurzenTrechow | ! * o] *LangenTrechow* ! †] *und Trepzow* 6417,4. Bz.	Rittmeisters Carl Philipp Gottfried von Plüsckow Erben. (1004)
Ventschow] | o 2252,2. Wa.	Georg Christ. Wilh. Krell.
Viezen ! | *] 2678,15. „ Bz.	Friedrich Anton Joachim Schnapauff's Erben.
Wietow ! 1338,14. Wi.	Friedr. Aug. H. H. v. Blücher.
Zurow † |* Z. o 2534,10. Wi.	Johann Ludwig Hillmann.

8) Amt *Neustadt:* (11,617,543 □R.) 30

PostStationen: Penzlin, Stavenhagen, Waren, Mirow.

Ankershagen *] Bornhof III. o u. Ulrichshof 2666,6. P. *Ankershagen* 1333,3.	Ulrich Strecker.
Ave, * halb / Ave, halb 1506,7. P.	Johann Carl August Rose.
Boek ♉ |] GH. FauleOrt II. TO. und Amalienhof mit Antheil an der Müritz o 3599,8. M.	ViceLandmarschall Adolph Friedrich Carl v. Oertzen.
Clausdorf 1195,10. S.	Ludolph Otto Wilhelm von Schultz.
Dambeck 1449,14. P.	Casp. Rud. v. Klitzing's Erb.
GrosDratow † |] * 2855,10. W.	Carl Enoch Friedr. Lemcke.
KleinDratow 1463,14. W.	Adolph Friedrich Richter.
Eldenburg 298,6. W.	die Stadt *Waren.*
Federow] | o u. Schwarzenhof 2901. W. Federow, PfarrAntheil 150.	Heinrich Lemcke.
Grabowhöfe |] Z. u. *Sommerstorf* * † | IX. 5232,10. W. KleinGrabow 1744,4. W. Baumgarten 958,6. W. *Panschenhagen* | 1439,5. W. Tressow * | und Antheil in Lupendorf 2560,3. „ - W.	Friedrich, Graf von Hahn.
Lehsten, Antheil] 799,2. P.	Joachim Conrad Seemann.
GrosLukow] 871,15. : „ - P.	Gebrüder von der Lanken.
Carlstein 573,3.	S. Kl.Lukow, A. *Stavenhagen.*
Marin] | 3546,11. P.	Regierungsrath Friedrich, Kammerherr Carl, Drost Ludwig und Lieutenant Hans, Gebrüder von Oertzen.
Möllenhagen † | *] 1214,7. : P. -	Rittmeister Friedrich Ernst August von Gundlach.

Mollenstorf † | *) IV. 1507,1. „ P.	Carl Friedrich von Gundlach.
Pieverstorf 1042,7. P.	Ludwig Bogislav Held.
Rethwisch, Bocksee | und Klockow GH. 2520,5. : P.	Ludwig Friedrich Christoph Schröder-Richter.
Alt- und NeuSchönau † | *Johannshof u. Carlsruh* IV. 3518,14. W.	Felix, Graf von Voss.
Schwastorf 1490,15. W.	Heinrich August Ludwig von Schuckmann.
In *Sommerstorf*, 300.	die Pfarren zu Waren und Vielist.
Speck † | o TO. * und Rehhof 3175,7. W.	Forstrath Carl Wilhelm von Haugwitz.
Torgelow] o Godow, Ueberende I. Schmachthagen Z. 5596,12. W.	Jürge Heino von BehrNegendank.
KleinVarchow 758,6. „ W.	Theod. Otto von Ihlenfeld.
GrosVielen ♉ | *)] 2722,5. „ P.	Landrath Georg Heinrich Leopold von Oertzen. (16897)
Vielist † |] * *SandKr.* und *Klein Vielist* Z. 5517,5. W.	Heinrich Ernst von Meyenn.
Wendorf |] u. Freidorf 1660, 7. P. *Wendorf* 830,3.	Ludwig Wilhelm v. Bülow.
Zahren † | und *Friederikenshof* 2859,12. P.	Carl August von Arenstorff.

9) Amt *Schwerin:* (12,707,232 □R) 40

PostStationen: Boizenburg, Güstrow, Hagenow, Lübtheen, Redefin, Rehna, Schwerin, Vellahn, Wittenburg.

Ahrensboeck 1396,3. S. Cambs] o | mit ♉ | in Zittow und † in Langen-Brütz 1728,13. - S.	Johann Heinrich Diestel.
Bandekow II. | 845,5. L.	Fried. Louise Hel. Pentz.
Benz * |] u. Briest 2711,15. L.	Gebrüder von Treuenfels.
in Brahlstorf 900,10.	S. Amt *Wittenburg*.
Boldebuck] Z. ! | o 2788,3. G. Mühlengeez, Antheil III. ! 1106,10. G.	Georg Wilhelm, regierender Fürst zu *Schaumburg-Lippe*.

Brüsewitz | * *EulenKrug* und *Rosenberg* 4226,10. S. Bülow | Z. 2594.13. S.	GeheimeRath Adam Reimar Christoff von Schack.
LangenBrütz II. | o] 2392, 12. - S.	Regierungsräthin v. Schack, geb. v. Bülow.
GrosBrütz † |] IV. 3107,9. S.	Kammerherr Sigismund, Baron von Lützow. (2864)
Cramonshagen und Cramon III.] 3060,9. S. Gottmannsförde, FaulM.] und Wahrholz 1730,4. „ S. Nienmark 860,2. S.	Johann Friedrich von Böhl. (11197)
Görslow † |] 1386,14. - S.	Georg von Behr.
Gottesgabe | *] 2708,15. S. *Wendischhof* 1029,4. S. *KleinWeltzien und Neuhof* 2258,3. S.	Hans Friedrich Helms.
Grambow |] Z. GH. | und Charlottenthal IV. 4530,5. S.	Banquier Meyer Jacobson.
Grünenhagen II. 1000,4. G.	Siegfried Schwarz.
Jesow | 1641,12. V.	Gebrüder von der Decken.
Jessenitz |] IV. 2610,12. - L.	Hauptmann Georg Wilhelm von Bornstedt.
Kleefeld, Karnin III. Brahlstorfer Hütte II., Brahlstorf] | RichenbergerKrug I. und * in LangenBrütz 3241,15. S. -	Hauptmann Joh. Aug. Gerh., Ritter von Henckel.
in Jabel, Trebs und Tews-Woos 585,2. - *Kuhstorf,* Antheil 260,2. Moisaller Hufe 600. Sülten, Antheil 666,13. St.	Grosherzogliche Kammer.
Leezen 1281,7. S. -	Carl Evers.
Liessow] | 1443,3. S.	Joh. Georg Bosselmann.
Lübzin |] * und Diedrichshof II. 3621,4. G.	Johann Ludwig Hillmann.
Moltenow | * 1123,13. S.	Christian Friedrich Crull.
Redefin 1650. R	Grosherzogl. GestütAmt.
Rosenhagen 1836,5. S.	Geschwister Grieffenhagen.

Schön-

Schönfeld * o 3093,4. ¦ S. *GrosEichsen* † ¦] VI. und *Goddin* 2781,15. G. *MühlenEichsen* ♉ ¦] * ? ? 1604,14. G.	Landrath Joh. Jac. v. Leers.
Seefeld 359,10. G.	Grosherzogliche Kammer.
Seefeld Anth. 600,11. S.	S. Wendelstorf, Amts *Grevismühlen.*
Setzin] III. Z. 2152,2. „ H.	Friedrich Ad. Gottl., Graf von Eyben.
„BarnerStück o Moorbrink, in GroßenTrebbow † ¦ III.] * in Böken VI. ¦ und † ¦ in KirchStück 5035,2. S. KleinTrebbow Z. o u. in Groß-Trebbow IV. 3786,7. S.	Carl Friedrich von Barner. (8362) (13212)
Warlitz † ¦] VI. Antheil in *Neuenrode* IV., und *Gösslow* ¦ 6781,8. „ H.	Landrath Georg Justus von Könemann.
Webelsfelde] 1875,2. R.	Carl Gotthard Hieronymus von Witzendorf.
GrosWelzin ¦] II. und *Bergfeld* 2247,2. W.	Hauptmann Ernst von Cramon.

10) Amt *Sternberg:* (6,434,723 □R.) 18

PostStation: Sternberg.

Bolz und NiederBolz o 1929,2. Ruchow III. ♉ ¦] * 1530,4. Tieplitz o 1373,15.	Georg Wilhelm, regierender Fürst zu *Schaumburg-Lippe.*
Borkow o] * Z. und KB. 2648,12.	Oberlandforstmeister Hans Christian Eggersf.
Dinnies 1395,10.	F. L. C. A. u. J. W. H. F., Gebrüder Greffrath.
In Gägelow	die Pfarre das. (176703).
GrosGörnow] 1925,2. „	Christoph Friedr. v. Behr.
KleinGörnow 1038,8.	Magnus Friedr. von Barner.
Kaarz (Weselin und Mowitzer Feldmark) ! Z. 2274,3.	KanzleiDirector, Dr. Burchard Hartw. von Bülow.

(6)

Lenzen 900.	Kloster *Dobbertin.*
Loiz und Kl.Raden 1275,4. Schlowe 909,11. Woserin o 3262,2.	Grosherzogliche Kammer. (13836) (18631)
Mustin] o mit RothenMühle * 3765,10. :	Friederike Margarethe Johanne Goldschmidt. (Gutsbesitzer C. Neumann.)
Prestin ✝ | Z. Wilhelmshof II.] u. SparowerM.* 4004,5.	Adolph Barthold Georg von Pressentin. (24824)
GrosRaden ✝ |] o u. Brummelkuhl 2924,3.	Carl Koch.
In KleinRaden II. 375.	die Pfarre zu Gr.Raden.
Rothen 1491,10.	Friedr. Carl Heinr. Fabricius.
Stieten] und Buerbeck Z. TO. 3195,3.	Christian Alexander Plinck.
Weitendorf *] 1556,13.	Friedr. Joh. Christoph Westphal.
Zülow mit Anth. in Gaegelow] II. 2420.	August Dethl. von Storch.

11) Amt *Wittenburg:* (20,828,791 □R.) 48

PostStationen: Boizenburg, Gadebusch, Hagenow, Lübtheen, Redefin, Vellahn, Wittenburg.

Badow II.] | Z. mit Antheil in GrosRenzow 2641,4. G. Söhring 1077,7. „ G.	Heinrich Friedrich Leonhard von Döring.
Boddin |] * IV. und Meierei 3433,15. ; W. Raguth mit Antheil in Döbbersen 1927,3. W.	Kammerherr Carl Friedrich von der Mülbe.
Brahlstorf] | VI. und BoltenMühle * 2881,12. - W.	Friedrich Georg Gustav Ludwig, Graf von Oeynhausen.
Camin ♉ | *] o V. 5020,10. W.	Bernhard v. Bülow's Erben. (23424)
Dammereez |] mit Antheil in Banzin 4029,4. B. : *Banzin* ✝ |] Z. IV. 4188,8. ; B.	Geheimer Regierungsrath Georg August u. Rittmeister Friedrich Georg, Gebrüder von Laffert. (1559)
Dersenow] | VI. 3838,3. B.	Friedrich Kuhberg.

Döbbersen 631. Bobzin, Antheil 804,5. *Granzin* Antheil 376,2. Jabel, Trebs u. TewsWoos, Antheil 1179,11. - -	Grosherzogliche Kammer.
Dreilützow † | * V.] Pogreß, Parum] XXV. Luckwitz VI. | und NeuLuckwitz 12472,12. W. „Harst | mit Antheil in Luckwitz 2289. W.	Kammerherr Hermann, Graf von Bernstorff. (2438)
Drönnewitz | u. *NeuKirchen* VI. † | *] o 4749,3. W. Drönnewitz, Antheil 466.	Oberjägermeister Carl Ludwig August, Graf von Hardenberg.
Düssin III.] * | 3341,5. V.	GeheimeRath Heinrich und Justizrath Carl, Gebrüder von Bülow.
Garlitz] 1480. W. Lehsen |] * III. ? Z. 2552,12. W.	August von Laffert.
Goldenbow | *] Z. III. Friedrichshof u. Albertinenhof 4640,3. W.	Oberhofmeister Anton Bodo Friedrich von Schilden. (30611)
In Goldenitz 350. „	Die Pfarre zu Pritzier. (14106)
Hülseburg * und Presech |] II. 3153,4. W. Vortsahl 453. H.	Albert Johann August, Baron von Campe.
In Jessenitz 261,2.	S. Amt *Schwerin*.
Kloddram | !] II. mit Antheil in Garlitz 2459,2. W.	Hermann Friedrich Bolten.
Körchow † | *] III. 3391,3. W.	Carl Christian Friedrich von Schack.
Langenheide | VI. 2458. B. Melkhof | *] Z. 3825,15. B.	Gebrüder von der Decken.
„*Mühlenbeck* III.] | 2086. W.	Forstmeister Johann Anton Otto von Behr.
Neuhof † o Schaliß IV. und Boissow | *] o 5442,13. W.	Carl Ludwig Jaspar von Treuenfels.
Perlin † | IV. *] 4919,14. „ W.	Friedrich, Graf von Bassewitz. (3993)

(6*)

„*Pritzier* ♉) | *] ? 4570,7. „ Vell. Goldenitz] * Anth. in Neuenrode VI. und Gramnitz 3172,12. : „ H.	Landrath Georg Justus von Könemann.
Quassel |] II. o 2937,15. ; „ L.	Domänenrath H. F. L. Edler von Päpcke.
GrosRenzow [III.] * 1985,7.G. *KleinRenzow* | 1876,5. „ ; G.	Bernhard von Behr.
Rodenwalde und Marsow † | VII. 3823,2. W.	Johann Friedrich Wilhelm von Schilden.
Röggnitz] *Woldhof und Fegetasch* 1935.11. W.	Gebrüder Ahrens.
Ruhethal 723,8. W.	Friedrich Adolph Gottlieb, Graf von Eyben.
Scharbow | *], Bellevue IV. und Antheil in Vortsahl 3613,11. H.	Johann Peter Friedrich von Lübbe.
„*Schossin* | *] II. 2659,9. W.	Johann Ludwig Beckmann.
Schwechow mit ♉) in Pritzier Z. III. *] 3896,2. „ L.	Drost's von Laffert Erben.
„*Tessin* | * VI.] 2286,5. : W. Tessin, Antheil 675,12.	August Ulrich Friedr. von Lützow.
KleinTimkenberg 377,14. B.	Henriette Holst, geborne Grelke.
Tüschow 1478. W. Granzin, Anth. IX. 1157,7.	Ludolph Dethl. Heinrich von Stern. (4368)
Volzrade | *] 1658,5. L.	August Friedrich Pentz.
Waschow] IV. 2279,4. W.	Kammerherr Hans Erich Friedrich von Grävenitz.
Wölzow | 1746,1. W.	Heinrich Glanz.
Zapel 1428,9. H.	Joh. Joach. Peter v. Lübbe.
Zühr |] IV. 3098,5. W.	Major Carl Friedrich von Grävenitz.

12) Amt *Ivenack*, (s. S. 32, Nr. 23) (3,214,015 □R.)

PostStation: Stavenhagen.

Ivenack, Flecken | *] Basepohl | Z. Fahrenholz |] Goddin, Grischow |] Klockow | Krummsee } Wackerow | XII. Weitendorf | Zolkendorf | 46½ H. 50$\frac{1}{16}$ S.	Gustav Helmuth Theodor Diederich von Maltzahn, Graf von Plessen.
Ivenack, 2¼ Pfarrhufen.	Die Pfarre daselbst.

B) *Ritterschaft des Herzogthums Güstrow,*

Wendischer Kreis. (137,197,969 □R.)

320 Lehn- und 69 AllodialGüter.

13) Amt *Boizenburg:* (3,781,589 □R.) 15

PostStation: Boizenburg.

Badekow ! mit Dorf Bretzien III.] 2034,14.	Georg Nicol. Gerstenkorn.
Beckendorf 1481,10.	Rittmeister Dethl. Barthold, Baron von Stenglin.
Gros- und KleinBengerstorf und Tessin Antheile 994,7. *Horst, Rensdorf* und Anth. in *Gehrum* 2262,13. Lüttenmark, Anth. 34,11. Vellahn, Anth. 19,12.	Grosherzogliche Kammer.
Blücher | IV. 2628,7. !	Oberhauptmann Carl Edmund Georg von Alten.
Gosau (Feldmark) 173,9.	Oberhofmeister Anton Bodo Friedrich von Schilden.
Gresse ♉ [*] III. und Leisterförde 4416,10.	Reisemarschall, Kammerherr Ludwig von Lützow.
Wendisch Lieps 466,5. :	Kammerherr, Erblandmarschall Adolph Gottl. von Bülow.
Schwartow II. 1692,9.	Carl Friedr. Christian Seeler.
Sprengelshof 524,2.	Johann Heinrich Christian Dörring.
(Steder und) Niendorf ! |] u. Teschenbrügge 3805,4.	Schulze J. H. Wilh. Greve, Namens der XXII. Hauswirthe zu Niendorf. (1146)
„*GrosTimkenberg* o]1000,14.	Henriette Holst, geb. Grelke.
„*Wiebendorf* 673,6. Bretzin, Hof 978,8.	Friedr. Gabriel Zarneckow.
„*Zahrensdorf*] III. | 1897, 8.	Georg Friedr. Ernst Leop. Alb. von Lücken. (19635)

14) Amt *Gnoien:* (16,628,233 □R.) 61

PostStationen: Dargun, Gnoien, Lage, Marlow, Sülze, Tessin.

Bäbelitz] und Heidhof 2329,13. G.	Oberforstmeister Carl von Kahlden.

Bobbin | und Friedrichshof 3320,10. G.	Anton Friedrich von Blücher.
Boddin * |] und NeuBoddin III. 2343,5. G.	Peter Friedrich Kremer. (11359)
Böhlendorf, mit Antheil an Nütschow 2691,2. ¡ S.	Major u. Kammerherr Friedrich Ernst von Kardorff.
Breesen, Carlsthal GH. 2710,15. S. / Nütschow 1134,12. S.	Grosherzogl. SalineAmt zu Sülze.
Brunstorf 928,1. M.	Theodor Ferdinand Lange.
Dalwitz] und GrosDalwitz | ♉ IV. 3276,7. T. / Grieve 1038,7. T. - / Poggelow] | 1932,4. : „ - G. / Prebberede *] 2067,3. L. - / Stechow 1126,7. T. / Stierow * | 2084,3. T. / Wohrenstorf und Weitendorf + | *] IV. 3644,8. ¡ T. -	Kammerherr Adolph, Graf von Bassewitz.
Dammerstorf | * u. NeuDammerstorf] 1382,10. M.	Friedrich Paetow.
In Dammerstorf] 182,1.	S. NeuWendorf, A. *Ribnitz*.
Dölitz Z. u. Kranichshof mit ♉ in Boddin 5253,12. G.	Christian Friedrich Kremer.
Drüsewitz | Z.] II. u. *Christianenhof* 2599,2. ¡ T. / Selpin |] Vogelsang], NeuMühle * u. Neuhof 3488,5. „ T.	Stift *Wallenstein in Hessen*.
Duckwitz 947,14. T.	Johann Emanuel Döhn.
Grammow mit †) in Lübchin, Z. 2911,9. T.	Friedrich von Randow.
Granzow | 1352,5. G.	Friedr. Wilh. von Kardorff.
Kowalz 2070,12. T. / Sophienhof Z. 871,10. T.	Doctor Georg Herm. Oerthling.
Kucksdorf |] 1197,4. S.	Sigismund August Philipp, Baron Waiz von Eschen.
Langsdorf 1033,4. G. / KleinMethling 2984,10. G.	Grosherzogliche Kammer.
Lübchin †) |] Z. 2162,7. T.	Wilhelm Wackerow.
HolzLübchin 967,14. G.	Carl Friedrich Koepcke.

Lüchow 990,1. G. *Wolckow* mit Anth. in Deven 2349,3. D.	Daniel Friedrich Pogge.
Lühburg * und Basse †) |] II. 2434,3. G. Gottesgabe 749,12. G.	Kammerjunker Christ. Aug. Ad. Georg von Drenckhahn.
GrosLunow 1797. : G.	Gebrüder von Müller. (1636)
KleinLunow 1525,11. : G.	Gebrüder Baetcke. (11399)
GrosNieköhr] * | 2108,7. G. NeuNieköhr 1574,13. G.	Peter Friedrich Bockhahn.
KleinNieköhr 1182,15. ¡ G.	Doctor Carl Friedr. Prehn, Dr. G. C. F. Linck und Buchholtzsche Erben.
Nustrow |] o 3046,3. T.	Landdrost E. J. von Schack.
AltPannekow * |] 2526,14. G.	Heinrich Christian Friedrich Paetow.
NeuPannekow 376,5. G.	August Heinrich Radel.
Quitzenow mit Antheil an Wasdow Z.] III. 2535. G.	Carl Theodor Ernst Georg von Blücher.
Remlin IV.] * | 2395. G.	Friedrich Franz Elisas von Kardorff.
Repnitz 1629,10. T.	Drostin von Plessen, geb. von Pestel, Erben. (Drost Helm. v. Plessen.)
Samow |] KB. 2434. G. Duckwitz, Antheil 607.	Wilhelm Christian Boldt.
Schabow | 1629,14. S.	August Wilhelm von der Lühe.
Schlackendorf, Anth. 1182, 8. G.	Carl Heinrich Friedrich Schroeder.
Alt- *] | und NeuStassow III. 1849,7. T.	Johann Philipp Ascher.
„Strietfeld 1312,5. T.	Hans Friedrich Engel.
Tangrim | * 1677,7. G.	Gabr. Carl Fr. Koenemann.
Thelkow †) |] * II. o 2332. T. Starkow 925,12. T.	Johann Friedrich Gustav Berkholtz.
„*Viecheln*] Z. 2917.12. ¡ G.	Regierungsrath Ernst Heinrich Friedrich von Bülow.
Vilz †) | 1670,11. T.	Joseph Albert Friedrich und Adam Joachim, Gebrüder von Koss. (17104)
Alt- |] und NeuVorwerk * 3920,8. : G.	Gebrüder von Oertzen.

Walkendorf ♉ | *] III. Z. ? Friedrichshof, Dorotheenwald 6054, *Walkendorf*, Anth. 9. T.	Friedrich August Peters. (49337)
Warbelow | 2029,12. G.	Wilhelm Otto.
Wasdow * 2493,6. G.	Helmuth und Wilhelm, Gebrüder von Blücher.
Wilhelmshof 594,4. T. *Woltow* * | Z. 2443,12. T.	Oberhauptmann P. F. L. von Witzendorf.
Wöpkendorf * |] 2334, 7. S. Kanneberg 579,11. : S.	Carl Friedrich Melms.

15) Amt *Goldberg:* (7,467,089 □R.) 17

PostStationen: Goldberg, Güstrow, Krakow, Lübz, Parchim.

In GrosBäbelin 85,13.	S. Amt *Stavenhagen.*
Bellin † |] * SchneideMühle * PapierM. * o Z. III. 3609, 5. - Gü.	GeheimeRath, Graf August Wilhelm von Hessenstein.
Brüz † | und NeuBrüz III. 1329,7. „ Go.	Adolph Joh. Friedr. Eggersf.
Dersentin III.] | 2096,12. Gü.	Louise Krüger, geb. v. Brand. (Johann Gottfried Krüger.)
Diestelow] o 3482. - „ Go.	August Dethloff von Storch.
Dobbin * |] *Hütten und Zietlitz* VII. Z. 6503,10. ¡ - K.	Carl Aug. Ludw. von Jasmund. (22270)
Finkenwerder 394,13. „ Go.	Peter Diedrich Daniel Duge.
Kuchelmiss * Wilsen, WilserHütte | und Serrahn |] o VII. ? 8822,15. K.	Friedrich, Graf von Hahn.
Lalendorf | III.] 1050,2. - Gü.	Carl Adolf von Wedemeyer.
Langhagen †] 2695,13. K.	Hof- und Kanzleirath Georg Ludwig von Wedemeyer.
Marienhof 604,15. Gü.	Oberst F. L., Graf von der OstenSacken.
NeuPoserin, Antheil 1076, 12. G.	Gebrüder Rosenow.
KleinPoserin 206,15. L.	Majorin von Vincke, geb. von Biel. (Ernst Ludw. W. v. Vincke.)

Reimershagen | III. * 343, 11. K.	Ernst, Kammerherr Helmuth u. Carl, Gebr. v. Weltzien.
Severin | *] VIII. und Sophienhof TO. 3136. P.	Wilhelm Heinrich August von Quitzow. (15441)
Steinbeck 1036,14. K.	AuctionsSecretär G. D. Uebele.
Woosten o Sandhof TO. u. WendischWaren 5875,1. Hagen 263,2. Go.	Groherzogliche Kammer (1670)

16) Amt *Güstrow:* (28,893,027 □R.) 96

Post.St.: Güstrow, Krakow, Lage, Rostock, Schwaan, Teterow.

Ahrenshagen [ ] und Seegrube 1748,13. „ K.	Johann Hartwig von Levetzow.
Amalienhof 977,5. : „ T.	Joh. Heinr. Winkelmann.
Appelhagen, Heide [ ] und Miekow 3370. T.	Friedrich von Zepelin.
Bansow * 1822,13. G.	Joh. Christ. Friedr. Wilh. Mohrmann.
Bartelshagen 1769,6. T. Zierstorf |] 1662,4. T.	Friedrich Pogge.
Braunsberg 1685,3. G.	Heinrich Friedrich Hand.
in *Belitz* 75.	die Pfarre daselbst. (21426)
in *Bellin* 20.	S. Amt *Goldberg*.
Carlsdorf 598,15. T.	Jul. Friedr. John, Baron von MöllerLilienstern.
Charlottenthal und Blechern-Krug] KB. 1666,4. K.	Peter Heinrich Stender.
Dehmen | 1753,3. G.	die *DomOeconomie* zu Güstrow.
Diekhof *] | ¡ *Lissow* V. 2850,9. ¡ L. *Schwecz* 1856,7. ¡ L.	FeldmarschallLieutenant, Ludwig, Graf von WallmodenGimborn.
Dolgen o | und Antheil in Kankel 2090,7. L.	Kammerherr Herm. Leop. Christian von Plessen.
Drölitz | 2066,14. L.	Friedrich Hermann Iven.
Fresendorf, Antheil III. 523,15. R.	Gebrüder, Grafen v. Rittberg.
Friedrichshagen und Hohenfelde I. o 2154. T. Wattmannshagen *] 2158,8. T. Die Pfarre daselbst 750.	Otto Gottvertrau Wilhelm Wien. (46616)

Glasewitz | III. 2871,2. G.	die Stadt *Güstrow*.
Gottin] Z. 3431,4. : T.	Consul Richard Parish.
GrosGrabow und Windfang TO.] * | Z. 2940,5. K.	Christian Wilhelm Engel.
KleinGrabow 1705,8. G.	Domänenrath Adolf Otto.
Grambzow] | 2067,6. T.	Domänenrath Friedrich Wilhelm Jordan.
Gremmelin] | u. Ahrensberg o 2544,15. G.	Hauptmann Gotthard Friedrich von Pentz.
Hägerfelde 1634,10. G.	Domänenrath Heinr. Satow.
Hinzenhagen Z. 2161,2. „ K. Thürkow *] Z. IV. und HohenSchlitz 3118,6. - T.	Friedrich, Graf von Hahn. (23743)
Hoppenrade und Kölln *] o 3051,6. G.	Josua Magnus Klockmann. (16312)
Jahmen | 2154,14. L. in Grieve 21,7. in Prebberede 498,6. Schwiessel * Gr.Bützin |] ! und Rabenhorst Z. III. 5903,8. L.	Kammerherr Adolph, Graf von Bassewitz.
Karcheez ! † | * o 1800,2. G.	Carl Ludwig Friedr. Bobzin. (6376)
Karow 1758,3. G. Käselow III.] 1316,14. G.	Friedrich Conrad Gustav Hillmann.
Kassow] | * Z. : „ 2836. B. Kassow, Anth. „ *Vietschow* | Z. und *Belitz* ?] II. 4042,12. | „ L.	Carl August Pauly.
AltKaetwin 1892,9. L.	Jacob Heinrich Bollbrügge.
NeuKaetwin * II. 803,14. L.	Conr. Nicol. Heinr. Asmus.
Klaber] Z. 1778,9. T. Bergfeld * o 1017,2. T.	Carl Ludwig Friedrich von Lowtzow.
Klingendorf 41,1. KleinSprenz o 1794,11. S. Goldenitz 1703,10. S. in Rachow, Anth. 577,11. Tenze, TenzerMühle und Antheil in Kankel 1294,11. T. Rossewitz, Lissow und Korleput 3301,8. L. Kronskamp, Gros- und Klein-Lantow 4697,6. L.	Grosherzogl. Kammer.

Levekendorf 2865,4. L. Subsin u. Breesen 3647,13. L. Zehlendorf und Woland 2400,8. L.	Grosherzogl. Kammer.
Knegendorf II.] 1280,10. G.	Domänenrath Hans Dethlof Dencker.
Kobrow | *] Z. III. ; 2888,14. L.	Carl Fr. Amandus Strömer.
Koppelow 2224,4. K.	Theodosius von Levetzow.
KleinKöthel * u. Antheil in GrosKöthel] | Z. 2550,8. - T.	Adolph Johann Christian Baetcke.
Kussow II. 863,10. G.	Christian Susemihl.
in Lalendorf 848,5.	S. Amt *Goldberg*.
Lübsee] u. Grünenhof 2197, 4. G.	Rittmeister Friedrich von Meibom.
Lüdershagen] 1358,4. G.	Friedrich von Blücher.
Lüssow II. Z. *] und Augustenruh 2968,6. G.	Christian Conrad Gustav Stein.
Matgendorf | * u. Halsberg I. 2595,12. T. Perow 585,6. T.	Kammerherr Cuno August von der Kettenburg.
Mierendorf | ∫ 2005,3. G.	Moritz Gottfr. Ludw. Peters.
Niegleve o Schlieffensberg | und NeuZierhagen III.] 3617,9. G. Raden *] | 3228,3. T. Tolzin * 2168,4. G.	Wilh. Martin Ernst Ludwig, Graf von Schlieffen.
Nienhagen, Hütte u. Schwiggerow 3944,7. G.	Georg Wilhelm, regierender Fürst zu *Schaumburg Lippe*.
Pohnstorf II. 939,3. P.	Landrath Hans Diederich Wilhelm von Blücher.
Alt- und NeuPolchow III. 1529,6. L.	Theod. Christian Friedrich Seeler. (30919)
Pölitz | VII. 1823,3. L. Striesenow 2120,6. L.	Friedr. Ludwig Schröder.
GrosPotrems | I. Z. o und Wendorf] 2730,9. R.	Friedrich August Wilhelm Ludwig von Gadow.
Reez | *] o Z. ; 2652,12. R. *Gros- und KleinViegeln* III. 1305,11. B.	Kammerherr Carl Franz Georg von Plessen.
Reusow | * 2623,9. T.	Ernst Christoph Adolph Friedrich von Lowtzow.

GrosRidsenow] *und Depzower M.* * 2831,1. ¦ L.	Joh. Friedr. Engelbrecht.
In *KleinRidsenow* 31,4.	S. Amt *Stavenhagen.*
KleinRoge 1544,3. T.	Joh. Aug. Fr. Wilh. Held.
Roggow und Krassow | * o 2694,8. T. Warnkenhagen * und Hessenstein V. 1869,2. T.	Johann Daniel Georg Pogge.
Rothspalk | *] 2681,7. T.	Joh. Peter, Baron von MoellerLilienstern.
Scharstorf * | und KleinPotrems] II. 2371,9. R.	Friedr. Ludwig Ernst Hillmann.
Schönwolde 799,12. G.	GeheimeFinanzrath J. C. H. Satow.
Schrödershof | 875,5. T.	Carl Heinrich Friedrich Schröder.
in Schwetzin 103,1.	S. Amt *NeuKalden.*
Spotendorf, Recknitz ♉) | III.] 4189,13. G.	Friedrich von Buch.
Recknitz, Antheil.	die Pfarre daselbst. (47408)
Striggow | und Augustenberg o 2207,15. K.	Johann Ernst Lagemann.
Tellow | 1878,11. T.	Dr. Joh. Heinr. von Thünen.
Teschow | o Kossow] III. ! 2816,9. L.	Ludwig Heinrich Bencard.
Tessenow II. 502,3. - T.	Dorothea Henriette Elisab. Erbrecht, geb. Degener. (Christian Andr. Erbrecht.)
Vietgest] | o 3273,6. G. Reinshagen ♉ | * II. 1017,7. G.	Bernhard, Baron von Herzeele. (23248)
Vogelsang | 2465,8. G.	Hans Carl Peter Manecke.
Wardow *] KleinWardow | V. Vipernitz und Spotendorf 6135,8. - L.	Heinrich, Graf von Bassewitz, genannt von Schlitz.
Weitendorf † | *] V. 4280,10. L. *Dudinghausen Z. und Woland* | 1355,15. „ L.	GeheimerKriegsrath Carl Friedrich Albrecht von Viereck.
Wendorf 1929,8. G.	Carl Albert von Buch.
Wesselstorf 1759,9. L. *GrosRidsenow*, Anth. 90,10.	Johann Heinrich Wrampe.

Wotrum o 1011,3. T.	Ad. Jul. Friedr. von der Lühe.
GrosWüstenfelde |] und Mühlenhof III. 3565. T.	Richard Moritz und Georg Friedrich Ludwig, Gebrüder Oppenheimer.
Zapkendorf mit ♉) in Recknitz und Plaaz III.] | 2826,6. G.	Lieutenant Emil von Buch.
Zehna ♉ |] o Z. 3776,8. G. *Neuhof* und Anth. in *Wendorf* II. 900,3. G.	Johann Friedrich Traugott Kortüm. (13514)

. 17) Amt *NeuKalden:* (6,426,908 □R.) 22

PSt.: Gnoien, NeuKalden, Malchin, Teterow.

Bukow o 999,11. T.	Johannes Buchholtz.
Gorschendorf * |'] o 1558,14. M.	Hofrath Gustav von Kühlewein. (37781)
NeuHeinde und KleinBützin | o VII. 1680,11. T.	Kammerherr Adolph, Graf von Bassewitz.
Jettchenshof 408,7. M.	Ludwig Otto Friedrich Roggenbau.
Karnitz | * 1675,4. Lelkendorf | II.] 3980,5. Sarmstorf | 2104,13. N.	StaatsMinister, GeheimeRath und KammerPräsident Theodor Diederich von Levetzow.
Klenz | und KleinMarkow 5417,3. „ N. Gehmkendorf] * III. 2618,2. „ N.	Joseph Jacobson.
Levezow † |] und Todendorf V. 4949,7. T.	Carl Nahmmacher.
HohenMistorf] u. Hüttenhof 1820. N.	Lieutenant Theodosius Vollrath von Levetzow.
GrosMarkow | und Ludwigsdorf III. 4428. N.	Domherr Alexander Carl von Levetzow.
in Poggelow 1405,5. : „	S. Amt *Gnoien.*
Pohnstorf *] 2169,12. „ T.	Johann Wichert.
Rey | * II. Z. 3231. : „ N.	Landrath Johann Friedrich Carl von Schack und Geschwister von Schack.
Schorrentin *] II. u. Schwarzenhof 3609,9. N.	Joh. Gottl. Wilh. Viereck.

Schwasdorf | II. 2267,3. N.	Friedrich Ludwig Schröder.
Schwetzin | 2062,7. - T.	Kammerherr Cuno August von der Kettenburg.
AltSührkow] * und Hagen 1870,1. T.	Carl Gotth. Chr. Fuhrmann.
NeuSührkow | 930,13. T.	Joh. Aug. Friedr. Wilh. Held.
Sukow |] * und Marienhof Z. 5247,3. T.	Landrath Hans Diederich Wilhelm von Blücher.
Teschow * 3503,5. T. „Hagensruhm Z. III. 617, 2. T.	Landrath Ernst Anton Wilhelm von Blücher.
in Thürkow 366,14.	S. Amt *Güstrow*.

18) Amt *Plau:* (5,080,165 □R.) 9

PostStationen: Malchow, Plau, Wittstock.

Göhren * ! | o KB. mit Anth. in Poppentin III. 2422, 9. - M. „ *Sparow mit* †) *in AltSchwerin* TO. *und Sanz* 2427. M.	Ludwig Gerhard Hartwig Friedr., Grafen v. Blücher Erben.
Jürgenshof 1118,9. M.	Joh. Chr. Gottl. Lange's Erb.
Leisten * | o 1740,10. : „ - P.	Johann Wilhelm Beust.
in *Jabel* 740,1. M.	das Kloster *Malchow*.
Nossentin Z. *Hütte, Heide,* TO. *und Silz* 1328,10. M.	Grosherzogliche Kammer.
in Poppentin 31,5.	S. Wendhof, Amts *Wredenhagen*.
Rossow, Anth. IV. 1755,12. W.	Georg Friedr. Ernst Leop. Alb. von Lücken.
Rossow, Anth. 2656,2. W. „	XXVIII. Hauswirthe das.
AltSchwerin †) | *] III. o Mönchbusch Z. Ortkrug und Wendorf o M. AltSchwerin, von Gammescher Anth. 4942, 13.	F. Mierendorff.
Werder 523,2. ¡ P.	Carl Drühl.

19) Amt *Ribnitz:* (15,268,819 □R.) 48

PostStationen: Marlow, Ribnitz, Rostock, Sülze, Tessin.

Bandelstorf mit ♉) in Petschow * | Dischley u. KleinSchwarfs IV. 2348,4. Ro.	August Schlettwein.

Carlewitz 1246,1. Ri. *Emekenhagen* 1663,3. Ri. *Kloster Wulfshagen* † | 2163. M.	Kloster *Ribnitz*. (4700)
Carlsruhe] * 679,7. „ M.	Carl Knebusch.
Dettmannstorf mit †) in Kölzow 1364,9. T. Kölzow †) |] Z. und Grüneheide 2606,15. T.	Justizrath Gustav Friedrich Otto von Prollius.
Dudendorf Z. und Klappe 2642,1. S.	Sigismund August Philipp, Baron Waiz von Eschen.
Dummerstorf |] u. Klein-Dummerstorf 4128,8. Ro.	RegierungsPräsident Rudolf Carl Christoff von Preen.
Emekendorf II. 1635,8. S.	Heinrich Wilhelm Röper.
Fahrenhaupt und Allerstorf 3394. M. Schulenberg | * Z. u. Kneese 5460,6. M.	Grosherzogl. SalineAmt zu Sülze.
Freudenberg, Tressentin * II. | *u. Hinrichsdorf* 3216,4. Ro.	Johann Heinrich Wilhelm Collmann. (7054)
„Gnewitz | 1741,4. „ T. Redderstorf II. 2578,15. S.	Majors Philipp Hans Vollrath von der Lühe Erben.
Goritz 1493,10. T.	Chr. Friedr. Franz Zarncke.
HohenGubkow mit ♉) in Petschow IV. o] * 3394,1. : T.	Gebrüder Hillmann.
Alt- *] und NeuGuthendorf 2383,13. : M.	Oberstlieutenant Gust. Cas. Hardenack von Vogelsang.
Helmstorf Z. 972,12. „ T.	Friedr. Carl Joh. v. d. Lühe.
Horst o 799,14. ; T.	S. Wohrenstorf, A. *Gnoien*.
Lieblingshof o | Z. 2577,10. : T.	John Sansum.
Liepen | 2135,1. T.	Julius Carl Alfred Wächter.
Gros- u. KleinLüsewitz | III. mit †) in Thulendorf, Sagerheide u. Hohenfelde] * Z. 4973,11. Ro.	Carl Friedrich von Keffenbrink.
Neuendorf] Petschow | *] u. Wolfsberg VI. 5498,2. Ro. Petschow, Pfarrgericht 300.	Carl Ludwig Wilhelm Wedige von Walsleben.
Neuhof 854,8. T.	Friedrich von Randow.
Niekrenz 2568,2. : T. Wehnendorf * mit ♉) in Petschow 1364,7. : „ T.	Heinrich August Stever.
Pankelow Z. 1417,4. Ro.	Joh. Georg August Meyer.

„Poppendorf *] 1440,11. Ri.	Gustav Melms.
Reppelin |] Barkvieren und Gnewitzer Mühle 2078,1. T.	Gebrüder Nahmmacher.
„Schlage, Anth. I. 427,2. Ro. *Schlage,* Antheil 527,9.	Das Hospital *St. Georg* in Rostock.
AltSteinhorst] 1442,13. „ M. NeuSteinhorst 607,8. „ M.	Ludwig Melms.
Stubbendorf] Z. 1250,14. M.	Geh.Kammerrath Ludwig von Prollius.
Teschendorf I. | und Godow] 2796,14. Ro.	Carl Ehrenfr. Schlettwein.
KleinTessin, Gramstorfer Feldmark und Wolfsberger Mühle * 2314,2. |' „ T.	Die Stadt *Tessin.*
Teutendorf | 1403,11. T. Wendfeld 684,5. T.	Rittmeister Johann Adam Wilhelm von Flotow.
Teutenwinkel, Cheelsdorf, Krummendorf, Goorstorf, Peez, Häschendorf, Hinrichsdorf, Oldendorf, Nienhagen, Mühle und Antheil in Dierkow 13372,7. Ro. Fienstorf, Steinfeld, Rothbeck, Oftenhäven und Thulendorf 6738,3. Ro. Billenhagen 157,2. Ri.	Grosherzogliche Kammer, s. S. 47. (2176) (11451)
Bictow |] II. 1946,13. „ T.	Kammerherr Adolph, Graf von Bassewitz.
KleinWehnendorf 82,9. : „ T.	Friedr. Daniel Gallenbach.
Wendorf 1331,7. Ro.	Friedr. Joh. Bernh. Paetow.
NeuWendorf 145,3. Ro. -	Georg Diederichs.
Zarnewanz] | Z. 2568,6. T. Stormstorf * und Kleinhof II. 1006,7. T. Vieren 886,8. T.	Gebrüder von der Lühe.

20) Amt *Schwaan:* (1,396,871 □R.) 6

PostSt.: Bützow, Güstrow, Rostock.

Boldenstorf 1656,13.	Gebrüder Carl Friedr. u. Gust. Friedr. Helmuth v. Langen.
Brookhusen 906,2. R. -	Consul Martin Koester.

(Neu-

(Neuhof) 1725.	Die Stadt *Schwaan.*
Prüzen o [mit Anth. in Mühlengeez III. | ! 3274,10. G.	GeheimerFinanzrath Johann Christian Heinrich Satow.
Tarnow, Antheil 495,13.	Grosherzogliche Kammer.
Wokrent | 3098,7. B.	KammerDirector Wilhelm, Baron von Meerheimb.
Ziesendorf ! | * 3155,4. ; „ S.	Geschwister von Nusbaum.

21) Amt *Stavenhagen*. (34,137,400 □R.) 74

PostSt.: NeuBrandenburg, Krakow, Lage, Malchin, Penzlin, Stavenhagen, Teterow, Waren.

AdamsdorfZ. und KleinBrustorf 1176,7. P. Liepen † | III.] o 2291,10. P. KleinVielen * [ ] und Hartwigshof Z. 2477,1. P.	Eduard Jahn.
GrosBäbelin 1957,4. K. -	Ew. Cosm. Leonh. v. Frisch.
Basedow ♁ |] * Neuhäuser | NeuBasedow TO. Seedorf | o Christinenhof Z. Langwitz, ‡ Gessin | XI. und Schwinkendorf † |] 16097. M. Faulenrost |] * Dempzin | Liepen | und Hungerstorf | 12129,2. S. Hinrichshagen | KielM. * Levenstorf XI. | GH. u. Anth. in Panschenhagen 3539,10. W. Lansen *] † | und Schwarzenhof 5252,3. W. Rittermannshagen † | o VIII. 2546,4. M.	Friedrich, Graf von Hahn. (17160)
„Borgfeld † | * XIII. 1600,15. „ S. Zwiedorf u. Friedrichshof III. 1873. „ S.	Gust. Helm. Theod. Diedr. von Maltzahn, Graf von Plessen.
BREDENFELDE II. 1932,7. Bredenfelde |] 988,15.	S. Gebrüder von Heyden.

(7)

Breesen † | III. *] 3601,13. N.	Kammerherr Adolph von Engel. (14222)
Briggow † | *] II. 2966,2. „ S.	Wilhelm Carl Alexander von Oertzen.
Bristow * o ♉ | Z. Grube III. und Glasow] 4631,13. M.	Werner Friedrich Wilhelm Schläger.
Bülow ♉) | KB. und Anth. in Tessenow Z. 3347,3. „ M.	Dorothea Henriette Elisab. Erbrecht, geb. Degener. (Christ. Andreas Erbrecht.)
Chemnitz * III. und Pinnow † |] Z. II. 5787,13. „ N.	Carl Wilhelm von Klinggräff's Erben.
HohenDemzin † | Z. II.] 3240,5. T.	Carl Friedr. Wilh. Rüsecke. (13687)
Deven, Hof † |] 1345,2. : Deven, Dorf II. und Meierei 1414,4. W.	Advocat Albert Carl Ludwig Voss.
Gros- † |] und KleinFlotow * und Kavelstorf 4470,15. W.	Friedr. Wilh. Max, und Carl Otto Friedrich, Gebrüder von Voss.
Gädebehn] und Friederichsruh * 3038,9. S. Gädebehn, PfarrAnth. 300.	Friedrich von Meyenn. (26127)
Galenbeck | *] 2612. S.	Gebrüder von der Lancken.
Gros- ♉ |] * ? und Klein-Gievitz u. Minenhof 4942, 4. „ W.	Felix, Graf von Voss
Kirch Grubenhagen ??? ♉ |] u. Vollrathsruhe, Hallalit u. Steinhagen | IV. 5600,8. T.	Ludwig Heise. (31283)
Grubenhagen, Antheil 750.	Die Pfarre daselbst.
Schloss Grubenhagen * und Vorwerk 1738,1. T.	Oberforstmeister und Kammerherr Aug. v. Maltzahn.
Gützkow, Adamshof, Hüttenhof III. und Röckwitz † |] 4485,11. „ S.	Sophie Friederike Wilhelmine, Gräfin von Moltcke, geb. von Blücher. (Friedr. Carl Albrecht Baron von Maltzahn.)
„GrosHelle |] * Z. KB. u. Lüdershof 5453,11. W.	Friedrich Wilhelm Flügge.
KleinHelle † | *] Z. 2591,6. S.	Leberecht von Ferber.
Kalübbe u. Neuhof 2282,1. N.	Rudolph Ludw. Grisebach.

Woggersin † | *] Z. 2796, 2. N.	Rudolph Ludw. Grisebach.
Kargow † |] * o III. † in Federow und Charlottenhof Z. 2694,1. „ W. Passentin †] Z. 1904,11. P.	Leopold Nicolai.
Kargow, Antheil o 8,1.	Die Stadt *Waren.*
Kastorf †] Z. und Carlshof III. 2988,6. „ S.	Ernst Holz.
Kittendorf *] XI. Mittelhof u. Oevelgünde S. Kittendorf † | Pfarrlehn (5412,3.) Jürgenstorf † | *] IV. Z. und Vosshagen 4219,11. S.	RegierungsRath Friedrich, Kammerherr Carl, Drost Ludwig und Lieutenant Hans, Gebr. von Oertzen.
Knorrendorf und Mannhagen 1135,13. S. Rahnenfelde 464,7. P.	Gebrüder von Zülow.
Gr.Köthel, Anth. II. 602,12. T.	Ad. Joh. Christoph Baetcke.
Gros- und KleinKraase † |] 3038,9. „ : S.	C. A. v. Gentzkow's Erben.
Kriesow | 1967,2. „ S.	C. L. F. A. und H. H. F. G., Gebrüder von Maltzahn.
„Krukow † |] u. Josephshöhe 2430,7. „ P.	Baron Adolph von Maltzan.
In Krukow, 150.	die Pfarre zu Rehse. (3910)
Langhagen 1196,14. P.	Hermann Jahn.
Lapitz † | *] IV. 2439,2. P. Wrodow Z. KB. 1228,5. P.	Johann Gottlieb Neumann.
In Gr. Lukow 871,14. : „	S. Amt *Neustadt.*
GrosLukow] Peenhäuser u. Baarz | 4776,7. T.	Baron Adolph Aug. Helm. Albr. von Maltzahn.
KleinLukow * Z. und Carlstein 1719,9. : - P.	Ferdinand Lancken.
KleinLukow | Krevtsee II. o u. Bockholt 3164,6.	Baron Otto Julius von Maltzahn.
Lupendorf, Antheil | VIII. 2269,4.	S. Tressow, A. *Neustadt.*
Luplow † |] * und Carlshof 3282,5. S.	Kammerherr Joachim von Voss.
„Mallin † | o 2318,6. P.	Baron Fr. W. von Maltzan.
Marxhagen] Z. KB. mit Anth. in Panschenhagen u. Vielist 2158,5. W.	Hermann Funck.

(7 *)

Möllen † [ ] und Buchholz III. o 2606,15. N.	Major Wilh. Ludw. Diedr. von Schuckmann.
In Möllenhagen 2131,13. „ In Mollenstorf 1507,2. „	S. Amt *Neustadt*.
„Penzlin ♉ | o * Zoll, Stadt, Schloß und Vogtei, Neuhof, Bauhof * * Lübkow † |] V. und Siebbichum „ o Werder o Wustrow * 6327,1. P.	ErbLandmarschall Ferdin., Baron von Maltzan. (33138)
Peutsch 1232,2. P.	Albr. Friedr. Ludw. Otto, Baron von Maltzan.
GrosPlasten 1867,1. W.	Carl Ernst Hans v. Saldern.
KleinPlasten] 2003,14. W.	Friedrich Heinrich Ernst von Blücher.
In Prebberede 563,12.	S. Amt *Gnoien*.
Puchow * 1606,8. P.	Hermann von Voss.
AltRehse † | 1054,8. P.	Baron Ferdin. von Maltzan.
Remplin | *] Pampow | VI. Retzow GH. | V. Wendischhagen | * VIII. mit Anth. am MalchinerSee o 10488,12. T. Alt- †] u. NeuPanstorf 2726, 1. T.	Georg Wilhelm, regierender Fürst zu *Schaumburg-Lippe*.
KleinRidsenow und *Trotzenburg* 1021,3. „ - L.	Geschwister Diederichs.
Rockow u. Eickhof 1286,11. W.	Johann Meinke.
Rosenow] III. Z. † | 2308,11. „ S.	Rittmeister Friedrich Wilhelm von Blücher.
Rosenow, Antheil I.	die Pfarre zu Kastorf. (5625)
Rothenmoor] * Dahmen † Sagel | III. und Antheil am Malchiner See o 4501,4. M. Moltzow, Ilkensee] | und Rambow † | * V. 4909,11. S. „Peckatel † | IV. * Jennyhof, Brustorf] 3216,6. P.	Landrath Friedrich Nicolaus Rudolph, Baron v. Maltzahn.
Rumpshagen † | * 2679,14. W.	Joh.Ad.Fr.Just.v.Gundlach.

Scharpzow 1271. S. Schloen † | III. Korn-, Loh- und WalkM. * und Neu-Schloen 2097,7.	Grosherzogliche Kammer. S. Torgelow, A. *Neustadt.* (22280)
BurgSchlitz, Karstorf] und Görzhausen 2248,14. T. Ziddorf | mit ♉) in Bülow V. 2914,9. „ T.	Heinrich, Graf v. Bassewitz, genannt von Schlitz.
Schorssow mit ♉) in Bülow,] | o und Carlshof 2685, 14. „ T.	Gräfin v. Voss, geb. Gräfin von Hahn Kinder. (Felix, Graf von Voss.)
Schwandt † | *] Z. *Marienhof* u. *Vossfeld* 4208,15. ¡ „ S.	Kammerherrin von Voss.
Tarnow † |] II. 1777,11. S.	Carl Neumann.
Ulrichshusen Z. 1332,10. W.	Johann Christian Cravaack.
VARCHENTIN † |] o * ? III. u. CAROLINENHOF 4216,13. : S. GrosVarchow † | *] 2768, 1. „ S.	Banquier Gottlieb Jenisch.
Wozeten Z. 765,14. L.	S. Wardow, A. *Güstrow.*
In *Zietlitz* 73,2.	S. Dobbin, A. *Goldberg.*

22) Amt *Wredenhagen:* (18,081,877 □R.) 41

PSt.: Malchow, Mirow, Röbel, Waren, Wittstock.

Ahrensberg † | SchneideM. * o TO. und Hartenland 5326,1. Mi.	Friedrich, Graf von Hahn.
Below | und † in *Grabow* 1450,14. R.	Gottfried Wilh. Rudeloff.
Buchholz † | *] 2621,13. R.	XXI. *Hauswirthe* daselbst.
In *Buchholz* 569.	Die Pfarre zu Röbel.
Dambeck] Z. * und *Carlshof* ¡ 2858,2. R. Bollewick 1621,1. „ R. *Karchow* † | III. o und *Erlenkamp* 2270,1. R. Nätebow † | 1178,8. „ R. Spitzkuhn 859,2. „ R.	Adolph Friedr., Baron von LangermannErlenkamp. (15013)
Dammwolde † | X. * und *Jaebitz*] 3535,12. R.	Hartwig Gustav Düssler (2386)

Finken † |] * *Knüppeldamm* u. *Bütow* | III. 8155,3. R. Göhren, Anth. 193,7. „ Gotthun Z. KB. mit Antheil an der Müritz o 2955,5. R. Lebbin KB. Z.] 2163,1. Ma.	Ludwig Gerhard Hartwig Friedrich, Grafen von Blücher Erben.
Grabenitz o 1408,14. W.	Oberforstmeister Geo. Wilhelm von Lücken.
Grabow] | 2218,1. R.	XVI *Hauswirthe* daselbst.
Hinrichsberg 1469,2. R.	Ernst Friedr. Georg Theodor von Gundlach.
Jürgensthal Z. 283,5. M.	Aug. Adam Phil. Matth. von Flotow.
Kambz mit Antheil in Zepkow 1656,8. - R. Kambz, PfarrAntheil 300.	Grosherzogliche Kammer.
Karbow 1713,10. R. *Melz* † | *] o *Friedrichshof, Augusthof* 4086. R. *Priborn* | V. Z. 2323,1. R.	Friedrich Aug. Carl Heinrich von Ferber.
Gros- | und KleinKelle * o 2042. „ R. HauptsMühle 25,3. R.	VicePräsident August von Bülow.
Kelle, Antheil 434. „	Die Brüderschaft zu Röbel.
Klink † [ ] * mit Antheil an der Müritz o 1319. : W. *Berendswerder*	Leopold Ernst Heinrich Friedrich Kähler.
Krümmel † | o] Troja * und Ichlim TO. 3895,13. Mi.	Friedrich von Arenstorf.
Leizen † | *] F. o 3540,8. R.	Johann Ad. Friedr. Justus von Gundlach.
Ludorf †] | Z. Gneve * mit Antheil an der Müritz o 4903,5. R.	Joseph Ernst von Knuth's Erbtochter.
Massow † | *] o TO. Evchensruh u. Kornhorst 3945,3. : P.	Rittmeister Adam Ernst von Lücken.
Netzeband *] X. Drusedow, Grüneberg und Dovensee 6539,8. : Wi.	Erblandhofmeister Hans Ferdinand Valentin, Graf v. Königsmark.
Schlösschen Poppentin und Poppentin 963,8. Ma.	Kammerherr Aug. Pet. Dav., Baron LeFort.

Retzow | und Rechlin † | IV. 3669,15. „ Mi. Retzow, PfarrAnth. 150. Klopzow 1491,13. : „ Mi. Alt- und NeuLeppin o Roggentin] und BolterMühle* 3460,10. „ Mi.	Ernst Friedrich Gustav, Baron von Hammerstein. (5698)
Schönberg † | *] Dovensee u. DossKrug 2971,13. : Wi.	Georg Christian Wilhelm Krell.
Solzow mit Antheil an der Müritz o 1708,11. R.	Albert von Ferber.
Wackstow 900. R.	Carl Doehn.
Wendhof KB. 472,5. „ Ma. -	Klosterhauptmann Carl Peter, Baron LeFort.
Wildkuhl 1298,5. R.	KammerDirector Friedrich Ludwig von Flotow.
Winkelhof] 140,8. „ R.	Kammerherr Hans Georg von Bülow.
Zielow | 808,12. R.	Schulze Mahncke und VII Hauswirthe.
Zierzow] 1238,12. „ R.	Theodor Glanz.

C) *Im Fürstenthume Schwerin*

giebt es keine Ritterschaft, seitdem die vorhin dazu gehörigen ritterschaftlichen Güter:

Gülzow, Parum (S. 66), Langensee, Zibühl (S. 67), Boldebuck, Mühlengeez (S. 79), Grünenhagen, Lübzin (S. 80) im Jahre 1771.

Gr.Gischow, Reinstorf, Katelbogen (S. 76), Laase, Moisall, Rubow, Dämelow, Schependorf, Steinhagen, Trechow, Viezen (S. 77), Tieplitz (S. 81), Vogelsang (S. 64), im Jahre 1775, so wie früher schon Prüzen (S. 97),

mit ihren Pertinenzien der Meklenburgischen Ritterschaft einverleibt, und dagegen eben so viele incamerirte, vormals ritterschaftliche Hufen aus den Herzogthümern Schwerin und Güstrow (z. B. S. 49, 53) zu den Domainen des Fürstenthums Schwerin verlegt wurden; Ravensberg (S. 6) und Sagestorf (S. 29) aber schon vorher incamerirt waren. An die 17 ersteren gehen noch jetzt alle Insinuationen durch das Amt Rühn.

D) *Uebrige Landbegüterte,*

die Klöster nämlich und die Stadt Rostock mit ihren Eingesessenen, welche nicht zu Landtagen berufen werden, noch daselbst Stand oder Stimme haben; vorhin (1621) beiden Herzogthümern MeklenburgSchwerin und Güstrow gemeinschaftlich, daher auch noch jetzt zu keinem der ritterschaftlichen Kreise gehörig; seit der Consolidirung der beiden Herzogthümer aber (1659) privative unter Schwerinscher Souverainetät. (29,736,783 []R.)

KlosterGüter: (Allodien) 160 H. 60 Schfl. (44)

mit deren Pächtern (17,612,325 []R.)

gehören den fundirten, mittelbaren JungfrauenKlöstern Augsburgischer Confession in den Herzogthümern Meklenburg. Durch den Reichsschluss vom 25 Februar 1803 §. 35. 36. wurden sie der freien landesherrl. Disposition überlassen, welcher durch eine Vereinbarung mit der Ritter- und Landschaft vom 22 April 1809 entsagt ist. (*StaatsKalender* 1804, II. 188; 1810, II. 197.) Sie werden von gesammter Ritter- und Landschaft auf Landtagen und sonst vertreten. Die mit *Cursiv*Schrift gedruckten steuern zum Cataster der Ritterschaft.

1) KlosterAmt *Dobbertin:* 95¼ Huf. 45 Schfl. 19

im vormaligen *Fürstenthum Wenden*, für CistercienserNonnen, im Jahre 1238 gestiftet. (10,585,022 []R.) PostSt.: Dobbertin.

Altenhagen	5 Erbpächter, Schule u. Schmiede.
Bossow, verpachtet an	Johann Wilhelm Leopoldi.
—	Holzwärter und Krug.
GrosBreesen !	N. N. Geertz und Schule.
Darze, Hof } (Amts	Johann Eggebrecht.
— Dorf } Crivitz.)	3 DrittelH., Holzwärt. u. Schule.
Dobbertin ? ! ♉	Amt, Kloster, Bauhof, Pfarr-Kirche, 7 DrittelHüfner, Mühle, Armenhaus, Krug, Schmiede, Schule und Fischer.
Dobbin	5 Erbpächter und Schule.
Garden	3 Erbpächter, ErbMühle, Fischerei und Schule.
Gerdshagen, Hof	Ernst Friedr. Ferd. Müller.
— Dorf	9 Erbpächter, Kalkbrennerei, Erb-Schmiede und Schule.
Jellen	N. N. Bühring.
—	TheerOfen.
Kläden, Hof !	Siehe Neuhof.
— Dorf	Förster, Fischer, Krug u. Schule.
Kleisten	Siehe Jellen.

Zu KirchKogel	Kirche, Pfarre und Schule.
RumKogel (Amts Lübz)	C. Schultz.
Lähnwitz	Forsthof.
Lenzen (Amts Sternberg)	Christian Friedrich Puls.
Lohmen ! ♅	7 DreiviertelHüfn., PfarrKirche, Schule, Ziegelei und Fischer.
Mestlin und Vimfow	Carl Sauerkohl.
— Dorf	PfarrKirche, Förster, Mühle, Krug, Schmiede, Ziegelei u. Schule.
Mühlenhof	Chr. Hamann, Schmiede u. Krug.
Neuhof	Georg Wienke.
Nienhagen	6 Erbpächter.
Oldenstorf	9 Erbpächter und Schule.
Rüest ? !	25 Erbpächter, Kirche, Schule, Schmiede und ErbKrug.
Schwinz	Forsthof und Fischerei.
Seelstorf, Hof	Lohse.
— Dorf	4 Erbpächt., Schule u. Holzwärter.
Spendin	S. Neuhof.
KleinUpahl	N. N. Foisack, und Schule.

In der SandProbstei: 6.

PostSt.: VorderProbstei: Malchow; HinterProbstei: Mirow.

Diemitz	HinterProbstei.	10 HalbH., Kirche, Schule, 1 B., Krug und Fischerei.
Wale	HinterProbstei.	wüste Feldmark.
Lärz	HinterProbstei.	13 Dreiv.-, 11 Halb-, 10 AchtelH., 4 B., PfarrKirche, Schule und Schmiede.
Schwarz, Dorf !	HinterProbstei.	1 Dreiv.-, 25 Halb-, 4 Acht.H., 7 B., Krug, Schmiede, Kirche, Schule und Fischerei.
Schwarzer Hof	HinterProbstei.	Forsthof.
Lexow, Hof	VorderProbstei.	C. Hermes.
— Dorf	VorderProbstei.	4 Erbpächt., 4 Acht.H. u. Schule.
Rocz	VorderProbstei.	Heinrich Schulz.
—	VorderProbstei.	Schmiede.
SchamperMühle	VorderProbstei.	Erbmüller Zöllner.
Sietow, Hof mit Anth. an der Müritz	VorderProbstei.	Johann Hamann.
— Dorf	VorderProbstei.	4 Erbpächter, PfarrKirche, Schule, Krug und Förster.

2) KlosterAmt *Malchow:* 54 Huf. 60 Scheffel. 15

Im vormaligen *Fürstenthum Wenden*, für Nonnen, Augustiner-Ordens, vorhin zu Röbel, im Jahr 1298 gestiftet. (5,925,835 []R.) PostStation: Malchow.

Cramon und Kraaz	Carl Stoll und Forsthof.
Damerow mit dem KalpinSee	8 Erbpächter, PachtFischer und Holzwärter.
Drewitz und Rothehaus	Christ. Bade's Erben, u. Forsthof. Holzwärter.
Hagenow	Johann Nölting.
Jabel	16 Erbpächter, PfarrK., Schule, Förster, Mühle, Krug, Schmiede und Fischerei.
Kisserow	9 Erbpächter und Schule.
Laschendorf	Kuls, und Ziegelei.
AltLaschendorf mit dem FleesenSee	PachtFischerei.
Zu Lexow	Kirche.
Liepen	10 Erbpächter, Schule u. Krug.
Loppin	5 Erbpächter und Holzwärter.
AltMalchow ? ? ♉	Amt, Kloster, PfarrK., Schule, Wasser-, Wind- und Walk-Mühle, Krug und Schmiede.
Bauhof Malchow	Klosterhauptmann von Blücher.
Malkwitz (A. Lübz)	J. Zollenkopf, Krug u. Fischerei.
Penkow	Friedrich Schröder.
Poppentin, Antheil, Hof	Ferdinand Kortüm.
— — Dorf	Kirche, Schule, Schmiede und Kalkbrennerei.
Gros- und KleinRehberg und Mühle	Ludwig Rosenow, Wassermühle. Schmiede und Schule.
Sembzin, KleinSembzin u. Rothehaus, mit Antheil an der Müritz	Franz Engel, Holzwärter und Schule.
Hohen *Wangelin*, Hof	Theodor Zollenkopf.
— — Dorf	8 Erbpächter, Kirche, Schule, Mühle, Krug, Schmiede und PachtFischerei.

3) KlosterAmt *Ribnitz:* 10¼ Hnf. 30 Schfl. 4.

in der *Herrschaft Rostock*, 1324 für Nonnen, FranciscanerOrdens, gestiftet. (1,001,428 □R.)
PostStation: Marlow, Ribnitz.

Bookhorst u. Rookhorst R.		Carl Melms, Pächter.
Kuhlrade R.		8 Erbpächter, KlosterJäger u. Schule.
Poppendorf M.		4 Erbpächter, 4 Cossaten, Schule und ErbMühle.
Carlewitz R.	Amts Ribnitz.	Georg Tack, Pächter.
Emekenhagen R.	Amts Ribnitz.	Heinr. Ascher, Pächter.
Kloster *Wulfshagen*, Hof, M.	Amts Ribnitz.	Christian Schulz, Pächter.
Kloster *Wulfshagen*, Dorf, M.	Amts Ribnitz.	KirchemitCompräsentationsrecht in Kuhlrade, Schule u. KlosterJäger.
Zu Ribnitz		Amt, Kloster, PfarrKirche, ErbMühle und ErbSchmiede.

4) Kloster *zum heil. Kreuz* in Rostock.

in der *Herrschaft Rostock*, gestiftet 1270 für CistercienserNonnen; ist unter der HufenZahl, wie unter der Entsagung und Vertretung (s. 104, I.) nicht begriffen. Siehe *Rostocker District*. (526,636 □R.)

LüttenKlein	Amts Schwaan.	4 VollHüfner, 4 Cossaten.
Schmarl	Amts Schwaan.	B. Müller, Pächter.
Volkenshagen, Hof	Amts Ribnitz.	Dose's Erben, Pächter.
— Dorf	Amts Ribnitz.	4 Hauswirthe, Mühle und Schmiede, 2 Büdner.
In *Rostock*		Klosterhof und Kirche.

II. Rostocker District: steuert für 130¾ Huf. 69½ Schfl.

besteht aus den, theils dem grosherzoglichen Hause, theils der Stadt Rostock und den dortigen geistlichen Stiftungen, theils PrivatEigenthümern angehörigen, bei der Landestheilung 1621 zwischen den beiden Herzogthümern MeklenburgSchwerin und Güstrow ungetheilt gebliebenen *GemeinschaftsOertern*, und wird auf Landtagen von der Stadt Rostock vertreten. (12,124,458 □R.) PostStation: Rostock.

1) Im Amte *Ribnitz:* 29

Alberstorf 1448,8.	Grosherzogliche Kammer. (4086)
Harmstorf 582,7.	
Oberhof 1304,15.	
Rostocker Wulfshagen 1797,13.	

Bartelsdorf * 2740,14.	Die Stadt Rostock. (3343)
Bentwisch XI. 1498,2.	
Broderstorf IV. | 1169,7.	
Ikendorf 1279,3.	
Kassebohm 1839,14.	
Kessin * VIII. 1167,3.	
Riekdahl V. | 1087,11.	
Oberhagen II. | 2290,2.	
Niederhagen 3397,10.	
Markgrafenheide II. 414,14.	
MittelRövershagen † | VIII. *Rostocker Heide und Hinrichshagen* | 7008,2.	
Stuthof | 1655,15.	
Willershagen V. | 3214,6.	
Göldenitz | IV. Z. 2857,10.	Das Hospital St. Georg in Rostock.
In Schlage V. Z. | 1129,3.	
— *Dierkow* III. 792,10.	
Volkenshagen *] IV. 1846, 10.	S. Kloster zum heil. Kreuz. (1830)
Cordshagen und LandKrug 1178,11.	Das heil. GeistHospital in Rostock.
Jürgeshof 493,14.	
Purkshof 1042,10.	
Vogtshagen | * V. 2863,9.	
Beselin 1388,5.	Gebrüder Grafen von Rittberg.
Bussewitz 1103,13.	Gustav Melms.
Finkenberg } 1589,2.	Ernst Christoph Frehse.
KleinKussewitz } 1589,2.	
GrosKussewitz |] 2013,7.	Diedrich von Pressentin.
HohenSchwarfs |] 1832,3.	Oberforstmeisterin Charlotte Wilhelmi, geb. Lepper.

2) Im Amte *Schwaan*: 17

Biestow 1304	Grosherzogliche Kammer. (17854)
Huckstorf 924,11.	
Brookhusen, Anth. 456,12.	S. Amt *Schwaan*.
Gragetopshof 1125.	Die Stadt Rostock.

Dalwitzenhof 258,9.
Diederichshagen | VII. ! 1849, 15.
In Elmenhorst VII. ! 1227, 10.
Niendorf VIII. ! | 1649,13.
— Das Hospital St. Georg in Rostock.

Barnstorf VII. | 2240,1.
Bramow IV. *KayenM.* * *und Kabuzenhof* 1116,3.
GrosKlein | XIV.] 1698.
GrosSchwafs | VIII. 1983,1.
KleinStove V. | 733,7.
— Das Heil.GeistHospital in Rostock. (19691)

LüttenKlein VIII. | ! 1076.
Schmarl 1224,2.
— S. Kloster zum heiligen Kreuz.

Evershagen * II. | !] 1909, 5. — Das Pastorat zu St. Jacob in Rostock.

Sildemow II | * !] 2100,12. — Hauptmann Vollrath von der Lühe.

GrosStove und Sandkrug. * 2143,10. — Wilhelm Strempel.

Wahrstorf] 1972,10. — Peter Meyer.

E) *Kämmerei- und OeconomieGüter* der Städte und milden Stiftungen: 21

steuern für 60¼ Hufen 45 Scheffel. (5,403,871 □R.)

PostSt: die nebenstehende Stadt.

a) *Im Herzogthum Schwerin:*

Antheil in *Buchholz* I. 309. — Stadt Gadebusch.

Karstädt | XXI. *Hornwald* Anth., *Fresenbrügge* | X. Z. o und *NeuKarstädt* | 3974,8. „ — Grabow.

Bergrade, Hof, 1 *Erbzinsmann, und Dorf,* 6 *Erbzinsmänner,* 1340,14. — GeorgenKirche zu Parchim (550)

Damm IX., *Gischow* ┼ | XVI. *Kirkindemark, Malchow* IV. *Matzlow* | XVIII. ., *Neuburg, Paarsch* * IX. *Rom* ┼ | XIII. *Schalentiner M.* * *Stralendorf* XI. Z. | - und *Trotzenburg* 15779. — Stadt Parchim. (113596)

Slate mit der Fähre * | VII. 1466,5. „ — Stadt Parchim. (16536)

Göhren und Zippendorf | 2 *Erbpächter*, VII. *Hauswirthe*, 2 *Büdner*. — Schwerin.

Antheil in Loiz II. 291,1. „ — Sternberg.

Klein Wolde * 493,13. — Wittenburg.

b) *Im Herzogthum Güstrow:*

Gehrum VII. *Bürgerhof*, *HeideKrug* III. *u. Neuendamm* I. 440. — Stadt Boizenburg.

Quetzin IV. | 683,1. — Plau. (8430).

Bollhagen, Borg, Einhusen, Körkwitz | III. *Meierei, Neuhaus* Z. *und Grenz-Pass* 2200. — Ribnitz. (3330)

F) *Hufenstand*

der

ritterschaftlichen und übrigen Landgüter

des

Grosherzogthums MeklenburgSchwerin.

Hufen.	Scheffel.		Amt	Hufen.	Scheffel.
224	252	27	1 Bukow, darunter herrschaftliche:	$13\frac{1}{2}$	28, 3
127	81	25	2 Crivitz	$10\frac{1}{2}$	55,28
103	27	19	3 Gadebusch	$5\frac{3}{4}$	29,10
63	97	—	4 Grabow	$8\frac{1}{4}$	68,13
324	171	17	5 Grevismühlen	$37\frac{3}{4}$	27,20
45	72	30	6 Ivenack		
190	66	10	7 Lübz	$7\frac{2}{4}$	51, 5
130	78	7	8 Meklenburg		
120	153	22	9 Neustadt		
154	268	4	10 Schwerin	$6\frac{3}{4}$	36,12
67	184	17	11 Sternberg	$10\frac{1}{4}$	23,17
234	201	29	12 Wittenburg	$4\frac{3}{4}$	70,18
1786	156	17	Summe des Meklenburgischen Kreises .	$106\frac{1}{2}$	15,30

Hufen.	Scheffel.		Amt	Hufen.	Scheffel.
41	242	26	13 Boizenburg	$5^1/_2$	5,27
210	112	19	14 Gnoien	13	31,25
70	275	—	15 Goldberg	10	69, 3
360	89	29	16 Güstrow	37	62, 3
98	60	23	17 NeuKalden		
32	250	23	18 Plau	2	64,10
185	6	11	19 Ribnitz	$48^1/_2$	11, 2
23	256	1	20 Schwaan	$^3/_4$	22,29
427	209	4	21 Stavenhagen	2	35,16
163	189	15	22 Wredenhagen	$2^3/_4$	3, 8
1614	132	23	Summe des Wendischen Kreises:	$122^1/_2$	5,27
3401	49	8	Summe der ritterschaftl. Güter		
160	60	—	23 KlosterAemter		
$130^3/_4$	69	6	24 Rostocker District	$12^1/_4$	6, 6
$47^1/_4$	58	16	25 Kämmerei- und OeconomieGüter		
338	187	22	Summe d. übrigen Landbegüterten	$12^1/_4$	6, 6
3739	236	30	TotalSumma:	$241^1/_4$	27,31*)

*) mit Einschluss von $3^1/_4$ PfarrHufen, und mehr als ein Funfzehntheil des ganzen catastrirten Hufenstandes.

G) *Wismarsche Landgüter.* 22

Allodien.

steuern provisorisch nur für $20\frac{1}{4}$ ritterschaftliche Hufen.
PostStation: Wismar.

Benz $\frac{6}{8}$ Huf. 4 Voll-, 7 ViertelH., 5 B. u. Schule. Klüssendorf, Hof $\frac{3}{4}$, Erbpächters Kavel Erben. — Dorf 4 Voll-, 2 ViertelH. und Schule. Martenstorf $\frac{1}{2}$, Erbpächter Schregel. Rüggow $\frac{7}{8}$ Steffin $\frac{7}{8}$, Erbpächter Pätow. HinterWendorf $1\frac{1}{2}$ MittelWendorf $\frac{1}{8}$ 4 Voll-, 2 ViertelH. und Schule.	Heiligen GeistHebung.
Dammhusen $\frac{1}{2}$, Erbpächter Bünger. Müggenburg $\frac{3}{4}$, Erbpächter Hauck. VorderWendorf $2\frac{1}{4}$, 2 Voll-, 1 ViertelH.	StadtKämmerei.
Flöte $\frac{4}{8}$, Erbpächter Dörwald. Triwalk, Hof $\frac{1}{4}$ Erbpächter Rehm. — Dorf, 5 VollH., 6 B.	St. Marien Ziegelhofshebung.

Warkstorf ! 2 Huf. Erbpächter Unruh, St. Marien geistl. Hebung.
GrosWoltersdorf 2½, 4 Voll-, 3 Viertelll., Krug und Schule. } St. JacobsHebung.
Kl.Woltersdorf ¼ Erbpächter Günther, }
Hornstorfer Burg — Eigenthümer Heitmann.
Klussburg u. KlussMühle, 1 H. Eigenthümer Ziemssen.
Kritzower Burg — Allwardt.
Lehnensruh ½ — Hauptmann von Tallard.
Viereckenhof und Mühle 1⅛, Erbpächter Schnack, } Departement der geistlichen Hebungen.
Wisch ! ½ — Commiss.Räthin Ihlefeldt.
Zarnekow] 2 — Friedr. Christoph Hintz.
Papier- und Walkmühle — Erbmüller Budach.

H) *Uebersicht* der Gutsherren und ihrer Besitzungen:

			Schwerin.	Güstrow.	übrige Landbegüterte.	HauptGüter.
1	Landesherrschaft	im Herzogthum	35	26	6	67
1	fürstliche	Familien, im Herzogthum	7	3	—	10
23	gräfliche	Familien, im Herzogthum	35	42	1	78
257	freiherrliche u. adliche	Familien, im Herzogthum	206	151	3	360
279	bürgerliche	Familien, im Herzogthum	173	154	11	338
14	geistliche Stiftungen	im Herzogthum	4	7	75	86
17	weltliche Commünen	im Herzogthum	3	2	37	42
6	Bauerschaften	im Herzogthum	1	5	—	6
598	Gutsbesitzer,	Summe:	464	390	133	987
		darunter Lehngüter:	346	321	2	669
		— Allodien:	118	69	131	318

I) *Ritterschaftliches*
BrandSocietätsCataster
und repartirte *BrandSchäden* von $18\frac{39}{40}$. S. die I. Tabelle.

K) und L) *MeklenburgSchwerinsche HagelAssecuranz und MobiliarBrandAssecuranz*
zu NeuBrandenburg,
so wie repartirte *Hagel- und BrandSchäden* von 1839.
S. die II. und III. Tabelle.

M) *Meklenburgischer Feuer- und HagelVersicherungsVerein* zu Güstrow.
S. die IV. Tabelle.

III.

und Wendischen Kreises,

adt.		Niendorf und Teschenbrügge	71750
	31950	Schwartow	21950
	12550	Sprengelshof	3900
	12000	Gr. u. Kl. Timkenberg	24550
	2000		
	11300	Summe	203200
	10000	2) Amt Gnoien.	
	22525	Bäbelitz	18150
	10100	Boddin und Pfarre	27850
	41500	Böhlendorf	27600
	3025	Brunstorf	10525
	13600	Dammerstorf	23750
		Dölitz	30700
ıme	170550	Drüsewitz	22250
rin.		Duckwitz	12050
	12100	Grammow	25300
	19300	Granzow	11125
	27700	Kanneberg	5000
	26925	Kowalz	14000
	5000	Kuckstorf	7325
	21725	Lübchin	20125
	16500	Lübchiner Pfarre	2100
llen	2250	HolzLübchin	8000
	17600	Lüchow	11200
		Lühburg, Gottesgabe und Basse	24950
	72900	Basser Pfarre	3550
		— Erbzinsleute	1200
	20000	GrosLunow	15000
	34825	KleinLunow	7175
	12000	GrosNieköhr	17500
ei	47550	NeuNieköhr	11450
	9000	KleinNieköhr	7850
	23350	Nustrow	27250
	31500	AltPannekow	19775
	27925	NeuPannekow	5150
	11125	Poggelow	12200
	31650	Prebberede, Dalwitz Grieve etc.	51800
	7175		

Rthl. N⅔.
19500
15700
40400
34825
3400
12650
17475
3000
16400
12000
24100
12000
5200
20175
11400
12650
7575
9800
16000
12250
3450
13150
8300
…e 561925
…n.
14750
62150
23900
19925
…e 120725
…gen.
15000
11050
4000
19350
4700
1000
26600
9700

	Rthl. N⅔.
10) Amt Wredenhagen.	
Below	10500
Buchholz	28500
Dambeck, Kargow, Bollewick und Spitzkuhn	46400
Dammwolde	12650
Grabenitz	14400
Grabow	24800
GrabowerKirche	2000
Hinrichsberg	10800
Karbow	15000
Gros- und KleinKelle	28450
Klink	18000
Krümmel	18400
Leizen	19900
Ludorf	20325
Massow	20400
Melz c. p.	30700
Die Pfarre daselbst	1600
Netzeband	36125
Priborn	17000
Retzow, Alt- u. NeuLeppin etc.	43700
Schönberg	27600
Solzow	13500
Wackstow	6450
Wendhof	14300
Wildkuhl	8500
Winkelhof	5425
Zielow	4475
Summe	499900
C) *KlosterAemter.*	
Amt Dobbertin	224150
Amt Malchow	125675
Amt Ribnitz	71300
Summe	421125
D) *Rostocker District.*	
Bartelsdorf c. p.	18375
Bentwisch	21000
Die Pfarre daselbst	2025
[illegible]	6675

Koeve, LandesEinnehmer.

zu Seite 112.

ssecuranzSocietät

5300	400	1151	Pohnstorf		7000
		255	Rey		13700
	9000	410	Schorrentin		12000
6000	7000	1227	Schwastorf		4200
		5625	AltSührkow		5500
		4506	NeuSührkow		4225
	150	3179	Teschow	95700	10025
	5000				
	625		**11) Lübz.**		
	7250	4985	Beckendorf		5000
	3100	4303	Benthen		1950
	8000	4887	— Pfarre		650
	8000	1614	Blücherhof		7400
	1075	4315	GaarzerKrug		500
	2000	320	Greven		9175
	5000		Lindenbeck		6975
	4000	3708	Grüssow		7700
	9000	3304	HellerMühle		125
	3000	3117	Karow, Mühle		550
	6000	3174	Kuppentin, Pfarre		600
	7000	4701	— Krug		550
	4950	3883	Lanken		3000
	1600	3323	Lütgendorf, Pfarre		400
	6200	3322	Neuhof, Mühle		100
	950	4821	Passow		6000
	1975	3173	Penzlin		5500
	1650	474	GrosPoserin, Pfarre		300
)525	4000	1631	NeuPoserin		3800
		2694	AltSammit		8700
		4681	NeuSammit		2050
	300	5071	Satow		1350
	4000	4852	— Pfarre		200
)800	6500	5346	— Schmid		250

№			Rthlr. Gold.
5564	Priborn		6000
394	Schönberg		8200
5850	— Müller	94925	250
		Summe	1568850

C) *KlosterGüter.*

Amt Dobbertin.

3886	Darze		1000
2103	Dobbertin, Pfarre		125
2747	Jelln		800
4766	Kleisten		1800
2735	RumKogel		3800
5094	Lexow		10100
1562	—		1600
4050	SchamperMühle		500
4209	Schwinz		500
775	Sietow		11200
2070	— Forsthof		1000
2907	KleinUpahl	36025	3600

Amt Malchow.

1423	Cramon		4400
661	Damerow		1500
548	Drewitz		1000
2515	Jabel, Forsthof		1200
3228	— Mühle		625
660	Kisserow		2800
5031 / 5032	—		1600
4554	Liepen		500
4265	Loppin		1200
4298	Loppin		1100
3512	Malchow, Bauhof		3000
3668	— Krug		450
1524	Sembzin		7200
3808	HohenWangelin	27775	1200
		Summe	63800

S S

dAssecura

l

uchhalter

nspector

hle 72775

ebusch.

f

3 Interessenten

Küster

Müller 28275

toien.

re

inder

r

f

lberg. 292400

21175 175

M

1344 Ankershag

2555 —

4116 —

4128 —

4149 } —
4150 }

6400 —

5482 —

7753 } —
bis
7756 }

6580 Bocksee,

1862 Boek

4753 — Küst

4756 — Krüg

4909 — Glas

5311 — Baue

6805 — Schn

4751 Boeker Pr

4752 Boeker Sc

4754 BolterMüh

6750 Carlsruhe,

1152 Clausdorf

6320 —

8031 } —
8032 }

1594 Dambeck

728 GrosDrato

4996 —

5020 — e

5206 —

5239 —

7743 —

1158 KleinDrat

5247 —

8021 —

5310 FauleOrt

1882 Federow

5121 — K

6708 — P

5096 } Godow,
5097 }

NeuBrandenbu

Rthlr. Gold.	№			Rthlr. Gold.
3950	2541	Ludorf		50000
17050	6043 b	Melz und Augusthof		14400
18000	6220	— Prediger		2100
29375	3506	Netzeband		1200
3150	3837	—		3850
800	4374	—		1650
1175	5127	— Hauswirthe		3250
400	5128			
39600	3500			
1725	7814	Priborn		11000
16125	6640	Rechlin, Inspector		1150
2125	2521	Schönberg		26050
24950	7786	— Müller		875
14000	5324	Wendhof, Schäfer	259450	800
2050			Summe	4044300
425				
400		C) *Kloster Güter.*		
13000				
1200		Amt Dobbertin.		
5725	3586	Darze		7500
2550	1758	Dobbertin, Pfarre		2000
1800	2602	Jelln		1950
600	5145	Kleisten		7675
11550	2589	RumKogel		10200
1600	4261	Roez		1650
12825	3700	SchamperMühle		2000
4400	3920	Schwinz		2125
950	1891	Sietow		19950
1650	2844	— Forsthof		2600
1150	3395	— Pfarre		2000
2750	5472	— Holländer		2100
675	6646	— Occonom Schmidt		825
	7460	— Schäfer		400
2400	2795	KleinUpahl	75550	12575
		Amt Malchow.		
2250	4001	Cramon		9075
21500	4161	Damerow, Fischer		1225
175	6282	— 2 Erbpächter		2900
2550	6283			
3900	1749	Drewitz		2050
1200	6397	Hagenow, 3 Einwohner		850
23450	6398			

Beitrag vom Hundert 17 ß 4 ₰ Gold.

—	Gorlos irthe	2581	—
—	—	1174	—
—	— rer	561	—
—	—	19803	9373
—	— der	2118	—
—	— r	598	—
—	—	35121	12083
—	— ter	1042	—
281	Guritz, rer	395	—
	—	10517	6643
—	—	2742	—
—	— ächter	1700	665
—	— nder	1542	—
—	Hornka wärter	819	—
—	—, Küster	448	—
—	—	12233	2856
—	Kleino chullehrer	690	—
—	Kremm Erbpächter	12812	6244
—	— Hauswirthe	6952	—
—	Kumme Büdner	1200	—
—	— rbschmid	1375	—
—	— rbmüller	916	—
—	— rganist	1282	—
—	GrosLa Einlieger	521	—
—	Lauckn Einlieger	508	—
—	Leusso Büdner	632	—
—	— Hagenow.		
—	— lehrer	815	106
—	— npächter	2135	—
—	— ner	626	—
—	— ieger	615	—
—	Neese, 2 Holzwärter	1649	—
—	Neuhof Schullehrer	568	—
—	— 9 Büdner	5491	—
—	Pampin 2 Einlieger	675	—
—	Semme lehrer	912	—
—	— dner	2080	—
—	— wohner	958	—
—	Strasse tentheiler	558	—
—	— lmeister	675	—
—	— wärter	610	—
—	— dner	670	—
—	Techen nlieger	882	—
—	— üdner	2614	—
—	— ger	2472	—
252	— nwohner	1813	—
—	— Büdner	1775	—

	Versicher. Summe gegen Feuer. Thlr. Ngr.	Versicher. Summe gegen Hagel. Thlr. Ngr.
Reinshagen, Erbpächter	2847	—
32) Amt Schwerin.		
Bantzkow, Erbmüller	1853	—
— Zollberechner	548	—
— Gärtner	736	—
— 1 Hauswirth	858	—
— 9 Büdner	3100	—
— 1 Altentheiler	127	—
— Schmid	1072	—
— Erbkrüger	1494	—
— 1 Einlieger	561	—
Dalliendorf, Schullehrer	813	—
— Holländer	2038	—
— 2 Einwohner	711	—
Dambeck, Hof	20312	9516
— 4 Einwohner	1924	—
— Dorf, Pfarre	2230	—
— — Schulze	979	—
— — 2 Erbpächter	2056	—
— — 1 Hauswirth	863	—
— — 8 Büdner	3955	—
— — 8 Einwohner	3513	—
Drispeth, Schullehrer	560	—
— Erbpächter	2034	—
— 6 Hauswirthe	11132	—
— 1 Altentheiler	296	—
— 4 Büdner	2159	—
— 18 Einlieger	3952	—
Gallentin, Holländer	2314	—
Godern, Mühlenpächter	3103	—
Goldenstädt, 9 Hauswirthe	12212	—
— 2 Einwohner	1154	—
— 1 Büdner	909	—
Görries, Schulmeister	650	—
— 4 Hauswirthe	6996	—
— 2 Büdner	1410	—
Heidekaten, 1 Büdner	788	—
Hundorf	—	3526
— 1 Büdner und 1 Einlieger	1538	—
AltJamel, 1 Büdner	359	—
Kleinen, 5 Erbpächter	15364	—
— Tischler	597	—
Cheelsdorf, 1 Erbpächter	3082	—
— 1 Hauswirth	2353	—
Dierkow, 1 Erbpächter	3382	—

— 4 Einliege		18837	6450
Köchelstorf		16517	3445
— Mühlenp	r	2667	—
KleinKrankow, Hollä		860	—
Krönkenhagen, Jäger		16958	6669
Levezow		1727	—
— Holländer		23649	—
Lutterstorf		1266	—
Mummendorf	:er	5580	—
Petersdorf		684	—
Rambow		19963	9880
Rethwisch, Mühlenpäc	hter	2870	—
Saunstorf		554	—
— Holländer	er	600	—
Scharfstorf		415	—
Schönhof, Schäfer		980	—
Fräulein Steinforth	mid	636	—
GrapenStieten, Hollän	ullehrer	448	—
— Ziegler	inlieger	1369	—
GrosStieten		25573	—
— 7 Einwohne	ichter	7178	576
NeuStieten	iner	1843	—
Tressow		14826	9700
— 2 Einlieger		749	—
Vendorf, 2 Erbpächter		12261	6300
— 1 Einlieger		28206	—
Zipfeld, 3 Hauswirthe	inwohner	1454	—
9) Amt Güstr		14852	8172
Ahrensberg, 3 Einliege	ner	1903	—
Amalienhof	afterin	499	—
Augustenberg		36533	19677
Bansow	swirthe	1900	—
GrosBützin, Schullehre	nack.		
— Schmid		—	20865
— Ziegler		—	14010
— 2 Einwohn		—	8067
— Thierarzt		—	7655
Carlsdorf		—	12637
Dehmen, Schullehrer		—	7900
— 15 Einlieger		—	4695
DepzowerMühle		—	5930
— 3 Einlieg		—	12615
Dieckhof, Schmid	alden.		
Dolgen		9911	3450
Glasewitz	l und Müller	1706	—
— 3 Hauswirthe		36381	—

	Versicher. Summe gegen Feuer ℛ N⅔.	Versicher. Summe gegen Hagel ℛ N⅔.
Roggentin	10883	8100
Solzow	13810	11883
Wackstow	7405	3383
Wendhof Poppentin	18292	9650
Winkelhof	1884	—
Zierzow	11079	7276
Summa	6035968	1853520
C) *KlosterGüter.*		
1) Amt Dobbertin.		
Bossow	9590	3920
— Holzwärter	1127	—
GrosBreesen	16764	6992
Dobbertin, Holzmagazin	5817	—
— Müller	4291	—
— Prediger	1461	—
— 4 Einwohner	2612	—
— Brennereipächter	6974	—
— AmtsActuar	2250	—
— Gastwirth	2786	—
— Gerichtsdiener	666	—
Garden, Erbmüller	2898	—
Gerdshagen	27938	—
— 1 Hauswirth	1740	—
— Erbschmid	2160	—
KirchKogel, Pfarre	4212	—
Kläden, Forsthof	1050	—
Lähnwitz, Ziegler	826	—
Lenzen	12029	—
Lohmen, Pfarre	486	—
— Pfarrpächter	5175	—
Mestlin	40757	16467
— Holländer	1936	—
Mühlenhof	16621	—
Neuhof	19298	4194
Spendin		3671
Roetz	13951	6977
Ruest, 22 Erbpächter	40287	—
Schwarz, Forsthof	4726	—
Seelstorf	22255	8533
— Holländer	1218	—
— Schullehrer	655	—
2) Amt Malchow.		
Cramon, Förster	1544	416
— Pachtschäfer	3668	—
— 1 Einlieger	769	—
Damerow, 1 Erbpächter	1004	594
Drewitz, Förster	1109	480
Hagenow	21780	5849
— Schäfer	413	—
Jabel, Pfarre	—	556
— Schullehrer	327	—
— 15 Erbpächter	25766	11459

F. G. J. Diederichs.

III. Städte
des
Grosherzogthums MeklenburgSchwerin.

(I) *Zu Stadtrecht liegende Güter und Grundstücke der Städte:*

a) *Rostock:*

Flecken *Warnemünde:* 239 Häuser.
Ober- und NiederWarnowFluss, Breitling.
5 WasserMühlen, mit 20 Gängen, } am Mühlen-Damm.
1 Walk, Stampf-, Oel- und Schleifmühle, } am Mühlen-Damm.
1 Lohmühle. } am Mühlen-Damm.
3 Wasser- und 3 Windmühlen, } vor dem Kröpeliner Thor.
2 Stampf- und 1 Lohmühle, } vor dem Kröpeliner Thor.
1 Windmühle vor dem Steinthor.

in d. Stadt	Weisse Collegium, Convictorium, Observatorium, 4 Regentien,	Universität Rostock.
in d. Stadt	Klosterhof †	das Kloster zum heil. Kreuz.
in d. Stadt	Heil. Geisthof	das Hospital zum heil. Geist.
in den Vorstädten	St. Georg	das Hospital zum St. Georg.
in den Vorstädten	NeueWerder	Senator Eduard Passow.
in den Vorstädten	Carlshof	verehelichte Kracht.

b) *des Herzogthums Schwerin:*

Parchim: *Brunnen,* 6 Korn- und Walkmühlen, 2 Ziegeleien, Eldenstrom.
Dömitz: HinterWerder, StadtWeinkeller.
Gadebusch: Vorwerk *Bendhof,* Walkmühle, Ziegelei.
Grabow: RathsWeinkeller, Ziegelhof.
Grevismühlen: *Grenzhausen* und Fischerei.
Kröpelin: Ziegelei, Korn-, Walk- und Lohmühlen.
Malchow: Fähre, MalchowerSee, Korn- und Walk-Mühle, Holzwärterei und Ziegelei.
Schwerin: Stadtfeld, Ziegelei, RathsWeinkeller, Kaufhaus, Stadthaus.
Sternberg: Sternberger*Burg,* Schäferei, Walkmühle.
Waren, Stadt: Alte Meierei |, *Falkenhagen,* Antheil an der Müritz, TheerOfen, Warenshof, Warensche Wold, Jägerhof, Ziegelei, Zollhof, Moor- und WernkeSee.
— Pfarre: *Schwenzin,* PfarrGut.

(8)

c) *des Herzogthums Güstrow:*

Güstrow: *Brunnen, BülowerBurg, GlasewitzerBurg, GlevinscheBurg, Grenzburg, Oevelgünne, Priemer Burg*, PriemerWald, Korn-, Säge-, Walk-, Oel-, Graupen- und Lohmühlen.
(Russowenhof, Sibethenhof.)
Boizenburg: Fähre, die Gamm, Ziegelhof.
Krakow: Rathhaus, Schäferei, Kalkbrennerei.
Lage: Papiermühle (Erbmüller Daniel Hennings).
Malchin: Vorwerk *Pisede*, Vorwerk *Viezenhof*, RathsWeinkeller, BinnenMühle, Krebs- und Walkmühle, MalchinerSee, Antheil an der Peene, Ziegelhof.
Penzlin: Korn- und Lohmühle, Stadthof, Windmühle, Ziegelei.
Plau: GaarzerFeldmark, Hof *Appelburg*, Ziegelei, Kalkbrennerei, Bleiche, Fischerei.
Ribnitz: BrückenZoll, StadtKrug, 2 Windmühlen.
Röbel: 2 Windmühlen, 1 Wassermühle, *Röbelsche Wold*, Ziegelei.
Schwaan: StadtSchäferei und Ziegelei.
Teterow: See.

d) *des Fürstenthums Schwerin:*

Bützow: *Vierburg*, See.
Schwerin: SchelfFeld.

e) *Wismar:*

GrubenMühle, in der Stadt.

Vor dem AltWismarschen Thore:

Gärberhof, Mühlenhof, Schmidtshof, SchweineKrug, Wassermühle, Wichmannshof.

Vor dem Lübschen Thore:

Lieps, wüste Insel in der Ostsee.
Laboratorium, Lübsche Burg.
Jacobshof und Mühle } St. JacobsHebung.
Gärtnerhof }

Vor dem Meklenburger Thore:

Gröningsmühle, Rothethor und Mühle, Bernittenhof.

Vor dem Poeler Thore:

Oevelgünne, Haffburg.

(II) *Bürgerlicher Nahrungsstand*

aus den von den Obrigkeiten und Steuerstuben jeder Stadt, in Gemässheit der CircularVerordnung vom 2 October 1817, und des Publicandi vom 26 April 1823, Michaelis 1840 aufgenommenen Verzeichnissen der gewerbtreibenden Einwohner: worunter die *cursiv* gedruckten Handwerker von der Landesherrschaft mit der Zunftgerechtigkeit privilegirt, allemal aber nur die Meister zu verstehen, blosse Ackerleute und Tagelöhner übergangen sind.

Die Redaction dieser Verzeichnisse kann aber nur dann mit Zuverlässigkeit vorgenommen werden, wenn von den einsendenden Behörden, nach obiger gemessener Vorschrift, die *alphabetische Ordnung strenge* beobachtet wird, weil dem Revisor nicht zugemuthet werden mag, den Verfassern nach ihren willkührlich veränderten Ansichten zu folgen und jeden Nahrungszweig in dem gewählten Verstecke aufzusuchen, um ihn mit den früheren Angaben zu controliren.

A) *SeeStadt Rostock.*

Die grösste Stadt des ganzen Landes, in der vormaligen *Herrschaft Rostock*, wenn gleich schon früher (1161) eine wendische Stadt, von dem Fürsten Heinrich Borwin I. zu Meklenburg (1218) mit der StadtGerechtigkeit bewidmet, seitdem (1237-1301) die Residenz der Herren zu Rostock; seit 1323 Meklenburgisch, und zwar (1352 - 1471) den Schwerinschen Herzogen, in den folgenden Landestheilungen (1555, 1621) beiden regierenden Linien zu Schwerin und Güstrow gemeinschaftlich, nach Erlöschung der letzteren (1695) aber der Schwerinschen Linie wieder allein gehörig, unter eigener Ober- und Nieder-Gerichtsbarkeit der Stadt. Seit 1419 ist sie der Sitz einer Universität, seit 1571 des Consistoriums, seit 1622 des Engeren Ausschusses der Ritter- und Landschaft, 1702 - 1722 und wieder seit 1748 der vorhin Güstrowschen JustizKanzlei, auch seit 1830 einer MedicinalCommission, und seit 1840 des OberAppellations-Gerichts beider Grosherzogthümer; 1702 - 1719, 1748 - 1755 abwechselnd Residenz der regierenden Herzoge und 1786 - 1794 der verwittweten Herzogin *Louise Friederike*; hat vier HauptKirchen und eine NebenKirche, 1 JungfrauenKloster, 2 Hospitalien, eine lateinische und eine Bürgerschule; auch 4 FreimaurerLogen, *Irene zu den drei Sternen, Tempel der Wahrheit, Prometheus* und *zu den drei Sternen* genannt, und ein Schauspielhaus; hält eine Messe, einen Jahrmarkt auf der Neustadt und einen Viehmarkt auf der Altstadt.

5 Aepfelhäker, 1 Amidamsfabrik, 1 Ankerschmid, 3 Apotheker, 1 Bader, 39 Bäcker, 9 Barbiere, 1 Baumwollen-Manufactur, 1 Beckenschläger, 7 Beutler, 1 Bildhauer, 3 Bleicher, 1 BlumenFabrikant, 16 Boy-, Fries- und Tuchmacher, 42 Böttcher, 36 Branntweinbrenner, 61 Gros-, 8 Weiss- und 8 CoventBrauer, 8 Brettsäger, 11 Buchbinder, 2 Buchdrucker, 4 Buchhändler, 2 Büchsenschäfter, 2 Bürstenbinder, 1 Cichorienfabrik, 4 Ci-

(8 *)

tronenhändler, 8 Chirurgen, 5 Conditoren, 3 DecatirAnstalten, 44 Drögköper (Victualienhändler), 16 Drechsler, 1 Eisengiesserei, 1 FarbenFabrik, 5 Färber, 1 Feilenhauer, 48 Fischer, 6 Fischseller, 1 Flötenspielfabrikant, 1 Frohnereipächter, 16 Land- u. 20 StrandFuhrleute, 2 Garbrater, 44 Gärtner, 52 Gastwirthe, 14 Glaser, 3 Glashändler, 1 Glashütte, 5 Gelbgiesser, 1 Glockengiesser, 9 Goldschmiede, 1 Gürtler, 3 Gypsmühlen, 10 Hebammen, 1 Heringswraker, 6 Heringshöher, 5 Holzsetzer, 2 Hopfenmesser, 2 Hopfenwraker, 8 Hutmacher, 4 Instrumentenmacher, 1 Kalkbrennerei, 8 Kalkverhöher, 2 Kammmacher, 14 Karrenfahrer, 1 Kattunglätter, 116 Kaufleute, 4 Kerzengiesser, 5 Kleidersellerinnen, 5 Kleinbinder, 13 Klempner, 4 Klutenstreicher, 1 Knochenmühle, 4 Knopfmacher, 1 Knopfgiesser, 4 Korbmacher, 4 Kohlenmesser, 4 Kornmakler, 14 Kornmesser, 80 Krämer, 64 Krüger, 11 Kuchenbäcker, 9 Kürschner, 4 Kupferschmide, 1 Kütermeister, 2 Lackirer, 2 Lederthauer, 1 Leihhaus, 4 Leihbibliotheken, 9 Leimkocher, 1 Leistenschneider, 40 Lichthaken, 2 Lithographen, 4 Litzenbrüder, 43 Lohgärber, 2 Lohmüller, 32 Lohnbediente, 6 Gold-, Waaren- und WechselMakler, 15 Maler, 9 Maurer, 1 Mechanicus, 1 Messerschmid, 9 Miethkutscher, 6 *Wassermüller*, 4 *Windmüller,* 4 Grützmüller, 8 Musiklehrer, 10 Nadler, 5 Oelmühlen, 2 Orgelbauer, 30 Pantoffelmacher, 5 Parasolmacher, 2 Pferdehändler, 2 Pelzer, 4 Perückenmacher, 2 Petschierstecher, 2 Porteurs, 2 Posamentierer, 3 Pumpenmacher, 4 Putzhändler, 13 Reifer, 17 Riemer, 2 Ross- und Thierärzte, 1 SalmiakFabrik, 2 Sattler, 31 Salzhäker, 3 Scheerenschleifer, 39 Scharren- und 4 HausSchlächter, 36 Schulhalter, 40 Schmiede und Schlösser, 104 Schneider, 172 Schuhmacher, 20 Altschuster, 75 Schiffer, 28 SchiffsNachprahmer, 2 SchützenZünfte, 1 Schornsteinfeger, 2 Schweinzieher, 1 Schwertfeger, 4 Segelmacher, 4 SeifenFabriken, 1 Seiler, 26 Spielleute, 4 Sprachmeister, 1 StadtmusikDirector, 1 Steindämmer, 1 Steindrucker, 11 Stellmacher, 1 Strohhutfabrik, 17 Stuhlmacher, 10 TabacksFabriken, 2 Tanzmeister, 6 Tapezierer, 1 Theerwraker, 1 Thurmdecker, 53 Tischler, 9 Töpfer, 21 Todtenfrauen, 36 Träger, 12 Tuchhändler, 1 Tuchscheerer, 12 Uhrmacher, 2 Viehmakler, 1 Wagenmeister, 4 WagenFabriken, 1 Walkmühle, 1 WattenFabrik, 35 Lein- und Garnweber,

22 Weinhändler, 2 Zahnärzte, 1 Ziegler, 8 Haus- und 4 SchiffsZimmermeister, 2 Zinngiesser, 2 Zeichenmeister, 2 Zuckersiedereien, 3 Zunderhändler.

B) *LandStädte des Meklenburgischen Kreises oder des Herzogthums MeklenburgSchwerin.*

2) *VorderStadt Parchim,*

im *Fürstenthum Wenden*, gestiftet vom Fürsten Heinrich Borwin I. (1218), demnächst (1237 - 1270) einer eigenen fürstlichen Linie, seit 1275 aber den Herren zu Werle, und zwar von der älteren Linie, gehörig, nach Abgang der Fürsten zu Wenden (1436) aber Meklenburgisch, seit 1537 der Sitz einer Superintendentur und 1564 einer seit 1827 zum *Friedrich-FranzGymnasium* erhobenen lateinischen Schule, 1667 - 1708 des Hof- und Landgerichts, 1734-1787 der Königl. Preussischen PfandAdministration, und 1818 - 1840 des OberAppellations-Gerichts beider Grosherzogthümer; hat eine FreimaurerLoge *F. L. zur Treue*; Niedergerichtsbarkeit grosherzoglich; hält 2 Jahrmärkte in der Alt- und 2 in der Neustadt.

1 Apotheker, 16 *Bäcker*, 7 Barbiere, 16 *Böttcher*, 11 Branntweinbrenner, 5 Brauer, 3 Buchbinder, 1 Buchdrucker, 1 Buchhandlung, 2 Büchsenschäfter, 1 *Chirurgus*, 2 Conditoren, 9 Drechsler, 4 *Färber*, 10 *Fischer*, 42 *Fries- und Tuchmacher*, 52 Fuhrleute und Ackerbürger, 2 Gärtner, 9 Gastwirthe und Herbergierer, 6 Glaser, 3 *Goldschmide*, 2 GrützQuerren, 1 Hutmacher, 1 Instrumentenmacher, 22 JudenFamilien, 1 Kammmacher, 30 Kaufleute u. Krämer, 1 Kesselhändler, 2 Klempner, 2 Korbmacher, 1 Kupferschmied, 2 Lederbereiter, 5 Lohgerber, 3 Lohnbediente, 5 Maler, 6 *Maurer*, 4 Mehlhändler, 1 Mühlenbauer, 1 *Müller*, 1 Musikant, 2 Nadler, 5 *Nagelschmide*, 7 Pantoffelmacher, 1 Pfeiffenmacher, 2 Pumpenmacher, 9 *Riemer*, 4 Sattler, 2 Scheerenschleifer, 21 *Schlächter*, 23 *Grob- und KleinSchmide*, 26 *Schneider*, 1 Schornsteinfeger, 92 *Schuster*, 1 *SchützenZunft*, 1 Seifensieder, 5 *Stell- und Rademacher*, 3 Stuhlmacher, 24 *Tischler*, 7 *Tabacksspinner*, 6 *Töpfer*, 3 *TodtenBeliebungen*, 5 Tuchscheerer, 3 Uhrmacher, 1 Walkmüller, 16 *Weber*, 4 Weinhändler, 6 Weisgerber, 1 Wollspinnerei, 3 Zeugschmide, 1 Zichorienfabrik, 5 *Zimmermeister*, 2 Zinngiesser.

3) *Brüel,*

im *Herzogthum Meklenburg,* gestiftet 1310 von Reimar von Plessen, seitdem zu dem ritterschaftlichen Gute daselbst gehörig und mit diesem seit 1753 erbprinzlich, bis 1754 amtssässig, seitdem kanzleisässig, unter fürstlicher Niedergerichtsbarkeit; hält 3 Jahrmärkte.

1 Apotheker, 6 *Bäcker,* 4 Böttcher, 2 Branntweinbrenner, 4 Brauer, 2 Chirurgen, 3 Drechsler, 1 Färber, 6 Gastwirthe, 3 Glaser, 1 Goldschmid, 2 Grützmüller, 1 Hutmacher, 9 JudenFamilien, 1 Kammmacher, 6 Kauf- und Handelsleute, 1 Lohgerber, 2 Maler, 3 Maurer, 1 Müller, 1 Musikant, 3 Nagelschmide, 1 Pantoffelmacher, 3 Riemer, 1 Seiler, 1 Scheerenschleifer, 5 Schlächter, 9 *Grob- und KleinSchmide,* 13 *Schneider,* 23 *Schuster,* 1 *SchützenZunft,* 4 Stell- und Rademacher, 1 Strohhutmacher, 6 Tischler, 3 Töpfer, 1 Uhrmacher, 9 *Weber,* 4 *Zimmermeister,* 1 Zinngiesser.

4) *NeuBukow,*

im *Herzogthum Meklenburg,* gestiftet vor 1306, bis 1775 amtssässig; Niedergerichtsbarkeit grosherzoglich; hält 3 Jahrmärkte. Die ältere Geschichte s. Amt Bukow S. 5.

1 Apotheker, 8 *Bäcker,* 1 Bader, 4 Böttcher, 4 Branntweinbrenner, 1 Buchbinder, 2 Chirurgen, 3 Drechsler, 2 Färber, 5 Gastwirthe, 3 Glaser, 1 Goldschmid, 1 Hutmacher, 14 JudenFamilien, 1 Kammmacher, 8 Kauf- u. Handelsleute, 1 Kesselflicker, 1 Kesselhändler, 1 Klempner, 1 Korbmacher, 1 Lichtzieher, 3 Lohgerber, 3 Maler, 3 *Maurer,* 1 Mehlhändler, 1 Müller, 1 Musikant, 2 Nagelschmide, 2 Rademacher, 6 Riemer, 6 Schlächter, 10 *Grob- u. KleinSchmide,* 17 *Schneider,* 1 Schornsteinfeger, 34 *Schuster,* 2 Seiler, 1 Sensenhändler, 1 Spohnhutmacher, 1 Stuhlmacher, 9 *Tischler,* 1 *Todtengilde,* 2 Töpfer, 1 Uhrmacher, 1 Uhrenhändler, 10 *Weber,* 3 *Zimmermeister.*

5) *Crivitz,*

in der *Grafschaft Schwerin,* s. Amt Crivitz, gestiftet vor 1312; Niedergerichtsbarkeit grosherzoglich; hält 3 Jahrmärkte.

1 Apotheker, 2 Barbiere, 10 *Fest- u. LosBäcker,* 1 Bleicher, 5 Böttcher, 4 Branntweinbrenner u. Brauer, 3 Drechsler, 2 Färber, 1 Fischer, 8 Fuhrleute, 8 Gastwirthe, 2 Gärber, 4 Glaser, 1 Goldschmid, 3 GrützQuerren, 1 Hutmacher, 14 JudenFamilien, 11 Kauf- u. Handelsleute, 1 Kesselflicker, 1 Klempner, 2 Köhler, 1 Korbmacher, 1 Leinwandhändler, 2 Maler, 3 *Maurer,* 1 Musikant, 1 Mützenmacher, 2 Nagelschmide, 3 Productenhändler, 1 Riemer, 3 Sattler, 3 Scheerenschleifer, 10 Schlächter, 11 *Grob- u. KleinSchmide,* 16

Schneider, 1 Schornsteinfeger, 58 *Schuster*, 1 *Schützen-Zunft*, 2 Seiler, 4 *Stell- u. Rademacher*, 12 *Tischler*, 2 Tabacksspinner, 1 Thierarzt, 5 Töpfer, 1 Uhrmacher, 12 *Weber*, 1 Weinhändler, 3 *Zimmermeister*, 1 Zuckerbäcker.

6) *Dömitz*, s. Amt Dömitz.

1722 - 1733 Sitz der Güstrowschen JustizKanzlei und 1733 - 1747 der Regierung Herzogs Carl Leopold, noch jetzt eines Elbzoll-Amts; Niedergerichtsbarkeit grosherzogl.; hält 4 Jahrmärkte.

1 Apotheker, 10 *Bäcker*, 2 Barbiere, 3 Böttcher, 2 Branntweinbrenner, 2 Brauer, 1 Buchbinder, 3 Drechsler, 2 Färber, 29 Fuhrleute, 7 Gastwirthe, 4 Glaser, 1 Goldschmid, 12 JudenFamilien, 13 Kauf- u. Handelsleute, 1 Klempner, 2 Korbmacher, 1 Kürschner, 1 Maler, 2 *Maurer*, 1 Mühlensteinhändler, 1 Musikant, 2 Nagelschmide, 2 Riemer u. Sattler, 17 *Schiffer*, 1 Schiffszimmermann, 12 Schlächter, 7 *Grob- u. KleinSchmide*, 9 *Schneider*, 23 *Schuster*, 1 *SchützenZunft*, 2 Seiler, 1 Stell- und Rademacher, 1 Steinhauer, 9 *Tischler*, 2 Tabacksfabrikanten, 3 Tabacksspinner, 3 Töpfer, 1 Uhrmacher, 4 Weber, 1 Weinhändler, 2 *Zimmermeister*.

7) *Gadebusch*, s. Amt Gadebusch,

gestiftet von F. Heinrich Borwin dem I. zu *Meklenburg* vor 1225. Niedergerichtsbarkeit grosherzoglich; hält 3 Jahrmärkte.

1 Apotheker, 8 *Bäcker*, 1 Beutler, 3 *Barbiere*, 4 *Böttcher*, 11 Branntweinbrenner, 11 Brauer, 2 Buchbinder, 1 Chirurgus, 9 *Drechsler*, 1 Essigbrauer, 2 Färber, 4 Fuhrleute, 1 Gärtner, 10 Gastwirthe, 4 Glaser, 2 Goldschmide, 1 GrützQuerre, 2 Hebammen, 2 Hutmacher, 11 JudenFamilien, 13 Kauf- u. Handelsleute, 1 Kesselhändler, 1 Klempner, 1 Kürschner, 1 Lederhändler, 1 Lederthauer, 3 *LeichenBeitragsGesellschaften*, 2 Maler, 4 Maurer, 1 Mechanicus, 1 Mehlhändler, 1 Musikant, 1 Nagelschmid, 1 Pumpenmacher, 6 Riemer und Sattler, 2 Scheerenschleifer, 7 *Schlächter*, 10 *Grob- und Klein-Schmide*, 18 *Schneider*, 43 *Schuster*, 1 *SchützenZunft*, 2 Seifensieder, 1 Seiler, 4 Spohnhutmacher, 2 *Stell- und Rademacher*, 2 Stuhlmacher, 1 Thierarzt, 16 *Tischler*, 1 Tabacksspinner, 2 Töpfer, 3 Uhrmacher, 1 Walkmüller, 20 *Weber*, 1 Ziegler, 1 *Zimmermeister*, 1 Zinngiesser.

8) *Grabow*,

gestiftet von den Grafen zu *Danneberg* vor 1255. S. Amt Grabow. Jurisdiction grosherzoglich; hält 4 Jahr- und 7 Buttermärkte.

1 Apotheker, 17 *Bäcker*, 3 Barbiere, 1 *Baugilde*, 4 *Bött-*

cher, 16 Branntweinbrenner, 3 Brauer, 2 Buchbinder, 1 Büchsenschmid, 6 Drechsler, 2 Essigbrauer, 2 Färber, 1 Fischer, 1 Friseur, 19 Fuhrleute, 3 Gärtner, 16 Gastwirthe, 3 Glaser, 2 Goldschmide, 4 Hutmacher, 9 Juden-Familien, 1 Kammmacher, 6 Kahnfahrer, 16 Kauf- und Handelsleute, 2 Klempner, 2 Knopfmacher, 1 Korbmacher, 2 Kürschner, 1 Kupferschmid, 1 Lederthauer, 1 Lichtfabrikant, 1 Lohgärber, 1 Korn-, Loh-, Walk- u. OelMüller, 2 Maler, 4 *Maurer,* 1 Mälzer, 1 Musikant, 1 Nadler, 2 Nagelschmide, 1 Pfeiffenmacher, 5 Riemer und Sattler, 1 Scheerenschleifer, 17 *Schlächter,* 7 *Grob-Schmide,* 4 *Schlösser,* 28 *Schneider,* 1 Schornsteinfeger, 48 *Schuster,* 1 *SchützenZunft,* 2 Seiler, 3 Stell- u. Rademacher, 1 Strohhutfabrikant, 1 Stuhlmacher, 15 *Tischler,* 4 *Tabacksspinner,* 2 *TodtenZünfte,* 1 Thierarzt, 8 *Töpfer,* 3 *Tuch- u. Friesmacher,* 1 Tuchscheerer, 1 Tuchpresser, 1 Uhrmacher, 19 *Weber,* 2 Weinhändler, 1 Weisgärber, 1 Ziegler, 5 *Zimmermeister,* 1 Zinngiesser.

9) *Grevismühlen,*

gestiftet vor 1226. S. Amt Grevismühlen. Jurisdiction grosherzoglich; hält 3 Jahrmärkte.

2 Apotheker, 11 *Bäcker,* 4 Böttcher, 1 Branntweinbrenner, 4 Brauer, 2 Buchbinder, 3 Chirurgen, 2 Drechsler, 2 Essigbrauer, 1 Färber, 1 Fischer, 1 Gärtner, 14 Gastwirthe, 4 Glaser, 2 Glashändler, 2 Goldschmide, 2 GrützQuerren, 3 Hutmacher, 13 JudenFamilien, 14 Kauf- und Handelsleute, 2 Kesselhändler, 1 Klempner, 2 Korbmacher, 2 Lohgärber, 2 Maler, 5 *Maurer,* 1 Musikant, 1 Nadler, 4 Nagelschmide, 1 Pantoffelmacher, 1 Reifer, 5 *Riemer und Sattler,* 7 Schlächter, 15 *Grob- und KleinSchmide,* 26 *Schneider,* 58 *Schuster,* 6 *Stell- und Rademacher,* 1 *SchützenZunft,* 1 Thierarzt, 16 *Tischler,* 6 Töpfer, 2 Uhrmacher, 32 *Weber,* 1 Weisgärber, 5 *Zimmermeister.*

10) *Hagenow,* s. Amt Hagenow.

gestiftet vor 1370, bis 18 April 1754 amtssässig, seitdem kanzleisässig; Criminal- und Niedergerichtsbarkeit grosherzoglich; hält 4 Jahrmärkte.

1 Apotheker, 3 Barbiere, 11 *Bäcker,* 1 Beutler, 8 *Böttcher,* 8 Branntweinbrenner und Brauer, 3 Buchbinder, 1 Büchsenschmid, 10 Drechsler, 1 Essigbrauer, 2 Färber, 13 Gastwirthe, 3 Goldschmide, 5 Glaser, 2 Grütz-Querren, 4 Hutmacher, 20 JudenFamilien, 15 Kauf-

und Handelsleute, 1 Kesselhändler, 2 Klempner, 1 Korbmacher, 4 Lederhändler, 1 Lichtgiesser, 3 Lohgerber, 2 Maler, 5 *Maurer*, 3 Mehlhändler, 1 Müller, 1 Musikant, 3 Mützenmacher, 3 Nagelschmide, 1 Orgelbauer, 1 Pfeiffenmacher, 1 Pumpenmacher, 5 Riemer, 2 Seiler, 1 Scheerenschleifer, 11 Schlächter, 14 *Grob- und KleinSchmide*, 23 *Schneider*, 1 Schornsteinfeger, 108 *Schuster*, 1 *SchützenZunft*, 2 Steindämmer, 5 *Stell- und Rademacher*, 1 Stuhlmacher, 19 *Tischler*, 1 Tabacksfabrikant, 3 Tabacksspinner, 4 Töpfer, 1 Uhrmacher, 1 Viehhändler, 13 *Weber*, 3 Weinhändler, 3 *Zimmermeister*.

11) *Kröpelin*,

in der *Herrschaft Rostock*, gestiftet vor 1250 und seit 1323 Meklenburgisch; Jurisdiction grosherzoglich; hält 3 Jahrmärkte.

1 Apotheker, 9 *Bäcker*, 1 Barbier, 6 *Böttcher*, 1 Branntweinbrenner, 7 Brauer, 1 Buchbinder, 1 Chirurgus, 2 Drechsler, 2 Färber, 7 Gastwirthe, 3 Glaser, 3 Goldschmide, 3 GrützQuerren, 1 Hutmacher, 14 JudenFamilien, 10 Kauf- und Handelsleute, 1 Kesselhändler, 1 Klempner, 1 Lederhändler, 1 Lohgerber, 5 *Maurer*, 2 Maler, 3 Müller, 1 Musikant, 1 Nadler, 3 Nagelschmide, 1 Pfeiffenmacher, 3 *Rademacher*, 5 Riemer und Sattler, 3 Scheerenschleifer, 1 Seifensieder, 3 Seiler, 7 Schlächter, 11 *Grob- u. KleinSchmide*, 16 *Schneider*, 94 *Schuster*, 1 *SchützenZunft*, 1 Thierarzt, 10 *Tischler*, 5 Töpfer, 2 Uhrmacher, 21 *Weber*, 1 Ziegler, 3 *Zimmermeister*.

12) *Lübz*, s. Amt Lübz.

gestiftet vor 1370, bis 13 August 1760 amtssässig, seitdem kanzleisässig, mit grosherzoglicher Niedergerichtsbarkeit; hält 3 Jahrmärkte.

1 Apotheker, 10 *Bäcker*, 2 Barbiere, 5 Böttcher, 5 Branntweinbrenner, 6 Brauer, 1 Büchsenschäfter, 5 *Drechsler*, 2 Färber, 6 Gastwirthe, 4 Glaser, 1 Goldschmid, 3 GrützQuerren, 4 JudenFamilien, 8 Kauf- und Handelsleute, 1 Kesselflicker, 1 Klempner, 1 Lohgerber, 4 *Maurer*, 1 *Müller*, 1 Musikant, 2 Nagelschmide, 2 Riemer, 3 Sattler, 5 *Schlächter*, 9 *Grob- und KleinSchmide*, 14 *Schneider*, 1 Schornsteinfeger, 25 *Schuster*, 1 *SchützenZunft*, 3 Seiler, 5 *Stell- u. Rademacher*, 1 Tabacksspinner, 8 *Tischler*, 1 Töpfer, 1 Tuch- u. Friesmacher, 2 Uhrmacher, 7 *Weber*, 2 Weisgerber, 4 *Zimmermeister*.

13) *Malchow,*

im *Fürstenthum Wenden,* gestiftet vom Fürsten Nicolaus III. zu Werle 1235, zum Parchimschen LandesAntheil 1316 bis 1375 gehörig, seit 1436 Meklenburgisch und seit 1621 zum Herzogthum Schwerin gehörig; zu vier Sechstheilen — wovon bis zum Jahr 1837 drei Sechstheile unter von Flotowscher Jurisdiction standen — unter grosherzoglicher und zu zwei Sechstheilen unter StadtJurisdiction: hält 2 Jahrmärkte.

1 Apotheker, 12 *Bäcker,* 4 Böttcher, 7 Branntweinbrenner, 1 Buchbinder, 1 Chirurgus, 2 Drechsler, 2 Färber, 1 Fischer, 3 Glaser, 7 Gastwirthe, 2 Goldschmide, 2 Hutmacher, 14 JudenFamilien, 7 Kauf- und Handelsleute, 1 Klempner, 1 Kupferschmid, 1 Lohgerber u. Lohmüller, 3 Lumpenhändler, 2 Maler, 3 *Maurer,* 3 Müller, 2 Nadler, 1 Nagelschmid, 5 Riemer, 2 Seiler, 1 Scheerenschleifer, 5 Schlächter, 9 *Grob- und KleinSchmide,* 16 *Schneider,* 1 Schornsteinfeger, 48 *Schuster,* 3 Stell- und Rademacher, 1 Stuhlmacher, 1 Tabacksspinner, 16 *Tischler,* 3 Töpfer, 100 *Tuchmacher,* 4 Tuchscheerer, 1 Uhrmacher, 15 *Weber,* 1 Weisgerber, 1 Ziegler, 4 *Zimmermeister.*

14) *Neustadt,*

gestiftet vor 1291 von den Grafen zu *Schwerin;* s. Amt Neustadt. Jurisdiction grosherzoglich; hält 3 Jahrmärkte.

1 Apotheker, 1 Barbier, 12 *Bäcker,* 3 Böttcher, 4 Branntweinbrenner, 1 Buchbinder, 1 Dammastweber, 5 Drechsler, 2 Färber, 1 Fischer, 26 *Fuhrleute,* 5 Gastwirthe, 4 Glaser, 1 Glashändler, 1 Goldschmid, 2 Hutmacher, 10 JudenFamilien, 9 Kauf- und Handelsleute, 1 Klempner, 1 Kupferschmid, 1 Lohgerber, 2 *Maurer,* 2 Maler, 1 Müller, 1 Musikant, 1 Nagelschmid, 4 Riemer, 15 *Schlächter,* 20 *Schneider,* 9 *Grob- und KleinSchmide,* 34 *Schuster,* 1 *SchützenZunft,* 2 Seiler, 3 *Stell- und Rademacher,* 16 *Tischler,* 9 Tabacksspinner, 3 Töpfer, 3 Weinhändler, 14 *Weber,* 2 Zimmermeister, 1 Zwirnfabrikant.

15) *Rehna,* s. Amt Rehna,

bis 30 Mai 1791 amtssässig, seitdem kanzleisässig, unter grosherzoglicher Niedergerichtsbarkeit; hält 4 Jahrmärkte.

1 Apotheker, 13 *Bäcker,* 3 *Barbiere,* 2 Blattbinder, 5 Böttcher, 10 Branntweinbrenner, 10 Brauer, 1 Buchbinder, 1 Bürstenbinder, 7 *Drechsler,* 1 Essigbrauer, 2 Färber, 4 Fuhrleute, 10 Gastwirthe, 1 Gärtner, 4 Glaser, 3 Gold-

schmide, 1 GrützQuerre, 2 Hutmacher, 19 JudenFamilien, 15 Kauf- und Handelsleute, 2 Kesselflicker, 1 Kerzengiesser, 1 Klempner, 1 Korbmacher, 1 Kupferschmid, 2 Kürschner, 2 Lederthauer, 1 Leimsieder, 1 Lohgerber, 2 Maler, 3 *Maurer,* 1 Musikant, 2 Nadler, 1 Nagelschmid, 3 Pferdehändler, 4 *Rasch- und Zeugmacher,* 5 Riemer und Sattler, 1 Scheerenschleifer, 9 *Schlächter,* 13 *Grob- und KleinSchmide,* 15 *Schneider,* 1 Schornsteinfeger, 63 *Schuster,* 1 *SchützenZunft,* 4 Seiler, 2 Steindämmer, 1 Stuhlmacher, 3 *Stell- und Rademacher,* 3 Tabacksspinner, 2 Thierärzte, 13 *Tischler,* 5 Töpfer, 2 Uhrmacher, 1 Viehverschneider, 10 *Weber,* 1 Weisgerber, 3 *Zimmermeister.*

16) *Schwerin,* Alt- und Neustadt.

(Vergl. Neustadt Schwerin S. 134.)

Die Altstadt Schwerin war schon 1018 eine Wendische Stadt und Vestung; aber mit eigentlicher StadtGerechtigkeit und Verfassung erst von dem Sächsischen Herzoge Heinrich dem Löwen 1161 bewidmet, und seitdem die Hauptstadt der *Grafschaft Schwerin;* seit 1359 Meklenburgisch; durch die Verfassungs-Urkunde vom 28 Januar 1832 mit der Neustadt Schwerin zu städtischem Verbande vereinigt, bis zu welcher Zeit die Jurisdiction grosherzoglich war; sie ist der Sitz des Hofmarschall-Amts und des MilitairCollegiums, und seit 1833 der Landes-Regierung, der LehnKammer, des Kammer- und ForstCollegii, auch des Geheimen- und HauptArchivs, mit einem grosherzoglichen Palais, einer katholischen Kirche, einer FreimaurerLoge *H. zur Morgenröthe* und einem Schauspielhause; hält 3 Jahrmärkte auf der Altstadt und 2 auf der Neustadt.

3 Apotheker, 2 Badehäuser, 3 Bleicher, 23 *Fest- und LosBäcker,* 10 *Böttcher,* 18 Branntweinbrenner u. Bierbrauer, 14 *Buchbinder,* 2 Buchdrucker, 2 Buchhandlungen, 2 Büchsenschäfter, 3 Bildhauer, 4 Bürstenmacher, 15 *Chirurgen,* 4 Conditoren, 1 Dachdecker, 17 *Drechsler,* 1 Essigbrauer, 2 *Färber,* 1 Feilenhauer, 28 Fischer, 3 Fruchthändler, 60 Fuhrleute, 6 Gärtner, 31 Gastwirthe, 12 *Glaser,* 4 Gelbgiesser, 1 Glasschleifer, 11 *Goldschmide,* 1 Gürtler, 4 Handschuhmacher, 10 *Hutmacher,* 52 JudenFamilien, 6 *Kammmacher,* 87 Kaufleute und Krämer, 12 *Klempner,* 3 *Knopfmacher,* 1 Koch, 3 Kornhändler, 6 Kornmakler, 4 Korbmacher, 4 *Kürschner,* 3 *KupferSchmide,* 1 Lackfabrikant, 4 Lederhändler, 3 Leihbibliotheken, 1 *Leihhaus,* 4 Lichtzieher, 4 Lohgerber u. Lederbereiter, 11 Leinwandhändler, 19 *Maler,* 6 *Maurer,* 7 Mehlhändler, 3 Messerschmide, 2 *Müller,*

2 Nadler, 8 *NagelSchmide,* 2 NachweisungsComtoirs, 1 Opticus, 4 *Pantoffelmacher,* 5 *Perückenmacher* und Friseurs, 1 Petschierstecher, 2 Posamentierer, 2 Pumpenmacher, 3 Restaurateurs, 19 *Riemer und Sattler,* 1 Rossarzt, 2 Scheerenschleifer, 2 Schirmfabrikanten, 23 *Schlächter,* 43 *Grob- u. KleinSchmide,* 115 *Schneider,* 131 *Schuster,* 8 *Seiler,* 2 Steindämmer, 1 Steinhauer, 10 *Stuhlmacher,* 7 *Stell- und Rademacher,* 2 Sporenmacher, 2 Schornsteinfeger, 1 Stadtmusikus, 1 Steindrucker, 2 Strumpfwirker, 2 Tapezierer, 3 Tabacks-Fabrikanten, 1 Thierarzneischule, 56 *Tischler,* 14 *Töpfer,* 1 Tuchscheerer, 3 Uhrenhändler, 9 Uhrmacher, 1 Vergolder, 1 Wachsbleiche, 1 Wagenfabrikant, 2 Wattenfabrikanten, 20 *Weber,* 8 Weinhändler, 3 Zahnärzte, 1 Ziegler, 5 *Zimmermeister,* 4 *Zinngiesser.*

17) *Sternberg,*

gestiftet vor 1226, s. Amt Sternberg, zur abwechselnden Haltung des allgemeinen Landtages (1621) angewiesen, 1623-1667 der Sitz des Hof- und Landgerichts, und seit 1774 einer Superintendentur; Jurisdiction grosherzoglich; hält 3 Jahrmärkte.

3 Aalräucherer, 1 Apotheker, 7 *Bäcker,* 3 Böttcher, 1 Boy- u. Friesmacher, 3 Branntweinbrenner, 4 Brauer, 1 *Barbier,* 1 Buchbinder, 1 Büchsenschäfter, 3 Drechsler, 2 Färber, 8 Fischer, 16 Fuhrleute, 11 Gastwirthe, 3 Glaser, 2 Goldschmide, 1 Hutmacher, 12 JudenFamilien, 7 Kauf- und Handelsleute, 1 Klempner, 3 Kleinhändler, 1 Korbmacher, 4 Lohgerher, 3 Maler, 4 *Maurer,* 4 *Müller,* 1 Musikant, 2 Nagelschmide, 2 Pantoffelmacher, 6 Riemer, 1 Scheerenschleifer, 7 Schlächter, 9 *Grob- und Klein-Schmide,* 16 *Schneider,* 39 *Schuster,* 1 *SchützenZunft,* 1 Seiler, 3 *Stell- u. Rademacher,* 1 Stuhlmacher, 1 Tabacksspinner, 11 *Tischler,* 4 Töpfer, 1 Uhrmacher, 10 *Weber,* 2 Weisgerber, 2 *Zimmermeister,* 1 Zinngiesser.

18) *Waren,*

im *Fürstenthume Wenden,* vor 1282 gestiftet, 1347-1425 die Residenz der jüngeren Linie der Herren zu Werle und Fürsten zu Wenden, seit 1436 Meklenburgisch und zwar seit 1621 zum Herzogthum Schwerin gehörig: Jurisdiction grosherzoglich; hält 4 Jahrmärkte.

2 Apotheker, 10 *Bäcker,* 2 Beutler, 1 Bleicher, 1 Bleiwindenmacher, 8 *Böttcher,* 32 Branntweinbrenner und Brauer, 2 Buchbinder, 1 Buchdrucker, 1 Büchsenschäfter,

5 *Chirurgen,* 1 Dachdecker, 7 *Drechsler,* 3 Destillateure, 1 Färber, 11 *Fischer,* 7 Fuhrleute, 12 Gastwirthe, 1 Gärtner, 1 Gelbgiesser, 1 Gipsmühle, 4 Glaser, 4 Goldschmide, 7 GrützQuerren, 11 Herbergierer. 3 Hutmacher, 25 JudenFamilien, 12 Kauf- und Handelsleute, 1 Kammmacher, 1 Kesselflicker, 3 Klempner, 1 Knopfformdreher, 1 Knopfmacher, 3 Korbmacher, 3 Kornhändler, 1 Kürschner, 1 Kupferschmid, 1 Lohgerber, 1 Lohmüller, 3 Maler, 1 Maschinenbauer, 3 *Maurer,* 1 Musikant, 8 *Müller,* 1 Nadler, 1 Nagelschmid, 1 Pfeiffenmacher, 1 Rattenfänger, 6 Riemer und Sattler, 3 Scheerenschleifer, 2 Schiffer, 10 *Schlächter,* 17 *Grob- und KleinSchmide,* 46 *Schneider,* 86 *Schuster,* 1 Schornsteinfeger, 1 *SchützenZunft,* 1 Seifensieder, 4 Seiler, 5 Stell- u. Rademacher, 1 Steindämmer, 2 Stuhlmacher, 1 Theerschwäler, 1 Thierarzt, 24 *Tischler,* 1 Tabacksspinner, 3 Töpfer, 14 *Tuchmacher,* 1 Tuchscheerer, 1 Uhrenhändler, 2 Uhrmacher, 1 Walkmühle, 32 *Weber,* 6 Weinhändler, 1 Ziegler, 3 *Zimmermeister,* 2 Zinngiesser, 1 Zuckerbäcker.

19) *Wittenburg,*

gestiftet vor 1294 von den Grafen zu *Schwerin*, s. Amt Wittenburg; Jurisdiction grosherzoglich; hält 4 Jahrmärkte.

2 Apotheker, 11 *Bäcker,* 35 Bauleute, 6 *Böttcher,* 7 Branntweinbrenner und Brauer, 1 Buchbinder, 1 Büchsenmacher, 3 Chirurgen, 7 Drechsler, 1 Essigbrauer, 1 Färber, 13 Gastwirthe, 1 Gärtner, 4 Glaser, 3 Goldschmide, 3 GrützQuerren, 2 Hutmacher, 7 JudenFamilien, 34 Kauf- und Handelsleute, 1 Kesselflicker, 2 Klempner, 1 Kupferschmid, 1 Lederthauer, 2 Lohgerber, 3 Maler, 3 *Maurer,* 6 Mehlhändler, 1 *Müller,* 1 Musikant, 4 Nagelschmide, 1 Perückenmacher, 1 Pumpenmacher, 3 Riemer u. Sattler, 1 Scheerenschleifer, 10 *Schlächter,* 12 *Grob- und KleinSchmide,* 39 *Schneider,* 63 *Schuster,* 1 Schornsteinfeger, 1 *SchützenZunft,* 1 Seifensieder, 2 Seiler, 6 *Stell- und Rademacher,* 2 Stuhlmacher, 16 *Tischler,* 4 Tabacksspinner, 1 Thierarzt, 5 Töpfer, 2 *Todten-Zünfte,* 33 *Weber,* 1 Weisgerber, 3 Weinhändler, 1 Zeugschmid, 2 *Zimmermeister,* 1 Zinngiesser.

C) LandStädte
des Wendischen Kreises oder des Herzogthums Güstrow.

20) *VorderStadt Güstrow,*

von dem Fürsten Heinrich Borwin II. mit der Schwerinschen StadtVerfassung 1220 bewidmet und vom Herrn Nicolas III. zu Werle 1248 aufs neue gestiftet; Jurisdiction grosherzoglich; mit einer FreimaurerLoge, *Phöbus Apollo* genannt; hält 1 Umschlag, 3 Jahrmärkte, 1 Wollmarkt, 1 Viehmarkt; nebst der

• *Burg- und Domfreiheit,*

zum herrschaftlichen Schloss und vormaligen CollegiatStift gehörig, (1575-1702, 1734-1748, 1818), der Sitz einer Justiz-Kanzlei, früher (1708-1818) des Hof- und LandGerichts, und (1763-1837) des SteuerCollegiums, auch (seit 1553) einer Superintendentur und lateinischen Schule, auch einer *Schützen-Zunft;* mit grosherzogl. Niedergerichte und einem (1553) säcularisirten FranciscanerKloster auf dem *Klosterhofe.*

3 Apotheker, 1 Badehaus, 1 Barometermacher, 20 *Bäcker,* 1 Bildhauer, 2 Bleicher, 12 *Böttcher,* 1 Bohrerschmid, 1 Boy- u. Friesmacher, 23 Branntweinbrenner, 27 Brauer, 6 Buchbinder, 1 Buchdrucker, 2 Buchhandlungen, 2 Büchsenschäfter, 5 Chirurgen und Barbiere, 3 Conditoren, 8 *Drechsler,* 1 Eisengiesserei, 2 Essigbrauer, 3 *Färber,* 1 Feuerspritzenmacher, 3 Fischer, 56 Fuhrleute, 4 Gärtner, 43 Gastwirthe, 3 Gelbgiesser, 8 *Glaser,* 7 *Goldschmide,* 6 GrützQuerren, 1 Gürtler, 2 Handschuhmacher, 4 Häcker und Mehlhändler, 3 Hebammen, 2 *Hutmacher,* 1 Instrumentenmacher (musikalische), 1 Instrumentenmacher (chirurgische), 23 JudenFamilien, 2 Kammmacher, 75 Kauf- und Handelsleute, 3 Kerzengiesser, 5 *Klempner,* 1 Knopfmacher, 3 Korbmacher, 1 Kornmakler, 8 Krämer und Hausirer, 2 *Kürschner,* 2 Kupferschmide, 1 Landarbeitshaus, 2 Lederhändler, 3 Leihbibliotheken, 1 *Leihhaus,* 1 Leinwandhändler, 3 Licht- und Seifenfabriken, 3 *Lohgerber,* 1 Lohmüller, 7 *Maler,* 3 *Maurer,* 1 Mechanicus, 3 Messerschmide, 1 Mühlenbauer, 2 *Müller,* 1 Musikant, 3 *Nadler,* 2 Nagelschmide, 4 Oelmüller, 4 *Pantoffelmacher,* 1 Parasolmacher, 2 *Perückenmacher,* 1 Petschierstecher, 1 Posamentier, 2 Prahmfahrer, 1 Rathswagemeister, 7 *Riemer,* 8 Sattler, 2 Scheerenschleifer, 18 *Schlächter,* 24 *Grob- und Klein-Schmide,* 47 *Schneider,* 2 Schornsteinfeger, 1 *Schützen-Zunft,* 76 *Schuster* und Altflicker, 3 Seifensieder,

5 Seiler, 2 Sporenmacher, 2 Steindämmer, 6 *Stell- und Rademacher,* 1 Strohhutfabrikant, 4 Stuhlmacher, 2 Tabacksfabriken, 1 Tapezier, 4 Thierärzte, 28 *Tischler,* 5 *Töpfer,* 3 Todtenfrauen, 1 Tuchmacher, 1 Tuchscheerer, 2 Uhrenhändler, 5 Uhrmacher, 2 Viehhändler, 2 Viehverschneider, 1 Wachslichtfabrikant, 1 Walkmüller, 14 Weber, 15 Weinhändler, 9 *Weisgerber,* 1 Wollmagazin, 1 Wollwagemeister, 1 Wröger, 1 Ziegler, 2 *Zimmermeister,* 2 Zinngiesser, 1 Zuckerbäcker.

21) *Boizenburg,*

von den Grafen zu *Schwerin* gestiftet vor 1250, s. Amt Boizenburg, mit demselben seit 1621 zum Herzogthum Güstrow gehörig, 1734-1763 der Sitz des Kurfürstl. Hannöverschen Oberaufseheramts der Specialhypothek, noch jetzt eines ElbZollAmts, hat eine FreimaurerLoge: *Vesta zu den drei Thürmen;* Jurisdiction grosherzoglich; hält 3 Jahrmärkte, 1 Wollmarkt und 1 Viehmarkt.

2 Apotheker, 11 *Bäcker,* 6 *Barbiere* und Chirurgen, 9 *Böttcher,* 1 Bleicher, 16 Branntweinbrenner, 6 Bierbrauer, 2 Breihanbrauer, 2 Buchbinder, 1 Buchdrucker, 1 Buch- und KunstHandlung, 2 Conditoren, 8 *Drechsler,* 3 Essigbrauer, 1 Färber, 24 *Fischer,* 30 Fuhrleute, 11 Gastwirthe, 6 Glaser, 1 Gelbgiesser, 2 Goldschmide, 5 Hutmacher, 9 JudenFamilien, 39 Kauf- und Handelsleute, 1 Kalkbrenner, 1 Kammmacher, 2 Klempner, 1 Kürschner, 1 Kupferschmid, 1 Lederbereiter, 1 Leimsieder, 3 Maler, 3 *Maurer,* 2 Mehlhändler, 1 Messerschmid, 1 Müller, 1 Musikant, 1 Nadler, 2 Nagelschmide, 1 Perückenmacher, 1 Posamentier, 6 Riemer u. Sattler, 1 Scheerenschleifer, 29 *Schiffer,* 3 Schiffszimmerleute, 16 *Schlächter,* 12 *Grob- u. Klein-Schmide,* 1 Schornsteinfeger, 19 *Schneider,* 57 *Schuster,* 1 *SchützenZunft,* 1 Seidenbauer, 1 Seifensieder, 2 Seiler, 3 *Stellmacher,* 1 Stuhlmacher, 8 *Tischler,* 4 Tabacksspinner, 3 Töpfer, 4 Uhrmacher, 2 Weinhändler, 4 *Weber,* 1 Weisgerber, 2 *Zimmermeister,* 2 Zinngiesser.

22) *Gnoien,*

vom Fürsten Heinrich zu Werle, als vormundschaftlichem Regenten der Herrschaft *Rostock,* gestiftet 1290, s. Amt Gnoien; Jurisdiction grosherzoglich; hält 3 Jahrmärkte.

1 Apotheker, 10 *Bäcker,* 3 Barbiere, 1 Blattbinder, 5 Böttcher, 1 Boy- und Friesmacher, 2 Branntweinbrenner, 4 Brauer, 2 Buchbinder, 1 Chirurgus, 7 *Drechsler,* 2 Färber, 1 Galanteriehändler, 1 Glashändler, 19 Gastwirthe, 3 Glaser, 1 Goldschmid, 2 Hutmacher, 14 Ju-

denFamilien, 20 Kauf- und Handelsleute, 2 Kesselflicker, 1 Klempner, 1 Knopfmacher, 1 Kupferschmid, 1 Lohgerber, 1 Maler, 5 *Maurer*, 1 *Müller*, 1 Musikant, 1 Nagelschmid, 7 Pantoffelmacher, 5 Productenhändler, 5 Riemer und Sattler, 2 Scheerenschleifer, 1 Schornsteinfeger, 11 *Schlächter*, 10 *Grob- und KleinSchmide*, 29 *Schneider*, 59 *Schuster* und Altflicker, 1 *SchützenZunft*, 3 Seiler, 1 Spohnreisser, 1 Steindämmer, 6 *Stell- u. Rademacher*, 1 Stuhlmacher, 13 *Tischler*, 1 *TodtenBeliebung*, 2 Töpfer, 1 Uhrmacher, 32 *Weber*, 2 Weisgerber, 3 *Zimmermeister*.

23) *Goldberg*, s. Amt Goldberg,

gestiftet von den Herren zu Werle vor 1281; bis 4 October 1769 amtssässig, seitdem kanzleisässig, mit einer seit 1817 entdeckten Mineralquelle zum äussern und innern Gebrauch; Niedergerichtsbarkeit grosherzoglich; hält 3 Jahrmärkte.

1 Apotheker, 1 Badehaus und Stahlbrunnen, 9 *Bäcker*, 2 Barbiere, 5 Böttcher, 7 *Boy- und Tuchmacher*, 5 Branntweinbrenner, 3 Brauer, 1 Buchbinder, 2 Drechsler, 2 Färber, 10 Gastwirthe, 4 Glaser, 1 Goldschmid, 1 Handschuhmacher, 1 Hutmacher, 10 JudenFamilien, 18 Kauf- u. Handelsleute, 2 Kesselflicker, 1 Lohgerber, 3 Maler, 2 *Maurer*, 1 Müller, 1 Musikant, 1 Nadler, 5 Nagelschmide, 1 Pfeiffenmacher, 3 Sattler, 7 *Schlächter*, 13 *Grob- und KleinSchmide*, 17 *Schneider*, 51 *Schuster*, 1 *SchützenZunft*, 1 Seifensieder, 3 Seiler, 2 Scheerenschleifer, 2 *Stell- und Rademacher*, 2 Stuhlmacher, 1 Tabacksfabrikant, 18 Tischler, 3 Töpfer, 2 Uhrmacher, 13 *Weber*, 2 Weisgerber, 2 *Zimmermeister*.

24) *NeuKalden*,

vom Herrn Heinrich Borwin III. zu *Rostock*, erbauet 1244, s. Amt NeuKalden, bis 1782 amtssässig, jetzt mit einem grosherzoglichen Niedergerichte; hält 3 Jahrmärkte.

1 Apotheker, 5 *Bäcker*, 2 Barbiere, 1 Bleicher, 4 Böttcher. 7 Branntweinbrenner, 2 Drechsler, 1 Färber, 2 Fischer, 2 Gastwirthe, 4 Glaser, 2 GrützQuerren, 4 Hebammen, 1 Hutmacher, 12 JudenFamilien, 6 Kauf- und Handelsleute, 3 *Maurer*, 1 *Müller*, 1 Musikant, 1 Nagelschmid, 1 Oelmüller, 5 Riemer, 6 Schlächter, 9 *Grob- und KleinSchmide*, 31 *Schneider*, 57 *Schuster*, 1 *SchützenZunft*, 1 Seiler, 3 Stell- und Rademacher, 1 Stuhlmacher, 12 *Tischler*, 1 Todtenfrau, 1 Töpfer, 1 Tuchmacher, 15 *Weber*, 1 Ziegler, 1 *Zimmermeister*.

25) *Kra-*

25) *Krakow*,

im *Fürstenthum Wenden*, gestiftet vor 1298, seit 1316 der Güstrowschen Linie des Hauses Werle gehörig und seit 1436 Meklenburgisch; Jurisdiction grosherzoglich; hält 3 Jahrmärkte.

1 Apotheker, 8 Bäcker, 1 Barbier, 2 Böttcher, 1 Branntweinbrenner, 1 Chirurgus, 1 Färber, 1 Fischer, 3 Gastwirthe, 2 Glaser, 1 Goldschmid, 2 GrützQuerren, 1 Hutmacher, 15 JudenFamilien, 5 Kauf- u. Handelsleute, 2 Kesselflicker, 1 Klempner, 2 *LeichenBeitragsGesellschaften*, 1 Maler, 4 Maurer, 1 Mechanicus, 1 Messerschmid, 1 Müller, 1 Mützenmacher, 2 Nagelschmide, 1 Opticus, 4 Sattler, 1 Scheerenschleifer, 5 Schlächter, 2 Seiler, 1 Sponreisser, 9 *Grob- u. KleinSchmide*, 9 *Schneider*, 30 *Schuster*, 1 *SchützenZunft*, 3 Stell- u. Rademacher, 1 Stuhlmacher, 8 *Tischler*, 1 *Töpfer*, 7 *Weber*, 2 Weisgerber, 2 *Zimmermeister*, 1 Ziegler u. Kalkbrenner.

26) *Lage*,

im *Fürstenthum Wenden*, vom Herrn Nicolas III. zu Werle gestiftet 1270, demnächst zum Parchimschen LandesAntheil gehörig und seit 1436 Meklenburgisch; Jurisdiction grosherzoglich; hält 3 Jahrmärkte.

1 Apotheker, 1 Barbier, 9 *Bäcker*, 4 Böttcher, 2 Conditoren, 3 Drechsler, 2 Färber, 1 Gärtner, 11 Gastwirthe, 2 Glaser, 1 Goldschmid, 1 GrützQuerre, 1 Hutmacher, 12 JudenFamilien, 14 Kauf- und Handelsleute, 1 Kesselflicker, 1 Kesselhändler, 1 Klempner, 1 Maler, 5 *Maurer*, 1 Müller, 1 Nagelschmid, 1 Papiermüller, 6 Riemer, 1 Scheerenschleifer, 4 Schlächter, 13 *Grob- und KleinSchmide*, 15 *Schneider*, 1 Schornsteinfeger, 26 *Schuster*, 1 *SchützenZunft*, 2 Seiler, 3 Stell- und Rademacher, 1 Thierarzt, 11 *Tischler*, 2 Töpfer, 1 Uhrmacher, 11 *Weber*, 3 *Zimmermeister*.

27) *Malchin*,

im *Fürstenthum Wenden*, gestiftet 1236 vom Herrn Nicolas III. zu Werle, 1316-1375 der Parchimschen Linie gehörig, seit 1436 Meklenburgisch; zur umschichtigen Haltung des allgemeinen Landtages (1621) angewiesen; Jurisdiction grosherzoglich; hält 4 Jahrmärkte.

1 Apotheker, 13 *Bäcker*, 1 Barbier, 2 Bleicher, 12 Branntweinbrenner und Brauer, 4 *Böttcher*, 3 Buchbinder, 1 Büchsenschäfter, 8 *Drechsler*, 2 *Färber*, 1 Fischer, 14 Gastwirthe, 1 Gelbgiesser, 3 Glaser, 2 Goldschmide, 2 Hutmacher, 16 JudenFamilien, 2 Kammmacher, 10 Kauf- u. Handelsleute, 2 Klempner, 1 Knopfmacher, 2 Kupferschmide, 1 Kürschner, 3 Lichtzieher und Seifensieder,

(9)

1 Lohgerber, 3 Maler, 2 *Maurer,* 1 Messerschmid, 2 *Müller,* 1 Musikant, 1 Nadler, 3 Nagelschmide, 1 Orgelbauer, 3 Pantoffelmacher, 8 *Riemer u. Sattler,* 1 Schiffer, 6 *Schlächter,* 12 *Grob- u. KleinSchmide,* 17 *Schneider,* 1 Schornsteinfeger, 48 *Schuster,* 1 *SchützenZunft,* 4 *Seiler,* 5 *Stell- u. Rademacher,* 1 Stuhlmacher, 1 Tabacksspinner, 16 *Tischler,* 3 *Töpfer,* 6 Tuch-, Fries- u. Boymacher, 2 Uhrmacher, 14 *Weber,* 2 Weinhändler, 2 *Weisgerber,* 1 *Ziegler,* 2 *Zimmermeister,* 1 Zinngiesser.

28) *Marlow,*

in der *Herrschaft Rostock,* gestiftet vor 1228, seit 1323 Meklenburgisch und bis 1768 der Familie von der Lühe gehörig, seitdem mit grosherzoglicher Niedergerichtsbarkeit kanzleisässig; hält 2 Jahrmärkte.

1 Apotheker, 8 Bäcker, 3 *Böttcher,* 2 Branntweinbrenner, 2 Drechsler, 1 Färber, 7 Gastwirthe, 2 Glaser, 1 Goldschmid, 3 JudenFamilien, 5 Kauf- und Handelsleute, 1 Maler, 3 *Maurer,* 1 Müller, 1 OelMüller, 4 Riemer, 3 *Schlächter,* 8 *Grob- u. KleinSchmide,* 5 *Schneider,* 25 *Schuster,* 1 *SchützenZunft,* 2 Seiler, 2 *Stell- und Rademacher,* 8 *Tischler,* 3 Töpfer, 13 *Weber,* 1 Ziegler, 1 *Zimmermeister.*

29) *Penzlin,*

war schon früher (1170) eine Wendische Stadt, doch erst späterhin vom Herrn Heinrich Borwin II. zu Werle mit der Schwerinschen StadtVerfassung bewidmet, demnächst zum Güstrowschen Antheil des *Fürstenthums Wenden* gehörig, seit 1436 Meklenburgisch, bis 1777 der Herrschaft Penzlin unterbehörig und noch jetzt unter Freiherrlich-Maltzahnscher Niedergerichtsbarkeit; hält 3 Jahrmärkte.

1 Apotheker, 14 *Bäcker,* 1 Baugilde, 1 Boy- u. Tuchmacher, 6 Böttcher, 7 Branntweinbrenner, 8 Brauer, 1 Buchbinder, 1 Chirurgus, 1 Conditor, 2 Drechsler, 2 Färber, 4 Fischer, 1 Frohnerei, 8 Gastwirthe, 3 Glaser, 1 Goldschmid, 2 Häcker, 1 Hutmacher, 13 JudenFamilien, 4 Kauf- u. Handelsleute, 1 Kesselflicker, 1 Klempner, 1 Kupferschmid, 1 Kürschner, 1 Lohgerber, 1 Maler, 2 *Maurer,* 1 Musikant, 1 Müller, 1 Nagelschmid, 4 *Riemer und Sattler,* 1 Scheerenschleifer, 8 *Schlächter,* 16 *Grob- und KleinSchmide,* 21 *Schneider,* 1 Schornsteinfeger, 58 *Schuster,* 1 *SchützenZunft,* 6 Seiler, 2 *Stell- u. Rademacher,* 1 Thierarzt, 12 *Tischler,* 4 Töpfer, 1 Uhrmacher, 13 *Weber,* 1 Ziegeldecker, 4 *Zimmermeister.*

30) *Plau,*

vom Fürsten Heinrich Borwin I. zu Meklenburg 1218 gestiftet. S. Amt Plau. Jurisdiction grosherzoglich; hält 4 Jahrmärkte.

1 Aalhändler, 1 Apotheker, 2 Barbiere, 14 Bäcker, 1 Blei

cher, 7 *Böttcher*, 12 Branntweinbrenner, 3 Brauer, 1 Buchbinder, 1 Bürstenbinder, 8 Drechsler, 4 Färber, 1 Fischer, 1 Fuhrmann, 16 Gastwirthe, 4 Glaser, 6 GrützQuerren, 1 Hutmacher, 12 JudenFamilien, 8 Kauf- und Handelsleute, 2 Kesselflicker, 1 Klempner, 1 Korbmacher, 1 Kornmakler, 1 Kürschner, 1 Kupferschmid, 3 *LeichenBeitragsGesellschaften*, 1 Lohgerber, 2 Maler, 2 Maurer, 1 Müller, 1 Musikant, 3 *Nagelschmide*, 1 Pantoffelmacher, 4 Riemer und Sattler, 7 *Schlächter*, 12 *Grob- und KleinSchmide*, 1 Spinnmeister, 24 *Schneider*, 1 Schornsteinfeger, 49 *Schuster*, 1 *SchützenZunft*, 4 Seiler, 4 *Stell- und Rademacher*, 1 Tabacksspinner, 12 *Tischler*, 5 Töpfer, 37 *Tuch- und Boymacher*, 1 Tuchscheerer, 1 Uhrmacher, 1 Viehverschneider, 1 Walkmüller, 13 *Weber*, 4 Weinhändler, 1 Weisgerber, 1 Ziegler, 1 *Zimmermeister*.

31) ***Ribnitz***,

gestiftet vom Herrn Woldemar zu *Rostock* 1271. S. Amt Ribnitz. Jurisdiction grosherzoglich; hält 2 Jahrmärkte und 1 Viehmarkt.

1 Apotheker, 10 *Bäcker*, 2 Barbiere, 4 *Böttcher*, 7 Branntweinbrenner, 4 Brauer, 2 Buchbinder, 6 Drechsler, 1 Färber, 26 Fischer, 1 Fussdeckenbinder, 1 Gärtner, 10 Gastwirthe, 6 Gläser, 2 GrützQuerren, 4 Goldschmide, 1 Hutmacher, 13 JudenFamilien, 33 Kauf- u. Handelsleute, 1 Kesselflicker, 1 Klempner, 1 Knopfmacher, 1 Kürschner, 1 Kupferschmid, 2 Lohgerber, 1 Maler, 5 *Maurer*, 6 *Müller*, 1 Musikant, 2 Nadler, 1 Nagelschmid, 1 Oelmüller, 1 Pumpenmacher, 3 Riemer, 1 Scheerenschleifer, 13 Schlächter, 13 *Grob- u. KleinSchmide*, 22 *Schneider*, 45 *Schuster* u. Altflicker, 9 Schiffer, 2 Schiffszimmermeister, 1 *SchützenZunft*, 2 Seiler, 4 *Stell- und Rademacher*, 2 Stuhlmacher, 1 Tabacksfabrikant, 24 *Tischler*, 3 Töpfer, 3 *TodtenZünfte*, 1 Uhrmacher, 1 Viehverschneider, 41 *Weber*, 4 Weinhändler, 1 Weisgerber, 4 *Zimmermeister*, 1 Zinngiesser.

32) ***Röbel***,

im *Fürstenthum Wenden*, von Heinrich Borwin II. 1226 gestiftet, gehörte 1347 - 1425 der Warenschen Linie des fürstlichen Hauses und seit 1436 den Herzogen zu Meklenburg; Niedergerichtsbarkeit grosherzoglich; hält 4 Jahrmärkte.

1 Apotheker, 10 *Bäcker*, 2 Barbiere, 1 Beutler, 5 Böttcher, 5 Branntweinbrenner, 5 Brauer, 1 Buchbinder, 1 Chirurgus, 6 Drechsler, 2 Färber, 1 Fischer, 6 Gastwirthe,

(9 *)

1 Gärtner, 5 Glaser, 2 Goldschmide, 3 GrützQuerren, 3 Hutmacher, 22 JudenFamilien, 8 Kauf- und Handelsleute, 1 Klempner, 1 Kupferschmid, 1 Kürschner, 1 Maler, 5 *Maurer,* 1 Mühlenbauer, 4 *Müller,* 1 Musikant, 1 Nagelschmid, 7 *Riemer,* 3 Sattler, 1 Scheerenschleifer, 6 *Schlächter,* 10 *Grob- u. KleinSchmide,* 33 *Schneider,* 62 *Schuster* und Altflicker, 1 *SchützenZunft,* 1 Schornsteinfeger, 3 Seiler, 3 *Stell- und Rademacher,* 1 Thierarzt, 19 *Tischler,* 3 Töpfer, 2 *Tuchmacher,* 2 Uhrmacher, 33 *Weber,* 1 Ziegeldecker, 1 Ziegler, 6 Zimmermeister, 2 Zinngiesser.

33) *Schwaan,*

gestiftet vor 1292 von den Herren zu Werle, s. Amt Schwaan, bis 1762 amtssässig, seitdem kanzleisässig; Niedergerichtsbarkeit grosherzoglich; hält 3 Jahrmärkte.

1 Apotheker, 5 *Bäcker,* 2 Barbiere, 4 Böttcher, 3 Branntweinbrenner, 6 Brauer, 1 Buchbinder, 3 Drechsler, 3 Drögköper, 1 Färber, 1 Fettwachslicht- u. Seifenfabrik, 2 Fischer, 9 Gastwirthe, 3 Glaser, 1 Goldarbeiter, 1 GrützQuerre, 1 Hutmacher, 12 JudenFamilien, 6 Kauf- u. Handelsleute, 1 Leimsiederei, 2 Lohgerber, 1 Maler, 5 *Maurer,* 1 Müller, 1 Musikant, 2 Mützenmacher, 1 Nadler, 2 Nagelschmide, 1 Pantoffelmacher, 3 Riemer, 1 Saffian-Fabrikant, 1 Scheerenschleifer, 4 *Schlächter,* 8 *Grob- u. KleinSchmide,* 15 *Schneider,* 33 *Schuster,* 2 Seiler, 6 Stell- u. Rademacher, 22 *Tischler,* 1 Töpfer, 1 Tuchmacher, 21 *Weber,* 2 Zimmermeister, 1 Ziegler.

34) *Stavenhagen,*

gestiftet vor 1282, s. Amt Stavenhagen, bis 1780 amtssässig; seitdem kanzleisässig, mit grosherzoglicher Niedergerichtsbarkeit; hält 3 Jahrmärkte.

1 Apotheker, 9 *Bäcker,* 2 Barbiere, 6 *Böttcher,* 7 Branntweinbrenner und Brauer, 1 Buchbinder, 2 Drechsler, 2 Färber, 14 Gastwirthe, 3 Glaser, 1 Goldschmid, 33 JudenFamilien, 12 Kauf- und Handelsleute, 3 Klempner, 1 Knopfmacher, 2 Kupferschmide, 4 *Maurer,* 1 Müller, 1 Musikant, 2 Nagelschmide, 2 Pantoffelmacher, 3 Riemer, 5 *Schlächter,* 10 *Schmide und Schlösser,* 2 Scheerenschleifer, 28 *Schneider,* 1 Schornsteinfeger, 47 *Schuster,* 3 Seiler, 4 Stell- u. Rademacher, 15 *Tischler,* 2 Töpfer, 2 Uhrmacher, 1 Viehverschneider, 29 *Weber,* 1 Weinhändler, 1 Weisgerber, 1 Ziegler, 2 *Zimmermeister.*

35) *Sülze,*

in der *Herrschaft Rostock*, gestiftet vor 1298, bis 1301 den Herren zu Rostock gehörig, und seit 1323 Meklenburgisch, bis 1768 zu den von der Lüheschen Gütern gehörig, seitdem kanzleisässig mit grosherzoglicher Niedergerichtsbarkeit; hält 3 Jahrmärkte.

1 Apotheker, 10 *Bäcker*, 3 Barbiere, 4 Böttcher, 9 Branntweinbrenner, 6 Brauer, 2 Drechsler, 1 Färber, 16 Gastwirthe, 3 Glaser, 2 Goldschmide, 1 GrützQuerre, 2 Hutmacher, 10 JudenFamilien, 18 Kauf- und Handelsleute, 1 Klempner, 1 Maler, 2 *Maurer*, 5 Mehlhändler, 2 Müller, 1 Musikant, 2 Nagelschmide, 2 Riemer, 2 Sattler, 7 Salzfahrer, 8 *Schlächter*, 11 *Grob- u. Klein-Schmide*, 14 *Schneider*, 1 Schornsteinfeger, 32 *Schuster*, 1 *SchützenZunft*, 2 Seiler, 2 Stell- und Rademacher, 1 Stuhlmacher, 14 *Tischler*, 4 Töpfer, 1 *Todten-Beliebung*, 2 Uhrmacher, 11 *Weber*, 3 *Zimmermeister*.

36) *Tessin,*

in der *Herrschaft Rostock*, gestiftet vor 1323 und seitdem Meklenburgisch; Niedergerichtsbarkeit grosherzoglich; hält 2 Jahrmärkte.

1 Apotheker, 10 *Bäcker*, 1 Barbier, 1 Bleicher, 4 Böttcher, 4 Branntweinbrenner, 1 Buchbinder, 1 Chirurgus, 4 Drechsler, 1 Färber, 6 Fuhrleute, 2 Galanteriehändler, 10 Gastwirthe, 5 Glaser, 1 Goldschmid, 1 GrützQuerre, 1 Häker, 12 JudenFamilien, 9 Kauf- und Handelsleute, 1 Klempner, 1 Knopfmacher, 1 Kuchenbäcker, 2 Maler, 5 *Maurer*, 1 Müller, 1 Musikus, 2 Nadler, 5 Riemer und Sattler, 6 Schlächter, 2 Seiler, 10 *Grob- u. Klein-Schmide*, 17 *Schneider*, 1 Scheerenschleifer, 39 *Schuster*, 1 *SchützenZunft*, 5 Stell- und Rademacher, 1 Stuhlmacher, 1 Thierarzt, 11 *Tischler*, 2 Töpfer, 1 Tuchmacher, 1 Uhrmacher, 1 Uhrenhändler, 14 *Weber*, 3 Weinhändler, 2 Weisgerber, 6 *Zimmermeister*.

37) *Teterow,*

im *Fürstenthum Wenden*, von Herrn Nicolas III. 1272 gestiftet; 1317-1357 der älteren Linie des Hauses Werle gehörig und seit 1436 Meklenburgisch; Niedergerichtsbarkeit grosherzoglich; hält 3 Jahrmärkte.

1 Apotheker, 16 *Bäcker*, 4 *Barbiere*, 1 *Baugilde*, 2 Bleicher, 4 *Böttcher*, 3 Branntweinbrenner, 5 Brauer, 1 Buchbinder, 6 Drechsler, 2 Färber, 1 Fischer, 4 Fischhänd-

ler, 1 Fuhrmann, 17 Gastwirthe, 6 Glaser, 2 Goldschmide, 3 GrützQuerren, 1 Gürtler, 21 *Halbpfleger,* 1 Handschuhmacher, 4 Hutmacher, 20 JudenFamilien, 19 Kauf- und Handelsleute, 2 Klempner, 1 Kupferschmid, 1 Lohgerber, 3 Maler, 4 *Maurer,* 2 Müller, 1 Musikant, 1 Nadler, 4 Nagelschmide, 1 Pantoffelmacher, 5 Riemer u. Sattler, 2 Scheerenschleifer, 10 *Schlächter,* 20 *Grob- und KleinSchmide,* 28 *Schneider,* 1 Schornsteinfeger, 69 *Schuster,* 1 *SchützenZunft,* 1 Seifensieder, 2 Seiler, 5 Stell- und Rademacher, 1 Strohhutfabrikant, 1 Stuhlmacher, 2 Tabacksfabrikanten, 1 Tabacksspinner, 22 *Tischler,* 1 *TodtenBeliebung,* 3 *Töpfer,* 3 Uhrmacher, 36 *Weber,* 3 Weinhändler, 1 Ziegler, 4 *Zimmermeister.*

D) *Städte des Fürstenthums Schwerin.*

38) *Bützow,*

gestiftet vor 1302 von den Bischöfen zu *Schwerin,* und seit 1648 Meklenburgisch, s. Amt Bützow, 1760-1789 der Sitz einer Universität, bis 1780 eines Pädagogiums und seit 1812 des CriminalCollegiums; hat eine FreimaurerLoge, genannt *Urania zur Eintracht;* Niedergerichtsbarkeit grosherzoglich; mit einer reformirten Kirche; hält 3 Jahrmärkte.

1 Apotheker, 10 *Bäcker,* 4 Barbiere, 1 Bleicher, 6 *Böttcher,* 4 Branntweinbrenner, 16 Brauer, 1 Buchbinder, 1 Buchdrucker, 1 Büchsenschäfter, 2 Bürstenbinder, 2 Chirurgen, 1 Conditor, 4 Drechsler, 3 *Färber,* 3 Fischer, 30 Fuhrleute, 2 Gärtner, 8 Gastwirthe, 1 Gelbgiesser, 5 *Glaser,* 5 Goldschmide, 2 Hutmacher, 35 JudenFamilien, 35 Kauf- und Handelsleute, 1 Kerzengiesser, 2 Kesselflicker, 1 Kesselhändler, 2 Klempner, 1 Knopfmacher, 1 Korbmacher, 2 Kuchenbäcker, 1 Kürschner, 2 *LeichenBeitragsGesellschaften,* 1 Lohgerber, 5 *Maler,* 3 *Maurer,* 1 *Müller,* 1 Musikant, 1 Mützenmacher, 5 Nadler, 3 Nagelschmide, 3 Pantoffelmacher, 1 Pfeifenhändler, 2 Pumpenmacher, 2 Riemer, 5 *Sattler,* 2 Scheerenschleifer, 15 *Schlächter,* 18 *Grob- und KleinSchmide,* 39 *Schneider,* 1 Schornsteinfeger, 1 Schuhfabrikant, 109 *Schuster,* 1 *SchützenZunft,* 1 Seifensieder, 3 Seiler, 1 Spielkartenfabrik, 1 Spitzenhändler, 1 Steindämmer, 4 *Stell- und Rademacher,* 1 Strohhutfabrikant, 2 Stuhlmacher, 2 Tabacksfabrikanten, 3 Thierärzte, 29 *Tischler,* 4 Töpfer, 3 Uhr-

macher, 19 *Weber*, 1 Weinhändler, 2 Weisgerber, 1 Zahnarzt, 5 *Zimmermeister*.

39) Neustadt *Schwerin*, (s. Alt- und Neustadt Schwerin, pag. 123),

vom Herzog Friedrich Wilhelm gestiftet 26 Junius 1705, mit einem grosherzoglichen Palais (1780), auch (seit 1778) Wohnsitz der JustizKanzlei des Herzogthums Schwerin, der ReluitionsCasse und des CarolinenStifts; durch die VerfassungsUrkunde vom 28 Januar 1832 mit der Altstadt Schwerin zu einem städtischen Verbande vereinigt; bis zu welcher Zeit die Niedergerichtsbarkeit grosherzoglich war.

DomKapittelsFreiheit,

(siehe Schwerin, Alt- und Neustadt, Seite 123),

vormals bis 1648 Residenz der Bischöfe zu Schwerin, der DomKapitularen und übrigen StiftsAngehörigen, 1750 - 1833 Sitz der LandesRegierung und LehnKammer, auch seit 1564 einer Superintendentur und des Gymnasium Fridericianum, mit grosherzoglicher Niedergerichtsbarkeit bis zur Vereinigung der Alt- und Neustadt Schwerin durch die VerfassungsUrkunde de 28 Januar 1832.

40) *Warin*,

gestiftet von den Bischöfen zu Schwerin vor 1560, siehe Amt Warin, bis 1781 amtssässig, seitdem kanzleisässig; Niedergerichtsbarkeit grosherzoglich; hält 2 Jahrmärkte.

1 Apotheker, 6 *Bäcker*, 1 Barbier, 3 Böttcher, 3 Branntweinbrenner, 6 Brauer, 1 Buchbinder, 4 Drechsler, 1 Färber, 1 Fischer, 14 Fuhrleute, 10 Gastwirthe, 2 Glaser, 1 Goldchmid, 1 Häker, 7 JudenFamilien, 5 Kauf- u. Handelsleute, 1 Kesselflicker, 5 *Maurer*, 2 Maler, 1 Müller, 2 Musikanten, 2 Nagelschmide, 1 Pantoffelmacher, 5 Riemer und Sattler, 1 Seiler, 4 Schlächter, 7 Grob- und KleinSchmide, 9 *Schneider*, 21 *Schuster*, 1 *Schützen-Zunft*, 3 Stell- und Rademacher, 1 Tabacksfabrikant, 7 Tischler, 2 Töpfer, 1 Uhrenhändler, 1 Uhrmacher, 1 Wachspresser, 5 *Weber*, 3 *Zimmermeister*.

E) 41) *SeeStadt Wismar*,

in der vormaligen Herrschaft, dem nachherigen *Herzogthume Meklenburg*, gestiftet 1229, gehörte bis 1477 der älteren oder Schwerinschen Linie allein, seit 1520 beiden Linien gemeinschaftlich, nach der Landestheilung 1621 aber privative zum Herzogthum Schwerin, und von 1648 - 1803 der

Krone Schweden, unter eigner Ober- und NiederGerichtsbarkeit der Stadt, 1656 - 1802 der Sitz des SchwedischDeutschen Tribunals und bis 1829 der Sitz eines Consistorii; noch jetzt einer Superintendentur und gelehrten Schule, hat eine FreimaurerLoge: *zur Vaterlandsliebe;* hält 1 Pfingstmarkt, 1 Jahrmarkt und 1 Viehmarkt.

1 Aalräucherer, 2 Apotheker, 20 Fest- und Losbäcker, 5 Beutler und Weisgerber, 8 Bierträger, 1 Bildhauer, 1 Bleicher, 13 Böttcher, 11 Branntweinbrenner, 10 Brauer, 5 Buchbinder, 2 Buchdrucker, 1 Buchhändler, 2 Büchsenschäfter, 1 Bürstenbinder, 1 Cattunglätter, 2 Citronenhändler, 9 Chirurgen, 2 Conditoren, 18 Drechsler, 4 Essigbrauer, 4 Färber, 1 Fassbauer, 91 Fischer und Bootsleute, 1 Fournierschneider, 31 Fuhrleute und Bauleute, 4 Gärtner, 17 Gastwirthe, 9 Glaser, 1 Glashändler, 1 Gelbgiesser, 1 Glockengiesser, 7 Goldschmide, 2 Gürtler, 2 Grützmüller, 1 Gypsmühle, 21 Häker, 7 Hebammen, 3 Heringspacker, 1 Hopfenwraker, 5 Hutmacher, 4 Instrumentenmacher, 3 Kammmacher, 1 Kartenfabrik, 98 Kaufleute und Krämer, 1 Kerzengiesser, 2 Kesselflicker, 2 Kleiderseller, 1 Kleinbinder, 9 Klempner, 3 Knopfmacher, 2 Kohlenmesser, 4 Korbmacher, 4 Kornmakler, 8 Kornmesser, 6 Kornträger, 5 Kürschner, 5 Kupferschmide, 4 Litzenbrüder, 6 Lohgerber, 1 Lohmüller, 13 Lohnbediente, 8 Maler, 4 Maurer, 2 Messerschmide, 4 Müller, 1 StadtMusikus, 9 Nachprahmer, 4 Nadler, 4 Nagelschmide, 1 Oelmühle, 19 Pantoffelmacher, 1 Parasolmacher, 3 Perükenmacher, 1 Pelzer, 1 Pfeifenhändler, 2 Pfeifenschneider, 1 Pferdebereiter, 3 Pumpenmacher, 1 Putzhändler, 9 Riemer und Sattler, 1 Scharfrichter, 1 Scheerenschleifer, 46 Schiffer, 30 Schlächter, 19 Schmide und Schlösser, 59 Schneider, 1 Schornsteinfeger, 1 SchützenZunft, 99 *Schuster und Altflicker,* 2 Segelmacher, 11 Seiler u. Reifer, 4 Spitzenkrämer, 1 Sporer, 1 Steinbrückmeister, 1 Steindruckerei, 6 Stell- und Rademacher, 4 Strohhutmacher, 7 Stuhlmacher, 1 Tanzmeister, 1 Theer- und Heringswraker, 17 Tischler, 2 Tabacksfabriken, 4 Tabacksspinner, 4 Tapezierer, 1 Thurmdecker, 1 Tuchbereiter, 7 Tuchhändler, 5 Tuchmacher, 4 Töpfer, 7 Uhrmacher, 3 Viehärzte, 1 Viehschreiber, 1 Viehzieher, 1 Wagenmeister, 10 Weber, 6 Weinhändler, 1 Ziegler, 5 Haus- und 1 Schiffszimmermeister, 3 Zinngiesser.

(S. die folgenden beiden Seiten.)

Für jetzt unpräjudicirlich nach Ordnung der Bevölkerung.

1—4) Die vier ersten Spalten geben die Zahl der vollen, halben und viertel, mithin sämmtlicher, als solche, bis zum Jahre 1840 wirklich zum städtischen Modus versteuerten Häuser jeder LandStadt, mit Ausnahme der steuerfreien herrschaftlichen, geistlichen und andern öffentlichen, oder nicht zu StadtRecht liegenden Gebäude an. Hiernach ist die Zahl der Häuser seit dem vorigen Jahre in den LandStädten um 99 vermehrt worden. Die Eintheilung in volle, halbe und viertel Häuser ist inzwischen blos relativ und ihr Maasstab, nach den LocalVerhältnissen jeder Stadt, verschieden. In Rostock ist eine andere Eintheilung, nach Häusern und Buden, gebräuchlich, und sind daselbst, nach dortiger Eintheilung, 908 Häuser, 1210 Buden, 89 Speicher, 95 Keller, 40 Säle und 10 Anlehnen.

5) Die AssecurationsSumme der, in der städtischen Brand-Societät versicherten Gebäude ist nach dem Abschlusse des Term. Mich. 1840 angegeben. Brandschäden wurden auf dem FrühjahrsConvente für Marlow, Lübz, Schwerin, Güstrow, Grabow, Malchin, Brüel, Hagenow, Röbel, Malchow, Neustadt, Stargard, Grevismühlen, Dömitz und Sülze 11207 ℛ 45 β N⅔. mit 20 β pro Mille und auf dem HerbstConvente für AltStrelitz, Fürstenberg, Grabow, Parchim, Schwerin und Teterow 8423 ℛ 43 β N⅔. mit 10 β pro Mille repartirt.

6) Der ältere SteuerMaasstab nach Erben ist auf den jetzigen Häuser- und AckerBestand jeder Stadt nicht weiter anwendlich.

7) Die SeelenZahlen in den Städten und deren zu StadtRecht liegenden Umgebungen sind in den Städten Rostock (ohne Warnemünde), Schwerin, Güstrow, Wismar, Parchim und Waren von den Obrigkeiten im Herbste 1840, in den 31 übrigen aber um Martini 1840 von den Pfarrern, aufgenommen, und diesen die von den Obrigkeiten gezählten Juden hinzugefügt.

8—10) Die Aecker und Wiesen jeder LandStadt sind nach der Versteuerung vom Schlusse des Jahrs 1839 angezeigt.

11, 12) Der SteuerErtrag jeder LandStadt ist von Johannis $18\frac{39}{40}$ ohne Abzug der Hebungskosten und anderer stehenden oder zufälligen Ausgaben zu verstehen.

Seit der Vereinigung der Alt- und Neustadt Schwerin (28 Jan. 1832) sind auch die KatasterAnsätze beider Städte zusammengezogen. Eben so ist unter dem von Güstrow der von der *Burg- und DomFreiheit* und vom Klosterhofe (S. 126) mit begriffen, die auf privativem herrschaftlichen GrundEigenthum erbauet, noch jetzt nicht zur Stadt gehören, sondern ursprünglich *domanial* waren, weshalb die Häuser daselbst nicht ohne landesherrlichen Consens veräussert werden dürfen.

13) Die Zahlen neben den Namen der Städte bezeichnen die □Ruthen des FlächenInhalts ihrer zu StadtRecht liegenden Feldmarken, insoferne diese bis jetzt vermessen waren.

Volle-	drei-viertel	Halbe-	Viertel	Häuser	assecurirt zu ℛ N²/₃.	Erben	(III) Städtisches Cataster.		Volks-Zahl.	Morgen Acker.	Fuder Heu, 4spännige	Fuder Heu, 2spännige	Steuer-Ertrag. ℛ	β	₰
297 H.	—	1260 B.	95 K.	2352	4,581375	—	Rostock		19744	—	—	—	74871	10	3
268	—	455	459	1182	4,011050	290¾	Schwerin { Altst. Neust. }	48574	16620	691¾	40	27	17598	10	—
252	—	249	299	800	1,119200	309½	Parchim . . .	3,234435	6050	1646	240¼	856	6818	3	2
165	—	108	171	444	562225	207½	Waren	7,559391	4878	476¼	30	549	2968	33	7
78	—	124	167	369	792700	133	Grabow . . .	1,587089	3357	355¼	583½	160	5482	46	11
48	—	104	167	319	379650	84	Malchow		2955	514	44	100	1386	24	3
85	—	110	103	298	429950	621½	Wittenburg . .	993582	2782	620½	138	289	3511	18	2
22	—	76	201	302	389100	32½	Hagenow		2655	863	555	—	3141	31	11
30	—	51	130	211	330000	37½	Rehna	141857	2582	60	75	2	2049	27	—
67	—	80	40	187	308675	81	Dömitz		2514	253	691½	—	2142	17	—
38	—	78	300	416	355750	78	Grevismühlen .	760100	2501	940	93	—	3545	39	11
53	—	103	111	267	369825	92½	Gadebusch		2253	1136½	107	43	1833	3	2
22	—	102	144	268	296175	137	Crivitz	1,179872	2251	825½	—	184½	1635	40	11
45	16	72	129	262	307825	81	Sternberg . . .	937755	2054	795½	258	1	2039	12	5
29	—	85	175	289	254775	94	Lübz		2026	927	—	191	1787	46	6
28	13	71	196	308	206875	4	Kröpelin . . .	756734	1965	960	216¼	—	1541	9	4
65	—	78	60	203	252825	97¾	Neustadt . . .	1,529133	1788	229½	748½	—	1512	46	7
30	—	86	86	202	200100	44½	NeuBukow		1625	449½	21	8¼	1382	27	—
11	—	91	99	201	182250	2¼	Brüel		1510	286	78	76	889	47	5
1336	29	2123	3040	6528	10,748950	2431½	Summe des Mekl. Kreises		62366	12029½	3919½	2487	62268	6	5
287	—	117	380	917	1,616500	451¾	{ Güstrow		8912	2004¾	453	—	10725	26	5
35		29	63				{ Burg- u. DomFreiheit								
105	—	197	190	492	477450	222¼	Malchin		3737	1120	732	—	2388	12	—

43	—	149	360	552	371250	47½	Teterow . . .	1,097232	3689	1058	73	77½	2970	18	6
136	—	113	209	458	449600	217⅜	Röbel ¼ . . .	1,337602	3287	1278	—	183½	2145	35	2
62	—	125	150	337	780375	135	Boizenburg		3258	646	74	49	6151	10	8
50	—	178	191	419	324500	103¼	Ribnitz . . .	1,728925	2953	1536¼	470	—	2432	15	6
65	—	126	204	395	291775	122½	Gnoien	1,106582	2937	991¼	129	62	1375	3	7
90	—	144	270	501	370925	184¼	Plau	1,772698	2858	1591	194	261	3274	47	4
45	—	53	184	282	288275	61¼	Sülze	858654	2640	557¼	422½	—	1589	6	1
20	—	12	134	166	261925	19¼	Stavenhagen		3205	458¼	42½	52	1820	20	11
43	—	131	156	330	260175	44	Penzlin		2258	843¾	161	136½	2579	19	9
55	—	55	138	248	329050	73½	Goldberg		2186	784¼	—	349	1898	7	11
55	—	76	158	289	184650	83¼	NeuKalden		2176	729¼	92	35	1248	34	—
20	—	106	113	239	257075	60	Tessin	247085	2112	226	66	45	1295	13	2
12	—	40	285	337	190500	41	Schwaan . . .	494808	1962	784¼	131	—	1859	14	4
38	—	58	118	214	181175	52½	Lage		1591	412	151	5	1099	37	7
46	—	45	60	151	142400	57⅞	Krakow		1356	347¼	—	103	962	10	11
27	—	32	121	180	150400	31½	Marlow . . .	508700	1278	310¾	70	76	750	43	2
1231	—	1786	3490	6510	6,961300	2010⅞	Summe des Wend. Kreises		51495	15687¾	3261	1431¼	46566	41	—
—	—	—	—	—	—	—	Schwerin, Neust. (s. oben)			—	—	—	—	—	—
43	—	104	250	397	717250	135	Bützow		3891	849¼	481	43½	4498	30	7
7	—	57	82	146	159650	57⅞	Warin		1222	206	37	125	1043	22	4
50	—	161	332	543	876900	292⅞	Sum. d. Fürstenth. Schwer.		5113	1055¼	518	168½	5542	4	11
2620	29	4070	6862	13581	18,587150	4735	TotalSumme:		118974	28772¼	7698½	4090	114377	4	4
180 H.	—	245 B.	796	1221	1,863000		Wismar		10768						

Zweite Abtheilung.

Kirchliche

Topographie und Bevölkerung.

1) Die geistliche Inspection über die kirchlichen Gemeinden des jetzigen Grosherzogthums MeklenburgSchwerin war, vor der Reformation, unter die Bischöfe zu *Schwerin*, zu *Ratzeburg*, (jenseits der Sude), zu *Havelberg*, (jenseits der Elde), und zu *Camin*, (jenseits der Recknitz und Peene), ausser der, zum *Lübeckschen* KirchenSprengel gehörigen Insel Poel, vertheilt; alles übrige von MeklenburgSchwerin, nebst NeuVorpommern, verblieb dem Sprengel des Bischofs zu *Schwerin*.

Seitdem aber die evangelischen Landesherren die Episcopal-Jurisdiction mit ihrer Territorialhoheit vereinigt hatten, wurde sie (1571) den sechs Superintendenten der verschiedenen Landes-Antheile in eben so vielen *KirchenKreisen* anvertrauet. Davon gehörten seit (1621) der Meklenburgsche und Parchimsche zum Herzogthume Schwerin, der Güstrowsche und Rostocksche, (nebst dem Stargardschen), zum Herzogthume Güstrow, der Schwerinsche aber verblieb (bis 1648) dem weltlichen Gebiete des Bisthums, nachherigen Fürstenthums Schwerin. Sie theilten sich wieder unter mehrere Präpositen in einzelne *SpecialCircul*. (I. Theil, Seite 144 — 157.)

Eine spätere Einrichtung zweier Superintendenturen (1773) zu Sternberg und zu Doberan veranlasste eine veränderte Theilung des Meklenburgschen und Rostockschen KirchenKreises, die auch nach dem Aufhören der Doberanschen Superintendentur (1779) in soferne sich erhalten hat, dass seit 1794 noch jetzt der Meklenburgsche Kreis, theils mit dem Rostockschen des Herzogthums Güstrow, theils mit der Superintendentur des Fürstenthums Schwerin vereinigt ist. Von ersterem ist die Wismarsche Superintendentur seit dem Westphälischen Frieden (1648) noch jetzt getrennt: und von allen fünf MeklenburgSchwerinschen Superintendenturen ist die Stadt Rostock, so wie die HofGemeinde zu Schwerin unabhängig.

2) Die einzelnen zu diesen verschiedenen geistlichen Inspectionen gehörenden **Parochien** sind hier mit *Cursiv*Schrift bezeichnet, und folgen mit ihren KirchenPatronen zur Seite, in ihrer CircularOrdnung auf einander.

3) Die FilialKirchen werden mit einem † und die Kapellen mit einem ‡ bezeichnet. Vagirende Mutterkirchen, nebst ihren Patronen, macht die kleinere Schrift kenntlich.

4) Diejenigen Pfarren, deren Namen mit gesperrter Schrift gedruckt sind, haben ihre Ländereien nicht selbst, sondern in Erbpacht ausgethan.

5) Da, wo die Pfarren, nach der Bezeichnung des Landes-Vergleichs §. 479 dem *Herkommen* gemäss, durch eine freie Wahl unter drei Candidaten, besetzt werden, sind die Namen der Patrone mit gewöhnlicher, die aber, wo jene nicht, sondern eine solitäre Präsentation dem Herkommen gemäss ist, mit gesperrter, und wo eine Abwechselung hergebracht ist, mit *Cursiv*-Schrift gedruckt.

6) Von den beigefügten Zahlen bedeuten die zur *Linken* die Summe der Erwachsenen aller christlichen Confessionen, und die zur *Rechten* die Kinder, von der Taufe bis zur Confirmation. Dieser Unterschied des Alters ist bei den obrigkeitlichen Zählungen in Schwerin, Güstrow und Waren im Herbste 1840 nicht, wohl aber in Parchim, Rostock und Wismar beobachtet, und in allen übrigen Parochien, vermöge der CircularVerordnung vom 14 Mai 1818, nach den officiellen Angaben der Prediger vom Novbr. 1840 bezeichnet, wobei jedoch alle Bewohner ausländischer, zu diesseitigen Parochien gehörenden Ortschaften nicht mitgerechnet sind. Die jüdischen Einwohner finden sich unter VIII.

7) Die ältere DiöcesenVertheilung zwischen den katholischen Bischöfen zu *Schwerin*, *Ratzeburg*, *Camin*, *Havelberg* und *Lübeck* ist durch deren AnfangsBuchstaben mit *Cursiv*Schrift, neben den Namen der jetzigen Präposituren, im allgemeinen nachgewiesen.

8) Die eingepfarrten bewohnten Oerter jedes Kirchspiels sind nach der alphabetischen Ordnung ihrer Namen aufgeführt, und zwar zum Unterschiede die ritter- und landschaftlichen Güter mit teutscher, die herrschaftlichen mit lateinischer, und die CommunionDörfer mit beiderlei Schrift, die Städte aber mit *Cursiv*Schrift, hingegen die auswärtigen Glieder diesseitiger PfarrGemeinden in (Klammern) eingeschlossen, die mit einer Schule versehenen Dörfer endlich mit gesperrten Buchstaben bezeichnet.

I. HofGemeinde.

Im Herzogthume Schwerin.

Schwerin, SchlossKirche: (s. S. 165, V.) Landesherrschaft. *(S.)*
Schloss und alle herrschaftlichen Hof- und CivilBediente in Schwerin, Jägerhof, Kalkwerder, Sägerhof, Schelfwerder, Schiffbauerei, SchleifMühle, Schlossbleiche, Schlossgarten.

II. MeklenburgRostocker Superintendentur. 105721

a) Aus dem Meklenburger KirchenKreise des
Herzogthums Schwerin: (S.) 43462

7031 1) Präpositur Bukow. 4407

NeuBukow: 1501 880 *Landesherrschaft.*
NeuBukow, Stadt und AmtsBauhof, Buschmühlen, Drüschow, Malpendorf, Panzow, Rakow, Ravensberg, Spriehusen, Steinbrink, Teßmannsdorf, Zarfzow.

Russow: 308 228 Wilhelm von Oertzen.
Roggow, Russow, Vorwerk, Zweedorf.

AltGaarz: 759 441 Theodor Ernst Stever.
Bastorf, Blengow, Gaarzerhof, AltGaarz, NeuGaarz, Garvsmühlen, Kägsdorf, Mechelsdorf, Meschendorf, HohenNiendorf, Wendelstorf, Westhof, Wustrow, KleinWustrow.

Biendorf: 833 553 Landesherrschaft.
Biendorf, Büttelkow, Gersdorf, Haimshagen, Horst, Wichmannsdorf, Wischuer.

Brunshaupten: (s. Biendorf). Landesherrschaft.
Arendsee, Brunshaupten.

Westenbrügge: 611 364 Rittmeister von Müller.
Jörnstorf, Körchow, Krempin, Lehnenhof, Parchow, Sandhagen, Uhlenbrook, Westenbrügge.

AltKarin: 754 542 Landesherrschaft.
Altenhagen, Bolland, Danneborth, Kamin, AltKarin, NeuKarin, GroßRienhagen, KleinRienhagen, Rosenhagen, KleinSiemen.

Berendshagen: 339 235 Baron von Stenglin.
Berendshagen, Dolglas, KleinGischow, Gnemern, KleinGnemern, Pustohl, Sophienholz.

Mulsow: 958 544 Landesherrschaft.
Garvensdorf, Moitin, KirchMulsow, WendischMulsow, Steinhagen, Teplitz, Wakendorf, Holzwärterhaus.

Passee: (s. Mulsow). Landesherrschaft.
Goldberg, Höltingsdorf, Langenstück, Passee, Poischendorf, AltPoorstorf, NeuPoorstorf, Tüzen.

AltBukow: 968 620 Landesherrschaft.
Bantow, AltBukow, Camminshof, Clausdorf, Antheil an Damekow und an Friedrichsdorf, Lischow, Nantrow, Pepelow, Questin, KleinStrönkendorf, Teschow, NeuTeschow, Vogelsang.

10968 2) Präpositur Doberan. 5980

Doberan: 2021 1065 Landesherrschaft.
BackhausM., Heilige Damm, Doberan, Kammerhof, Landkrug, NeuMühle, Walkenhagen.
Retschow: 612 404 Landesherrschaft.
Einhusen, Fulgenkoppel, Lüningshagen, Püschow, Reinshagen, Retschow, GroßSiemen.
Satow: 837 562 Landesherrschaft.
Gerdshagen, Horst, Mickenhagen, Radegast, Rederank, Satow, Steinhagen.
Kröpelin: 1769 903 Landesherrschaft.
Boldenshagen, Brusow, Detershagen, Diederichshagen, Duggenkoppel, Hanshagen, Hundehagen, Jennewitz, *Kröpelin,* Schmadebeck.
Steffenshagen: 1173 780 Landesherrschaft.
BadenM., KleinBollhagen, Vorder- und HinterBoll-hagen, Brodhagen, Fulgen, Glashagen, Reddelich, Ober-, Nieder- und Hof Steffenshagen, Stülow, Wittenbeck.
Rethwisch: 555 342 Landesherrschaft.
Börgerende, Rabenhorst, Rethwisch, NeuRethwisch.
Warnemünde: 1255 505 Landesherrschaft.
Diedrichshagen, GroßKlein, Schmarl, Warnemünde.
Lichtenhagen: 1038 564 Landesherrschaft.
Admannshagen, Elmenhorst, Evershagen, LüttenKlein, Lichtenhagen, KleinLichtenhagen, Marienehe, Nienhagen, Steinbeck.
Lambrechtshagen: 513 222 Landesherrschaft.
Bargeshagen, Lambrechtshagen, Mönkweden, Sievershagen, Vorweden.
Parkentin: 1195 633 Landesherrschaft.
Allershagen, Altenhof, Bartenshagen, Bollbrücke, Hohenfelde, NeuHohenfelde, Hütten, Ivendorf, Parkentin, Wilsen; † Stäbelow.

4769 3) Präpositur Lübow. 3160

Goldebee: 404 203 Joh. Christian Jacob Köster.
Benz, Goldebee, Preensberg, Tollow, Warkstorf.
Neuburg: 1379 908 Landesherrschaft.
Eichholz, Farpen, NeuFarpen, Gagezow, Gamehl, Alt- und NeuHageböк, Ilow, Kalsow, Kartlow, Krusenha-

gen, Madsow, Neuburg, Neuendorf, Pölitz, Hof Redentin, Steinhausen, Tatow, Zarnekow, Züsow.

Dreveskirchen: 943 624 Landesherrschaft. Hermann Schmidt.
Blowatz, Boiensdorf, Damekow, Dreveskirchen, Friedrichsdorf, Güstow, Heidekaten, Niendorf, Robertstorf, Stove, GrosStrömkendorf, Wodorf.

Proseken: (R.) 976 711 Landesherrschaft.
Eggerstorf, Fliemstorf, Gägelow, Hoben, Landstorf, Proseken, Stofferstorf, † Weitendorf, HinterWendorf, MittelWendorf, VorderWendorf, Wisch, Wolde, Groß- und KleinWoltersdorf, Zierow.

Lübow: 739 473 Landesherrschaft.
Greese, Kletzin, Krassow, Kritzow, Levetzow, Lübow, Maßlow, Rüggow, Schmackentin, Triewalk, Wietow.

Hornstorf: 328 241 Landesherrschaft.
Fischkaten, Hornstorf, HornstorferBurg, KritzowerBurg, Müggenburg, Dorf Redentin, Rohlstorf, Tannenkaten.

4620 4) Präpositur Sternberg. 2527

Gägelow: 652 378 Landesherrschaft.
Gägelow, ZülowerGägelow, Pastin, Rothen, Zülow; † Dabel, Holzendorf.

Prestin: 272 164 Adolph von Pressentin.
Prestin, Runow, Wilhelmshof.

Sternberg: 1692 849 Landesherrschaft.
Kobrow, *Sternberg, Stadt* und Amtsfreiheit, Stieten.

Sülten: (s. Sternberg). Landesherrschaft.
Sagestorf, Sülten, Weitendorf.

Eikelberg: 651 348 Erblandmarschall Aug. v. Lützow. Lieutenant Otto v. Lützow.
Eikelberg, Eikhof, GroßGörnow, KleinGörnow, Groß-Labenz.

Laase: (s. Eikelberg) Geschwister Peltz.
Laase, Rothenmoor, Schependorf.

Penzin: (s. Eikelberg). KammerDirector von Flotow.
Friedrichswalde, Penzin, WeisseKrug.

GrosRaden: 402 230 Carl Koch.
Brummelkuhl, Loiz, GroßRaden, KleinRaden, Rosenow, SternbergerBurg.

Witzin: 261 (s. Boitin No. 27) 170 Landesherrschaft.
NeuKrug, Witzin.

Ruchow: 429 230 Fürst zu SchaumburgLippe.
Bolz, NiederBolz, Lenzen, Mustin, RothenM., Ruchow, Tieplitz.

Woserin: 261 155 Landesherrschaft.
Woserin, Hohenfelde; † Borkow.

b) Aus dem Rostocker KirchenKreise des *Herzogthums Güstrow.* 62259

8025 5) Präpositur Gnoien. *(C.)* 4644

Vilz: 440 290 {Gebrüder von Koss. Landesherrschaft.}
Christianenhof, Drüsewitz, Kowalz, Neuhof, NeuM., Selpin, Vilz, Vogelsang, Ziegelei.

Tessin: 1610 968 Landesherrschaft.
Gnewitz, GnewitzerM., Helmstorf, Kleinhof, Stormstorf, Stadt *Tessin*, KleinTessin, Vieren, Wolfsberger Mühle, Zarnewanz.

Polchow: 556 314 Landesherrschaft.
Dalwitz, DepzowerM., Frohnerei, Goritz, Grieve, Polchow, NeuPolchow, PolchowerHeide, GroßRidsenow, KleinRidsenow, Rückberg, GräflichSpotendorf, Trotzenburg, Vipernitz, Wesselstorf.

Walkendorf: 358 179 Friedrich August Peters.
Dorotheenwald, Friedrichshof, HolzLübchin, Stechow, Walkendorf.

Basse: 728 417 {Landesherrschaft. Kammerjunker von Drenckhahn.}
Basse, Duckwitz, Gottesgabe, Lühburg, Nustrow, Repnitz, Samow, Strietfeld, Wilhelmshof, Woltow.

Boddin: 676 333 Christian Friedrich Kremer.
Boddin, NeuBoddin, Dölitz, Granzow, Kranichshof, Gr.Lunow, Kl.Lunow, GranzowerNeuhof, Gr.Niekóhr, NeuNiekóhr, AltVorwerk, NeuVorwerk.

Gnoien: 2006 1157 Landesherrschaft.
Bobbin, *Gnoien*, KleinNiekóhr, Warbelow.

Wasdow: 194 105 Landesherrschaft.
Friedrichshof, Quitzenow, Wasdow.

Lübchin: 1006 623 {Friedrich von Randow. Wilhelm Wackerow.}
Bäbelitz, Böhlendorf, Breesen, Carlsthal, Grammow, Langsdorf, Lübchin, Nütschow, Schabow, Tangrim, Viecheln.

Thelkow: 451 258 {Landesherrschaft. J. F. G. Berkholz.
Liepen, Neuhof, Sophienhof, Starkow, Alt- und Neu-Stassow, Thelkow.

9391 6) Präpositur NeuKalden. *(S.)* 5569

AltKalden: 1132 662 Landesherrschaft.
Damm, AltKalden, Kleverhof, Küsserow, Lüchow, AltPannekow, NeuPannekow, Rey, Schlutow; † Finkenthal, Fürstenhof.
GrosMethling: 460 335 Landesherrschaft.
GrosMethling, KleinMethling, Stubbendorf.
Bruderstorf: 496. 310 Landesherrschaft.
Barlin, Bruderstorf, Darbein.
Levin: 628 319 Landesherrschaft.
(Groß- und KleinBeestland), Darguner NeueBauhof Levin, LevinerWerder, Upost, Warrenzin, Wolkow und Antheil in Deven, Zarnekow.
Röcknitz: 1849 1093 Landesherrschaft.
Dörgelin, Glasow, Kützerhof, KützerhöferAalBude, Lehnenhof, NeuBaute, Röcknitz, Wagun; Dargun, † Schloss, Alte Bauhof und Flecken.
Schorrentin: 813 477 Landesherrschaft.
Kämmerich, Lelkendorf, Ludwigsdorf, Gr. Markow, KleinMarkow, Sarmstorf, Schönenkamp, Schorrentin, Schwarzenhof, Warsow.
NeuKalden: 1799 1152 Landesherrschaft.
Franzensberg, *NeuKalden*, Stadt, Karnitz, Salem, Schlakendorf.
Gorschendorf: (s. NeuKalden). Landesherrschaft.
Gorschendorf, Gülitz, Jettchenshof, Retzow, Glashütte.
HohenMistorf: 873 438 Landesherrschaft.
Bukow, Hagen, Hagensruhm, HohenMistorf, Niendorf, Pohnstorf, Remplin, AltSührkow, NeuSührkow, Teschow.
Levezow: 218 (s. Thürkow Nr. 20). 119 C. Nahmmacher.
Levezow, Perow, Todendorf, Chausseehaus.
Jördenstorf: 1123 664 Landesherrschaft.
Gehmkendorf, Jördenstorf, Kienz, Marienhof, Mühlenhof, Poggelow, Pohnstorf, Remlin, Schlakendorf, Schrödershof, Schwastorf, Schwetzin, Sukow, KleinWüstenfelde.

15237 7) Präpositur Ribnitz. *(S.)* 8885

Marlow: 1386 921 Landesherrschaft.
Allerstorf, Antheil in Brunstorf, Carlsruhe, Fahrenhaupt, AltGuthendorf, **Jankendorf**, Kneese, ***Marlow***, **Poppendorf**, **Schulenberg**, AltSteinhorst, NeuSteinhorst.

Sülze: 1958 1183 Landesherrschaft.
Dudendorf, Emekendorf, Klappe, Kucksdorf, Redderstorf, ***Sülze***, **Stadt** und Salzwerk.

Kölzow: 472 327 Justizrath von Prollius.
Brunstorf, **Dammerstorf**, NeuDammerstorf, Dettmannsdorf, Grüneheide, Kanneberg, **Kölzow**, Stubbendorf, **Wöpkendorf**.

Sanitz: 1215 757 Landesherrschaft.
Barkvieren, GrosFreienholz, KleinFreienholz, Hohenfelde, Horst, GroßLüsewitz, Niekrenz, Oberhof und Meierei, **Reppelin**, **Sanitz**, NeuSanitz, **Teutendorf** mit dem Moor, **Vietow**, Wehnendorf, KleinWehnendorf, Wendfeld, Wendorf, NeuWendorf.

Thulendorf: (s. Sanitz). Landesherrschaft. C. von Keffenbrinck.
KleinLüsewitz, Sagerheide, **Thulendorf**.

Petschow: 733 454 August Schlettwein. Gebrüder Hillmann. H. A. Stever.
Bandelstorf, Godow, **Göldenitz**, HohenGubkow, NeuKockendorf, **Lieblingshof**, Pankelow, **Petschow**, **Schlage**, Wolfsberg.

Bentwisch: 656 374 Landesherrschaft.
Alberstorf, **Bartelstorf**, **Bentwisch**, Fienstorf, Fienstorfer Mühle, Goorstorf, Harmstorf, Häschendorf, **GroßKussewitz**, KleinKussewitz, Oftenhäven, Rothbeck.

Teutenwinkel: 894 575 **Landesherrschaft**.
Cheelsdorf, CheelsdorferFähre, Dierkow, **Hinrichsdorf**, **Krummendorf**, Nienhagen, Oldendorf, Peez, Petersdorf, **Teutenwinkel**.

Volkenshagen: 767 367 Landesherrschaft.
Bussewitz, Cordshagen, Finkenberg, Gelbensande, HeideKrug, LandKrug, **Mönchhagen**, Poppendorf, Steinfeld, **Volkenshagen**, **Vogtshagen**.

Rövershagen: 634 267 Stadt Rostock.
Hinrichshagen, Jürgeshof, Markgrafenheide, Purkshof,

Rostocker Heide, Ober-, Nieder- und MittelRövershagen, Stuthof.

Blankenhagen: 1221 780 Landesherrschaft.
Benekenhagen, Billenhagen, Blankenhagen, Gresenhorst, LandKrug, Mandelshagen, Volkshagen, NeuVolkshagen, Willershagen.

Dänschenburg: (s. Blankenhagen). Landesherrschaft.
Dänschenburg.

Ribnitz, StadtKirche: 3198 1806 Landesherrschaft.
Bollhagen, Borg, Carlewitz, Dänendorf, ┼ Dierhagen, Einhusen, Freudenberg, Graal, AlteHeide, NeueHeide, Hinrichsdorf, Hirschburg, Klockenhagen, Körkwitz, KleinMüritz, Neuhaus, Paß, Stadt *Ribnitz*, Tressentin, Wilmshagen, Ziegelei.

Ribnitz, KlosterKirche: 245 133 Kloster Ribnitz.
Müritz, Neuhof, Petersdorf, Kloster Ribnitz.

Wustrow auf Fischland: 1084 459 Landesherrschaft.
(Ahrenshaupt), Altenhagen, Barnstorf, Fulge, Kirchdorf Wustrow, Nienhagen, (Wittebrook).

Kuhlrade: 774 482 Landesherrschaft.
Bookhorst, Emekenhagen, Kuhlrade, Rookhorst.

RostockerWulfshagen: (s. Kuhlrade). Landesherrsch.
Bartelshagen, PetersdorferBruchkaten, Rostocker Wulfshagen.

KlosterWulfshagen: (s. Kuhlrade). Kloster Ribnitz.
Brünkendorf, NeuGuthendorf, KlosterWulfshagen.

6891 8) Präpositur Schwaan. *(S.)* 3617

Biestow: 1302 483 Landesherrschaft.
Barnstorf, Biestow, Bramow, Dalwitzenhof, Gragetopshof, KayenMühle, Kritzemow, Niendorf, Papendorf, SandKrug, Schutow, Gr. Schwaß, KleinSchwass, Sildemow, GroßStove, KleinStove.

Kessin: 1078 608 Landesherrschaft.
Beselin, Broderstorf, Dischley, Fresendorf, Ikendorf, Kassebohm, Kessin, Chausseehaus Nr. 1, Kösterbeck, Neuendorf, Pastow, Riekdahl, Roggentin, HohenSchwarfs, KleinSchwarfs, Teschendorf.

Schwaan: 2242 1309 Landesherrschaft.
Bandow, ┼ Goldenitz, Letschow, ┼ Mistorf, Rukieten, NeuRukieten, *Schwaan*, Stadt u. Amt, Vorbeck, Wiek; Friedrichsgabe, Niendorf, ┼ Wiendorf, Zeez.

Kambs: 531 246 Landesherrschaft.
Friedrichshof, Kambs, KleinKambs, Tatschow; Bröbberow, † GrosGrenz, KleinGrenz.
Hanstorf: 725 441 Landesherrschaft.
Bliesekow, Clausdorf, Gorow, Hanstorf, Hastorf, Konow, Neuhof.
Heiligenhagen: (s. Hanstorf). Landesherrschaft.
KleinBölckow, Heiligenhagen.
Buchholz: 1013 530 Landesherrschaft.
Benitz, GrosBölkow, Brookhusen, Buchholz, Fahrenholz, Huckstorf, Nienhusen, Polchow, Wahrstorf, Ziesendorf.

III. Parchimscher KirchenKreis 132967
des Herzogthums Schwerin.

8653 9) Präpositur Crivitz. *(S.)* 5192

Crivitz: 1824 1065 Landesherrschaft.
Crivitz, Stadt und Amt, Gädebehn, Gädebehnsche Forsthof, Göhren, Krudopp, RönkendorferM., Settin; † Barnin, Hof und Dorf.
Kladow: 400 221 Otto von Buchwald.
Augustenhof, Basthorst, Kladow, Kölpin, Rehhagen, Rönkenhof, Samelow, Weberin.
† Vorbeck. Carl Joh. Ueckermann.
Kritzow, Vorbeck.
Holzendorf: 426 254 Gebrüder von Raven.
Gustävel, Holzendorf, Schönlage, Wendorf; † Müsselmow.
Demen: 647 378 Landesherrschaft.
Dannhusen, Demen, Jülchendorf, Kobande, Sparower Mühle, Venzkow.
HohenPritz: (s. Demen). Landesherrschaft.
Kuckuk, HohenPritz.
Wessin: 326 163 {Rittmeister von Dannenberg. Heinrich Driver.}
Radepohl, Wessin.
Bülow: (s. Wessin). Major H. F. von Barner.
Bülow, Müggenburg.
Wamekow: (s. Prestin Nr. 4) 424 256 Gebr. v. Bülow.
Buerbeck, Turloff, Wamekow.
† GrosNiendorf: Landesherrschaft.

Herzberg: (s. Granzin Nr. 26). 282 150 Baron von Maltzahn.
Herzberg, Lenschow.
Garwitz: 686 415 Landesherrschaft.
† Damerow, Garwitz; † Bergrade, † Domsühl; † Ziesلübbe.
Klinken: 668 416 Landesherrschaft.
Göthen, Klinken, Rusch, Schleusenwärterhaus.
Raduhn: (s. Klinken). Landesherrschaft.
Klinkensche Mühle, Raduhn, Ruschkaten.
Zapel: 751 503 Landesherrschaft.
Bahlenhüschen, Zapel; †Ruthenbeck; †Tramm.
Pinnow: 873 472 Landesherrschaft.
Gneven, Godern, NeuGodern, HolzwärterH., Petersberg, Pinnow, RabenSteinfeld, Zietlitz; † Sukow.
† Görslow. Georg von Behr.
Plate: 1346 899 Landesherrschaft.
Plate, † Peckatel; † Banzkow; † Consrade, Kaninchenwerder, Muess, Schwerinsche Fähre, Ziegelwerder, Zippendorf.

14675 10) Präpositur Grabow. *(S.)* 8219

Grabow: 2890 1378 Landesherrschaft.
Beckentin, Chausseehäuser (Nr. 1 et 2), Fresenbrügge, *Grabow,* Stadt, Amt und Ziegelhof, Guritz, Kaltehof, Kremmin, Wanzlitz.
Eldena: 2030 1196 Landesherrschaft.
Altona, Bellevüe, Bresegard, Eldena, EulenKrug, Glaisin, Göhren, Grittel, Krohn, Liepe, Malk, Strassen, Stuck.
Gorlosen: 685 395 Landesherrschaft.
Boek, Dadow, Gorlosen, Kastorf, (Krinitz), Neuhof, Semmerin.
Dömitz, StadtKirche: 3280 1703 Landesherrschaft.
Broda, *Dömitz,* Stadt, Schloss und Schleuse, Eisen-Fabrik, Fähre und Sandwerder, Findenwirunshier, Heidhof, Kaliss, Kaltenhof, Polz, Rothehaus, Schlonsberge, GrosSchmölen, KleinSchmölen, Steuermannskaten, Verklas, WendischWeningen, Woosmer, Dorf und Mühle, Ziegelei.
Dömitz, ZuchthausKirche: 192 5 Landesherrschaft.
Zucht- und Stockhaus.

Conow: 1243 844 Landesherrschaft.
Bockup, Conow, ConowerSülze, Grebs, Heiddorf, Karenz, Mallitz, Menkendorf, Neudorf, Raddenfort, Schlesin, ProbstWoos.
Leussow: 1210 684 Landesherrschaft.
Göhlen, Hornkaten Antheil, KleinKrams, Lauk-Mühle, Laupin, Leussow, Loosen.
GrosLaasch: 1820 1235 Landesherrschaft.
GrosLaasch, Weselsdorf; Hornkaten, † Karstädt, NeuKarstädt, Niendorf, Techentin.
Neese: 588 325 Landesherrschaft.
Marienhof, Neese, Prislich.
Werle: (s. Neese). Gustav von Restorf.
Buchhorst, Hühnerland, Werle.
Brunow: 651 393 Landesherrschaft.
Bauerkuhl, Brunow, Horst, Loecknitz; † Drefahl, NeuDrefahl, Pampin.
Möllenbeck: (siehe Präpositur Neustadt).
(GrosBerge: 86 61 Brandenburgisch.)
Platschow.

21223 11) Präpositur Hagenow. *(R.)* 12370

Hagenow: 3149 1881 Landesherrschaft.
Bellevue, Eichhof, Grammitz, Granzin, Grünenhof, *Hagenow, Stadt* und Amt, Hagenower Heide, Pätow, Pätower Steegen, Redefin Forsthof, Scharbow, Schmeerenberg, Sudenhof, SudenKrug, † Toddin, Viez, Bortsahl, Zapel; † Bakendorf.
Lübtheen: 2050 1244 Landesherrschaft.
Bandekow, Brömsenberg, Garlitz, Gudow, Probst Jesar, Jessenitz, auf der Lank, Lübbendorf, Lübtheen, Antheil in Quassel, Trebs, Volzrade.
Jabel: 2085 1209 Landesherrschaft.
Belsch, Benz, Briest, Jabel, NeuJabel, Quast, Ramm, Redefin, Chausseehaus Nr. 4., RedefinerPass, Vielank, HohenWoos, TewsWoos, WoosmerHof.
Picher: 3140 1673 Landesherrschaft.
Bresegard, Jasnitz, GrosKrams, AltKrenzlin, NeuKrenzlin, KrenzlinerHütte, Kuhstorf, Kummer, Picher, Strohkirchen, Warlow.
Uelitz: 1293 839 Landesherrschaft.
Achterfeld, Lübesse, Ortkrug, Rastow, Uelitz; Hasenhäge, † Sülten.

Goldenstädt: (s. Uelitz). Landesherrschaft. Fahrbinde, FriedrichFranzKanal, Friederichsmoor, Goldenstädt, AltJamel, NeuJamel; †Mirow.

Sülstorf: 951 653 Landesherrschaft. Hoort, Sülstorf; KlüsserKrug, †Kraak, Moraas, NeuMühle, Pulverhof.

Warsow: 1303 831 Landesherrschaft. Bandenitz, Besendorf, Kothendorf, Lehmkuhlen, SandKrug, SudenMühle, Warsow, AltZachun, NeuZachun; † KirchJesar, KlüsserMühle.

Pampow: 1093 628 Landesherrschaft. Boldela, Buchholz, Göhren, Haselholz, Holthusen, Pampow, GrosRogahn, Wüstenmark.

Stralendorf: 594 385 Landesherrschaft. Stralendorf, Walsmühlen, Zülow.

GrosBrütz: 804 387 Kammerherr, Baron v. Lützow. GroßBrütz, Brüsewitz, Charlottenthal, EulenKrug, Friedrichsthal, Gottesgabe, Grambow, Glashütte, Neuhof, Rosenberg, Rosenhagen, Wendischhof.

Cramon: 893 480 Landesherrschaft. Böken, Cramon, Cramonshagen, Dalberg, Drieberg, FaulMühle, Gottmannsförde, Rienmark, HerrnSteinfeld, Wahrholz.

MühlEichsen: 1126 621 Landrath von Leers. MühlEichsen, Moltenow, Rüting, Hof und Dorf, Schönhof, FräuleinSteinfort, RütingSteinfort, TestorferSteinfort, Webelsfelde, Wendorf, Wüstenmark.

GrosEichsen: (s. MühlEichsen). Landrath von Leers. GroßEichsen, Goddin, Schönfeld, Seefeld, Forsthof Seefeld (NussKrug), Wendelstorf.

Dambeck: 478 280 Landesherrschaft. Bobitz, Dalliendorf, Dambeck, Naudin.

Meteln: 891 559 Landesherrschaft. Drispeth, Grevenhagen, Meteln; Gallentin, WendischRambow, †Zickhusen, Chausseehaus (Nr. 2).

GrosTrebbow: 1313 700 Carl Friedrich von Barner. Rugensee, GroßTrebbow, KleinTrebbow, Warnitz.

KirchStück: (s. GrosTrebbow). Carl Friedr. v. Barner. Chausseehaus (Nr. 1), Hundorf, Lübstorf, NeuLübstorf, GrosMedewege, KleinMedewege, Moorbrink, Pingelshagen, Seehof, BarnerStück, KirchStück, Wickendorf.

6668 12) Präpositur Lübz. *(H.)* 3930

Lübz: 1846 1178 Landesherrschaft.
AltBobzin, Bobzin, *Lübz,* Stadt und AmtsBauhof, Ruthen; † Benzin; † Lutheran.
Satow: 428 261 August von Flotow.
Kogel, Rogeez, Satow und Glashütte, Sukow.
Stuer: 791 414 Gebrüder Hagemeister.
Altenhof, Darze, Käselin, Stuer, NeuStuer, StuerVorwerk, Stuersche HinterMühle, VorderMühle.
† WendischPriborn. T. L. von Flotow's Erben.
WendischPriborn.
Barkow: 578 317 Landesherrschaft.
Barkow, Lalchow, Wessentin; † Brook, Kritzow.
Karbow: 433 263 Landesherrschaft.
Karbow, Sandkrug, Schlemmin; † Darz, Quasslin, Quassliner Mühle, Wahlstorf.
Kreien: 366 233 Landesherrschaft.
Kreien; † Wilsen, WilserMühle.
Burow: 309 153 Landesherrschaft.
Burow, KleinPankower Mühle.
† KleinNiendorf. Johann Heinrich Lübbe.
Benthen: 641 358 { Christ. Carl Heinr. Düssler. / A. H. von BehrNegendank. / Joh. Friedr. Hoffschläger. }
Benthen, Tannenhof, Welzin, Werder; Charlottenhof, † Passow; † Weisin.
Grebbin: 739 429 Landesherrschaft.
Grebbin, Woeten, Wozinkel; † Kossebade.
† Dargelütz: A. von der Lühe.
Dargelütz, MützerMühle, Vogelsang.
Kladrum: 537 324 Landesherrschaft.
Badegow, HofGrabow, NeuGrabow, Kladrum, Zolkow.

7135 13) Präpositur Neustadt. *(S.)* 4105

Neustadt: 2563 1532 Landesherrschaft.
Hohewisch, Kiez, Kronskamp, KleinLaasch, Neuhof, *Neustadt, Stadt,* Schloss u. Amt, Tuckhude, Wöbbelin; Dreekrögen, † Lüblow, NeuLüblow.
Brenz: 1262 737 Landesherrschaft.
Brenz, NeuBrenz; Steinbeck, † Stolpe; † Blievenstorf, Wabel.

Spornitz: 810 418 Landesherrschaft.
Spornitz; † Dütschow.
Herzfeldt: 893 504 Landesherrschaft.
Herzfeld, NeuHerzfeld, Stresendorf; Barkow, † Karenzin.
Möllenbeck: (s. Herzfeld). Gebr. v. Treuenfels.
Menzendorf, Möllenbeck, Neuhof, Repzin.
Dambeck: 669 368 Landesherrschaft.
Dambeck.
† Balow. P. A. W. von Flotow.
Klüss: 190 95 Landesherrschaft.
Klüss.
Muchow: 728 451 Landesherrschaft.
Granzin, Kolbow, Muchow; † Zierzow.

7939 14) Präpositur Parchim. *(S.)* 4191

Parchim, GeorgenK.: 201 (vom Lande) 106
Friedrichshof, Möderitz, Neuhof, *Alt-Stadt Parchim;* MarkowerMühle, † Paarsch.
3974 Erwachsene
1976 Kinder
5950 in der Stadt.
Parchim, MarienK.: 12 2 Landesherrschaft.
Brunnen, *Neustadt Parchim,* Ziegelei.
Damm: 273 142 Landesherrschaft.
Damm, Malchow; † Matzlow, Trotzenburg.
Slate: 587 361 Landesherrschaft.
Kiekindemark, Poitendorf, Poltnitz, Slate, Tessenow; † GrosGodems, KleinGodems.
Marnitz: 1200 361 Landesherrschaft.
Griebow, Jarchow, Leppin, Hof und Antheil an Dorf Malow, MalowerM., Marnitz und Bauhof, Neu-Mühle, Ruhn; † Ziegendorf; Poltnitz, † Wulfsahl.
† Meierstorf. Georg Friedr. Peters.
Sukow: 399 215 Landesherrschaft.
Drehn(kow), Mentin, Suk(ow); † Por(epp).
GrosPankow: 513 273 Landesherrschaft.
GrosPankow.
Siggelkow: (s. GrosPankow). Landesherrschaft.
Kummin, Dorf Malow Antheil, Mühlenberg, Neuburg, Siggelkow, Zachow.
(KleinPankow und † Reddelin, s. GrosPankow). Kloster Stepnitz.

Gischow: 161 60 Stadt Parchim.
Gischow.
Lanken: 619 333 Landesherrschaft.
Beckendorf, Darze, Lanken, ┼ Rom, Schalentiner-Mühle, Stralendorf.
† Greven. Hofrath Hartmann.

15) Präpositur Waren. *(S.)* 8113

Waren, Alte u. Neue Kirche: 4724 341 *Landesherrsch.*
*In der Stadt, vom Lande.
Falkenhagen, Jägerhof, AlteMeierei, Schwenzin, Theer-Ofen, *Waren*, Warenshof, WarenscheWold, Ziegelei.
Vielist: 612 322 Heinrich Ernst von Meyenn.
Baumgarten, Eldenburg, Panschenhagen, SandKrug, Vielist, KleinVielist.
Sommerstorf: (s. Vielist). Friedrich, Graf von Hahn.
KleinGrabow, Grabowhöfe, Sommerstorf.
Schloen: 919 451 Jürge Heino von BehrNegendank.
Eickhof, GroßPlasten, KleinPlasten, Rockow, Schlön, Neu-Schlön, Schmachthagen, Torgelow, Ueberende, WischMühle.
GrosDratow: (s. Schloen). Carl Lemcke.
GroßDratow, KleinDratow, Schwastorf.
Federow: 445 299 Leop. Nicolai.
Federow, Godow, RöbelscheWold, Schwarzenhof; † Charlottenhof, Kargow.
Speck: (s. Federow). Forstrath von Haugwitz.
Rehhof, Speck.

13230 16) Präpositur Wittenburg. *(R.)* 7324

Camin: 658 386 B. von Bülow's Erben.
Albertinenhof, Camin, (Dodow), Friedrichshof, Goldenbow, HolzKrug, Kogel, Rodenwalde, Schaalhof, Vietow.
Zarrentin: 1838 1046 Landesherrschaft.
Bantin, Boize, Kölzin, Lüttow, Pamprin, Schaal-Mühle, Schadeland, Schaliß, Testorf, ┼ Valluhn, Zarrentin, Amt, Bauhof und Flecken.
NeuKirchen: 444 233 Oberjägermeister, Graf v. Hardenberg.
Boissow, ┼ Neuhof, NeuKirchen, Rögnitz, Woldhof.
Döbbersen: 1136 600 Landesherrschaft.
Badow, Bentin, Boddin und Meierei, Döbbersen, Drönnewitz, Düsterbeck, Fegetasch, Raguth, Sorgenfrei, Stöllnitz, Tessin, Woez.

Perlin: 589 334 Friedrich, Graf von Bassewitz.
Bergfeld, Dümmerstück, Hof und Dorf, Perlin, Klein-Renzow, Söhring, GroßWelzin, KleinWelzin.
Parum: 773 463 Landesherrschaft.
Dümmer, Dümmerhütte, Kowahl, Mühlenbeck, Parum, Pogreß, Schossin.
Gammelin: 531 320 Landesherrschaft.
Gammelin, Hülseburg, Presek, Radelübbe mit dem Forsthof, RotheKrug, RotheMühle.
Dreilützow: 370 194 Herm., Graf von Bernstorf.
Dreilützow, Luckwitz, NeuLuckwitz.
Wittenburg: 2964 1654 Landesherrschaft.
Bobzin, Harst, Karft, Lehsen, Püttelkow, Waschow, *Wittenburg, Stadt* und Amt, KleinWolde, WoldMühle, Wölzow, Ziggelmark.
Körchow: 893 519 Carl Christ. Friedr. von Schack.
Helm, Körchow, Kützin, Perdöhl, Schwaberow, GrosWoldhof, Zühr.
Pritzier: 1269 648 {Landrath von Könemann. Drost von Laffert.}
Goldenitz, Gößlow, Gramnitz, Neuenrode, Pritzier, Quaßel, Schwechow, Setzin; † Warlitz.
Vellahn: 1765 927 Landesherrschaft.
BoltenMühle, Brahlstorf, Bruchmühle, Dammereez, Düssin, Garlitz, Jesow, Klodbram, Langenheide, Melkhof, Ruhethal, Stoltenau, Vellahn, Posthalterei, und Chausseehaus Nr. 5.
† Marsow. J. F. W. von Schilden.
† Banzin. Gebrüder von Laffert.

IV. Güstrower KirchenKreis 114059
des Herzogthums Güstrow.

7) Zu Güstrow. *(C.)* 9442

Güstrow, Domkirche: 310 (vom Lande) 176 Landesh.
Bauhof, Brunnen, Bülow, BülowerBurg, in *Güstrow* Burg- u. DomFreiheit, Domviertel, † HeiligeGeist- und Klosterhof, Gutow, Magdalenenlust, SchönInsel, Weinberg. — 8725 Einwohner in der Stadt (incl. der LandArceitshaus-Gemeinde).
— *PfarrKirche:* 147 84 Stadt Güstrow.
in *Güstrow* Glevinsche-, Mühlen- und SchnoienViertel, GlasewitzerBurg, GlevinerBurg, PriemerBurg, † Sukow.
— LandArbeitshaus: 298 15 Landesherrschaft.

5683 18) Präpositur Goldberg. *(S.)* 2985

Goldberg: 1596 777 Landesherrschaft.
Goldberg, Stadt, Amt und Bauhof, Medow, Steinbeck, Hof Zidderich, Medower Ziegelei.
Woosten: 281 146 Landesherrschaft.
Finkenwerder, WendischWaren, Woosten.
Brüz: 462 248 Adolph Eggersf.
Brüz, NeuBrüz, Diestelow, Grambow, Neuhof, Seelstorf.
Techentin: 867 599 Landesherrschaft.
Augzin, Hagen, Kadow, Langenhagen, Techentin, Dorf Zidderich; † Below.
Mestlin: 721 347 Kloster Dobbertin.
Mestlin, Mühlenhof, Ruest Antheil, Vimfow; Dinnies, Kl.Pritz, † Rüest Antheil, Schlowe.
Dobbertin: 657 250 Kloster Dobbertin.
Dobbertin, Kloster, Bauhof u. Dorf, Dobbin, Kläden, Neuhof, Spendin.
Lohmen: 672 394 Kloster Dobbertin.
Altenhagen, Garden, GardnerMühle, Gerdshagen, Lähnwitz, Lohmen, Nienhagen, Oldenstorf, Kl.Upahl.
Kogel: 427 224 Kloster Dobbertin.
Jellen, Kleisten, KirchKogel, RumKogel, Louisenhof, Reimershagen, Schwinz, Suckwitz.

4758 19) Präpositur Krakow. *(S.)* 2951

Zehna: 339 159 Joh. Friedr. Traugott Kortüm.
Braunsberg, KleinBreesen, Neuhof, Rothbeck, Wendorf, Zehna.
Bellin: 449 248 GeheimeRath, Graf v. Hessenstein.
Bellin, GroßBreesen, Marienhof, Steinbeck, Klein-Tessin.
Krakow: 1180 898 Landesherrschaft.
Bossow, Glave, *Krakow*, Möllen, GroßTessin.
Sammit: (s. Krakow). Georg Carl Riedel.
GrüneJäger, AltSammit, NeuSammit.
Serrahn: 1009 562 Friedrich, Graf von Hahn.
Ahrenshagen, Hinzenhagen, Koppelower TheerOfen, Kuchelmiß, Rosenthal, Seegrube, Serrahn, Wilsen, Windfang; Derfentin, † Langhagen, Wilser Hütte.
Dobbin: (s. Serrahn). Landesherrschaft.
Dobbin, Hütten, Zietlitz.
Lüdershagen: 757 464 Landesherrschaft.
Augustenberg, BlechernKrug, Charlottenthal, Gr.Grabow,

KleinGrabow, Hoppenrade, Kölln, Koppelow, Lüdershagen, Striggow, Windfang.

Lübsee: (s. Lüdershagen). Landesherrschaft.
Bansow, Grünenhof, Lübsee.

Badendieck: 787 481 Landesherrschaft.
Badendieck, Bölkow, Ganzkow, Schönwolde.

KirchRosin: (s. Badendieck). Landesherrschaft.
Devwinkel, Grenzburg, Klues, KirchRosin, MühlRosin.

GrosUpahl: 237 139 Landesherrschaft.
GrosUpahl.

Karcheez: (s. Gr.Upahl). Carl Ludw. Friedr. Bobzin.
Hägerfelde, Karcheez.

7647 20) Präpositur Lüssow. *(C.)* 4435

Lage: 1810 1001 Landesherrschaft.
Breesen, Kobrow, Kronskamp, *Lage*, GrosLantow, KleinLantow, PapierMühle, Schweez, Subsin, Wardow, KleinWardow, Wozeten.

Recknitz: 941 589 {Friedrich von Buch. Emil von Buch.}
Drölitz, Glasewitz, Knegendorf, Korleput, Lissow, Mierendorf, Plaaz, Recknitz, Rossewitz, Spotendorf, Wendorf, Zapkendorf.

Lüssow: 1285 822 Landesherrschaft.
Augustenruh, Bredentin, Goldewin, NeuGoldewin, Karow, Käselow, Kassow, Lüssow, NeuMühle, † Oettelin, † Sarmstorf, Schwiesow, Hof und Meierei, Strenz, NeuStrenz.

Kritzkow: 879 473 Landesherrschaft.
Dudinghausen, Kritzkow, Kuhs, Zehlendorf.

Weitendorf: (s. Kritzkow). Geh. Kriegsrath von Viereck.
Leveckendorf, Weitendorf, LeveckendorferWoland, WeitendorferWoland.

HohenSprenz: 775 402 Landesherrschaft.
Dolgen, Friedrichshof, Kankel, NeuMistorf, Sabel, Siemitz, HohenSprenz, KleinSprenz, Striesdorf.

Kavelstorf: 1041 655 Landesherrschaft.
Damm, Dummerstorf, KleinDummerstorf, Griebnitz, NeuGriebnitz, Kavelstorf, Klingendorf, Niex, KleinPotremsAntheil, Prisannewitz, Reez, Scharstorf, Groß- und KleinWiegeln.

Cammin: 914 493 Landesherrschaft.
Cammin, Deperstorf, DepzowerDamm, Eikhof, Alt-Kätwin, NeuKätwin, Kossow, Chausseehaus Nr. 2., Groß-Potrems, KleinPotrems, Prangendorf, Teschow, † Weitendorf, Wendorf, Wohrenstorf.

16064 21) Präpositur Malchin. *(C.)* 9076

Malchin: 2469 1208 Landesherrschaft.
Jägerhof, KrebsMühle, *Malchin,* Pisede, Viezenhof, Walkmühle, Ziegelhof.
† Gielow: 524 365 Landesherrschaft.
Gielow.
Stavenhagen: 2672 1598 Landesherrschaft.
AlteBauhof, NeueBauhof, Gülzow, Kölpin, † Pribbenow, Scharpzow, *Stavenhagen,* Stadt, Schloss, Amtsbrink, Ziegelei, Vosshütte; † Ritzerow.
Jürgenstorf: (s. Stavenhagen). Gebrüder von Oertzen.
Jürgenstorf, Voßhagen.
Ivenack: 1118 714 Graf von Plessen.
Basepohl, Goddin, Grischow, Ivenack, Klockow, Krummsee, Wackerow, Weitendorf, Zolkendorf.
Borgfeld: 479 299 Graf von Plessen.
Borgfeld, Fahrenholz, Kriesow, Markow, Tüzen.
Röckwitz: 350 194 Gräfin von Moltcke.
Adamshof, Gützkow, Hüttenhof, Röckwitz.
† Zwiedorf, Friedrichshof. Graf von Plessen.
Kastorf: 543 319 Ernst Holz.
Carlshof, Galenbeck, Kastorf, Knorrendorf, Mannhagen.
† Rosenow, Chausseehaus. Rittmeister von Blücher.
Kittendorf: 762 429 Gebrüder von Oertzen.
Kittendorf, Mittelhof, Develgünde.
† Sülten, Hof und Dorf. Landesherrschaft.
Briggow: (s. Kittendorf). Wilh. C. Alex. von Oertzen.
Briggow.
GrosVarchow: 752 537 Banquier G. Jenisch.
Bredenfelde, Lehsten Dorf und Hof, Lehsten Hof, GroßVarchow, KleinVarchow.
Luplow: (s. Gr.Varchow). Kammerherr von Voss.
Carlshof, Luplow, Voßfeld.
Varchentin: 656 417 Banquier G. Jenisch.
BeckenKrug, Carolinenhof, Clausdorf, Varchentin.
† Deven. Advocat Albert Voss.
† Kraase. C. A. von Gentzkow's Erben.

GrosGievitz: 563 319 Felix, Graf von Voss.
Carlsruh, GroßGievitz, KleinGievitz, Hungerstorf, Minenhof; Johannsbof, † Alt- und NeuSchönau.
Rittermannshagen: 831 422 Friedrich, Graf v. Hahn.
Dempzin, Faulenrost, Liepen, Rittermannshagen, TheerOfen.
Lansen: (s. Rittermannshagen). Friedrich, Graf von Hahn.
Lansen, Schwarzenhof.
Basedow: 716 336 Friedrich, Graf von Hahn.
Basedow, NeuBasedow, Dammhaus, Gessin, Neuhäuser, Seedorf, TheerOfen.
Schwinkendorf: 830 428 Friedrich, Graf v. Hahn.
Christinenhof, Hinrichshagen, KielMühle, Langwitz, Levenstorf mit der Glashütte, Lupendorf, Panschenhäger Jägerhof, Schwinkendorf, Tressow.
Rambow: 564 273 Landrath Fr., Baron von Maltzahn.
Ilkensee, Marxhagen, Molzow, Rambow, Ulrichshusen; † Dahmen, Fischerhütten, Rothenmoor, Sagel.
Grubenhagen: 1088 565 Ludwig Heise.
Barz, Bockholt, SchloßGrubenhagen oder Vorwerk, KirchGrubenhagen, Hallalit, HellerMühle, Klocksin, NeuKlocksin, Krevtsee, GroßLukow, KleinLukow, Neuhof, Peenhäuser, GroßRehberg, KleinRehberg, Steinhagen, Vollrathsruhe.
Bülow: 931 542 { verehelichte Erbrecht, geb. Degener. Gräfin von Voss Kinder. Graf von Bassewitz, gen. von Schlitz. }
Bülow, Carlshof, Schorssow, Tessenow, Ziddorf.
† Bristow: Werner Schläger.
Bristow, Glasow.
HohenDemzin: (s. Bülow). Carl Friedr. Wilh. Rösecke.
HohenDemzin, Görzhausen, Grube, Karstorf, BurgSchlitz.
AltPanstorf: (s. HohenMistorf, Nr. 6.) 216 111 Fürst zu SchaumburgLippe.
Alt- und NeuPanstorf, Wendischhagen.

6422 22) Präpositur Penzlin. *(H.)* 3670

Penzlin: 2364 1254 Erblandmarschall, Baron v. Maltzan.
† Lübkow, Neuhof, *Penzlin*, Stadt, Burg, Stadthof, Bauhof, Puchow, Rahnenfeide, Siehdichum, Werder.
† Lapitz: Johann Gottlieb Neumann.
Lapitz, Wrodow.

Gros-

GrosHelle: (s. Penzlin.) {Friedrich Wilhelm Flügge. / Kammerherrin von Voss.
Groß Helle, Lüdershof; Marienhof, † Schwandt.
Möllen: 532 357 Oberstlieutenant v. Schuckmann.
Buchholz, Kleeth, Möllen.
† Tarnow. Carl Neumann.
KleinHelle: (s. Möllen). Leberecht von Ferber.
Friederichsruh, Gädebehn, KleinHelle.
Breesen: 517 310 Kammerherr von Engel.
Breesen.
† Pinnow. C. W. von Klinggräff's Erben.
Woggersin: (s. Breesen). Rud. Ludw. Grisebach.
Kalübbe, Neuhof, Woggersin.
Chemnitz: 115 (s. Möllen). 64 Landesherrschaft.
Chemnitz, (KrappMühle).
Passentin: 81 34 Leopold Nicolai.
Passentin, Meierei.
AltRehse: 325 191 Ferdinand, Bar. v. Maltzan.
AltRehse, Wustrow.
† Krukow, Josephshöhe. Adolph, Baron von Maltzan.
† Mallin. Friedrich, Baron von Maltzan.
Peckatel: 509 328 Landrath Fr., Baron von Maltzan.
Adamsdorf, Brustorf, KleinBrustorf, Hartwigshof, Jennyshof, Peckatel, Peutsch, KleinVielen.
† Liepen: Eduard Jahn.
Langhagen, Liepen.
Ahrensberg: 171 58 Friedrich, Graf von Hahn.
Ahrensberg, Hartenland.
Gros Vielen: 372 198 Landrath G. H. v. Oertzen.
GroßVielen.
† Zahren: Carl von Arenstorff.
Friedrikenshof, Zahren.
† Mollenstorf. C. F. von Gundlach.
GrosLukow: 597 365 Landesherrschaft.
Ave, Carlstein, GroßLukow, KleinLukow; † Marin.
GrosFlotow: (s. GrosLukow). Gebrüder von Voss.
GroßFlotow, KleinFlotow, Kavelstorf.
Ankershagen: 839 511 Landesherrschaft.
Ankershagen, Bocksee, Bornhof, Dambeck, Dambecker Glashütte, Klockow, Otaheite oder Freidorf, Pieverstorf, Ulrichshof, Wendorf.
† Möllenhagen. Rittmeister von Gundlach.
Möllenhagen, Rethwisch.
Rumpshagen: (s. Ankershagen). J. v. Gundlach.
Rumpshagen.

10245 23) Präpositur Plau. *(H.)* 5760

Malchow, KlosterKirche: 791 440 Kloster Malchow.
Adamshoffnung, Göhren, Kisserow, Laschendorf, Alt-Laschendorf, Lenz, AltMalchow, Kloster- und Amts-Bauhof, Penkow, Petersdorf, Roez.

Lexow: (s. Malchow, KlosterKirche) Kloster Malchow.
Lexow, Hof und Dorf.

Malchow, StadtKirche: 2060 1138 Stadt Malchow.
Biestorf, Lenz, Stadt *Malchow,* Silz.

Grüssow: 450 266 E. H. W. von Flotow.
BruchMühle, Grüssow, WalkMühle; Jürgensthal, Strietfeld, † Walow, Woldzegarten; † Zislow.

Jabel: 870 457 Kloster Malchow.
Damerow, Hagenow, Jabel, Loppin.

HohenWangelin: (s. Jabel). Kloster Malchow.
Cramon, Kraaz, Liepen, HohenWangelin.

Lütgendorf: 473 277 Ludw. Friedr. Bernh. v. Arnim.
Blücherhof AltGaarz, NeuGaarz, GaarzerKrug, Hof- und KirchLütgendorf, NeuSapshagen, Sophienhof.

Kieth: 284 180 Landesherrschaft.
GroßBäbelin, KleinBäbelin, BornKrug, Drewitz, Hinrichshof, Kieth, Linstow, Malkwitz, Rothehaus.

Plau: 2025 1052 Landesherrschaft.
Appelburg, Klebe, Leisten, *Plau,* Stadt und Amts-Bauhof, Ziegelei und Kalkbrennerei, Quetzin.

Gnevstorf: 531 277 Landesherrschaft.
Gnevstorf, Reppentin, DorfWangelin; DresenowerMühle, † Ganzlin, Twietfort.

Vietlübbe: 385 183 Landesherrschaft.
Dammerow, Vietlübbe; † Retzow, Hof und Dorf.

Kuppentin: 885 504 {Landrath von Blücher. / Carl Wilh. Heinr. Seeler. / W. F. C. von Hartwig.}
Daschow, Gallin, Kuppentin, HofMalchow, Penzlin, Zahren.

Plauerhagen: (s. Kuppentin). Landesherrschaft.
BarkowerBrücke, Plauerhagen, Zarchelin.

GrosPoserin: 805 486 Geschwister Rosenow.
Damerow, GrüneJäger, GrüneJäger, Kressin, GroßPoserin, KleinPoserin, NeuPoserin, HolzwärterHof, Redewisch, Sandhof, Klein- und NeuWangelin, Wooster TheerOfen; Glashütte, Hahnenhorst, † Karow, SamoterKrug, TheerOfen.

AltSchwerin: 686 500 Friedrich Mierendorff. Grafen von Blücher Erb.
Jürgenshof, Mönchbusch, OrtKrug, AltSchwerin, Sparow, Wendorf, Werder.
Nossentin: (s. AltSchwerin). Landesherrschaft.
Nossentin, NossentinerHütte, Sanz, TheerOfen.

8579 24) Präpositur Röbel. *(II.)* 4389

Kieve: 923 511 Landesherrschaft.
Hinrichshof, Kieve, Mönchhof.
Wredenhagen: (s. Kieve). Landesherrschaft.
Neuhof, NeuKrug, Wredenhagen, Bauhof; † Zepkow.
Kambz: 474 212 Landesherrschaft.
Kambz, Karbow, Wildkuhl.
Grabow: (s. Kambz). Gottfried Wilhelm Rudeloff.
Below, Grabow.
Dambeck: 520 215 Landesherrschaft.
Minzow; † Bütow, Ludwigshof.
† Karchow. Baron von Langermann.
Carlshof, Dambeck, Erlenkamp, Karchow.
Dammwolde: 334 168 H. A. Düssler.
Dammwolde, Jaebitz, Knüppeldamm.
Finken: (s. Dammwolde). Grafen von Blücher Erben.
Finken.
Massow: 151 (s. Satow Nr. 12). 100 Rittmeister von Lücken.
Sockensruh, Kornhorst, Massow.
Leizen: 119 (s. Satow Nr. 12). 78 J. A. F. J. von Gundlach.
Leizen.
Röbel, Neustädter Kirche: 1712 938 Landesherrschaft.
Röbel, Neustadt, Ziegelei.
Nätebow: (s. Röbel, Neustadt). Baron von Langermann.
Bollewick, Nätebow, Spitzkuhn.
Röbel, Altstädter Kirche: 832 436 Landesherrschaft.
Gneve, Gotthun, HauptsMühle, GroßKelle, *Röbel,* Altstadt, SchamperMühle, Wackstow, Winkelhof.
Ludorf: (s. Röbel, Neustadt). Jos. Ernst von Knuth's Erben.
Ludorf.
Sietow: 718 405 Kloster Dobbertin.
Hinrichsberg, KleinKelle, Sietow, Zierzow.
Poppentin: (s. Sietow). Kloster Malchow.
Grabenitz, Lebbin, Poppentin, Schlößchen Poppentin, Rothehaus, Sembzin, KleinSembzin, Wendhof.

(11*)

Klink: (s. Sietow). Leop. Ernst Heinr. Friedr. Kähler.
Klink.
Vipperow: 504 239 Landesherrschaft.
Solzow, Vipperow; † Priborn; † Zielow.
Rechlin: 525 259 Ernst, Baron von Hammerstein.
BolterMühle, Klopzow, Alt- und NeuLeppin, Rechlin, Retzow, Roggentin.
Boek: (s. Rechlin). ViceLandmarschall von Oertzen.
Amalienhof, Boek, FauleOrt, Glashütte.
Laerz: 604 202 Kloster Dobbertin.
Laerz; † Schwarz, SchwarzerHof; † Diemitz.
Krümmel: 141 86 Friedrich von Arenstorf.
Ichlim, Krümmel, Troja.
Melz: 455 194 Friedr. Aug. von Ferber.
Augusthof, Friedrichshof, Melz.
† Buchholz. Die GutsEigenthümer.
Rossow: 567 346 Landesherrschaft.
Rossow, Hof und Dorf; Dovensee, Drusedow, Grüneberg, † Netzeband.
† Schönberg. Georg Christian Krell.
Schönberg, DoßKrug, Antheil an Dovensee.

8378 25) Präpositur Teterow. *(C.)* 4887

Teterow (S.): 2904 1662 Landesherrschaft.
BornMühle, Grambzow, GroßKöthel, KleinKöthel, Miekow, Pampow mit Sophienberg, Gr.Roge, KleinRoge, *Teterow.*
Thürkow: 386 213 Landesherrschaft.
Appelhagen, Heide, HohenSchlitz, Tellow Dorf, Tenze, TenzerMühle, Thürkow.
Belitz: 1297 715 Landesherrschaft.
Belitz, GroßBützin, KleinBützin, GroßDalwitz, Halsberg, NeuHeinde, Jahmen, Matgendorf, NeuKrug, Prebberede, Rabenhorst, Rensow, Schwiessel, Stierow, HofTellow, Vietschow, GroßWüstenfelde.
Warnkenhagen: 1130 713 Landesherrschaft.
Amalienhof, Bartelshagen, Dalkendorf, Diekhof, Gottin, Hessenstein, Krassow, Lissow, Lüningsdorf, Pölitz, Striesenow, Tolzin, Warnkenhagen, NeuZierhagen, Zierstorf.
Reinshagen: 612 343 Bernhard, Baron v. Herzeele.

Ahrensberg, Dehmen, Gremmelin, Hütte, Kussow, Nienhagen, Develgünne, Reinshagen, Schwiggerow, Vietgest.

Wattmanshagen: 865 565 Landesherrschaft.
Friedrichshagen, Hohenfelde, Lalendorf, Niegleve, Rachow, NeuRachow, Raden, Roggow, Schlieffensberg, Vogelsang, Wattmannshagen, Wotrum.

Klaber (S.): 1184 681 Landesherrschaft.
Bergfeld, Carlsdorf, Klaber, Mamerow, Hof u. Dorf, Nienhagen, Rothspalk.

GrosWokern: (s. Klaber). Landesherrschaft.
GrosWokern, KleinWokern, NeuWokern.

V. SchwerinMeklenb. Superintendentur. 100730

a) *Fürstenthum Schwerin. (S.)* 42564

26) Schweriner Circul. 25022

Schwerin, Domkirche: Landesherrsch.
Altstadt *Schwerin*, Vorstadt, Görries, Hals, Krebsförden, Lankow, Ostorf, PüsserKrug, Siechenbaum, Tannenhof.

— *Neustädter Kirche:* Landesherrsch.
Neustadt *Schwerin*, Garnison und Bischofsmühle.

— *SchlossKirche:* 76 (ausserh. d. Stadt) 26
s. Seite 141.

} 16315 in der Stadt. 619 Erw. / 395 Kind. v. Lande.

Sachsenberg: 260 16 Landesherrschaft.
Sachsenberg.

Ludwigslust: (R.) 3397 1417 Landesherrschaft.
Kleinow, Ludwigslust, Chausseehaus Nr. 3.

Wittenförden: 703 412 Landesherrschaft.
Fasanerie, Heidekaten, NeuMühle, KleinRogahn, Wandrum, Wittenförden.

Frauenmark: 600 337 Landesherrschaft.
Frauenmark, Friedrichsruh, Goldenbow, Schönberg; † Severin, Sophienhof; † Schlieven.

Granzin: 277 172 Landesherrschaft.
Granzin, Lindenbeck.

11067 27) Präpositur Bützow. 6475

Bützow, StadtKirche: 3622 1909 Landesherrschaft.
Bützow, Stadt und AmtsBauhof, Horst, Neuendorf, Parkow, † Passin, Steinhagen, Kurzen-Trechow, Trepzow, Wolken, † Zepelin.
† LangenTrechow Geschwister von Plüskow.
— *Reformirte Kirche:* 86 (in d. Stadt) 75 Landesherrs.
Alle evangelisch-reformirten ConfessionsVerwandte im Lande.
Dreibergen: 78 10 Landesherrschaft.
StrafAnstalt.
NeuKirchen: 1628 1010 Landesherrschaft.
GroßBelitz, KleinBelitz, Boldenstorf, GroßGischow, † Jürgenshagen, Matersen, NeuKirchen, Penzin, Reinstorf, Selow, Viezen, Wokrent.
† HohenLukow. Domänenrath G. P. von Brocken.
Bernitt: 653 410 Landesherrschaft.
Bernitt, NeuBernitt, Moltenow, Hof u. Dorf.
Moisall: 432 272 Wilh. Friedr. Theod. Peters.
Bischofshagen, Hermannshagen Dorf, Moisall, Moorhagen, Schlemmin, NeuSchlemmin, KleinSien, Ulrikenhof.
Warin: 1137 623 Landesherrschaft.
Kl.Labenz, Mankmoos, Nisbill, Pennewitz, *Warin,* Stadt und AmtsBauhof.
Qualitz: 499 328 Landesherrschaft.
Glambeck, Göllin, NeuGöllin, Gralow, Jabelitz, Qualitz.
Baumgarten: 416 293 Landesherrschaft.
Baumgarten, Kateibogen, Wendorf.
Rühn: 346 221 Landesherrschaft.
Pustohl, Rühn, Amt und Bauhof.
Zernin: 546 333 Landesherrschaft.
Peetsch, Vierburg, Zernin; Schlockow, † Warnow.
Boitin: 368 230 Landesherrschaft.
Boitin, Diedrichshof, Grünenhagen, Lübzin.
Tarnow: 794 498 Landesherrschaft.
Mühlengeez, Hof und Dorf, Peetscherhof, Tarnow, Zibühl.
† Prüzen. Geheimer Finanzrath Satow.
Parum: 462 263 Landesherrschaft.
Boldebuck, Gülzow, Langensee, Parum, Wilhelminenhof.

b) Aus dem Meklenburgischen Kreise des *Herzogthums Güstrow.* 46481

9454 28) Präpositur Gadebusch. *(R.)* 4904

Rehna: 3074 1613 Landesherrschaft.
Benzin, Brützkow, Bülow, (Falkenhagen), Gletzow, Kalkberg, Löwitz, Nesow, Othenstorf, Parber, *Rehna,* Stadt und Amt, Strohkirchen, Törber, Törberhals, Vitense, Volkenshagen, Warnekow, Welschendorf, Wilkenhagen.

Lübsee: 226 127 Landesherrschaft.
(Blüssen), Cordshagen, (Grieben), Lübsee, (Lübseerhagen, Menzendorf), Roduchelstorf, Zehmen.

Grambow: 996 423 Grafen von Bernstorff Erben.
Bliesschendorf, Botelstorf, Grambow, Hanshagen, Hindenberg, Holdorf, Hof und Mühle, GroßHundorf, Ieese, Kasendorf, Köchelstorf, Pieverstorf, Rambeel, Wedendorf.

Vietlübbe: 571 347 Landrath von Leers.
Dragun, NeuDragun, Frauenmark, NeuFrauenmark, NeuKrug, Pätrow, Rosenow, Veelböken, Vietlübbe und Meierei.

Pokrent: 657 358 Landdrostin von Wrisberg.
Bleese, Käselow, Lützow, Neuendorf, AltPokrent, Pokrent, GroßRenzow, Schlagfort, AltSteinbeck.

GrosSalitz: 610 310 A. U. F. von Lützow.
Friedrichshagen, Krembz, Radegast, GroßSalitz, KleinSalitz, Schönwolde, NeuSteinbeck.

Roggendorf: 614 303 OberStallmeister v. Fabrice.
Breesen, Antheil in Dutzow, Kneese, Marienthal, Roggendorf, Sandfeld.

Gadebusch: 2562 1362 *Landesherrschaft.*
Bendhof, Buchholz, Dorotheenhof, *Gadebusch,* Stadt und AmtsBauhof, Ganzow, Güstow, Holdorf Dorf, KleinHundorf, Jarmstorf, LandM., † Meezen, Möllin, Passow, Antheil in Pätrow, Steinmannshagen, Stresdorf, Wakenstädt, WalkMühle.

(Mustin: 129 58 Lauenburgisch.)
Dutzow, KleinThurow.

(Demern: 15 3 Strelitzisch.)
Woitendorf.

13413 29) Präpositur Grevismühlen. *(R.)* 7259

Grevismühlen: 2881 1685 *Landesherrschaft.*
Degetow, Everstorf, Goostorf, Grenzhausen, *Grevismühlen,* Hamberge, Hilgendorf, Hungerstorf, Naschendorf, PoischowerM., GrosPravtshagen, Questin, Santow, Warnow, Wotenitz.

Börzow: 424 221 Landesherrschaft.
Bernstorf, Bonnhagen, Börzow, Schmachthagen, Teschow.

Mummendorf: 517 298 Landesherrschaft.
Benedictenwerk, Mallentin, Hof Mummendorf, Kirch-Mummendorf, (Papenhusen, Rodenberg,) Rocksin, (Ruschenbeck,) Tramm.

Dassow: 1900 993 Landesherrschaft.
Barendorf, Benckendorf, Dassow, Feldhusen, FlechtKr., Harkensee, Holm, Jägerhof, Johannstorf, Kaltenhof, Lützenhof, Pötenitz, Prieschendorf, Rosenhagen, Volksstorf, Vorwerk, NeuVorwerk, Wieschendorf, Wilmstorf, Ziegelkrug.

Roggenstorf: 636 393 Landesherrschaft.
Greschendorf, NeuGreschendorf, Grevenstein, Gutow, Roggenstorf, Tankenhagen, Gros- und KleinVogtshagen.

Kalkhorst: 989 437 Landesherrschaft.
Borkenhagen, Brook, Dönkendorf, Kalkhorst, Neuenhagen, Rankendorf, HohenSchönberg, GroßSchwansee, KleinSchwansee.

Elmenhorst: 418 216 Landesherrschaft.
Elmenhorst, Hafthagen, Krummbrook, Steinbeck, Warnkenhagen.

Klütz: 1695 780 Graf von Bothmer.
Arpshagen, Bahlen, Boltenhagen, Bothmer, Christinenfeld, Gantenbeck, Goldbeck, Grundshagen, Hofzumfelde, Klütz, NiederKlütz, Oberhof, KleinPravtshagen, Rethwisch, Tarnewitz, Tarnewitzerhagen, Wichmannsdorf.

Damshagen: 785 406 Graf von Bothmer.
Damshagen, Gutow, Hofe, Kühlenstein, Küssow, Moor, Redderhagen, Parin, Pohnstorf, Reppenhagen, Reppenhagen Antheil, Rolofshagen, Stellshagen, Welzin.

Bössow: 224 124 Landesherrschaft.
Bössow, Osthof und Westhof, Großenhof, Thorstorf, ThorstorferM.

HohenKirchen: 1003 608 Landesherrschaft.
Beckerwitz, Gramkow, HohenKirchen, Hoikendorf, Jassewitz, NeuJassewitz, Manderow, Niendorf, Wahrstorf, GroßWalmstorf, KleinWalmstorf, HohenWieschendorf, Wohlenberg, Wohlenhagen.

Gressow: 682 424 Landesherrschaft.
Barendorf, Barnekow, Gressow, Jamel mit Vogelsang, Käselow, Köchelstorfer Mühle, GroßKrankow, Krönkenhagen, Meierstorf, Quaal, SternKr., Tressow, Zipphusen, Zippfeld.

Friedrichshagen: 502 281 Landesherrschaft.
Friedrichshagen, Griesenhof, Harmshagen, KleinKrankow, Neuhof, Overhagen, Plüschow, Testorf.

Diedrichshagen: 757 393 Landesherrschaft.
Boienhagen, Büttlingen, Diedrichshagen, Kastahn, Schildberg, Sievershagen, Upahl.

7170 30) Präpositur Meklenburg. *(S.)* 4281

HohenViecheln: 834 550 *Landesherrschaft.*
Brusenbeck, Fichtenhusen, Hädchenshof, Hoppenrade, Kleekamp, Kleinen, Insel Lieps, Loosten, Moltow, Ventschow, HohenViecheln, NeuViecheln.

Beidendorf: 1073 717 Landesherrschaft.
Beidendorf, Glashagen, NeuGlashagen, Klüssendorf, Köchelstorf, Lutterstorf, Martenstorf Hof und Dorf, Metelsdorf, Niendorf, Petersdorf, Rambow, Rastorf, Saunstorf, NeuSaunstorf, Scharfstorf, Schulenbrook, GrapenStieten, GroßStieten, Klein- und NeuStieten, PapierM. und WalkM.

Meklenburg: 537 307 *Landesherrschaft.*
Blumenhof, Karow, HofMeklenburg, DorfMeklenburg, Mödentin, Petersdorf, Rosenthal, Steffin.

Zurow: 338 206 Johann Hillmann.
Fahren, Kahlenberg, KrassowerKrug, Ravensruh, Sellin, Zurow.

Jesendorf: 499 293 Major von Barner.
Büschow, Jesendorf, Neperstorf, Schimm, Tarzow, Trams.

Tempzin: 806 464 Landesherrschaft.
Blankenberg, Häven, LangenJarchow, Tempzin, Werderhof, Zahrensdorf, Ziegelei.

Bibow: (s. Tempzin). G. von Häseler.
Bibow, Dämelow, Hasenwinkel, KleinJarchow, Klappenkrug, Neuhof.
Brüel: 1525 886 Landesherrschaft.
Brüel Stadt und Hof, Golchen, Hütthof, Kaarz, Keez, Kuhlen, Necheln, Nutteln, Thurow, Weitendorfer Zoll, Wipersdorf.
Zittow: 819 444 Johann Heinrich Diestel.
Ahrensböök, Brahlstorf, BrahlstorferHütte, Cambs, Karnin, Kleefeld, Leezen, Panstorf, Rampe, Richenberger Krug, Zittow; † LangenBrüz, Mühle, Richenberger Mühle.
Zaschendorf: (s. Zittow). Carl Emanuel Lübbe.
Zaschendorf.
Retchendorf: 739 414 Landesherrschaft.
Flessenow, Liessow, Retchendorf, AltSchlagstorf, NeuSchlagstorf; † Buchholz, Holdorf, Rubow, Tessin.

c) Aus dem Rostockschen KirchenKreise des *Herzogthums Schwerin. (R.)* 11685

7583 31) Präpositur Boizenburg. 4102

Boizenburg: 4087 2066 *Landesherrschaft.*
Altendorf, Bahlen, Bahlendorf, † Bandekow, Bickhusen, *Boizenburg Stadt* und Amt, Chausseehaus Nr. 7, die Gamm, Gehrum, Gothmann, † Gülze, NeuGülze, HeideKrug, Horst, Chausseehaus Nr. 8, Manekenwerder, Neuedamm, † Rensdorf, Rothehaus, Schwartow, Alteneichen, Amholz, Butenhagen, Franzhagen, Friedrichsmühlen, Grabenau, Hinterhagen, Klayen, Langfeld, Marschkamp, Paulshagen, Schleusenow, Soltow, Vorderhagen, Vierhof, VierKrug, Weitenfeld.
Blücher: 1101 622 Landesherrschaft.
† Besitz, Blücher, † Dersenow, Hühnerbusch, († Krusendorf,) † Niendorf, Sprengelshof, Teschenbrügge, GroßTimkenberg, KleinTimkenberg.
Zahrensdorf: 668 408 Landesherrschaft.
GrosBengerstorf, KleinBengerstorf, Bretzin, Hof und Dorf, Forsthof zu Hühnerbusch, Karrentin, Kuhlenfeld, Antheil an Schildfeld, Tessin, Wiebendorf, Zahrensdorf, Chausseehaus Nr. 6.
Granzin: 898 528 Landesherrschaft.
† Bennin, † Gallin, NeuGallin, Granzin, Nieklitz, Schildfeld, Schildmühle, Tüschow; † Greven.

Gresse: 442 266 Reisemarschall von Lützow.
Badekow, Beckendorf, Gresse, Leisterförde.
┼ Lüttenmark. Landesherrschaft.
Hatzberg, Lüttenmark.
Zweedorf: 387 212 Landesherrschaft.
Bürgerhof, (Antheil an Gudow), WendischLieps, Schwanheide, Zweedorf, NeuZweedorf.
Nostorf: (s. Zweedorf). Landesherrschaft.
Nostorf.

VI. Wismarsche Superintendentur. 16786

11173 In der Herrschaft Wismar. 5613

Wismar (R.) MarienKirche, {Landesherrschaft. Bürgermeister und Rath.}
AltWismarsche Vorstadt, Herrnstall, Südseite der Gerber-, Bademutter- und Breitenstrasse, OstSeite der Speicherstrasse, Böttcher- und Beguinenstrasse, Nordseite der Keller-, Grünen- und KleinSchmiedestrasse, † SchwarzeKloster, Meklenburgerstrasse bis zum Markt, GrosSchmiedestrasse; Flöte.

— *GeorgenKirche:* {Landesherrschaft. Bürgermeister und Rath.}
Lübsche Vorstadt, LübscheStrasse, Westseite der Speicherstrasse, Südseite der KleinSchmiede-, Grünen- und Kellerstrasse, Neustadt, Fürstenhof, Meklenburgerstrasse bis zum Waisenhause, Bernittenhof, Dammhusen, GröningsMühle, Jacobshof, Insel, Klusserburg und Mühle, Laboratorium, Lehnensruh, Lübscheburg, Rothethor und Mühle, Vierecfenhof.

— *Heil.GeistKirche:*
† Heil.GeistHospital, Antheil an Jacobshof und Gärtnerhof.

— *NicolaiKirche:* {Landesherrschaft. Bürgermeister und Rath.}
Nordseite der breiten Strasse, des Hopfenmarkts, der Bademutter- und Gerberstrasse, Baumhaus, GrubenMühle, Haffburg, Develgünne.

[Margin, bracketed: 10768 in der Stadt Wismar: 7390 Erwachsene, 3378 Kinder; 612 vom Lande: 396 Erwachsene, 216 Kinder.]

NeuKloster: (S.) 1305 775 Landesherrschaft.
Lübberstorf, Nakenstorf, Neuhof, NeuKloster,

NeuMühle, Nevern, Reinstorf, Rügkamp, Klein-Warin; † Bäbelin, Pinnowhof, Züsower Forsthof, und Ziegelei.

Poel: (L.) 1049 608 Landesherrschaft.
AmtsBauhof oder Kaltenhof, Brandenhusen, Einhusen, Fährdorf, Golwitz, Kirchdorf, Malchow, Neuhof, Niendorf, Oerzenhof, Seedorf, Timmendorf, Vorwangern, Vorwerk, Wangern, Weitendorf.

GrosTessin: (R.) 1033 636 Landesherrschaft.
Babst, Glasin, Hermannshagen Hof u. Mühle, Käterhagen, NeuKäterhagen, Lüdersdorf, Pernick, Strameuss, Gr. Tessin, Warnkenhagen.

VII. Stadt Rostock. (S.) 19744

	Erwachsene:	Kinder:
männl. Geschlechts	6769	2597
weibl. Geschlechts	7724	2654
	14493	5251

JacobiKirche: Die 3 Camerarien.
Neustadt Rostock bis zur Buchbinderstraße, Faulegrube und Lagerstraße, Doberansche Hof, Kröpeliner Vorstadt, NeueWerder, Kabuzenhof, KlosterMühle.

MarienKirche: Die 3 Bürgermeister.
Die Neustadt bis zur Grube, Vorstadt am Steinthor.

NicolaiKirche: Die 3 Camerarien.
Altstadt Rostock, rechts der Molkenstraße, Fischerbruch, Gerberbruch, Mühlenbruch, WeißeKreuz.

PetriKirche: Die 3 Camerarien.
Die Altstadt links der Molkenstraße, Küterbruch, Officialei, Carlshof, PetriVorstadt.

KlosterKirche: Das KreuzKloster.
Kloster zum heil. Kreuz.

VIII. Reformirte Gemeinde,

(s. Präpositur Bützow, p. 166).

IX. Katholische Gemeinden:

Schwerin: 380 160 Landesherrschaft.
Die römisch-katholischen Glaubensgenossen des Landes, die nicht zur Ludwigsluster Gemeinde gehören.

2

10) Im hohen Alter s
985 zwisch
387 —
48 —
4 über 1
1424, nämlic
a) d
b) e n Angaben
fı
c) e
d) e

184 war d
11). Nach Abzug der leren Jahre
zwischen dem 1/ ile unserer
ganzen diesjährig rei Sieben-
theile (4197), unc
12) Unter den 7304 G ls Wittwen.

Schwerin,

ıngen.

öhnlich geringe Sterblichkeit aus. Nur in drei
Parchim — hier veranlasst durch die Verlegung
erow zeigte sich eine Verringerung der Seelen-
zahl des ganzen Grosherzogthums sich um 6488

ı gehörenden Ortschaften, ist bei der Aufzählung

ratMeilen 2169 Seelen, also 29 mehr, als im

365 Tagen wurden fast 47 Kinder geboren und

gegen 4 mehr Söhne als Töchter, — unter der
öchter geboren — und 19 gegen 15 mehr männ-
m Allgemeinen 82 Mädchen geboren, und gegen
liche Gewinn überstieg den weiblichen um 648

ztere Krankheitsarten jedoch selten. Es starben
itz, Doberan, Goldberg, Grabow, Grevismühlen,
Meklenburg, Neustadt, Ribnitz, Rostock, Schwaan,
Personen;
r Scharlachfrieseln und Masern. Ein Opfer der-
itz, Goldberg, Grabow, Grevismühlen, Güstrow,
ıar, zusammen 86 Personen;
burg, Bukow, Gadebusch, Grabow, Grevismühlen,
Neustadt, Ribnitz, Wismar und Wittenburg 76

urg, Bukow, Doberan, Goldberg, Grevismühlen,
ow und Wismar 53 Kinder hinraffte;
den Präposituren NeuKalden, Lüssow, Malchin,
7.
turen Bützow, NeuKalden, Malchin und Teterow

situr Grabow, geboren; sie kamen todt zur Welt.
mässige. Von 16917 Müttern überstanden 16768
zur Taufe.
nen Kinder betrug die ganze Sterblichkeit 10643,
rgewicht von 6495.
waren nach den bestimmten Anzeichnungen

Ludwigslust, zu St. Helenen: 64 19 Landesherrsch.
Die römisch-katholischen Glaubensgenossen in Dömitz, Grabow, Ludwigslust, Neustadt und Parchim.

X. *JudenGemeinden,*

nach obrigkeitlichen Zählungen vom Herbste 1840, in Gemässheit der CircularVerordnung vom 23 Septbr. 1818.

Boizenburg	37	Malchin	89
Brüel	57	Malchow	93
NeuBukow	83	Marlow	11
Bützow	127	Neustadt	61
Crivitz	116	Parchim	100
Dargun	67	Penzlin	70
Doberan	14	Plau	58
Dömitz	30	Rehna	75
Gadebusch	47	Ribnitz	76
Gnoien	75	Röbel	114
Goldberg	60	Rossow	16
Grabow	33	Schwaan	62
Grevismühlen	91	Schwerin	305
Güstrow	187	Stavenhagen	115
Hagenow	83	Sternberg	44
NeuKalden	51	Sülze	51
Krakow	76	Tessin	81
Kröpelin	54	Teterow	110
Lage	41	Waren	154
Lübtheen	19	Warin	33
Lübz	28	Wittenburg	30
Ludwigslust	87		1748
	1463	TotalSumme:	3211

Bevölkerungs-, Geburts-, Confirmations-, Heiraths- und SterbeListen,

(Siehe V. Tabelle.)

Dritte Abtheilung.

Militairische Topographie.

Die frühere militairische Eintheilung des Grosherzogthums MeklenburgSchwerin in Gemässheit des RecrutirungsReglements vom 20 Decbr. 1810, wodurch das Land in sechs ziemlich gleiche Districte abgesondert ward, ist durch die landesherrliche Bekanntmachung vom 14 März 1820 wiederum aufgehoben. Zum Zweck der Recrutirung ist das Land jetzt in zwei, aber ungleiche Districte abgetheilt, nämlich:

1) in den Schwerinschen. Dieser begreift in sich den ganzen Meklenburgschen Kreis, — jedoch mit Ausnahme des ritterschaftlichen Amts Neustadt, der zum ritterschaftlichen Amte Wittenburg gehörenden Ivenacker Güter, so wie der Städte Waren und Malchow — ferner die DomanialAemter Boizenburg und Bakendorf, das ritterschaftliche Amt Boizenburg, die Stadt dieses Namens, so wie deren Kämmerei- und die zu StadtRecht liegenden Güter, das Stift oder Fürstenthum Schwerin, und die Stadt und Herrschaft Wismar.
2) in den Güstrowschen. Dieser umfasst den ganzen Wendischen Kreis, — mit Ausnahme des Domanial- und ritterschaftlichen Amts Boizenburg, des DomanialAmts Bakendorf und der Stadt Boizenburg, auch ihrer Kämmerei- und der zu StadtRecht liegenden Güter — ferner das ritterschaftliche Amt Neustadt, die Ivenacker Güter, — die Stadt Waren mit ihren zu StadtRecht liegenden Gütern, die Stadt Malchow, sämmtliche Klostergüter, die Stadt Rostock, den Flecken Warnemünde, und die Güter des Rostocker Districts.

Die zuerst erwähnte frühere Abtheilung des Landes in sechs Districte hat jetzt nur noch in soferne Nutzen, als von ihr die Grenzlinie der GüterAbschätzungen, der KreisPolizeimeister und der Gendarmerie-Brigaden entlehnt ist. Es ist daher auch diese Eintheilung hier genauer anzuführen.

I. *District Rostock,*

an beiden Ufern der Warnow, längs der nordöstlichen OstSeeküste, bis an die Recknitz:

begreift: die Präposituren Bützow (ohne Warin), Doberan (ohne Kröpelin), Ribnitz, Schwaan und Sternberg und die Stadt Rostock, (S. 143, 144, 147, 148, 166, 172).

II. *District Wismar,*

von der Trave, längs der nordwestlichen OstSeeküste:

die Präposituren Bukow, Gadebusch, Grevismühlen, Lübow, Meklenburg und Wismar, mit den Kirchspielen Kröpelin und Warin, (S. 142, 143, 166, 167, 168, 169, 171).

III. *District Schwerin,*

zwischen der Elbe und Stör, mit Inbegriff des Schweriner Sees:

die Präposituren Boizenburg, Hagenow, Wittenburg und Schwerin (ohne Frauenmark, Granzin und Ludwigslust), mit dem Kirchspiel Plate, (S. 150, 151, 155, 165, 170).

IV. *District Parchim,*

von der Elbe, an beiden Ufern der Elde bis zum Plauer See:

die Präposituren Crivitz (ohne Plate), Grabow, Lübz (ohne Satow und Stuer), Neustadt, Parchim, mit den Kirchspielen Frauenmark, Granzin und Ludwigslust, (S. 141, 149, 150, 153, 154, 165).

V. *District Güstrow,*

von der Warnow, an beiden Ufern der Recknitz bis an die Peene:

die Stadt Güstrow und die Präposituren Gnoien, Goldberg, NeuKalden, Lüssow, Teterow, (S. 145, 146, 156, 157, 164).

VI. *District Waren,*

von der Elbe bis an die Peene, an beiden Seiten der Müritz:

die Präposituren Waren, Röbel, Plau, Penzlin und Malchin, mit den Kirchspielen Satow und Stuer, (S. 153, 155, 157, 159, 160, 162, 163.)

Vierte Abtheilung.

ReiseTopographie.

MeklenburgSchwerinsche Poststrassen.

Soweit das Grosherzogthum *MeklenburgSchwerin* von Posten berührt wird, sind alle einzelne Oerter auf ihrem Wege, in fortlaufenden Zeilen, so wie auch die auswärtigen Städte, in welchen MeklenburgSchwerinsche Posthäuser befindlich, mit gewöhnlicher, die unter fremder Souverainetät von ihnen erreichten Oerter aber mit *Cursiv*Schrift gedruckt, und die Fussboten mit Gänsefüsschen („ “) bezeichnet.

Die Entfernung jeder Station innerhalb Landes ist nach den, unterm 11 April und 16 October 1815 öffentlich bekannt gemachten Resultaten der, durch den wail. ArtillerieHauptmann *v. Seydewitz* zu Ludwigslust 18$\frac{14}{15}$ vorgenommenen Vermessung der Post- und Landstrassen, angegeben; wobei die geographische Meile, deren 15 auf einen mittleren Grad des Aequators gehen, zu 22713$\frac{128}{1000}$ Pariser, oder 25236$\frac{811}{1000}$ Meklenburger Fuss angenommen werden, die über viertel, halbe und ganze Meilen hinausgehenden BruchZahlen aber weggeworfen sind.

I. OberPostAmt Schwerin.

1) Ludwigsluster Schnellpost: Meil.

Ortkrug 2¼ Ludwigslust 2½	4¾
a) Grabow 1 *Warnow* 1 *Perleberg* 3 *Kletzke* 2¼	12
a) *Berlin* 15¾ *Dresden etc.*	27¾
b) *Magdeburg* 17 *Halle* 11 *Leipzig* 5	45
b) Redefin 2¾ Vellahn 2¼ Boizenburg 2½ Hamburg 8½	20¾

Abgang von Schwerin: Sonntags, Dienstags, Donnerstags, Freitags morgens 6¾ Uhr; Ankunft in Ludwigslust mittags um 10 Uhr; von da weiter

a) nach Berlin, Sonntags, Dienstags, Donnerstags, Freitags vormittags 10¼ Uhr; Ankunft in Berlin, Montags, Mittwochs, Freitags, Sonnabends morgens 5¼ Uhr;

b) nach Magdeburg, Halle und Leipzig, Sonntags, Dienstags, Donnerstags, Freitags vormittags 10¼ Uhr; Ankunft in Magdeburg, Montags, Mittwochs, Freitags, Sonnabends morgens 6¼ Uhr; zwischen Magdeburg und Leipzig täglich zweimalige DampfFahrten auf der Eisenbahn;

c) nach

c) nach Hamburg: Dienstags, Donnerstags und Freitags nachmittags 4¼ Uhr, Ankunft in Hamburg Mittwochs, Freitags und Sonnabends morgens 5¼ Uhr.

d) nach Schwerin, Montags, Dienstags, Donnerstags und Freitags nachmittags 4 Uhr, Ankunft in Schwerin abends 7¼ Uhr.

In Ludwigslust treffen ein und schliessen an die Schweriner Schnellpost an:

a) Die Berliner Schnellpost: aus Berlin, Sonntags, Montags, Mittwochs und Donnerstags abends 10 Uhr; in Ludwigslust, Montags, Dienstags, Donnerstags und Freitags nachmittags 3¼ Uhr.

b) Die Magdeburger Schnellpost: zwischen Magdeburg und Kletzke wöchentlich viermal; aus Magdeburg, Sonntags, Montags, Mittwochs, Donnerstags abends 8 Uhr; in Kletzke die folgenden Tage Morgens 9¼ Uhr, in Ludwigslust mittelst der Berliner Schnellposten nachmittags 3¼ Uhr. Zwischen Leipzig und Magdeburg täglich zweimalige Dampffahrten.

c) Die Hamburger Schnellpost: aus Hamburg, Montags, Mittwochs, Donnerstags und Sonnabends abends 9 Uhr; in Ludwigslust, Dienstags, Donnerstags, Freitags und Sonntags morgens 9½ Uhr.

2) Ludwigsluster Fahrpost:

Ortkrug 2¼ Wöbbelin 2½	4¾
a) Grabow 1	5¾
b) Neustadt 1	5¾

Abgang: Montags vormittags 10 Uhr, nach Ankunft der Rostocker und NeuStrelitzer Fahrposten, und Mittwochs und Sonnabends vormittags 11¼ Uhr.

Ankunft: Sonntags abends 9 Uhr, Mittwochs und Sonnabends nachmittags 3¼ Uhr.

Anmerk.: Nach Neustadt nur Mittwochs u. Sonnabends.

3) Ludwigsluster Carriolpost:

Ortkrug 2¼ Ludwigslust 2½	4¾

Abgang: Mittwochs und Sonnabends morgens 5¾ Uhr, nach Ankunft der Rostock-Wismarschen Fahrpost und Lübecker Reitpost.

Ankunft: Mittwochs abends 7¼ Uhr.

Anmerk.: Mit dieser Post wird befördert die Correspondenz:

a) nach Grabow und den *Preussischen* Staaten;

b) nach Neustadt, Parchim, Goldberg, Güstrow, Teterow, Malchin, Waren, NeuKalden, Dargun, *Demmin*, *Greifswald*, *Schweden* (während der Dampfschiffahrt), *Stettin*, *ganz Pommern*.

4) Hamburger Fahrpost über Ratzeburg:

Lankow, Friedrichsthal, Rosenberg, Gadebusch 3 3

Dorotheenhof, Roggendorf, *ThurowerKrug, Ratzeburg* 3 *Mölln, Hamfelde* 3½ Hamburg 4 13½

Abgang aus Schwerin: Montags und Donnerstags vormittags 11 Uhr, nach Ankunft der Rostocker und NeuStrelitzer Fahrposten.
Ankunft in Hamburg: Dienstags und Freitags vormittags 9 — 10 Uhr, und Abgang von da an denselben Tagen nachmittags 3 Uhr.
Ankunft in Schwerin: Mittwochs und Sonnabends nachmittags 1 — 2 Uhr vor Abgang der Rostock - Güstrower (Nr. 7) und der WarenNeustrelitzer Fahrposten (Nr. 12).

5) Hamburger Fahrpost über Boizenburg:

Wüstenmark, Pampow, Warsow, SandKrug, Bandenitz, Viez, Hagenow 3½
a) Wittenburg 1½ Zarrentin 1½ 6½
b) Redefin 1¼ Lübtheen 1¼ Volsrade, Benz, Vielank, WoosmerscheMühle, Heidhof, Dömitz 3 9
„*Danneberg*" 2 11
c) Toddin, Gramnitz, Pritzier, Vellahn 2¼ 5¾
Dersenow, Zahrenstorf, Boizenburg 2½ 8¼
aa) Vierhof, VierKrug, Horst, *Palmschleuse*, Lauenburg 1½ *Schwarzenbeck* 2¼ *Wentorf* 2 *Bergedorf*, Hamburg 2¾ 16¾
bb) Lauenburg 1½ *Artlenburg* ½ *Lüneburg* 2¼ 12½
Celle 11¾ *Hannover* 5½ 29¾
cc) *Neuhaus* 2¼ 10½

Abgang aus Schwerin: Mittwochs und Sonnabends morgens 1 Uhr, nach Ankunft der Rostock-Wismarschen Fahrpost.
Ankunft:
a) in Zarrentin: Mittwochs und Sonnabends mittags 1 Uhr; Abgang von dort: Sonntags und Donnerstags morgens 2 Uhr;
b) in Dömitz: Mittwochs und Sonnabends abends 5 — 6 Uhr; Abgang von dort an denselben Tagen abends 9 Uhr;
c) in Boizenburg: Mittwochs und Sonnabends mittags 12 Uhr; Abgang von dort: Donnerstags und Sonntags nachts 1¼ — 2 Uhr, nach Ankunft der Fahrpost von Lüneburg;
d) in Hamburg: Mittwochs und Sonnabends abends 8 Uhr; Abgang von dort an denselben Tagen abends 6 Uhr;
e) in Lüneburg: Mittwochs und Sonnabends abends 5¼ Uhr; Abgang von dort an denselben Tagen abends 7 Uhr; und
Ankunft in Schwerin: Sonntags und Donnerstags mittags 1 Uhr, vor Abgang der Fahrpost nach Rostock.

6) Schwerin-Wismar-Rostocker Schnellpost:

GrosMedewege, KirchStück, Zickhusen 2 Niendorf, GrosStieten, Hof Meklenburg, Wismar 2 4
NeuBukow 3 Kröpelin 1 Doberan 1 Rostock 2 11

I) Von der Mitte des Mai bis zur Mitte des Octobers incl.:
Abgang aus Schwerin: Dienstags und Freitags abends 7¼ Uhr, nach Ankunft der Berlin-Ludwigsluster Schnellpost; durch Wismar abends 10¾ — 11¼ Uhr; durch NeuBukow Mittwochs und Sonnabends morgens 2¼ — 2¾ Uhr; über Kröpelin durch Doberan morgens 5¼ — 5½ Uhr und Ankunft in Rostock morgens 7¼ Uhr.
Abgang aus Rostock: Montags und Donnerstags abends 6½ Uhr; durch Doberan abends 8¼ — 8¾ Uhr: über Kröpelin durch NeuBukow abends 11¼ — 11½ Uhr; durch Wismar Dienstags und Freitags morgens 3¼ — 3½ Uhr, und Ankunft in Schwerin morgens 6½ Uhr.
II. Von der Mitte des Octobers bis zur Mitte des Mai incl. nur bis Wismar.
Abgang aus Schwerin: Mittwochs und Sonnabends mittags 1 Uhr, nach Ankunft der Hamburg-Boizenburger Reitpost, und Ankunft in Wismar nachmittags 4 Uhr, vor Abgang der Fahrpost nach Rostock und Demmin.
Abgang aus Wismar: Montags und Donnerstags abends 7 Uhr, nach Ankunft der Rostocker Reitpost, und Ankunft in Schwerin abends 10 Uhr.

7) Rostock-Güstrower Fahrpost:

Muess, Fähre, PinnowerKrug, Petersberg, Gädebehner Forsthof 2 Venzkow, Sternberg 2½ 4½
a) SternbergerBurg, Warnow, Vierburg, Rühn 2 6½
Pustohl, Bützow ½ 7
aa) Passin, Schwaan 2 Benitz, Huckstorf, Polchow, Niendorf, Sandkrug, Rostock 2 9 11
α) Marlow 4 Sülze 1 (S. Rostock Nr. 7.) 16
„Triebsees" 1½ 17½
β) Ribnitz 3½ Damgarten ½ *Stralsund* 6 (S. Rostock Nr. 8.) 21
bb) Wolken, Schwiesow, Lüssow, Strenz, Güstrow 2 9
Krakow 2½ 11½
b) Weitendorf, Brüel 1 Warin 1 Reinstorf, Zurow, KrassowerKrug, Kritzow, KritzowerBurg, Wismar 2½ 9

Abgang aus Schwerin: Mittwochs und Sonnabends nachmittags 4 Uhr, nach Ankunft der Fahrposten von Hamburg (über Ratzeburg) und Ludwigslust.

(12*)

Ankunft:

a) in Rostock: Donnerstags und Sonntags vormittags 10 Uhr, und Abgang von dort Sonntags und Mittwochs vormittags 11½ Uhr;

b) in Sülze: Sonntags und Donnerstags abends 11 Uhr; Abgang von dort: Mittwochs und Donnerstags nachts 1 Uhr;

c) in Damgarten: Sonntags und Donnerstags abends 10 Uhr, in Stralsund Montags und Freitags morgens 8 Uhr; Abgang aus Stralsund: Dienstags, Sonnabends nachmittags 4 Uhr, und aus Damgarten Mittwochs und Sonnabends morgens 2 Uhr;

d) in Güstrow: Sonntags und Donnerstags vormittags 8 Uhr, und Abgang von dort Sonntags und Mittwochs nachmittags 2 Uhr;

e) Ankunft in Wismar: Montags und Donnerstags morgens 7 Uhr; Abgang von dort: Mittwochs und Sonnabends mittags 12 Uhr.

Ankunft in Schwerin: Montags und Donnerstags morgens 6 Uhr, vor Abgang der Post nach Ludwigslust.

8) Wismar-Rostocker Fahrpost:

Wismar 4 NeuBukow 3 Kröpelin 1 Doberan 1 9
Rostock 2 11

Abgang aus Schwerin: Sonntags und Donnerstags nachmittags 2 Uhr, nach Ankunft der Fahrpost von Hamburg (über Boizenburg).

Ankunft in Rostock: Montags und Freitags morgens 5 Uhr, und Abgang von dort: Dienstags und Freitags im Winter vormittags 8 Uhr, im Sommer 9 Uhr.

Ankunft in Schwerin: Mittwochs und Sonnabends nachts 1 Uhr vor Abgang der Boizenburg-Hamburger Fahr- und Ludwigsluster CarriolPost.

9) Wismar-Rostocker Reitpost:

Wismar 4 NeuBukow 3 Kröpelin 1 Doberan 1 9
Rostock 2 11
Tessin 3 Gnoien 2 Dargun 1½ Demmin 1½ 19½
(S. Rostock Nr. 1.)

Abgang aus Schwerin: Mittwochs und Sonnabends nachmittags 1 Uhr, nach Ankunft der Hamburg-Boizenburger Reitpost.

Ankunft:

a) in Rostock: Donnerstags und Sonntags morgens 3 Uhr, und Abgang von dort Montags und Donnerstags vormittags 11 Uhr.

b) in Demmin: Sonntags und Donnerstags nachmittags 5 Uhr; Abgang von dort: Sonntags und Mittwochs morgens 8 Uhr.

Ankunft in Schwerin: Montags und Donnerstags abends 10 Uhr, vor Abgang der Boizenburg-Hamburger Reitpost.

10) Boizenburger Reitpost:

Wüstenmark, Pampow, Stralendorf, Walsmühlen 2 Parum, Dreilützow, Wittenburg 4 Lehsen, 4
Camin, Schildfeld, KleinBengerstorf, Zahrensdorf, Boizenburg 4 8
a) *Lüneburg* 3¾ *Celle* 11¾ *Hannover* 5½ 29
b) Hamburg 8½ 16½

Abgang aus Schwerin: Dienstags und Freitags nachts 1 Uhr, nach Ankunft der Reit- (Schnell-) Post von Rostock und Wismar.

Ankunft:

a) in Boizenburg: Dienstags und Freitags morgens 9¼ Uhr, und Abgang von dort: Mittwochs und Sonnabends morgens 4 Uhr;

b) in Lüneburg: Dienstags und Freitags nachmittags 2 Uhr; Abgang von dort: Dienstags und Freitags abends 6 Uhr;

c) in Hamburg: Dienstags und Freitags nachmittags 4½ Uhr; Abgang von dort: Dienstags und Freitags abends 9 Uhr.

Ankunft in Schwerin: Mittwochs und Sonnabends nachmittags 1 Uhr, vor Abgang der Wismar-Rostocker Reit- (Schnell-) Post.

11) Hagenow-Dömitzer Fahrpost:

Wüstenmark, Pampow, Warsow, Sandkrug, Bandenitz, Viez, Hagenow 3½ 3½
a) Redefin 1¼ Lübtheen 1¼ Volzrade, Benz, Vielank 6
WoosmerMühle, Heidhof, Dömitz 3 9
aa) *„Danneberg“* 2 11
b) Wittenburg 1½ Zarrentin 1½ 6½

(S. Hamburger Fahrpost Nr. 5.)

12) Waren-NeuStrelitzer Fahrpost:

Müess, Fähre, Crivitz 2½ Wessin, Kladrum, Mestlin, 2½
Techentin, Langenhagen, Goldberg 4 Schwinz, 6½
Hahnenhorst, SamoterK., AltSchwerin, Malchow 4 10½
a) Plau 3 13½
b) Röbel 2 (siehe Güstrow Nr. 1.) 12½
c) Silz, Nossentin, Jabel, Sandkrug, Waren 3 13½
aa) Kargow, Klockow, *Kratzeburg, NeuStrelitz* 17½

bb) Kargow, Klockow, Ankershagen, Penzlin 3½ 17
Bauhof, Krukow, Mallin, *Wolkenzin, Neu-Brandenburg* 1½ 18½
cc) „Schloen, Deven, Varchentin, Kittendorf, Jürgenstorf, Stavenhagen“ 3½ 17

Abgang aus Schwerin: Mittwochs und Sonnabends nachmittags 4 Uhr, nach Ankunft der Fahrposten von Hamburg (über Ratzeburg) und Ludwigslust.

Ankunft:
a) in Malchow: Donnerstags und Sonntags morgens 8 Uhr; Abgang von dort: Mittwochs und Sonntags nachmittags 3 Uhr;
b) in Plau: Donnerstags mittags 1 Uhr, Sonntags abends 8 Uhr; Abgang von dort: Mittwochs morgens 11 Uhr und Sonntags morgens 4 Uhr;
c) in Röbel; Donnerstags mittags 12—1 Uhr und Sonntags abends 7—8 Uhr; Abgang von dort: Sonntags früh 4 Uhr, Mittwochs vormittags 11¼ Uhr;
d) in Waren: Donnerstags und Sonntags nachmittags 2 Uhr; Abgang von dort: Sonntags und Mittwochs mittags 12 Uhr:
e) in NeuStrelitz: Sonntags und Donnerstags abends 8 Uhr; Abgang von dort: Sonntags und Mittwochs morgens 6 Uhr;
f) in NeuBrandenburg: Sonntags und Donnerstags nachts 11 Uhr; Abgang von dort: Sonntags u. Mittwochs morgens 4 Uhr;
g) in Stavenhagen: Montags und Freitags morgens; Abgang von dort an denselben Tagen abends 7 Uhr.

Ankunft in Schwerin: Montags und Donnerstags vormittags 8—9 Uhr, vor Abgang der Posten nach Hamburg und Wismar.

13) Parchim-Güstrower Fahrpost:

Crivitz 2½ Friedrichsruh, Severin, Parchim 3 5½
SchalentinerMühle, Rom, Lutheran, Lübz 1½ 7
a) Goldberg 2 Dobbertin ½ Güstrow 3 12½
Teterow 3½ Malchin 2 18
aa) NeuKalden 1½ Dargun 1 Gnoien 1½ 22
bb) Stavenhagen 1½ *NeuBrandenburg* 4 23½
cc) Serrahn 2¾ Waren 3¾ *NeuStrelitz* 4 18¾
b) Brook, Barkow, Plau 2 Röbel 3¾ 12¾
c) „Marnitz“ 2 8½

Abgang aus Schwerin: Donnerstags und Sonntags vormittags 10 Uhr.

Ankunft:
a) in Parchim: Donnerstags und Sonntags nachmittags 5¼ Uhr und Abgang von dort Dienstags und Freitags

abends 10 Uhr, nach Ankunft der Fahrpost von Güstrow;

b) in Güstrow: Montags und Freitags morgens 7 Uhr; Abgang von dort: Dienstags und Freitags vormittags 9 Uhr;

c) in NeuStrelitz: Dienstags und Sonnabends nachts 1 Uhr; Abgang von dort: Montags und Donnerstags morgens 7 Uhr;

d) in Gnoien: Dienstags und Sonnabends morgens 3 Uhr; Abgang von dort: Montags und Donnerstags morgens 5¾ Uhr;

e) in NeuBrandenburg: Dienstags und Sonnabends nachts 1 Uhr; Abgang von dort: Montags und Donnerstags morgens 8½ Uhr;

f) in Plau: Montags und Freitags morgens 2 Uhr; Abgang von dort: Dienstags und Freitags nachmittags 2 Uhr;

g) in Röbel: Montags und Freitags morgens 7½ Uhr; Abgang von dort: Dienstags und Freitags morgens 8½ Uhr;

h) in Marnitz: Sonntags und Donnerstags abends.

Ankunft in Schwerin: Mittwochs und Sonnabends morgens 5½ Uhr.

14) Lübecker Posten:

Lankow, Friedrichsthal, Rosenberg, Gadebusch 3	
Holdorf, Rehna 1½	4½
a) Roduchelstorf, *Ravenstorf*, Schönberg 1½	6
aa) *Schlutup* 1½ Lübeck 1	8½
bb) „Dassow“	7
b) Questin, Grevismühlen 1½	6
„Santow, Damshagen, Hofzumfelde, Klütz“ 1½	7½

A) Schnell- und GüterPosten:

Abgang aus Schwerin: Montags, Dienstags, Donnerstags, Freitags abends 8 Uhr, nach Ankunft der SchnellPosten von Ludwigslust.

Ankunft in Lübeck: Dienstags, Mittwochs, Freitags, Sonnabends morgens 6½ Uhr; und Abgang von dort: Montags, Mittwochs, Donnerstags, Sonnabends abends 7½ Uhr.

Ankunft in Schwerin: Dienstags, Donnerstags, Freitags, Sonntags morgens 5¾ Uhr zum Anschluss an die SchnellPosten nach Ludwigslust.

B) ReitPosten:

Abgang aus Schwerin: Mittwochs abends 8 Uhr und Sonntags Abends 10 Uhr, nach Ankunft der Posten von Ludwigslust. Ankunft in Lübeck: Donnerstags morgens 5½ Uhr und Montags morgens 7½ Uhr. Abgang aus Lübeck: Dienstags und Freitags abends 7½ Uhr; Ankunft in Schwerin: Mittwochs und Sonnabends morgens 5 Uhr, zum Anschlusse an die CarriolPosten nach Ludwigslust.

Anmerk. Während der Wintermonate, von der Mitte Octobers bis zum Anfang des Mai, treten folgende Verbindungen ein:

A) FahrPost:

Abgang aus Schwerin: Dienstags und Freitags abends 8 Uhr, nach Ankunft der Post von Ludwigslust; Ankunft in Lübeck: Mittwochs und Sonnabends morgens 9 Uhr.

Abgang aus Lübeck: Mittwochs und Sonnabends nachmittags 5 Uhr; Ankunft in Schwerin: Donnerstags u. Sonntags morgens 6¼ Uhr, vor Abgang der SchnellPost nach Ludwigslust.

B) ReitPost:

Abgang aus Schwerin: Sonntags abends 10 Uhr, Montags, Mittwochs, Donnerstags abends 8 Uhr, nach Ankunft der Posten von Ludwigslust; und Ankunft in Lübeck am andern Morgen resp. um 8¼ und 6¼ Uhr.

Abgang aus Lübeck: Montags, Dienstags, Donnerstags, Freitags abends 7 Uhr und Ankunft in Schwerin am andern Morgen um 5¼ Uhr zum Anschlusse an die Ludwigsluster Posten.

Die mit diesen Posten in Verbindung stehenden Posten kommen an:

a) in Dassow: Mittwochs, Donnerstags, Sonnabends und Sonntags morgens; Abgang von dort: Mittwochs, Sonnabends morgens und an denselben Tagen abends.

b) in Grevismühlen: Mittwochs, Sonnabends morgens früh, und Abgang von dort: Mittwochs und Sonnabends nachmittags 5 Uhr.

c) in Klütz: Sonntags und Donnerstags nachmittags 4 Uhr; Abgang von dort: Sonntags, Mittwochs morgens 8 Uhr.

15) Vellahn-Hamburger Reitpost:

Hagenow 3½ Vellahn 2¼ Boizenburg 2½ Hamburg 8½ 16¾

Abgang aus Schwerin: Dienstags und Freitags nachmittags 3 Uhr; Ankunft in Hamburg: Mittwochs u. Sonnabends morgens 6 Uhr; Abgang von dort: Montags u. Donnerstags abends 9 Uhr; und Ankunft in Schwerin: Dienstags und Freitags morgens 10¼ Uhr, vor Abgang der Reitpost nach Rostock.

16) Schwerin-Rostocker Reitpost:

Wismar 4 NeuBukow 3 Doberan 2 Rostock 2 11

Abgang aus Schwerin: Dienstags und Freitags morgens 10¾ Uhr; Ankunft in Rostock: Dienstags und Freitags abends 7¾ Uhr; Abgang von dort: Dienstags und Freitags morgens 4¼ Uhr; Ankunft in Schwerin: Dienstags und Freitags nachmittags 2 Uhr, vor Abgang der Reitpost nach Hamburg.

17) Wismarsche Fusspost:

Wismar 4

Abgang aus Schwerin: Montags vormittags 10 Uhr, nach Ankunft der Fahrpost von Waren; Ankunft in Wismar: Abends 6 Uhr.

18) Grevismühlensche Fusspost

zur Beförderung der Correspondenz resp. nach Schwerin und Wismar.

Zickhusen, Dambeck, GrosKrankow, Plüschow, Quaal, Grevismühlen 2½ 2½

Abgang:

a) aus Schwerin: Dienstags und Freitags vormittags 10¾ Uhr;
b) aus Wismar: Dienstags und Freitags vormittags 10¼ Uhr.

Ankunft in Grevismühlen: Dienstags und Freitags abends;
Abgang von dort: Dienstags und Freitags morgens.

Ankunft:

a) in Schwerin: Dienstags und Freitags nachmittags 2 Uhr;
b) in Wismar: Dienstags und Freitags mittags 1¼ Uhr.

II. OberPostAmt Güstrow.

1) Berlin-Waren-Strelitzer Fahrpost:

GlevinscheBurg, Grenzburg, KirchRosin, Lüdershagen, BlechernKrug, Krakow 2½ 2½

a) Bossow, Glaver TheerOfen, Karow, Leisten, Plau 3 *Meienburg* 2¼ *Wittstock* 3½ *Kyritz* 3½ *Berlin* 12¾ 27½

b) Bossow, OrtKrug, SamoterKrug, Malchow 3 5½

(S. Schwerin Nr. 12.)

aa) Silz, Nossentin, Jabel, VielisterKrug, SandKrug, Waren 3 8½

α) Kargow, Klockow, *Kratzeburg, NeuStrelitz* 4 12½

β) Penzlin 3½ *NeuBrandenburg* 1½ 13½

bb) KlosterMalchow, Penkow, Roetz, Hinrichsberg, SchamperMühle, Röbel 2 7½

Abgang aus Güstrow: Mittwochs und Sonnabends abends 8 Uhr.

Ankunft in Plau: Donnerstags und Sonntags morgens 4 Uhr, in Kyritz: Donnerstags und Sonntags abends 5 Uhr in Berlin, Schnellpost: Freitags und Montags morgens 5¼ Uhr, Fahrpost: Sonnabends und Montags vormittags 8¼ Uhr.

Abgang aus Berlin, Fahrpost: Montags und Donnerstags nachmittags 4 Uhr, und Ankunft in Kyritz: Dienstags und Freitags morgens 4—5 Uhr; aus Berlin, Schnell-

post: Montags und Donnerstags abends 10 Uhr, und Ankunft in Kyritz: Dienstags und Freitags morgens 7—8 Uhr.
Ankunft in Plau: Dienstags und Freitags abends 9—10 Uhr; in Güstrow: Mittwochs u. Sonnabends morgens 6—7 Uhr.
Ankunft in Malchow: Donnerstags morgens 6 und Sonntags morgens 3—4 Uhr; in Waren: Donnerstags und Sonntags nachmittags 2 Uhr; in NeuStrelitz: Donnerstags u. Sonntags abends 8 Uhr; in Röbel: Donnerstags mittags 12—1 Uhr und Sonntags abends 7—8 Uhr.
Abgang aus Waren: Sonntags und Mittwochs mittags 12 Uhr; aus Röbel: Sonntags morgens 4 und Mittwochs vormittags 11¼ Uhr; aus Malchow: Sonntags und Mittwochs nachmittags 4—5 Uhr; aus Krakow: Sonntags und Mittwochs abends 10—11 Uhr. Ankunft in Güstrow: Montags und Donnerstags morgens 1—2 Uhr.

2) NeuBrandenburger Fahrpost,

von Teterow ab mit der Rostock-Berliner Schnellpost combinirt:

GlevinscheBurg, Klues, Devwinkel, Vietgest, Raden, Teterow 3½
a) Remplin, Malchin 2 Scharpzow, Stavenhagen 1½ 7
Ritzerow, Galenbeck, Roseuow, Gädebehn, *Weitin, NeuBrandenburg* 4 11
b) Malchin 2 Gorschendorf, Salem, NeuKalden 1½ Dargun 1 Gnoien 1½ 9½

Abgang aus Güstrow: Montags und Freitags mittags 12 Uhr, nach Ankunft der Hamburg-Ludwigsluster Fahrpost.
Ankunft:
a) in NeuBrandenburg: Dienstags und Sonnabends nachts 1 Uhr; Abgang von dort: Montags und Donnerstags morgens 8¼ Uhr;
b) in Gnoien: Dienstags und Sonnabends nachts 3 Uhr; Abgang von dort: Montags und Donnerstags morgens 5¾ Uhr.
Ankunft in Güstrow: Montags und Donnerstags abends 9 Uhr.

3) Hamburger Fahrpost über Ludwigslust:

Bauhof, Gutow, Gerdshagen, Lohmen, AltenhagnerKrug, Dobbertin 3 Goldberg ½ Medow, Diestelow, Passow, Ruthen, Lübz 2 Lutheran, Rom, SchalentinerMühle, Parchim 1½ 3½ 5½ 7
a) Neustadt 2½ Ludwigslust 1 Redefin 2¾ Lübtheen 1¼ Dömitz 3 (s. Schwerin Nr. 5.) 13¼ 17½
b) Vellahn 2¼ Boizenburg 2½ 18
aa) Lauenburg 1½ *Schwarzenbeck* 2¼ *Wentorff* 2 *Bergedorf*, Hamburg 2¾ (s. Schwerin Nr. 5.) 26½

bb) Lauenburg 1½ *Lüneburg* 2¾ Celle 11¾ *Hannover* 5½ (s. Schwerin Nr. 5.) 22¼ 39½
cc) *Neuhaus* 2¼ 20¼
c) Crivitz 3 Schwerin 2½ (s. Schwerin Nr. 13.) 12½

Abgang aus Güstrow: Dienstags und Freitags morgens 8 Uhr.
Ankunft in Hamburg: Mittwochs und Sonnabends abends 8 Uhr; Abgang von dort an denselben Tagen abends 5½ Uhr.
Ankunft in Güstrow: Montags und Freitags morgens 6 Uhr.

4) SchwerinHamburger Fahrpost:

Strenz, Lüssow, Schwiesow, Bützow 2 Sternberg 2½ 2 4½
a) Brüel 1 Warin 1 Wismar 2½ Grevismühlen 2½ 11½
Dassow 2 Lübeck 2½ 16
b) Schwerin 4½ (s. Schwerin Nr. 7.) 9
aa) Gadebusch 3 *Ratzeburg* 3 Hamburg 7½ (s. Schwerin Nr. 4.) 22½
bb) Ludwigslust 4¾ (s. Schwerin Nr. 2.) 13¾
cc) Rehna 4½ Schönberg 1½ (s. Schwerin Nr. 14.) 15
c) Parchim 4 (S. Rostock Nr. 3.) 8½

Abgang aus Güstrow: Sonntags und Mittwochs nachmittags 2 Uhr.
Ankunft:
a) in Wismar: Montags und Donnerstags morgens 7 Uhr; Abgang von dort: Mittwochs und Sonnabends mittags 12 Uhr.
b) in Lübeck: Montags und Donnerstags abends 7 Uhr; Abgang von dort: Dienstags und Freitags nachmittags 5 Uhr.
c) in Hamburg: Dienstags u. Freitags morgens 9—10 Uhr; Abgang von dort an denselben Tagen nachmittags 3 Uhr.
d) in Parchim: Montags und Donnerstags morgens 6—7 Uhr; Abgang von dort: Mittwochs und Sonnabends nachmittags 3 Uhr.
Ankunft in Güstrow: Sonntags und Donnerstags morgens 8 Uhr.

Anmerk. Am Mittwoch werden mit dieser Post auch Briefe, Päckereien und Gelder nach Schwaan und Rostock befördert.

5) Schwaaner Fahrpost:

Strenz, Lüssow, Goldewin, Schwaan 2½ 2½

Abgang: Sonntags morgens 8 Uhr; Ankunft in Schwaan: vormittags 11 Uhr; Abgang von dort: Sonntags nachmittags 3 Uhr; und Ankunft in Güstrow abends 6 Uhr.

6) Rostocker Schnellpost,

zwischen Lage und Rostock combinirt mit der Rostock-Berliner Schnellpost:

Kuhs, Kritzkow, Weitendorf, Lage $2\frac{3}{4}$

a) KleinLantow, KossowerKrug, Dummerstorfer Krug, Kessin, Rostock $5\frac{3}{4}$

b) Goritz, DepzowerMühle, NeuMühle, Tessin 2 Zarnewanz, Sülze 2 $6\frac{3}{4}$

Abgang aus Güstrow: Sonntags, Dienstags, Mittwochs, Donnerstags und Sonnabends, nachmittags 2 Uhr 10 Minuten; Ankunft:

a) in Rostock an denselben Tagen abends 7 Uhr; Abgang von dort an denselben Tagen nachmittags $2\frac{1}{4}$ Uhr.

b) in Sülze: Mittwochs und Sonnabends abends $11\frac{1}{2}$ Uhr; Abgang von dort an denselben Tagen morgens 10 Uhr.

Ankunft in Güstrow: Sonntags, Dienstags, Mittwochs, Donnerstags und Sonnabends abends $7\frac{1}{4}$ Uhr.

7) Güstrow-Krakower Fahrpost:

GlevinscheBurg, Grenzburg, KirchRosin, Lüdershagen, BlechernKrug, Krakow: $2\frac{1}{2}$

Abgang aus Güstrow: Montags und Donnerstags vormittags 11 Uhr, nach Ankunft der HamburgSchwerinschen Post, Ankunft in Krakow nachmittags $2\frac{1}{4}$ Uhr.

Abgang aus Krakow vermittelst der Röbelschen FahrPost (s. Güstrow Nr. 1): Sonntags und Mittwochs abends 10—11 Uhr; Ankunft in Güstrow Montags und Donnerstags nachts 1—2 Uhr.

8) Hamburg-Demminer Reitpost:

a). zwischen Hamburg und Güstrow, über Boizenburg, Ludwigslust, Parchim, Lübz, Goldberg $26\frac{1}{2}$

Abgang aus Hamburg: Dienstags und Freitags abends 9 Uhr.

Ankunft in Güstrow: Mittwochs und Sonnabends abends 7—8 Uhr.

Abgang aus Güstrow: Sonntags und Mittwochs morgens 6 Uhr.

Ankunft in Hamburg: Montags und Donnerstags morgens $4\frac{1}{2}$ Uhr.

b) zwischen Güstrow und Demmin, über Teterow $3\frac{1}{2}$ Malchin $1\frac{1}{2}$ NeuKalden $1\frac{1}{2}$ und Dargun 1 9

Abgang aus Güstrow: Mittwochs und Sonnabends abends 7—8 Uhr.

Ankunft in Demmin: Donnerstags u. Sonntags morgens 5 Uhr.

Abgang aus Demmin: Sonnabends u. Dienstags abends 9 Uhr.

Ankunft in Güstrow: Sonntags u. Mittwochs morgens $6\frac{1}{4}$ Uhr.

9) Güstrow-Bützower Fusspost:

Bützow 2

Abgang aus Güstrow: Dienstags und Sonnabends vormittags 9 Uhr und Ankunft in Bützow nach 4 Stunden.
Abgang aus Bützow: Dienstags und Sonnabends nachmittags 2 Uhr und Ankunft in Güstrow nach 4 Stunden.

10) Güstrow-NeuStrelitzer Fahrpost:

Klues, Hoppenrade, Köln, Ahrensbagen, Serrahn 2½ KleinBäbelin, AltenGaarz, NeuenGaarz, Waren 4 Kargow, Klockow, *Kratzburg*, *NeuStrelitz* 4 10½

Abgang aus Güstrow: Montags und Freitags vormittags 9 Uhr, durch Waren abends 6 Uhr und Ankunft in NeuStrelitz abends 11—12 Uhr, vor Abgang der Schnellpost nach Berlin.
Abgang aus NeuStrelitz: Montags und Donnerstags morgens 6—7 Uhr nach Ankunft der Schnellpost von Berlin, durch Waren vormittags 11—12 Uhr und Ankunft in Güstrow abends 8—9 Uhr.

III. OberPostAmt Rostock.

1) Demminer Fahrpost: Meil.

Kassebohm, Fresendorf, GodowerKrug, Petschow, Niekrenz, HelmstorferKrug, KleinTessin, StadtTessin 3 Vilz, Repnitz, Basse, LühburgerMühle, Gros- 3
Nieköhr, Gnoien 2 Finkenthal, Dargun 1½ 6½
a) Warrenzin, Demmin 1½ 8
aa) *Anclam* 6 *Uckermünde* 5 *Stettin* 5 24½
bb) *Greifswald* 4 *Wolgast* 3 15½
b) NeuKalden 1 Malchin 1½ Teterow 2 11½

Abgang aus Rostock: Sonntags und Donnerstags morgens 4½ Uhr, nach Ankunft der Reitpost von Wismar und der Fahrposten von Lübeck und Hamburg.
Ankunft in Demmin: Sonntags und Donnerstags nachmittags 5 Uhr.
Abgang von dort: Sonntags u. Mittwochs vormittags 8 Uhr.
Ankunft in Rostock: Sonntags u. Mittwochs abends 8 Uhr.

2) RostockGüstrower SchnellPost:

zwischen Rostock und Laage vereinigt mit der Rostock-Berliner Schnellpost.
(S. Güstrow Nr. 6.)

a) Kessin, DummerstorferKrug, KossowerKrug, KleinLantow, Lage 3

aa) Goritz, DepzowerMühle, NeuMühle, Tessin 2 Zarnewanz, Sülze 2 (s. Güstrow Nr. 6.) 7
b) Weitendorf, Kritzkow, Kuhs, Güstrow $2\frac{3}{4}$ $5\frac{3}{4}$
aa) Krakow $2\frac{1}{4}$ 8
(S. Güstrow Nr. 1.)
α) Plau 3 *Meienburg* $2\frac{1}{4}$ *Wittstock* $3\frac{1}{2}$ *Kyritz* $3\frac{1}{2}$ *Berlin* $12\frac{3}{4}$ 33
β) Malchow 3 11
αα) Waren 3 Penzlin $3\frac{1}{2}$ $17\frac{1}{2}$
ββ) Röbel 2 13

Abgang aus Rostock: Sonntags, Dienstags, Mittwochs, Donnerstags und Sonnabends nachmittags $2\frac{1}{4}$ Uhr und Ankunft in Güstrow an denselben Tagen Abends $7\frac{1}{4}$ Uhr;
Abgang aus Güstrow: Sonntags, Dienstags, Mittwochs, Donnerstags und Sonnabends nachmittags 2 Uhr 10 Minuten; Ankunft in Rostock an denselben Tagen Abends 7 Uhr.

3) Hamburger Fahrpost (über Bützow, Schwerin und Ratzeburg):

Schwaan 2 Bützow 2 Sternberg $2\frac{1}{2}$ $6\frac{1}{2}$
a) Brüel 1 Warin 1 $8\frac{1}{2}$
b) Wamekow, GrosNiendorf, HofGrabow, Kossebade, Dargelütz, Parchim 4 $10\frac{1}{2}$
c) Schwerin $4\frac{1}{2}$ 11
aa) Gadebusch 2 *Ratzeburg* 3 Hamburg $7\frac{1}{2}$ $24\frac{1}{2}$
bb) Rehna $4\frac{1}{2}$ Schönberg $1\frac{1}{2}$ Lübeck $2\frac{1}{2}$ $19\frac{1}{2}$
cc) Ludwigslust $4\frac{3}{4}$ Grabow 1 $16\frac{3}{4}$

Abgang aus Rostock: Sonntags und Mittwochs vormittags $11\frac{1}{2}$ Uhr, nach Ankunft der Stralsunder und Sülzer Fahrposten.
Ankunft:
a) in Warin: Montags und Donnerstags nachts 3 Uhr; Abgang von dort Mittwochs und Sonnabends abends 5 Uhr.
b) in Parchim: Montags und Donnerstags morgens 6 Uhr; Abgang von dort Mittwochs und Sonnabends nachmittags 3 Uhr.
c) in Schwerin: Montags und Donnerstags morgens 6 Uhr; Abgang von dort Mittwochs und Sonnabends nachmittags 4 Uhr.
d) in Hamburg: Dienstags und Freitags vormittags 9—10 Uhr; Abgang von dort an denselben Tagen nachmittags 3 Uhr.
e) in Lübeck: Dienstags und Freitags morgens 6 Uhr; Abgang von dort an denselben Tagen abends $5\frac{1}{4}$ Uhr.
f) in Ludwigslust: Montags nachmittags 2 Uhr, und Donnerstags morgens 10 Uhr; Abgang von dort Mittwochs und Sonnabends vormittags 11 Uhr.

Ankunft in Rostock: Sonntags und Donnerstags vormittags 10 Uhr, vor Abgang der Stralsunder und Marlow-Sülzer Fahrposten.

4) Hamburger Fahrpost (über Wismar, Schwerin und Boizenburg):

KleinSchwass, Parkentin, Doberan 2 Reddelich, 2
Kröpelin 1 Detershagen, Westenbrügge, Lehnenhof, 3
NeuBukow 1 AltBukow, Neuburg, Kartlow, Rohlstorf, 4
HornstorferBurg, Wismar 3 Schwerin 4 11

a) Hagenow 3½ 14½

(S. Schwerin Nr. 5.)

aa) Wittenburg 1½ Zarrentin 1½ 17½

bb) Redefin 1¼ Lübtheen 1¼ Dömitz 3 *„Danneberg* 2 22

cc) Vellahn 2¼ Boizenburg 2½ 19¼

α) Lauenburg 1½ *Schwarzenbeck* 2¼ *Wentorff* 2 *Bergedorff*, Hamburg 2¾ 27¾

β) Lauenburg 1½ *Artlenburg* ½ *Lüneburg* 2¼ 23½

Celle 11¾ *Hannover* 5½ 40¾

b) Ludwigslust 4¾ (s. Schwerin Nr. 3.) 15¾

Abgang aus Rostock: Dienstags und Freitags, im Winter morgens 8 und im Sommer 9 Uhr.

Ankunft in Schwerin: Mittwochs und Sonnabends nachts 1 Uhr; in Boizenburg: Mittwochs und Sonnabends mittags 12 Uhr; in Hamburg: Mittwochs und Sonnabends abends 8 Uhr.

Abgang aus Hamburg: Sonnabends und Mittwochs abends 6 Uhr; aus Boizenburg: Sonntags und Donnerstags früh 1½—2 Uhr; aus Schwerin: Sonntags und Donerstags nachmittags 2 Uhr.

Ankunft in Rostock: Montags und Freitags morgens 5 Uhr.

5) Hamburg Lübecker Reitpost:

Doberan 2 Kröpelin 1 NeuBukow 1 Wismar 7

a) Rehna, *Hamfelde*, Hamburg 14 (s. Wismar Nr. 10.) 21

b) Grevismühlen, Dassow, Lübeck 7 (s. Wismar Nr. 11.) 14

c) Schwerin 4 11

aa) Wittenburg 4 Boizenburg 4 *Lüneburg* 3¾ *Celle Hannover, Göttingen, Cassel, Frankfurt a.M., Braunschweig*. (S. Schwerin Nr. 10.)

bb) Ludwigslust 4¾ Grabow 1 *Perleberg, Kletzke,*

α) *Berlin, Dresden etc.*

β) *Magdeburg, Halle, Leipzig.*

Abgang: Montags und Donnerstags vormittags 11 Uhr.
Ankunft in Hamburg: Dienstags und Freitags vormittags 10 Uhr und in Lübeck: Dienstags und Freitags morgens 4¼ Uhr.
Abgang aus Hamburg: Dienstags und Freitags abends 9 Uhr und aus Lübeck: Mittwochs und Sonnabends vormittags 11 Uhr.
Ankunft in Rostock: Donnerstags und Sonntags morgens 2—3 Uhr.

6) Lübeck-Hamburger Fahrpost:

Doberan 2 Kröpelin 1 NeuBukow 1 Wismar 3 7
a) Grevismühlen 2½ Dassow 2 Lübeck 2½ (S. Wismar Nr. 6.) 14
b) Gadebusch 4½ *Ratzeburg* 3 Hamburg 7½ 22
Abgang aus Rostock: Sonntags und Mittwochs abends 8—9 Uhr, nach Ankunft der Demminer Fahrpost.
Ankunft in Lübeck: Montags und Donnerstags abends 7—8 Uhr, und Abgang von dort Freitags und Dienstags nachmittags 5 Uhr.
Ankunft in Hamburg: Dienstags und Freitags vormittags 9—10 Uhr; Abgang von dort an denselben Tagen nachmittags 3 Uhr.
Ankunft in Rostock: Sonntags und Donnerstags morgens 3 Uhr, vor Abgang der Demminer Fahrpost.

7) Marlow-Sülzer Fahrpost:

Bentwisch, GrosKussewitz, Gresenhorst, *Marlow* 4 4
Schulenberg, Kneese, Sülze 1 5
„Triebsees“ 1½ 6½
Abgang aus Rostock: Sonntags und Donnerstags nachmittags 4 Uhr, nach Ankunft der Fahr- und Reitposten von Hamburg, Schwerin, Lübeck und Wismar.
Ankunft in Sülze: Sonntags und Donnerstags abends 11 Uhr, und Abgang von dort Sonntags und Mittwochs nachts 1 Uhr.
Ankunft in Rostock: Sonntags und Mittwochs morgens 8 Uhr.

8) Stralsunder Fahrpost:

Bentwisch, Finkenberg, Landkrug, Willershagen, Ribnitz 3½ Pass, Damgarten ½ *Behrenshagen* 1 5
Stralsund 5. 10
Abgang aus Rostock: Sonntags und Donnerstags nachmittags 4—5 Uhr, nach Ankunft der Fahr- und Reitposten von Hamburg und Lübeck.
Ankunft in Stralsund: Montags und Freitags morgens 9 Uhr, und Abgang von dort: Dienstags und Sonnabends nachmittags 4 Uhr.
Ankunft in Rostock: Mittwochs und Sonntags morgens 8—9 Uhr.

9) Greifswald-Stettiner Reitpost:

Güstrow 5¼ (bis und von Güstrow mit der Schnellpost, und von da mit der Güstrow-Demminer Reitpost, s. Güstrow Nr. 8.), Teterow, Dargun, Demmin, *Greifswald, (Ystadt), Stettin.*

Abgang: Mittwochs und Sonnabends 2¼ Uhr nachmittags.
Ankunft: Sonntags und Mittwochs abends 7 Uhr.

10) Rostock-Berliner Personenpost:

Lage 3 Teterow 3¼ Malchin 2 Stavenhagen 1½ 9¾
NeuBrandenburg 4 *NeuStrelitz* 3½ 17¼
Fürstenberg 2¾ *Gransee* 3 *Löwenberg* 1¾ *Oranienburg* 2¼ *Berlin* 4 31¼

Abgang aus Rostock: täglich nachmittags 2¼ Uhr, durch Lage 4¼ Uhr, durch Teterow 7 Uhr, durch Stavenhagen abends 10¼ Uhr, durch NeuBrandenburg nachts 1¼ Uhr, durch NeuStrelitz morgens 4—5 Uhr, Ankunft in Berlin täglich nachmittags 4¼ Uhr.

Abgang aus Berlin: täglich abends 6 Uhr; durch NeuStrelitz morgens 5¼ Uhr, durch NeuBrandenburg morgens 8¼ Uhr, durch Stavenhagen morgens 11¼ Uhr, durch Malchin mittags 1¼ Uhr, durch Teterow nachmittags 2¼ Uhr, durch Lage nachmittags 5 Uhr, Ankunft in Rostock abends 7 Uhr.

11) Wismar-Schweriner Schnellpost:

(Von der Mitte des Mai bis zur Mitte des October.)

Doberan 2 Kröpelin 1 NeuBukow 1 Wismar 3 Schwerin 4 11

Ludwigslust, Grabow, Hamburg, *Berlin, Magdeburg, Halle, Leipzig* (S. Schwerin Nr. 1.)

Abgang aus Rostock: Montags und Donnerstags abends 6¼ Uhr.
Ankunft in Schwerin: Dienstags und Freitags früh 6¼ Uhr.

12) Schwerin-Vellahn-Hamburger Reitpost:

(S. Schwerin Nr. 15 und 16.)

Abgang aus Rostock: Dienstags und Freitags morgens 4¼ Uhr, durch Schwerin Dienstags und Freitags nachmittags 2—3 Uhr und Ankunft in Hamburg: Mittwochs und Sonnabends morgens 6 Uhr;

Abgang aus Hamburg: Montags und Donnerstags abends 9 Uhr, durch Schwerin Dienstags und Freitags morgens 10¾ Uhr und Ankunft in Rostock: Dienstags und Freitags abends 7¾ Uhr.

13) Schwaaner Fusspost:

Abgang aus Rostock: Freitags nachmittags 2 Uhr.
Abgang aus Schwaan: Freitags morgens 8 Uhr.

IV. OberPostAmt Hamburg.

1) Rostocker Fahrpost:

	Meil.
Hamfelde 4 *Ratzeburg* 3½ Gadebusch 3	10½
a) Schwerin 3	13½
aa) Sternberg 4½	18
α) Brüel 1 Warin 1	20
β) Bützow 2½	20½
1) Schwaan 2 Rostock 2	24½
a) Ribnitz 3½ Damgarten ½ *Stralsund* 6	34½
b) Marlow 4 Sülze 1 „Triebsees“ 1½	31
2) Güstrow 2	22½
Lage 2¾ Teterow 3¼ Malchin 2	30½
bb) Crivitz 2½ Goldberg 4 Malchow 4	24
α) Plau 3	27
β) Röbel 2	26
γ) Waren 3	27
αα) *NeuStrelitz* 4	31
ββ) Penzlin 3½ *NeuBrandenburg* 1½	32
γγ) „Stavenhagen“ 3½	30½
b) Wismar 4½ NeuBukow 3 Kröpelin 1 Doberan 1 Rostock 2 Tessin 3 Gnoien 2 Dargun 1½ Demmin 1½	30
c) Rehna 1½ Grevismühlen 1½	13½

Abgang: Dienstags und Freitags nachmittags 3 Uhr.
Ankunft: Dienstags und Freitags vormittags 9—10 Uhr.

2) Güstrower und Rostocker Fahrpost:

Bergedorf, Wentorf 2¾ *Schwarzenbeck* 2 Lauenburg 2¼ Boizenburg 1½ Vellahn 2½	11
a) Redefin 2¼ Ludwigslust 2¾ Neustadt 1 Parchim 2½ Lübz 1½	21
aa) Plau 2 Röbel 3¾	26¾
bb) Goldberg 2 Dobbertin ½ Güstrow 3	26½
α) Serrahn 2½ Waren 4 *NeuStrelitz* 4	37
β) Teterow 3½ Malchin 2	32

1) Stavenhagen 1½ *NeuBrandenburg* 4
NeuStrelitz 4 41½
2) NeuKalden 1½ Dargun 1 Gnoien 1½ 36
b) Hagenow 2¼ (Lübtheen am Sonnabend) 13¼
aa) Wittenburg 1½ 14¾
α) Zarrentin 1½ 16¼
β) „Gadebusch" 3 17¾
c) Schwerin 3½ 16¾
aa) Rehna 4½ Grevismühlen 1½ Schönberg 1½
„Dassow" 1 25¼
bb) Wismar 4 NeuBukow 3 Kröpelin 1 Doberan 1 Rostock 2 27¾

Abgang: Mittwochs und Sonnabends abends 6 Uhr.
Ankunft: Mittwochs und Sonnabends abends 8 Uhr.

3) Ludwigsluster Fahrpost:

Boizenburg 8½ Vellahn 2½ Redefin 2¼ 13¼
a) Lübtheen 1¼ Dömitz 3 17½

Abgang aus Hamburg: Dienstags und Freitags mittags 1 Uhr. Ankunft in Dömitz: Mittwochs und Sonnabends abends 5 – 6 Uhr; Abgang aus Dömitz: Mittwochs und Sonnabends abends 9 Uhr; Ankunft in Hamburg: Freitags und Montags morgens 8—8¾ Uhr.

b) Ludwigslust 2¾ 16

Abgang: Dienstags, Donnerstags, Freitags und Sonnabends mittags 1 Uhr.
Ankunft: Montags, Mittwochs, Freitags und Sonnabends morgens 8¾ Uhr.

4) Reitposten:

Boizenburg 8½ Ludwigslust 7½ Grabow 1 17

Abgang: Montags, Dienstags, Mittwochs, Donnerstags, Freitags, Sonnabends abends 9 Uhr.
Ankunft: Montags, Dienstags, Mittwochs, Donnerstags, Freitags, Sonnabends morgens 5 Uhr und Dienstags und Freitags nachmittags 4¼ Uhr.

Bemerk.: Es kann Correspondenz mit diesen Posten befördert werden:
a) nach Schwerin, Wismar, Doberan und Rostock: an allen Tagen.
b) nach Parchim, Lübz, Goldberg (Malchow, Waren etc.), Güstrow, Teterow etc.: Dienstags, Mittwochs, Freitags und Sonnabends.

V. Haupt- und HofPostAmt Ludwigslust.

A) Meklenburgsche Posten.

1) Schweriner Schnellpost: Meil.

Ortkrug 2½ Schwerin 2¼ (s. Schwerin Nr. 1.) 4¾

Abgang: Montags, Dienstags, Donnerstags und Freitags nachmittags 4 Uhr, nach Ankunft der Berlin-Magdeburg-Leipziger Schnell- und Fahrposten. Ankunft in Schwerin: Montags, Dienstags, Donnerstags und Freitags abends 7¼ Uhr. Abgang aus Schwerin: Sonntags, Dienstags, Donnerstags und Freitags morgens 6¾ Uhr.

Ankunft in Ludwigslust: an denselben Tagen vormittags 10 Uhr vor Abgang jener Schnellposten.

Anm.: Diese Post stehet mit den Schwerin-Lübecker Schnell- und Reitposten und während der Monate Mai bis Septbr. auch mit der Schwerin-Rostocker Schnellpost in Verbindung. (S. Schwerin Nr. 6.)

2) Schweriner Fahrposten:

Ortkrug 2½ Schwerin 2¼ (s. Schwerin Nr. 2.) 4¾

a) Gadebusch 3 Rehna 1½ (Grevismühlen 1½) Schönberg 1½ Lübeck 2¼ (s. Schwerin Nr. 14.) 13¼

b) Wismar 4 NeuBukow 3 Kröpelin 1 Doberan 1 Rostock 2 (s. Schwerin Nr. 8.) 15¾

c) Sternberg 4½ (Brüel 1 Warin 1) Bützow 2½ (Güstrow 2) Rostock 4 *(Stralsund)*, Marlow 4 Sülze 1 (s. Schwerin Nr. 7.) 20¾

d) Crivitz 2½ Goldberg 4 Malchow 4 (Röbel 2) Waren 3 *(NeuStrelitz* 4) *NeuBrandenburg* 5 23¼ (s. Schwerin Nr. 12.)

e) Gadebusch 3 *Ratzeburg* 3 *Mölln* 1 11¾ (s. Schwerin Nr. 4.)

Abgang: Mittwochs und Sonnabends vormittags 11 Uhr und Sonntags nachmittags 6 Uhr.

Ankunft: Montags nachmittags 2 Uhr, so wie Mittwochs und Sonnabends nachmittags 3½ Uhr.

3) Güstrow-NeuBrandenburger Fahrpost:

(S. Güstrow Nr. 2. und 3.)

GrosLaasch, Neustadt 1 Brenz, Spornitz, Parchim 2½ Lübz 1½ 5

a) Plau 2 Röbel 3¾ 10¾

b) Goldberg 2 Dobbertin ½ Güstrow 3 10½

aa) Serrahn 2½ Waren 4 *NeuStrelitz* 4 — 21
bb) Teterow 3½ Malchin 2 — 14
α) NeuKalden 1½ Dargun 1 Gnoien 1½ — 20
β) Stavenhagen 1½ *NeuBrandenburg* 4 *NeuStrelitz* 4 — 25½

Abgang aus Ludwigslust: Sonntags und Donnerstags vormittags 11—12 Uhr.
Ankunft in Güstrow: Montags und Freitags morgens 7 Uhr, und Abgang von dort: Dienstags und Freitags morgens 8 Uhr.
Ankunft in Ludwigslust: Mittwochs und Sonnabends morgens 2 Uhr.

4) Boizenburg-Hamburger Fahrpost;

Kummer, GrosKrams, Redefin 2¾ — 2¾
a) Lübtheen 1¼ Dömitz 3 — 7
b) Goldenitz, Pritzier, Vellahn 2¼ Dersenow, Zahrensdorf, Boizenburg 2½ — 7½

(S. Schwerin Nr. 5.)

aa) Vierhof, Vierkrug, Horst, *Palmschleuse*, Lauenburg 1½ *Schwarzenbeck* 2¼ *Wentorf* 2 *Bergedorf*, Hamburg 2¾ — 16
bb) Lauenburg 1½ *Artlenburg* ½ *Lüneburg* 2¼ — 11¾
Celle 11¾ *Hannover* 5½ — 29
cc) *Neuhaus* — 9¾

Abgang aus Ludwigslust: Mittwochs und Sonnabends morgens 3 Uhr, nach Ankunft der Güstrow-NeuBrandenburger Fahrpost.
Ankunft in Hamburg: Mittwochs und Sonnabends abends 8 Uhr, und Abgang von dort: Sonnabends und Mittwochs abends 6 Uhr.
Ankunft in Ludwigslust: Sonntags und Donnerstags mittags 11 Uhr.

5) Güstrow-Demminer Reitpost:

Neustadt 1 Parchim 2½ Lübz 1½ Goldberg 2 — 7
a) Güstrow 3 Teterow 3½ Malchin 2 NeuKalden 1½ — 17
Dargun 1 *Demmin* 1½ *Greifswald* 4¾ — 24¼
aa) *Ystadt, Stockholm.*
bb) *Anklam, Stettin.*
b) Waren 7 — 14
aa) *NeuStrelitz* 4 — 18
bb) Penzlin 3½ *NeuBrandenburg* 1½ — 19
c) „Dobbertin“ ½ — 7½
d) „Plau“ 3 — 10

Abgang aus Ludwigslust: Mittwochs und Sonnabends vormittags 9 Uhr, nach Ankunft der preussischen Reitpost von Hamburg.

Ankunft in Demmin: Donnerstags und Sonntags morgens 5 Uhr, und Abgang von dort: Sonnabends und Dienstags abends 9 Uhr.

Ankunft in Ludwigslust: Sonntags und Mittwochs nachmittags 4 Uhr.

6) Dömitzer Carriolpost:

Grabow 1 Guritz, Eldena 2 Findenwirunshier, Dömitz 5½

Abgang aus Ludwigslust: Dienstags und Freitags vormittags 10½ Uhr.

Ankunft in Dömitz: Dienstags und Freitags abends 6 Uhr; Abgang von dort: Dienstags u. Freitags morgens 3 Uhr.

Ankunft in Ludwigslust: Dienstags und Freitags nachmittags 3 Uhr.

B) Königl. Preussische Posten.

1) Schnellposten.

a) Berliner Cours:

Grabow 1 *Warnow* 1 *Perleberg* 3 *Kletzke* 2¼ *Kyritz* 3 *Friesack* 3½ *Nauen* 3¾ *Spandau* 3½ *Berlin* 2 23

Abgang aus Ludwigslust: Sonntags, Dienstags, Donnerstags und Freitags vormittags 10¼ Uhr.

Ankunft in Berlin: Montags, Mittwochs, Freitags und Sonnabends morgens 5¼ Uhr, und Abgang von dort: Sonntags Montags, Mittwochs und Donnerstags abends 10 Uhr.

Ankunft in Ludwigslust; Montags, Dienstags, Donnerstags und Freitags nachmittags 3¼ Uhr.

b) Magdeburg-Leipziger Cours:

(s. Schwerin Nr. 1.)

Abgang aus Ludwigslust: Sonntags, Dienstags, Donnerstags, Freitags morgens 10½ Uhr; Ankunft in Magdeburg an den folgenden Tagen morgens 6¼ Uhr; zwischen Magdeburg und Leipzig täglich zweimal EisenbahnVerbindung. Abgang aus Magdeburg: Sonntags, Montags, Mittwochs und Donnerstags abends 8 Uhr und Ankunft in Ludwigslust an den folgenden Tagen nachmittags 3¼ Uhr.

c) Hamburger Cours:

Abgang aus Ludwigslust: Montags, Dienstags, Donnerstags und Freitags nachmittags 4¼ Uhr.

Ankunft in Hamburg: Dienstags, Mittwochs, Freitags und Sonnabends morgens 5¼ Uhr, und Abgang von dort: Montags, Mittwochs, Donnerstags und Sonnabends abends 9¼ Uhr.

Ankunft in Ludwigslust: Sonntags, Dienstags, Donnerstags und Freitags vormittags 9½ Uhr.

2) Fahrposten:

a) Berliner Cours:

Abgang: Sonntags, Mittwochs, Freitags und Sonnabends morgens 5¾ Uhr.

Ankunft in Berlin: Montags, Donnerstags, Sonnabends und Sonntags morgens 8¼ Uhr; Abgang von dort: Montags, Mittwochs, Donnerstags und Sonnabends nachmittags 4 Uhr.

Ankunft in Ludwigslust: Dienstags, Donnerstags, Freitags und Sonntags nachmittags 4 Uhr.

b) Magdeburg-Leipziger Cours:

Abgang aus Ludwigslust: Sonntags, Mittwochs, Freitags und Sonnabends morgens 5¾ Uhr; Ankunft in Magdeburg an den folgenden Tagen nachmittags 2 Uhr: Abgang aus Magdeburg täglich zweimal mittelst Dampfwagen.

Abgang aus Leipzig: täglich zweimal auf der Eisenbahn; Abgang aus Magdeburg: Montags, Mittwochs, Donnerstags und Sonnabends vormittags 10 Uhr; und Ankunft in Ludwigslust: Dienstags, Donnerstags, Freitags und Sonntags nachmittags 4 Uhr.

c) Hamburger Cours:

Abgang: Sonntags, Dienstags, Donnerstags und Freitags nachmittags 4—5 Uhr.

Ankunft in Hamburg: Montags, Mittwochs, Freitags und Sonnabends morgens 8¾ Uhr; Abgang von dort: Dienstags, Donnerstags, Freitags und Sonnabends mittags 1 Uhr, und Ankunft in Ludwigslust: Mittwochs, Freitags, Sonnabends und Sonntags morgens 5½ Uhr.

3) Reitposten:

a) Berlin-Magdeburg-Leipziger Cours:

Abgang aus Ludwigslust: Mittwochs, Sonnabends morgens 9¾ Uhr, und Ankunft 1) in Berlin: Donnerstags und Sonntags morgens 3 Uhr, 2) in Magdeburg: Donnerstags und Sonntags morgens 5 Uhr.

Abgang: 1) aus Magdeburg: Dienstags und Sonnabends abends 8 Uhr; 2) aus Berlin: Dienstags und Sonnabends abends 10 Uhr; Ankunft in Ludwigslust: Mittwochs und Sonntags nachmittags 3½ Uhr.

b) Hamburger Cours:

Abgang: Mittwochs und Sonntags nachmittags 4 Uhr.

Ank. in Hamburg: Donnerstags u. Montags morgens 4½ Uhr; Abgang von dort: Dienstags und Freitags abends 9 Uhr.

Ankunft in Ludwigslust: Mittwochs und Sonnabends vormittags 9 Uhr.

4) Estafettenposten:

a) Berliner Cours:

Abgang aus Ludwigslust: Dienstags, Sonnabends morgens 3½ Uhr; Ankunft in Berlin: an denselben Tagen nachmittags 4½ Uhr.

Abgang aus Berlin: Montags, Donnerstags abends 6 Uhr und Ankunft in Ludwigslust: Dienstags und Freitags morgens 7 Uhr.

b) Hamburger Cours:

Abgang aus Ludwigslust: Dienstags und Freitags morgens 7 Uhr 10 Minuten; Ankunft in Hamburg: nachmittags 4½ Uhr.

Abgang aus Hamburg: Montags und Freitags abends 6 Uhr. und Ankunft in Ludwigslust: Dienstags und Sonnabends morgens 3½ Uhr.

VI. HauptPostAmt Wismar.

1) Schwerin-Hamburger Fahrpost:

(S. Schwerin Nr. 5. 12.)

	Meil.
Schwerin 4	4
a) „Ludwigslust“ 4¾	8¾
b) Hagenow 3½	7½
aa) Wittenburg 1⅓ Zarrentin 1½	10⅓
bb) Redefin 1¼ Lübtheen 1¼ Dömitz 3 *„Danneberg“* 2	15
c) Vellahn 2¼ Boizenburg 2½	12¼
aa) Lauenburg 1½ *Schwarzenbeck* 2¼ *Wentorf* 2 *Bergedorf*, Hamburg 2¾	20¾
bb) Lauenburg 1½ *Lüneburg* 2¾ *Celle* 11¾ *Hannover* 5½	33¾
d) Crivitz 2½ Goldberg 4 Malchow 4 (Plau 3 Röbel 2) Waren 3 } *NBrandenburg*	22½
} *NeuStrelitz*	21½

Abgang aus Wismar: Dienstags und Freitags abends 8 Uhr, nach Ankunft der Fahrpost aus Rostock.

Ankunft in Hamburg: Mittwochs und Sonnabends abends 8 Uhr, und Abgang von dort: Mittwochs und Sonnabends abends 6 Uhr.

Ankunft in Wismar: Sonntags und Donnerstags abends 6 Uhr.

2) Schweriner Schnellpost:

Schwerin 4 (s. Schwerin Nr. 6.) 4

I. Von der Mitte des Octbr. bis zur Mitte des Mai:

Abgang: Montags und Donnerstags abends 7 Uhr.

Ankunft in Schwerin: Montags und Donnerstags abends 10 Uhr; Abgang aus Schwerin: Mittwochs und Sonnabends mittags 1 Uhr.

Ankunft in Wismar: Mittwochs und Sonnabends nachmittags 4 Uhr.

II. Von der Mitte des Mai bis zur Mitte des Octbr.

Abgang: Dienstags und Freitags morgens 3¼ Uhr.

Ankunft in Schwerin: Dienstags und Freitags morgens 6¼ Uhr, vor Abgang der Schnellpost nach Ludwigslust, Berlin, Hamburg. (S. Schwerin Nr. 1.)

Abgang aus Schwerin: Dienstags und Freitags abends 7¼ Uhr.

Ankunft in Wismar: Dienstags u. Freitags abends 10¼ Uhr.

Anm.: Während der WinterMonate ist die Schnellpost mit der Reitpost nach Schwerin (cf. Nr. 7.) combinirt.

3) Rostocker Schnellpost:

Von der Mitte des Mai bis zur Mitte Octobers.

NeuBukow 3 Kröpelin 1 Doberan 1 Rostock 2 7

Abgang aus Wismar: Dienstags u. Freitags abends 11¼ Uhr.

Ankunft in Rostock: Mittwochs und Sonnabends morgens 7 Uhr.

Abgang aus Rostock: Montags u. Donnerstags abends 6¼ Uhr.

Ankunft in Wismar: Dienstags u. Freitags morgens 3¼ Uhr.

4) Sternberg-Parchimer Fahrpost:

Warin 2½ Brüel 1 Sternberg 1 } (s. Schwerin 4½
a) Bützow 2½ Güstrow 2 } Nr. 7.) 9
b) Parchim 4 8½

Abgang aus Wismar: Mittwochs und Sonnabends mittags 1 Uhr, nach Ankunft der Fahrpost von Lübeck.

Ankunft in Parchim: Donnerstags und Montags morgens 6 Uhr, und Abgang von dort: Mittwochs und Sonnabends nachmittags 3 Uhr.

Ankunft in Wismar: Montags und Donnerstags morgens 7 Uhr.

5) Hamburger Fahrpost:

Rothethor, Metelsdorf, Beidendorf, Bobitz, Schönhof, Nusskrug, MühlenEichsen, Goddin, NeuKrug, Gadebusch 4½ *Ratzeburg* 3 Hamburg 7½ 15

Abgang aus Wismar: Montags und Donnerstags morgens 9 Uhr, nach Ankunft der Fahrpost von Demmin u. Rostock.

Ankunft in Hamburg: Dienstags und Freitags vormittags 9—10 Uhr, und Abgang von dort an denselben Tagen nachmittags 3 Uhr.

Ankunft in Wismar: Mittwochs und Sonnabends nachmittags 3—4 Uhr, vor Abgang der Fahrpost nach Rostock und Demmin.

6) Lübecker Fahrpost:

Jacobshof, Lübscheburg, StofferstorferKrug, Gressow, Sternkrug, Grevismühlen 2½
a) Schmachthagen, Mallentin, Holm, Dassow 2 4½
Schmanbeck, Zarnewanz, Tannenkrug, Lübeck 3 7½
b) Questin, Jeese, Rehna 1½ 4
c) „Klütz" 1½ 4

Abgang aus Wismar: Montags und Donnerstags morgens 7½ Uhr, nach Ankunft der Fahrposten von Rostock und Sternberg.
Ankunft in Lübeck: Montags und Donnerstags abends 7 Uhr, und Abgang von dort: Dienstags und Freitags nachmittags 5 Uhr.
Ankunft in Wismar: Mittwochs und Sonnabends morgens 5—6 Uhr.

7) Rostock-Stralsund-Demminer Fahrpost:

NeuBukow 3 Kröpelin 1 Doberan 1 Rostock 2 7
a) Ribnitz 3½ *Stralsund* 6½ (s. Rostock Nr. 8.) 17
b) Marlow 4 Sülze 1 (s. Rostock Nr. 7.) 12
c) Tessin 3 Gnoien 2 Dargun 2 Demmin 1½ (s. Rostock Nr. 1.) 15½

Abgang aus Wismar: Mittwochs und Sonnabends nachmittags 3—4 Uhr, nach Ankunft der Hamburger und Lübecker Fahr- und Schweriner Schnellpost.
Ankunft in Rostock: Donnerstags und Sonntags morgens 3 Uhr, und Abgang von dort: Sonntags und Mittwochs abends 8—9 Uhr.
Ankunft in Wismar: Montags und Donnerstags morgens 7 Uhr, vor Abgang der Fahrpost nach Hamburg.

8) Rostocker Fahrpost:

(S. Schwerin Nr. 8.)

NeuBukow 3 Kröpelin 1 Doberan 1 Rostock 2 7

Abgang von Wismar: Sonntags und Donnerstags abends 7 Uhr, nach Ankunft der Schwerin-Hamburger Fahrpost.
Ankunft in Rostock: Montags und Freitags morgens 5 Uhr, und Abgang von dort: Dienstags und Freitags, im Winter vormittags 8 Uhr, und im Sommer 9 Uhr.

9) Schweriner Reitpost:

Schwerin 4

a) Wittenburg 4 Boizenburg 4 *Lüneburg* 3½ *Hannover, Braunschweig, Frankfurt* (s. Schwerin Nr. 10.) 15¾

b) Ludwigslust 4¾ Grabow 1 *Berlin, Magdeburg, Leipzig* (s. Schwerin Nr. 1.) 9¾

Abgang: Montags und Donnerstags abends 7 Uhr, nach Ankunft der Rostocker Reitpost.
Ankunft: Mittwochs und Sonnabends nachmittags 4 Uhr.

10) Hamburger Reitpost:

LübscheBurg, Stofferstorf, Jassewitz, Grevismühlen 1½ Jeese, Rehna 1½ Warnekow, *Dechow, Ziethen,* 4
Schmielow, Mölln 4 *Hamfelde* 2½ Hamburg 4 14½

Abgang von Wismar: Montags und Donnerstags abends 7 Uhr, nach Ankunft der Rostocker Reitpost.
Ankunft in Hamburg: Dienstags und Freitags vormittags 9—10 Uhr, und Abgang von dort: Dienstags und Freitags abends 9 Uhr.
Ankunft in Wismar: Mittwochs u. Sonnabends mittags 1 Uhr.

11) Lübecker Reitpost:

Grevismühlen 2½ Dassow 2 Lübeck 2½ 7

Abgang von Wismar: Montags und Donnerstags abends 9 Uhr, nach Ankunft der Rostocker Reitpost.
Ankunft in Lübeck: Dienstags und Freitags morgens 5 Uhr, und Abgang von dort: Mittwochs und Sonnabends vormittags 11 Uhr.
Ankunft in Wismar: Mittwochs und Sonnabends abends 6¼ Uhr, vor Abgang der Rostocker Reitpost.

12) Rostocker Reitpost:

NeuBukow 3 Kröpelin 1 Doberan 1 Rostock 2 7

a) Tessin 3 Gnoien 2 Dargun 2 Demmin 1½ (s. Rostock Nr. 9.) 15½

aa) *Anklam, Stettin.*

bb) *Greifswald, Wolgast.*

b) Ribnitz 3½ Damgarten ½ *Stralsund* 6 (s. Rostock Nr. 8.) 17

Abgang aus Wismar: Mittwochs und Sonnabends abends 7 Uhr, nach Ankunft der Schweriner, Lübecker und Hamburger Reitposten.
Ankunft in Rostock: Donnerstags und Sonntags morgens 3 Uhr, und Abgang von dort: Montags und Donnerstags vormittags 11 Uhr.
Ankunft in Wismar: Montags u. Donnerstags abends 6¼ Uhr.

13) Schwerin-Vellahn-Hamburger Reitpost:

Schwerin 4 Hagenow 3½ Vellahn 2¼ Boizenburg 2½ 12¼
Hamburg 8½ 20¾

Abgang aus Wismar: Dienstags und Freitags morgens 10¾ Uhr und Ankunft in Hamburg: Mittwochs und Sonnabends morgens 6 Uhr;
Abgang aus Hamburg: Montags und Donnerstags abends 9 Uhr und Ankunft in Wismar: Dienstags und Freitags mittags 1¼ Uhr.

14) Rostocker Reitpost:

NeuBukow 3 Kröpelin 1 Doberan 1 Rostock 2 7

Abgang aus Wismar: Dienstags und Freitags mittags 1¼ Uhr und Ankunft in Rostock: abends 7¾ Uhr.
Abgang aus Rostock: Dienstags und Freitags morgens 4½ Uhr und Ankunft in Wismar: vormittags 10¾ Uhr.

15) Bützower Fusspost:

KritzowerBurg, Kritzow, KrassowerKrug, Zurow, Reinstorf, Warin 2½ Mankmoos, Qualitz, Rühn, Bützow 5

Abgang aus Wismar: Dienstags und Freitags abends 9 Uhr.
Ankunft in Bützow: Mittwochs und Sonnabends morgens 5 Uhr, und Abgang von dort: Montags und Donnerstags vormittags 9 Uhr.
Ankunft in Wismar: Montags u. Donnerstags abends 5 Uhr.

VII. GrenzPostAmt Boizenburg.

A. Meklenburgische Posten.

1) Güstrower Fahrpost: Meil.

Vellahn 2¼ Redefin 2¼ Ludwigslust 2¾ Neustadt 1 8½
Parchim 2½ Lübz 1½ 12½
a) Plau 2 Röbel 3¾ 18¼
b) Goldberg 2 Dobbertin ½ Güstrow 3 18
Teterow 3½ Malchin 2 23½
aa) Stavenhagen 1½ *NeuBrandenburg* 4 29
bb) NeuKalden 1½ Dargun 1 Gnoien 1½ 27½

Abgang aus Boizenburg: Sonntags und Donnerstags nachts 1¼ Uhr, nach Ankunft der Hamburger und Lüneburger Fahrpost.
Ankunft in Güstrow: Montags und Freitags morgens 7 Uhr, und Abgang von dort: Dienstags und Freitags vormittags 8 Uhr.

Ankunft in Boizenburg: Mittwochs und Sonnabends mittags 12 Uhr, vor Abgang der Hamburger und Lüneburger Fahrpost.

2) Schwerin-Rostocker Fahrpost:

Vellahn 2½ Hagenow 2¼	4¾
a) Wittenburg 1½	6¼
aa) Zarrentin 1½	7¾
bb) „Gadebusch" 3	9¼
b) Schwerin 3½	8¼
aa) Wismar 4 NeuBukow 3 Kröpelin 1 Doberan 1 Rostock 2 (s. Schwerin Nr. 8.)	16¼ 19¼
bb) Rehna 4½ (s. Schwerin Nr. 14.)	12¾
α) Schönberg 1½ Lübeck 2½	16¾
β) Grevismühlen 1½	14¼

Abgang aus Boizenburg: Sonntags u. Donnerstags früh 2 Uhr, nach Ankunft der Hamburger und Lüneburger Fahrpost.
Ankunft in Schwerin: Sonntags und Donnerstags mittags 1 Uhr, und Abgang von dort: Mittwochs und Sonnabends nachts 1 Uhr.
Ankunft in Boizenburg: Mittwochs und Sonnabends mittags 12 Uhr, vor Abgang der Hamburger und Lüneburger Fahrpost.

3) Hamburger Fahrpost:

(S. Schwerin Nr. 5.)

Lauenburg 1½ *Schwarzenbeck* 2¼ *Wentorf* 2 Hamburg 2¾	8½

Abgang aus Boizenburg: Mittwochs und Sonnabends mittags 1 Uhr, nach Ankunft der Güstrower und Rostocker Fahrposten.
Ankunft in Hamburg: Mittwochs und Sonnabends abends 8 Uhr, und Abgang von dort: Mittwochs und Sonnabends abends 6 Uhr.
Ankunft in Boizenburg: Donnerstags und Sonntags nachts 1 Uhr, vor Abgang der Güstrower u. Rostocker Fahrpost.

4) Lüneburger Fahrpost:

Lauenburg 1½ *Artlenburg* ½ *Lüneburg* 2¼	4¼
a) *Celle* 11¾ *Hannover* 5½	21½
b) *Uelzen, Braunschweig*	20

Abgang: Mittwochs und Sonnabends mittags 12 Uhr, nach Ankunft der Rostocker und Güstrower Fahrposten, und Ankunft in Lüneburg: abends 5¼ Uhr.
Abgang aus Lüneburg: Mittwochs und Sonnabends abends 7 Uhr, und Ankunft in Boizenburg: nachts 12 Uhr, vor Abgang der Rostocker und Güstrower Fahrposten.

5) Neuhäuser Carriolpost:

Neuhaus 2¼

Abgang aus Boizenburg: Mittwochs und Sonnabends nachmittags 2 Uhr, nach Ankunft der Post von Güstrow und Rostock. Ankunft in Neuhaus: nachmittags 5 Uhr.

Abgang aus Neuhaus: Mittwochs und Sonnabends abends 8 Uhr, und Ankunft in Boizenburg: nachts 11 Uhr, zum Anschluss an die Post nach Güstrow und Rostock.

6) Lüneburger Botenposten:

Brackede, Kaartz, Neetze, Lüneburg 3¾ 3¾

a) *Hannover, Göttingen, Cassel, Frankfurt.*

b) *Braunschweig.*

Abgang aus Boizenburg: Montags, Dienstags, Donnerstags und Freitags vormittags 11 Uhr.

Ankunft in Lüneburg: nach 5—6 Stunden; Abgang von dort: Montags und Donnerstags nachmittags 5 Uhr und Dienstags und Freitags abends 6 Uhr.

Ankunft in Boizenburg: nach 5—6 Stunden.

7) Schwerin-Rostocker Reitpost:

Wittenburg 4 Schwerin 4 Wismar 4 NeuBukow 3 15

Kröpelin 1 Doberan 1 Rostock 2 19

a) Ribnitz 3½ *Stralsund* 6½ (s. Rostock Nr. 8.) 29

b) Tessin 3 Gnoien 2 Demmin 3½ (s. Rostock Nr. 1.) 27½

Abgang aus Boizenburg: Mittwochs und Sonnabends morgens 4 Uhr, nach Ankunft der Fusspost von Lüneburg und der Reitpost von Hamburg.

Ankunft in Schwerin: Mittwochs und Sonnabends mittags 1 Uhr; Ankunft in Wismar: Mittwochs und Sonnabends nachmittags 4 Uhr; Ankunft in Rostock: Donnerstags und Sonntags morgens 3 Uhr; Abgang aus Rostock: Montags und Donnerstags vormittags 11 Uhr; Abgang aus Wismar: Montags und Donnerstags abends 7 Uhr; Abgang aus Schwerin: Dienstags u. Freitags nachts 1 Uhr.

Ankunft in Boizenburg: Dienstags und Freitags morgens 9¼ Uhr, vor Abgang der Estafettenpost nach Hamburg.

8) Schwerin-Rostocker Reitpost:

Vellahn 2½ Hagenow 2¼ Schwerin 3½ Wismar 4 NeuBukow 3 Kröpelin 1 Doberan 1 Rostock 2 19¼

Abgang: Montags und Donnerstags morgens 3¼ Uhr und Ankunft in Rostock an denselben Tagen abends 7¾ Uhr.

Abgang aus Rostock: Dienstags und Freitags morgens 4¼ Uhr und Ankunft in Boizenburg an denselben Tagen abends 11 Uhr, vor Abgang der Schnellpost nach Hamburg.

9) Ludwigslust-Demminer Reitpost:

Bis Ludwigslust vereinigt mit der preussischen Berliner Reitpost; von dort über Neustadt, Parchim, Lübz, Goldberg, Güstrow, Teterow, Malchin, NeuKalden, Dargun, Demmin, *Greifswald*. (S. Ludwigslust Nr. 5.)

a) *Ystadt, Schweden.*

b) *Stettin.*

Abgang: Mittwochs und Sonnabends morgens 4 Uhr, nach Ankunft der Reitpost von Hamburg.

Ankunft: Sonntags und Mittwochs abends 10 Uhr, vor Abgang der Reitpost nach Hamburg.

10) Lauenburger FussbotenPost:

Rothehaus, Vier, Horst, *Palmschleuse, Lauenburg* 1½ 1½

Abgang: Montags und Donnerstags morgens 7 Uhr.

Ankunft: An denselben Tagen nachmittags 3 Uhr.

B. Königl. Preussische Posten.

(S. Ludwigslust.)

1) Schnellposten.

a) Berlin-Magdeburger Cours:

Vellahn 2½ Redefin 2¼ Ludwigslust 2¾ *Berlin* 23 30½

Abgang: Sonntags, Dienstags, Donnerstags und Freitags morgens 3¼ Uhr.

Ankunft: Montags, Dienstags, Donnerstags und Freitags abends 10¼ Uhr.

b) Hamburger Cours:

Abgang: Montags, Dienstags, Donnerstags und Freitags abends 11 Uhr.

Ankunft: Sonntags, Dienstags, Donnerstags und Freitags morgens 3¼ Uhr.

2) Fahrposten.

a) Berlin-Magdeburger Cours:

Vellahn 2½ Redefin 2¼ Ludwigslust 2¾ *Berlin* 23 30½

Abgang: Dienstags, Donnerstags, Freitags und Sonnabends abends 9 Uhr.

Ankunft: Montags, Mittwochs, Freitags und Sonnabends nachts 12 Uhr.

b) Hamburger Cours:

Abgang: Montags, Mittwochs, Freitags und Sonnabends nachts 1 Uhr.

Ankunft: Dienstags, Donnerstags, Freitags und Sonnabends abends 10 Uhr.

3) Reitposten:

a) Berlin-Magdeburg-Leipziger Cours:

Ankunft: Mittwochs und Sonntags nachts $9\frac{1}{4}$ Uhr.
Abgang: Mittwochs und Sonnabends morgens $3\frac{3}{4}$ Uhr.

b) Hamburger Cours:

Ankunft: Mittwochs und Sonnabends morgens $3\frac{1}{4}$ Uhr.
Abgang: Mittwochs und Sonnabends abends 10 Uhr.

4) Estafettenposten.

a) Berliner Cours:

Ankunft: Dienstags und Freitags vormittags 11 Uhr 20 Minuten.
Abgang: Montags und Freitags abends 11 Uhr 5 Minuten.

b) Hamburger Cours:

Ankunft: Montags und Freitags abends 11 Uhr.
Abgang: Dienstags und Freitags vormittags 11 Uhr 25 Minuten.

Fünfte Abtheilung.

Materialien zur natürlichen Topographie.

MeklenburgSchwerinsche Hydrographie.

Meklenburgs Ströme und stehende Gewässer ergiessen sich, vermöge der geographischen Lage dieses Grosherzogthums, zwischen der Elbe und Ostsee, theils gegen Nordosten in das baltische Meer, theils in südwestlicher Richtung, vermittelst der Elbe, in die NordSee. Um sie in ihren verschiedenen Verzweigungen auf diesem zweifachen Wege auf das eine oder das andere Bassin zu verfolgen, sind hier alle die Oerter namentlich nachgewiesen, deren Umfang oder Begrenzungen, mit allen öconomischen oder mercantilischen Vortheilen und Nachtheilen, von ihren Ufern berührt werden. Für beide Systeme bildet der Schweriner See einen gemeinschaftlichen Wasserbehälter, in der Mitte zwischen beiden, von der Natur zwar allein für das westliche bestimmt, durch Kunst aber im XVI. Jahrhundert der Ostsee zugeleitet.

A. Nördliches StromSystem.

1) Dassower (Meerbusen) BinnenSee.

Dassow, Vorwerk, Benekendorf, Johannstorf, Volkstorf, ZiegelKrug, (Priewall).

2) (Offenbare) OstSee.

(Priewall), Rosenhagen, Schwansee, Brook, Warnkenhagen, Elmenhorst, Hafthagen, Rethwisch, Boltenhagen, Wichmannsdorf, Tarnewitz, Oberhof, Wohlenberg, Tarnewitzerhagen, Niendorf, Hohenkirchen, Gramkow, Beckerwitz, HohenWieschendorf, Eggerstorf, Zierow, Fliemstorf, Hoben, Hinter- und MittelWendorf, Lübsche Burg, Jacobshof, *Wismar*, Wallfisch, Insel Poel, Dorf Redentin, Fischkaten, HofRedentin, GrosStrömkendorf, Wodorf, Damekow, Dreveskirchen, Stove, Güstow, Boiensdorf, KleinStrömkendorf, Pepelow, Tesmannsdorf, Roggow, Blengow, AltGaarz, Gaarzerhof, Wustrow, KleinWustrow, NeuGaarz, Meschendorf, Kägsdorf, Arendsee, Brunshaupten, Fulgen, Klein- und HinterBollhagen,

(14)

HeiligeDamm, Börgerende, Nienhagen, Elmenhorst, Diedrichshagen, *Warnemünde,* Rostocker Heide, Ribnitzer Heide, KleinMüritz, Neuhaus, HalbInsel Fischland, (Darss).

3) Ribnitzer BinnenSee.

Ribnitz, Körkwitz, Dänendorf, Dierhagen, HalbInsel Fischland (siehe S. 42), (NeuVorpommern).

4) Stepnitz, Fluss.

EulenKrug, Gottmannsförde, Drieberg, Cramonshagen, Cramon, Schönfeld, Cramoner See, Dalberg, Wendelstorf, MühlEichsen, GrosEichsen, Rüting, Diederichshagen, Kastahn, Wotenitz, Questin, Börzow, (Papenhusen, Ruschenbeck, Rodenberg), Mummendorf, Prieschendorf, Lütgenhof, (Dassower BinnenSee).

5) Radegast, Fluss.

KleinHundorf, Holdorf, Benzin, Nesow, *Rehna,* Gletzow, Vitense, Parber, Welschendorf, Börzow, (Stepnitz Fluss).

6) Schiffgraben.

(SchwerinerSee), HohenViecheln, Loosten, Mödentin, AmtMeklenburg, PapierMühle, Rothethor, Steffin, GröningsM., KlussMühle, Briesemannshof, Fischerteich bei Wismar, GrubenMühle bei Wismar, (Ostsee).

7) Warnow.

Grebbin, Kossebade, Hof Grabow, Zolkow, Kladrum, Badegow, Bülow, Müggenburg, Kobande, Barninsche See, Rönkendorfer Mühle, Rönkenhof, Gädebehner Forsthof, Kladow, Rehhagen, Augustenhof, Gneven, Vorbeck, Kritzow, LangenBrütz, Richenberger Mühle, Müsselmow, Holzendorf, Gustävel, Zaschendorf, Nutteln, Golchen, Necheln, Kaarz, Hütthof, Weitendorf, Sülten, Sagestorf, SternbergerBurg, GrosGörnow, KleinRaden, Eikelberg, Eikhof, Wendorf, Warnow, Zernin, Rühn, Vierburg, Pustohl, *Bützow,* Oettelin, Friedrichshof, Kambs, Kassow, Wiek, Vorbeck, *Schwaan,* Wiendorf, Zeez, Gros- und KleinViegeln, Benitz, Huckstorf, Wahrstorf, Reez, Polchow, Damm, Niex, Papendorf, HohenSchwarfs, Sildemow, Gragetopshof, Dalwitzenhof, Kessin, Kassebohm, *Rostock,* Carlshof, NeueWerder, KayenMühle, Bramow, Dierkow, Cheelsdorf, Marienehe, Krummendorf, Oldendorf, Schmarl, LüttenKlein, Petersdorf, GrosKlein, Peez, Stuthof, Breitling, Rostocker Heide, *Warnemünde,* (Ostsee).

8) **Mildenitz**, Fluss.

Damerower See, WendischWaren, Goldberger See, *Goldberg,* Dobbertiner See, Dobbin, Kläden, Schlowe, Borkow, Rothen, Zülow, *Sternberger* See, Sternberger Burg, (WarnowFluss).

9) **Goldberger See.**

Goldberg, Amt und Stadt, Finkenwerder, Medow, Woosten, Wooster Heide, Schwinz.

10) **Nebel**, Fluss.

Cramoner See, HohenWangelin, Linstow, Kiether Mühle, Dobbertiner Mühle, *Krakower* See, Serrahn, Kuchelmiss, Ahrenshagen, Koppelow, Kölln, Hoppenrade, KirchRosin, Klues, *Güstrow,* Parum, Gülzow, Zepelin, Wolken, *Bützow,* (WarnowFluss).

11) **Krakower See.**

Krakow, Seegrube, Serrahn, Glave, Bossow, Möllen.

12) **Recknitz**, Fluss.

Weitendorfer See, Levkendorf, Subsin, Kronskamp, *Lage,* KleinLantow, Kobrow, NeuKätwin; Goritz, Deperstorf, Drüsewitz, Selpin, Wohrenstorf, *Tessin,* Vilz, Starkow, Emekendorf, Liepen, Dudendorf, Schabow, Redderstorf, *Sülze,* Kneese, Schulenberg, *Marlow,* Allerstorf, Jankendorf, Tressentin, Carlewitz, Freudenberg, Einhusen, Pass, (Ribnitzer BinnenSee).

13) **Peene**, Fluss.

Erste: Hinrichshagen, Tressow, Lupendorf, NeuBasedow, Basedow, Peenhäuser, (Malchiner See), *Malchin.*

Zweite: Briggow, Bredenfelde, Kittendorf, Clausdorf, Hungerstorf, Faulenrost, (Zettemin, NeuMühle, Pinnow, Dukow), Dempzin, Gielow, *Malchin.*

Pisede, (Kummerower See), Küzerhof, Upost, Wolkow, *(Demmin,* Peenemünde, Ostsee).

14) **Malchiner See.**

Wendischhagen, Bristow, Bülow, Schorssow, Ziddorf, Dahmen, Rothenmoor, Basedower Heide, Seedorf, Basedow.

15) **Kummerower See.**

Gorschendorf, Salem, *NeuKalden,* Warsow, (Pommern).

16) **Tollensee.**

(MeklenburgStrelitz), Wustrow, AltRehse, (MeklenburgStrelitz), Woggersin, (Pommern, *Demmin,* Peene).

(14 *)

17) Trebel.

(Triebsees), Langsdorf, Nütschow, Breesen, Tangrim, Wasdow, Friedrichshof, KleinMethling, GrosMethling, Bruderstorf, (Beestland, *Demmin*, Peene).

B. Schweriner See.

Schwerin, Alt- und Neustadt, Schelfwerder, Gros-Medeweege, Sachsenberg, Wickendorf, Seehof, Hundorf, Lübstorf, Gallentin, Insel Lieps, Kleinen, HohenViecheln, Ventschow, Flessenow, NeuSchlagstorf, Retchendorf, Rampe, Panstorf, Leezen, Görslow, RabenSteinfeld, Ziegelwerder, Kaninchenwerder, Fähre, Muess, Zippendorf, Kalkwerder, Ostorf.

C. Westliches StromSystem.

1) Elbe.

(Lenzen), *Dömitz*, Kaltenhof, Sandwerder, Broda, WendischWeningen, (Amt Neuhaus), Manekenwerder, Gothmann, Altendorf, *Boizenburg*, Goldufer, Vier, *Horst*, (Lauenburg, Hamburg, Nordsee).

2) Stecknitz, Fluss.

(Büchen, Niebuhrschleuse, Donnerschleuse), Zweedorf, Nostorf, Bickhusen, (Palmschleuse, Elbe).

3) Boize, Fluss.

Boize, Valluhn, Gallin, NeuGallin, Greven, Lüttenmark, Gresse, Schwartow, *Boizenburg*, (Elbe).

4) Rögnitz, Fluss.

(Stör, Fluss), Niendorf, Warlow, Kummer, Glaisin, Leussow, Laupin, Neudorf, WoosmerscheM., Woosmer, Vielank, Briest, Volzrade, Jessenitz, Lübtheen, Gudow, (Amt Neuhaus), (Sude, Fluss).

5) Schaale, Fluss.

Schaliss, Schaalsee, Zarrentin, SchaalMühle, Kölzin, Pamprin, Kogel, Schaalhof, Vietow, Tüschow, Bennin, Gros- und KleinBengerstorf, Wiebendorf, Zahrensdorf, Hühnerbusch, Blücher, Gülze, (Sude).

6) Sude, Fluss.

(Dümmersche See), Zülow, Walsmühlen, SudenM., RotheM., Radelübbe, Bandenitz, Viez, KirchJesar, Sudenhof, Kuhstorf, SudenKrug, Redefin, Gösslow, Hof

Bandekow, Quassel, Garlitz, (Amt Neuhaus), Besitz, GrosTimkenberg, Blücher, Teldau, Gülze, Dorf Bandekow, Manekenwerder, Gothmann, (Elbe).

7) Stör, Fluss.

(Schweriner See), Fähre, Consrade, Peckatel, Plate, Sukow, Banzkow, Mirow, Jamel, Goldenstädt, Fahrbinde, Lewitz, (Elde).

8) Elde und Malchower See.

DarzerM., FinkenM., Massower See, Wredenhagen, Kiewer See, Buchholzer See, Buchholzer Mühle, (Müritz), Eldenburg, Kalpin- und FleesenSee, *Malchow*, Kloster Malchow, Biestorf, Petersdorf, (Plauer See), *Plau*, Lalchow, Hof Malchow, Barkow, BarkowerBrücke, Wessentin, Kuppentin, AltBobzin, Weisin, Ruthen, *Lübz*, Lutheran, Gischow, Burow, Gr.Pankow, Kl.Niendorf, Paarsch, Neuburg, Slate, *Parchim*, Möderitz, Malchow, Damm, Matzlow, Garwitz, Lewitz, Friederich-Franz-Canal, *Neustadt*, KleinLaasch, GrosLaasch, Wabel, *Grabow*, Fresenbrügge, Wanzlitz, Guritz, Krohn, Eldena.

a) Altona, Stuck, Boek, Neuhof, Gorlosen, Strassen, Grittel, Eldena, Polz, GrosSchmölen, KleinSchmölen, (Elbe).

b) Neue Elde: Malk, Göhren, Bockup, *Dömitz*, (Elbe).

9) Müritz, See.

Waren, Federow, Schwarzenhof, Waren'sche Wold, Röbelsche Wold, Boek, BolterM., Klopzow, Rechlin, (MeklenburgStrelitz), Lärz, Krümmel, Buchholz, Priborn, Vipperow, Solzow, Zielow, Ludorf, Gneve, *Röbel*, Gotthun, SchamperM., Zierzow, Sietow, Sembzin, Klink, Eldenburg.

10) Kalpin und FleesenSee.

Eldenburg, Schwenzin, Jabel, Nossentin, Silz, *Malchow*, Laschendorf, Göhren, Wendhof, Grabenitz, Klink.

11) Plauer See.

Plau, Quetzin, Leisten, AltSchwerin, Jürgenshof, Werder, Zislow, Sukow, Stuersche Vorder- und Hinter-Mühle, Ganzlin, Dresenower Mühle.

12) Dosse, Fluss.

WendischPriborn, Dammwolde, Jaebitz, Massow, Grabow, Below, WittstockerHeide - - Rossow, Grüneberg, DossKrug, Schönberg, (Mark Brandenburg, Havel, Elbe).

Erster Anhang.

PersonenRegister

aller ritterschaftlichen und übrigen HauptGüterBesitzer

des

Grosherzogthums MeklenburgSchwerin,

mit Ausschluss der Amtssässigen oder NiedergerichtsUnterbehörigen und der EigenthumsBesitzer zu StadtRecht liegender Grundstücke.

Zweiter Anhang.

OerterRegister

des

Grosherzogthums MeklenburgSchwerin.

Zum Unterschied sind die ritterschaftlichen und übrigen Landgüter mit deutscher, die herrschaftlichen mit lateinischer, und die aus beiderseitigen Antheilen zusammengesetzten mit beiderlei Schrift gedruckt: selbst da, wo nur das KirchenPatronat in ritter- und landschaftlichen Gütern zum Domanium, oder umgekehrt gehört, wird solches mit einem heterogenen Anfangs-Buchstaben bezeichnet: die Städte aber sind *cursiv* gedruckt, auch ist jedem inländischen Orte einer der Buchstaben S. G. oder R. hinzugefügt, je nachdem derselbe zu dem Jurisdictions-Bezirk der JustizKanzleien zu Schwerin, Güstrow oder Rostock gehört: ausländische Orte sind in (Klammern) geschlossen.

L.

N.

O.

(16 *)

T.

U.

W.

Inhalt
des zweiten Theils.

Zweite Abtheilung.

Dritte Abtheilung.

Vierte Abtheilung.

Fünfte Abtheilung.

Berichtigung

Pag. 99. bei Kriesow muss es heissen: Carl Ludw. Aug. von Maltzahn.

Druck:
Customized Business Services GmbH
im Auftrag der KNV-Gruppe
Ferdinand-Jühlke-Str. 7
99095 Erfurt